금강경오가해

금강경오가해

설암 김재영 편

나란다

이 책은 운흥사(雲興寺) 판본에 충실했다. 또한 금강경 원문은 지안(志安) 스님의 번역을 그대로 사용했는데, 색다른 묘미를 느낄 수 있었다. 아울러 무비(無比) 스님의 역해에 상당 부분 의지했음을 밝힌다.

‖ **책머리에** ‖

是經 名爲金剛般若波羅密 以是名字 汝當奉持
이 경은 금강반야바라밀이니,
이 이름으로써 마땅히 받들어 지닐지니라.

'금강경' 여법수지분에 부처님의 십대제자 중 혜공이 제일인 수보리 존자가 부처님께 이 경의 제목을 물으니, 부처님께서 친히 이 경은 '금강반야바라밀경'이라고 말씀하신다.

금강반야바라밀경(金剛般若波羅密經) 또는 능단금강반야바라밀경(能斷金剛般若波羅密經)이라고 전해지는 이 경전은 산스크리트어 경전(Vajracchediká-Prajñā-Pāramitā-Sutra)을 한문으로 번역한 것으로서 일반적으로 '금강반야경' 또는 '금강경'이라고 널리 쓰이고 있다. '금강경'은 반야부 600권의 경전 가운데 577부에 들어 있으며 대반야 제9품에 속해 있다. 천태종의 오시설(五時說)에 의하면, 부처님의 49년 설법 중 화엄시 21일, 녹원시 12년, 방등시 8년, 반야시 21년, 법화열반시 8년 등으로 그 중 반야경은 약 43%에 해당하는 큰 비중을 차지하고 있다. 이는 반야가 그 폭이 넓고 오묘하며 또한 불교의 핵심사상이 되기 때문이라 할 것이다.

부처님께서 보실 때 중생들이 사제법륜(四聖諦)으로 모든 소승인들의 미혹과 번뇌는 고요히 사라졌으나 괴로움의 근본인 육신은 남아 있는 유여열반을 깨달아 증득하였다. 이 시기에 부처님께서는 일체개공(一切皆空)의 불공중도(不空中道)를 설하시어 그들이 생사에 대한 두려움과 삼승의 구별과 법집을 아주 깨고 열반이 둘이 아닌 이치를 확연하게 깨달아 자리이타(自利利他)의 보살행을 실천하는 대승으로 전환케 하였다.

반야부 중에서도 금강경은 반야심경 다음으로 가장 많이 읽혀지며, 대승불교의 최상승 경전으로서 불교를 믿지 않는 사람들도 이 경의 위대함을 인정하는 이들이 많다, 이는 금강경에 보살의 정수가 담겨져 있기 때문이다. 경에 부처님이 설하신 '반야바라밀은 곧 반야바라밀이 아니고 그 이름이 반야바라밀이다'라고 하신다. 이것이 바로 금강경의 근간을 이루고 있는 즉비(卽非)의 원리이며, 구사론의 사구분별(四句分別)의 논법이라고 할 수 있다. 반야심경이 문장 전체에 수없이 직공을 설하고 있는데 비하면 금강경은 문장 전체에 공이란 문자는 한자도 설하지 않으면서 완벽한 진공을 설한다.

그러므로 금강경은 아집(我執)과 법집(法執)을 차례로 깨고 네 가지<我・人・衆生・壽者>의 견(見)과 상(相)을 여의고 그 자리에 불변 진리의 본체인 보살의 경지에 이르게 하고 일체개공으로 처음에는 경계공(境界空)을 설하고 다음은 혜공(慧空)을 그리고 마지막으로 보살공(菩薩空)을 설하여 공으로서 체(體)를 삼고 일체법 무아의 이치를 요지(要旨)로 삼고 있다.

금강경의 성립연대에 대하여는 역사적인 기록도 자료도 없어 확실하지는 않지만, 경의 내용과 논사들의 출생연대 및 그들이 펴낸 번역서 등을 고려할 때, A.D.150 ~200년으로 성립된 것으로 보는 것이 학자들의 일반적인 견해이다.

부처님이 입멸하신 후 900년경에 무착은 이 경을 해석하려 하였으나 너무 어려운 부분이 많아서 고심하던 중 일광정삼매(日光定三昧)에 들어 도솔천의 미륵보살을 친견하게 되었다. 그 때 미륵보살에게 금강경을 물었는데, 미륵보살은 80수의 시<慈氏八十行得>로서 금강경의 대의를 해석해 주셨다. 이 시로서 무착은 무착론 2권을 집필했으며, 제자 세친이 다시 천친론 3권을 지었다고 한다.

이에 근거하여 구마라습은 홍시 4년(402년) 장안의 초당사에서 처음으로 금강경을 한역하였으며, 이를 계기로 많은 역자들이 금강경 번역에 참가하였다.

・**구마라습**(鳩摩羅什, 343~413) 402년(後秦 弘始 4년) '금강반야바라밀경' 번역 1권 : 번역본 중 현재 가장 많이 활용되고 있는 경으로써 한문권은 물론 세계 각국에서 이 대본을 쓰고 있다.

・**보리류지**(菩提流支) 509년(北魏 永平 2년) '금강반야바라밀경' 번역 1권 : 대부분 구마라습의 번역본을 보완한 것으로 당나라 시대의 학인들은 거의 이 번역본으로 수학했다고 전하며 보리 류지의 역은 2종류가 있어 1본은 고려와 원나라 명나라 본이고 제2본은 송(宋)본이라 한다.

・**진제**(眞諦) 562년(陣 天嘉3년) '금강반야바라밀경' 번역 1권. : 바라말타본이라고도 하는데, 이 또한 구마라습의 대본에 준하여 번역된 것이다.

· **달마급다**(達磨笈多) 592년(隨 開皇 10년) '대반야바라밀다경 제9 능단금강분' 번역 1권 : 산스크리트원전을 기준으로 하여 직역하였으므로 해석이 어렵지만 무착의 '금강반야바라밀경론'으로 풀이하면 이해가 가능하다.

· **현장**(玄奘) 648년(唐 貞觀22년) '능단금강반야바라밀경' 번역 1권, 666년(唐 顯慶5년-龍朔3년) '대반야바라밀다경 제9 능단금강분' 번역 1권 : 산스크리트본과 비슷하며 오류가 있을 것을 염려하여 두 번씩 번역했다고 한다.

· **의정**(義淨) 703년(唐 長安3년) '능단금강반야바라밀다경' 번역 1권 : 의정 본과 보리류지 역, 진제 역 등을 참고하여 번역한 것이다.

　이와 같이 금강경 번역은 300여년 계속되었으며, 진나라 승조(僧肇, 383-414)의 금강경 주석서를 시작으로 이 경을 강설하고 주석하는 사람이 많이 나와 당나라 초기에는 이 경에 대한 주석서를 붙인 사람이 무려 800여명에 이르렀다고 한다. 우리나라에는 신라시대에 원효대사의 금강경소를 비롯하여 경흥(憬興), 대현(大賢), 함허(涵虛) 스님 등이 많은 소를 지었으며, 특히 조선초기 학승인 함허당 득통 스님은 금강경오가해에 설의를 더하여 오가해의 유통을 원활하게 하였으며 학술적인 연구자료로 없어서는 안 될 기본문이 되었다.

　금강경은 불교의 대표적인 경전으로서 아직도 많은 학인들이 탐구 발표하고 있으며, 불교에 입문한 이는 누구나 필수적으로 수학해야 하는 대승경전의 최상승 경이라고 할 수 있다. 그러므로 우리나라의 각 사찰에서는 선종과 교종, 종파를 초월해서 이 금강경을 소의경전으로 하고 있다.
　금강반야바라밀경의 300송의 게를 내려주신 미륵보살님과 이 송을 풀어 논서를 지으신 무착 보살, 천친 대선지식 등 세 분과 이 논서를 번역하신 구마라습 조사와 이 경을 각각 다른 안목에서 풀이해 주신 다섯 분의 선사, 또 이를 알기 쉽게 설의를 붙이신 함허당 득통 스님등 열 분 조사들의 은혜에 감사하며 구마라습 스님과 육가해 스님들의 행적을 살펴본다.

　· **구마라즙**(鳩摩羅什, 344-413)은 인도스님으로 아버지 Kumaravara와 구자국왕의 누이 동생인 어머니 Jiva의 이름을 따서 구마라즈바(Kumarajiva)라 하였으며 한역으로는 동수(童壽)라고 하였다. 구자국은 예부터 불교가 성한 나라로 중국의 감숙성 서쪽, 신강성의 남쪽에 있던 나라로 현재 중앙아시아 고차(庫車) 부근이며 소수민족이다. 태어난 곳은 북쪽으로 천산을 두고 남쪽으로 타림강을 둔 타클라마칸사막의 접경지역이다.
　그는 고귀한 가문에서 태어났으나 불교의 독신자이신 어머니의 영향을 받아 7세 때 출가하여 어머니를 따라 여러 곳을 답습하며 수행하였다. 인도 북쪽의 계빈(罽賓)에서 반두달다로부터 소승을 배우고, 소륵국(疏勒國)에서는 수리야소마에게 대승을 배웠으며, 귀국 후에는 비마라차에게 율(律)을 배워 교세를 펴던 중 그의 나이 40세(건원19년) 때 진왕 부견이 여광을 시켜 구자국을 정복하고 여광은 라집을 모시고 양주로 왔으나 부견이 부하에게 암살당하므로 여광이 왕이 되어 라습을 국빈으로 대접하였다. 라습은 장안의 서명각(西明閣)과 소요원(逍遙園)에서 13년간 경·율·론 등 380여 권을 한문으로 번역하였다.

그의 제자들은 구마라습 문하의 사철(四哲)로 유명한 도생(道生), 승조(僧肇), 도융(道融), 승예(僧叡)를 비롯하여 3,000여명에 달하여 위용을 과시했다.

또한 불교에 기여한 영향이 컸으며, '대품반야'·'묘법연화경'·'아미타경'·'중론' 등 중요한 대승경론을 번역하였으며, 특히 삼론(三論), 중관(中觀) 등을 중국에 소개하여 유통에 힘썼으며 중국 삼론종의 개조(開祖)로 추앙받았다.

라습이 장안으로 들어온 401~413(52~69세)까지 13년간 불교사에 빛나는 활동을 하였으며, 홍시 11년(413년) 69세(타본에는 76세)로 입적하였다.

· **쌍림 부대사**(雙林 傅大士, 497-570)

양나라 사람으로 속성 부(傅)씨, 이름은 흡(翕), 자는 현풍(玄風). 16세에 결혼하여 24세 때 인도 승려 숭두타(崇頭陀)를 만나 불교에 귀의하여. 낮에는 품을 팔고 밤에는 그의 아내 묘광(妙光)과 함께 정진하였으며, 548년 단식분신공양(斷食焚身供養)을 원했으나 제자들의 만류로 못하고 대신 제자 19명이 분신공양 했다고 전한다.

· **육조 대감**(六祖 大鑑, 638-713)

중국 남해 신흥 사람으로 속성은 노(盧)씨. 5조 홍인으로부터 의발을 받은 혜능대사이다. 남방에서 교화를 펴고 조계산에 들어가 남돈(南頓)선풍을 선양하였으며, 당 서천 2년 8월 76세의 나이로 입적했다.

· **규봉 종밀**(圭峰 宗密, 780-841)

당나라 사람으로 속성은 하(何)씨, 어려서 유학을 공부했으나 출가하여 27세 때 수주 도원에서 수선(修禪)하여 징관국사(澄觀

國師)의 제자가 되었다. 62세에 입적하였으며, 시호는 정혜선사(定慧禪師)이다.

• 야부 도천(冶父 道川)

송나라 사람으로 출생연대가 확실치 않으며 속성은 추(秋)씨, 이름은 삼(三)이라 전한다. 군(軍)에서의 집방직(執方職)에 있다가 제동(齊東)의 도겸선사(道謙禪師)에게 법화(法化)되어 도천이라는 호를 받았고, 정인 계성(淨因 繼成)의 인가를 얻어 임제(臨濟)의 6세손이 되었다. 그리고 '야부'란 말은 사람의 이름일 경우 '야보'라고 발음해야 옳으나 일반적으로 야부라고 하기에 관습대로 모두 야부라고 했다.

• 예장 종경(豫章 宗鏡, 904-975)

북송 사람으로 속성은 왕씨. 28세 때 취암장에서 배우고 그 후 천대(天大) 덕조국사(德詔國師)에게 오달(悟達)하고 법안종(法眼宗) 제3조(祖)가 되었으며, 정토왕생을 염원하였다. 72세에 입적했으며, 시호는 지각선사(智覺禪師)이며, 종경록(宗鏡錄) 100권과 만선동사집(萬善同師集) 6권이 전한다.

• 함허당 득통(涵虛堂 得通, 1376-1433)

조선 초기 충청북도 충주 사람. 당호가 함허당이고 법호(法號)는 득통이다. 속성은 유(劉)씨, 속명은 수이(守伊) 호는 무준(無準)이다. 21세 때 관악산 의상암에서 출가하여 22세 때 양주 회암사에서 무학대사에게서 법을 들었다. 1420년 강원도 월정사에서 세종대왕의 청으로 설법한 일도 있다.

‖차례‖

책머리에 | 5

· 금강반야바라밀경오가해서설 金剛般若波羅密經五家解序說 | 15
· 조계육조선사서 曹溪六祖禪師序 | 38
· 예장사문종경제송강요서 豫章沙門宗鏡提頌綱要序 | 46
· 금강반야바라밀경 金剛般若波羅密經 | 52
· 규봉밀선사소론요병서 圭峰密禪師疏論要幷序 | 58
· 야부 冶父 | 73
· 종경 宗鏡 | 80
· 규봉 圭峰 | 85

1. 법회인유분 法會因由分 | 87
2. 선현기청분 善現起請分 | 133
3. 대승정종분 大乘正宗分 | 155
4. 묘행무주분 妙行無住分 | 171
5. 여리실견분 如理實見分 | 193
6. 정신희유분 正信希有分 | 207
7. 무득무설분 無得無說分 | 237
8. 의법출생분 依法出生分 | 253
9. 일상무상분 一相無相分 | 269
10. 장엄정토분 莊嚴淨土分 | 289
11. 무위복승분 無爲福勝分 | 313
12. 존중정교분 尊重正敎分 | 323
13. 여법수지분 如法受持分 | 333
14. 이상적멸분 離相寂滅分 | 359

15. 지경공덕분持經功德分 | 425
16. 능정업장분能淨業障分 | 449
17. 구경무아분究竟無我分 | 469
18. 일체동관분一切同觀分 | 513
19. 법계통화분法界通化分 | 537
20. 이색이상분離色離相分 | 545
21. 비설소설분非說所說分 | 553
22. 무법가득분無法可得分 | 565
23. 정심행선분淨心行善分 | 571
24. 복지무비분福智無比分 | 581
25. 화무소화분化無所化分 | 589
26. 법신비상분法身非相分 | 601
27. 무단무멸분無斷無滅分 | 617
28. 불수불탐분不受不貪分 | 625
29. 위의적정분威儀寂靜分 | 635
30. 일합이상분一合理相分 | 643
31. 지견불생분知見不生分 | 663
32. 응화비진분應化非眞分 | 675

· 종경제송강요후서宗鏡提頌綱要後序 | 709
· 부대사송傅大士頌 | 714
· 청량대법안선사송淸凉大法眼禪師頌 | 718
· 육조구결六祖口訣 | 723

후기 | 731

금강반야바라밀경오가해서설
(金剛般若波羅密經五家解序說)

함허 有一物於此
　　　　유 일 물 어 차

여기 한 물건이 있으니,

설 一物 何物 ○祇 這一著子 希夷焉 絶情謂 髣髴焉 看似有
　　일물 하물 ○기 저일저자 희이언 절정위 방불언 간사유
響習然 難可追 恍惚然 難可測 非迷非悟 不可以凡聖 稱 無我
향물연 난가추 황홀연 난가측 비미비오 불가이범성 칭 무아
無人 不可以自他 名 故 但云一物 六祖 云有一物 無頭無尾 無
무인 불가이자타 명 고 단운일물 육조 운유일물 무두무미 무
名無字上柱天下柱地 明如日黑似漆 常在動用中 動用中 收不得
명무자상주천하주지 명여일흑사칠 상재동용중 동용중 수부득
者 是然雖如是 一物之言 亦強稱之而已 故 南嶽讓和尚 道 說
자 시연수여시 일물지언 역강칭지이이 고 남악양화상 도 설
似一物卽不中 有一物於此者 不離當處常湛然故 云爾
사일물즉부중 유일물어차자 불리당처상담연고 운이

　한 물건이란 어떤 물건인가? ○ 다만 이 하나는 희이하여 생각이 끊어지고, 비슷비슷하여 보면 있는 것 같으면서도 초파리처럼 빨라 뒤쫓기가 어렵고 황홀하여 헤아리기 어려우니, 미혹한 것도 아니요, 깨달은 것도 아니어서 범부다 성인이다 부를 수도 없다. 나(我)도 남(人)도 없어 나(自)니 너(他)니 하고 이름 붙일 수도 없기에 단지 '한 물건'이라 한 것이다.

육조 스님이 말하기를, 한 물건이 있는데 머리도 없고 꼬리도 없으며 이름도 없고 자(字)도 없으며, 위로는 하늘에 닿고 아래로는 땅에 꽉 차 있다. 밝기는 태양과 같고 어둡기로는 옻칠(漆)과 같다. 항상 움직이고 쓰는 가운데(動用中) 있지만 움직이고 쓰면서도 거두지 못하는 것이 이것이다 하였다.

비록 이와 같기는 하지만 '한 물건'이란 말도 역시 억지로 칭했을 따름이다. 그러므로 남악 회양화상은 '설사 한 물건이라 해도 맞지 않다 한 것이다. 그러니 '여기 한 물건이 있다'는 것은 바로 이 자리(當處)를 여의지 않고 항상 깨끗하고 맑은 까닭에 그렇게 말한 것이다.

함허 絶名相
절 명 상

이름으로나 모양으로는 표현할 수 없지만,

설 蕭焉空寂 湛爾冲虛 無名可名 無相可覩故也
소 언 공 적 담 이 충 허 무 명 가 명 무 상 가 도 고 야

소연하여 고요하며 맑고 텅 비어서, 가히 이름 붙여 부를 것이 없고 가히 모양으로써 볼 것이 없기 때문이다.

함허 貫古今
관 고 금

고금을 꿰뚫어,

설 歷千劫而不古 亘萬歲而長今 多經海岳相遷 幾見風雲變態
역 천 겁 이 불 고 긍 만 세 이 장 금 다 경 해 악 상 천 기 견 풍 운 변 태

천만겁을 지나도 옛이 아니고 만세에 걸쳐 있어도 항상 지금

이다. 오랜 세월동안 바다와 산이 서로 수없는 변화를 겪었으니 바람과 구름의 변화하는 모습을 얼마나 보았던가.('바다와 산' 운운한 것은 이 세계가 成·住·壞·空할 때 바다가 산이 되는 세계의 변천을 말한 것이고, '풍운' 운운한 것은 군신흥망의 인간변이를 말한 것이다.)

함허 處一塵 圍六合
처 일 진 위 육 합

한 티끌에 머물러 있어도 동서남북상하를 에워싸고,

설 凡有事物 小不能大 大不能小 此則反是 能小而細入鄰虛能
범 유 사 물 소 불 능 대 대 불 능 소 차 칙 반 시 능 소 이 세 입 린 허 능
大而廣包法界
대 이 광 포 법 계

무릇 모든 사물이 작은 것은 능히 큰 것이 될 수 없고 큰 것은 능히 작은 것이 될 수 없으나, 이것(한 물건)만은 이와 반대로 작고 가늘어서 능히 인허에 들어갈 수 있고 크고 넓어서 능히 법계를 에워싼다.

함허 內含衆妙
내 함 중 묘

안으로는 온갖 묘를 포함하고,

설 體量 恢恢 恒沙性德 無量妙用 元自具足
체 량 회 회 항 사 성 덕 무 량 묘 용 원 자 구 족

본체의 양이 넓디넓어서 갠지스강의 모래 수와 같은 성덕과 한량없는 묘용이 원래부터 스스로 갖추어져 있다.

함허 外應羣機
　　　외 응 군 기

　밖으로는 모든 사물에 응하여,

설 物來卽應 感而遂通 如明鏡 當臺 胡來胡現 漢來漢現 洪種
　　물 래 즉 응　감 이 수 통　여 명 경　당 대　호 래 호 현　한 래 한 현　홍 종
在虡 大扣 大鳴 小扣 小鳴
재 거　대 구 대 명　소 구 소 명

　사물이 오면 곧 응하여 느낌으로 통하는 것이 밝은 거울(明鏡)과 같아 이 대에 호인(黑, 호나라 사람)이 오면 호인이 나타나고 한인(赤)이 오면 한인이 나타난 것 같고, 큰 종이 틀에 걸려 있어서 크게 치면 크게 울리고 작게 치면 작게 울리는 것 같다.

함허 主於三才 王於萬法
　　　주 어 삼 재　왕 어 만 법

　천·지·인의 주인이 되고 만법의 왕이 되니,

설 天以之覆 地以之載 人以之處乎其中 以至日月星辰 草木昆
　　천 이 지 복　지 이 지 재　인 이 지 처 호 기 중　이 지 일 월 성 신　초 목 곤
虫 凡有貌像形色者 莫不以之爲宗 而得成立
충　범 유 모 상 형 색 자　막 불 이 지 위 종　이 득 성 립

　하늘은 이 한 물건으로써 덮어주고(覆) 땅은 이 한 물건으로써 실어주고(載) 있으며, 사람은 이것으로써 그 가운데 처하니 이로써 해·달·별·초목·곤충에 이르기까지 무릇 모양과 색깔이 있는 것들이 이것으로써 근본을 삼아서 성립하고 있지 않는 것이 없다.(이것은 '안으로 衆妙를 머금고 밖으로 群機를 따르며, 三才의 主가 되고 萬法의 王이 된 것'을 밝힌 것.)

함허 蕩蕩乎其無比 巍巍乎其無倫
　　　 탕 탕 호 기 무 비　 외 외 호 기 무 륜

탕탕함은 그 무엇과도 비유할 수 없으며, 외외함은 그 무엇과도 짝할 수 없다.

설 蕩蕩云云 廣大勝第一者 是 巍巍云云 最尊極無上者 是 此
　　 탕 탕 운 운　 광 대 승 제 일 자　 시　 외 외 운 운　 최 존 극 무 상 자　 시　 차
所以爲王爲主之勢也
소 이 위 왕 위 주 지 세 야

탕탕하다는 것은 광대하여 제일이 되는 것이요, 외외하다는 것은 가장 높고 높아서 지극하여 위없는 것이니, 이것이 왕이 되고 주인도 되게 하는 힘(勢)이 되는 까닭이다.

함허 不曰神乎 昭昭於俯仰之間 隱隱於視聽之際
　　　 불 왈 신 호　 소 소 어 부 앙 지 간　 은 은 어 시 청 지 제

신령스럽다고 말하지 않겠는가? 예를 갖추어 받드는 동안에도 분명하게 밝고 보고 들을 때에도 기회가 오면 있는 듯 없는 듯 은은하다.

설 決定是無 性自神解 決定是有 尋之無蹤 此所以爲神也
　　 결 정 시 무　 성 자 신 해　 결 정 시 유　 심 지 무 종　 차 소 이 위 신 야

결정코 이것이 없다하면 성품이 스스로 신비롭게 알고, 결정코 이것이 있다하면 찾으면 자취가 없으니 이것이 신비하다고 하는 까닭이다.

함허 不曰玄乎 先天地而無其始 後天地而無其終
　　　 불 왈 현 호　 선 천 지 이 무 기 시　 후 천 지 이 무 기 종

현묘하다 말하지 않겠는가? 천지보다 앞섰지만 그 시작이 없고 천지 이후에도 그 끝이 없으니,

설 有形之最先者 天地也 有形之最後者 亦天地也 有形之最先
　　유형지최선자　천지야　유형지최후자　역천지야　유형지최선
者 天地也 而天地 以此爲始 此 物之所以始者 不可得而窮也所
자　천지야　이천지　이차위시　차　물지소이시자　불가득이궁야소
以始者 旣不可得而窮則所以終者 亦不可得而窮也 此所以爲玄也
이시자　기불가득이궁칙소이종자　역불가득이궁야　차소이위현야

모양 있는 것 가운데서 가장 먼저 생긴 것은 하늘과 땅(天地)이고 모양 있는 것 가운데서 가장 마지막까지 존재하는 것도 하늘과 땅이다. 모양이 있는 것 가운데서 가장 먼저 생긴 것이 하늘과 땅이지만, 하늘과 땅이 이것으로써 시작되니 이것이 물질(一物)이 된 까닭이다. 가히 그것은 궁구할 길이 없다. 시작된 까닭을 이미 궁구할 수 없은즉 마침도 역시 궁구할 수 없음이니, 이것이 현현하다 한 이유가 된다.

함허 空耶 有耶 吾未知其所以
　　　공야　유야　오미지기소이

공한 것인가, 있는 것인가? 나는 그 까닭을 알 수 없다.

설 物體深玄 虛徹靈通 有不定有 無不定無 言語道斷 心行處滅
　　물체심현　허철영통　유부정유　무부정무　언어도단　심행처멸
故 云爾
고　운이

물의 체가 깊고 그윽하고 텅 비어 사무쳐 영통(靈通)해서, 있다 하지만 결정코 있는 것도 아니고, 없다 하지만 결정코 없는 것도 아니니, 말길이 끊어지고 마음 갈 곳이 멸한 까닭에 이렇

게 말했을 따름이다.

함허 我迦文 得這一著子 普觀衆生 同稟而迷 歎曰奇哉 向生死
　　　아가문　득저일착자　보관중생　동품이미　탄왈기재　향생사
海中 駕無底船 吹無孔笛 妙音 動地 法海 漫天 於是 聾騃盡醒
해중　가무저선　취무공적　묘음　동지　법해　만천　어시　롱애진성
枯槁 悉潤 大地含生 各得其所
고고　실윤　대지함생　각득기소

　　우리 세존께서는 이 한 물건을 깨닫고 중생들이 모두 똑같이 이 이것을 받아 지니면서도 미한 채 있어 널리 살펴 탄식하여 기이한 일이로다 하셨다. 생사의 바다 한 가운데로 향해 밑바닥 없는 배를 몰고 구멍없는 피리를 불어 묘음이 땅을 진동시키니 법의 바다가 하늘까지 넘쳤다. 이에 귀먹고 어리석은 범부들이 깨어나고 땅이 품고 있던 것들이 제각기 그 자리를 얻었다(그래서 그것은 성범염정에 관계되지 않으면서도 성도 되고 범도 된다고 한다).

설 此物 非聖非凡 而凡而聖 非淨非染 而染而淨 所以 道 手把
　　차물　비성비범　이범이성　비정비염　이염이정　소이　도　수파
破砂盆 身披羅錦綺 有時 醉酒罵人 忽爾燒香作禮 比之空日空
파사분　신피라금기　유시　취주매인　홀이소향작례　비지공일공
豈長晴 亦豈常雨 日豈長明 亦豈常暗 一念迷也 雲起長空 上明
개장청　역개상우　일개장명　역개상암　일념미야　운기장공　상명
下暗 一念悟也 風掃迷雲 上下洞徹 染淨所以興也 聖凡所以作
하암　일념오야　풍소미운　상하통철　염정소이흥야　성범소이작
也 聖凡旣作則感應 生焉 凡在迷而渴仰風化 聖在悟而爲物興悲
야　성범기작즉감응　생언　범재미이갈앙풍화　성재오이위물흥비
所以 我迦文 於寂滅場中 初成正覺 作獅子吼 奇哉奇哉 普觀一
소이　아가문　어적멸장중　초성정각　작사자후　기재기재　보관일

切衆生 具有如來智慧德相 但以妄想執著 而不證得 於是 運無
체중생 구유여래지혜덕상 단이망상집착 이부증득 어시 운무

緣慈 說無言言 廣演敎海 徧注衆生心地 使之道芽 榮茂 心花發
연자 설무언언 광연교해 편주중생심지 사지도아 영무 심화발

明 大地同春 萬物 感熙
명 대지동춘 만물 감희

  이 물건은 성인도 아니고 범부도 아니지만 능히 범부도 되고 성인도 되며, 깨끗한 것도 아니며 더러운 것도 아니지만 때로는 능히 더러워지기도 하고 깨끗하여지기도 한다. 이런 이유로 말하기를, 손에는 깨진 사기그릇 조각을 잡고 몸에는 비단옷을 걸치며, 때로는 술에 취해 사람들을 욕하는가 하면 홀연히 향을 사르고 예배한다고 하였으니, 저 허공의 태양에 비유한다면 허공이 어찌 항상 맑기만 하고 또한 어찌 항상 비만 오며, 해가 어찌 항상 밝기만 하며 또한 어찌 항상 어둡기만 하겠는가? 한 생각이 미혹하면 구름이 허공에 일어나 위는 밝으나 아래는 어두우며, 한 생각을 깨달으면 바람이 미혹의 구름을 쓸어버려 위아래가 통하게 되어 모두 밝아지는 것과 같다. 더럽고 깨끗한 것(染淨)도 이렇게 일어나고 성인과 범부도 이렇게 지어지는 것이다.

  성인과 범부가 이미 이렇게 지어지면 감응이 일어나서, 미혹한 범부는 성인의 교화(風化)를 목마르게 원하고 깨달은 성인은 중생(物)을 위하여 자비를 일으킨다. 이런 까닭으로 우리 부처님께서 적멸도량 가운데서 처음으로 정각을 이루어 사자후를 일으키시기를, '기특하고 기특하다. 널리 일체중생을 살펴보니 여래의 지혜 덕상을 갖추고 있건만 단지 망상과 집착으로 증득하지 못하는구나' 하셨다. 이에 인연 없는 자비를 굴리시며 (運) 널리 가르침의 바다(敎海)를 펴시어 널리 중생의 마음 밭

(心地)에 도의 싹을 잘 자라게(榮茂)하고 마음 꽃(心花)이 밝게 피게(發明) 하니, 대지가 함께 봄을 맞아 온갖 만물이 감동하여 크게 기뻐했다.

함허 今般若經者 妙音之所流 法海之所自者也
　　　금반야경자　묘음지소류　법해지소자자야

　지금의 반야경은 묘음이 흘러나온 곳이며 법의 바다도 그곳으로부터 나온 것이다.

설 般若 一物之强稱 經者 現物之具也 此乃金口親宣 不是餘人
　　반야　일물지강칭　경자　현물지구야　차내금구친선　불시여인
之所說 法門淵源 不同瑣瑣 之敎乘
지소설　법문연원　부동쇄쇄　지교승

　반야는 한 물건에 억지로 붙인 이름이고 경은 한 물건을 표현한 도구이다. 또 이 금강경은 부처님께서 친히 말씀하신 것이지 다른 사람이 설한 것이 아니다. 법문의 깊고 깊은 근원(淵源)이 자질구레한 가르침(小乘)과는 같지 않다.

함허 以金剛之堅利 剗我人之稠林 照慧日於重昏 開惑霧於三空
　　　이금강지견리　잔아인지조림　조혜일어중혼　개혹무어삼공

　금강의 견고함과 날카로움으로 자아에 대한 고집과 인간에 대한 고집의 숲을 베어버리고 지혜의 빛을 중혼에 비추며 의혹의 안개를 삼공에 열어,

설 我人稠林 蔚於心地 金剛焰下 掃地無礙 法與非法此二惑霧
　　아인조림　울어심지　금강염하　소지무애　법여비법차이혹무
掩蔽性空 故曰重昏 慧日 一照 重昏頓破 三空 顯現
엄폐성공　고왈중혼　혜일　일조　중혼돈파　삼공　현현

아상·인상으로 인한 마음의 번뇌(稠林)가 마음 땅에 무성하다가 금강의 불꽃 아래서(焰下) 땅을 쓴 듯이 자취가 사라진다. 법과 비법이라는 두 의혹의 안개가 성품의 공함을 가리게 되므로 중혼이라 한 것이다. 지혜의 빛으로 한번 비추면 중혼이 몰록 사라지고 삼공이 훤히 나타나는 것이다.

함허 使之出斷常坑 登眞實際 敷萬行花 成一乘果
사지출단상갱 등진실제 부만행화 성일승과

단견과 상견의 구덩이에서 나오게 하여 참된 진리에 들게 하며 만행의 꽃을 피워 일승의 과를 이루게 하니,

설 法非常而執爲有 性非斷而執爲空 執爲空而不知空之不空則
법비상이집위유 성비단이집위공 집위공이부지공지불공칙

是落斷見坑也 執爲有而不知有之非有則是落常見坑也 實際者空
시락단견갱야 집위유이부지유지비유칙시락상견갱야 실제자공

有兩忘 一味亦亡之處也 佛以三空 開示 使之不落斷常之坑頓超
유양망 일미역망지처야 불이삼공 개시 사지불락단상지갱돈초

空有之外 如是圓修 如是圓證也
공유지외 여시원수 여시원증야

법은 상이 아닌데 집착해서 유라 알고, 성은 단이 아닌데 집착해서 공으로 삼으니, 공에 집착하여 공이 공 아닌지를 알지 못하면 단견의 구덩이에 떨어지고, 집착하여 유를 삼으나 유가 유 아닌지를 알지 못하면 상견의 구덩이에 떨어진다. 실제라는 것은 공과 유를 둘 다 여의고, 잊어버린 그 일미까지도 사라진 것이니, 부처님께서 삼공으로서 진리를 열어보이시어 그들로 하여금 단상(斷見과 常見)의 구덩이에 떨어지지 않게 하고 몰록 공과 유의 밖을 뛰어넘어서, 이와 같이 원만히 닦아서 이와

같이 원만히 증득하게 하는 것이다.

함허 言言利刃當陽 句句水灑不著
　　　　언언리인당양　구구수쇄불착

　말씀마다 날카로운 칼이 햇빛을 받아 번뜩이고 구구절절 물로 씻어내어 붙을 것이 없도다.

설 金剛妙慧 堅不爲物挫 利能斷衆生寃結 般若雄詮 金剛妙慧
　　금강묘혜　견불위물좌　이능단중생원결　반야웅전　금강묘혜
之所現發 故 利能破衆生疑網 堅不爲外魔所壞
지소현발　고　이능파중생의망　견불위외마소괴

　금강의 묘한 지혜는 견고함으로 다른 사물에 꺾어지지 않고 날카롭기는 능히 중생들의 원결을 끊으니, 반야의 웅대한 경전은 금강의 묘한 지혜가 드러나는 것이다. 때문에 날카로움으로 능히 중생의 의심(疑網)을 깨트리고, 견고하여 외도나 마구니들도 무너트릴 수 없다.

함허 流出無邊法門海 孕育無限人天師
　　　　유출무변법문해　잉육무한인천사

　가없는 법문의 바다로 흘려보내 무한한 인천의 스승을 길러내고

설 佛之與法 皆從此經流出 故 云爾
　　불지여법　개종차경류출　고　운이

　부처와 법이 다 이 경으로부터 흘러나온 곳이므로 이렇게 말씀하셨다.

함허 若大鑒能 圭峰密 冶父川 傅與鏡此五大士者 皆人天之所
약대감능 규봉밀 야부천 부여경차오대사자 개인천지소
尊 法海之所歸者也
존 법해지소귀자야

　대감 혜능, 규봉 종밀, 야부 도천, 부대사, 종경 이렇게 다섯 분의 대사 모두는 인천의 존경을 받을 만한 분들이며, 법의 바다가 돌아갈 바이다.

설 五大士 皆因此經 眼目夫人天 故 曰人天之所尊 無法不了故
오대사 개인차경 안목부인천 고 왈인천지소존 무법불료고
云法海之所歸
운법해지소귀

　오대사가 다 이 경으로 인해서 인천의 안목이 되니, 말하길, 인천의 존중을 받을 만하고, 요달하지 못한 법이 없어 법해가 돌아갈 바라고 한 것이다.

함허 各具通方正眼 直傳諸佛密印 各出廣長舌相 開演最上宗乘
각구통방정안 직전제불밀인 각출광장설상 개연최상종승
一一威振河嶽 輝騰古今 遂使當世 盲者 得見 聾者 得聞 啞者
일일위진하악 휘등고금 수사당세 맹자 득견 농자 득문 아자
能言 跛者 能行
능언 파자 능행

　다섯 분이 각기 두루 통하는 정안을 갖추어서 모든 부처님의 밀인을 바로 전해주시고, 제각기 부처님의 넓고 깊은 가르침을 끌어내어 최상승의 도리와 종지를 열어 연설해주시니, 낱낱이 위엄을 온 세상에 떨쳤고 찬란한 빛을 고금에 드날렸다. 마침내 당세에 맹인을 보게 하고, 귀가 먼 자는 듣게 하고, 벙어리는 능히 말하게 하고, 절름발이는 능히 걷게 했다.

설 通方正眼者 明眞了俗 達乎中道 無所不通之正眼也 密印者
통방정안자 명진료속 달호중도 무소불통지정안야 밀인자

衆生所迷之眞理 佛祖相傳之法印也 五大士 具如是正眼 傳如是
중생소미지진리 불조상전지법인야 오대사 구여시정안 전여시

密印 開大口說大話 威光 動地 照映今昔 遂使見聞 皆化 知非
밀인 개대구설대화 위광 동지 조영금석 수사견문 개화 지비

遷善 極於宗說兼通 解行相應之大化者 皆於此經 得之矣
천선 극어종설겸통 해행상응지대화자 개어차경 득지의

'통방정안'이란 진을 밝히고 속을 요달하며 중도를 통달하여 통하지 않음이 없는 바른 안목을 말하는 것이다. 밀인은 중생들이 알아야 할 진리이고 부처와 조사가 서로 전해준 법인이다. 다섯 대사가 이와 같이 정안을 갖추고 이렇게 밀인을 전하여 큰 입(大口)으로 큰 말씀(大話)을 설해주시니, 위엄의 빛이 땅을 진동시켜 고금을 밝게 비추었다. 이것을 보고 듣는 이들이 모두 교화되어 허물을 알고 선을 행하게 되어 마침내 종설(宗說, 宗은 理로서 眞理를 깨달은 것이고 說은 事로서 깨달은 眞理를 말해주는 것을 말함)을 겸하여 통하니 해(解)와 행(行)이 서로 응하여 크게 교화를 펴는 방편을 모두 이 경에서 얻었다.

함허 既而 亦爲普覺將來 各自依經著解 以傳天下後世
기이 역위보각장래 각자의경저해 이전천하후세

　그렇게 하고도 또한 장래 중생들의 깨달음을 위해 각자 금강경을 해석하여 천하 후세에 전하니,

설 既而斯經 現益當世 且造斯解 流芳萬古
기이사경 현익당세 차조사해 유방만고

　이미 이 경으로써 당세에 이익을 베풀었고 또한 이 해설을 지어 만고에 꽃향기를 흐르게 하였다.

함허 豈是彫文喪德 可謂錦上添華
　　　개시조문상덕　가위금상첨화

　어찌 문양을 새기려다 덕을 상하게 하겠는가? 가히 비단 위에 꽃을 더하는 것과 같다.

설 玉無瑕而彫文 反喪良玉溫潤之德 斯解則反是 致令經語 益
　　옥무하이조문　반상량옥온윤지덕　사해칙반시　치령경어　익
精 經義 益明 遂使目之者 披雲覩日 耳之者 豁然心開
정　경의　익명　수사목지자　피운도일　이지자　활연심개

　티 없는 옥에 무늬를 새기면 도리어 좋은 옥의 매끄러움을 상하게 되지만, 이 해설은 도리어 경의 말씀을 더욱 정밀하게 하고 경의 뜻을 더욱 분명하게 한다. 그래서 보는 사람으로 하여금 구름을 헤치고 해를 보게 하고 듣는 사람에게는 활연히 마음을 열게 했다.

함허 何止重輝佛日 亦乃光揚祖道
　　　하지중휘불일　역내광양조도

　어찌 거듭 부처님의 광명만 드날렸겠는가? 역시 나아가 조사의 도까지 빛을 휘날렸다.

설 古人 道 三乘十二分敎 體理得妙 何處 更有祖師西來意 則
　　고인　도　삼승십이분교　체이득묘　하처　갱유조사서래의　즉
別傳之旨 亦不外乎斯經 尙爲言敎 所攝 隱而不現 今諸祖 稱實
별전지지　역불외호사경　상위언교　소섭　은이불현　금제조　칭실
發揚 非獨敎義全彰 別傳之旨 亦乃昭然 有云 單傳直指之旨 豈
발양　비독교의전창　별전지지　역내소연　유운　단전직지지지　개
斯敎 所攝乎 看於黃梅曹溪 足可見矣
사교　소섭호　간어황매조계　족가견의

고인이 말하기를, '삼승 12분교의 이치를 깨닫고 묘를 얻으면 어느 곳에 다시 조사(달마)가 서쪽으로부터 온 뜻이 있겠는가?' 하였다. 이는 곧 조사의 교외별전이 또한 이 경밖에 있지 않다는 것을 말한 것이다. 오히려 언교에 섭수한 바가 되어서 깊은 뜻이 나타나지 않으므로, 이제 모든 조사들이 사실에 맞게 드러내시니, 비단 경전의 가르침뿐만 아니라 교외별전의 뜻(禪旨)까지도 훤히 드러났다. 어떤 사람이 말하길, '홀로 전한 직지의 뜻(禪旨)이 어찌 이 교(金剛)에 섭수한 바 되겠는가?' 하였지만 황매(五祖)와 조계(六祖)를 보면 족히 알 수 있다.

함허 我曹 生于千載之下 得遇難遇之寶 手接目覩 幸莫大焉
아조 생우천재지하 득우난우지보 수접목도 행막대언

우리는 부처님 천년 뒤에 태어나, 접하기 어려운 보배를 접하고 손으로 만져보고 눈으로도 보게 되니 이보다 더 큰 행운이 어디 있겠는가?

설 慶遇斯解也
경우사해야

이 해(五家解)를 만나게 된 것은 경사로운 일이다.

함허 以此 可以揚佛祖之餘輝 以此 可以延君國之洪祚
이차 가이양불조지여휘 이차 가이연군국지홍조

이로써 부처와 조사의 나머지 광명을 드높일 수 있으며, 이로써 가히 임금과 나라의 큰 복도 연장시킬 수 있을 것이다.

설 儻因斯解 豁開正眼則法印 在握 化道 在己
당인사해 활개정안칙법인 재악 화도 재기

어쩌면 이 오가해로 인하여 정안이 활짝 열리게 되면, 법인이 바로 내 손안에 있고 교화의 도(化道)도 자기에게 있을 것이다.

함허 然此編集 出於何人之手 而不現其名乎
연차편집 출어하인지수 이불현기명호

그리하여 이 편집이 어떤 사람의 손에서 나왔기에, 그 이름을 나타내지 않았는가?

설 歎不現夫編者之名也
탄불현부편자지명야

편집자의 이름이 나타나지 않았음을 탄식한다.

함허 吾 喜其爲一佛五祖師之心 令一轉而便見也
오 희기위일불오조사지심 영일전이변견야

나는 부처님과 다섯 조사의 마음을 한번 더, 문득 다 볼 수 있게 해주어 대단히 기쁠 따름이다.

설 一軸之內 佛燈祖焰 交光互映 可一轉而便見佛祖之心矣 此
일축지내 불등조염 교광호영 가일전이편견불조지심의 차
所以爲喜也
소이위희야

한 권의 책 안에 부처님의 법등과 조사의 불꽃이 서로 어울려 비추니, 가히 한번 읽어보면 곧 불조의 마음을 모두 보게 되니 이것이 기뻐하는 까닭이다.

함허 所嗟 雖有彈絃之妙指 未遇賞音之嘉聰 由是 誤聽戞戞作
소차 수유탄현지묘지 미우상음지가총 유시 오청아아작

洋洋者 多矣
양양자 다의

  탄식하는 바는 비록 거문고를 잘 타는 묘한 손가락은 있으나 그 소리를 감상하는 귀 밝은 사람을 만나지 못한 것이다. 이런 이유로 '아아'가 만든 곡을 잘못 듣고 '양양'이라는 사람이 많다.

설 三尺古琴 妙音 斯在 雖有妙音 若無妙指 終不能發 縱有妙
    삼척고금 묘음 사재 수유묘음 약무묘지 종불능발 종유묘
指 善能彈絃 聞而賞音者 蓋難 賞音者 難故 誤聽哦哦 作洋洋
지 선능탄현 문이상음자 개난 상음자 난고 오청아아 작양양
者 多矣 一部靈文 妙理斯在 雖有妙理 若非匠手 孰能抽毫 稱
자 다의 일부영문 묘리사재 수유묘리 약비장수 숙능추호 칭
實發揚 雖有稱實發揚 目以善解者 蓋難 善解者 難故 以淺爲深
실발양 수유칭실발양 목이선해자 개난 선해자 난고 이천위심
以深爲淺者 多矣 是可歎也
이심위천자 다의 시가탄야

  (그래서 음을 아는 사람을 만나지 못하는 것을 한탄한 대목을 다시 말한다.) 3척 옛 거문고에 묘음이 거기 있으니 비록 묘음이 있으나 만약 묘한 손가락이 없으면 능히 나타내낼 수 없으며, 비록 묘한 손가락이 있어 줄을 잘 연주하나 그 선율을 감상하는 자를 만나기는 더욱 어려운 것이다. 소리를 감상하는 자를 만나기 어려운 이유로 훌륭한 감상자가 없으므로 곡조를 잘못 듣고 '아아'를 '양양'이라고 하는 사람이 많다. 이것을 가히 탄식한다.

  한권의 신령스러운 글에 묘한 이치가 그 속에 있으니, 비록 묘한 이치는 있으나 만약 장인의 손이 없으면 누가 능히 붓을 들어 사실에 맞게 표현하리오. 비록 사실에 맞게 표현하더라도 그것을 보고 잘 이해하는 사람을 만나기 어려우니 얕은 뜻을

깊은 것이라 하고 깊은 뜻을 얕은 것으로 삼는 이가 많아, 이것을 가히 탄식한다.

함허 又於經疏 以僞濫眞 乳非城外者 頗多 豈非以去聖愈遠 歷
우어경소 이위람진 유비성외자 파다 개비이거성유원 역

傳多手而致然歟
전 다 수 이 치 연 여

또한 경과 소의 오류가 참된 원전(元典)에 섞여서 성 밖의 잘못된 우유처럼 자못 많으니, 어찌 성인의 가르침에서 점점 멀어지지 않겠는가? 많은 손을 거치면서 전해지다 보면 그렇게 되는 것이다.

설 眞僞相雜 水乳 難判 所以舛訛 蓋緣傳寫之誤耳
진위상잡 수유 난판 소이천와 개연전사지오이

진(참됨)과 위(그릇됨)가 서로 섞여서 물과 우유를 가릴 수 없듯이, 잘못된 까닭은 대개 전하고 옮겨 쓰는 과정에서 오류가 생길 뿐이다.

함허 夫聖言之所以傳之於後之世也 唯文不能設 空義不獨傳 文
부성언지소이전지어후지세야 유문불능설 공의부독전 문

義相資 方成妙唱 作天下古今之龜鑒 開世與出世之眼目 若義有
의상자 방성묘창 작천하고금지귀감 개세여출세지안목 약의유

誵訛 文有錯誤 則非唯不能開人眼目 亦令誤解 碍正知見
효 와 문유착오 칙비유불능개인안목 역령오해 애정지견

무릇 성현의 말씀을 후세에 전하는 까닭은, 오직 문장만으로 능히 베풀 수도 없고 공연히 뜻만 독단적으로 전할 수도 없기 때문이다. 문장과 뜻이 서로 어울려야 바야흐로 묘한 창화(唱和)가 이루어지고, 천하고금의 귀감이 되어 세간과 출세간의

안목을 열어 줄 것이다. 만약 뜻에 효와(誵訛, 공손하지 못하거나 거짓된 표현)가 있고 문장에 착오가 있으면 사람들의 안목을 열어주지 못할 뿐만 아니라, 역시 오해를 일으켜 바른 지견에 장애가 되는 것이다.

설 文字 現道之具也 導人之方也 須文義相資 而血脈 貫通 精
　　문자 현도지구야 도인지방야 수문의상자 이혈맥 관통 정

審詳密 備焉 而脫衍倒誤 未嘗雜於其間然後 能使人開解 得爲
심상밀 비언 이탈연도오 미상잡어기간연후 능사인개해 득위

萬世之龜鑑也 不爾則非唯不能開人眼目 反爲惑人之具也
만세지귀감야 불이칙비유불능개인안목 반위혹인지구야

　문자는 도를 나타내는 도구이며 사람을 인도하는 방법이다. 모름지기 글과 뜻이 서로 어울려서 혈맥이 관통하고 정밀하고 자세하며 깊게 갖추어서, 빠지고 넘치고 잘못된 것이 그 사이에 섞이지 않은 연후에 사람들에게 이해하게 하여 만세에 귀감이 되게 할 일이다. 그렇지 않으면 사람의 안목을 열어주지 못할 뿐 아니라 도리어 사람을 미혹하게 하는 도구가 될 것이다.

함허 蓋不爲文字 所惑 能體聖人之意者 誠難得也
　　　개불위문자 소혹 능체성인지의자 성난득야

　대개 문자에 현혹되지 않고 능히 성현의 뜻을 체득하는 사람은 진실로 만나기 어렵다.

설 若非哲眼 不能不爲 誵訛 所惑也
　　약비철안 불능불위 효와 소혹야

　만일 밝은 눈(哲眼)이 아니면 효와에 의해 미혹하게 된다.

함허 然 若心淸慮靜 緣文究義 依義尋文 則文義之舛錯者 不隱
연 약심청려정 연문구의 의의심문 즉문의지천착자 불은

微毫 了然昭著 如世病脉 不能逃於善醫之手
미호 요연소저 여세병맥 불능도어선의지수

그러나 만약 마음이 청정하고 생각이 고요해서 글을 만나 뜻을 연구하며 뜻에 의지해서 글을 찾으면, 즉 글과 뜻의 잘못이 털끝만큼도 숨을 수가 없어서 확연히 밝게 드러나는 것이 마치 세상의 질병이 훌륭한 의사의 손에서 달아나지 못함과 같다.

설 雖非哲眼 若靜心慮 以硏之則文義之舛錯者 可得而詳也
수비철안 약정심려 이연지즉문의지천착자 가득이상야

비록 밝은 눈을 갖지 못하였으나 마음과 생각을 고요히 가다듬어 연구하면, 글과 뜻의 어긋나고 그릇된 곳을 자세히 볼 수 있을 것이다.

함허 予 雖非善醫之儔 幸粗識文義 略辨眞僞故 今之經之疏之
여 수비선의지주 행조식문의 약변진위고 금지경지소지

中之或脫或衍或倒或誤者 簡而出之 參之諸本 質之諸師 以正之
중지혹탈혹연혹도혹오자 간이출지 참지제본 질지제사 이정지

然 他本所據外 未嘗一字一句 妄自加損於其間
연 타본소거외 미상일자일구 망자가손어기간

내가 비록 훌륭한 의사 축에는 끼지 못하지만 다행히 글과 뜻을 조금 알고 진위를 대략 분별할 수 있으므로, 이제 경전의 소 가운데에서 혹 글자가 빠지거나 혹 덧붙여지거나 혹 뒤집어지거나 혹 잘못된 것을 간추려 찾아내어, 여러 책을 참고로 하고 여러 스승에게 질문도 해서 바르게 잡았다. 그러나 다른 책에 의거한 것 이외에는 일찍이 한 글자나 한 글귀도 망령되이 스스로 그 사이에 더하거나 뺀 것이 없다.

설 予以不敏 辨眞僞定 譌訛也 然 此 以有據依而然 非爲臆斷
여이불민 변진위정언 효와야 연 차 이유거의이연 비위억단

　내가 민첩하지 못한 솜씨로 참과 거짓을 가리고 잘못된 것을 바로 잡긴 했으나, 이는 증거가 있음으로써 그런 것이지 내 소견으로 우긴 것은 아니다.

함허 凡有所疑 他本無所據處 據義以決 附之卷尾而已
범유소의 타본무소거처 거의이결 부지권미이이

　무릇 의심스럽기는 하지만 타본에 의거할 수 없는 것은, 뜻에 의거하여 정했으며 책 뒤에 덧붙였다.

설 若以己意 濫之於部內則或者 爲達者之所非矣 知有闕誤而不
약이기의 남지어부내칙혹자 위달자지소비의 지유궐오이불
寫以傳之則未有今日較正之功也 後世 或聞較正之說 槩以爲全
사이전지칙미유금일교정지공야 후세 혹문교정지설 개이위전
而不加察焉則佛祖之正意 幾乎墮地矣 故 不獲已書之於卷尾 而
이불가찰언칙불조지정의 기호타지의 고 불획이서지어권미 이
傳之也
전지야

　만약 내 뜻으로 책 안에 붙여두면 혹 안목 있는 자(達者)가 할 바가 아니요, 빠졌거나 잘못된 것이 있는 것을 알고서도 그것을 써서 전하지 않으면, 오늘 바로 잡는(較正) 공도 있지 못할 것이다. 혹 후세에 바로 잡았다는 말을 듣고 온전한 것이라 생각해서 더 살피지 않으면 부처님과 조사의 뜻이 거의 땅에 떨어질 것이다. 그러므로 부득이 그것을 책 뒤에 써서 전한다.

함허 若見盤根錯節之處 而抱拙拱手 不渤刃於其間 則豈爲通人
약견반근착절지처 이포졸공수 불발인어기간 즉개위통인

達士之所可乎 是以 不揆不才 解其結通其碍 正未正齊未齊 永
달사지소가호 시이 불규부재 해기결통기애 정미정제미제 영

貽來學 誰知王舍一輪月 萬古光明長不滅 呵呵他日 具眼者 見
이래학 수지왕사일륜월 만고광명장불멸 가가타일 구안자 견

之 當發大笑矣
지 당발대소의

　만일 뿌리가 엉기고 설켜서 마디가 뒤섞여 뜻이 안 풀리는 곳을 보고도 손 놓고 그 사이에 칼날을 놀리지 않으면 어찌 통인달사라 할 것인가? 그러므로 재주가 없음을 헤아리지 않고, 맺힌 곳은 풀어주고 걸린 곳은 통하게 하며 그릇된 것을 바로잡고 어그러진 곳을 가지런히 하여, 길이 장래의 학인들에게 남기니,

　왕사성의 일륜월(부처님의 진리)이 만고의 광명이 되어
　영원히 멸할 수 없음을 누가 알겠는가?
　하하! 다른 날 안목을 갖춘 사람이
　이를 보면 마땅히 크게 웃으리라.

설 解之舛訛 如盤根錯節 結 礙不通 若一向畏人非之 知誤而不
　　 해지천와 여반근착절 결 애불통 약일향외인비지 지오이불

決焉則其於報佛恩之義 爲如何哉 後世 必有承訛踵誤 妄生穿鑿
결언칙기어보불은지의 위여하재 후세 필유승와종오 망생천착

以求其說之必通者矣 夫如是則其不決之蔽 至於使佛祖之言 終
이구기설지필통자의 부여시즉기불결지폐 지어사불조지언 종

未免於駁雜之愆也 此 通人達士之所不可也 由是 終不固讓於決
미면어박잡지건야 차 통인달사지소불가야 유시 종불고양어결

焉 寫以傳之也 夫然後 一經之義天 朗曜 當年之慧月 將大明於
언 사이전지야 부연후 일경지의천 낭요 당년지혜월 장대명어

天下矣 孰知夫如是之理乎 今悟自知其然而大慶于懷也 然 此言
천하의 숙지부여시지리호 금오자지기연이대경우회야 연 차언

此說 如蚊 之鼓大虛也 達者 當以是 爲笑具也
차설 여문 지고대허야 달자 당이시 위소구야

　이 해석의 잘못된 것이 마치 뿌리가 엉기고 맺혀 불통하니 만약 한결같이 사람들이 그르다 할까 두려워 잘못이 있음을 알고도 해결하지 않는다면 부처님 은혜에 보답함이 되겠는가? 후세에 반드시 잘못된 것을 이어 받고 그릇된 것을 밟아서 망령되이 천착(穿鑿, 思量)을 내어 그 설로써 통하기를 구하는 사람이 있을 것이다. 대저 이 같은즉, 해결하지 못한 폐단이 부처님과 조사의 말씀에까지 이르러 마침내 뒤섞인 허물을 면치 못하리니, 이는 통인달사의 할 바가 아니로다. 이로 말미암아 해결하는 데 굳이 사양하지 않고 써서 전하노라. 그런 연후에라야 한 경의 뜻이 하늘에 밝게 빛나서 당년 지혜의 달이 장차 천하에 크게 밝으리니 누가 이 같은 이치를 알겠는가? 이제 내가 스스로 그러한 것을 알아서 마음속으로 크게 기뻐하노라. 그러나 이러한 말들은 마치 모기가 허공에서 요동치는 것과 같으니 달자가 마땅히 이것으로 웃음거리를 삼을 것이다.

함허 永樂乙未六月日 涵虛堂衲守伊 盥手焚香謹序
　　　 영 락 을 미 육 월 일 　함 허 당 납 수 이 　관 수 분 향 근 서

　영락 을미년(1415년) 6월 함허당 납승 수이가 양치하고 손 씻고 향을 사르며 삼가 서문을 썼다.

조계육조선사서
(曹溪六祖禪師序)

육조 夫金剛經者 無相 爲宗 無住 爲體 妙有 爲用 自從達磨西
　　　부금강경자　무상　위종　무주　위체　묘유　위용　자종달마서

來 爲傳此經之義 令人 悟理見性
래　위전차경지의　영인　오리견성

　대저 금강경이라는 것은 모양이 없는 것으로 종지를 삼고 머묾이 없는 것으로 체를 삼고 묘유로 용을 삼는다. 달마가 서쪽으로부터 와서 이 경의 뜻을 전해 모든 사람으로 하여금 이치를 깨달아 성품을 보게 하시니,

설 般若靈源 廓然無諸相 曠然無所住 空而無在 湛而無知 今此
　　　반야영원　확연무제상　광연무소주　공이무재　담이무지　금차

一經 以此 爲宗爲體 無知而無不知 無在而無不在 無住而無所
일경　이차　위종위체　무지이무부지　무재이무부재　무주이무소

不住 無相而不 礙諸相 此所以妙有 爲用也 諸佛所證 蓋證此也
부주　무상이불　애제상　차소이묘유　위용야　제불소증　개증차야

諸祖所傳 蓋傳此也 其所以開示人者 亦以此也
제조소전　개전차야　기소이개시인자　역이차야

　반야의 신령스런 근원이 확 트여서 모든 상이 없고, 넓고 커서 머묾이 없으며, 텅 비어서 있지 않으며 맑아서 앎이 없다. 이제 일경이 이것으로 종을 삼고 체를 삼아서 앎이 없지만(無知) 알지 못함도 없고(無不知), 있지 않지만(無在) 있지 않음도

없으며(無不在), 주함이 없지만 주하지 않음도 없으며, 상이 없지만 모든 상에 걸리지 않으니, 이것이 묘유로써 용을 삼는 까닭이다. 모든 부처님이 증득하신 것이 다 이것을 증득한 것이며, 모든 조사가 전하신 것도 모두 이것을 전한 것이니, 사람들에게 열어 보이신 것 또한 이것으로써 하는 것이다.

육조 秖爲世人 不見自性 是以 立見性之法 世人 若了見眞如本
지위세인 불견자성 시이 입견성지법 세인 약료견진여본

體 卽不假立法 此經 讀誦者 無數 稱讚者 無邊 造疏及註解 凡
체 즉불가립법 차경 독송자 무수 칭찬자 무변 조소급주해 범

八百餘家 所說道理 各隨所見 見雖不同 法卽無二 宿植上根者
팔백여가 소설도리 각수소견 견수부동 법즉무이 숙식상근자

一聞便了 若無宿慧 讀誦雖多 不悟佛意 故 解釋其義 遮斷學者
일문변료 약무숙혜 독송수다 불오불의 고 해석기의 차단학자

疑心 若於此經 得旨無疑 卽不假解說 從上如來所說善法 爲除
의심 약어차경 득지무의 즉불가해설 종상여래소설선법 위제

凡夫不善之心 經是聖人之語 敎人聞之 從凡悟聖 永息迷心 此
범부불선지심 경시성인지어 교인문지 종범오성 영식미심 차

一卷經 衆生性中 本有 不自見者 但讀誦文字 若悟本心 始知此
일권경 중생성중 본유 부자견자 단독송문자 약오본심 시지차

經 不在文字 但能明了自性 方信一切諸佛 從此經出 今恐世人
경 부재문자 단능명료자성 방신일체제불 종차경출 금공세인

身外覓佛 向外求經 不發內心 不持內經 故造此訣 令諸學者 持
신외멱불 향외구경 불발내심 부지내경 고조차결 영제학자 지

內心經 了然自見淸淨佛心 過於數量 不可思議 後之學者 讀經
내심경 요연자견청정불심 과어수량 불가사의 후지학자 독경

有疑 見此解義 疑心 釋然 更不用訣 所冀 學者 同見鑛中金性
유의 견차해의 의심 석연 갱불용결 소기 학자 동견광중금성

以智慧火 鎔煉 鑛去金存 我釋迦本師 說金剛經 在舍衛國 因須
이지혜화 용련 광거금존 아석가본사 설금강경 재사위국 인수

菩提起問 大悲爲說 須菩提 聞說得悟 請佛與法安名 令後人 依
보리기문 대비위설 수보리 문설득오 청불여법안명 영후인 의

而受持 故 經 云佛 告須菩提 是經 名爲金剛般若波羅蜜 以是
이수지 고 경 운불 고수보리 시경 명위금강반야바라밀 이시

名字 汝當奉持 如來所說金剛般若波羅蜜 與法爲名 其意謂何
명자 여당봉지 여래소설금강반야바라밀 여법위명 기의위하

以金剛 世界之寶 其性 猛利 能壞諸物 金雖至堅 殺羊角 能壞
이금강 세계지보 기성 맹이 능괴제물 금수지견 고양각 능괴

金剛 喩佛性 殺羊角 喩煩惱 金雖堅剛 殺羊角 能碎 佛性 雖堅
금강 유불성 고양각 유번뇌 금수견강 고양각 능쇄 불성 수견

煩惱能亂 煩惱雖堅 般若智 能破 殺羊角 雖堅 賓鐵 能壞 悟此
번뇌능란 번뇌수견 반야지 능파 고양각 수견 빈철 능괴 오차

理者 了然見性 涅槃經 云見佛性者 不名衆生 不見佛性 是名衆
리자 요연견성 열반경 운견불성자 불명중생 불견불성 시명중

生 如來所說金剛喩者 秖爲世人 性無堅固 口雖誦經 光明不生
생 여래소설금강유자 지위세인 성무견고 구수송경 광명불생

外誦內行 光明齊等 內無堅固 定慧卽亡 口誦心行 定慧均等 是
외송내행 광명제등 내무견고 정혜즉망 구송심행 정혜균등 시

名究竟 金在山中 山不知是寶 寶亦不知是山 何以故 爲無性故
명구경 금재산중 산부지시보 보역부지시산 하이고 위무성고

人則有性 取其寶用 得遇金師 斬鑿山破 取鑛烹鍊 遂成精金 隨
인칙유성 취기보용 득우금사 참착산파 취광팽연 수성정금 수

意使用 得免貧苦 四大身中 佛性 亦爾 身 喩世界 人我 喩山
의사용 득면빈고 사대신중 불성 역이 신 유세계 인아 유산

煩惱 喩鑛 佛性 喩金 智慧 喩工匠 精進勇猛 喩斬鑿 身世界中
번뇌 유광 불성 유금 지혜 유공장 정진용맹 유참착 신세계중

有人我山 人我山中 有煩惱鑛 煩惱鑛中 有佛性寶 佛性寶中 有
유인아산 인아산중 유번뇌광 번뇌광중 유불성보 불성보중 유

智慧工匠 用智慧工匠 鑿破人我山 見煩惱鑛 以覺悟火 烹鍊 見
지혜공장 용지혜공장 착파인아산 견번뇌광 이각오화 팽련 견

自金剛佛性 了然明淨 是故 以金剛 爲喩 因爲之名也 空解不行
자금강불성 요연명정 시고 이금강 위유 인위지명야 공해불행

有名無體 解義修行 名體俱備 不修 卽凡夫 修 卽同聖智 故名
유명무체 해의수행 명체구비 불수 즉범부 수 즉동성지 고명

金剛也 何名般若 是梵語 唐言 智慧 智者 不起愚心 慧者 有其
금강야 하명반야 시범어 당언 지혜 지자 불기우심 혜자 유기

方便 慧是智體 智是慧用 體若有慧 用智不愚 體若無慧 用愚無
방편 혜시지체 지시혜용 체약유혜 용지불우 체약무혜 용우무

智 秖緣愚癡未悟 遂假智慧除之也 何名波羅蜜 唐言 到彼岸 到
지 지연우치미오 수가지혜제지야 하명바라밀 당언 도피안 도

彼岸者 離生滅義 秖緣世人 性無堅固 於一切法上 有生滅相 流
피안자 이생멸의 지연세인 성무견고 어일체법상 유생멸상 유

浪諸趣 未到眞如之地 竝是此岸 要具大智慧 於一切法 圓離生
랑제취 미도진여지지 병시차안 요구대지혜 어일체법 원리생

滅 卽是到彼岸 亦云心迷則此岸 心悟則彼岸 心邪則此岸 心正
멸 즉시도피안 역운심미즉차안 심오즉피안 심사즉차안 심정

則彼岸 口說心行 卽自法身 有波羅蜜 口說心不行 卽無波羅蜜
즉피안 구설심행 즉자법신 유바라밀 구설심불행 즉무바라밀

也 何名爲經 經者 徑也 是成佛之道路 凡人 欲臻斯路 應內修
야 하명위경 경자 경야 시성불지도로 범인 욕진사로 응내수

般若行 以至究竟 如或但能誦說 心不依行 自心 卽無經 實見實
반야행 이지구경 여혹단능송설 심불의행 자심 즉무경 실견실

行 自心 卽有經 故 此經 如來 號爲金剛般若波羅蜜也
행 자심 즉유경 고 차경 여래 호위금강반야바라밀야

다만 세상 사람들이 자성을 보지 못하므로 견성의 법을 세운 것이다. 만약 세상 사람들이 진여의 본체를 볼 수 있으면 곧 법을 세울 필요가 없었을 것이다. 이 경을 읽고 외우는 이는 수없이 많고 칭찬하는 이도 헤아릴 수 없으며, 소(疏)를 짓고 주해(註解)를 낸 이들도 무려 800여 분이나 되지만 설하신 도리는 각각의 소견을 따르니, 그 견해는 비록 같지 않지만 법은 둘이 아니다. 전생에 씨앗을 심은 상근의 사람은 한번 듣고 곧 깨닫지만, 만약 전생에 익힌 지혜가 없으면 비록 읽고 외우기를 많이 하더라도 부처님의 뜻을 알지 못한다. 그러므로 그 뜻을 해석하여 많은 학자들이 의심을 끊게 하는 것이니, 만약 이 경의 뜻을 얻어 의심이 없다면 곧 해설을 빌릴 필요도 없을 것이다.

위로부터 여래께서 설하신 선법은 범부들의 선하지 못한 마

음을 제거하기 위한 것이다. 경은 성인의 말씀이라, 사람들이 그것을 듣고 범부로써 성인의 깨달음에 이르게 해서 영원히 미혹된 마음을 쉬게 하자는 것이다. 이 한 권의 경은 중생의 성품 가운데 본래 있건만, 스스로 보지 못하는 것은 단지 문자만을 읽고 외우는 까닭이다. 만약 본래 갖추어진 마음을 깨달으면 비로소 이 경이 문자에 있지 않음을 알게 될 것이다.

다만 능히 자기의 성품을 밝게 요달하면 비로소 일체 제불이 이 경으로부터 나왔음을 믿을 것이다. 이제 세상 사람들이 몸 밖에서 부처를 찾고 밖을 향해 경을 구하면서 마음 안에서 발견하지 못하고 내면의 경을 갖지 아니할까 두렵게 여기시어, 이 결(口訣)을 지어 모든 공부하는 사람들이 안으로 마음의 경을 지녀 자기의 청정한 불심이 수량으로 헤아릴 수 없고 가히 생각으로 미칠 수 없음을 요연히 스스로 보게 하노니, 후세의 공부하는 이들은 경을 읽다가 의심이 있거든 이 해의를 보아서 의심이 풀리면 다시 이 구결을 볼 필요가 없을 것이다.

바라건대 공부하는 사람들은 다 같이 광석 속에서 금의 성품(金性)을 보아서 지혜의 불로써 용련하여 잡된 광물을 버리고 금만 남게 하는 것이다. 우리 석가본사께서 금강경을 설하실 때 사위국에 계셨는데, 수보리의 물음으로 인하여 대자비로 설하시니, 수보리가 설법을 듣고 깨달음을 얻어서 부처님께서 어떻게 법의 이름을 지어 후세 사람들에게 받아 지니게 할 것인가를 청했다.

그러므로 경에 의하면, 부처님께서 수보리에게 고하시기를 '이 경의 이름은 금강반야바라밀이니, 이 명자로 너희는 마땅히 받들어 지녀라' 하신 것이다. 여래께서 설하신 금강반야바라밀을 법으로써 이름하신 그 뜻은 무엇인가? 금강은 이 세계의 보배로, 그 성품이 매우 예리하여 능히 모든 물건을 파괴하니, 금강이 비록 극히 견고하나 고양각(산양의 뿔)에 의해 능히 파괴되니 금강은 불성에 비유하고 고양각은 번뇌에 비유한 것이다. 금강은 비록 견고하고 강하나 고양각이 능히 부수고 불성이 비록 견고하나 번뇌가 능히 어지럽히고 번뇌가 비록 견고하나 반야의 지혜로서 능히 쳐부수고 고양각이 비록 굳으나 빈철(賓鐵, 제련된 가장 강한 쇠붙이)이 능히 파괴할 수 있으니, 이 도리를 깨달은 자는 요연히 견성할 수 있다.

열반경에 의하면, 불성을 보는 사람은 중생이라 이름할 수 없고 불성을 보지 못한 자를 중생이라 이름한다고 하였다. 여래께서 설하신 금강의 비유는 다만 세상 사람들이 성품이 견고하지 못해서 입으로는 비록 경을 외우면서도 밝은 빛이 나지 않음이다. 밖으로 외우고 안으로 행하여야 밝은 빛이 함께 고르며 안으로 견고함이 없으면 정(定)과 혜(慧)가 곧 사라지며, 입으로 외우고 마음으로 행해야 정과 혜가 고르게 된다. 이것을 이름하여 구경(究竟, 이곳에서는 第一 또는 圓滿成就를 뜻함)이라 한다.

금이 산중에 있으나 산은 이 보배를 알지 못하고 보배 또한 산을 알지 못한다. 왜냐하면 성품이 없기 때문이다. 사람은 성품이 있어서 그 보배를 취해 사용한다. 연금사를 만나 산을 뚫어 부숴 쇠를 취하여 녹이고 단련시켜 마침내 순금을 얻어서 뜻에 따라 사용하여 빈천(貧賤)의 괴로움을 면한다. 사대(四大)로 이루어진 몸속의 불성도 또한 그러하여, 몸은 세계에 비유하고 남과 나의 분별은 산에 비유하고 번뇌는 광석에 비유하고 불성은 금에 비유하고 지혜는 장인(匠人)에 비유하고 용맹정진은 부수고 뚫는데 비유한다.

색신의 세계 가운데 인아산이 있고 인아산 가운데 번뇌의 광물이 있으며, 번뇌 광물 중에 불성의 보배가 있고 불성의 보배 가운데 지혜의 공장(工匠)이 있다. 지혜의 공장을 써서 인아산을 뚫고 번뇌의 광(煩惱鑛)을 발견해서 깨달음의 불로서 잘 단련하여 자신의 금강불성이 요연히 밝고 깨끗함을 볼 것이다. 그래서 금강으로 비유를 들어 이름을 지은 것이다. 헛되게 알기만 하고 행하지 않으면 이름만 있고 실체가 없는 것이요, 뜻을 알고 행을 닦으면 이름과 체가 갖추어지는 것이다. 닦지 않으면 곧 범부요 닦으면 곧 성인의 지혜와 같으니 고로 금강이라 이름한 것이다.

반야는 무엇인가? 이것은 범어이니 당언으로는 지혜이다. 지(智)란 어리석은 마음을 일으키지 않음이요, 혜(慧)란 그 방편이 있음이니 혜는 지의 체(體)이고 지는 용(用)이니, 체에 만약 혜가 있으면 지의 사용이 어리석지 않지만, 체에 만약 혜가 없으면 어리석음을 사용하여 지가 없으므로 다만 어리석음으로 인하여 깨닫지 못하기 때문에 마침내 지혜를 빌려 어리석음(愚癡)을 제거해야 한다.

무엇을 바라밀이라 명하는가? 당언에 도피안(到彼岸, 저 언덕에 이른다)이니 도피안이란 생멸을 여읜다는 뜻이다. 다만 세상 사람들의 성품이 견고하지 못함으로 인하여 일체의 법에 대해 생멸상(生滅相, 상대적인 것)이 있어 제취(諸趣, 六道)에 떠돌아 진여의 땅에 이르지 못하므로 이것을 이 언덕(此岸)이라 한다. 대지혜를 갖추어 일체법을 원만하게 닦아 생멸을 여

원다면 곧 이것이 저 언덕에 이른 것이다. 또한 말하기를, 마음이 미하면 차안이고 마음을 깨달으면 피안이며, 마음이 삿되면 차안이고 마음이 바르면 피안이니, 입으로 말하고 마음으로 행하면 곧 자기 스스로 법신에 바라밀이 있는 것이요, 입으로 말하고 마음으로 행하지 아니하면 곧 바라밀이 없는 것이다.

경이란 무엇인가? 경이란 길(徑)이니 부처가 되는 길이다. 무릇 사람이 이 길에 이르고자 하면 마땅히 안으로 반야행을 닦아야 구경에 이를 것이나, 혹 능히 외우고 말하기만 하며 마음으로 의지하여 행하지 않으면 자기 마음에 경이 없음이요, 실답게 보고 실답게 행하면 자기 마음에 경이 있는 것이니, 고로 이 경을 여래께서 '금강반야바라밀경'이라 하신 것이다.

예장사문종경제송강요서
(豫章沙門宗鏡提頌綱要序)

종경 觀夫空如來藏 碎祖師關 獨露眞常 無非般若
　　　　관부공여래장　쇄조사관　독로진상　무비반야

　관찰하건대, 여래장을 공으로 만들고 조사의 관문도 부셔버려 홀로 진상을 드러내는 것이 반야 아닌 것이 없으니,

설 如來藏 有空如來藏 有不空如來藏 空如來藏 所證眞理也不
　　　여래장　유공여래장　유불공여래장　공여래장　소증진리야불
空如來藏 能證眞智也 眞理 謂之空如來藏者 眞理絶相 如彼太
공여래장　능증진지야　진리　위지공여래장자　진리절상　여피태
虛 廓無纖 翳故也 眞智 謂之不空如來藏者 眞智照理 如彼赫日
허　확무섬　예고야　진지　위지불공여래장자　진지조리　여피혁일
當空顯現故也 皆謂之藏者 藏之爲物 中虛且實 中虛故 可比於
당공현현고야　개위지장자　장지위물　중허차실　중허고　가비어
空也 且實故 可比於不空也 今所謂空如來藏者 蓋異於空不空之
공야　차실고　가비어불공야　금소위공여래장자　개이어공불공지
空藏也 以碎祖師關 爲對故也 物所畜而封不露曰藏 八識之藏
공장야　이쇄조사관　위대고야　물소축이봉불로왈장　팔식지장
隱覆自性如來 故名如來藏 關者 以不通去來 爲義 祖師眞機 聖
은복자성여래　고명여래장　관자　이불통거래　위의　조사진기　성
解難通 凡情莫透 故名爲關 不妄曰眞 不變曰常 眞常者 生佛平
해난통　범정막투　고명위관　불망왈진　불변왈상　진상자　생불평
等之大本也 空彼如來藏 碎彼祖師關 令眞常獨露 無非般若之功也
등지대본야　공피여래장　쇄피조사관　영진상독로　무비반야지공야

　여래장에는 공여래장과 불공여래장이 있는데, 공여래장은 증

득할 바의 진리(眞理)이고 불공여래장은 능히 증득한 진지(眞智)이다. 진리를 공여래장이라 말함은 진리가 상이 끊어진 것이 마치 큰 허공과 같아서 탁 트여 조금도 걸림이 없는 까닭이고, 진지를 불공여래장이라 말함은 참다운 지혜가 이치를 비추는 것이 마치 저 빛나는 태양과 같아서 허공에 환하게 나타나는 까닭이다. 두 가지를 모두를 장(藏)이라 하는 것은 장(藏, 갈무려져 있는)이 물건 됨이 속이 텅 비기도 하고 꽉 차기도 하니 속이 빈 까닭에 가히 허공에 비유하고 또한 꽉 차있는 까닭에 불공(不空)에 비유한 것이다. 여기서 공여래장이라 한 것은 대개 공이다, 불공이다 하는 공장(空藏)과는 다르니, 조사의 관문을 부수는 것으로서 대상을 삼는 연고이다.

　사물을 쌓아두고 봉하여 드러나지 않음을 장(藏)이니, 팔식(八識)의 장이 자성여래를 숨겨 덮고 있기 때문에 여래장이라 이름한 것이다. 관(關)이란 것은 거래가 통하지 않는 것으로 뜻을 삼음이니, 조사의 참된 기틀은 성인의 지혜로도 통하기 어렵고 범부의 뜻으로는 더더욱 뚫기가 어려워 관이라 이름한 것이다. 망령됨이 사라진 것이 진(眞)이요 변하지 않는 것을 상(常)이라 하니, 진상(眞常)이란 중생과 부처의 평등한 근본이 됨으로 저 여래장을 비우고 저 조사의 관문을 부셔서 진상으로 하여금 홀로 드러나게 하는 것이 반야의 공덕 아님이 없는 것이다.

종경 三心 不動 六喩全彰 七寶 校功 四句倍勝 若迺循行數墨
　　　　삼심 부동 육유전창 칠보 교공 사구배승 약내순행수묵

轉益見知 宗眼 不明 非爲究竟
전익견지 종안 불명 비위구경

48

삼심(三心, 업상·전상·현상)이 부동하면 여섯 가지 비유가 온전히 비치는 것이다. 칠보로 그 공을 비교해보면 사구가 배로 나을 것이나, 만약 글줄이나 따르고 먹물이나 센다면 지견만 더 굴릴 뿐이라서 종안이 밝지 못해 구경이 되지 못한다.

설 三心者 第八根本心 第七依本心 前六起事心 是 一眞 獨露
　　 삼심자 제팔근본심 제칠의본심 전육기사심 시 일진 독로

三心 不動 三心 不動 六喩斯彰 六喩者 識心 不動 業障 自除
삼심 부동 삼심 부동 육유사창 육유자 식심 부동 업장 자제

靑色 可以爲喩也 靑色 能除災厄故也 識心 不動 無漏功德自然
청색 가이위유야 청색 능제재액고야 식심 부동 무루공덕자연

具足 黃色 可以爲喩也 黃色 隨人所須故也 識心 不動 無生智
구족 황색 가이위유야 황색 수인소수고야 식심 부동 무생지

火 生焉 赤色 可以爲喩也 赤色 對日出火故也 識心 不動 疑濁
화 생언 적색 가이위유야 적색 대일출화고야 식심 부동 의탁

自淸 白色 可以爲喩也 白色 能淸濁水故也 識心 不動 恒住眞
자청 백색 가이위유야 백색 능청탁수고야 식심 부동 항주진

空 空色 可以爲喩也 空色 令人 空中行坐故也 識心 不動 三毒
공 공색 가이위유야 공색 영인 공중행좌고야 식심 부동 삼독

自消 碧色 可以爲喩也 碧色 能消諸毒故也 功用之所以至於如
자소 벽색 가이위유야 벽색 능소제독고야 공용지소이지어여

此者 只緣持無相經 悟無我理 行無我行故也 雖布施七寶之功
차자 지연지무상경 오무아리 행무아행고야 수보시칠보지공

不若受持四句之爲愈也 布施七寶 所以爲劣者 七寶 人間世之所
불약수지사구지위유야 보시칠보 소이위열자 칠보 인간세지소

重也 布施 但感有漏之果 終未免於輪廻 故 劣也 受持四句 所
중야 보시 단감유루지과 종미면어륜회 고 열야 수지사구 소

以爲勝者 四句 超凡悟道之具也 受持 超生脫死 以至究竟 故勝
이위승자 사구 초범오도지구야 수지 초생탈사 이지구경 고승

也 優劣 且置 只如四句 如何受持 便得超生脫死 言言 冥合本
야 우열 차치 지여사구 여하수지 변득초생탈사 언언 명합본

宗 句句 廻就自己 其或未然 增長我人知見 終無解脫之期
종 구구 회취자기 기혹미연 증장아인지견 종무해탈지기

　삼심은 제팔근본심(아뢰야식)과 제칠의본심(말라식)과 전육기사심(전육식)이니, 하나의 진(眞)이 홀로 드러나면 삼심이 부동하고, 삼심이 부동하므로 여섯 가지 비유(六喩)가 여기 나타난다.
　육유란,
　1. 식심이 부동하면 업장이 저절로 제거되어 청색에 비유한다. 청색은 능히 재액(災厄)을 제거하는 까닭이다.
　2. 식심이 부동하면 무루공덕이 저절로 구족되어 황색에 비유한다. 황색은 사람이 구(求)하는 것을 성취시켜주는 까닭이다.
　3. 식심이 부동하면 생멸이 없는 지혜의 불(智火)이 나므로 적색으로 비유한다. 적색은 해에 대해서 불을 내는 까닭이다.
　4. 식심이 부동하면 의심과 탁한 생각이 저절로 맑아져서 백색으로 비유한다. 백색은 능히 흐린 물을 맑히는 까닭이다.
　5. 식심이 부동하면 항상 진공에 머무르는 까닭에 공색으로서 비유하니, 공색은 사람으로 하여금 허공 가운데서 다니기도 하고 앉게도 하기 때문이다.
　6. 식심이 부동하면 삼독이 저절로 소멸되는 까닭에 벽색(碧色)에 비유하니, 벽색은 능히 모든 독을 녹이는 까닭이다.
　공용(功用)이 여기까지 이른 까닭은, 다만 모양 없는 경(無相經)을 가지며, 무아의 이치를 깨닫고 무아의 행을 행하는 것을 인연한 것이니, 비록 칠보를 보시하는 공이라도 사구를 수지하는 것만 같지 못하다. 칠보를 보시한 것이 못한 이유는, 칠보는 인간 세상에서나 중히 여기는 것이지만 보시하면 단지 유루의 과보를 얻어서 마침내 윤회를 벗어나지 못하기 때문이다. 사구를 수지하는 것이 수승한 것은, 사구는 범부를 초월하여 도를 깨치는 도구가 되므로 수지하면 생을 초월하고 죽음을 벗어나 구경에 이르는 까닭이다. 그러나 우열은 그만두고 단지 사구를 어떻게 수지해야 당장 생을 초월하고 죽음을 벗어날 것인가? 말과 말이 전부 근본종지(本宗)에 계합하고 구절구절을 돌이켜서 자기에게 나아가게 하거니와 혹 그렇지 못하면 더욱 아인의 지견만 길러 마침내 해탈을 기약할 수 없게 된다.

종경 嗚呼 微宣奧旨 石火電光 密顯眞機 銀山鐵壁 瞥生異見
오 호　미 선 오 지　석 화 전 광　밀 현 진 기　은 산 철 벽　별 생 이 견

滯在中途 進步無門 退身迷路 聊通一線 俯爲初機 良馬 見鞭
체 재 중 도　진 보 무 문　퇴 신 미 로　요 통 일 선　부 위 초 기　양 마　견 편

追風千里矣
추 풍 천 리 의

　오호라, 미묘하게 펴신 깊은 뜻이여! 돌 부딪히는 불꽃이요 번개 치는 빛이라. 은밀하게 진기를 드러냄이로다. 은으로 된 산이요 철로 만든 장벽이로다. 문득 다른 소견을 내면 중간 길에 막혀 나아가려 해도 길이 없고 물러나려 해도 길을 잃었기에, 통하는 한 가닥 선에 귀를 기울려야 하는 것이다. 처음 공부하는 사람을 위하여 말하노니, 훌륭한 말은 채찍만 보고도 바람을 쫓아 천리를 가도다.

설 奧旨 言旨之玄奧難測也 眞機 言機之純而無雜也 眞機 一似
오지　언 지 지 현 오 난 측 야　진기　언 기 지 순 이 무 잡 야　진기　일 사

銀山鐵壁 堅固難透 高逈莫攀 奧旨 如石火電光 燦然可見 神速
은 산 철 벽　견 고 난 투　고 형 막 반　오지　여 석 화 전 광　찬 연 가 견　신 속

難追 況今佛 宣而微宣 顯而密顯 那容擬議於其間哉 若是過量
난 추　황 금 불　선 이 미 선　현 이 밀 현　나 용 의 의 어 기 간 재　약 시 과 량

漢 石火電光 一捉便捉 銀山鐵壁 一透便透 其或未然 滯在中途
한 석화전광 일착변착 은산철벽 일투변투 기혹미연 체재중도
進退俱失 由是 欲爲後學 開介徑路 遂於三十二分 隨分提綱 隨
진퇴구실 유시 욕위후학 개개경로 수어삼십이분 수분제강 수
綱著頌 利根者 把來一看 則一經之奧旨 諸佛之眞機 便見昭昭
강저송 이근자 파래일간 즉일경지오지 제불지진기 변견소소
於心目矣
어 심 목 의

　　오지(奧旨)란, 뜻이 아득하여 헤아리기 어려운 것을 말한 것이고, 진기(眞機)는 그 기가 순수해서 잡됨이 없음이다. 진기는 은산철벽과 같아서 견고하여 뚫기 어렵고 높고 멀어 부여잡기 어렵다. 오지는 석화전광과 같이 찬란하여 볼 수 있으나 아주 빨라 따르기 어렵다. 하물며 지금 부처님께서 펴시되 미묘하게 펴시고 나투시되 은밀히 나투시니, 어찌 그 사이에 사량분별을 용납할 수 있겠는가? 만약 과량한(過量漢, 대근기의 출중한 사람)이라면 석화전광을 한 번에 척 휘어잡으며 은산철벽을 한 번에 확 뚫겠지만, 혹 그렇지 못하면 그 도중에 머물러서 진퇴를 모두 잃어버릴 것이다. 그러므로 하나의 지름길을 열어 주고자 하여, 32분에 각각 분(分)을 따라 강요(綱要)를 제시하고 강(綱)을 따라서 게송을 짓노니, 영리한 사람은 가져가 한번 보면 곧 일경의 깊은 뜻과 모든 부처님들의 참다운 기틀이 문득 마음의 눈에 환히 드러나 보일 것이다.

금강반야바라밀경
(金剛般若波羅密經)

一切衆生　內含種智　與佛無殊　但以迷倒　妄計我人　淪沒業坑　不
일체중생　내함종지　여불무수　단이미도　망계아인　윤몰업갱　부

知反省　所以　釋迦老人　示從兜率　降神王宮　入摩耶胎　月滿出胎
지반성　소이　석가노인　시종도솔　강신왕궁　입마야태　월만출태

周行七步　目顧四方　指天指地　作獅子吼　天上天下　唯我獨尊　年
주행칠보　목고사방　지천지지　작사자후　천상천하　유아독존　년

至十九　四門遊觀　觀生老病死　四相相逼　子夜　踰城出家　入雪山
지십구　사문유관　관생노병사　사상상핍　자야　유성출가　입설산

六年苦行　臘月八夜　見明星悟道　初遊鹿苑　轉四諦法輪　次說阿
육년고행　납월팔야　견명성오도　초유녹원　전사체법륜　차설아

含方等等部　漸令根性純熟　方說此般若大部　開示悟入佛之知見
함방등등부　점령근성순숙　방설차반야대부　개시오입불지지견

夫大雄氏之演說般若　凡四處十六會　經二十一載　說半千餘部　於
부대웅씨지연설반야　범사처십육회　경이십일재　설반천여부　어

諸部中　獨此一部　冠以金剛　以爲喩者　此之一部　以約該博　金剛
제부중　독차일부　관이금강　이위유자　차지일부　이약해박　금강

一喩　廣含諸義　故　以爲喩也　般若　此翻爲智慧　何名爲智慧　虛
일유　광함제의　고　이위유야　반야　차번위지혜　하명위지혜　허

空　不解說法聽法　四大　不解說法聽法　只今目前　歷歷孤明　勿形
공　불해설법청법　사대　불해설법청법　지금목전　력력고명　물형

段者　能說法聽法也　此說聽底一段孤明　輝天鑒地　曜古騰今　行
단자　능설법청법야　차설청저일단고명　휘천감지　요고등금　행

住坐臥　語默動靜　一切時一切處　昭昭靈靈　了然常知　此所以得
주좌와　어묵동정　일체시일체처　소소영영　요연상지　차소이득

名爲般若也　喩以金剛　意謂何以　此一段孤明　處萬變而如如不動
명위반야야　유이금강　의위하이　차일단고명　처만변이여여부동

淪浩劫而宛爾常存　宜乎比乎金剛之堅也　斬斷竹木精靈　截斷彌
윤호겁이완이상존　의호비호금강지견야　참단죽목정령　절단미

天葛藤　宜乎比乎金剛之利也　喩以金剛　其意以此　亦名摩訶般若
천갈등　의호비호금강지리야　유이금강　기의이차　역명마하반야

摩訶　此翻爲大　何名爲大　此一段孤明　語其明則明逾日月　言其
마하　차번위대　하명위대　차일단고명　어기명즉명유일월　언기

德則德勝乾坤　其量　廣大　能包虛空　體遍一切　無在不在　三世
덕즉덕승건곤　기량　광대　능포허공　체편일체　무재부재　삼세

初無間斷時　十方　都無空缺處　此所以得名爲摩訶也　波羅蜜　此
초무간단시　시방　도무공결처　차소이득명위마하야　바라밀　차

翻爲到彼岸　何名爲到彼岸　迷之者曰衆生　悟之者曰佛　雲收雨霽
번위도피안　하명위도피안　미지자왈중생　오지자왈불　운수우제

海湛空澄　霽月光風　相和　山光水色　互映　此悟者之境界也　霧
해담공징　제월광풍　상화　산광수색　호영　차오자지경계야　무

雲籠　上明下暗　日月　掩其明　山川　隱其影　此迷者之境界也　迷
운롱　상명하암　일월　엄기명　산천　은기영　차미자지경계야　미

之而背覺合塵　名在此岸　悟之而背塵合覺　名到彼岸　此所以得名
지이배각합진　명재차안　오지이배진합각　명도피안　차소이득명

爲波羅蜜也　經者　徑也　詮如上之妙旨　開後進之徑路　令不涉乎
위바라밀야　경자　경야　전여상지묘지　개후진지경로　영불섭호

他途　能直至乎寶所　此所以得名爲經也　又略而釋之則摩訶般若
타도　능직지호보소　차소이득명위경야　우략이석지즉마하반야

者　通凡聖該萬有　廣大無邊之智慧也　金剛般若者　堅不壞利能斷
자　통범성해만유　광대무변지지혜야　금강반야자　견불괴리능단

鎔凡鍛聖之智慧也　波羅蜜者　悟如是旨　行如是行　超二死海　達
용범단성지지혜야　바라밀자　오여시지　행여시행　초이사해　달

三德岸也　經者　以如是言　詮如是旨　現益當世　成轍後代也　或名
삼덕안야　경자　이여시언　전여시지　현익당세　성철후대야　혹명

金剛般若波羅蜜經　或名摩訶般若波羅蜜經　其義以此　題以八字
금강반야바라밀경　혹명마하반야바라밀경　기의이차　제이팔자

摠無量義　經以一部　攝難思教　題稱八字　念過一藏　經持四句　德
총무량의　경이일부　섭난사교　제칭팔자　염과일장　경지사구　덕

勝河沙　經義與果報　佛稱不思議　蓋以此也　然　此　只是約敎論耳
승하사　경의여과보　불칭부사의　개이차야　연　차　지시약교론이

若約祖宗門下一卷經　言之則入息出息　常轉經　豈待形於紙墨然
약 약조종문하일권경　언지즉입식출식　상전경　개대형어지묵연
後　以爲經哉　所以　古人　道　般若波羅蜜　此經　非色聲　唐言　謾
후　이위경재　소이　고인　도　반야바라밀　차경　비색성　당언　만
飜譯　梵語　強安名
번역　범어　강안명
捲箔秋光冷　開窓曙氣淸　若能如是解　題目　甚分明
권박추광냉　개창서기청　약능여시해　제목　심분명

　일체중생이 안으로 종지(智慧)를 머금고 있는 것은 부처님과 더불어 다름이 없지만, 다만 미혹되고 전도되어 망령되이 아와 인을 헤아려서 업의 구덩이에 빠져 반성할 줄 모르므로, 석가 노인께서 도솔천으로부터 왕궁에 내려와 마야부인의 태에 드셨도다. 달이 차서 출생하시어 두루 일곱 걸음을 걸으시며 스스로 사방을 돌아보시고는 하늘과 땅을 가리키며 '천상천하 유아독존'이라고 사자후를 하셨다.
　나이 19세에 되어 네 방향의 문을 두루 돌아보면서 생로병사의 네 가지 모습이 서로 우리 육신을 핍박함을 보시고 한밤중에 성을 넘어 출가하여, 설산에 들어가 6년 고행을 하시다가 납월 8일 밤에 샛별을 보고 깨달음을 얻으시고, 처음 녹야원에서 사제의 법륜을 굴리시고, 그 후로 아함과 방등의 법을 설하면서 근기가 차츰 익어가게 하셨다. 바야흐로 이 반야대부를 설하시어 부처님의 지견을 열어 보여서 깨달음에 들어가게 하시니, 저 대웅씨가 반야를 연설하신 것은 무릇 4곳의 16회(四處十六會)에 이른다. 21년 동안 600부를 설하시니, 그 가운데서 홀로 이 부분을 금강이라고 비유하신 것은 이 일부가 간략하지만 많은 뜻을 지니고 있고, 금강이라는 하나의 비유가 온갖 뜻을 널리 함축하고 있기 때문이다.

반야는 지혜라 번역되니 무엇을 이름하여 지혜인가? 허공이 설법하나 청법할 줄 모르며 사대육신 또한 설법·청법할 줄 모르나 지금 눈앞에 역력히 고명(孤明, 홀로 분명함)한 모양 없는 것이 능히 설법·청법을 하는데, 이 말하고 들을 줄 아는 하나의 고명(一物)이 하늘과 땅에 꽉 차 있으며 옛과 오늘에도 드날려서 행주좌와 어묵동정의 일체시간, 일체처에 환하게 밝아서 요연히 항상 밝게 하니 이것을 반야라 이름한 것이다.

금강으로 비유한 뜻이 무엇인가? 이 하나의 고명이 온갖 변화에 처하되, 여여해서 움직이지 않으며 무한한 시간과 공간에 빠져서도 그대로 항상 있으니 마땅히 금강의 견고함에 비유한 것이요, 대나무같은 정령들(혼미한 정신)을 베어 끊으며 많은 번뇌와 망상들을 절단하니 금강의 날카로움에 비유함이 마땅하며 금강으로 비유하신 뜻이 여기에 있는 것이다.

또한 마하반야라고도 명하니, 마하는 크다고 번역하는데 무엇을 이름하여 크다고 하는가? 이 하나의 고명이 그 밝기를 말하자면 해와 달보다 밝고, 그 덕으로 말하자면 하늘과 땅보다 뛰어나며 그 양이 광대하여 능히 허공을 에워싸고 그 체가 일체에 두루하여서 있고 있지 않음이 없다. 과거·현재·미래에 한 순간도 끊일 사이가 없고 시방에 한 곳도 빈 곳이 없으니 이것이 마하라 이름한 까닭이다.

바라밀은 도피안이라, 번역하니 무엇이 도피안인가? 미혹한 사람을 중생이라 하고 깨달은 사람을 부처라 하니, 구름이 걷히고 비가 개이며 바다가 맑고 하늘도 맑아서, 비 개인 달과 빛과 바람이 서로 어울리고 산색과 물빛이 서로 비침은 깨달은 사람의 경계요, 안개가 덮이고 구름이 끼며 위는 맑고 아래는 어두우며 일월이 그 밝음을 가려 산천이 그 자취를 숨김은 미혹한 사람의 경계다. 미혹하여 깨달음을 등지고 번뇌 속에 있음을 차안에 있다 하고 그것을 깨달아서 번뇌를 등지고 깨달음에 있음을 도피안이라 하니 이것이 바라밀이라 한 까닭이다.

경이란 경(徑, 길)이니 위와 같이 묘한 뜻을 말씀하신 것은 후진들이 걸어가야 할 길을 열어 다른 길에 빠지지 않게 하고, 능히 보배로운 처소에 곧바로 이르게 함이니, 이것이 이름하여 경이라 한 까닭이다.

또 간략하게 해석한다면 마하반야는 범부와 성인에 다 통하고 만유에 갖추어져 있는 광대무변한 지혜요, 금강반야는 견고해서 무너지지 않고 예리해서 능히 다른 것을 끊을 수 있으므로, 범부를 녹이고 성인을 단련하는 지혜이다. 바라밀은 이와 같은 뜻을 깨닫고 이와 같은 행을 실천해서 이사해(二死海)를 뛰어넘어 삼덕의 언덕에 도달함이다.

경이란 이와같은 말로써 이와 같은 뜻을 설명해서 당세에도 이익을 주고 후세 사람에게도 법철(法轍, 법도)을 이루게 하는 것이니, 그 이름을 금강반야바라밀경이라 하며 혹은 마하반야바라밀경이라고 한다.

제목 여덟 자로 한량없는 뜻을 함축하고 있고, 경의 얼마 안되는 글로써 사량할 수 없는 일대 가르침을 다 섭수하고 있으니, 제목 8자(摩訶般若波羅蜜經, 金剛般若波羅密經)를 일컬음은 부처님의 일대장경을 한꺼번에 다 외움과 같다. 경의 사구를 갖는 것은 그 덕이 항하강의 모래수보다 수승하여서 경의 뜻과 과보를 부처님께서 불가사의하다 한 것이 모두 이런 까닭이다. 그러나 이는 교과적인 입장에서 논했을 뿐이나 만약 조

종문하에서의 한 권의 경을 말하자면, 숨을 들이쉬고 내쉬는 가운데 항상 경을 굴리거니와, 종이에 글로 형상화시킨 연후에만 어찌 경이라 하겠는가? 그러므로 옛사람이 말하기를, 반야바라밀이여! 이 경은 모양과 소리가 아니거늘 당언으로 부질없이 번역하고 범어로 굳이 이름을 둔 것이라 했다.

발을 걷어 올리니 가을빛이 차갑고
창문을 여니 서기가 맑도다.
만약 이와 같음을 능히 안다면
제목이 심히 분명하리라.

찬(贊)   쌍림부대사(雙林傅大士)
구결(口訣)   육조대감선사(六祖大鑒禪師)
찬요(纂要)   규봉밀선사(圭峯密禪師)
송(頌)   야부○천선사(冶父○川禪師)
제강(提綱)   예장경선사(豫章鏡禪師)
설(說)   함허당득통(涵虛堂得通)

규봉밀선사소론찬요병서
(圭峰密禪師疏論纂要幷序)

규봉 鏡心 本淨 像色 元空 夢識 無初 物境 成有 由是 惑業
　　　경심 본정 상색 원공 몽식 무초 물경 성유 유시 혹업
襲習 報應 綸輪 塵沙劫波 莫之 遏絶
습습 보응 윤륜 진사겁파 막지 알절

　거울과 같은 마음은 본래 청정하고 모양과 색깔이 본래 공함이라. 그러나 꿈같은 인식이 처음부터 없었거늘 사물의 경계가 이루어져 있으니, 이로 말미암아 온갖 미혹과 업이 자꾸 익혀지고 그 과보가 계속 줄을 이어서 티끌 같은 시간의 물결 속에 막아 끊을 수 없도다.

설 心也者冲 虛妙粹 炳煥靈明 如彼古鏡 體自虛明 瑩徹無礙
　　　심야자충 허묘수 병환영명 여피고경 체자허명 형철무애
妙絶名相之端 淨無能所之跡 故 云鏡心 本淨 內而根身 外而器
묘절명상지단 정무능소지적 고 운경심 본정 내이근신 외이기
界 皆謂之像色 阿賴耶識一念之妄 變起根身器界 若離妄念 卽
계 개위지상색 아뢰야식일념지망 변기근신기계 약리망념 즉
無一切境界之相 故 云像色 元空 夢識 只因不覺而有 心若常覺
무일체경계지상 고 운상색 원공 몽식 지인불각이유 심약상각
夢識 無由現發 故 云夢識 無初 不覺心動 名爲覺明 因明起照
몽식 무유현발 고 운몽식 무초 불각심동 명위각명 인명기조
見分 俄興 由照立塵 相分 妄布 於是 根身 頓起 世界成差 故
견분 아흥 유조입진 상분 망포 어시 근신 돈기 세계성차 고

云物境 成有 根身 旣興 世界已成 根塵 相對 識風 相鼓 鎖眞
운물경 성유 근신 기흥 세계이성 근진 상대 식풍 상고 쇄진

覺於夢宅 智眼於風塵 沈迷三界之中 匍匐九居之內 生死循環
각어몽택 지안어풍진 심미삼계지중 포복구거지내 생사순환

無有窮已 故 云由是 惑業 襲習 報應 綸輪 塵沙劫波 莫之 絶
무유궁이 고 운유시 혹업 습습 보응 윤륜 진사겁파 막지 절

　마음이란 것은 깊고 텅 비어 미묘하고 순수(沖虛妙粹)하고 밝고 맑아 영명함(炳煥靈明)이 저 옛 거울이 스스로 본체가 텅 비고 아주 밝아 걸림없이 밝게 비치는 것 같아, 묘하게 이름이나 모양(名相)이라 할 것이 다 끊어지고 깨끗하기는 능소(주관과 객관)의 자취가 없다. 그러므로 '거울 같은 마음이 본래 깨끗하다'고 하는 것이다. 안으로의 근신(根身)과 밖으로의 기계(器界)를 일컬어 상색(像色)이라 한다. 아뢰야식(阿賴耶識) 한 생각의 망념이 근신과 기계를 변하여 일으키니, 만약 이 망념을 여의면 일체 경계의 상이 없어지기 때문에 '상색이 원래 공하다'라고 말한다. 몽식(夢識)은 단지 깨닫지 못함(不覺)으로 인하여 생기니 만약 마음이 항상 깨어 있으면 몽식이 생겨날 이유가 없다. 그러므로 '몽식이 처음부터 없다' 라고 하는 것이다. 불각심(不覺心, 최초의 無明)이 움직이는 것을 이름하여 각명(覺明, 깨달아야 할 밝음)이라 한다. 밝음으로 인하여 비침이 일어나 인식작용(見分)이 기울어져 일어나고 비춤으로 인해 거울 속에 영상(塵, 煩惱의 티끌)이 서로의 현상(相分)이 망령되이 퍼진다. 이에 근신이 한꺼번에 일어나서 세계가 온갖 차별이 이루어지기 때문에 '사물이 경계가 있음을 이루었다'고 말한다. 몸이 이미 일어나고 세계가 이미 이루어지고, 육근과 육진(根塵)이 서로 대하고 인식작용(識風)이 서로 두드려서 참다운 깨달음(眞覺)은 꿈집(夢宅)에 가두어 버리고, 지혜의 눈은

풍진(風塵) 속에 눈멀게 만드는 것이다. 삼계 속에 어리석게 빠지고 구거(九居)속에 기어 다녀, 낳고 죽기를 거듭하여 벗어날 기약이 없으므로 말하기를, '이런 까닭으로 미혹의 업이 찌들려 있고 과보의 업이 줄을 이어서, 티끌 같은 시간 동안 막아 끊을 수 없다' 한 것이다.

규봉 故我滿淨覺者 現相人中 先說生滅因緣 令悟苦集滅道 旣
고아만정각자 현상인중 선설생멸인연 영오고집멸도 기

除我執 未達法空 欲盡病根 方談般若 心境 齊泯 卽是眞心 垢
제아집 미달법공 욕진병근 방담반야 심경 제민 즉시진심 구

淨 雙亡 一切淸淨 三千瑞煥 十六會彰 今之所傳 卽第九分 句
정 쌍망 일체청정 삼천서환 십육회창 금지소전 즉제구분 구

偈隱略 旨趣深微 慧徹三空 檀含萬行 住一十八處 密示階差 斷
게은략 지취심미 혜철삼공 단함만행 주일십팔처 밀시계차 단

二十七疑 潛通血脉 不先遣遣 曷契如如 故雖策修 始終無相 由
이십칠의 잠통혈맥 불선견견 갈계여여 고수책수 시종무상 유

斯 敎理皆密 行果俱玄 致使口諷牛毛 心通麟角 或配入名相 著
사 교리개밀 행과구현 치사구풍우모 심통린각 혹배입명상 착

事乖宗 或但云一眞 望源迷派 其餘胸談臆注 不足論矣 河沙珍
사괴종 혹단운일진 망원미파 기여흉담억주 부족론의 하사진

寶 三時身命 喩所不及 豈徒然哉 且天親無著 師補處尊 後學
보 삼시신명 유소불급 개도연재 차천친무착 사보처존 후학

何疑 或添或棄 故今所述 不攻異端 疏是論文 乳非城內 纂要名
하의 혹첨혹기 고금소술 불공이단 소시론문 유비성내 찬요명

意 及經題目 次下卽釋 無煩預云
의 급경제목 차하즉석 무번예운

稽首牟尼大覺尊 能開般若三空句
계수모니대각존 능개반야삼공구

發起流通諸上士 冥資所述契羣機
발기류통제상사 명자소술계군기

그런 까닭으로 청정함이 가득한 우리의 각자께서, 사람 속에

모습을 나투어서 처음에는 생멸 인연의 도리를 설하시고 고집멸도를 깨닫게 하시니 이미 아집은 제거했으나 법공은 통달하지 못한지라, 병근을 뿌리 뽑고자 하여 바야흐로 반야를 설하시어 마음과 경계를 함께 없애니 이것이 곧 진심이요, 더럽고 깨끗함을 모두 잊으면 일체가 청정해졌도다.

  삼천대천세계에 상서를 나투시고 16회의 법을 펴시니 지금 전하는 바는 곧 9번째 설법이라. 구정과 게송이 은밀하고 간략한데다 그 뜻이 깊고 미묘해서 지혜는 삼공(我空, 法空, 俱空)에 사무치고 보시로 만행을 포함하도다. 18처에 머무시며 세밀히 계단과 차례를 보이시고 27가지 의심을 끊으시어 그윽한 혈맥을 통하게 하니 먼저 보낼 것을 보내지 않으면 어찌 여여함에 계합하리오.

  그러므로 비록 경책해서 수행하나 시종 상이 없는지라. 이로 말미암아 교리가 모두 비밀스럽고 행과 과보가 함께 현묘해서, 입으로 외우는 사람은 소털처럼 많으나 마음으로 통달하는 사람은 기린의 뿔처럼 귀하도다. 혹, 어떤 사람은 이름과 모양에 빠져 현상에 집착하여 원래의 종지를 어기며, 혹 어떤 사람은 단지 하나의 진공만 얘기하여 근원만 바라보다 줄기의 가르침을 잃으니 그 나머지 개인소견은 거론할 필요가 없도다. 갠지스강 모래 수 같이 많은 보배와 삼시로 신명을 바쳐 보시해도 그 비유가 미치지 못한다 함이 어찌 부질없는 말이겠는가? 또한 천친과 무착은 미륵보살을 스승으로 했거늘 후학들은 무엇을 의심하여 혹 첨부하기도 하고 혹 버리겠는가? 고로 지금 서술하는 바는 이단의 의견을 공박하는 것이 아니니, 소(疏)는 이 논문(천친과 무착의 논)이다. 성 안의 우유가 아니다. 찬요한 이름의 뜻과 경전 제목은 다음에 해석할 것이기에 번거롭게 미리 언급하지 않는다.

　석가모니 대각존과(佛)
　반야로 삼공구을 능히 열어주심과
　발기하고 가르침을 유통시킨 모든 어른들께 머리 조아려
　서술한 바가 중생의 근기에 계합하도록 그윽이 도와주소서.

將釋此經 未入文前 懸 義門 略開四段
장석차경 미입문전 현 의문 약개사단

第一 辯敎因緣 第二 明經宗體 第三 分別處會 第四 釋通文義
제일 변교인연 제이 명경종체 제삼 분별처회 제사 석통문의

初中 有二
초중 유이

初 摠論諸敎 謂酬因酬請 顯理度生也 若據佛本意則唯爲一大
초 총론제교 위수인수청 현리도생야 약거불본의즉유위일대

事因緣故 出現於世 欲令衆生 開佛知見等 後 別顯此經 於中
사인연고 출현어세 욕령중생 개불지견등 후 별현차경 어중

有五
유오

一 爲對除我法二執故 由此二執 起煩惱所知二障 由煩惱障 障
일 위대제아법이집고 유차이집 기번뇌소지이장 유번뇌장 장

心 心不解脫 造業受生 輪廻五道 由所知障 障慧 慧不解脫 不
심 심불해탈 조업수생 윤회오도 유소지장 장혜 혜불해탈 불

了自心 不達諸法性相 縱出三界 亦滯二乘 不得成佛 故名障也
료자심 부달제법성상 종출삼계 역체이승 부득성불 고명장야

二執 若除 二障隨斷 爲除二執 故說此經
이집 약제 이장수단 위제이집 고설차경

二 爲遮斷種現二疑故 謂遮未起種子之疑 斷現起現行之疑 卽經
이 위차단종현이의고 위차미기종자지의 단현기현행지의 즉경

中 答所問已 便躡跡 節節斷疑 乃至經終 二十七段
중 답소문이 변섭적 절절단의 내지경종 이십칠단

三 爲轉滅輕重二業故 轉重業 令輕受 滅輕業 令不受
삼 위전멸경중이업고 전중업 영경수 멸경업 영불수

四 爲顯示福慧二因故 佛成正覺 未說般若之前 衆生 由無妙慧
사 위현시복혜이인고 불성정각 미설반야지전 중생 유무묘혜

施等住相 皆成有漏 或滯二乘 故談般若 顯示妙慧 爲法身因 五
시등주상 개성유루 혹체이승 고담반야 현시묘혜 위법신인 오

度 爲應身因 若無般若 卽施等五 非波羅蜜 不名佛因 故須福慧
도 위응신인 약무반야 즉시등오 비바라밀 불명불인 고수복혜

二嚴 方成兩足尊也
이엄 방성양족존야

五 爲發明眞應二果故 謂未聞般若之前 但言色相 是佛 不知應
오 위발명진응이과고 위미문반야지전 단언색상 시불 부지응

化 唯眞之影 不如實見眞身應身 故此發明二果 令知由前二因證得
화 유진지영 불여실견진신응신 고차발명이과 영지유전이인증득

第二明經宗體中 二
제이명경종체중 이

初 宗者 統論佛敎 因緣爲宗 別顯此經 則實相般若 觀照般若
초 종자 통론불교 인연위종 별현차경 즉실상반야 관조반야

不一不二 以爲其宗 以卽理之智 觀照諸相 故如金剛 能斷一切
불일불이 이위기종 이즉리지지 관조제상 고여금강 능단일체

卽智之理 是爲實相 故如金剛 堅牢難壞 萬行之中 一一不得昧
즉지지리 시위실상 고여금강 견뇌난괴 만행지중 일일부득매

此 故 合之 以爲經宗
차 고 합지 이위경종

二 體者 文字般若 卽是經體 文字 卽含聲名句文 文字性空 卽
이 체자 문자반야 즉시경체 문자 즉함성명구문 문자성공 즉

是般若 無別文字之體 故皆含攝 理無不盡 統爲敎體
시반야 무별문자지체 고개함섭 이무부진 통위교체

第三分別處會中 二第三分別處會中 二
제삼분별처회중 이제삼분별처회중 이

初 總明佛說大部處會中 二 初 六百卷文 四處十六會說 一王舍
초 총명불설대부처회중 이 초 육백권문 사처십육회설 일왕사

城鷲峯山 七會 山中 四會 山頂 三會 二 給孤獨園 七會 三 他
성취봉산 칠회 산중 사회 산정 삼회 이 급고독원 칠회 삼 타

化天宮摩尼寶藏殿 一會 四 王舍城竹林園白鷺池側 一會 後 此
화천궁마니보장전 일회 사 왕사성죽림원백로지측 일회 후 차

經 卽第二處第九會 第五百七十七卷
경 즉제이처제구회 제오백칠십칠권

後 別明傳譯此經時主 前後六譯 一 後秦羅什 二 後魏菩提流支
후 별명전역차경시주 전후육역 일 후진라습 이 후위보리류지

兼譯天親論三卷 三 陳朝眞諦 兼譯金剛仙論 及本記四卷 四 隋
겸역천친론삼권 삼 진조진제 겸역금강선론 급본기사권 사 수

朝 笈多 兼譯無著論兩卷 五 唐初玄 又日照三藏 譯功德施論
조 급다 겸역무착론양권 오 당초현 우일조삼장 역공덕시론

二卷也 六 大周義淨 幷再譯天親論三卷 上六人 皆三藏
이권야 육 대주의정 병재역천친론삼권 상육인 개삼장

今所傳者 卽羅什 弘始四年 於長安草堂寺 所譯也 天竺 有無著
금소전자 즉라습 홍시사년 어장안초당사 소역야 천축 유무착

菩薩 入日光定 上昇兜率 親詣彌勒 稟受八十行偈 又將此偈 轉
보살 입일광정 상승도솔 친예미륵 품수팔십행게 우장차게 전

授天親 天親 作長行解釋 成三卷論 約斷疑執以釋 無著 又別造
수천친 천친 작장행해석 성삼권론 약단의집이석 무착 우별조

兩卷論 約顯行位以釋
양권론 약현행위이석

今科經 唯約天親釋義 卽兼無著 亦傍求餘論 採集諸疏 題云纂
금과경 유약천친석의 즉겸무착 역방구여론 채집제소 제운찬

要 其在玆焉
요 기재자언

第四釋通文義中 二
제사석통문의중 이

初解題目
초해제목

金剛者 梵云跋折羅 力士所執之杵 是此寶也 金中最剛 故名金
금강자 범운발절라 역사소집지저 시차보야 금중최강 고명금

剛 帝釋 有之 薄福者 難見 極堅極利 喩般若焉 無物可能壞之
강 제석 유지 박복자 난견 극견극리 유반야언 무물가능괴지

而能碎壞萬物 涅槃經 云譬如金剛 無能壞者 而能碎壞一切諸物
이능쇄괴만물 열반경 운비여금강 무능괴자 이능쇄괴일체제물

無著 云金剛 難壞 又云能斷 又云金剛者 細牢故 細者 智因故
무착 운금강 난괴 우운능단 우운금강자 세뇌고 세자 지인고

牢者 不可壞故 皆以堅喻般若體 利喻般若用 又眞諦記 說六種
뇌자 불가괴고 개이견유반야체 이유반야용 우진제기 설육종

金剛 一 青色 能銷災厄 喻般若 能除業障 二 黃色 隨人所須
금강 일 청색 능소재액 유반야 능제업장 이 황색 수인소수

喻無漏功德 三 赤色 對日出火 慧對本覺 出無生智火 四 白色
유무루공덕 삼 적색 대일출화 혜대본각 출무생지화 사 백색

能清濁水 般若 能清疑濁 五 空色 令人空中行坐 慧破法執 住
능청탁수 반야 능청의탁 오 공색 영인공중행좌 혜파법집 주

眞空理 六 碧色 能鎖諸毒 慧除三毒 傍兼 可矣 非堅利之本喻
진공리 육 벽색 능쇄제독 혜제삼독 방겸 가의 비견리지본유

般若者 正翻云慧 卽照五蘊空 相應本覺之慧 是也 若約學者 從
반야자 정번운혜 즉조오온공 상응본각지혜 시야 약약학자 종

淺至深 言之 則攝聞思修三慧 摠爲般若 故 無著 云能斷者 般
천지심 언지 즉섭문사수삼혜 총위반야 고 무착 운능단자 반

若波羅蜜中聞思修 所斷 如金剛 斷處而斷故 又云細者 智因故
야바라밀중문사수 소단 여금강 단처이단고 우운세자 지인고

者 智因 卽慧也 依智度論 因位 名般若 果位 名智則聞思修 皆
자 지인 즉혜야 의지도론 인위 명반야 과위 명지즉문사수 개

名爲細 細妙之慧 佛智之因矣 般若 能斷 故在因位 佛果 無斷
명위세 세묘지혜 불지지인의 반야 능단 고재인위 불과 무단

轉受智名 若依大品經 若字 通智慧二義 故 智與慧 名義 少殊
전수지명 약의대품경 약자 통지혜이의 고 지여혜 명의 소수

體性 無別 波羅蜜者 此云彼岸到 應云到彼岸 謂離生死此岸 度
체성 무별 바라밀자 차운피안도 응운도피안 위이생사차안 도

煩惱中流 到涅槃彼岸 涅槃 此云圓寂 亦云滅度 一切衆生 卽寂
번뇌중류 도열반피안 열반 차운원적 역운멸도 일체중생 즉적

滅相 不復更滅 但以迷倒 妄見生死 名在此岸 若悟生死本空 元
멸상 불부갱멸 단이미도 망견생사 명재차안 약오생사본공 원

來圓寂 名到彼岸 若兼般若廻文 應云到彼岸慧 經者 梵音 修多
래원적 명도피안 약겸반야회문 응운도피안혜 경자 범음 수다

羅 義翻爲契經 契者 詮表義理 契合人心 卽契理契機 故名契也
라 의번위계경 계자 전표의리 계합인심 즉계리계기 고명계야

經者 佛地論 云能貫能攝 故名爲經 以佛聖敎 貫穿所應說義 攝
경자 불지론 운능관능섭 고명위경 이불성교 관천소응설의 섭

持所化生故
지소화생고

此䟽 本是爲評經者 指其科段 雖次第科經 而不次第釋文 但隨
차소 본시위평경자 지기과단 수차제과경 이불차제석문 단수

難處 卽略學節目而已 亦不備述義意 義意 悉在傳示者 口訣 不
난처 즉략거절목이이 역불비술의의 의의 실재전시자 구결 부

在䟽中 不得但以鎖䟽 而爲講也 講者 須從首至末 次第以深玄
재소중 부득단이쇄소 이위강야 강자 수종수지말 차제이심현

義意 銷釋經文 難處 卽約䟽 易處 卽直說也
의의 소석경문 난처 즉약소 이처 즉직설야

　장차 이 경을 해석함에 있어서, 본문에 들어가기 전에 미리 의문을 펴서 간략히 4단으로 열어보이리니,

　제1은 가르침의 인연을 말하고, 제2.는 경의 종체를 밝히고, 제3은 모인 장소에 관해 분별했고, 제4는 글의 뜻을 해석하여 통하게 했다.

　제1은 가르침의 인연을 밝히는 데는 두 가지 방법이 있다. 1) 모든 가르침을 논함이니, 인연에 답하고 청함에 답해서 이치를 드러내어 중생을 제도하는 것이니, 만약 부처님의 본래 뜻에 의거한다면 오직 일대사인연으로 세상에 출현하시어 중생으로 하여금 부처님의 지견을 열어주게 함이다. 2) 이 경을 달리 나타낸 것이다. 그 중에 5가지가 있으니,

　⑴ 먼저 아집과 법집을 없애기 위해서 이 경을 설했다. 이 두 가지 집착으로 인하여 번뇌장과 소지장을 일으키니, 번뇌장이 마음을 장애하기 때문에 마음이 해탈에 이르지 못하여 업을 짓고 생을 받아서 오도(五道, 六道中)에 윤회하게 되는 것이다.

소지장은 지혜를 장애하여 지혜가 해탈을 얻지 못해 자기 마음을 알지 못하여 모든 법의 성상(性相, 본질과 현상)을 깨닫지 못하는 것이니, 어쩌다가 삼계를 벗어난다 하더라도 이승에 머물러 성불하지 못하므로 장(障)이라 이름한다. 만약 두 가지 집착(二執)이 제거되면 두 가지 장애도 저절로 끊어질 것이니 이 집(二執)을 제거하기 위해 이 경을 설하신 것이다.

⑵ 종자(種子)와 현행(現行)의 두 가지 의심을 차단하기 위해서 이 경을 설했다. 말하자면 아직 일어나지 않은 의심(種子의 煩惱)은 막아주고, 이미 일어난 현행의 의심을 끊기 위한 것이니, 경 가운데 묻는 바에 답하시고 다시 자취를 밟아서 구절구절 의심을 끊어줌이니, 차례로 문답한 27의단(二十七疑斷)이 그것이다.

⑶ 무겁고 가벼운 두 가지 업을 굴려서 멸하게(轉滅)함이니 무거운 업은 굴려 가볍게 받고, 가벼운 것은 멸하게 하여 받지 않게 하였다.

⑷ 복과 지혜의 두 가지 인(因)을 나타내 보이고자 한 것이다. 부처님께서 정각을 이루시어 반야를 설하기 전까지는 중생이 묘한 지혜(妙慧)가 없으므로 보시를 하여도 상(相)에 머물러서 모두 유루(有漏)를 이루거나 혹은 이승에 머무는 까닭에 반야를 말씀하셔서, 묘혜(妙慧)는 법신의 인이 되고 오도(五道)는 응신(化身)의 인이 됨을 보이신 것이다. 만약 반야가 없으면 보시·지계·인욕·정진·선정의 5가지는 바라밀이 되지 못하여 부처님의 종자(佛因)를 짓지 못한다. 그러므로 복과 지혜, 두 가지를 원만히 갖춤으로서 비로소 양족존(兩足尊)을 이루는 것이다.

(5) 진신과 응신의 이과(眞應二果)를 밝히기 위해서이다. 반야를 듣기 이전에는 단지 겉으로 보이는 색상(色相)으로 부처님을 보았듯이, 응신・화신(應化)이 오직 진법신의 그림자인 것을 알지 못했기 때문에 실다운 진신과 응신을 보지 못하므로, 이 이과를 밝혀서 앞의 두 가지 인(福과 慧)을 증득하여 알게 하기 위한 것이다.

제2는 경의 종체(宗體)를 밝히는 데도 두 가지가 있다.

1) 첫째 종이란 것은 모든 불교를 통론하면 인연으로 종(宗)을 삼는다. 따로 이 경만으로 별도로 말한다면 실상반야와 관조반야가 불일불이로 근본(宗)을 삼게 된다. 곧 진리의 모습 그대로(卽理之智) 모든 상(相)을 관조하는 것이기 때문에 이는 금강이 능히 일체를 끊는 것과 같다. 다음은 지(智)에 즉해서 제법(諸法)의 실상을 체달(卽智之理)하는 것이니, 이것은 마치 금강이 굳고 굳어 무엇으로도 파괴할 수 없는 것과 같다. 만행(萬行) 가운데 하나하나 매하지 않도록 하기 위하여 이 두 가지를 합하여 경의 종지로 삼은 것이다.

2) 체(體)는 문자반야이니, 곧 이 경이 그것이다. 문자의 체는 음성・낱말・귀절・문장(聲名句文)에 포함되어 있으나 문자의 성품이 공하므로 이것이 곧 반야라 하고, 별다른 문자의 체가 없으므로 그것을 모두 다 포함(含攝)하여 이치가 다하지 않음이 없는 것을 통틀어 가르침의 체(敎體)로 삼은 것이다.

제3은 처회(處會)를 밝히는 데도 두 가지가 있으니, 첫째, 부처님이 설하신 대부(般若 600部)의 처와 회를 모두 밝힌 가운데 둘이니 1) 첫째, 600권의 금강경은 4곳에서 16회 설해졌다. ① 왕사성 취봉산에서 7회와 산중에서 4회, 산 정상에서 3회이다. ② 급고독원에서 7회요 ③ 타화자재천궁의 마니보장전에서 1회요 ④ 왕사성 죽림원 백로 연못가에서 1회이다. 그리고 다음에 이 경(金剛經)은 제2처 제9회이니, 제577권에 해당된다.

2) 이 경의 번역한 시기와 사람을 밝힘이니 전후의 여섯 분이 있다.

(1) 후진의 구마라습이요 (2) 후위의 보리류지는 천친론 3권과 같이 번역했고 (3) 진나라의 진제는 금강선론과 본기 4권을 같이 번역했고 (4) 수나라의 급다는 무착론 2권을 같이 번역했고 (5) 당나라 초기의 현장과 공덕시론 2권을 번역한 일조삼장이 있다. (6) 대주의 의정은 천친론 3권을 아울러 다시 번역하니 위의 여섯 분은 모두 삼장법사(三藏法師, 經・律・論에 達通한 者)이시다.

지금 전해진 것은 구마라습이 홍시 4년에 장안의 초당사에서 번역한 것이다. 천축의 무착보살이 있어 일광정(日光定, 일광삼매)에 들어가시어 도솔천에 올라가 미륵보살을 친견하여 80행의 게송을 받았다. 또 이 게송은 천친에게 전수되었고 천친은 장행의 해석을 지어서 3권의 논을 이루어 의심(二十七斷)과 집착 끊어 없애는 관점에서 해석하셨다. 무착은 또 따로 2권의 논을 지어서 간략히 행위(18住)를 나타내어 해석하였다. 지금의 경을 과목한 것은 오직 천친의 해석한 뜻을 가지고 과목한 것이니, 즉 무착을 겸한 것이며 또한 다른 논문에서도 구했고 다른 여러 소도 채집한 것이니, 제목을 '찬요(纂要, 요점만 모았다)'라 한 뜻이 여기에 있다.

제4는 글 뜻을 해석하고 통하게 하는 데는 두 가지가 있다. 1) 첫째 경의 제목을 해석함이다. 금강이란 범어로 발절라(跋折

羅)이니, 금강역사가 가지고 있는 방망이가 곧 이 보배인 것이다. 쇠 중에서 가장 강하기 때문에 금강이라 부르니, 제석천왕이 이 방망이를 지니고 있으나 박복한 사람은 보기 어렵다고 한다. 지극히 견고하고 날카로워서 반야에 비유하니 어떤 물건으로도 능히 이를 부수지 못하지만 또한 어떤 것이라도 능히 깨뜨릴 수 있는 것이다. 열반경에 의하면, 비유하건대 금강을 능히 깨뜨릴 것은 없으나 금강은 능히 일체 모든 물건을 깨뜨릴 수 있다고 했다. 무착도 말하기를, 금강은 파괴하기 어렵다고 또한 능히 다른 것을 끊는다고 했다. 또 말하기를, 금강이란 섬세하고 견고한 까닭이니, 섬세하다는 것은 지혜의 씨앗이요 견고하다는 것은 파괴할 수 없다고 했으니, 이는 견고한 것으로써 반야의 체에 비유하고 날카로운 것으로써 반야의 작용(用)에 비유한 것이다.

또 진제기(眞諦記)에 6종의 금강을 설명했는데, (1) 청색은 능히 재액을 소멸하니 반야가 업장을 녹이는데 비유하고 (2) 황색은 사람의 구하는 바를 따름이니 무루공덕(無漏功德, 새지 않는 功德)에 비유하고 (3) 적색은 해에 의지하여 불을 내니 혜가 본각에 의지해 무생의 지화(智火)를 냄이요, (4) 백색은 더러운 물을 맑히니 반야가 의심과 혼탁을 맑게 하는 것이요 (5) 공색(空色)은 사람으로 하여금 공에서 행하고 앉게 하니 지혜가 법집을 깨트려서 진공의 이치를 머물게 함이요 (6) 벽색(碧色)은 모든 독을 능히 녹일 수 있으니, 지혜가 삼독을 소멸시키는 것이다. (이 비유는) 곁에 두고 참고로 얘기하는 것은 가하거니와 굳고 날카로움의 본래 비유는 아니다. 반야란 올바로 번역하면 혜(慧)이니, 곧 오온이 공함을 비추어 본각의 혜에 상응함을 말한다. 만일 배우는 이들의 얕은 데서부터 깊은 데까지 묶어서 말하자면, 곧 문(聞)·사(思)·수(修), 삼혜를 섭수하면 모두 반야가 됨이다. 그러므로 무착이 말하기를, 능단(能斷)이란 반야바라밀 중의 문·사·수요, 소단(所斷)은 금강이 끊을 곳을 끊음과 같다고 했다. 또 경은 지혜의 씨앗인 고로 지(智)의 인은 곧 혜이다. 지도론에 의하면 인위를 반야라 이름하고 과위(果位)를 지라고 했은즉 문·사·수를 다 섭세하다 하니, 섭세하고 묘한 혜가 부처님의 지혜의 인이 된다. 반야는 능단(能斷)이어서 인위(因位)에 있고 불과는 무단(無斷)이므로 굴려서 지(智)라고 이름한다. 만일 대품경에 의하면, '약자(若字)'는 지와 혜, 두 가지 뜻에 통함이니, 지와 혜가 이름과 뜻은 조금 다르나 체성은 다름이 없다. 바라밀이란 도피안이고 응당 도피안이라 이르니, 생사의 이 언덕을 여의고 번뇌의 흐름을 건너 열반의 저 언덕에 다다름을 말한다. 열반이란 원적이며 또한 멸도니, 일체중생이 곧 적멸상이라서 다시 더 멸할 것이 없지만, 다만 미혹되고 전도된 까닭으로 망령되이 생사를 봄으로 이 언덕에 있다고 하거니와, 만일 생사가 본래 공하여 원래 원적(涅槃)함을 깨달으면 저 언덕에 이르렀다고 한다. 만약 반야를 달리 말하면, 응당 도피안혜(저 언덕에 이르는 智慧)라 할 것이다. 경이란 범어 발음으로 수다라인데, 뜻으로 번역하면 계경(契經)이 된다. 계는 뜻과 이치를 말로써 표현하여 사람의 마음에 계합하니, 곧 이치에도 계합하고 근기에도 계합하여 '계(契)'라 이름하였다. 경은 불지론에 의하면 능히 폐기도 하고 섭수하기도 해서 경이라 했으니, 부처님의 성스런 가르침으로써 응당히 설하신 뜻을 꿰어서 교화할 중생을 포섭해 가는 까닭이다. 이

소(䟽)는 본래 이 경을 평론하는 사람들을 위하여 그 과단을 가리킴이니, 비록 차례로 경을 과목(科目)했으나 차례로 글을 해석하지 않고 다만 어려운 곳만 간략히 절목(節目)만 들었을 뿐이고 뜻을 갖추어서 서술하지는 못하였다. (금강경의) 뜻은 전해주고 보여주는 강의자의 구결(口訣)에 있는 것이지 소 가운데 있는 것이 아닌 만큼, 소를 해석하는 것으로 강의하지 않아야 한다. 강의하는 이는 처음부터 끝까지 차례로 깊고 오묘한 뜻으로써 경문을 해석하되, 어려운 곳은 소를 가지고 할 것이요 쉬운 곳은 바로 설명할지다.

▷ 야 부 (冶父)

야부 ○

설 圓相之作 始於南陽忠國師 國師 傳之耽源 源 傳之仰山 源
　　원상지작 시어남양충국사 국사 전지탐원 원 전지앙산 원

一日 謂仰山曰國師 傳六代祖師 圓相九十七介 授與老僧 臨示
일일 위앙산왈국사 전육대조사 원상구십칠개 수여로승 임시

寂時 謂予曰吾滅後三十年 有一沙彌 來自南方 大振玄風 次第
적시 위여왈오멸후삼십년 유일사미 래자남방 대진현풍 차제

傳授 無令斷絶 吾詳此讖 事在汝躬 我今付汝 汝當奉持 山 旣
전수 무영단절 오상차참 사재여궁 아금부여 여당봉지 산 기

得 遂焚之 源 一日 謂仰山向所傳圓相 宜深秘之 山 曰燒却
득 수분지 원 일일 위앙산왈향소전원상 의심비지 산 왈소각

了也 源 曰此乃諸祖 相傳底 何乃燒却 山 曰某 一覽而已知其
료야 원 왈차내제조 상전저 하내소각 산 왈모 일람이이지기

意 能用卽得 不可執本也 源 曰在子卽得 來者 如何 山 於是重
의 능용즉득 불가집본야 원 왈재자즉득 래자 여하 산 어시중

錄一本 呈似 一無舛訛 源 一日 上堂 山 出衆 一圓相○ 以手
록일본 정사 일무천와 원 일일 상당 산 출중 일원상○ 이수

托起 作呈勢 却叉手而立 源 以兩手 交拳示之 山 進前三步 作
탁기 작정세 각차수이립 원 이양수 교권시지 산 진전삼보 작

女人拜 源 遂點頭 山 卽禮拜 此 圓相所自作也 今師 題下 一
여인배 원 수점두 산 즉례배 차 원상소자작야 금사 제하 일

圓相 意旨如何 卽文字 拈出離文字底消息 若是離文字底消息
원상 의지여하 즉문자 염출이문자저소식 약시이문자저소식

擬議得麽 計較得麽 不可以有心 求 不可以無心 得 不可以語言
의의득마 계교득마 불가이유심 구 불가이무심 득 불가이어언

造 不可以寂默 通 直饒釘嘴鐵舌 也卒話會不及 然雖如是 畢竟
조 불가이적묵 통 직요정취철설 야졸화회불급 연수여시 필경

作麼 生道 生佛 同源 妙體無物 三世諸佛 出不得 歷代祖師 出
작마 생도 생불 동원 묘체무물 삼세제불 출부득 역대조사 출

不得 天下老和尙 出不得 六道輪廻 亦出不得 三世間 四法界
부득 천하노화상 출부득 육도윤회 역출부득 삼세간 사법계

一切染淨諸法 無一法 出此圓相之外 禪 謂之最初一句子 敎 謂
일체염정제법 무일법 출차원상지외 선 위지최초일구자 교 위

之最淸淨法界 儒 謂之統體一大極 老 謂之天下母 其實 皆指此
지최청정법계 유 위지통체일대극 노 위지천하모 기실 개지차

也 古人 道 古佛未生前 凝然一相圓 釋迦 猶不會 迦葉 豈能傳
야 고인 도 고불미생전 응연일상원 석가 유불회 가섭 개능전

者 是也
자 시야

　원상을 최초로 그린 이는 남양 혜충 국사이다. 국사가 한 ○을 그려 탐원(耽源)에게 전하고 탐원(耽源)이 앙산(仰山)에게 전했다.

　탐원이 하루는 앙산에게 말하기를, 국사께서 6대조사의 원상 97개를 전하시어 노승이 받으시고 돌아가실 때 나에게 말하기길, '내가 입멸한 30년 후에 한 사미가 남쪽으로부터 와서 선풍을 크게 떨치리니 이 원상을 차례대로 전수해서 단절하지 않게 하라' 하셨는데, 내가 이 예언을 자세히 살펴보니 이 일이 너를 두고 한 이야기 같다. 내가 지금 너에게 주노니 너는 마땅히 받들어 가지라 했다. 앙산이 원상을 얻어 모두 태워버렸다.

　탐원이 하루는 앙산에게 말하길, 지난번 전해준 원상을 깊이 간수하라 하니, 앙산이 태워버렸습니다 하였다. 탐원이 말하길, 그것은 여러 조사스님이 서로 전한 것인데, 어찌 태워버렸는가? 하니, 앙산이 말하길, 제가 한 번보고 이미 그 뜻을 다 알았으니 쓸 때가 되면 능히 쓸 수 있어서 가히 그 본(○)에 집착할 것은 없습니다 하였다. 탐원이 말하길, 그대에게 있어서는

그럴 수 있겠지만 앞으로 공부할 사람들에게는 어떻게 하겠는가? 하니, 앙산이 이에 거듭 한 본을 그려서 들어 바치니 하나도 잘못됨이 없었다.

하루는 탐원이 당(堂, 법상)에 올랐다. 앙산이 대중 가운데서 나와 한 개의 원상을 그려서 양손으로 받쳐 증정하는 자세를 지은 후 물러나 차수하고 서 있었다. 탐원이 두 손으로 교권(交拳, 인사하는 자세)하여 보였다. 앙산이 앞으로 세 걸음 나아가 여인네들이 하는 절을 하였고 탐원이 마침내 고개를 끄덕였다. 앙산이 곧 예배하였다. 이것이 원상을 지은 시초이다.

그러면 이제 야부 스님이 제목 아래에 원상을 그리신 뜻은 무엇일까? 문자에서 문자를 벗어나는 소식을 끌어내기 위한 것이다. 만약 이렇게 문자를 떠난 소식이라면 어찌 사량으로 이해될 것이며 계교로써 얻을 수 있으리오. 가히 유심으로 구할 수 없고 무심으로 얻을 수도 없으며, 언어로써 표현할 수도 없으며 적묵(默默)함으로써 통할 수도 없음이니, 설사 쇠로 된 부리(입술)와 철로 된 혀를 갖추었다 해도 마침내 말이 미칠 수 없다. 비록 그러하나 필경 어떻게 말해야 하는가? 중생과 부처가 근원은 같고 묘체엔 사물이 없음이다. 삼세의 모든 부처님도 원상을 벗어날 수 없으며 역대조사도 벗어날 수 없고 천하 노화상도 그것에서 벗어날 수 없으며 육도에 윤회하는 이들도 또한 벗어날 수 없음이다. 삼세간과 사법계의 일체 염정제법의 어떠한 법도 이 원상 밖을 벗어날 수 없으니, 선에서는 그것을 일러 최초의 일구(一句)라 하고, 교에서는 가장 청정한 법계라 한다. 또한 유교에서는 통체가 한 태극이라 하고, 노자는 천하의 어머니라 했는데, 그 실체는 모두 이것을 가리켰다. 고인이 말하길, 옛부처님이 나시기 이전에 분명하게 한 모양이 둥글었음이다 했으며, 석가도 오히려 알지 못했거늘 가섭이 어찌 능히 전했겠는가? 한 것이 이것이다.

야부 法不孤起 誰爲安名
　　　법불고기　수위안명

법은 홀로 일어나는 것이 아닌데
누가 이름을 붙였는가?

설 法之一字 直指圓相 安名二字 直指經題 法不自名 要因名現
　　법지일자　직지원상　안명이자　직지경제　법부자명　요인명현

所以安名 所以 道 總持無文字 文字現總持 應云法不孤起 所以
소이안명　소이　도　총지무문자　문자현총지　응운법불고기　소이

安名 而云誰爲安名 語忌十成故 恐成死語故 圓話自在 免夫招
안명　이운수위안명　어기십성고　공성사어고　원화자재　면부초

謗 又法不自名 所以安名 然雖如是 安名者 誰 若道黃面老子安
방　우법부자명　소이안명　연수여시　안명자　수　약도황면노자안

黃面老子 未嘗安 何則 自從鹿野苑 終至拔提河 於是二中間 未
황면노자　미상안　하즉　자종녹야원　종지발제하　어시이중간　미

曾說一字 若道不是黃面老子安 今此經題 從甚處得來 且道 是
증설일자　약도불시황면노자안　금차경제　종심처득래　차도　시

安名 不是安名
안명　불시안명

　법이란 한 글자는 바로 원상을 가리키고, 안명 두 글자는 바로 경의 제목을 가리키는 것이니, 법은 스스로 이름 붙이지 않고 필요에 따라 이름을 나타내므로 이름을 두었다. 그런 이유로 말하길, 총지(陀羅尼)는 문자를 떠났지만 문자로써 총지를 나타냄이니, 마땅히 법은 홀로 일어남이 아니다. 그런 이유로 이름을 두었다 하는데, '누가 이름을 두었는가' 한 것은 십성(圓

滿함, 완전함)을 꺼리는 연고로 말한 것이며, 사어(죽은 말)를 이룰까 두려워한 까닭이니, 완전한 말로 자재하여야 비방을 면할 수 있다. 또한 법은 스스로 이름하지 못하기 때문에 이름을 둔 것이로다. 비록 이와 같으나 이름을 붙인 자는 누구인가? 만약 황면노자(佛)가 했다고 하더라도 황면노자는 일찍이 이름을 두지 않으셨으니 어인 일인가? 녹야원(初轉法輪地)으로부터 발제하(拔提河, 구시나가라 城밖에 있는 江)에 이르기까지 일찍이 한 자도 설하지 않으셨으니, 만약 황면노자가 하지 않았다면 지금 이 경의 제목은 어느 곳에서부터 왔는가? 또 일러라. 이름을 두어야 하는 것인가, 이름을 두지 않아야 하는 것인가?

야부 摩訶大法王 無短亦無長 本來非皂 白隨處現靑黃 花發看
　　　마 하 대 법 왕　무 단 역 무 장　본 래 비 급　백 수 처 현 청 황　화 발 간

朝艶 林凋逐晩霜 疾雷 何太擊 迅電 亦非光 凡聖 元難測＜他本
조 염　임 조 축 만 상　질 뇌　하 태 격　신 전　역 비 광　범 성　원 난 측＜타 본

擊 作急 元作猶＞ 龍天 豈度量 古今 人不識 權立號金剛
격　작 급　원 작 유＞　용 천　개 도 량　고 금　인 불 식　권 립 호 금 강

크고 크신 법왕이여,
짧지도 않고 또한 길지도 않도다.
본래 검지도 않고 희지도 않지만
곳에 따라 청황으로 드러나도다.

꽃이 피어 아침에 고운 모습 볼 수 있고
나무들 낙엽 지니 늦서리 내리도다.
천둥은 어찌 그리 크게 치는가?
빠른 번개도 역시 빛이 아니로다.

범부나 성인도 원래 측량키 어렵거니
천룡팔부가 어찌 헤아릴 수 있으리오.
예나 지금이나 사람들이 알지 못하니
방편으로 금강(金剛)이라 불러보도다.

설 法王 非指丈六金身 人人本有底一著子 能爲萬像之主 故 號
　　법왕　비지장육금신　인인본유저일착자　능위만상지주　고　호
爲法王 古人 道 法中王最高勝 恒沙如來同共證者 是 法王之爲
위법왕　고인　도　법중왕최고승　항사여래동공증자　시　법왕지위
體也 孤高更無上 廣博無邊表 乾坤 在其內 日月 處其中 恢恢
체야　고고갱무상　광박무변표　건곤　재기내　일월　처기중　회회
焉蕩蕩焉 逈出思議之表 故 號爲大法王 無短云云 實相無相 本
언탕탕언　형출사의지표　고　호위대법왕　무단운운　실상무상　본
來云云 無相現相 花發云云 當處出生 當處寂滅 疾雷云云 妙旨
래운운　무상현상　화발운운　당처출생　당처적멸　질뇌운운　묘지
迅速 難容擬議 凡聖云云 箇事極幽玄 智識俱不到 非但古人罔
신속　난용의의　범성운운　개사극유현　지식구부도　비단고인망
措 亦乃今人 不識 爲止小兒啼 權且立虛名 只如依權現實底道
조　역내금인　불식　위지소아제　권차립허명　지여의권현실저도
理 作麽生道 月隱中峯 擧扇喩之 風息大虛 動樹訓之
리　작마생도　월은중봉　거선유지　풍식대허　동수훈지

　법왕은 장육금신을 가리키는 것이 아니라, 사람사람이 본래 지니고 있는 일착자(한 물건)이니 능히 만상의 주인이 되므로 법왕이라 하는 것이다. 고인이 말하길, 법왕이 가장 높고 수승하니 갠지스강 모래 수와 같은 많은 여래가 다 같이 증득했다 함이 이것이다. 법왕의 체가 높고 높아 다시 위가 없고, 넓고 넓어 한정할 수 없어서 하늘과 땅이 그 안에 있고 일월이 그 가운데 처해 있다. 넓고 커서 탕탕하여 멀리 생각 밖으로 벗어나 있으므로 대법왕이라 했다. '짧지도 않다' 운운하는 것은 실

상은 상이 없음이요, '본래~' 운운은 상이 없는 가운데 상을 나타냄이요, '꽃이 피어~' 운운은 그 자리에서 일어나고 그 자리에서 사라진다는 의미이다. '천둥~' 운운은 묘한 뜻이 신속해서 사랑분별을 용납하지 않음이요, '범부 성인' 운운은 대법왕의 일들이 지극히 깊고 그윽해서 지식으로는 이르지 못하니, 다만 옛사람들도 그것을 어찌하지 못했을 뿐만 아니라 또한 지금의 사람도 알지 못하기 때문에 어린아이의 울음을 그치게 하려고 방편으로 헛된 이름을 세운 것이다. 그러면 저 방편을 의지하여 진실(實)을 나타내는 도리를 어떻게 말할 것인가?

  달이 중봉에 숨으니
  부채를 들어 그것에 비유해서 가르쳐 주고
  바람이 큰 하늘에서 쉬면
  나무를 흔들어서 가르쳐야 하리.

▷ 종경 (宗鏡)

종경 只這一卷經 六道含靈 一切性中 皆悉具足 蓋爲受身之後
　　　　지저일권경 육도함령 일체성중 개실구족 개위수신지후

妄爲六根六塵 埋沒此一段靈光 終日冥冥 不知不覺 故 我佛 生
망위육근육진 매몰차일단령광 종일명명 부지불각 고 아불 생

慈悲心 願救一切衆生 齊超苦海 共證菩提 所以 在舍衛國 爲說
자비심 원구일체중생 제초고해 공증보리 소이 재사위국 위설

是經 大意 只是爲人 解粘去縛 直下 明了自性 免逐輪廻 不爲
시경 대의 지시위인 해점거박 직하 명료자성 면축륜회 불위

六根六塵 所惑 若人 具上根上智 不撥自轉 是胸中 自有此經
육근육진 소혹 약인 구상근상지 불발자전 시흉중 자유차경

且將置三十二分於空間無用之地 亦不是過 如或未然 且聽山野
차장치삼십이분어공간무용지지 역불시과 여혹미연 차청산야

與汝 打葛藤去也 夫金剛經者 自性 堅固 萬劫不壞 況金性堅剛
여여 타갈등거야 부금강경자 자성 견고 만겁불괴 황금성견강

也 般若者 智慧也 波羅蜜者 登彼岸義也 見性得度 卽登彼岸
야 반야자 지혜야 바라밀자 등피안의야 견성득도 즉등피안

未得度者 卽是此岸 經者 徑也 我佛 若不開箇徑路 後代兒孫
미득도자 즉시차안 경자 경야 아불 약불개개경로 후대아손

又向甚麽處 進步 且道 這一步 又如何進 看取下文 此經深旨無
우향심마처 진보 차도 저일보 우여하진 간취하문 차경심지무

相 爲宗 顯妄明眞 ○劒鋒 微露 掃萬法之本空 心花發明 照五
상 위종 현망명진 ○검봉 미로 소만법지본공 심화발명 조오

蘊之非有 直得雲收雨霽 海湛空澄 快登般若慈舟 直到菩提彼岸
온지비유 직득운수우제 해담공징 쾌등반야자주 직도보리피안

且道 心花發明 在甚麽 處 太湖三萬六千頃 月在波心說向誰
차도 심화발명 재심마 처 태호삼만육천경 월재파심설향수

단지 이 한 권의 경은 육도의 모든 생명(六道含靈)의 일체 성

품 가운데 모두 갖추어져 있지만, 대개 몸을 받은 뒤에 망령되이 육근(六根) 육진(六塵)이 일어 한 줄기 신령스런 빛(經)을 매몰시켜서 종일토록 캄캄하여 알지 못하고 깨닫지 못한다. 고로 우리 부처님께서 자비심을 내어 일체중생을 구하여 다 함께 고해(苦海)를 뛰어넘어서 깨달음(菩提)을 증득하기를 원했던 것이다. 그래서 사위국에 계실 때, 이 경을 설하시니 그 대의는 다만 사람에게 붙어있는 점핵(粘核, 心識)을 떼어주고 승박(繩縛, 속박됨)을 풀어주어 바로 그 자리에서 밝게 자성을 요달해서, 드디어 윤회의 굴레를 벗어나 육근 육진에 미혹되지 않게 하기 위한 것이다.

만약 사람이 뛰어난 근기를 갖추고 뛰어난 지혜를 갖추면 굴리지 않아도 저절로 구르도다(如來의 經文을 의지하지 않고 스스로 一經을 自轉하는 것). 이는 이 가슴 가운데 스스로 이 경을 가지고 있음이니, 또한 장차 32분의 금강경을 공연히 쓸데없는 곳에 버려둔다 할지라도 또한 이는 허물이 되지 않을 것이다. 만약 혹 그렇지 못하면 산야(山野, 종경)가 그대들에게 갈등(葛藤, 문제의 뜻)을 쳐가는 것을 들어라.

대저 금강경이란 자성이 견고해서 만겁에도 무너지지 않는 것을 금성(金性)의 견고하고 강한 것에 비유한 것이고, 반야란 지혜요 바라밀은 저 언덕에 이른다는 뜻이니, 성품을 보아 건너감을 얻으면 곧 저 언덕에 오르는 것이고, 건너감을 얻지 못한 자는 곧 이 언덕에 있는 것이다. 경은 길(徑)이니 우리 부처님께서 이 길을 열어주지 않았으면, 후대 우리 손(孫)들이 또 어느 곳을 향해서 나아가겠는가. 또한 일러라! 이 첫 한 걸음을 어떻게 나아갈 것인가? 아래 글을 보고 취해 보라.

이 경의 깊은 뜻은 무상으로 종을 삼아서 망을 드러내고 진을 밝힌 것이니, 반야의 칼날을 조금 드러내어 만법이 본래 공함을 쓸어버리고, 마음 꽃(心花)이 밝게 피어나(發) 오온이 있지 않음을 비춘다. 바로 구름이 걷히고 비가 개이며, 바다는 잠잠하고 하늘이 맑아서, 유쾌하게 반야의 자비로운 배에 올라 깨달음(菩提)의 저 언덕에 오를 수 있다. 또한 일러라! 마음 꽃이 밝게 핀(發明) 것은 어느 곳에 있는가?

태호의 3만6천경의 달은 파도 중심에 있는데

그 아름다움을 누구를 향해 말해 줄 수 있겠는가?

설 劍鋒 至彼岸 萬法 本空 五陰 非有 但以妄緣 而得成立 智
　　검봉　지피안　만법　본공　오음　비유　단이망연　이득성립　지

照妄緣 萬法 俱沈 體露眞常 五蘊 皆空 到這裏 一似雲收雨霽
조망연　만법　구침　체로진상　오온　개공　도저이　일사운수우제

海湛空澄 無一物爲緣爲對 無一事爲障爲碍 快登般若慈舟 直到
해담공징　무일물위연위대　무일사위장위애　쾌등반야자주　직도

菩提彼岸 大湖云云 佛法 在世間 不離世間覺 離世覓菩提 猶如
보리피안　대호운운　불법　재세간　불리세간각　이세멱보리　유여

求兎角 欲識得佛法的的大意 直須向十二時中四威儀內覺觀波濤
구토각　욕식득불법적적대의　　직수향십이시중사위의내각관파도

中 覰捕來 覰捕去 覰來覰去 忽地 識得根源去在 縱然識得根源
중　처포래　처포거　처래처거　홀지　식득근원거재　종연식득근원

去 只可自怡悅 不堪持贈君
거　지가자이열　불감지증군

'칼날로부터~ 피안에 이른다' 한 것은 만법이 본래 공하고 오온이 있지 아니 한 것인데, 단지 망령된 인연(妄緣)으로서 성립한 것이다. 지혜로 허망한 인연을 비추면 만법이 모두 함께 없어짐이요 체가 진상을 몸소 드러내면 오온이 모두 공해지는 것이다. 여기에 이르러서는 마치 구름이 걷히고 비가 개이듯

하고, 바다가 고요하고 하늘도 맑아서 한 물건도 반연되거나 상대가 되는 것이 없으며, 한 가지 일도 장애되는 것이 없어 유쾌하게 반야 자비의 배에 올라서 바로 깨달음의 피안에 이른다. '태호' 운운은 불법이 세간에 있으면서 세간의 깨달음을 여의지 않는 것이다. 그래서 세간을 여의고 보리를 구하는 것은 마치 토끼의 뿔을 구하는 것과 같다. 불법의 적적(확실한)한 대의를 알고자 하면 바로 모름지기 하루 종일, 사위의(四威儀, 行住坐臥 語默動靜)를 향하여 일어나는 파도 속을 관하여 엿볼지니, 엿보아 오고 엿보아 가면 문득 그곳에서 바로 근원을 얻고 있는 것을 알게 될 것이다. 마침내 그렇게 근원을 알았다 할지라도 단지 스스로 기뻐할지언정 그대에게 줄 수는 없다.

종경 法王權實令雙行 雷捲風馳海岳傾<捲 當作震>霹靂一聲
　　　 법 왕 권 실 령 쌍 행　뇌 권 풍 치 해 악 경 <　권　　당 작 진 > 벽 력 일 성
雲散盡 到家元不涉途程
운 산 진　도 가 원 불 섭 도 정

　　부처님께서 방편과 실법(權實)을 쌍으로 행하시니
　　우뢰가(說法소리) 진동하고,
　　(다른 책에는 捲이 震으로 되어 있음)
　　바람(菩薩萬行과 誓願의 바람)이 몰아쳐
　　바다(衆生의 五欲海)와 산(人我四相山)이 무너지도다.
　　벼락 한 소리에 구름은 다 흩어지고
　　고향에 이르러 보니 원래부터 길에 나선 적이 없었더라.

설 大凡垂化 有權有實 有照有用 今佛 從無言中 興敎海之波瀾
　　 대 범 수 화　유 권 유 실　유 조 유 용　금 불　종 무 언 중　흥 교 해 지 파 란

向敎海裏 現無言之密旨 是謂權實令雙行也 風行草偃 化功 神
향교해이 현무언지밀지 시위권실령쌍행야 풍행초언 화공 신

速 五欲海 自渴 我人山 自倒 圓音落處 雲散盡 不曾擡步便還家
속 오욕해 자갈 아인산 자도 원음락처 운산진 부증대보편환가

무릇 교화를 펴는 데는 방편(權)도 있고 실법(實)도 있으며 비춤(照)도 있고 작용(用)도 있다. 이제 부처님께서 말없는 가운데 교해(敎海)의 파도를 일으키시고 그 바다 속을 향해서 무언의 밀지(密旨)를 나타내시니, 이것이 이른바 방편과 실상을 함께 행하는 것이다. 바람이 불어 풀이 눕고 교해의 공이 너무 빠르니 오욕의 바다가 저절로 마르고 아인(我人)의 산이 저절로 무너진다. 원음(圓音)이 떨어지는 곳마다 구름이 모두 흐트러지니 일찍이 걸음을 옮기지도 않았는데 곧 고향에 돌아옴이다.

▷ 규봉(圭峰)

규봉 後釋經文 准常三分 一 序分 二 正宗分 三 流通分 初文
　　　후석경문 준상삼분 일 서분 이 정종분 삼 유통분 초문
又二 一 證信序 二 發起序 今初
우이 일 증신서 이 발기서 금초

　2) 다음은 경문을 해석하는 데 상례에 준해서 셋으로 나누리니, ⑴ 서분(導入)이요 ⑵ 정종분(展開)이요 ⑶ 유통분(終結)이다. ⑴ 서분에 둘이 있으니, ① 증신서와 ② 발기서이다.

1. 법회인유분(法會因由分)
-법회를 이룬 연유-

如是我聞 一時 佛 在舍衛國祇樹給孤獨園 與
大比丘衆千二百五十人 俱

이와 같이 나는 들었다. 한 때 부처님께서 사위
성의 기수급고독원에서 1,250명의 비구와 함께
머물고 계셨다.

규봉 文前分三
문전분삼

一 明建立之因 則佛臨滅度 阿難 請問四事 佛 一一答 我滅度
일 명건립지인 즉불림멸도 아난 청문사사 불 일일답 아멸도

後 一 依四念處住 二 以戒爲師 三 默擯惡性比丘 四 一切經首
후 일 의사념처주 이 이계위사 삼 묵빈악성비구 사 일체경수

皆云如是我聞 一時 佛 在某處 與衆若干等 二 明建立之意 意
개운여시아문 일시 불 재모처 여중약간등 이 명건립지의 의

有三焉 一 斷疑故 謂結集時 阿難 昇座 欲宣佛法 感得自身 相
유삼언 일 단의고 위결집시 아난 승좌 욕선불법 감득자신 상

好如佛 衆起三疑 一 疑佛 重起說法 二 疑他方佛來 三 疑阿難
호여불 중기삼의 일 의불 중기설법 이 의타방불래 삼 의아난

成佛 故說此言 三疑頓斷 二 息諍故 若不推從佛聞 言自製作
성불 고설차언 삼의돈단 이 식쟁고 약불추종불문 언자제작

則諍論 起 三 異邪故 不同外道經初 云阿憂等 三 正釋文義 具
즉쟁론 기 삼 이사고 부동외도경초 운아우등 삼 정석문의 구

六成就 謂信聞時主處衆 六緣 不具 教則不興 必須具六 故云成
육성취 위신문시주처중 육연 불구 교즉불흥 필수구육 고운성

就 六成就者 一 信 若兼我聞合釋則指法之辭也 如是之法 我從
취 육성취자 일 신 약겸아문합석즉지법지사야 여시지법 아종

佛聞 單釋如是者 智度論 云信成就也 佛法大海 信爲能入 智爲
불문 단석여시자 지도론 운신성취야 불법대해 신위능입 지위

能度 信者 言是事如是 不信者 言是事不如是 又聖人說法 但爲
능도 신자 언시사여시 불신자 언시사불여시 우성인설법 단위

顯如 唯如爲是 故稱如是 又有無不二 爲如 如非有無 爲是 二
현여 유여위시 고칭여시 우유무불이 위여 여비유무 위시 이

聞 我 卽阿難 五蘊假者 聞 謂耳根發識 廢別從摠 故云我聞 阿
문 아 즉아난 오온가자 문 위이근발식 폐별종총 고운아문 아

難 所不聞二十年前之經 有云如來重說 有云得深三昧 摠領在心
난 소불문이십년전지경 유운여래중설 유운득심삼매 총령재심

若推本而言 阿難 是大權菩薩 何法不通 三 時 師資合會 說聽
약추본이언 아난 시대권보살 하법불통 삼 시 사자합회 설청

究竟 故言一時 諸方時分 延促不同 故但言 一 又說法領法之時
구경 고언일시 제방시분 연촉부동 고단언 일 우설법령법지시

心境 泯 理智 融 凡聖 如 本始 會 此諸二法 皆一之時 四 主
심경 민 이지 융 범성 여 본시 회 차제이법 개일지시 사 주

具云佛陁 此云覺者 起信 云所言覺義者 謂心體離念 離念相者
구운불타 차운각자 기신 운소언각의자 위심체이념 이념상자

等虛空界 卽是如來平等法身 則以無念 名之爲佛 然 覺有三義
등허공계 즉시여래평등법신 즉이무념 명지위불 연 각유삼의

一 自覺 覺知自心 本無生滅 二 覺他 覺一切法 無不是如 三
일 자각 각지자심 본무생멸 이 각타 각일체법 무불시여 삼

覺滿 二覺理圓 稱之爲滿 故知有念 則不名覺 起信 云一切衆生
각만 이각이원 칭지위만 고지유념 즉불명각 기신 운일체중생

不名爲覺 以無始來 念念相續 未曾離念 又云若有衆生 能觀無
불명위각 이무시래 염념상속 미증이념 우운약유중생 능관무

念者 卽爲向佛智故 五處 舍衛 此云聞物 謂具足欲塵財寶多聞
념자 즉위향불지고 오처 사위 차운문물 위구족욕진재보다문

解脫等 遠聞諸國 故 義淨 譯云名稱大城 祇樹等者 卽祇陀太子
해탈등 원문제국 고 의정 역운명칭대성 기수등자 즉기타태자
所施之樹 給孤獨園者 須達長者 所買之園 祇陀 此云戰勝 波斯
소시지수 급고독원자 수달장자 소매지원 기타 차운전승 파사
匿王 太子也 生時 王 與外國戰勝 因以爲名 梵語 須達 此云善
익왕 태자야 생시 왕 여외국전승 인이위명 범어 수달 차운선
施 給孤獨 卽是善施 又亦常行施故 西國 呼寺爲僧伽藍 此云衆
시 급고독 즉시선시 우역상행시고 서국 호사위승가람 차운중
園 六 衆 與者 幷也 及也 大者 名高德著 比丘者 梵語 此含三
원 육 중 여자 병야 급야 대자 명고덕저 비구자 범어 차함삼
義故 存梵不譯 一 怖魔 二 乞士 三 淨戒 衆者 理和事和 千二
의고 존범불역 일 포마 이 걸사 삼 정계 중자 이화사화 천이
百五十人者 佛 初成道 度憍陳如等五人 次度迦葉三兄弟 兼徒
백오십인자 불 초성도 도교진여등오인 차도가섭삼형제 겸도
總 一千 次度舍利弗目乾連 各兼徒 一百 次度耶舍長者子等
총 일천 차도사리불목건련 각겸도 일백 차도야사장자자등
五十人 經擧大數 故滅五人 是常隨衆 故偏列數 非無餘衆 文
오십인 경거대수 고멸오인 시상수중 고편열수 비무여중 문
隱顯耳 俱者 一時一處
은현이 구자 일시일처

경에 들어가기 전에 세 부분으로 나누어 보면,

ㄱ) 건립된 동기를 밝힌 것으로 부처님께서 돌아가실 무렵, 아난이 물은 네 가지 일에 대하여 부처님께서 일일이 말씀하시기를, 내가 멸도한 후에 ㉠ 사념처에 의지하여 주할 것이요 ㉡ 계로써 스승을 삼을 것이요 ㉢ 나쁜 비구는 침묵으로 물리칠 것이요 ㉣ 일체 경전의 첫머리에 '이와 같이 내가 들었다. 한때 부처님께서 모처에 계시는데, 약간의 대중과 함께 하셨다'고 하라 이르셨다.

ㄴ) 건립의 뜻을 밝힘이니 세 가지 뜻이 있다.

㉠ 의심을 끊게 하기 위함이니, 결집할 당시 아난이 법좌에

올라 불법을 펴고자 할 때, 자신의 모습이 부처님과 같음을 감득하여 대중이 세 가지 의심을 일으켰다. 첫째, 부처님께서 다시 오셔서 설법하시는가? 하는 의심. 둘째, 다른 곳의 부처님께서 오셨는가? 하는 의심. 셋째, 아난이 성불해서 법을 설하는가? 하는 의심이었다. 그러므로 이 '이와 같이 내가 들었다'는 말로 설하여 세 가지 의심을 단번에 끊어진 것이다.

㈝ 다툼을 쉬게 함이니, 만약 부처님으로부터 직접 들었다 하지 않고 자기가 제작했다고 하면 곧 논쟁이 일어날 것이다.

㈐ 삿된 도와 다른 까닭이니, 외도의 경에는 서두에 범어로 아우(阿憂)라고 기록되어 있는 것과 같지 않음이다.

ㄷ) 글 뜻을 바르게 해석함이다. 이는 여섯 가지 성취를 갖춤이니 신(信, 믿음)·문(聞, 들음)·시(時, 시간)·주(主, 설법의 주인)·처(處, 장소)·중(衆, 대중)이다. 여섯 가지 인연이 갖춰지지 않으면 가르침이 일어나지 않으니, 반드시 여섯 가지를 갖춰야 하므로 성취라 했다.

육성취라 함은

㈀ 신성취(信成就)이니, 만약 '아문(我聞)'을 합하여 해석한 즉 법을 지칭하는 말이니, 이와 같은 법을 내가 부처님으로부터 들음이다. '여시(如是)'만을 해석하면, 지도론(智度論)에 따르면, 믿음이 성취된 것이라 했다. 불법의 큰 바다에는 믿음이 있어야 들어갈 수 있으며 지혜로써 건널 수 있으니, 믿는 이는 이 일이 이와 같음을 말하고, 믿지 않는 이는 이 일이 이와 같지 않음을 말한다. 또 성인의 설법이 다만 여(如, 같음)를 나타내기 위함이니 오직 '여'가 시(是, 옳음)가 되므로 여시(如是)라 했다. 또 유(有)와 무(無)가 둘이 아님이 여가 되고, 여는 유무

가 아님이 시가 된다.

㈎ 문성취(聞成就)이니, 아(我)는 아난의 거짓 오온이요, 문(聞)은 이근(耳根, 귀)이 알음알이(識)를 낸 것을 말함이니, 낱낱이 들은 것을 폐하고 총체적인 것을 따르므로 '내가 들었다' 한 것이다. 어떤 이는 아난이 부처님으로부터 못들은 처음 20년 동안의 경은 '여래께서 거듭 설하셨다' 하며, 또한 '깊은 삼매를 얻어서 모두 깨달아 마음에 있다'고 하니 만약 근본을 추구해 말하면 아난은 큰 방편의 보살이니 무슨 법인들 통하지 못하겠는가?

㈐ 시성취(時成就)이니, 스승과 제자가 함께 모여 설함과 듣는 일이 완성되어 일시(一時, 한때)라 했으며, 지역마다 시간이 같지 않아서 다만 일시라 했다. 또 법을 설하고 법을 알아듣는 그때에 마음과 경계가 없어지고 이치와 지혜가 융통하고 범부와 성인이 같고 본(本)과 시(始)가 함께 모이니 이 두 법이 다 일시인 것이다.

㈑ 주성취(主成就)이니, 갖추어 말하면 불타인데 각자(覺者)라고도 한다. 기신론(起信論)에 따르면, 깨닫는다고(覺義)하는 것은 심(心)과 체(體)가 생각을 여읜 것이니, 생각을 여읨이 마치 허공과 같아서 곧 이것을 여래의 평등한 법신이라 한다 하시니 무념을 칭하여 불(佛)이라 했다. 그러나 각(覺)은 세 가지 뜻이 있으니 ㉠ 자각이니 자기 마음이 본래 생멸이 없는 것을 깨닫는 것이요 ㉡ 각타이니 모든 법이 이와 같지 아니함이 없음을 깨닫는 것이고 ㉢ 각만(覺滿)이니 이상 자각과 각타의 이치가 원만함을 칭하여 만이라 했다. 그러므로 알라. 생각이 있으면 각이라 할 수 없으니, 기신론에 따르면, 일체중생을 각이

라 하지 않음은 무시이래로 생각생각이 상속해서 일찍이 생각을 떠난 적이 없다 하며, 또한 어떤 중생이 능히 무념을 관한다면 이는 곧 불지(佛智)를 향함이 되는 것이라 했기 때문이다.

㈤ 처성취(處成就)이니, 사위국은 문물(聞物)이라 번역하니, 육진(六塵, 유흥)·재보(財寶, 경제)·다문(多聞, 학문)·해탈(解脫, 종교) 등이 모두 성하던 도시여서 멀리 다른 나라에 알려진 것을 말한다. 그러므로 의정(義淨) 스님이 번역하기를 큰 성이라 했다. 기수 등이란 기타태자가 보시한 나무이고, 급고독원이란 수달장자가 산 동산이다. 기타는 전승이라 번역되니 파사익왕의 태자를 말한다. 태어날 때, 왕이 외국과의 전쟁에서 이겼음을 인하여 이름 지어졌다. 범어로 수달(須達)은 선시(善施, 좋은 마음으로 베품)이니 급고독은 이를 베풀어 항상 보시를 행했기 때문이다. 서국(西國, 인도)에서는 절을 승가람(僧伽藍)이라 했는데, 한문으로는 중원(衆園)이라 부른다.

㈥ 중성취(衆成就)이니, 여(與)는 아울러<幷>와 함께<及>라는 의미다. 대(大)는 이름이 높고 덕이 높은 사람을 말한다. 비구란 세 가지 뜻을 지닌 고로 번역하지 않으니, ㉠ 마구니를 두렵게 함이요 ㉡ 걸사(乞士)요 ㉢ 정계(淨戒)를 뜻한다. 중(衆)이란 진리로 화합하고 일에도 화합함을 일컫는다. 1,250명이란 부처님께서 처음 성도할 때 교진여 등 5명을 제도하고 다음엔 가섭 삼형제와 그의 신도 1,000명을 모두 제도하고 다음엔 사리불, 목건련과 각각 신도 100명을 제도하시고 또 야사장자의 아들 등 50명을 제도하시니, 이 경엔 큰 수만 드시고 5명을 감한 것이다. 이들은 항상 따르는 대중이기에 치우쳐 수를 열거할망정 다른 대중이 없는 것은 아니며, 글에 나타내지 않으셨

다. 구(俱, 함께 했다)란 같은 때 같은 곳을 의미한다.

육조 如者 指義 是者 定詞 阿難 自稱如是之法 我從佛聞 明不
여자 지의 시자 정사 아난 자칭여시지법 아종불문 명부
自說也 故 言如是我聞 又我者 性也 性卽我也 內外動作 皆由
자설야 고 언여시아문 우아자 성야 성즉아야 내외동작 개유
於性 一切 盡聞 故稱我聞也 言一時者 師資會遇齊集之時 佛者
어성 일체 진문 고칭아문야 언일시자 사자회우제집지시 불자
是說法之主 在者 欲明處所 舍衛國者 波斯匿王 所居之國 祇者
시설법지주 재자 욕명처소 사위국자 파사익왕 소거지국 기자
太子名也 樹是祇陁太子 所施 故言祇樹 給孤獨者 須達長者之
태자명야 수시기타태자 소시 고언기수 급고독자 수달장자지
異名 園 本屬須達 故言給孤獨園 佛者 梵語 唐言 覺也 覺義有
이명 원 본속수달 고언급고독원 불자 범어 당언 각야 각의유
二 一者 外覺 觀諸法空 二者 內覺知心 空寂 不被六塵 所染
이 일자 외각 관제법공 이자 내각지심 공적 불피육진 소염
外不見人之過惡 內不被邪迷 所惑 故名曰覺 覺卽佛也 與者 佛
외불견인지과악 내불피사미 소혹 고명왈각 각즉불야 여자 불
與比丘 同住金剛般若無相道場 故言與也 大比丘者 是大阿羅漢
여비구 동주금강반야무상도량 고언여야 대비구자 시대아라한
故 比丘者 是梵語 唐言 能破六賊 故名比丘 衆 多也 千二百
고 비구자 시범어 당언 능파육적 고명비구 중 다야 천이백
五十人者 其數也 俱者同處平等法會
오십인자 기수야 구자동처평등법회

'여(如)'란 가리키는 뜻이고 '시(是)'란 결정된 말이다. 아난이 스스로 일컬어 '이와 같은 법을 나는 부처님으로부터 들었다'고 한 것은 자기가 말하지 않았을 밝힌 것이다. 그러므로 여시아문이라 한 것이다. 또 '아(我)'는 성품(性品)이고 성품은 곧 나이니 내외동작이 다 성품으로 말미암아 일체를 다 들으므로 '내가 들었다'라고 했다. '한때'란 스승과 제자가 함께 모인 때이고, '불(佛)'은 설법하는 주인이며, '재(在)'는 처소를 밝히고자

함이고 '사위국'은 파사익왕이 다스리는 나라이다. '기(祇)'는 기타태자의 이름이고 '수(樹)'는 기타태자가 베푼 행이므로 '기수'라 했다. '급고독(給孤獨)'은 수달장자의 다른 이름이고 '원(園)'은 절을 말한다. 본래 수달장자가 지은 절이므로 '급고독원'이라 한 것이다. '부처(불)'는 범어이다. 당나라 때는 '각(覺)'이라 번역했다. 각에는 두 가지 뜻이 있으니, 하나는 외각으로 모든 법이 공함을 관하는 것이고, 둘째는 내각으로 마음이 공적함을 알아서 육진에 물들지 않고 밖으로 남의 허물을 보지 않으며 안으로는 삿되고 미혹되지 않으므로 깨달음이라 부르니, 각은 곧 불이다. '여(與, 더불어)'는 부처님께서 비구들과 함께 금강반야의 무상도량에 계셨으므로 '더불어'라 한 것이다. '큰 비구'는 대아라한을 지칭하는 것이다. '비구'는 범어이고 당나라 말로는 능히 여섯 도적(眼·耳·鼻·舌·身·意)을 깨뜨렸으므로, '비구'라 했다. '중(衆, 들)'은 많다는 뜻이고 1,250명이란 그 숫자이다. '구(俱, 함께)'란 평등법회였음을 말한다.

야부 如是
　　　　여 시

여시여

설 如是之言 古人 說有多途 今川老 蓋取有無不二爲如 如非
　　여시지언　고인　설유다도　금천로　개취유무불이위여　여비
有無爲是
유 무 위 시

　여시란 말은 고인들이 여러 갈래로 말했는데, 지금 천로(川老, 야부)는 대개 유와 무가 둘이 아님을 여라 했고, 또 여는 유·

무가 아닌 것이 시가 됨을 취한 것이다.

야부 古人 道 喚作如如 早是變了也 且道 變向甚麼處去 咄 不
　　　　고인　도　환작여여　조시변료야　차도　변향심마처거　돌　부
得亂走 畢竟作麼生 道火不曾燒却口
득난주　필경작마생　도화부증소각구

　고인이 말하기를, 여여라 말한다면 이것은 이미 변한 것이라 하니, 또 일러라. 변하여 어느 곳을 향해 갔는가? 돌! 머리로 헤아리고 어지럽게 쫓아다니지 말라. 필경 어떻게 해야 하는가? 불을 아무리 말하여도 일찍이 입을 태운 적이 없다.

설 南泉 問講師 講甚麼經 云講涅槃經 云經中 以何爲極則
　　　남천　문강사　강심마경　운강열반경　운경중　이하위극즉
云以如如 爲極則 云喚作如如 早是變了也 須向異類中行 道取
운이여여　위극즉　운환작여여　조시변료야　수향이류중행　도취
異中事 始得 法眞一 頌云 涅槃寂滅 本無名 喚作如如早變生
이중사　시득　법진일　송운　열반적멸　본무명　환작여여조변생
若問經中何極則 石人 夜聽木鷄聲 謂涅槃寂滅 本無名字 若立
약문경중하극즉　석인　야청목계성　위열반적멸　본무명자　약립
名字 未免變異去在 須向異類中行 道取異中事 圓轉不觸 始得
명자　미면변이거재　수향이류중행　도취이중사　원전불촉　시득
且道 變向甚麼處去 咄 不得亂走 若以變不變 商量 又却不是也
차도　변향심마처거　돌　부득난주　약이변불변　상량　우각불시야
畢竟作麼生 涅槃寂滅 雖本無名 亦不妨因名現體 爲甚如此 說
필경작마생　열반적멸　수본무명　역불방인명현체　위심여차　설
名之時 早已風吹不入 水洒不著 只有一段通身寒光 喚作如如
명지시　조이풍취불입　수쇄불착　지유일단통신한광　환작여여
有甚變去
유심변거

　남전이 강사에게 묻기를, '무슨 경을 강의하는가?', '열반경을

강의합니다.' 또 묻기를, '열반경 중에서 무엇을 극칙(極則, 가장 중요시함)로 삼는가?' 답하길, '여여를 극칙으로 삼습니다.' 남전이 말하길, '여여라 말한다면 이미 변해 버렸으니, 모름지기 이류중(異類中, 다른 입장 또는 축생류)을 향해서 이중사(異中事)를 취해야 비로소 옳지 않은가?' 하니, 법진일이 게송으로 말하기를,

열반적멸이 본래 이름이 없으니.
여여라 하면 이미 변해버림이라.
만약 경중에서 무엇이 극칙인가 물으면,
돌사람이 밤에 나무로 만든 닭소리를 듣는다.

열반적멸이 본래 이름이 없으니 만약 이름을 세우면 변해버림을 면치 못하니 모름지기 이류중을 향해 행해서 이류사를 취해 말해야 원만히 굴려 부딪치지 않으므로 비로소 옳다. 또한 일러라. 변함은 어느 곳을 향해 갔는가? 어지럽게 쫓아다니지 말라. 만약 변함과 불변함으로 헤아리면 또한 도리어 옳지 않다. 필경 어떻게 할 것인가? 열반적멸이 비록 본래 이름은 없으나 또한 이름으로 인하여 열반적멸의 체가 나툼을 방해하지도 않으니 어찌하여 그런가? 이름을 말할 때, 이미 바람이 불어도 들어가지 못하고 물을 뿌려도 묻지 않도다. 다만 일단의 몸에 사무친 찬 빛이 있으니(깨달은 자의 입장에서) 여여라 말한들 무엇이 변해버릴 것인가?

야부 如如 靜夜長天 一月孤
　　　　여여 정야장천 　일월고

여여, 여여. 고요한 밤, 먼 하늘에 달이 하나 외롭도다.

설 水與波 無二 波與水 不別 淸寥寥時 元的的 白的的處 亦
　　　수여파　무이　파여수　불별　청요요시　원적적　백적적처　역

寥寥
요요

　물과 물결이 둘이 아니고 물결과 물이 다르지 않으니. 맑고 고요한 때가 원래 적적(분명)하고 백적적(밝고 분명)한 곳이 또한 고요하다.

야부 是是 水不離波波是水 鏡水塵風不到時 應現無瑕照天地
　　　　시시　수불리파파시수　경수진풍부도시　응현무하조천지

看看
간간

　시여, 시여.
　물은 물결을 떠나지 않으니 물결이 바로 이 물이로다.
　거울 같은 물에 티끌같은 바람이 이르지 않아야
　응해서 티 없이 천지를 비추니
　자세히 보고 보아라.

설 指水全是波 指波全是水 毗盧華藏 物物頭頭 萬像森羅 全
　　　지수전시파　지파전시수　비로화장　물물두두　만상삼라　전

機無垢 機無垢 本淸淨 鏡淨水澄 風塵 不到 湛湛地 明歷歷 輝
기무구　기무구　본청정　경정수징　풍진　부도　담담지　명력력　휘

天鑒地 曜古騰今 要會麽 要會 高著眼
천감지　요고등금　요회마　요회　고착안

　물 전체가 이 물결임을 가리키고 물결 전체가 이 물임을 가리켰다. 비로자나와 화장세계가 사물 하나하나에 다 갖추어져

있고, 삼라만상 전부가 때(垢)가 없도다. 삼라만상에 때가 없음이여, 본래부터 청정하여 맑은 거울처럼 물도 맑아서 풍진이 이르지 못함이다. 맑고 맑은 곳에 밝고 역력해서 하늘을 빛나게 하고 땅도 비춰서, 옛날에도 빛났고 지금도 빛나도다. 알기를 요하는가? 알고자 하면 눈을 높이 떠야 할 것이로다.

야부 我
아

아여.

설 指天指地獨立底人
지 천 지 지 독 립 저 인

하늘을 가리키고 땅을 가리키며 홀로 서 있는 사람이로다.

야부 淨躶躶赤洒洒 沒可把
정 라 라 적 쇄 쇄 몰 가 파

적나라하고 정하여 가히 잡을 수 없도다.

설 古人 道 阿呵呵是甚麼 南北東西 唯是我 雖云南北東西
고 인 도 아 가 가 시 심 마   남 북 동 서 유 시 아 수 운 남 북 동 서
唯是我 爭乃一切處 摸索不著 是可謂境上施爲渾大有 內外中間
유 시 아 쟁 내 일 체 처 모 색 불 착 시 가 위 경 상 시 위 혼 대 유 내 외 중 간
覓摠無
멱 총 무

고인이 말하길, 하하하 이것이 무엇인가? 남북동서에 오직 이 '나'라 하시니 비록 남북동서에 오직 나 하나인데, 어찌하여 일체처에서 찾지 못하였는가? 이것은 가히 경계 위에서 혼연히 크게 있으나 내외 중간을 찾으려 해봐도 모두 없음이다.

야부 我我 認得分明成兩箇 不動纖毫合本然 知音 自有松風和
아아 인득분명성량개 부동섬호합본연 지음 자유송풍화

아여, 아여. 인식하면 분명 두 개(주관·객관)를 이룸이라.
조금도 움직이지 않고 본연에 합하니
지음자가 있어서 저절로 솔바람에 화답하도다.

설 若道我有 眼中著屑 若道我無 肉上剜瘡 所以 道 有我直
약도아유 안중착설 약도아무 육상완창 소이 도 유아직
應還未達 若言無我更愚癡 一體上 兩般見 析虛空作兩片 兩頭
응환미달 약언무아갱우치 일체상 양반견 석허공작양편 양두
俱不涉 方得契如如 踏得家田地 唱出無生曲 無生曲子 孰能和
구불섭 방득계여여 답득가전지 창출무생곡 무생곡자 숙능화
蕭蕭松 籟送淸音
소소송 뇌송청음

만약 '내(我)가 있다' 하면 눈에 티가 있음이요 만일 '내가 없다' 하면 긁어 부스럼을 만듦이다. 그러므로 말하길, 내가 있다고 하면 도리어 통달하지 못하고, 내가 없다 하면 더욱 우치하리라. 한 몸에 두 가지 견해가 있음이여, 허공을 갈라서 두 조각으로 만드는 것이다. 두 가지에 모두 들어가지 않아야 바야흐로 여여함에 계합하여 자기 집의 땅(家田地)을 밟고 무생곡을 부르리라.

무생곡에 누가 능히 화답하겠는가?
소슬한 솔바람 소리가 청음을 보내오도다.

야부 聞
문

문이여.

설 本是一精明 分爲六和合 合處 如瞥地 見處 是眞聞
　　본시일정명 분위육화합 합처 여별지 견처 시진문

　본시 하나의 정명이 나누어져 육화합(육경+육근=육식)이 되었으니, 그 합한 곳에서 깨달으면 보는 곳이 참으로 듣는 것이로다.

야부 切忌隨他去
　　　절 기 수 타 거

　절대 경계를 따라가지 말지니라.

설 滿耳非音 聞箇甚麼　廓然無我 聞底 是甚麼 了得如是 鶯
　　만이비음 문개심마　확연무아 문저 시심마 요득여시 앵
歌與燕語 從敎閙浩浩 若未如 然宮商幷角徵 化我常抽牽 所以
가여연어 종교료호호 약미여 연궁상병각징 화아상추견 소이
道 切忌隨他去
도 절기수타거

　귀에 가득한 것이 소리가 아니거늘 듣는 것이 무엇이며, 확연한 내가 없거늘 듣는 자는 이 누구인가? 이렇게 깨달으면 꾀꼬리 소리와 제비의 지저귐을 시끄러운 대로 맡겨두거니와 만약 그렇지 못하면 궁상각치우(세상의 모든 소리)에 항상 끌려다니리라. 그러므로 말하길, 절대로 경계를 따라가지 말지어다.

야부 猿啼嶺上 鶴唳林間 斷雲風捲 水激長湍 最好晩秋霜
　　　원제영상 학려림간 단운풍권 수격장단 최호만추상
午夜 一聲新鴈 覺天寒
오야 일성신안 각천한

　원숭이는 고개 위에서 울고
　학은 숲 속에서 우는데

조각구름은 바람에 걷히고
물은 길게 여울져 흐르도다.
가장 고운 늦가을의 서리 내린 한 밤에
신선하게 들리는 기러기 울음소리에
날이 추워짐을 알게 해주도다.

설 好 一作愛
　　호　일작애

호는 어느 곳에서는 애로 된다.

설 鶴唳猿啼聲入耳　誰信圓通門大啓　反聞聞處　心路斷　八音
　　학려원제성입이　수신원통문대계　반문문처　심로단　팔음
盈耳不爲塵　不聞　曾不礙於聞　頭頭爲我話無生　夜靜秋空征鴈響
영이불위진　불문　증불애어문　두두위아화무생　야정추공정안향
一聲聲送報天寒　且道　是聞　不是聞　淡薄豈拘聲色外　虛閑寧墮
일성성송보천한　차도　시문　불시문　담박개구성색외　허한영타
有無中
유무중

　학이 울고 원숭이 우는 소리가 귀에 들어오니, 누가 원통문이 크게 열림을 믿으리오. 듣는 곳을 돌아서 다시 듣는 곳에 마음길이 끊어지면, 팔음이 귀에 가득하더라도 번뇌가 일지 않으리라. 듣지 않는 것이 일찍이 듣는 것에 걸리지 않으니, 모든 사물이 나를 위해서 무생을 말하도다.
　고요한 밤 가을 하늘을 나는 기러기 울음소리여,
　한 소리 울려 추워짐을 알리도다.
　또한 일러라. 이것이 듣는 것인가, 듣지 않는 것인가?
　담박한 것이 어찌 성색 밖에 걸릴 것이며,

텅 비어 고요함이 어찌 유·무 가운데 떨어지리오.

야부 一
일

일이여.

설 天地之根 萬化之源 千途 共向於彼 萬像 皆宗於此
천지지근 만화지원 천도 공향어피 만상 개종어차

천지의 근본이며 온갖 변화의 근원이다. 천 가지 길이 모두 저것(一)을 향하고 삼라만상이 이것을 종으로 삼도다.

야부 相隨來也
상수래야

서로 따라 오도다.

설 三界萬法 皆從斯起 兵隨印轉 影逐形生
삼계만법 개종사기 병수인전 영축형생

삼계의 만법이 모두 이것으로부터 일어나니, 군사들은 신호에 따라 움직이고 그림자는 형상을 쫓아 나타나도다.

야부 一 一 破二成三 從此出 乾坤混沌未分前 以是一生參學畢
일 일 파이성삼 종차출 건곤혼돈미분전 이시일생참학필

일이여, 일이여. 둘을 부숴 셋을 이루는 것이 이것으로부터 일어났도다. 천지가 나뉘기 이전에 이것으로 일생의 공부를 마쳤음이로다.

설 破二 以一也 成三 亦以一也 成之破之 皆從斯得 興來先
　　 파이 이일야 성삼 역이일야 성지파지 개종사득 홍래선
天地 無形本寂寥 能爲萬像主 亦爲諸佛母 若人 了得此 無事不
천지 무형본적요 능위만상주 역위제불모 약인 요득차 무사불
圓通
원통

　둘을 부수는 것도 하나로서 하고 셋을 이루는 것 역시 하나
로써 하니 이루고 부수는 것이 모두 이것으로부터 비롯된 것이
다. 벌어져 오는 것도 천지보다 먼저이고, 형상 없이 본래 고요
하니, 능히 만상의 주인이 되고 모든 부처님의 어머니가 되도
다. 만약 사람이 이것을 요달하면 일마다 원만하여 통하지 않
음이 없으리다.

야부 時
　　　시

　시여.

설 遠劫一念 無碍 古今始終 該通 爲甚如此 動靜 常在靑山中
　　 원겁일념 무애 고금시종 해통 위심여차 동정 상재청산중

　오랜 세월과 일념이 걸림이 없고, 고금과 시종 모두 하나로
통한다. 무엇이 이와 같은가? 동과 정이 항상 청산중(靑山中,
움직이지 않는 마음의 심체)에 있음이다.

야부 如魚飮水 冷暖自知
　　　여어음수 냉난자지

　물고기가 물을 마시는 바로 그때, 차고 더운 것을 스스로 앎
이로다.

설 怎生 是冷暖底滋味 明月堂前 時時九夏 大陽門下 日日三
즘생 시냉난저자미 명월당전 시시구하 대양문하 일일삼
秋 此味 無人識 親甞 始自知
추 차미 무인식 친상 시자지

무엇이 차고 더운 맛을 아는가?
달 밝은 집 앞에는 항상 여름이고
햇빛 비친 문 앞에는 나날이 가을이로다.
이런 맛을 아는 사람이 없으니
친히 맛보아야 비로소 스스로 알리라.

야부 時時 淸風明月 鎭相隨 桃紅李白薔薇紫 問著東君自不知
시시 청풍명월 진상수 도홍리백장미자 문착동군자부지

시여, 시여.
청풍명월은 항상 서로 따르고
도화는 붉고 오얏꽃은 희며 장미꽃이 붉음을
동군(봄바람)에게 물으니
스스로 알지 못하네.

설 淸風明月 不得別會 淸風拂時 明月照 明月照時 淸風拂
청풍명월 부득별회 청풍불시 명월조 명월조시 청풍불
桃李薔薇 東君造化底物事 東君 不知 淸風明月 人人受用底家
도리장미 동군조화저물사 동군 부지 청풍명월 인인수용저가
事 人人 不會 不會不知 人人 盡有一雙眉 箇箇面前 更無人 著
사 인인 불회 불회부지 인인 진유일쌍미 개개면전 갱무인 착
語云自知 頌云不知 不知與自知 相去多少 但知不知 是眞自知
어운자지 송운부지 부지여자지 상거다소 단지부지 시진자지

청풍과 명월을 따로 알지 말 것이니, 청풍이 불 때 명월이 비
치고 명월이 비칠 때 청풍이 불도다. 복숭아꽃, 배꽃, 장미꽃은

봄바람 조화 속의 산물인데 봄바람이 알지 못하고, 청풍명월은 사람들이 수용하는 집안일인데도 사람들이 알지 못하니, 알지 못하고, 알지 못함이여! 사람들이 모두 한 쌍의 눈썹을 가졌고 낱낱의 얼굴 앞에 다시 사람이 없도다. 착어에 밝히길, 스스로 안다고 했고, 송에는 알지 못한다 했으니, 알지 못함과 스스로 안다는 것이 서로의 거리가 얼마인가?

다만 알고 알지 못함을 안다면 이것이 참으로 스스로 아는 것이다.

야부 佛
불

부처님이시여.

설 本源天眞 是 相好嚴身 是 一身 分作兩鄕心
본원천진 시 상호엄신 시 일신 분작양향심

본래 천진한 근원이 이것인가? 훌륭한 상호가 이것인가? 한 몸이 나뉘어져 두 마음을 지었도다.

야부 無面目說是非漢
무 면 목 설 시 비 한

얼굴도 없이 시비를 설하는 놈이로다.

설 無形還有像 逢人說是非
무 형 환 유 상 봉 인 설 시 비

형상이 없는 가운데 도리어 모습이 있다 하니, 사람을 만나 시비를 설했도다.

야부 小名 悉達 長号 釋迦 度人無數 攝伏羣邪 若言他是佛 自
소명 실달 장호 석가 도인무수 섭복군사 약언타시불 자
己 却成魔 只把一枝無孔笛 爲君吹起 大平歌
기 각성마 지파일지무공적 위군취기 대평가

어릴 적 이름은 싣달타이고 커서는 석가라.
수많은 사람을 제도하시고
삿된 무리를 거두어 항복받으셨도다.
만약 저것을 부처라 하면
자기는 도리어 마구니가 되리니
다만 한 대의 구멍 없는 피리로
그대를 위하여 태평가를 부르리라.

설 世與出世 俱是化儀 雖然如是 妙相 無形 眞名 非字 形之
세여출세 구시화의 수연여시 묘상 무형 진명 비자 형지
與名 甚處 得來 不因江招月 爭知應萬般 應萬般 多少人 天
여명 심처 득래 불인강초월 쟁지응만반 응만반 다소인 천
言下 知歸 多少魔羣 廻邪返正 此是挍亂返正 致得大平 須知有
언하 지귀 다소마군 회사반정 차시교란반정 치득대평 수지유
本大平 始得 若將報化云是佛 自己天眞 竟何物 君看四十九年
본대평 시득 약장보화운시불 자기천진 경하물 군간사십구년
迹 大虛空裏 生閃電 君看四十九年說 權將黃葉止兒啼 唯有一
적 대허공이 생섬전 군간사십구년설 권장황엽지아제 유유일
處 也大難忘 黃葉葉底無孔笛 吹起吾家劫外歌 劫外歌 歌何事
처 야대난망 황엽엽저무공적 취기오가겁외가 겁외가 가하사
歌詠人人本大平 怎生是本大平 人人脚下 淸風拂 箇箇面前 明
가영인인본대평 즘생시본대평 인인각하 청풍불 개개면전 명
月白
월 백

세간과 출세간이 모두 교화하는 의식이니, 비록 이와 같으나
묘상은 형상이 없고 참된 이름은 글자가 아니니, 형상과 이름

을 어느 곳에서 얻어 올 것인가? 강물로 인하여 달을 불려오지 않으면, 어찌 온갖 곳에 응함을 알 것인가? 온갖 곳에 응함이여, 많은 사람과 천인이 언하에 돌아갈 줄 알고 많은 마군이 삿됨을 돌이켜 바름(正)에 돌아왔던가? 이것은 어지러움을 뽑아 버리고 바른 것에 돌아가 태평을 이루거니와, 모름지기 본래 태평한 것이 있음을 알아야 비로소 옳은 것이다. 만약 보신과 화신을 가리켜 부처님이라 한다면, 자기의 천진(佛性)은 다시 무슨 물건인가?

그대는 부처님의 49년 동안의 자취를 보라. 태허공 속에서 잠시 번쩍이는 번갯불과 같은 소식일 뿐이다. 그대는, 49년의 설법을 보라. 방편으로 황엽(經)을 가지고 우는 아이를 그치게 한 것과 같다. 오직 한 곳이 크게 잊기 어려우니 황엽과, 무공적(法音)으로 내 집의 겁외가를 불러일으키도다. 겁외가야, 무엇을 노래하는가? 사람사람이 본래 가지고 있는 태평가를 부름이로다. 무엇이 본래의 태평인가? 사람사람의 발아래(그 자리)에 청풍이 불며, 사람사람의 면전에 달이 밝음이로다.

야부 在
재

있다(존재) 여.

설 主中主 長年 不出戶 又寂然不動 又獨坐庵中寂無事
주중주 장년 불출호 우적연부동 우독좌암중적무사

주인 가운데 주인이여, 긴 세월 문밖을 벗어나지 않았도다. 또한 적연(寂然)하여 움직이지 않았고, 홀로 암자에 앉아 고요히 일이 없음이로다.

야부 客來須看 也不得放過 隨後便打
객래수간 야부득방과 수후변타

　객이 오면 자세히 살필지니, 그냥 놓쳐버리지 말고 뒤를 따라가서 문득 쳐야 하느니라.

설 若一向坐在家舍則途中事 闕 一向行在途中則家裏事疎 要
약일향좌재가사즉도중사 궐 일향행재도중즉가이사소 요
須在家舍而不虧途中事 在途中而不昧家裏事 始得 所以 道 妙
수재가사이불휴도중사 재도중이불매가이사 시득 소이 도 묘
喜 豈容無著問 漚和 爭負絶流機 又客來云云 感而遂通 不得云
희 개용무착문 구화 쟁부절류기 우객래운운 감이수통 부득운
云 隨緣無著 又客來云云 若遇客來 須善待 不得云云 是客 稍
운 수연무착 우객래운운 약우객래 수선대 부득운운 시객 초
有賊氣在 知有賊氣 須打殺
유적기재 지유적기 수타살

　만약 한결같이 집에 앉아만 있으면 길거리의 일이 잘못되고, 또 한결같이 길거리에만 있으면 가이사(家裏事, 집안일)가 소홀해짐이니, 모름지기 집안에 있으면서 길거리의 일을 잊지 말고, 길거리에 있으면서 집안일을 소홀히 하지 않아야 비로소 옳도다.

　그러므로 말하길, '묘희(妙喜, 문수보살)가 어찌 무착의 질문을 용납하리오 마는, 방편으로 절류기(絶流機, 생사의 흐름을 끊을 대근기)를 져버릴 수 있겠는가 하는 때문'이라고 했다. 또 '객이 오면' 운운은 느껴서 마침내 통하는 것이요, '그냥 지나치지 말라' 운운은 인연을 따르고 집착하지 않음이다.

　또 '객이 오면' 운운은 만약 객이 오면 모름지기 잘 대접할 것이요, '그냥 놓쳐버리지 말라' 운운은 이 객이 조금 도적기가 있으니, 도적기가 있음을 알면 쳐 죽일 것이니라.

야부 獨坐一爐香 金文 誦兩行 可憐車馬客 門外 任他忙
　　　　독좌일로향　금문　송양행　가련거마객　문외　임타망

홀로 향로 옆에 앉아서
경전 두어 줄을 외우노라.
가련하다. 차마의 객이여.
문밖에서 그의 분망함에 맡기도다.

설 家裏事 途中事 一道俱行 常在途中 而昧於家裏事 是可憐
　　　가이사　도중사　일도구행　상재도중　이매어가이사　시가련
也 又獨坐云云 寂照不二 體用如如 可憐云云 未了底人 坐在聲
야　우독좌운운　적조불이　체용여여　가련운운　미료저인　좌재성
色裏 三德彼岸 相去大遠 是可憐也 又倐然獨坐眼惺惺 任他客
색이　삼덕피안　상거대원　시가련야　우소연독좌안성성　임타객
賊門外忙
적문외망

　집안일과 길거리 일을 한 길로 함께 해야 하는데, 항상 길거리에 있어서 집안일에 어두운 것이 가련하다 한 것이다.
　또 '홀로 향로' 운운은 적과 조가 둘이 아니어서 체와 용이 여여함이요, '가련하다' 운운은 깨닫지 못한 사람이 성색(聲色, 바깥 경계) 속에 앉아 있어서 삼덕(법신, 해탈, 반야)의 저 언덕에서 서로의 거리가 너무 먼 것이 가련하다 한 것이다. 또한 홀연히 홀로 앉아 눈이 성성하니 저 객과 적이 문밖에서 분망함을 그대로 내버려 둠이로다.

야부 與大比丘衆千二百五十人 俱
　　　　여대비구중천이백오십인　구

　큰 비구들 1,250명과 함께 함이여.

설 主伴 交參 說請 同會
주반 교참 설청 동회

부처님과 대중이 함께 참석하여 설하고 듣는 자가 함께 모였도다.

야부 獨掌 不浪鳴
독장 불랑명

한 손바닥만으로는 소리가 나지 않는다.

설 師資合會 方成唱和
사자합회 방성창화

스승과 제자가 함께 모여서 바야흐로 선창하고 화답함을 이루도다.

야부 巍巍堂堂 萬法中王 三十二相 百千種光 聖凡 瞻仰 外道
외외당당 만법중왕 삼십이상 백천종광 성범 첨앙 외도
歸降 莫謂慈容 難得見 不離祇園大道場
귀항 막위자용 난득견 불리기원대도량

더없이 높아 당당함이여,
만법 가운데 왕이로다.
32상이요 백 천 가지 빛이로다.
성현과 범부가 우러르고
외도가 귀의하여 항복하도다.
자비로운 모습을 뵙기 어렵다 말하지 말라.
기원정사 대도량에 아직 그대로 계시도다.

설 依眞起化 化道方成 感畢遂隱 而眞常住 世云 佛生迦毗羅
의진기화 화도방성 감필수은 이진상주 세운 불생가비라

成道摩竭陁　說法波羅奈　入滅拘尸羅　蓋釋迦老子　於淨飯王宮
성도마갈타　설법바라나　입멸구시라　개석가노자　어정반왕궁

示現出生　十九　出家　三十　成道　住世四十九年　說法三百餘會
시현출생　십구　출가　삼십　성도　주세사십구년　설법삼백여회

壽登八十　而示入滅　其示滅以來　于今二千餘載　迹此觀之　世云
수등팔십　이시입멸　기시멸이래　우금이천여재　적차관지　세운

佛有去來　可矣　據實而觀　來無所來　月印千江　去無所去　空分諸
불유거래　가의　거실이관　내무소래　월인천강　거무소거　공분제

刹　伊麼則雖云出世　未曾出世　雖云入滅　未曾入滅　所以　道　莫
찰　이마즉수운출세　미증출세　수운입멸　미증입멸　소이　도　막

謂慈容　難得見　不離祇園大道場　要識慈容麼　擬議思量千萬里
위자용　난득견　불리기원대도량　요식자용마　의의사량천만리

要識道場麼　觸目無非古道場
요식도량마　촉목무비고도량

　진여에 의지해서 교화를 일으키니, 가르침이 바야흐로 이루어지고, 감응하여 마쳐 드디어 숨으니 마침내 진여는 항상 머무른다. 세상 사람들이 말하길, 부처님은 가비라에서 탄생하시고 마갈타에서 성도하시어 바라나에서 법을 설법하시고 구시라에서 입멸하셨다 하니, 대개 석가모니께서는 정반왕궁에서 출생하시어 19세에 출가하시고 30세에 성도하시어 49년간 세상에 계시면서 300여 회나 설법하시고 80세가 되시어 입멸을 보이시니, 그 입멸을 보이신 이래로 지금까지 2,000여 년이 지났다. 이 자취를 관하건대, 부처님은 오고감이 있다고 말하는 것이 옳기도 하지만, 실체를 들어 관해 보면, 와도 온 바가 없음이니, 달이 천강에 비침이요 가도 가는 자취가 없음이다. 마치 허공이 모든 세계로 나눔과 같도다. 이러한즉 비록 세상에 나오셨다 말하나 일찍이 세상에 나오신 것이 아니고, 비록 입멸했다고 하나 일찍이 입멸함이 없으니, 이런 까닭으로 말하길, 자비스러운 모습을 뵙기 어렵다 말하지 말라. 기원정사의 대도

량을 떠나지 않았다 하시니, 그러면 자비로운 모습을 알고자 하는가, 의심하고 사량하면 천만리나 멀어지도다. 기원정사 대도량을 알고자 하는가, 눈 닿는 곳마다 옛 도량 아님이 없도다.

규봉 二 發起序者 謂乞食威儀 離於邪命 是爲持戒戒能資定 定
　　　이 발기서자 위걸식위의 이어사명 시위지계계능자정 정
能發慧 故以戒定 發起般若正宗 於中有二 一 戒 二 定 今初
능발혜 고이계정 발기반야정종 어중유이 일 계 이 정 금초

② 발기서란 걸식하는 위의가 삿되게 목숨을 유지하는 데에서 떠남을 말함이다. 이것은 지계가 되나니, 계는 능히 정(定)을 돕고 정은 능히 혜를 발하므로, 계와 정으로써 반야의 바른 종지를 발기하는 것이다. 그 중에 두 가지가 있으니 ㄱ)은 계이고, ㄴ)는 정이니, 아래 본문이 ㄱ)에 해당한다.

爾時 世尊 食時 着衣持鉢 入舍衛大城 乞食
於其城中 次第乞已 還至本處

그때 밥 빌을 시간이 되자, 부처님께서는 가사를 입고 바리를 들고 사위성 시내로 나가 차례로 한 집 한 집 다니시며 음식을 얻으셨다. 그리고서 사원으로 돌아와,

규봉 分七節釋 一 化主 成實論 說具上九号 爲物欽重 故曰世
　　　분칠절석 일 화주 성실론 설구상구호 위물흠중 고왈세

尊 天上人間 共所尊故 二 化時 食時辰 當日初分 求乞易得 不
존 천상인간 공소존고 이 화시 식시진 당일초분 구걸이득 불
惱自他 乞已歸園 正當巳時 如常齋法 三 化儀 著僧伽梨衣 持
뇌자타 걸이귀원 정당사시 여상재법 삼 화의 착승가리의 지
四天王 所獻鉢 四 化處 園 在城東南五六里 自外之內 爲入 處
사천왕 소헌발 사 화처 원 재성동남오육리 자외지내 위입 처
廣人多曰大 五 化事 佛 爲欲顯頭陁功德 令放逸者 慙愧 以同
광인다왈대 오 화사 불 위욕현두타공덕 영방일자 참괴 이동
事攝 故自乞食 瓔珞女經 說化身 如全段金剛 無生熟藏 今所乞
사섭 고자걸식 영락여경 설화신 여전단금강 무생숙장 금소걸
者 利益他故 故 淨名 云爲不食故 應受彼食 六 化等 一 由內
자 리익타고 고 정명 운위불식고 응수피식 육 화등 일 유내
證平等理 外不見貧富相 二 心離貪慢 慈無偏利 三 表威德 不
증평등리 외불견빈부상 이 심리탐만 자무편리 삼 표위덕 불
懼惡象沽酒婬女等家 四 息凡夫 猜嫌 五 破二乘 分別 七 化終
구악상고주음녀등가 사 식범부 시혐 오 파이승 분별 칠 화종
然 已字 義屬下句 文連上句 飯食字 義屬上句 文連下句 若
연 이자 의속하구 문연상구 반식자 의속상구 문연하구 약
廣其文 令當句中備者 應云次第乞 乞已 還至本處 飯食 飯食訖
광기문 영당구중비자 응운차제걸 걸이 환지본처 반식 반식흘
收衣鉢 佛若不食 他福 不滿 寶雲經 說隨所乞得 分爲四分 一
수의발 불약불식 타복 불만 보운경 설수소걸득 분위사분 일
擬與同梵行 二 擬施貧病乞人 三 水陸衆生 四 自食 十二頭陁
의여동범행 이 의시빈병걸인 삼 수육중생 사 자식 십이두타
經 唯說三分 除梵行 二 定
경 유설삼분 제범행 이 정

일곱 절로 나누어 해석하리니,

㈀ 화주(化主, 주인) : 성실론에 따르면, 부처님은 9호(九號, 如來·應供·正遍知·明行足·善逝·世間解·無上士·調御丈夫·天人士)를 갖추어야 중생들이 공경하고 존중함이 되어서 세존이라 말하니, 천상과 인간이 함께 존중하기 때문이라 했다.

㈁ 화시(化時, 때) : 식사 때는 당일 아침이니 구걸이 쉬워서

자타를 번거롭게 하지 않고 밥을 얻고 돌아오면 사시에 해당되니 일상적인 제법(薺法, 공양법도)이다.

㈐ 화의(化儀, 의식) : 승가리(僧伽梨, 가사)를 입고 사천왕이 헌공한 발우를 가지는 것이다.

㈑ 화처(化處, 장소) : 기원정사는 성의 동남쪽 5~6리 정도의 거리에 있으니 밖에서 안으로 가는 것은 입(入)이라 하고, 장소가 넓고 사람이 많음을 대(大)라 했다.

㈒ 화사(化事, 일) : 부처님께서 두타의 공덕을 보여주고자 게으른 자로 하여금 부끄럽게 해서 동사(同事)로써 섭하는 고로 스스로 걸식을 하신 것이다. 영락여경(瓔珞女經)에 의하면, 부처님의 화신은 마치 한 덩어리의 금강과 같아서 내장(生熟藏)이 없다 하시니, 지금 걸식하시는 것은 중생을 이익 되게 하기 위함이다. 정명(淨名)이 말하기를, 먹지 않음이 되므로 응당 저 음식을 받는다 하였다.

㈓ 화등(化等, 평등) : 그중 다섯 가지가 있으니, ㉠ 안으로 평등한 이치를 증득하여서 밖으로 빈부를 가리지 않음이요, ㉡ 마음에 탐만을 여의어서 자비의 치우침이 없는 것이며, ㉢ 부처님의 위덕으로 악상, 고주, 음녀의 집을 두려워하지 않음의 표현이며, ㉣ 범부의 시기하고 혐오함을 쉬게 함이요, ㉤ 이승의 분별을 깨뜨림에 있다.

㈔ 화종(化終, 마침) : 이(已) 자는 뜻이 하구에 속했으나 글은 상구에 연결되고, 반식(飯食) 자는 뜻이 상구에 속했으나 글은 하구에 연결되니, 구체적으로 말하면 응당 '차례로 비시고 본처에 돌아오시어 공양을 잡수시고 공양이 끝나시고 의발을 거두셨다'고 해야 할 것이다. 만일 부처님께서 공양을 드시지

않으면 시주한 사람의 복이 만족하지 못하게 된다. 보운경(寶雲經)에 의하면, 걸식한 바를 네 가지로 나누었는데, ㉠ 범행하는 이들에게 주고자 함이요, ㉡ 가난하고 아픈 걸인에게 베풀고자 함이요, ㉢ 수륙중생에게 나누어 주고자 함이요 ㉣ 스스로 드시고자 함이다.

12두타경(十二頭陀經)에는 오직 세 가지만 설하고 범행은 제외하였다.

②는 정(定)이다.

飯食訖 收衣鉢 洗足已 敷座而坐
식사를 하셨다. 그리고는 가사를 벗고 바리를 치운 뒤 발을 씻고 방석을 펴 앉으셨다.

설 入城乞食 法身不癡 以般若 開示也 收衣洗足 般若無著
　　입성걸식　법신불치　이반야　개시야　수의세족　반야무착
以解脫 開示也 敷座而坐 解脫寂滅 以法身 開示也 方談般若
이해탈　개시야　부좌이좌　해탈적멸　이법신　개시야　방담반야
以此開示者 般若之所以爲般若也 指其本體則名爲法身 指其大
이차개시자　반야지소이위반야야　지기본체즉명위법신　지기대
用則名爲解脫 指其當體則名爲般若 何則 直般若 非般若 般若
용즉명위해탈　지기당체즉명위반야　하즉　직반야　비반야　반야
具法身解脫 直解脫 非解脫 解脫 具法身般若 直法身 非法身
구법신해탈　직해탈　비해탈　해탈　구법신반야　직법신　비법신
法身 具解脫般若 擧一 卽具三 言三 體卽一 方談般若 以此開
법신　구해탈반야　거일　즉구삼　언삼　체즉일　방담반야　이차개
示者 不其然乎
시자　불기연호

성에 들어가 걸식하는 것은 법신이 어리석지 않은 것이니 반야로써 열어 보임이요, 옷을 거두고 발을 씻으심은 반야(지혜)가 집착함이 없음이니 해탈로써 열어 보임이로다. 자리를 펴고 앉으심은 해탈이 적멸함이니 법신으로 열어 보이신 것이다. 바야흐로 반야를 설함에 이것으로써 열어 보인 것은 반야가 반야된 까닭이, 그 본체를 가리킨 즉 이름이 법신이고 그 작용은 해탈이요 그 당체는 반야가 되는 것이다. 무슨 까닭인가? 반야만의 반야는 참다운 반야가 아니고 반야는 법신과 해탈을 갖춰야 하고, 해탈만의 해탈은 참다운 해탈이 아니라 법신과 반야를 갖춰야 하며, 법신만의 법신은 참다운 법신이 아니라 해탈과 반야를 갖춰야 함이니, 하나를 들면 셋을 갖추고 셋을 말하면 체는 곧 하나이다. 바야흐로 반야를 설하려고 이것으로써 열어 보인 것은 이 때문이 아니겠는가?

규봉 分三節釋 一 屛資緣 將欲入定 須息攀緣 衣鉢 不收 心有
분삼절석 일 병자연 장욕입정 수식반연 의발 불수 심유

勞慮 故佛示現 爲後軌也 卽收大衣 著七條 二 淨身業 阿含經
노려 고불시현 위후궤야 즉수대의 착칠조 이 정신업 아함경

說佛行 離地四指 蓮花承足 今示現洗者 順世表法 爲後軌也 三
설불행 이지사지 연화승족 금시현세자 순세표법 위후궤야 삼

正入定 敷座坐禪者 由身端故 心離沈掉故 魏譯 云如常敷座 結
정입정 부좌좌선자 유신단고 심리침도고 위역 운여상부좌 결

加趺坐 端身而住 正念不動 唐譯 云端身正願 住對面念 無著
가부좌 단신이주 정념부동 당역 운단신정원 주대면념 무착

云顯示唯寂靜者 於法 能覺能說故 然 大聖現跡 必有所表 表本
운현시유적정자 어법 능각능설고 연 대성현적 필유소표 표본

覺之佛 在五蘊之都 覺魔軍本空 名爲戰勝 照心識具德 卽是給
각지불 재오온지도 각마군본공 명위전승 조심식구덕 즉시급

孤 求法養神 名乞士衆 覺心 旣發 寧棄塵勞 將欲徧觀 遂入識
고 구법양신 명걸사중 각심 기발 영기진로 장욕편관 수입식

藏 心心數法 次第思惟 卽妄而眞 皆得法喜 法喜無體 融合覺心
장 심심수법 차제사유 즉망이진 개득법회 법희무체 융합각심

思惟 假緣 忘緣 可符眞性 觀照 是跡 拂跡 返本還源 返本還源
사유 가연 망연 가부진성 관조 시적 불적 반본환원 반본환원

法空心寂 空寂眞體 般若朗然 欲談般若正宗 如是示現發起 資
법공심적 공적진체 반야랑연 욕담반야정종 여시시현발기 자

聖跡 云夫身有二 一 僞 二 眞 五陰僞軀 假衣食以生育 法身
성소 운부신유이 일 위 이 진 오음위구 가의식이생육 법신

無相 因般若以照成 羣生 保僞遺眞 諸佛 養眞棄僞 羣生 旣迷
무상 인반야이조성 군생 보위유진 제불 양진기위 군생 기미

眞而取僞 我乃假僞跡而引眞 故託乞食之緣 將施法喜之化 故
진이취위 아내가위적이인진 고탁걸식지연 장시법회지화 고

涅槃經 云汝諸比丘 雖行乞食 初未曾乞大乘法食 二 正宗分 二
열반경 운여제비구 수행걸식 초미증걸대승법식 이 정종분 이

門分別 初 且約無著 七種義句 以懸判 後 正用天親 答問斷疑
문분별 초 차약무착 칠종의구 이현판 후 정용천친 답문단의

以科釋 初中 七義句者 一 種姓不斷 謂護念付囑 二 發起行相
이과석 초중 칠의구자 일 종성부단 위호념부촉 이 발기행상

謂申請讚許 三 行所住處 謂十八住 從佛正說 直至經終 是無相
위신청찬허 삼 행소주처 위십팔주 불종정설 직지경종 시무상

行 所住處矣 四 對治 謂一一住處 皆具邪行 共見正行 二種對
행 소주처의 사 대치 위일일주처 개구사행 공견정행 이종대

治 五 不失中道 謂由對治 離增減二邊 不失中道 六 地位 謂由
치 오 부실중도 위유대치 이증감이변 부실중도 육 지위 위유

不失中道 成賢聖位 信行地 淨心地 如來地 七 立名 謂由前六
부실중도 성현성위 신행지 정심지 여래지 칠 입명 위유전육

智慧堅利 位地闊狹 故名金剛 後四 但約第三句中十八住說 無
지혜견리 위지활협 고명금강 후사 단약제삼구중십팔주설 무

別經文 十八住處者 一 發心住 經 云應如是降伏其心 所有一切
별경문 십팔주처자 일 발심주 경 운응여시항복기심 소유일체

等 二 波羅蜜相應行住 不住色布施等 三 欲得色身住 可以身相
등 이 바라밀상응행주 부주색보시등 삼 욕득색신주 가이신상

見等 四 欲得法身住 法身 有二 一 言說法身 頗有衆生等 因言
견등 사 욕득법신주 법신 유이 일 언설법신 파유중생등 인언

顯理故 二 證得法身 復有二種 一 智相 如來 得阿耨耶等 二
현리고 이 증득법신 부유이종 일 지상 여래 득아뇩야등 이

福相 若人 滿三千等 五 於修道得勝中無慢住 須陁洹等 從此
복상 약인 만삼천등 오 어수도득승중무만주 수다원등 종차

至十六住 如次對治十二種障 意明欲求色身法身 須離是障 障盡
지십육주 여차대치십이종장 의명욕구색신법신 수리시장 장진

故 入十七證道 今當對治第一慢障 六 不離佛出時住 昔在然燈
고 입십칠증도 금당대치제일만장 육 불리불출시주 석재연등

等 離第二少聞障 不離佛世 則具多聞 七 願淨佛土住 菩薩 莊
등 이제이소문장 불리불세 즉구다문 칠 원정불토주 보살 장

嚴佛土不等 離小攀緣作念修道障 緣形相土則小 無緣則大 契法
엄불토부등 이소반연작념수도장 연형상토즉소 무연즉대 계법

界故 八 成熟衆生住 人身 如須彌等 離捨衆生障 若見大小 不
계고 팔 성숙중생주 인신 여수미등 이사중생장 약견대소 불

能濟物 九 遠離隨順外論散亂住 如恒河中所有沙等 離樂隨順外
능제물 구 원리수순외론산란주 여항하중소유사등 이락수순외

論散亂障 恒沙寶施 不及持經 如何外學 不修正法 十 色及衆生
론산란장 항사보시 불급지경 여하외학 불수정법 십 색급중생

身搏取中 觀破相應行住 三千世界所有微塵等 離破影像相中無
신박취중 관파상응행주 삼천세계소유미진등 이파영상상중무

巧便障 旣離散亂 與定相應 以細末不念二種方便 破麤至細 泯
교편장 기이산란 여정상응 이세말불념이종방편 파추지세 민

細至空則除影像之相想 十一 供養給侍如來住 可以三十二相 見
세지공즉제영상지상상 십일 공양급시여래주 가이삼십이상 견

如來不等 離福資粮不具障 不以相見 常見法身 名爲給侍 福無
여래부등 이복자량불구장 불이상견 상견법신 명위급시 복무

邊矣 十二 遠離利養 及疲乏熱惱故 不起精進 及退失住 恒沙身
변의 십이 원리이양 급피핍열뇌고 불기정진 급퇴실주 항사신

命布施等 離樂味懈怠利養障 恒沙命施 猶劣受持 豈爲一身 耽
명보시등 이락미해태이양장 항사명시 유열수지 개위일신 탐

著利養 身疲心惱而懈怠耶 十三 忍苦住 忍波羅蜜 割截身等 離
착이양 신피심뇌이해태야 십삼 인고주 인바라밀 할절신등 이

不能忍苦障 無我等相 累苦能忍 十四 離寂靜味住 當來之世 若
불능인고장 무아등상 누고능인 십사 이적정미주 당래지세 약

有能於此經 受持讀誦等 離智資粮不具障 日三時捨身 一一沙數
유능어차경 수지독송등 이지자량불구장 일삼시사신 일일사수

不及信經 如何唯專禪定 耽寂靜味 闕於智慧 而不持說 十五 於
불급신경 여하유전선정 탐적정미 궐어지혜 이부지설 십오 어

證道時 遠離喜動住 云何住降伏等 離十一不自攝 障我能住降
증도시 원리희동주 운하주항복등 이십일부자섭 장아능주항

心生喜動 動則不能自攝 十六 求佛敎授住 於然燈佛所 有法得
심생희동 동즉불능자섭 십육 구불교수주 어연등불소 유법득

菩提等 離十二無敎授障 欲入初地 須佛敎授 故約 遇佛 得無
보리등 이십이무교수장 욕입초지 수불교수 고약 우불 득무

所得而證道矣 十七 證道住 人身長大等 攝種性智 證 徧行如
소득이증도의 십칠 증도주 인신장대등 섭종성지 증 편행여

成法報身 故 長大矣 十八 上求佛地住 於中 復有六種具足一
성법보신 고 장대의 십팔 상구불지주 어중 부유육종구족일

國土淨具足 我當莊嚴佛土等 此 敎二地已上諸大菩薩 二 無上
국토정구족 아당장엄불토등 차 교이지이상제대보살 이 무상

見智淨具足 有肉眼不等 此下 皆唯佛果 故云無上 無上之言 貫
견지정구족 유육안부등 차하 개유불과 고운무상 무상지언 관

通下四 三 福自在具足 若人 滿三千界七寶等 四 身具足 佛 可
통하사 삼 복자재구족 약인 만삼천계칠보등 사 신구족 불 가

以具足色身等 五 語具足 汝勿謂如來說法等 六 心具足 佛得阿
이구족색신등 오 어구족 여물위여래설법등 육 심구족 불득아

耨菩提 爲無所得耶 乃至應作如是觀 又十八住 略爲八種 亦得
녹보리 위무소득야 내지응작여시관 우십팔주 약위팔종 역득

滿足 一 攝住處 二 波羅蜜淨住處 一二 次配 三 欲住處 攝三
만족 일 섭주처 이 바라밀정주처 일이 차배 삼 욕주처 섭삼

及四 四 離障礙 住處 卽前十二障也 從五乃至十六 五 淨心住
급사 사 이장애 주처 즉전십이장야 종오내지십육 오 정심주

處 六 究竟住處 上二 次配十七十八 七 廣大住處 八 甚深住處
처 육 구경주처 상이 차배십칠십팔 칠 광대주처 팔 심심주처

上二 各皆攝十八住處 一一住中 皆深皆廣 十八住文 配位地者
상이 각개섭십팔주처 일일주중 개심개광 십팔주문 배위지자

第一 十住 第二 十行中前六 三 第七行 四 後三行 五至十四
제일 십주 제이 십행중전육 삼 제칠행 사 후삼행 오지십사
如次配十廻向 十五 煖頂 十六 忍世第一 十七 初地 十八 從二
여차배십회향 십오 난정 십육 인세제일 십칠 초지 십팔 종이
地 乃至佛地 上來懸判 竟
지 내지불지 상래현판 경

세 절로 나누어 해석하면,

㈀ 병자연(屛資緣, 도와주는 인연을 막음) : 장차 입정하고자 하면 모름지기 반연을 쉬어야 함이다. 의발을 거두지 않으면 마음에 번거로움이 있으므로, 부처님께서 나타내 보이시어 후세에 규칙을 삼게 하시니, 곧 큰 옷을 벗고 칠조가사(평상복)를 입으셨다.

㈁ 신업(身業)을 깨끗이 함이니, 아함경에서 의하면, 부처님께서 길을 걸으시면 땅에서 네 손가락 높이로 연꽃이 발을 받든다 했는데, 이제 발을 씻으심은 세인의 법에 따라서 후세에 규칙으로 삼게 하심이라 하였다.

㈂ 바로 정에 들어감이니 자리를 펴고 앉아서 좌선하는 것은 몸이 단정한 것에 연유한 것이며, 마음이 혼침과 망상을 떠난 이유이다. 위(魏)역에는 평소와 같이 자리를 펴고 가부좌하여 몸을 단정히 하면 정념이 부동한다 했으며, 당(唐)역에는 몸을 단정히 하고 원을 바르게 하여 대면념에 주한다고 했다.

무착이 말하기를, 오직 적정함을 드러내 보여야만 법을 능히 깨닫고 능히 설한다 했으나, 대성인이 자취를 보이심은 반드시 표할 바가 있는 것이니 본각의 부처님께서 오온의 마을(몸안)에 있어서 마군이 본래 없음을 아는 것을 전승이라 이름하고 심식을 비추어 덕을 갖추는 것이 곧 외로운 이를 돕는 것이요, 법을 구해서 정신을 기르는 것을 '걸사중(乞士衆)'이라 했다. 각

심(覺心)을 이미 발하매 어찌 수고로움을 버리랴. 장차 두루 관하고자 하시어 드디어 식장에 들어서 심과 심수법을 차례로 사유하시니, 망에 즉한 진이라서 다 법희를 얻는 것이니 법희는 체가 없어서 각심에 융합하는 것이다. 사유는 인연을 빌림이니 인연을 잊어야 가히 진성에 부합함이요, 관조는 곧 자취이니 자취를 쏠어버려야 근본을 돌이켜서 근원에 돌아오는 것이다. 근본을 돌이켜 근원에 돌아오면 법이 공하고 마음도 고요하게 된다. 공적한 진체에 반야가 밝은 것이다. 반야의 정정(正定)에 관해 말씀하고자 이와 같이 시현하고 발기하셨다. 자성소(資聖疏)에 따르면, 몸은 두 가지가 있으니,

㉠ 위(僞, 거짓)와 ㉡ 진(眞, 참)이다. 오온의 거짓 몸은 의식으로써 생육되거니와 법신은 상이 없어서 반야로 인하여 비춤을 이루니, 모든 중생은 위만 보존하고 진을 잃어버리며 제불은 진만 기르고 위를 버리셨도다. 중생은 이미 진을 미하고 위를 취한 것이며 불은 위의 자취를 빌려서 진을 이끌어오도다. 그러므로 걸식의 인연에 의탁하여 법회의 교화를 베풀고자 하는 것이다. 고로 열반경에 의하면, 너희 비구들은 비록 걸식을 행하나 일찍이 대승의 법식은 구걸하지 못하였다고 했다. 이상으로 서분(법회인유분)의 해석을 마친다.

⑵ 정종분에는 이문(二門)으로 분별하니, ① 무착의 칠종의 구를 잡아서 미리 과판해 봄이요 ② 다음은 정히 천친의 물음에 답하고 의심을 끊음으로써 과목을 해석한 것이다.

초중에 칠의구란,

ㄱ) 종성이 끊어지지 않음이니, 호념하고 부촉함을 말한 것이다.

ㄴ) 발기의 행상이니, 수보리의 물음에 찬허한 것이다.

ㄷ) 행이 주한 곳이니, 18주를 말한 것이다. 부처님이 정설로부터 경을 마칠 때까지 이 무상행이 주할 곳이다.

ㄹ) 대치니, 낱낱이 주하는 곳마다 다 샃된 행과 정행을 보는 것 등 두 종류의 대치를 갖춘 것이다.

ㅁ) 중도를 잃지 않음이니, 대치함을 말미암아 증감의 이변을 떠나서 중도를 잃지 않는 것이다.

ㅂ) 지위이니, 중도를 잃지 않음으로 말미암아 현성위의 신행지와 정심지와 여래지를 성취한 것이다.

ㅅ) 입명이니, 육에 지혜가 견고하고 날카로우며 지위가 넓고 좁음에 고로 금강이라 이름한 것이다.

후의 ㄹ) 은 다만 삼구, ①②③ 중 18주를 잡아서 설한 것이고 별다른 경문은 없다.

18주처(十八住處)란,

1. 발심주(發心住) : 경에 의하면, '응당 이와 같이 그 마음을 다스려야 하느니라. 세상에 있는 일체중생들,' 등이다.

2. 바라밀상응행주(波羅密相應行住) : '눈에 보이는 대상에 붙들리지 말고 보시하라' 등이다.

3. 욕득색신주(欲得色身住) : '몸매를 갖춘 육신의 모습으로 여래를 보겠느냐?' 등이다.

4. 욕득법신주(欲得法身住) : 법신은 둘이 있으니, 첫째, 언설법신은 '자못 어떤 중생이~' 등이니 말로써 이치를 나타내는 까닭이다. 둘째, 증득법신은 여기에도 두 가지가 있다. 하나는 지상이니 '여래가 아뇩다라삼먁삼보리의 법을 얻은 것이 있다고 하느냐?' 등이고 다른 하나는 복상이니 '삼천대천세계 가운데 있는~' 등이다.

5. 어수도득승중무만주(於修道得勝中無慢住, 수도하여 수승함을 얻은 중에 게으름이 없는 주) : 수다원 등이다. 여기서부터 16주에 이르기까지 차례와 같이 12종장을 대치하니 뜻이 색신과 법신을 구하고자 하면 이 두 가지 장애를 떠나야 함을 밝힌 것이다. 장애가 다했으므로 17증도에 들어가니 제일의 만장(게으른 장애)을 대치함에 해당한다.

  6. 불리불출시주(不離佛出時住) : '옛적에 연등부처님께~' 등이다. 제이소문장을 여읨이니 부처님이 세상을 떠나지 않으면 다문을 갖추는 것이다.

  7. 원정불토주(願淨佛土住) : '보살이 불국토를 장엄하느냐' 등이다. 작은 인연으로 생각을 지어 수도하는 장애를 떠남이니 형상토를 인연하면 소이고 인연함이 없으면 대이니 법계에 계합한 까닭이다.

  8. 성숙중생주(成熟衆生住) : '어떤 사람이 몸이 수미산만 하다면~' 등이다. 중생심을 버리는데 있어서 장애가 됨을 여의는 것이니 만약 대소(분별)를 보면 능히 중생을 제도하지 못한다.

  9. 원리수순외론산란주(遠離隨順外論散亂住, 불교 외의 이론에 따름으로 마음이 산란해짐을 멀리 여의는 住) : '갠지스강의 모래 수~'이다. 불교 외의 어떤 이론에 따름으로써 즐겨하는 장애를 여읨이니 항하사와 같은 많은 보물로써 보시하는 것도 경을 가지는 것에 미치지 못하거늘 어찌 다른 학문을 하여 정법을 닦지 않으리오.

  10. 색급중생신박취중(色及衆生身搏取中)에 관파상응행주(觀破相應行住) : '삼천대천세계에 있는 먼지 티끌이' 등이다. 영상상(法)을 파하는 가운데 선교방편이 없다는 장애를 여의는 것

이니, 이미 산란을 여의어서 정에 상응하면 세말과 불염의 두 가지 방편으로 거친 번뇌를 깨뜨려 세에 이르고 미세한 것을 없애서 공한 데까지 이르면 영상 상을 없애는 것이다.

11. 공양급시여래주(供養給侍如來住) : '32가지 몸매의 모습으로 여래를 보겠느냐?' 등이다. 복덕이 갖춰지지 않는 장애를 여읨이니 상으로써 보지 않고 항상 법신으로써 보는 것을 '받는다'고 이름하니 그 복이 한량이 없다.

12. 원리이양(遠離利養)과 급피핍열뇌고(及疲乏熱惱故)로 불기정진(不起精進)과 급퇴실주(及退失住) : '갠지스강의 모래 수만큼 많은 몸으로써 보시를 하고,' 등이다. 해태하고 이양함을 즐겨하는 장애를 여읨이니 항하사와 같은 몸을 보시함도 오히려 경을 수지함만 못하거늘 어찌 일신을 이롭게 하는 데 탐착하여 몸이 피로하고 마음이 번거롭다고 해서 게으름을 피우겠는가.

13. 인고주(忍苦住) : 인욕바라밀의 '몸을 잘렸을 적에~' 등이다. 능히 고통을 참지 못하는 장애를 여읨이니 아상, 인상 등이 없으면 온갖 고통을 능히 참는 것이다.

14. 이적정미주(離寂靜味住) : '오는 세상에 능히 이 경을 익혀 지녀 읽고 외우면~' 등이다. 지자량(지혜)를 갖추지 못한 장애를 여읨이니 하루에 세 번씩 몸을 바쳐 보시함을 모래수 만큼 할지라도 경을 믿는 것에 미치지 못하거늘 어찌 오로지 선정만 해서 고요함을 즐기고 지혜를 잃어서 경을 설하지 않으리오.

15. 어증도시(於證道時)에 원리희동주(遠離喜動住) : '어떻게 다스려야 하나이까?' 등이다. 11의 스스로 섭수하지 못하는 장애를 여읨이니 내가 능히 주하고 항복(다스리다)하면 마음에 희동을 내나니 동하면 능히 스스로 거두지 못한다.

16. 구불교수주(求佛敎授住) : '연등부처님에게서 아뇩다라삼먁삼보리의 법을 얻은 것이 있다고~' 등이다. 12의 무교수장애를 여읨이니 초지에 들고자 하면 부처님의 가르침을 구해야 하므로 부처님을 만나 얻을 바 없음을 얻어서 증도하는 것이다.

17. 증도주(證道住) : '사람의 몸집이 엄청 큰 것~' 등이다. 종성지를 섭하여 두루 진여를 행함을 증하여 법신, 보신을 이루므로 장대라 한다.

18. 상구부지주(上求佛地住) : 여기에 여섯 가지가 구족하니

㉠ 국토정구족(國土淨具足) : '내가 불국토를 장엄한다' 등이다. 이것은 이지 이상의 모든 대보살을 가리킴이다.

㉡ 무상견지정구족(無上見智淨具足) : '육안이 있느냐' 등이다. 이것은 오직 불과이므로 위없다(무상) 함이니 위없다는 말이 밑의 네 가지를 관통하였다.

㉢ 복자재구족(福自在具足) : '어떤 사람이 삼천대천세계에 가득 찬 일곱 가지 보배~' 등이다.

㉣ 신구족(身具足) : '여래를 눈에 보이는 대상~' 등이다.

㉤ 어구족(語具足) : '너는 여래가 생각하기를 "내가 설한 법이 있다" 여긴다고 생각하지 말아라' 등이다.

㉥ 심구족(心具足) : '부처님께서 아뇩다라삼먁삼보리를 얻은 것은 얻은 바가 없기~' 등이다.

또 18주를 간략히 8종으로 삼아도 역시 만족하니,

1. 섭주처요, 2. 바라밀정주처이다. 18주 중의 1과 2는 차례대로 배열하고 3. 욕주처는 18주 중의 3과 4를 섭함이다. 4. 이장애주처는 곧 앞의 12장애이니, 18주 중 5부터 16까지 이른다. 5. 정심주처요, 6. 구경주처이니, 위의 둘은 차례대로 18주 중 17

과 18에 짝하였다. 7. 광대주처요, 8. 심심주처이니, 위 두 가지는 각각 다 18주처를 섭함이니 낱낱의 주중에 다 깊고 다 넓게 포함되어 있다.

18주 문을 위지(52계위)에 배열하면 1.은 10주요, 2.는 10행중 앞의 6행(환희행~선현행)이요, 3.은 제7행이요, 4.는 나머지 3행이요, 5부터 14까지 차례대로 십회향에 배대하고 15.는 난정이요, 16.은 인(忍)과 세제일이요, 17.은 초지요, 18.은 이지부터 불지까지이다. 이상으로 과판은 마쳤다. (무착의 18주 입장에서 본 금강경)

육조 爾時者 當此之時 是今辰時 齋時欲至也 著衣持鉢者 爲顯敎
　　　 이시자　당차지시　시금진시　재시욕지야　착의지발자　위현교
示跡故也　入者　自城外而入也　舍衛大城者　名舍衛國豊德城也
시적고야　입자　자성외이입야　사위대성자　명사위국풍덕성야
卽波斯匿王　所居之城　故言舍衛大城也　言乞食者　表如來　能下
즉파사익왕　소거지성　고언사위대성야　언걸식자　표여래　능하
心於一切衆生也　次第者　不擇貧富　平等以化也　乞已者　如多乞
심어일체중생야　차제자　불택빈부　평등이화야　걸이자　여다걸
不過七家　七家數滿　更不至餘家也　還至本處者　佛意　制諸比丘
불과칠가　칠가수만　갱부지여가야　환지본처자　불의　제제비구
除請召外　不得輒向白衣舍故　云爾　洗足者　如來示現　順同凡夫
제청소외　부득첩향백의사고　운이　세족자　여래시현　순동범부
故言洗足　又大乘法　不獨以洗手足　爲淨　蓋言洗手足　不若淨心
고언세족　우대승법　부독이세수족　위정　개언세수족　불약정심
一念心淨　卽罪垢悉除矣　如來　欲說法時　常儀　敷施檀座　故言敷
일념심정　즉죄구실제의　여래　욕설법시　상의　부시단좌　고언부
座而坐也
좌이좌야

　　 '이시(爾時)'는 바로 그 때를 말함이요, 지금의 진시(辰時, 오전7시부터 9시)니 재시(齋時, 사시로 오전 9시부터 11시)에 가

까운 때이다. '착의지발(著衣持鉢)'이란 가르침을 나타내기 위해 자취를 보인 것이다. '입(入)'이란 성 밖에서부터 성안으로 들어간 것이다. '사위대성(舍衛大城)'은 사위국의 풍덕성(豊德成)을 이름하니 곧 파사익왕이 사는 성을 사위대성이라 한 것이다. '걸식'이란 여래께서 능히 일체중생에게 하심한 것을 나타내 보인 것이다. '차제(次第)'란 빈부를 가리지 않고 평등하게 교화하신 것이다. 걸이(乞已)란 빌 때, 일곱 집을 넘지 않고 일곱 집의 수가 차면 다시 다른 집에 이르지 않는 것이다. '환지본처(還至本處)'란 부처님의 뜻으로 모든 비구를 제어하시어 신도들이 초청하지 않을 때는 갑자기 신도의 집에 가지 못하게 하므로 그렇게 말씀하신 것이다. '세족(洗足)'이란 여래가 시현하시어 범부와 같음에 따라서 세족이라 말한 것이다. 또 대승법에는 홀로 수족을 씻는 것으로 깨끗하다고 여기지 않으니, 대개 수족을 씻는 것은 마음을 깨끗이 하는 것만 같지 못하니, 일념의 마음이 깨끗하면 곧 죄와 허물이 모두 없어지는 것을 말한다. 여래가 설법하고자 하실 때는 항상 위의로 자리를 펴고 단에 앉으시므로 부좌이좌(敷座而坐)라 했다.

부대사 法身 本非食 應化 亦如然 爲長人天益 慈悲作福田
　　　　법신 본비식 응화 역여연 위장인천익 자비작복전
收衣 息勞慮 洗足 離塵緣 欲說三空理 加趺示入禪
수의 식노려 세족 이진연 욕설삼공리 가부시입선

　법신은 본래 먹는 것이 아니요
　응신, 화신도 또한 그러하거늘
　길이 인천의 이익을 증장시키기 위하여
　자비로 복전을 지으셨도다.

가사를 거두심은 수고로움과 번거로움을 쉬는 것이요
세족은 번뇌의 인연을 털어내는 것이로다.
삼공의 이치를 말씀하고자
가부좌 하시고 선에 들어가심을 보이셨도다.

야부 惺惺著
　　　　성 성 착

성성착이셨다.

설 惺之一字 或以爲了慧 或以爲寂靜 則惺惺者 定慧圓明 寂
　　성지일자 혹이위료혜 혹이위적정 즉성성자 정혜원명 적
照不二之謂也 只如定慧圓明 寂照不二 作 麽生道 眼掛長空 手
조불이지위야 지여정혜원명 적조불이 작 마생도 안괘장공 수
握靈鋒
악 영 봉

성(惺)이란 한자는 요혜(了慧, 완전히 깨달아 마침) 혹은 적정이라 하니 성성이란 정(定)과 혜(慧)가 뚜렷해서 적(寂)과 조(照)가 둘이 아님을 말하는 것이다. 다만 정혜가 뚜렷이 밝아서 적과 조가 둘이 아님을 어떻게 말할 것인가? 눈을 장공(長空)에 걸어두고 손에는 신령스런 칼을 잡았음이로다.

야부 飯食訖兮洗足已 敷座坐來誰共委 向下文長 知不知 看看
　　　　반 식 흘 혜 세 족 이 부 좌 좌 래 수 공 위 향 하 문 장 지 부 지 간 간
平地波濤起
평 지 파 도 기

공양하시고 발을 씻으신 다음에
자리 펴고 앉으심은 누구와 함께 하심인가.
아래의 장문을 아는가, 모르는가?

보고 보아라. 평지에 파도가 일어나도다.

설 入城乞食 收衣洗足 敷座宴坐 一一皆是徹困爲人底時節
　　입성걸식　수의세족　부좌연좌　일일개시철곤위인저시절
入城乞食 收衣洗足 且置 只如敷座宴坐 作麽生道 高提祖令發
입성걸식　수의세족　차치　지여부좌연좌　작마생도　고제조령발
光寒 直得毗耶 口掛壁 這裏 除却上上根 未免一場 麽羅 根機
광한　직득비야　구괘벽　저이　제각상상근　미면일장　마라　근기
莫等 要以多方 接得 獲鳥者 羅之一目 不可以一目 爲羅 治國
막등　요이다방　접득　획조자　나지일목　불가이일목　위라　치국
者 功在一人 不可以一人 爲國 所以 黃面老子 曲爲中下 乃下
자　공재일인　불가이일인　위국　소이　황면노자　곡위중하　내하
一步 向言說海 橫身而入 東說西說 橫說堅說 所以 道 高提祖
일보　향언설해　횡신이입　동설서설　횡설수설　소이　도　고제조
令當機用 利物 應知語帶悲 向下文長 正以此也 然 慈尊 伊麽
령당기용　이물　응지어대비　향하문장　정이차야　연　자존　이마
施設 要之利害 不細 還知得利害也未 入城乞食收衣宴座 以至
시설　요지리해　불세　환지득리해야미　입성걸식수의연좌　이지
東說西說橫說堅說 善權方便 卽不無 據實而觀 人人分上 如靑
동설서설횡설수설　선권방편　즉불무　거실이관　인인분상　여청
天白日相似 本來無爲無事 盡大地 都盧是淸平世界 黃面老子
천백일상사　본래무위무사　진대지　도노시청평세계　황면노자
向淸平世界上 施設戈甲 可謂無事中起事 所以 道 看看平地波
향청평세계상　시설과갑　가위무사중기사　소이　도　간간평지파
濤起 又古人 道 澄澄性海 湛湛智源 文字言詞 從茲流出 則黃
도기　우고인　도　징징성해　담담지원　문자언사　종자유출　즉황
面老子 向大寂滅海 繁興言說波瀾 要之言說波瀾 初非外來 終
면노자　향대적멸해　번흥언설파란　요지언설파란　초비외래　종
不離於大寂滅海 敷座處 如未薦得 向言說海 薦取 始得 所以
불리어대적멸해　부좌처　여미천득　향언설해　천취　시득　소이
道 看看平地波濤起
도　간간평지파도기

입성걸식과 수의세족과 부좌연좌 하심은 일일이 다 가슴깊이 사무치는 사람을 위한 소식이다. 입성걸식과 수의세족은 그만두고 저 부좌연좌를 어떻게 말할 것인가? 선사의 가르침을 높이 들어 찬 빛을 발하니, 바로 비야리 성에서 입을 벽에 건 것과 같다.(유마거사가 비야리 성에서 묵언으로 불이법문을 설함과 같이 부처님 부좌이좌한 그곳에 불이법문이 없겠는가?)

여기에서 상상근기를 제외하고는 한바탕 부끄러움을 면치 못할 것이니, 근기가 같지 않으므로 여러 방편으로 대중들을 이끌어 들인 것이다. 새를 잡는 것은 그물의 한 눈금으로 족하나 그물의 한 눈금을 그물이라 하지 못하는 것이요, 나라를 다스림에 그 공은 한 사람에게 있으나 한 사람만으로써 나라라고 하는 것은 옳지 못한 것이다. 그러므로 부처님께서 곡진히 중하근기를 위해서 한 차원 낮추어 언설 바다에 몸을 비껴 들어가시어 동설서설하시고 횡설수설하셨다. 고로 조사의 가르침을 높이 들어 근기에 따라 쓰니, 중생을 이롭게 하는 것은 그 말씀이 자비를 띠고 있음을 알라고 하셨고, 아래의 긴 글은 바로 이런 이유 때문에 쓴 것이다. 그러나 자비로운 부처님께서 베푸신 이러한 말씀이 요컨대 이득과 해가 미세하지 못하니 도리어 이가 되고 해가 됨을 알겠는가?

성에 들어가 밥을 빌고 옷을 거두고 자리에 앉으심으로부터 동설서설과 횡설수설에 이르기까지 좋은 방편은 곧 없지 않으나 그 실제를 관하건대 사람사람의 분상은 청천백일과 같아서 본래 함도 없고 일도 없어서 온 천지가 모두 그대로 청평세계(淸平世界, 佛國土)인데도, 부처님께서 이 청평세계를 향하여 괜스레 창과 갑옷을 만들어 놨으니 가히 일없는 가운데서 일을 만들었도다. 그러므로 말하길, '보고 보아라. 평지에서 파도가 일어났도다' 하신 것이다. 또 고인이 말하기를, 맑고 맑은 성품의 바다와 맑고 맑은 지혜의 근원이여, 문자와 언사가 여기로부터 흘러 나왔다 하니 곧 부처님께서 대적멸의 바다를 향하여 번거롭게 언설 파도을 일으켰으나, 요컨대 그 언설 파도가 애초에 밖에서 온 것이 아니라 마침내 대적멸의 바다를 떠나지 않았으니 자리를 펴고 앉은 그곳에서 알아듣지 못한다면 언설바다 그 가운데서 취하여야 비로소 얻을 것이다. 그러므로 잘 보아라. 평지에서 파도가 일어나는 것을!

종경 調御師 親臨舍衛 威動乾坤 阿羅漢 雲集祇園 輝騰日月
　　　조어사　친림사위　위동건곤　아라한　운집기원　휘등일월
入城持鉢 良由悲愍貧窮 洗足收衣 正是宴安時節 若向世尊 未
입성지발 양유비민빈궁　 세족수의　정시연안시절　약향세존 미
擧己前 薦得 由且不堪 開口已後 承當 自救 不了 宗鏡 急爲提
거기전 천득 유차불감 개구기후 승당 자구 불료 종경 급위제
撕早遲八刻 何故 良馬 已隨鞭影去 阿難 依舊世尊前 乞食歸來
시조지팔각　하고　양마　기수편영거　아난　의구세존전　걸식귀래
會給孤 收衣敷座正安居 眞慈弘範 超三界 調御人天得自如
회급고 수의부좌정안거　진자홍범　초삼계　조어인천득자여

　조어사(調御師, 佛)께서 친히 사위성에 가시니, 위의가 하늘과 땅을 진동하고, 아라한들이 기원정사에 운집하니 그 빛이 해와 달처럼 빛났다. 발우를 가지고 성에 들어가심은 진실로 빈궁함을 슬퍼하고 애처롭게 여김이요, 발을 씻고 옷을 거두심은 바로 진리에 안주한 시절이다. 만약 세존의 꽃을 들기 이전 염화미소(拈華微笑)을 향하여 알아차렸다 해도 오히려 아직은 능하지 못함이요, 입을 연 이후에 알아차렸다면 자기를 구제하지도 못했을 것이다. 종경이 급하게 이끌어 온다 해도 벌써 팔

각(八刻, 2시간)이 늦은 것이다. 왜냐하면 좋은 말은 채찍의 그림자를 따라 달리거늘, 아난이 여전히 세존 앞에 있도다. 걸식하고 돌아와 급고독원에 모여서 옷을 거두고 자리를 펴고 정히 안거하시니, 참다운 자비와 큰 모범이 삼계를 초월해서 인천을 조어하여 스스로 여여하시도다.

규봉 第二 依天親論 約答問斷疑科釋 總分四段 一 善現申請
　　　제이　의천친론　약답문단의과석　총분사단　일　선현신청
又二 一 整儀讚佛
우이 일 정의찬불

　②는 천친론(天親論)에 의거하여 문답으로 의심을 끊어 과를 해석하는 것인데, 모두 4단으로 나눈다. ㄱ) 선현(善現, 須菩提)이 신청하다. 여기에 두 가지가 있으니, ㈀ 위의를 정돈하고 부처님을 찬탄한 것이다.

2. 선현기청분(善現起請分)
-선현이 법을 청하다-

時 長老須菩提 在大衆中 卽從座起 偏袒右肩
右膝着地 合掌恭敬 而白佛言 希有世尊 如來
善護念諸菩薩 善咐囑諸菩薩

바로 그때 장로인 수보리가 대중 가운데 있다가
자리에서 일어나 오른 어깨를 드러내고 오른쪽
무릎을 땅에 꿇고는 공경히 합장하여 부처님께
아뢰었다.
"희유하십니다. 세존이시여, 여래께서는 모든
보살들을 잘 호념하시며 부촉하시나이다.

설 楊岐 云黃面老子 幸自可憐生 被須菩提 出來道介希有 當
    양기 운황면노자 행자가련생 피수보리 출래도개희유 당
下 氷消瓦解 此老此說 只要敎人 向劫外承當 所以 大慧 擧此
하 빙소와해 차노차설 지요교인 향겁외승당 소이 대혜 거차
話云黃面老子 不下一言 須菩提 見介甚麽道理 便道希有 但向
화운황면노자 불하일언 수보리 견개심마도리 변도희유 단향

楊岐 氷消瓦解處看 自然看得破 一生參學事畢 又古德 頌云四
양기 빙소와해처간 자연간득파 일생참학사필 우고덕 송운사

溟 風息月當天 不動波瀾駕鐵船 賴得空生 重漏洩 免同良馬暗
명 풍식월당천 부동파란가철선 뇌득공생 중루설 면동양마암

窺鞭 則世尊 端坐 不下一言處 最初一句子 覿面提持 向諸人面
규편 즉세존 단좌 불하일언처 최초일구자 적면제지 향제인면

前兩手 分付了也 須菩提 早知如是 出來道希有 不有須菩提 誰
전양수 분부료야 수보리 조지여시 출래도희유 불유수보리 수

知暗中明 因憶毗耶 當日事 一聲雷震三千界
지암중명 인억비야 당일사 일성뇌진삼천계

양기가 말하기를, 부처님께서 다행스럽게도 스스로 중생을 어여삐 여기셨도다. 수보리가 나와서 '희유하십니다'라고 하는 것을 듣고 그 자리에서 빙소와해(氷消瓦解, 얼음이 녹고 기와가 풀림)라 하시니, 양기 스님의 이러한 말씀은 사람들로 하여금 겁 밖을 향해서 알아차리게 하는 소식이다. 이런 까닭에 대혜(大慧, 종고선사)가 이 말을 들추어 말하기를, 부처님께서 한 말씀도 하지 아니했는데, 수보리가 무슨 도리를 보았기에 '희유하십니다'라고 말했는가? 다만 양기 스님이 말한 빙소와해처를 향하여 자연히 간파하면 일생참학사필(一生參學事畢, 일생의 공부를 마침)이라 했다. 또 고덕(古德)이 송하기를,

사해에 바람이 쉬니 달이 하늘에 떠 있어서
파도를 일으키지 않고 철선을 몰고 가도다.
공생(수보리)의 거듭 누설함에 힘입고서
좋은 말은 그윽이 채찍질을 면하게 되었도다.

이는 세존께서 단정히 앉아 한마디 말도 하지 않은 그곳에서 최초의 일구를 엿보아 이끌어서 여러 사람 앞에 두 손으로 분

부함을 말한 것이다. 수보리가 벌써 이와같은 도리를 알고서 자리에서 나와 말하기를 '희유하십니다' 하니, 수보리가 아니었으면 누가 어둠 속에서 밝음을 알았으리.

이로써 비야리 성의 그때 일(유마거사의 默言)을 기억하건대 한 우렛소리가 삼천대천세계를 진동함이로다.

규봉 長老者 德長年老 唐譯 云具壽 壽卽是命 魏譯 云慧命 以
　　　 장로자 덕장년로 당역 운구수 수즉시명 위역 운혜명 이
慧爲命 須菩提 有三義譯 謂善吉善現空生 生時 室空 解空之善
혜위명 수보리 유삼의역 위선길선현공생 생시 실공 해공지선
瑞 現矣 相師 占云唯善唯吉 從座起下 皆整理威儀 修敬之相希
서 현의 상사 점운유선유길 종좌기하 개정리위의 수경지상희
有者 世所無故 如來者 從如而來 論 云善護念者 依根熟菩薩說
유자 세소무고 여래자 종여이래 논 운선호념자 의근숙보살설
謂與智慧力 令成就佛法 與敎化力 令攝取衆生 善付囑者 依根
위여지혜력 영성취불법 여교화력 영섭취중생 선부촉자 의근
未熟菩薩說 懼其退失 付授智者 付者 將小付大 囑者 囑大化小
미숙보살설 구기퇴실 부수지자 부자 장소부대 촉자 촉대화소
菩提薩埵 此云覺有情 三釋 一 約境 所求所度 二 約心 有覺悟
보리살타 차운각유정 삼석 일 약경 소구소도 이 약심 유각오
之智 餘情慮之識 三 約能所 所求能求 三皆如次配覺及有情
지지 여정려지식 삼 약능소 소구능구 삼개여차배각급유정

'장로'라 함은 덕이 높고 나이가 많음을 말한다. 당역에 구수 (具壽, 수를 갖춤)라 했으니, 수는 수명인 것이다. 위역에서는 혜명(慧命, 지혜의 목숨)이라 하니, 지혜로 생명을 삼는 것이다. '수보리(Subhuti)'는 세 가지 뜻으로 번역하니, 선길(善吉)·선현(善現)·공생(空生)이라 하는데, 태어날 때 방이 텅 빈 것은 공의 도리를 이해하는 좋은 상서가 나타남이다. 상사(相師)가 점쳐 말하길, 오직 선하고 오직 길하다고 했다. 종좌기(從座起,

자리에서 일어나다)의 다음 글들은 다 위의를 정리한 것으로 공경을 닦는 상(相)이다. '희유'란 세상에 없는 연고이며 여래란 진여에서 온 것이다. 천친론에 따르면, 선호념(善護念)한다는 것은 근기가 성숙한 보살에 의지하여 설함이니, 지혜의 힘을 주어서 불법을 성취하게 하고 교화의 힘을 주어서 중생을 통솔케 하는 것이다. 선부촉(善咐囑)이란 근기가 미숙한 보살에 의지하여 설함이니, 혹 물러설까 두려워하여 지혜있는 사람에게 붙여주는 것이다. '부'란 작은 것을 가져 큰 것에 부탁하는 것이요 '촉'이란 큰 것에 부탁하여 작은 것을 교화하는 것이다.

'보리살타(菩提薩埵, Bodhisattva)는 각유정(覺有情)이니 세 가지로 해석된다.

㉠ 경계(境界)를 의지함이니, 구할 바와 제도할 바를 말한다.

㉡ 마음을 의지함이니, 깨달음의 지혜가 있으나 정려(情慮)의 의식이 남아 있는 것이다.

㉢ 능소(能所, 주관과 객관)를 의지함이니, 구할 바와 능히 구함이다. 세 가지 모두 순서대로 각(覺), 유정(有情)에 배대된 것이다.

육조 何名長老 德尊年高 故名長老 須菩提 是梵語 唐言 解空
하명장로 덕존년고 고명장로 수보리 시범어 당언 해공
隨衆所坐 故云卽從座起 弟子 請益 先行五種儀 一者 從座而起
수중소좌 고운즉종좌기 제자 청익 선행오종의 일자 종좌이기
二者 端整衣服 三者 偏袒右肩 右膝著地 四者 合掌 瞻仰尊顔
이자 단정의복 삼자 편단우견 우슬착지 사자 합장 첨앙존안
目不暫捨 五者 一心恭敬 以伸問辭 希有 略說三義 第一希有
목부잠사 오자 일심공경 이신문사 희유 약설삼의 제일희유
能捨金輪王位 第二希有 身長丈六 紫磨金容 三十二相 八十種
능사금륜왕위 제이희유 신장장육 자마금용 삼십이상 팔십종

好 三界無比 第三希有 性能含吐八萬四千法 三身圓備 以具上
호 삼계무비 제삼희유 성능함토팔만사천법 삼신원비 이구상

三義 故云希有也 世尊者 智慧超過三界 無有能及者 德高更無有
삼의 고운희유야 세존자 지혜초과삼계 무유능급자 덕고갱무유

上一切咸恭敬 故曰世尊 護念者 如來 以般若波羅蜜法 護念諸
상일체함공경 고왈세존 호념자 여래 이반야바라밀법 호념제

菩薩 付囑者 如來 以般若波羅蜜法 付囑須菩提 諸菩薩 言善護
보살 부촉자 여래 이반야바라밀법 부촉수보리 제보살 언선호

念者 令諸學人 以般若智 護念自身心 不令妄起憎愛 染外六塵
념자 영제학인 이반야지 호념자신심 불령망기증애 염외육진

墮生死苦海 於自心中 念念常正 不令邪起 自性如來 自善護念
타생사고해 어자심중 염념상정 불령사기 자성여래 자선호념

言善付囑者 前念淸淨 付囑後念淸淨 無有間斷 究竟解脫 如來
언선부촉자 전념청정 부촉후념청정 무유간단 구경해탈 여래

委曲誨示衆生 及在會之衆 當常行此 故云善付囑也 菩薩 是梵
위곡회시중생 급재회지중 당상행차 고운선부촉야 보살 시범

語 唐言 道心衆生 亦云覺有情 道心者 常行恭敬 乃至蠢動含靈
어 당언 도심중생 역운각유정 도심자 상행공경 내지준동함령

普敬愛之 無輕慢心 故名菩薩
보경애지 무경만심 고명보살

무엇을 장로라 하는가? 덕이 높고 나이가 많으므로 이른다. 수보리는 범어인데, 당나라 말로 해공(解空)이며, 대중을 따라서 앉았으므로 '즉종좌기(卽從座起)'라고 했다. 제자가 법문을 청할 때는 먼저 다섯 가지 위의를 행하니,

1.자리로부터 일어나는 것이고, 2.의복을 단정히 하는 것이며, 3.오른쪽 어깨에 옷을 벗어 메고 오른쪽 무릎을 땅에 대는 것이며, 4.합장하고 존안을 우러르고 눈을 잠시도 떼지 않는 것이며, 5.일심으로 공경하며 묻는 말을 잘 여쭈어야 한다.

희유는 간략히 세 가지 뜻이 있으니,

첫째, 희유는 능히 금륜왕위(金輪王位)를 버림이요,

둘째, 희유는 신장이 육장이면서 얼굴이 금색광명과 32상 80종호를 갖추어 삼계에 비할 자가 없음이요,

셋째, 희유는 부처님의 성품이 능히 8만4천법을 머금기도 하고 토하기도 하시어 삼신이 원만히 갖추어 있으니, 이것으로써 위의 세 가지 뜻을 갖추었으므로 희유라 한 것이다. '세존'이란 지혜가 삼계를 초월하여 능히 미칠 자가 없으며, 덕이 높아 다시 위가 없어서 일체중생이 모두 공경하므로 세상에서 가장 높다고 했다. '호념(護念)'이란 여래께서 반야바라밀법으로 모든 보살들을 보호하고 염려함이요, '부촉(附囑)'이란 여래께서 반야바라밀법으로 모든 보살들을 부촉하는 것이다. '선호념'이란 모든 학인으로 하여금 반야의 지혜로써 몸과 마음을 호념해서 이로 하여금 망령되게 증애의 마음을 일으켜서 밖으로 육진에 물들어 생사고해에 떨어지지 않게 하며, 자기 마음 가운데 생각생각을 항상 바르게 하여 삿된 마음이 일어나지 않게 해서 자성여래를 스스로 잘 호념하는 것이다. '선부촉'이란 앞생각이 청정한 것을 뒷생각까지 청정하게 잘 부촉하여 끊어질 틈이 없게 하여 마침내 해탈하는 것이다. 여래께서 중생과 모여 있는 대중에게 자세히 가르쳐 보여서 항상 이것을 행하게 하므로 '선부촉'이라 말한 것이다. 보살은 범어인데, 도심중생(道心衆生)이며, 또한 각유정(覺有情, 깨달은 중생)이라 한다. '도심'이란 항상 공경을 행하여 준동함령(蠢動含靈, 미물)이라도 널리 공경하고 사랑해서 가볍게 여기거나 업신여기지 않으므로 보살이라 부르는 것이다.

야부 如來 不措一言 須菩提 便興讚歎 具眼勝流 試著眼看
　　　　여래 부조일언　수보리　변흥찬탄　구안승류　시착안간

여래께서는 한 말씀도 하시지도 않았는데, 수보리가 문득 찬탄하니, 눈을 갖춘 수승한 무리들은 시험 삼아 잘 착안하여 볼지어다.

설 相逢不拈出 擧意便知有 是何境界 同道 方知
　　상봉불넘출　기의변지유　시하경계　동도　방지

서로 만나서 꺼내지 않아도 뜻을 문득 아는 자가 있으니, 이 무슨 경계인가? 도가 같아야 비로소 알 것이다.

야부 隔墻見角 便知是牛 隔山見煙 便知是火 獨坐巍巍 天上天下 南北東西 鑽龜打瓦 咄
　　　격장견각　변지시우　격산견연　변지시화　독좌외외　천상천하　남북동서　찬구타와　돌

담장 넘어 뿔을 보면 문득 소 인줄 알고
산 넘어 연기를 보면 문득 불이 났음을 아네.
홀로 앉아 높고 높음이여, 천상천하에 가득하거늘
남북동서에서 거북과 기와로 점을 치도다. 돌!

설 知火知牛事希奇 知音相見 正如是 獨坐云云 混虛空爲自身 盡大地爲坐具 坐斷千差 不通凡聖 是可謂天上天下渾漫漫 更無一物爲等倫 若是過量漢 一見 便不疑 若非過量漢 未免暗思量
　　지화지우사희기　지음상견　정여시　독좌운운　혼허공위자신　진대지위좌구　좌단천차　불통범성　시가위천상천하혼만만　갱무일물위등륜　약시과량한　일견　변불의　약비과량한　미면암사량

불인 줄 알고 소인 줄 아는 일은 희귀하니, 지음자(知音者, 서로 알아주는 사람)가 서로 마주보는 것이 정히 이와 같다. 독

좌(獨坐) 운운은, 온 허공으로 자신을 삼고 온 대지를 방석으로 삼아서 온갖 차별을 끊고 앉아서 범성에 통하지 않으니, 이것이 가히 천상천하에 혼연히 늠름한 모습이로다. 다시 어떤 물건이 있어서 그것과 짝하겠는가? 만약 이런 과량한(過量漢, 근기가 특출한 이)이라면 한번보고도 당장 의심할 것이 없거니와, 근기가 특출하지 못한 사람이라면 캄캄한 사량함을 면치 못할 것이다.

규봉 二 正發問端
　　이　정 발 문 단

(ㄴ) 바로 물음을 시작하다.

世尊 善男子善女人 發阿耨多羅三藐 三菩提心 應-云何住 云何降伏其心
세존이시여, 선남자선여인이 아뇩다라삼먁삼보리의 마음을 냈다면 마땅히 어떻게 하고 있어야 하며, 그들의 마음을 어떻게 다스려야 하나이까?"

설 空生 一見世尊端坐 便不疑十方婆伽梵 仍發證同諸佛之心
　　공 생　일 견 세 존 단 좌　변 불 의 시 방 파 가 범　잉 발 증 동 제 불 지 심
直問云 塵不得出 由未得住 心不解脫 由未降心 云何得住 不住
직 문 운　진 부 득 출　유 미 득 주　심 불 해 탈　유 미 항 심　운 하 득 주　부 주
六塵 云何降心 得心解脫 不言我已發心 云何住降 而以善男善
육 진　운 하 항 심　득 심 해 탈　불 언 아 이 발 심　운 하 주 항　이 이 선 남 선

女 言者 諱却己悟也 人人分上 不假修治 本自圓成 空生 以此
녀 언자 휘각기오야 인인분상 불가수치 본자원성 공생 이차

問者 雖復本來金 終以銷成就 此 正同善財 於福城東畔 初遇文
문자 수부본래금 종이소성취 차 정동선재 어복성동반 초우문

殊 頓證法界 歷參五十三善知識 於一一善知識所 白言 我已先
수 돈증법계 역참오십삼선지식 어일일선지식소 백언 아이선

發菩提心 云何學菩薩道 修菩薩行
발보리심 운하학보살도 수보살행

 수보리가 부처님께서 단정히 앉아 계신 것을 한번보고 문득 시방의 바가범(婆伽梵, 佛)을 의심치 않아서, 제불과 같이 증득한 마음을 발하여 바로 묻기를, 육진(티끌세상)에서 벗어나지 못하는 것은 머물 자리에 머물지 못하는 까닭이며, 마음이 해탈하지 못한 것은 마음을 항복받지(다스리지) 못한 까닭이니, 어떻게 제대로 머물러야 육진에 머물지 않으며, 어떻게 마음을 항복받아야 마음의 해탈을 얻겠습니까? 하니, 내가 이미 발심했으니 어떻게 주하고 항복하리까? 라고 말하지 않고, 선남자 선여인으로서 말한 것은 자기의 깨달음을 숨긴 것이다.

 사람사람의 그릇이 닦고 다스림을 빌리지 않아도 본래 스스로 원만히 이루어져 있거늘 수보리가 이것으로써 묻는 것은 비록 본래 금이긴 하지만 마침내 녹여야 새롭게 성취되는 것이니, 이는 선재동자가 복성 동쪽 언덕에서 처음 문수보살을 만나서 한꺼번에 법계를 증득하고서도 53선지식을 친견하여 낱낱 선지식의 처소에서 말하길, 내가 이미 보리심을 발하였으니 어떻게 보살의 길을 배우며 어떻게 보살행을 닦으리까? 하고 물은 것과 같다.

규봉 曲分爲二 先擧當機 華嚴 云忘失菩提心 修諸善業者 魔所
   곡분위이 선거당기 화엄 운망실보리심 수제선업자 마소

攝持 阿耨多羅三藐三菩提 此云 無上正徧 正覺 謂正智 徧智
섭지 아뇩다라삼막삼보리 차운 무상정변 정각 위정지 변지

覺知眞俗 不偏不邪 後正申問 魏譯 云應云何住 云何修行 云何
각지진속 불변불사 후정신문 위역 운응운하주 운하수행 운하

降伏其心 意云若人 發菩提心已 住何境界 修何行業 妄心 若起
항복기심 의운약인 발보리심기 주하경계 수하행업 망심 약기

云何降伏 故 佛 令安住四心 修六度行 於中降心 不令著想 秦
운하항복 고 불 영안주사심 수육도행 어중항심 불령착상 진

譯 略修行者 意云住道降心 卽是修行 謂四心六度 皆名住修降
역 약수행자 의운주도항심 즉시수행 위사심육도 개명주수항

伏 故 無著 云住 謂欲願 修行 謂相應等持 降伏 謂彼心 若散
복 고 무착 운주 위욕원 수행 위상응등지 항복 위피심 약산

制令還住 又十八住中 一一皆以住修降伏 釋之 故知約義雖三
제영환주 우십팔주중 일일개이주수항복 석지 고지약의수삼

而行是一
이행시일

자세하게 두 가지로 나누리니,

㉠ 해당되는 근기를 듦이다. 화엄경에 의하면, 보리심을 잃고 모든 선업을 쌓는 자는 마구니의 포섭한 바가 된다고 했다. 아뇩다라삼막삼보리는 무상정변정각이니 위없이 바르고 두루한 바른 깨달음이요, 정지(正智)와 변지(徧智)도 진과 속을 깨달아서 치우치지도 않고 삿되지도 않음을 말한 것이다.

㉡ 바로 물음을 편 것이니, 위역에 따르면, 어떻게 머물고 어떻게 수행하며, 어떻게 그 마음을 항복하리까? 했다. 그 뜻을 말하면 만일 사람이 보리심을 발한 뒤에 어떤 경계에 머물고 어떤 행업을 닦아야 하며, 망상이 일어나면 어떻게 항복해야 하는가의 문제이다. 그러므로 부처님께서 사심(四心)에 안주하고 육도행을 닦아서, 그 가운데서 마음을 항복받아 그로 하여금 상에 집착하지 않게 함이다. 진(秦)역에 따르면, 수행을 생

략한 뜻은 주도(住道, 어디에 마음을 두느냐)와 항심(降心, 마음을 어떻게 다스리는가)이 곧 수행이니 사심과 육도를 다 이름하여 머물고, 수행하고 항복한다 한 것이다. 그러므로 무착이 말하길, 주는 하고자 하는 것이요, 수행은 상응해서 함께 가지는 것이고, 항복은 만약 마음이 산란하면 통제하여 한 곳에 머물게 한다고 했다. 또 18주 중에 일일이 모두 주수항(住修降)으로써 해석하였으니, 그러므로 알라. 비록 뜻은 세 가지이나 그것을 행하는 것은 하나이다.

육조 善男子者 平坦心也 亦是正定心也 能成就一切功德 所往
　　　　선남자자　평탄심야　역시정정심야　능성취일체공덕　소왕
無碍也 善女人者 是正慧心也 由正慧心 能出一切有爲無爲功德
무애야　선녀인자　시정혜심야　유정혜심　능출일체유위무위공덕
也 須菩提 問 一切發菩提心人 應云何住 云何降伏其心 須菩提
야　수보리　문　일체발보리심인　응운하주　운하항복기심　수보리
見一切衆生 躁擾不停 猶如隙塵 搖動之心 起如飄風 念念相續
견일체중생　조요부정　유여극진　요동지심　기여표풍　염념상속
無有間歇 問 若欲修行 如何降伏其心.
무유간헐　문　약욕수행　여하항복기심.

선남자란 평탄한 마음이며, 또 정정심(正定心)이니, 능히 일체 공덕을 성취해서 가는 곳마다 걸림이 없는 것이다. 선여인이란 정혜심(正慧心)이니, 정혜심으로 말미암아 능히 일체 유위와 무위의 공덕을 창출하는 것이다. 수보리가 묻기를, '일체의 보리심을 발한 자는 응당 어디에 머물며, 어떻게 그 마음을 항복받으리까?' 하신 것은 수보리가 일체중생을 보니 조급하고 흔들려서 머물지 못하는 것이 마치 창문 틈으로 비치는 티끌과 같으며 요동치는 마음이 회오리바람과 같아서 생각생각의 이어짐이 그 사이가 없음을 보고, 그런 마음을 항복받게 하고자

물은 것이므로, '만약 수행하고자 하면 어떻게 그런 마음을 항복 받아야 합니까?' 하신 것이다

야부 這一問 從甚處出來
　　　　저 일 문 　종 심 처 출 래

이 한 물음은 어디로부터 나왔는가?

설 法法 虛融 無法可住 心心 寂滅 無心可降 今此住降二問
　　　법법 허융 　무법가주 　심심 　적멸 　무심가항 　금차주항이문
從甚處出來 又須菩提 佛稱解空第一 豈不知妄心 本空 塵境 本
종심처출래 　우수보리 　불칭해공제일 　개부지망심 　본공 　진경 　본
寂 若果知得 如何輕發此問來 又問法 法無可問 修道 道無可修
적 　약과지득 　여하경발차문래 　우문법 　법무가문 　수도 　도무가수
但向未發問時 著眼 何須更問住與未住 降與未降 如是著語 意
단향미발문시 　착안 　하수경문주여미주 　항여미항 　여시착어 　의
旨如何 若明今日事 昧却本來身
지여하 　약명금일사 　매각본래신

법과 법이 모두 텅 비고 융통하여 법은 가히 머물 곳이 없으며, 마음과 마음은 적멸하여 마음을 가히 항복받을 것이 없으니, 지금의 머물고 항복받는 두 가지 물음은 도대체 어느 곳에서 나왔는가?

또 수보리는 부처님께서 공의 도리를 이해하는데 제일인자라 하였는데 어찌하여 망령된 마음이 본래 공적하고 바깥 경계가 본래 고요한 도리를 몰랐겠는가. 만약 알아서 얻었다면 어떻게 가볍게 이런 질문을 던졌겠는가. 또 법을 물으매 법은 가히 물을 것이 없음이요, 도는 가히 닦을 것이 없음이라. 다만 그 묻기 이전의 소식을 향해서 착안해야 하는 것이니, 어찌 모름지기 '머물고 머물지 못함'과 '항복하고 항복하지 못함'을 다

시 물을 것이 있겠는가? 이와 같이 착어(이 한 물음은 어디로부터 나왔는가?) 하신 뜻이 무엇인가?

만약 오늘의 일을 밝힌다면 본래의 몸을 못 보게 되리라.

야부 你喜我不喜 君悲我不悲 鴈思飛塞北 燕憶舊巢歸 秋月春
　　　니희아불희　군비아불비　안사비새북　연억구소귀　추월춘
花無限意 箇中 只許自家知
화무한의　개중　지허자가지

너희는 기뻐도 나는 기쁘지 않고

그대는 슬퍼도 나는 슬프지 않도다.

기러기는 북으로 날아갈 것을 생각하고

제비는 옛집으로 돌아올 것을 생각하도다.

가을달과 봄꽃의 무한한 뜻은

다만 그 속에서 스스로 알 뿐이로다.

설 你與我 君與我 本分人 向今時人 稱你能住降 心生喜動 未
　　니여아　군여아　본분인　향금시인　칭니능주항　심생희동　미
能住降 心生悲憂 我此世界 本自淸平 理亂 俱亡 何傷何喜 如
능주항　심생비우　아차세계　본자청평　이란　구망　하상하희　여
鴈之思塞北 燕之憶舊巢 豈以悲喜 爲心哉 只有一段空 來去自
안지사새북　연지억구소　개이비희　위심재　지유일단공　내거자
由耳 以至春生夏長 秋收冬藏 月圓月缺 花開花落 凡有消長盈
유이　이지춘생하장　추수동장　월원월결　화개화락　범유소장영
虛者 莫不各有無窮無盡之意存焉 此 父不得而傳 師不得而授
허자　막불각유무궁무진지의존언　차　부부득이전　사부득이수
各自當人 自肯自悟 始得
각자당인　자긍자오　시득

너희들과 나, 그대와 나는 본분인(本分人, 본성자리)이 금시인(今時人)을 향해서 일컬음이니, 너는 능히 주하고 항복하면

마음이 기뻐하고, 능히 주하고 항복하지 못하면 마음이 슬프고 근심하거니와 나의 세계(본분인)는 본래 스스로 맑고 고요해서 정리되고 정리되지 않음이 모두 없으니 무엇이 상하고 무엇이 기쁘리오. 마치 기러기가 저 북쪽을 생각하는 것과 제비가 옛집을 생각함과 같으니 어찌 기쁘고 슬퍼하는 것으로써 마음으로 삼겠는가. 다만 일단의 공이 오고감에 자유로울 뿐이로다. 이로써 봄에는 만물이 소생하고 여름에는 자라며 가을에는 거두고 겨울엔 갈무리하는 것과 달이 차고 기울며 꽃이 피고 지는데 이르기까지 무릇 줄고 늘며 차고 비는 것이 각각 무궁무진한 뜻이 있으니, 이는 아버지가 아들에게 전할 수 없으며 스승이 제자에게 줄 수 없음이다. 각자 당인이 스스로 긍정하고 스스로 깨달아야 비로소 옳도다.

규봉 二 如來讚許
　　　　이 여 래 찬 허

ㄴ) 여래가 찬탄하고 허락함이다.

佛言 善哉善哉 須菩提 如汝所說 如來 善護念諸菩薩 善付囑諸菩薩 汝今諦聽 當爲汝說 善男子善女人 發阿耨多羅三藐三菩提心 應如是住 如是降伏其心

부처님께서 말씀하셨다.

"훌륭하고 훌륭하다. 수보리야, 네가 말한 대로

여래는 모든 보살들을 잘 호념하며 부촉하느니라. 너는 이제 잘 들어라. 마땅히 너를 위해 말하리라. 선남자선여인이 아뇩다라삼먁삼보리의 마음을 냈다면 응당히 이렇게 하고 있어야 하며 이렇게 그들의 마음을 다스려야 하느니라."

규봉 曲分爲三 一 印讚所讚 重言善哉 讚美之極 護付能令佛種
곡분위삼 일 인찬소찬 중언선재 찬미지극 호부능령불종
不斷 是事必然 故 印讚言如汝所說 二 勅聽許說 無以生滅心行
부단 시사필연 고 인찬언여여소설 이 칙청허설 무이생멸심행
聽實相法 智論偈 云聽者端視如渴飮 一心入於語義中 踊躍聞法
청실상법 지론게 운청자단시여갈음 일심입어어의중 용약문법
心悲喜 如是之人可爲說 三 標勸將陳 我當爲汝 如是如是委細
심비희 여시지인가위설 삼 표권장진 아당위여 여시여시위세
而說 三 善現 佇聞
이설 삼 선현 저문

자세히 세 가지로 나누면,

㈀ 찬탄할 것을 인정해서 찬탄함이니 거듭 '선재(善哉)'라 하신 것은 찬미의 극치이다. 호념하고 부촉해서 능히 부처님의 종자가 끊어지지 않게 하는 것은 당연한 일이다. 그러므로 '네가 말한 바와 같아서' 하고 인정하며 찬탄한 것이다.

㈁ 귀담아 듣기를 이르면서 설함을 허락하신 것이니, 생멸의 심행으로 실상법(實相法, 생멸을 떠난 것)은 들을 수 없다는 것이다. 지도론(智度論)의 따르면, 법을 듣는 자는 단정하게 우러르는 것이 마치 목마른 이가 물을 마시는 것과 같이 하여 일심으로 말뜻 속에 들어가야 하고 뛸 듯이 기쁜 마음으로 법을 듣고, 마음으로 슬퍼하고 기뻐하며 이같이 감동하는 이를 위해

가히 설한다고 했다.

㈐ 권하는 것으로써 앞으로 하실 말씀을 표한 것이니, 내가 마땅히 그대를 위하여 이와같이 자세하게 설한다고 하신 말씀이다.

ㄷ) 수보리가 기다렸다가 들음이다.

唯然世尊 願樂欲聞
"예, 세존이시여, 말씀해 주옵소서. 듣고자 하나이다."

설 當爲汝說 欲說這介事 願樂欲聞 欲聞這介事
　　당위여설　욕설저개사　원요욕문　욕문저개사

마땅히 너를 위하여 설함이여, 이 진리의 일을 말하고자 함이요. 원컨대 듣고자 함이여, 이 진리를 듣고자 함이로다.

규봉 唯者 順從之辭 禮對曰唯 野對曰阿 十地經 云如渴思冷水
　　　유자　순종지사　예대왈유　야대왈아　십지경　운여갈사냉수
如飢思美食 如病思良藥 如衆蜂依蜜 我等 亦如是 願聞甘露法
여기사미식　여병사량약　여중봉의밀　아등　역여시　원문감로법

유(唯)는 순종하는 말이니, 예를 갖추어 답하는 것을 '유'라 하고 낮춘 대답을 아(阿)라 한다. 십지경(十地經)에 의하면, 목마른 이가 냉수를 생각하듯 하고, 주린 이가 좋은 음식을 생각하듯 하며, 병든 이가 좋은 약을 찾듯이 하고, 벌 떼가 꿀에 매달리듯 하여 우리들도 또한 이와 같이 감로법 듣기를 원한다고 했다.

육조 是 佛 讚歎須菩提 善得我心 善知我意也 佛 欲說法 常先
　　　시 불 찬탄수보리 선득아심 선지아의야 불 욕설법 상선
戒勅 令諸聽者 一心靜默 吾當爲說 阿之言 無 耨多羅之言 上
계칙 영제청자 일심정묵 오당위설 아지언 무 녹다라지언 상
三之言 正 藐之言 徧 菩提之言 知 無者 無諸垢染 上者 三界無
삼지언 정 먁지언 변 보리지언 지 무자 무제구염 상자 삼계무
能比 正者 正見也 徧者 一切智也 知者 知一切有情 皆有佛性 但
능비 정자 정견야 변자 일체지야 지자 지일체유정 개유불성 단
能修行 盡得成佛 佛者 即是無上淸淨般若波羅蜜也 是以 一切
능수행 진득성불 불자 즉시무상청정반야바라밀야 시이 일체
善男子善女人 若欲修行 應知無上菩提道 應知無上淸淨般若波
선남자선여인 약욕수행 응지무상보리도 응지무상청정반야바
羅蜜多法 以此 降伏其心 唯然者 應諾之辭 願樂者 願佛 廣說
라밀다법 이차 항복기심 유연자 응낙지사 원요자 원불 광설
令中下根機 盡得開悟 樂者 樂聞深法 欲聞者 渴仰慈誨也
영중하근기 진득개오 요자 요문심법 욕문자 갈앙자회야

　이것은 부처님께서 수보리가 여래의 마음을 잘 알며 여래의 뜻을 잘 헤아리는 것을 찬탄하신 것이다. 부처님께서 설법하시고자 하실 때는 항상 먼저 분부하사 모든 듣는 자로 하여금 한마음로 조용하게 함이니, '너는 이제 자세히 들으라. 내가 마땅히 너를 위하여 설하리라' 하신 것이다. 아(阿)는 무(無)이고, 녹다라(耨多羅)는 상(上)이요, 삼(三)은 정(正)이고, 먁(藐)은 변(徧)이요, 보리는 지(知)를 말한다. 무는 모든 때 묻고 물듦이 없다는 말이고, 상은 삼계에서 능히 비할 것이 없음이요, 정은 바른 견해이고, 변은 일체지이며, 지는 일체 유정이 모두 불성이 있어서 다만 닦고 능히 행하면 다 성불하게 됨을 아는 것이다. 불은 곧 위없이 맑고 깨끗한 반야바라밀이니, 이것으로서 선남자 선여인이 만약 수행하고자 하면 마땅히 위없는 보리도를 알며, 마땅히 위없는 청정한 바라밀법을 알아서, 이로써 그

마음을 항복받아야 하는 것이다. 유연(唯然)이란 겸손한 대답의 표현이요, 원요(願樂)는 부처님께서 널리 설하여 중하근기로 하여금 모두 깨닫기를 원함이고, 요(樂)는 깊은 법을 즐거이 들음이요, 욕문(欲聞)이란 자비스러운 가르침을 간절히 바라는 것이다.

부대사 希有希有佛 妙理極泥洹 云何降伏住 降伏住爲難 二儀
　　　 희유희유불 묘리극니원 운하항복주 항복주위난 이의

法中妙 三乘 教喩寬 善哉 今諦聽 六賊 免遮攔
법중묘 삼승 교유관 선재 금체청 육적 면차란

　희유하고도 희유한, 부처님이시여!
　묘한 이치가 열반에 다 담겼도다.
　어떻게 항복받고 머물러야 함인가? 물음이여!
　항복받고 머문다는 것은 어려운 일이도다.
　두 가지 위의(住·降)는 법 중에 묘한 것이나
　삼승은 가르침이 지극히 너그럽도다.
　'선재라, 이제 자세히 들으라' 함이여!
　육적(六賊, 육근)이 차란(遮欄)을 면했도다(툭 트였도다).

야부 往往事因 叮囑生
　　　왕왕사인 정촉생

　가끔가끔의 일이 진지한 부촉함으로 인하여 생기도다.

설 只這介事 要因 叮囑而現
　　지저개사 요인 정촉이현

　다만, 이 일은 진지하게 부촉하는 것으로 인하여 드러난 것이다.

야부 七手八脚 神頭鬼面 棒打不開 刀割不斷 閻浮踔躑 幾千廻
　　　　칠수팔각　신두귀면　봉타불개　도할부단　염부탁척　기천회
頭頭不離空王殿
두두불리공왕전

　손이 일곱에 다리가 여덟이요
　귀신의 머리에 귀신의 얼굴이라.
　몽둥이로 쳐도 열리지 않고
　칼로 베어도 끊지 못하도다.
　염부제에서 뛰어다닌 것이 그 몇 천 번인가?
　그때마다 공왕전(空王殿)을 여의지 않았도다.

설 神用自由 妙體難覩 動彈不得 堅固難壞 生死路 幾度往
　　　신용자유　묘체난도　동탄부득　견고난괴　생사로　기도왕
返脚跟　元來淸淨如空
반 각 근　원래청정여공

　신령스러운 쓰임은 자유스럽고, 묘체는 보기 어렵도다. 흔들고 튕겨도 얻지 못하고, 견고하여 무너뜨리기 어렵도다. 생사의 길에 몇 번이나 왔다 갔던고? 발자취(本心)는 원래로 청정하여 허공과 같도다.

종경 昔奇哉之善現 讚希有之慈尊 悲憐濁世衆生 諮決菩提心要
　　　　석기재지선현　찬희유지자존　비련탁세중생　자결보리심요
可謂一經正眼 三藏絶詮 千聖 不傳 諸祖 不說 如是降伏 扁舟已
가위일경정안　삼장절전　천성　부전　제조　불설　여시항복　편주이
過洞庭湖 護念丁寧 何啻白雲千萬里 爲甚麼如此 毗婆尸佛 早留
과동정호　호념정녕　하시백운천만리　위심마여차　비바시불　조류
心 直至而今不得妙
심　직지이금부득묘

　옛날에 기특한 수보리가 희유하신 자비로운 부처님을 찬탄

하고 오탁악세의 중생을 가엽게 여겨서 보리심의 요체를 물어 해결하니, 가히 금강경의 바른 눈이고 삼장(三藏, 경·율·론)의 훌륭한 말이로다. 모든 성인도 전하지 못하고 모든 조사들이 설하지 못하니, '이와 같이 항복하라' 함이여, 이는 마치 조각배는 이미 동정호를 지났음이다. 호념하고 정성스럽게 부촉하심이여, 어찌 흰 구름이 천만리뿐이리오. 무엇 때문에 이 같은가? 비바시불(과거칠불 中 최초의 불)이 벌써 그 마음에 머물러서 지금에까지 이르렀는데도 아직 이 묘함을 얻지 못하였도다.

설 善現之所以奇哉者　以其不待聲教而信無疑也　慈尊之所以
　　선현지소이기재자　　이기부대성교이신무의야　　자존지소이
希有者　以其不現聲教而開覺人天也　無言演化　爲上根上智　卽得
희유자　　이기불현성교이개각인천야　　무언연화　　위상근상지　　즉득
中下之機　如盲處日　不知玄化　所在　又末世衆生　尙未遇玄化　爲
중하지기　여맹처일　부지현화　소재　우말세중생　상미우현화　위
二障之所礙　昧菩提之知見　須假語言方便　開示菩提心要　以故
이장지소애　매보리지지견　수가어언방편　개시보리심요　이고
空生　爲之諮決　只此菩提心要　可謂一經正眼　三藏絶詮　千聖　不傳
공생　위지자결　지차보리심요　가위일경정안　삼장절전　천성　부전
諸祖不說　如是降伏　護念丁寧　謂之如標月指　卽得　謂之一經
제조불설　여시항복　호념정녕　위지여표월지　즉득　위지일경
正眼　扁舟已過洞庭湖　何啻白雲千萬里　爲甚如此　多劫留心尙茫然
정안　편주이과동정호　하시백운천만리　위심여차　다겁유심상망연

　　수보리에게 기특하다고 한 것은 성교(聲教, 부처님의 음성으로 설함)를 기다리지 않고 믿어 의심하지 않음이다. 부처님께서 희유하다고 올린 말은 그 성교를 나타내지 않고도 인천을 깨닫게 했으니, 무언으로 교화를 펴는 것은 상근기와 상지혜자

에게는 곧 옳거니와 중·하근기는 마치 눈먼 사람이 햇빛에 나가는 것과 같아서 현묘한 교화의 있는 곳을 알지 못함이로다. 또한 말세중생은 오히려 현묘한 교화를 얻지 못하여 이장(二障, 번뇌장·소지장)의 장애를 입어 보리의 지견을 어둡게 했으니, 모름지기 말의 방편을 빌려서 보리심의 요체를 열어 보이는 것이다.

그러므로 수보리가 그들을 위하여 물은 것이니, 다만 이 보리심의 요체는 가히 금강경의 바른 눈이고 삼장의 절묘한 가르침이로다. 모든 성인이 전하지 못하고 모든 조사가 설하지 못하시니 이와 같이 항복함과 정성스런 호념은, 이것을 가지고 달을 가리키는 손가락으로 안다면 좋거니와 이것을 일러 금강경의 정안(正眼, 바른 눈)이라 말한다면 조각배는 이미 동정호를 지났음이라. 어찌 흰 구름이 천만리뿐이겠는가? 무엇 때문에 이 같은가? 오랜 세월동안 여기에 대해 마음을 써 왔지만 아직도 아득하기만 하다.

종경 問處孤高答處深 妙圓眞淨不須尋 瞥然如是知端的 默契菩
문 처 고 고 답 처 심 묘 원 진 정 불 수 심 별 연 여 시 지 단 적 묵 계 보
提大道心
리 대 도 심

  묻는 곳도 높고 답한 곳도 깊으니
  묘하고 원하고 진정하여 찾을 수 없어라.
  언뜻 이같이 뚜렷하고 밝은 자리를 알면
  묵묵히 보리의 대도심에 계합하리라.

설 一問一答 妙理斯在 妙圓眞淨 不須別處尋覓 寒山指頭 月
   일 문 일 답 묘 리 사 재 묘 원 진 정 불 수 별 처 심 멱 한 산 지 두 월

團團 多少傍觀 眼如盲 但向指頭開活眼 滿目寒光 無處藏
단 단 다소방관 안여맹 단향지두개활안 만목한광 무처장

　일문과 일답에 묘한 이치가 있으니,
　묘하고 원만하고 참되고 깨끗함을 다른 곳에서 찾지 말라.
　한산의 손가락 끝에 달은 둥근데,
　다소의 방관자들의 눈은 맹인과 같도다.
　다만 손가락 끝을 향하여 활안을 열면
　눈에 가득한 찬 빛(법의 光明)은 감출 곳이 없도다.

규봉 四 如來正說 於中 文二 一 正答所問 二 躡跡斷疑 初
　　　사 여래정설 어중 문이 일 정답소문 이 섭적단의 초
文 分二 一 擧揔標別 以牒問
문 분이 일 거총표별 이첩문

　ㄹ) 여래의 정설이니, 그 중에 두 가지가 있다. ㈀ 물음에 대한 바른 답이요, ㈁ 질문의 자취를 밟아서 의심을 끊는 것이다. 처음을 둘로 나누면, ㉠ 총을 들어 별을 표해서 거듭 덧붙여 묻는 것이다.

3. 대승정종분(大乘正宗分)
-대승의 바른 종지-

佛告 須菩提 諸菩薩摩訶薩 應如是降伏其心
부처님께서 수보리에게 말씀하셨다..
"모든 보살 마하살들은 응당 이와 같이 그 마음을 다스려야 하느니라.

육조 前念淸淨 後念淸淨 名爲菩薩 念念不退 雖在塵勞 心常淸
　　　 전념청정 후념청정 명위보살 염념불퇴 수재진로 심상청
淨 名摩訶薩 又慈悲喜捨 種種方便 化導衆生 名爲菩薩 能化
정 명마하살 우자비희사 종종방편 화도중생 명위보살 능화
所化 心無取著 名摩訶薩 恭敬一切衆生 卽是降伏其心 處眞 名
소화 심무취착 명마하살 공경일체중생 즉시항복기심 처진 명
不變 契如 名不異 遇諸境界 心無變異 名曰眞如 亦云外不假曰
불변 계여 명불이 우제경계 심무변이 명왈진여 역운외불가왈
眞 內不亂曰如 念念無差曰是
진 내불란왈여 염념무차왈시

　앞생각이 청정하고 뒷생각도 청정한 것을 보살이라 하고, 생각생각에 물러서지 않고 비록 세상 가운데에 있더라도 마음이 항상 청정한 것을 마하살이라 이른다. 또 자비희사의 가지가지 방편으로 중생을 교화하는 것을 보살이라 하고, 능화소화(能化

所化, 교화하는 사람이나 교화받는 사람)에 대하여 마음에 집착함이 없는 것을 마하살이라 하니, 일체중생을 공경하는 것은 곧 그 마음을 항복받는 것이 된다. 진에 처해있는 것을 불변(不變)이라 하고, 진여에 계합한 것을 불이(不異)라고 하니, 모든 경계를 만나지만 마음이 변하고 달라짐이 없는 것을 진여라 한다. 또 말하되, 밖으로 거짓됨이 없음을 진(眞)이라 하고, 안으로 산란하지 않음을 여(如)라 하며, 생각생각에 차별이 없는 것을 시(是)라 한다.

규봉 二 約別顯總 以答問 此 以降伏 爲總 住修 爲別也 謂住
　　　　이 약별현총 이답문 차 이항복 위총 주수 위별야 위주
修之中 皆有降伏 經意在 此 故 唯標降伏 有科此標云擧後攝初
수지중 개유항복 경의재 차 고 유표항복 유과차표운거후섭초
者 乃令經文 極不穩暢 理例顚倒 自古言敎 秖有以初攝後 未聞
자 내령경문 극불온창 이예전도 자고언교 지유이초섭후 미문
將後攝初 況詳經文 無別答降伏之處 卽知降伏 在住修中 住修
장후섭초 황상경문 무별답항복지처 즉지항복 재주수중 주수
皆令離相 是答降伏問也 不別答者 此經 宗於離相 離相 正是降
개령리상 시답항복문야 불별답자 차경 종어이상 이상 정시항
心 本意 欲明降心 因約住修 以顯住修降伏 本不相離 故 無著
심 본의 욕명항심 인약주수 이현주수항복 본불상리 고 무착
十八住中 每住 皆有住修降伏 文中 二 一 答安住降心問 又四
십팔주중 매주 개유주수항복 문중 이 일 답안주항심문 우사
一 廣大心
일 광대심

ⓛ 별을 잡아 총을 나타내어 문답한 것이니, 이것은 '항복'으로써 총을 삼고 '주'와 '수'로써 별을 삼은 것이다. 주·수 가운데 다 항복이 있으며, 경의 뜻이 여기에 있으므로 오직 항복만을 표시한 것이다. 어떤 이가 이것을 과목으로 표시해 말하길,

후를 들어 초를 섭한 것은 경문으로써 극히 온당치 못하여 이 치의 예가 전도된 것이니, 예로부터 언교를 말하매 다만 초로 써 후를 섭함이 있을지언정 후를 가지고 초를 섭함은 듣지 못 했는데, 하물며 경문을 자세히 살피건대 따로 항복을 답한 곳 이 없으니 항복이 주·수 중에 있는 것이다. 주와 수는 다 상을 여의게 함이니, 이는 항복의 물음에 대한 답이다. 달리 답하지 않았다는 것은, 이 경은 상을 여읨으로 종으로 하고 상 여읨으 로 마음을 바르게 항복받는 것이기 때문이다. 근본 뜻은 마음 을 항복받는 것을 밝히고자 했기에 주·수로 인하여 주·수 항 복이 본래 서로 떠나지 않음을 나타낸 것이다. 그러므로 무착 의 18주 중에도 각 주(住)마다 모두 주·수의 항복이 있었다.

　이 글 중에 두 가지가 있는데, ㈎ 안주(安住) 항심(降心)의 물 음에 대한 답이다. 또 이 중에 네 가지가 있으니, ㈎ 광대심이 다.(四心 中 첫째)

所有一切衆生之類 若卵生 若胎生 若濕生 若 化生 若有色 若無色 若有想 若無想 若非有 想非無想
세상에 있는 일체중생들, 알에서 태어나고, 태에 서 태어나고, 습기에서 태어나고, 변화로 태어나 는 것, 형색이 있고, 형색이 없고, 생각이 있고 생각이 없고, 생각이 있는 것도 아니고 없는 것 도 아닌 것,

규봉 三界普度 故云廣大心也 初句標 若卵下 列 列中 文三
　　　　삼계보도　고운광대심야　초구표　약란하　열　열중　문삼
一 受生差別 天獄 化生 鬼通胎化 人畜 各四 諸餘微細 水陸地
일　수생차별　천옥　화생　귀통태화　인축　각사　제여미세　수육지
空 不可具分品類 卵劣在初者 二釋 一 約境 具緣多者 爲首 二
공　불가구분품류　난열재초자　이석　일　약경　구연다자　위수　이
約心 從本至末 爲次 二 依止差別 有色 四禪 無色 四空 三 境
약심　종본지말　위차　이　의지차별　유색　사선　무색　사공　삼　경
界差別 功德施 云有想 則空識二處 無想 則無所有處 若非等
계차별　공덕시　운유상　즉공식이처　무상　즉무소유처　약비등
則有頂 二 第一心
즉유정　이　제일심

　　삼계를 널리 제도하므로 광대심이라 했다. 첫째, 첫 구절(일체 중생지류)은 표(標)한 것이요, 약란생(若卵生) 밑으로는 분류한 것이다. 분류 중에 세 문장이 있으니,

　　1. 수생차별(受生差別, 생을 받는 모습에 따른 차별) : 천상과 지옥은 화생이요, 귀신은 태생과 화생에 통하고 인간과 축생은 각각 넷이 있음이다. 모든 나머지 미세한 수·육·지·공은 가히 종류를 구분하지 못한다. 난생이 처음에 있는 것은 두 가지 해석이 있으니, 첫째는 경계에 의지함이니 인연이 많은 것이 앞에 놓이게 되고, 둘째는 마음을 의지함이니, 근본부터 지말에 이르기까지 순차적으로 열거하게 된다.

　　2. 의지차별(依止差別, 의지하여 머무르는데 따른 차별) : 유색은 사선(四禪)이요, 무색은 사공(四空)이다.

　　3. 경계차별(境界差別, 경계에 머무는 것에 따른 차별) : 공덕시보살이 지은 논에 따르면, 유상(有想)은 공계·식계, 2처이고, 무상(無想)은 곧 무소유처이다. 약비(若非) 등은 유정천(有頂天)이라 한다.

㉯ 제일심이다.(四心 中 둘째)

我皆令入無餘涅槃 而滅度之
내가 모두 완전한 열반에 들게 하리라.

규봉 卽無住處涅槃 不共二乘 故云第一 無著 云何故 願此不可
　　　　즉무주처열반　불공이승　고운제일　무착　운하고　원차불가
得義 生所攝故 又云卵濕 無想有頂 則不能 云何普入 有三因緣
득의　생소섭고　우운란습　무상유정　즉불능　운하보입　유삼인연
一 難處生者 待時故 二 非難處生 未成熟者成熟之故 三 已成
일　난처생자　대시고　이　비난처생　미성숙자성숙지고　삼　이성
熟者 解脫之故
숙자　해탈지고

　무주처 열반은 이승(聲聞·緣覺)과 같지 않으므로 제일심이라 한 것이다. 무착이 말하기를, 무엇 때문에 이 불가득의 뜻에 원을 세우는가? 중생을 섭수하는 까닭이다. 또 난·습과 무상, 유정은 곧 제도하지 못하거늘, 어떻게 널리 들어가게 한다고 하는가?
　여기에는 세 가지 인연이 있으니, 첫째, 제도받기 어려운 곳에서 태어난 것은 시간을 기다리는 연고이다. 둘째, 제도받기 어려운 곳에 나지 않은 것은 미성숙자를 성숙되게 함이며, 셋째, 이미 성숙한 중생은 이것으로 하여금 해탈케 하는 까닭이다.

육조 卵生者 迷性也 胎生者 習性也 濕生者 隨邪性也 化生者
　　　　난생자　미성야　태생자　습성야　습생자　수사성야　화생자

見趣性也 迷故 造諸業 習故 常流轉 隨邪 心不定 見趣 多淪墜
견취성야 미고 조제업 습고 상류전 수사 심부정 견취 다륜추
起心修心 妄見是非 內不契無相之理 名爲有色 內心守直 不行
기심수심 망견시비 내불계무상지리 명위유색 내심수직 불행
恭敬供養 但見直心是佛 不修福慧 名爲無色 不了中道 眼見耳
공경공양 단견직심시불 불수복혜 명위무색 불료중도 안견이
聞 心想思惟 愛著法相 口說佛行 心不依行 名爲有想 迷人 坐
문 심상사유 애착법상 구설불행 심불의행 명위유상 미인 좌
禪 一向除妄 不學慈悲喜捨智慧方便 猶如木石 無有作用 名爲
선 일향제망 불학자비희사지혜방편 유여목석 무유작용 명위
無想 不著二法想故 名若非有想 求理心在故 名若非無想 煩惱
무상 불착이법상고 명약비유상 구리심재고 명약비무상 번뇌
萬差 皆是垢心 身形無數 摠名衆生 如來 大悲普化 皆令得入無
만차 개시구심 신형무수 총명중생 여래 대비보화 개령득입무
餘涅槃也 而滅度之者 如來 指示三界九地衆生 各有涅槃妙心
여열반야 이멸도지자 여래 지시삼계구지중생 각유열반묘심
令自悟入無餘 無餘者 無習氣煩惱也 涅槃者 圓滿淸淨義 滅盡
영자오입무여 무여자 무습기번뇌야 열반자 원만청정의 멸진
一切習氣 令永不生 方契 此也 度者 渡生死大海也 佛心 平等
일체습기 영영불생 방계 차야 도자 도생사대해야 불심 평등
普願與一切衆生 同入圓滿淸淨無餘涅槃 同渡生死大海 同諸佛
보원여일체중생 동입원만청정무여열반 동도생사대해 동제불
所證也 有人 雖悟雖修 作有所得心者 却生我相 名爲法我 除盡
소증야 유인 수오수수 작유소득심자 각생아상 명위법아 제진
法我 方名滅度也
법아 방명멸도야

난생이란 성품이 미한 것이고 태생이란 습성이다. 습생이란 삿된 것을 따르는 성품이고, 화생이란 보고 취하는 성이니, 미한 까닭에 모든 업을 짓고 거듭함으로써 항상 유전하고 삿됨을 따르므로 마음이 안정되지 못함이요, 온갖 갈래를 다 보므로 빠지고 떨어진다. 마음을 일으키고 마음을 닦아서 망령되이 시비를 보고 안으로 무상의 이치에 계합하지 못함을 유색이라 함

이다.
　내심으론 곧은 마음만 지킬 뿐, 공경·공양을 행하지 아니하고 다만 곧은 마음만이 부처라고 보아서 복과 혜를 닦지 아니하는 것을 무색이라 한다. 중도를 요달하지 못하고 눈으로 보고 귀로 들으며 마음으로 사유하여 법상에 애착하여 입으로는 불행(佛行)을 말하지만 마음을 의지해서 행하지 아니함을 유상이라 하고, 어리석은 사람이 좌선하며 한결같이 망념만을 없애고 자비희사의 지혜방편을 배우지 않아 마치 목석과 같이 아무 작용이 없는 것을 무상이라 한다. 두 법상(法相, 有相·無相)에 집착하지 않는 고로 비유상이라 하고 이치를 구하는 마음이 있는 고로 비무상이라 한다.
　번뇌는 만 가지 차별이 있으나 모두 때 묻은 마음이고, 몸의 형상이 헤아릴 수가 없으나 모두 중생이라 이름한다. 부처님께서 대자비로서 널리 교화하시어 모두 무여열반에 들게 하여 그들을 다 멸도케 하신 것은 여래께서 삼계의 구지중생이 각각 열반묘심이 있음을 가리켜 보이심으로써, 그들로 하여금 스스로 무여열반에 깨달아 들어가게 하신 것이다. 무여란 습기, 번뇌가 없음이고, 열반은 원만 청정의 뜻이니, 일체 습기를 모두 멸하여 영원히 번뇌가 다시 나지 않게 하여 바야흐로 이에 계합하는 것이다. 도(度)란 생사의 큰 바다를 건너는 것이다. 불심이 평등해서 널리 일체중생과 더불어 다 같이 원만 청정의 무여열반에 들어서 함께 생사의 큰 바다를 건너 과거 모든 부처님께서 증득한 것과 똑같이 되길 원하는 것이다. 어떤 사람이 비록 깨닫고 수행을 하나 얻을 것이 있다고 생각하는 사람은 도리어 아상을 내는 것이 됨으로, 그것을 이름하여 법에 대한 아상이라 한다. 법에 대한 아상을 모두 없애야 비로소 멸도라 할 것이다.

규봉 三 常心
　　　삼 상심

㉰ 상심이다.(四心 中 셋째)

如是滅度無量無數無邊衆生 實無衆生得滅度者
이와 같이 한없고 끝없이 많은 중생들을 제도하지만, 실제로 제도 받는 중생이 없어야 하느니라.

규봉 一 性空故 二 同體故 論 云自身滅度 無異衆生 三 本寂
　　　일 성공고 이 동체고 논 운자신멸도 무이중생 삼 본적
故 四 無念故 五 法界故
고 사 무념고 오 법계고

　상심(常心, 제도했다는 마음이 없는 것)이란 첫째, 성품이 공한 까닭이요, 둘째, 중생이 동체이기 때문이다. 논에 따르면, 자신의 멸도가 중생과 다름이 없다고 하였다. 셋째, 본래 근본이 적정한 까닭이다. 넷째, 무념인 까닭이요, 다섯째, 법계인 까닭이다.(법계에는 법 아닌 것이 없기 때문)

육조 如是者 指前法也 滅度者 大解脫也 大解脫者 煩惱及習氣
　　　여시자 지전법야 멸도자 대해탈야 대해탈자 번뇌급습기
一切諸業障 滅盡 更無有餘 是名大解脫 無量無數無邊衆生 元
일체제업장 멸진 갱무유여 시명대해탈 무량무수무변중생 원

各自有一切煩惱貪瞋惡業　若不斷除　終不得解脫　故言如是滅度
각자유일체번뇌탐진악업　약부단제　종부득해탈　고언여시멸도
無量無數無邊衆生　一切迷人　悟得自性　始知佛　不見自相　不有
무량무수무변중생　일체미인　오득자성　시지불　불견자상　불유
自智　何曾度衆生　祇爲凡夫　不見自本心　不識佛意　執著諸相　不
자지　하증도중생　기위범부　불견자본심　불식불의　집착제상　부
達無爲之理　我人不除　是名衆生　若離此病　實無衆生　得滅度者
달무위지리　아인부제　시명중생　약리차병　실무중생　득멸도자
故　言妄心無處卽菩提　生死涅槃　本平等　又何滅度之有
고　언망심무처즉보리　생사열반　본평등　우하멸도지유

　　여시란 앞의 법(무여열반)을 가리키는 것이다. 멸도란 대해탈이니, 대해탈은 번뇌, 습기와 일체의 업장이 모두 멸하여 다시없는 것이니, 없으므로 이를 대해탈이라 한다. 무량·무수·무변 중생이 원래 각각 스스로 일체의 번뇌와 탐진치와 악업이 있으니, 만일 끊어 제거하지 못하면 마침내 해탈을 얻지 못하므로 '이와 같이 무량·무수·무변 중생을 멸도한다' 말씀하신 것이다. 일체의 어리석은 사람들이 자성을 깨달아 얻으면, 부처님께서 자신의 상을 내세우지 않고 자신의 지혜도 두지 않음을 알게 되리니, 하물며 어찌 일찍이 중생을 제도한다는 사실이 부처님 가슴에 남아 있겠는가? 다만 부처님의 뜻을 알지 못하여 모든 상에 집착하고 무위의 이치를 통달하지 못하여 아와 인을 없애지 못함을 중생이라 이름하니, 만약 이 병만 여의면 실로 중생이 멸도를 얻음도 없을 것이다. 그러므로 '망심이 없는 곳이 곧 보리이고 생사열반이 본래 평등이라' 하시니 또 어찌 멸도라는 것이 있겠는가?

규봉 四 不顚倒心
　　　　사　부전도심

㉔ 전도되지 않은 마음이다.(四心 中 四)

何以故 須菩提 若菩薩 有我相人相衆生相壽
者相 卽非菩薩
왜냐하면 수보리야, 만약 보살이 자아에 대한 고집, 인간에 대한 고집, 중생에 대한 고집, 수명에 대한 고집이 있으면 보살이 아니기 때문이니라."

설 悲化含生入無餘 智冥眞際絶能所 見有可度 卽乖眞 我人
비화함생입무여 지명진제절능소 견유가도 즉괴진 아인
不生 名菩薩
불생 명보살

　자비로써 중생을 교화해서 무여에 들게 하고, 지혜로써 진제에 명합해서 주와 객을 끊어야 하리라. 가히 제도할 것이 있다고 보면 진리에 어긋남이고, 아상, 인상이 나지 않아야 보살이라 하느니라.

규봉 論 云遠離依止身見衆生等相 故 無著 云已斷我見 得自行
논 운원리의지신견중생등상 고 무착 운이단아견 득자행
平等相故 信解自他平等 顯示降伏心中攝散 時 衆生想 亦不轉
평등상고 신해자타평등 현시항복심중섭산 시 중생상 역부전
如彼尒炎住故
여피이염주고

　논에 따르면, 의지·신견과 중생 등의 상을 멀리 떠나야 함

이라. 그러므로 무착이 말하기를, 아견을 이미 끊어서 자행의 평등상을 얻은 고로 자타가 평등함을 믿고 알아서, 항복받는 마음 가운데 산란한 마음을 섭수할 때 중생상도 또한 움직이지 않으니, 저 이염(爾炎, 근본지)에 주하는 것과 같은 까닭이라 했다.

육조 衆生 佛性 本無有異 緣有四相 不入無餘涅槃 有四相 卽
중생 불성 본무유이 연유사상 불입무여열반 유사상 즉
是衆生 無四相 卽是佛 迷 卽佛 是衆生 悟 卽衆生 是佛 迷人
시중생 무사상 즉시불 미 즉불 시중생 오 즉중생 시불 미인
恃有財寶學問族姓 輕慢一切人 名我相 雖行仁義禮智信 而意高
시유재보학문족성 경만일체인 명아상 수행인의예지신 이의고
自負 不行普敬 言我解行仁義禮智信 不合敬爾 名人相 好事 歸
자부 불행보경 언아해행인의예지신 불합경이 명인상 호사 귀
己 惡事 施人 名衆生相 對境取捨分別 名壽者相 是謂凡夫四相
기 악사 시인 명중생상 대경취사분별 명수자상 시위범부사상
修行人 亦有四相 心有能所 輕慢衆生 名我相 自恃持戒 輕破戒
수행인 역유사상 심유능소 경만중생 명아상 자시지계 경파계
者 名人相 厭三塗苦 願生諸天 是衆生相 心愛長年 而勤修福業
자 명인상 염삼도고 원생제천 시중생상 심애장년 이근수복업
諸執不忘 是壽者相 有四相 卽是衆生 無四相 卽是佛
제집불망 시수자상 유사상 즉시중생 무사상 즉시불

중생과 불성이 본래 다름이 없지만 사상(四相)이 있으므로 인하여 무여열반에 들어가지 못하니, 사상이 있으면 이것이 곧 중생이요 이 사상이 없으면 부처이니, 마음을 미하면 곧 부처가 중생으로 되고 깨달으면 중생이 부처인 것이다. 어리석은 사람은 재산이나 학문과 족벌이 있는 것을 믿고 모든 사람을 업신여기는 것이 아상이며, 비록 인의예지신을 행하나 뜻이 높다는 자부심을 가져서 널리 모든 사람들을 공경하지 않고, 말

하기를 '나는 인의예지신을 행할 줄 안다' 하며 남을 공경하지 않는 것을 인상이라 한다. 좋은 일은 자기에게 돌리고 나쁜 일은 남에게 돌리는 것을 중생상이라 하며, 어떤 경계에 대하여 취사분별하는 것을 수자상이라 하니, 이것들을 범부의 사상이라 한다.

　수행인도 또한 사상이 있으니, 마음에 능소가 있어서 중생을 가볍게 여김을 아상이라 하고, 자기의 계 지킴을 믿고 파계자를 업신여기는 것이 인상이라 함이다. 삼악도의 고통을 싫어하여 천상에 나기를 바라는 것이 중생상이요, 마음에 오래 사는 것을 좋아해서 부지런히 복업을 닦아 모든 집착을 잊지 못하는 것이 수자상이다. 사상이 있으면 곧 중생이요 사상이 없으면 곧 부처이다.

부대사 空生 初請問 善逝 應機酬 先答云何住 次敎如是修 胎
　　　　공생　초청문　선서　응기수　선답운하주　차교여시수　태
生卵濕化 咸令悲智收 若起衆生見 還同著相求
생란습화　함령비지수　약기중생견　환동착상구

　수보리가 처음 물음을 청함에,
　부처님께서 근기에 맞게 답하시니
　먼저 어디에 머물 것인가에 대해 답하시고
　다음에는 '이와 같이 수행하라. 가르치셨도다.
　태생·난생·습생·화생을
　모두 대자비의 지혜로써 거두게 하시니,
　만약 중생의 견해를 일으킨다면
　도리어 상에 집착해서 구하는 것과 같으니라.

야부 頂天立地 鼻直眼橫
정천립지 비직안횡

이마는 하늘을 향하여 땅위에 서 있고, 코는 수직으로 있으며 눈은 가로로 놓여 있도다.

설 從一法界 形分九類 形形 皆具一法界 所以 一一頭指 天 脚
종일법계 형분구류 형형 개구일법계 소이 일일두지 천 각
踏地 一一鼻直向下垂 眼橫在上方
답지 일일비직향하수 안횡재상방

한 법계로부터 형상이 아홉 가지로 나뉘니, 모양과 모양이 모두 한 법계를 갖추고 있다. 그런 까닭에 하나하나의 머리는 하늘을 가리키고 다리는 땅을 밟고 있으며, 하나하나의 코는 아래를 향해 수직으로 드리워져 있고 눈은 옆으로 비껴 위쪽에 있다.

야부 堂堂大道 赫赫分明 人人本具 箇箇圓成 祗因差一念 現出
당당대도 혁혁분명 인인본구 개개원성 지인차일념 현출
萬般形
만반형

당당한 대도여!
밝고 밝아 분명하도다.
사람사람이 본래 갖추었고
제각각 원만하게 이루어졌도다.
다만 한 생각이 그르침으로 인하여
만 가지 형상이 현출되도다.

설 堂堂大道 廓周沙界 赫赫分明 光吞萬象 人人本具 著衣喫
당당대도 확주사계 혁혁분명 광탄만상 인인본구 착의끽

飯　彈指揚眉　不要別人介介圓成　折旋俯仰　欠伸謦咳　不借他力
반　탄지양미　불요별인개개원성　절선부앙　흠신경해　불차타력
只因云云　春色　無高下　花枝自短長　自短長　也不妨　九類同居一
지인운운　춘색　무고하　화지자단장　자단장　야불방　구류동거일
法界　紫羅帳裏撒眞珠　雖然如是　若但伊麼商量　盡十方世界　都
법계　자라장이살진주　수연여시　약단이마상량　진시방세계　도
盧是無孔鐵鎚　畜生　永作畜生　餓鬼　永作餓鬼　無有一介　發眞歸
로시무공철추　축생　영작축생　아귀　영작아귀　무유일개　발진귀
源　旣然如是　畢竟作麼生　風和　花織地　雲淨　月滿天
원　기연여시　필경작마생　풍화　화직지　운정　월만천

　　당당한 대도여, 확연하여 항하사 세계에 두루 펼쳐져 있음이 밝고 밝아 분명함이여! 그 빛이 만상을 삼켰도다. 사람사람이 본래 갖춰져 있음이여! 옷 입고 밥먹는 것과 손가락을 튕기고 눈썹을 휘날림은 다른 사람에게 요하는 것이 아니며, 하나하나를 원만하게 이룸이다. 절선부앙흠신경해(折旋府仰欠伸謦咳, 몸의 온갖 동작)는 남의 힘을 빌리지 않는 것이로다.
　　'다만 한 생각이~ 인하여' 운운은 봄빛은 높고 낮음이 없으나 꽃가지가 스스로 짧고도 길도다, 스스로 장단이 있음이여, 또한 서로 방해하지 아니하니 구류 중생이 함께 한 법계에 사는 것이 마치 붉은 비단 장막 위에 진주를 뿌린 것과 같도다. 비록 이와 같으나 만약 다만 이렇게만 생각한다면 시방세계가 모두 구멍 없는 망치와 같아서, 축생은 길이 축생만 되고 아귀는 영원히 아귀만 되어서, 하나도 진리를 발하여 근원에 돌아갈 수 없을 것이다. 이미 이와 같다면 필경 어떻게 할 것인가?
　　봄바람이 불면 꽃이 땅을 수놓고
　　구름이 걷히면 달빛이 하늘에 가득차도다.

종경 涅槃淸淨 盡令含識依歸 四相俱忘 實無衆生滅度 如斯了
　　　　열반청정　진영함식의귀　사상구망　실무중생멸도　여사료

悟 便能脫死超生 其或未然 依舊迷封滯殼 會麽 生死涅槃 本平
오　변능탈사초생　기혹미연　의구미봉체각　회마　생사열반　본평

等 妄心盡處卽菩提
등　망심진처즉보리

　　열반청정이여, 일체중생으로 하여금 다 귀의케 하고, 사상을 모두 잊음이여, 실로 중생은 멸도함도 없으니 이와같이 깨달으면 능히 생사를 초탈하거니와, 그렇지 못하면 옛에 의지하여 미망의 껍질에 갇혀 있게 되느니라. 알겠는가? 생사와 열반이 본래 평등하니, 망심 다한 곳이 곧 보리로다.

설 悲化含生 卽不無 爭乃能所歷然 智冥眞際 平等無有高下
　　　비화함생　즉불무　쟁내능소역연　지명진제　평등무유고하

如斯了悟 便能超生脫死其或未然 依舊迷無明之封 滯有漏之形殼
여사료오　변능초생탈사기혹미연　의구미무명지봉　체유루지형각

　　자비로써 중생을 교화하는 일이 없지는 않지만, 능소(나다 남이다 하는 생각)가 역연함은 어찌할까? 지혜가 진제에 명합하면 평등하여 고하가 없으니, 이같이 깨달으면 능히 생사를 초탈하거니와, 혹 그렇지 못하면 옛날처럼 무명의 미한 몸뚱이에 미혹되어 유루의 껍질에 머물 것이다.

종경 頂門具眼辨來端 衆類何曾入涅槃 絶後再甦無一物 了知生
　　　　정문구안변래단　중류하증입열반　절후재소무일물　요지생

死不相干
사불상간

　　정문의 눈을 갖추어 단서를 가려보니
　　온갖 종류가 일찍이 열반에 들겠으리오.

끊어진 후에 다시 소생하여 한 물건도 없어야
생사가 서로 간섭되지 않음을 깨달아 알 수 있으리.

설 有智無悲 亦只是一隻眼 有悲無智 亦只是一隻眼 悲智雙
　　유지무비 역지시일척안 유비무지 역지시일척안 비지쌍
運 出入自在 方得名爲頂門具眼 來端者 生佛平等之一源 悲智
운 출입자재 방득명위정문구안 내단자 생불평등지일원 비지
不二之一體 唯有具眼 辨得有分 來端 旣已辨得 何更見有能度
불이지일체 유유구안 변득유분 내단 기이변득 하갱견유능도
所度 衆生滅盡而無滅 生佛 都盧眼裏花
소도 중생멸진이무멸 생불 도로안이화

　　지혜는 있고 자비가 없음은 다만 한쪽의 눈이요, 자비만 있고 지혜가 없음도 또한 한쪽의 눈이니, 자비와 지혜를 쌍으로 굴려 출입이 자재하여야 비로소 정문의 눈을 갖춤이 된다. 내단(來端, 단서)이란 중생과 부처가 평등한 하나의 근원이고 자비와 지혜가 둘이 아닌 한 몸이니, 오직 눈을 갖춰야 가려낼 분이 있도다. 단서를 이미 가려낼진대 어찌 다시 능히 제도하고 제도할 것이 있음을 보리오.
　　중생을 다 멸하되 멸함이 없으니
　　중생과 부처가 모두 눈(眼) 속의 꽃이로다.

규봉 二 答修行降心問 於中 又五 一 摠標
　　　이 답수행항심문 어중 우오 일 총표

　　㈋ 수행 항심의 물음에 답한 것이니, 그 중 다섯이 있다. ㉮ 모두 표시한 것이다.

4. 묘행무주분(妙行無住分)
-묘행은 머뭄이 없음-

復次須菩提 菩薩 於法 應無所住 行於布施
"또 수보리야, 보살은 모든 법에 고집하는 생각을 두지 말고 보시를 행해야 한다.

규봉 於法者 統標諸法 應無下 正明修行 問 菩薩萬行 何唯說
　　　어법자 통표제법 응무하 정명수행 문 보살만행 하유설
一 答 萬行 不出六度 六度 摠名布施 故 偈 云檀義 攝於六 資
일 답 만행 불출육도 육도 총명보시 고 게 운단의 섭어육 자
生無畏法 此中一二三 是名修行住 無著 云若無精進 疲乏故 不
생무외법 차중일이삼 시명수행주 무착 운약무정진 피핍고 불
能說法 若無禪定 卽貪信敬利養 染心說法 若無智慧 便顚倒說
능설법 약무선정 즉탐신경이양 염심설법 약무지혜 변전도설
法 二 別釋
법 이 별석

어법이란 제법을 모두 표한 것이다. '응무소주 행어보시'는 수행을 바르게 밝힌 것이다. 만약, 보살의 만행에 어찌 오직 하나만 설하였는가? 하고 물으면, 만 가지 행은 육바라밀을 벗어나지 않으니, 육바라밀의 모든 이름을 보시라 한고 말하리라. 그러므로 게(미륵 80송 中 세 번째)로 말하기, 단바라밀(檀婆羅

蜜, 보시)의 뜻은 여섯 가지를 섭하니, 재보시<1> 무외시<2, 3> 법시<4, 5, 6>이다. 이 중에 1, 2, 3을 수행주라 이름한 것이다. 무착이 말하기를, 만일 정진이 없으면 부족한 까닭에 능히 법을 설하지 못하고, 만일 선정이 없으면 곧 믿고, 공경하며, 이익되는 일에 탐하여 염심으로 설법함이다. 또 만약 지혜가 없으면 곧 전도된 설법이라 했다. ㉯ 따로 해석함이다.

所謂不住色布施 不住聲香味觸法布施
말하자면 눈에 보이는 대상인 물질적 형체에 고집하는 생각을 두지 말고 보시할 것이며, 귀에 들리는 대상인 소리와 코에 맡아지는 대상인 냄새와 혀에 느껴지는 맛, 피부에 닿는 촉감 그리고 기억의 대상에도 고집하는 생각을 두지 말고 보시를 해야 한다.

규봉 本論但指三事爲色等謂自身 報恩 果報 故 偈 云自身及報
　　　본론단지삼사위색등위자신 보은 과보 고 게 운자신급보
恩 果報斯不著 護存己不施 防求於異事
은 과보사불착 호존기불시 방구어이사

　본론에는 다만 삼사가 색성향 등을 가리킴이니, 자신과 보은과 과보를 말하고 있다. 고로 게로 말하길, 자신과 과보, 보은에 집착하지 않고 자기만을 생각하여 보시하지 않음을 막고, 별다른 수행을 구하지도 말라 했다.

육조 凡夫布施 只求身相端嚴 五欲快樂故 報盡 卽墮三塗 世
범부보시 지구신상단엄 오욕쾌락고 보진 즉타삼도 세
尊大慈 敎行無相布施者 不求身相端嚴 五慾快樂 但令內破慳心
존대자 교행무상보시자 불구신상단엄 오욕쾌락 단령내파간심
外利益 一切衆生 如是相應 是名不住色報施
외리익 일체중생 여시상응 시명부주색보시

 범부의 보시는 다만 몸의 단정하고 엄숙함과 오욕의 쾌락을 구하는 것이기 때문에 과보가 다하면 곧 삼악도(지옥, 아귀, 축생)에 떨어지므로, 세존께서는 대자비로 무상보시를 행하게 해서 신상·단엄과 오욕쾌락을 구하지 않게 하고, 다만 안으로는 간탐심을 깨뜨리고 밖으로는 일체중생에 이익되게 하기 위함이니, 이와 같이 상응하는 것을 색에 머물지 않고 보시한다고 했다.

규봉 三 摠結
   삼 총 결

 ㉓ 총결이다.

須菩提 菩薩 應如是布施 不住於相
수보리야, 보살은 마땅히 이와 같이 보시하여
고집하는 생각을 두지 말아야 하느니라.

규봉 前 但指三事 今則心境空有 微細盡祛故 偈 云遠離取相心
   전 단지삼사 금즉심경공유 미세진거고 게 운원리취상심
論 云不見施物受者施者 無著 云不住相想 有人 將此結文 爲別
논 운불견시물수자시자 무착 운부주상상 유인 장차결문 위별

答降伏 非也 前標次釋此結 皆云無住 都是修中降伏之義 何忽
답항복 비야 전표차석차결 개운무주 도시수중항복지의 하홀

偏配結文 爲答別問
편배결문 위답별문

앞에서는 다만 삼사만 가리켰으나 지금은 심·경·공·유 (마음, 경계, 있다, 없다)를 미세하게 다 없앤 것이다. 고로 게로 말하길, 상을 취하는 마음을 멀리하라 했으며, 논에 따르면, 시물(주는 물건), 수자(받는 자), 시자(주는 자)를 모두 보지 않는다고 했다. 무착이 말하기를, 상이라는 생각에 머물지 말라고 했다. 어떤 사람이 이 결론적인 글(윗 경문)을 가리켜 항복에 대해 달리 표현한 답이라 했는데, 이는 틀린 말이다. 앞에서의 표함과 다음의 해석, 여기 총결에 다 '머물지 말라'함은 모두 수행 가운데 마음을 항복받는다는 뜻이니, 어찌 문득 결론적인 글에 치우쳐 놓고서 달리 표한 답이라고 하겠는가?

육조 應如無相心布施者 爲無能施之心 不見有施之物 不分別
응여무상심보시자 위무능시지심 불견유시지물 불분별

受施之人 是不住相布施也
수시지인 시부주상보시야

마땅히 무상심으로 보시한다는 것은, 능히 보시한다는 마음도 없고 베푸는 물건에 마음을 두지도 않으며 받는 사람도 분별하지 않는 것을 상에 머물지 않는 보시라 하는 것이다.

규봉 四 顯益
사 현익

㉑ 이익을 나타냄이다.

何以故 若菩薩 不住相布施 其福德 不可思量
왜냐하면, 만약 보살이 고집하는 생각을 두지
않고 보시를 하면 그 복덕을 생각하여 헤아릴
수 없기 때문이니라."

설 以智起行 獲福無邊
　　 이지기행 획복무변

지혜로써 자비행을 일으키면 복얻음이 가이없다.

육조 菩薩 行施 心無所希 其所獲福 如十方虛空 不可較量 言
　　　 보살 행시 심무소희 기소획복 여시방허공 불가교량 언
復次者 連前起後之辭 一說 布者 普也 施者 散也 能普散盡胸
부차자 연전기후지사 일설 보자 보야 시자 산야 능보산진흉
中 妄念習氣煩惱 四相 泯絶 無所蘊積 是眞布施 又說 布者 普
중 망념습기번뇌 사상 민절 무소온적 시진보시 우설 보자 보
也 不住六塵境界 又不有漏分別 惟常返歸淸淨 了萬法空寂 若
야 부주육진경계 우불유루분별 유상반귀청정 요만법공적 약
不了此意 惟增諸業 故須內除貪愛 外行布施 內外相應 獲福無
불료차의 유증제업 고수내제탐애 외행보시 내외상응 획복무
量 見人作惡 不見其過 自性不生分別 是爲離相 依敎修行 心無
량 견인작악 불견기과 자성불생분별 시위리상 의교수행 심무
能所 卽是善法 修行人 心有能所 不名善法 能所心 不滅 終不
능소 즉시선법 수행인 심유능소 불명선법 능소심 불멸 종부
得解脫 念念常行般若智 其福 無量無邊 依如是修行 感得一切
득해탈 염념상행반야지 기복 무량무변 의여시수행 감득일체
人天 恭敬供養 是名爲福德 常行不住相布施 普敬一切含生 其
인천 공경공양 시명위복덕 상행부주상보시 보경일체함생 기
功德 無有邊際 不可稱計也
공덕 무유변제 불가칭계야

　　보살이 보시를 할 때 마음에 바라는 것이 없으면 그 얻은 복

이 시방의 허공과 같아서 가히 헤아릴 수 없다. 부차라 한 것은 앞을 이어서 뒷말을 일으키는 것이니, 일설에 '보(布)는 보(普), 넓다)이고 시(施)는 산(散, 사방에 흩뿌리다)이니, 가슴 가운데 있는 모든 망념·습관·번뇌를 널리 흩어버리고 사상을 끊어 없애서 온적(蘊積, 오온의 집착)이 없는 것이 참 보시다' 하고 또 일설에 '보(布)는 보(普)이니 육진 경계에 머물지 않으며 또 유루의 분별도 하지 않고 오직 항상 청정한 데 돌아가서 만법이 공적함을 요달하는 것이다' 하였다. 만약 이 뜻을 요달하지 못하면 오직 온갖 업만 더하므로 모름지기 안으로 탐애를 없애고 밖으로 보시를 행해서 내외가 상응하여야 한량없는 복을 얻게 될 것이다.

사람이 악을 짓는 것을 보더라도 그 허물을 보지 않고 자성 가운데 분별을 내지 않으면 이것이 상을 여읜 것이고, 가르침에 의지해 닦고 행하여 마음에 능소가 없는 것이 곧 선법이다. 수행하는 사람이 마음에 능소가 있으면 선법이라 할 수 없고, 능소심이 멸하지 아니하면 마침내 해탈하지 못한다. 순간순간에 항상 반야지를 행하여야 그 복이 무량무변한 것이 된다.

이 같은 수행에 의지하면, 일체 인천의 공경과 공양을 받을 지니 이것을 복덕이라 하는 것이다. 항상 부주상보시를 행하여 널리 일체 모든 생명을 공경하면 그 공덕이 끝이 없어서 가히 헤아릴 수 없다.

부대사 檀波羅密布施頌 曰施門 通六行 六行 束三檀 資生無畏
단바라밀보시송 왈시문 통육행 육행 속삼단 자생무외
法聲色 勿相干 二邊純 莫立 中道 不須安 欲覓無生處 背境向
법성색 물상간 이변순 막립 중도 불수안 욕멱무생처 배경향

心觀 尸羅波羅蜜持戒頌 曰尸羅得淸淨 無量劫來因 妄想 如怨
심관 시라바라밀지계송 왈시라득청정 무량겁래인 망상 여원

賊 貪愛 若參辰 在欲而無欲 居塵不染塵 權依離垢地 當證法王
적 탐애 약참진 재욕이무욕 거진불염진 권의이구지 당증법왕

身 羼提波羅蜜忍辱頌 曰忍心 如幻夢 辱境 若龜毛 常能修此觀
신 찬제바라밀인욕송 왈인심 여환몽 욕경 약귀모 상능수차관

逢難轉堅牢 無非亦無是 無下亦無高 欲滅貪嗔賊 須行智慧刀
봉난전견뇌 무비역무시 무하역무고 욕멸탐진적 수행지혜도

毗離耶波羅蜜精進頌 曰進修名焰地 良爲慧光舒 二智 心中遣
비리야바라밀정진송 왈진수명염지 양위혜광서 이지 심중견

三空祛境上 無明 念念滅高下執情除 觀心如不間 何啻至無餘 禪
삼공거경상 무명 염념멸고하집정제 관심여불간 하시지무여 선

波羅蜜禪定頌 曰禪河 隨浪靜 定水 逐波淸 澄神生覺性 息慮滅
바라밀선정송 왈선하 수랑정 정수 축파청 징신생각성 식려멸

迷情 遍計虛分別 由來假立名 若了依他起 無別有圓成 般若波
미정 변계허분별 유래가입명 약료의타기 무별유원성 반야바

羅蜜智慧頌 曰慧燈 如朗日 蘊界 若乾城 明來暗便謝 無暇暫時
라밀지혜송 왈혜등 여랑일 온계 약건성 명래암변사 무가잠시

停 妄心 猶未滅乃見我人形 妙智圓光照 唯得一空名 萬行齊修
정 망심 유미멸내견아인형 묘지원광조 유득일공명 만행제수

頌 曰三大僧祇劫 萬行具齊修 旣悟無人我 長依聖道流 二空 方
송 왈삼대승기겁 만행구제수 기오무인아 장의성도류 이공 방

漸證 三昧任遨遊 創居歡喜地 常樂逐忘憂
점증 삼매임유오 창거환희지 상락수망우

　　보시바라밀송에 따르면, 보시는 육도만행에 통하고 육도만행은 세 가지 보시로 묶는다. 즉 자생(資生, 물질)과 무외(無畏)와 법(法)으로 성색이 서로 간섭하지 않도다. 두 변에도 오로지 세우지 말고 중도에도 모름지기 두지 말지니, 만일 무생처를 찾고자 하면 경계를 등지고 마음을 향해 관할지어다.

　　지계바라밀송에 따르면, 시라가 청정을 얻음이여, 무량겁으로부터 인하였도다. 망상은 원수나 도적과 같고 탐애는 저녁별

(參星)과 새벽별(辰星)이 서로 만나지 못하듯 없앨지니라. 욕에 있으면서도 욕이 없애고 진세에 있으면서도 진세에 물들지 않으며, 방편(方便, 權)으로 이구지(離垢地, 보살의 십지 가운데 제2지)를 의지하여 마땅히 법왕신을 증득해야 하리라.

인욕바라밀송에 따르면, 참는 마음은 환몽과 같고 욕경(辱境, 욕된 경계)은 거북이 털(본래 없는 것=空)과 같으니, 항상 이런 관을 능히 닦으면 어려움을 만날수록 더욱 견고해지리라. 그른 것도 없고 옳은 것도 없으면 낮은 것도 없고 높은 것도 없으니, 탐진치의 도적을 멸하고자 한다면 모름지기 지혜의 칼을 써야 하느니라.

정진바라밀송에 따르면, 닦아 나아가는 것을 염지(焰地, 십지 가운데 제4지)라 했다. 진실로 지혜의 빛이 펼쳐지도다. 두 지(根本智, 後得智)는 심중에서 버리고 삼공(아공, 법공, 구공)까지도 경계위에서 제거해야 함이다. 무명이 순간순간 없어지니 높고 낮은 집착의 정을 제거해야 함이로다. 마음을 관하는데 만약 끊일 사이가 없으면 어찌 무여열반에 이를 것이다.

선정바라밀송에 따르면, 선의 물은 물결 따라 고요해지고 정의 물은 파도를 쫓아서 맑아지도다. 맑은 정신은 각성을 내고 생각을 쉬는 것은 미한 생각을 멸하는 것이로다. 변계(遍計, 所執性)는 헛된 분별이어서 본래부터 그것은 거짓 이름이니, 만일 의타기생(依他起生, 타에 의해 일어남)을 안다면 따로 원성(圓成, 實性)이 있지 않느니라.

지혜바라밀송에 따르면, 지혜의 등불은 밝은 해와 같고 온계(蘊界, 오온·육근·십이처·십팔계) 등은 잠시 있는 것이라서 밝음이 오면 어두움이 확 물러나니 잠시도 머물 겨를이 없도다. 망념이 아직 멸하지 않았으면 아인의 형상을 보겠지만 묘한 지혜의 원만한 빛이 비치면 오직 하나의 공(我空)이란 이름을 얻음이로다.

만행바라밀송에 따르면, 삼대아승지겁에 만행을 갖추어 함께 닦음이라. 이미 아인의 상이 없음을 깨달아서 길이 성도의 무리에 의지해야 함이로다. 두 공(二空)을 비로소 점점 증득하면 삼매에서 마음대로 노닐도다. 비로소 환희지에 살면서 항상 즐기며 드디어는 근심을 잊음이로다.

야부 若要天下行 無過一藝强
  약 요 천 하 행 무 과 일 예 강

만약 천하에서 행세하고자 하다면 한 가지 재주를 뛰어나게 할지니라.

설 無才者 行天下則脚頭到處 無與立談者 其窮 可知 有才者
  무재자 행천하즉각두도처   무여립담자 기궁 가지 유재자
行天下則無所往而不自得 其樂 不可言 無慧眼者 妄加功行則行
행천하즉무소왕이부자득 기락 불가언 무혜안자 망가공행즉행
行 有著 去道轉遠 有慧眼者 入於行海則心心 淸淨 徑與本地
행 유착 거도전원 유혜안자 입어행해즉심심 청정 경여본지
相應 旣與本地 相應 塵沙德用 無量妙義 元自具足 不從他得
상응 기여본지 상응 진사덕용 무량묘의 원자구족 부종타득

재주 없는 자가 천하를 돌아다니면 발 가는 곳마다 더불어 말할 사람이 없으리니, 그 궁함을 가히 알 만할 것이요, 재주가 있는 자가 천하에 돌아다니면, 가는 곳마다 스스로 얻지 아니함이 없을 것이니, 그 즐거움을 가히 말할 수 없다. 혜안이 없는 자가 망령되이 공덕을 더하면 행마다 집착이 있어서 도에

이르기가 더욱 멀어지고, 혜안이 있는 사람이 행의 바다에 들어가면 마음마다 청정하여 바로 근본지와 더불어 상응할 것이다. 이미 본지와 상응하면 온갖 많은 덕과 작용과 무량한 묘의가 원래 스스로 구족하여 다른 데서 얻지 않을 것이니라.

야부 西川十樣錦 添花色轉鮮 欲知端的意 北斗 面南看 虛空
　　　서천십양금　첨화색전선　욕지단적의　북두　면남간　허공
不閡絲毫念<毫 一作頭>所以彰名大覺仙
불애사호념<호 일작두>소이창명대각선

　서천(中國) 십양금(좋은 비단)에
　꽃을 수놓으니 색이 더욱 곱도다.
　분명한 뜻을 알고자 한다면
　북두칠성을 남쪽을 향하여 볼지어다.
　허공은 털끝만한 생각도 거리끼지 않으니
　이 까닭에 대각선이라 이름함이로다.

설 般若智 以爲質 萬行花 以爲文 智行 相資 文質 彬彬 伊
　　반야지　이위질　만행화　이위문　지행　상자　문질　빈빈　이
麽則以智起行智愈明 錦上添花色轉鮮 又行施 固已偉然 更能無
마즉이지기행지유명 금상첨화색전선 우행시 고이위연 갱능무
住 其施益大 所以 道 西川十樣錦 添花色轉鮮 欲知端的意 北
주 기시익대 소이 도 서천십양금 첨화색전선 욕지단적의 북
斗 面南看 北斗南星 位不別 言南言北 也由情 伊麽則行施 卽
두 면남간 북두남성 위불별 언남언북 야유정 이마즉행시 즉
無住 一時無前後 逈出有無之境 不坐格外之機 蕭然無寄 量同
무주 일시무전후 형출유무지경 부좌격외지기 소연무기 양동
大虛 大覺之名 於是乎彰 無量福聚 於是乎成
대허 대각지명 어시호창 무량복취 어시호성

　반야 지혜로 그 바탕을 삼고 만행의 꽃으로 무늬를 놓으니,

지혜와 만행이 서로 어울려 무늬와 바탕이 빛나고 빛난다. 이러한즉 지혜로서 행을 일으키니 지혜가 더욱 밝아져서 비단 위에 꽃을 더한 듯 색이 더욱 곱도다. 또한 보시를 행하는 것이 진실로 이미 훌륭하거니와, 그 위에 다시 능히 주함이 없으니 그 베풂은 더 더욱 크도다. 이 까닭에 '서천의 좋은 비단에 꽃을 수놓으니 색이 더욱 곱도다'라고 한 것이다. 또 그 '분명한 뜻을 알고자 한다면 북두칠성을 남쪽을 향해 볼지어다' 하였는데, 북두와 남성이 그 위치가 다르지 않거늘 남이라 말하고 북이라 말하는 것은 또한 정에서 말미암은 까닭이다. 그러므로 보시는 무주상으로 행하면 일시에 전후가 없어서 멀리 유무의 경계를 벗어나고 격외의 근기에도 앉지 않으니, 소연히 의지함이 없어 그 양이 허공과 같아서, 대각(佛)의 이름이 여기서 빛나며 무량의 복덩이가 여기에 이루어지도다.

須菩提 於意云何 東方虛空 可思量不 不也 世尊

"수보리야, 너의 생각에 어떠하냐? 동쪽의 허공을 생각하여 헤아릴 수 있겠느냐?"

"헤아릴 수 없습니다, 세존이시여."

육조 緣不住相布施 所得功德 不可稱量 佛 以東方虛空 爲譬喩
연 부 주 상 보 시 소 득 공 덕 불 가 칭 량 불 이 동 방 허 공 위 비 유
故問須菩提 東方虛空可思量不 不也 世尊者 須菩提 言東方虛
고 문 수 보 리 동 방 허 공 가 사 량 불 불 야 세 존 자 수 보 리 언 동 방 허

空 不可思量
공　불가사량

　상에 집착하지 않은 보시로 인하여 얻은 그 공덕은 가히 헤아릴 수 없음이라. 부처님께서 동방허공을 비유로 삼고 수보리에게, '동방 허공을 가히 생각으로서 헤아릴 수 있겠느냐?' 물으시니, '못하겠습니다, 세존이시여.' 하신 것은 수보리가 동방허공을 가히 생각으로 헤아릴 수 없음을 말한 것이다.

　須菩提 南西北方 四維上下虛空 可思量不 不也 世尊 須菩提 菩薩 無住相布施 福德 亦復如是 不可思量
　"수보리야, 남・서・북쪽과 사방의 사이에 있는 간방과 위・아래의 허공은 생각으로 헤아릴 수 있겠느냐?"
　"헤아릴 수 없습니다, 세존이시여."
　"수보리야, 보살이 고집하는 생각을 두지 않고 보시 하는 복덕도 또한 이와 같아서 생각하여 헤아릴 수 없느니라."

설　菩薩萬行 無念爲宗 一得其宗 無所施而不可 其所獲福 寬
　　보살만행　무념위종　일득기종　무소시이불가　기소획복　관

廣如空
광 여 공

보살의 만행이 무념으로 종을 삼으니, 한번 그 종을 얻으면 베푸는 것마다 옳지 않음이 없어서, 그 얻는 복이 너그럽고 넓기가 마치 허공과 같다.

규봉 初句 徵者 論 云若離施等相想 云何能成施福 若菩薩下
　　　초구 징자 논 운약리시등상상 운하능성시복 약보살하
釋 於中 又三 初 法說爲疑無福 故 云福不可思量 以斷之 東方
석 어중 우삼 초 법설위의무복 고 운복불가사량 이단지 동방
下 喩說 可知 菩薩無住相下 法合 虛空者 無著 云猶如虛空 有
하 유설 가지 보살무주상하 법합 허공자 무착 운유여허공 유
三因緣 一 徧一切處 謂於住不住相中福生故 二 寬廣 高大殊勝
삼인연 일 편일체처 위어주부주상중복생고 이 관광 고대수승
故三 無盡 究竟不窮故
고삼 무진 구경불궁고

　처음의 물음이란, 논에 따르면, 만약 보시 등의 생각을 떠나면 어떻게 보시의 복을 이루겠는가? 했다. '약보살' 이하는 해석이다. 그 가운데 세 가지가 있으니 초는 법설이니 복이 없음을 의심하므로 복은 가히 한량없는 것으로 그 의심을 끊는 것이다. '동방' 이하는 비유로서 설함이니 가히 알 수 있도다. '보살 무주상' 이하는 법과 비유를 합한 것이다. 여기서 허공이란, 무착이 말하기를, 허공은 세 가지 인연이 있으니, 첫째, 일체처에 두루하여 상에 머물거나 머물지 않는 가운데 복이 남이요, 둘째, 너그럽고 넓어서 높고 크고 수승함이요, 셋째, 다함이 없어서 마침내는 끝까지 다하지 않은 까닭이라 했다.

육조 佛言 虛空 無有邊際 不可思度 菩薩 無住相布施 所得功
　　　불언 허공 무유변제 불가사도 보살 무주상보시 소득공
德 亦如虛空 不可度量 無邊際也 世界中大者 莫過虛空 一切性
덕 역여허공 불가도량 무변제야 세계중대자 막과허공 일체성

中大者 莫過佛性 何以故 凡有形相者 不得名爲大 虛空 無形相
중대자 막과불성 하이고 범유형상자 부득명위대 허공 무형상
故 得名爲大 一切諸性 皆有限量 不得名爲大 佛性 無限量 故
고 득명위대 일체제성 개유한량 부득명위대 불성 무한량 고
名爲大 此虛空中 本無東西南北 若見東西南北 亦是住相 不得
명위대 차허공중 본무동서남북 약견동서남북 역시주상 부득
解脫 佛性 本無我人衆生壽者 若有此四相可見 卽是衆生相 不
해탈 불성 본무아인중생수자 약유차사상가견 즉시중생상 불
名佛性 亦所謂住相布施也 雖於妄心中 說有東西南北 在理則何
명불성 역소위주상보시야 수어망심중 설유동서남북 재리즉하
有 所謂東西不眞 南北曷異 自性 本來空寂 混融無分別 故 如
유 소위동서부진 남북갈이 자성 본래공적 혼융무분별 고 여
來 深讚不生分別也
래 심찬불생분별야

　부처님께서 말씀하시기를, 허공은 끝이 없어서 생각으로 헤아릴 수 없으니, 보살이 상에 집착하지 않고 보시하여 얻은 공덕도 마치 허공과 같아서 가히 헤아릴 수도 없고 끝이 없다 하셨다. 세계 가운데서 가장 큰 것으로는 허공만큼 큰 것이 없고, 일체 성품 가운데서 큰 것은 불성보다 큰 것이 없음이다. 왜냐하면 무릇 형상이 있는 것은 크다고 이름할 수 없으나, 허공은 형상이 없으므로 크다고 할 수 있는 것이다. 즉 일체의 모든 성품은 모두 한량이 있어서 크다고 하지 못하거니와 불성은 한량이 없어서 크다고 이름 할 수 있는 것이다. 이 허공 가운데 본래 동서남북이 없으나 만약 동서남북을 본다면 역시 상에 주함이 되어서 해탈을 얻지 못함이요, 불성에는 본래 아・인・중생・수자가 없으나 만약 이 사상이 있음을 보면, 곧 중생상인 것이어서 불성이라 이름할 수 없으며 또한 상에 집착하는 보시가 되는 것이다. 비록 망심 가운데는 동서남북이 있다고 말하나 이치에 있어서는 무엇이 있으리오? 이른 바 동서가 참이 아

닌데, 남북인들 어찌 다르겠는가? 자성이 본래 공적하고 혼융하여 분별이 없으므로 여래께서 분별을 내지 않는 것을 깊이 찬탄하셨다.

규봉 五 結勸不住
　　　오 결 권 부 주

㉤ 상에 머물지 않기를 결론적으로 권하는 것이다.

須菩提 菩薩 但應如所敎住

"수보리야, 보살은 다만 가르치는 대로 하고 있어야 하느니라."

육조 應者 順也 但順如上所說之敎 住無相布施 卽菩薩也
　　　응 자　순 야　단 순 여 상 소 설 지 교　주 무 상 보 시　즉 보 살 야

'응'이란 따른다는 뜻이니, 다만 위와 같이 설한 가르침을 따라서 무상보시에 주하면 곧 보살이기 때문이다.

부대사 若論無相施　功德極難量　行悲濟貧乏　果報不須望　凡夫
　　　　약 론 무 상 시　공 덕 극 난 량　행 비 제 빈 핍　과 보 불 수 망　범 부
情行劣　初且略稱揚　欲知檀狀貌　如空　徧十方
정 행 열　초 차 략 칭 양　욕 지 단 상 모　여 공　편 시 방

　만일 무상보시를 논한다면
　그 공덕이 지극하여 헤아리기 어렵다.
　자비를 베풀어 가난을 구제하되

그 과보는 바라지 말지어다.
범부의 정으로 행하는 것은 부족하므로
처음엔 간략히 일컬어보였으나,
보시의 모양을 알고자 하면
허공이 시방에 두루한 것과 같음이니라.

야부 可知禮也
가지예야

가히 예의를 알도다.

설 無住者 萬行之大本也 萬行者 無住之大用也 慈尊 敎以無
무주자 만행지대본야 만행자 무주지대용야 자존 교이무
住 爲住 大本 已明 而大用 亦不可不知也 禮也者 人間世之大
주 위주 대본 이명 이대용 역불가부지야 예야자 인간세지대
用也 存亡之所繫 禍福之所由興也 人 知禮則進退 可觀 擧措得
용야 존망지소계 화복지소유흥야 인 지예즉진퇴 가관 거조득
宜 無施不可 苟不知禮則雖曰無事於心 動輒違規 豈有進退升降
의 무시불가 구부지예즉수왈무사어심 동첩위규 개유진퇴승강
之可觀乎 由是 禮也者 可知而不可不知也
지가관호 유시 예야자 가지이불가부지야

무주란 만행의 큰 근본이요, 만행이란 무주의 큰 작용이다. 자비로운 부처님께서 무주로써 주하는 것을 가르쳤으니, 그 근본은 이미 밝혔으나 그 큰 작용은 불가불 알아야 하느니라. 예란 인간세상의 큰 작용이라서 삶과 죽음에 얽매이고 화와 복이 예로 인하여 일어나는 것이니, 사람이 예를 알면 진퇴가 아름다우며 들고 놓음에 마땅함을 얻어서 그 베푸는 것마다 옳지 아니함이 없거니와, 진실로 예를 모른다면 비록 마음에 일이 없다고 하나 그 움직임이 문득 예(禮, 규칙)를 어김이니 어찌

진퇴와 오르고 내림이 아름답다고 할 수 있겠는가? 이로 말미암아 예란 가히 알아야 하며 불가불 알아야 하느니라.

야부 虛空境界 豈思量 大道淸幽理更長 但得五湖風月在 春來
　　　허공경계　개사량　대도청유이갱장　단득오호풍월재　춘래
依舊百花香
의구백화향

　허공경계를 어찌 헤아리겠는가,
　대도가 맑고 깊어 그 이치 더욱 길도다.
　단지 오호에 풍월이 있음을 안다면
　봄이 옴에 여전히 백화가 향기로우리라.

설 無住 爲住 廓然如空 雖然如是 大道 不屬有住無住 方之
　　　무주　위주　확연여공　수연여시　대도　불속유주무주　방지
海印 越彼大虛 大虛中 不妨有五湖風月 無住中 亦不妨繁興大
해인　월피대허　대허중　불방유오호풍월　무주중　역불방번흥대
用 古人 道 莫把無心云是道 無心 猶隔一重關 無心 正是無住
용　고인　도　막파무심운시도　무심　유격일중관　무심　정시무주
之義 要向無住中 繁興大用 圓具萬德 方與大道 相應去在 到這
지의　요향무주중　번흥대용　원구만덕　방여대도　상응거재　도저
裏 見聞覺知 依前受用家風 色香味觸 元是遊戱之場
이　견문각지　의전수용가풍　색향미촉　원시유희지장

　무주를 주로 삼으니 확연히 허공과 같도다. 비록 그러나 대도는 유주와 무주에 속하지 않으니 저 해인에 견줄 수 있고 저 태허를 넘도다. 큰 허공 가운데는 오호의 풍월이 있음도 방해롭지 않음이요, 무주 가운데는 대용이 크게 일으킴도 방해롭지 않다. 옛사람이 말하길, 무심을 가지고 도라고 이르지 말라. 무심도 오히려 관문이 남아있다 하니, 무심이 바로 무주의 뜻이

다. 무주 중을 향하여 큰 작용을 많이 일으켜서 원만히 만행만 덕을 갖추어야 비로소 대도와 더불어 상응하여 가리니 여기에 이르러서는 보고, 듣고, 깨달아 아는 것(見聞覺知)이 예로부터 수용하는 가풍이며 색향미촉이 원래 유희하는 장소이니라.(내가 수행하는 도량)

종경 住相布施 猶日月之有窮 不著六塵 若虛空之無際 自他俱
주상보시 유일월지유궁 불착육진 약허공지무제 자타구

利 福德難量 豁然運用靈通 廓尒縱橫自在 且道 還有住著處麼
리 복덕난량 활연운용영통 확이종횡자재 차도 환유주착처마

妙體本來無處所 通身何更有 蹤由
묘체본래무처소 통신하갱유 종유

상에 머물러 보시하는 것은 일월이 끝이 있음과 같고, 육진에 집착하지 않음은 허공이 한계가 없는 것과 같도다. 자타가 함께 이롭게 하는 복덕은 헤아리기 어려우니, 활연히 운용해서 신령스럽게 통하고 확 터져 종횡으로 자재함이로다. 한번 일러 보아라. 또한 어디에 머문 곳이 있는가? 묘체는 본래 처소가 없으니 온몸이 어찌 다시 자취가 있으리오.

설 住相布施 徒眩人之耳目 違於無住大道 但感有漏之報 失
주상보시 도현인지이목 위어무주대도 단감유루지보 실

於無邊大利 猶彼日月 但能代明而不能通乎晝夜 無住行施 身心
어무변대리 유피일월 단능대명이불능통호주야 무주행시 신심

澹寂 內外一如 契乎無住大道 終獲無邊大利 如彼大虛 廓然無
담적 내외일여 계호무주대도 종획무변대리 여피대허 확연무

際 以之處己 推以及人 其爲福德 實爲難量 福德難量 且置 怎
제 이지처기 추이급인 기위복덕 실위난량 복덕난량 차치 즘

生是無住底道理 豁然運用靈通 廓尒縱橫自在 且道 還有住著處
생시무주저도리 활연운용령통 확이종횡자재 차도 환유주착처

麼 妙體無處所 通身沒 蹤由
마 묘체무처소 통신몰 종유

　상에 머물러 보시하는 것은 한갓 부질없이 남의 이목을 현혹
시키는 것이며 무주대도를 어김이다. 다만 유루의 과보만 얻고
가없는 큰 이익을 잃어버리는 것이 마치 저 해와 달이 교대로
밝아서 능히 주야로 통할 수 없는 것과 같다. 무주상보시를 행
하는 것은 몸과 마음이 맑고 고요하며 안과 밖이 한결같아서
무주대도에 계합하여 마침내 끝없는 큰 이익을 얻는 것이 저
허공이 넓고 끝이 없는 것과 같다. 그로써 자기에게도 남에게
도 미치게 되니 그 복덕이 실로 헤아리기 어렵다. 복덕이 헤아
리기 어려움은 차지하더라도 무엇이 무주의 도리인가? 활연히
운용하여 신령스럽게 통함이요, 확 터져 종횡으로 자재함이로
다. 또한 일러라. 주착처가 있는가? 묘체는 원래 처소가 없으니
온몸이 자취가 없음이로다.

종경 運力檀度契眞常 福等虛空不可量 無影樹頭 花爛慢 從他
　　　운력단도계진상 복등허공불가량 무영수두 화난만 종타
採獻法中王
채헌법중왕

　보시에 힘써서 진정으로 항상함에 계합하니,
　복이 허공과 같아 가히 헤아리기 어렵도다.
　그림자 없는 나무에 꽃이 활짝 피었으니,
　마음대로 꺾어서 법중왕께 바치리라.

설 無住行施 施契性空 性空 無邊 福亦無際 因無住而萬行
　　무주행시 시계성공 성공 무변 복역무제 인무주이만행
俱沈 果闕圓常則無住之 於行果 固有妨矣 因無住而萬行 爰起
구침 과궐원상즉무주지 어행과 고유방의 인무주이만행 원기

得福無邊則無住之於行果 大有益焉 而固無妨矣既無妨矣則行行
득복무변즉무주지어행과 대유익언 이고무방의기무방의즉행행
無著 福亦不受 固其宜矣 爲甚如此 有樹元無影 生長劫外春 靈
무착 복역불수 고기의의 위심여차 유수원무영 생장겁외춘 영
根 密密蟠沙界 寒枝無影鳥不栖 莫謂栽培何有鄕 劫外春風 花
근 밀밀반사계 한지무영조불천 막위재배하유향 겁외춘풍 화
爛慢 花爛慢 從他採獻法中王
난만 화난만 종타채헌법중왕

　　무주상보시를 행하면 그 보시가 성공(性空, 性品이 空함)에 계합하니 성공은 무변이며 복 또한 끝이 없다. 무주로 인한 만행이 함께 잠기면 그 결과가 원상을 손상시킨즉 무주를 행한 결과가 진실로 방해가 되거니와, 무주로 인한 만행이 일어나면 가없는 복을 얻은 즉 무주의 행한 결과는 큰 이익이 있어서 진실로 방해함이 없다. 이미 방해가 없은즉 행과 행이 집착이 없어서 복 또한 받지 않는 것은 진실로 당연하다. 어찌하여 이와 같은가? 나무가 있으나 원래 그림자가 없으니 겁 밖의 봄(시간을 초월)에 생장함이다. 신령스런 뿌리가 밀밀히 많은 세계에 서렸으니 찬 가지에 그림자가 없어 새도 깃들지 않도다. 하유향(何有鄕, 이상향)에 재배한다고 이르지 말라. 겁 밖의 봄바람에 꽃이 만발하였도다. 꽃이 만발함이여, 꽃을 꺾어 법중왕께 바치오리다.

규봉 二 躡跡斷疑 論 云自此已下 示現斷生疑心 於中 文分二
　　　이 섭적단의 논 운자차이하 시현단생의심 어중 문분이
十七段 第一 斷求佛行施住相疑 疑云爲求佛果行施 卽是住所求
십칠단 제일 단구불행시주상의 의운위구불과행시 즉시주소구

佛相 云何無住 又不住相爲因 豈感色相之果 因果不類 故 斷之
불상 운하무주 우부주상위인 개감색상지과 인과불류 고 단지

文 四 一 擧疑因以問
문 사 일 거의인이문

 (ㄴ). 자취를 밟아 의심을 끊는 것이다. 논에 따르면, 여기서부터는 의심 끊는(疑斷) 것을 보임이니, 그 중에 글을 27단으로 나뉜다.

 <1>은 부처를 구하려고 보시를 행하는 것도 상에 주하는 것이 아닌가 하는 의심을 끊음이니, 의심해 말하길, 불과를 구하기 위해 보시를 행하는 것인데 부처를 구하는 상에 주하는 것이 어찌 무주가 되며 또한 부주상으로 인을 삼으면 어찌 색상의 과를 얻으리오. 인과가 같지 않으므로 의심을 끊는 것이다. 글이 네 가지니, ㈎ 의심의 원인을 들어서 묻는 것이다.

5. 여리실견분(如理實見分)
-바른 도리를 실답게 봄-

須菩提 於意云何 可以身相 見如來不
"수보리야, 어떻게 생각하느냐? 몸매를 갖춘 육신의 모습으로 여래를 보겠느냐?"

규봉 本祇因以相爲佛故 對前不住相起疑 佛 擧疑起之因 問答
본지인이상위불고 대전부주상기의 불 거의기지인 문답
欲令除斷 二 防相得以酬
욕령제단 이 방상득이수

 본래 다만 상으로 부처를 삼는 까닭에 앞의 부주상에 대해 의심을 일으킬까 하여 부처님께서 의심을 일으킨 인연을 들어 문답으로 이를 끊어서 제거하고자 하셨다.
 ㈇ 상으로 얻는 것을 막아서 답하신 것이다.

不也 世尊 不可以身相 得見如來
"아닙니다. 세존이시여, 몸매를 갖춘 육신의 모습으로는 여래를 볼 수 없습니다.

규봉 遮防疑者 欲以相求 令得見佛 故 答云不可以相 得見 論
　　　 차방의자 욕이상구 영득견불 고 답운불가이상 득견 논

云 爲防彼相成就 得如來身
운 위방피상성취 득여래신

　의심하는 자가 상을 구하는 것으로써 부처를 보고자 하는 것을 차단하고자, '몸의 모양으로써 볼 수 없으니' 하고 답하였다. 논에 따르면, 저 상성취를 막기 위해서 고로 여래신을 얻었다고 했다.

육조 色身 卽有相 法身 卽無相 色身者 四大和合 父母所生 肉
　　　 색신 즉유상 법신 즉무상 색신자 사대화합 부모소생 육

眼所見 法身者 無有形段 非有靑黃赤白 無一切相貌 非肉眼能
안소견 법신자 무유형단 비유청황적백 무일체상모 비육안능

見 慧眼 乃能見之 凡夫 但見色身如來 不見法身如來 法身 量
견 혜안 내능견지 범부 단견색신여래 불견법신여래 법신 양

等虛空 是故 佛 問須菩提 可以身相 見如來不 須菩提 知凡夫
등허공 시고 불 문수보리 가이신상 견여래불 수보리 지범부

但見色身如來　不見法身如來 故 言不也 世尊 不可以身相 得
단견색신여래　불견법신여래 고 언불야 세존 불가이신상 득

見如來
견여래

　색신은 곧 상이 있음이요 법신은 상이 없음이니, 색신이란 사대(四大, 地·水·火·風)가 화합하여 부모가 낳았기에 육안으로 볼 수 있거니와, 법신이란 형상이 없어서 청황적백이 있지 않으며, 일체 형상과 모양이 없어 육안으로 능히 볼 수 없으므로, 혜안이라야 능히 볼 수 있느니라. 범부는 다만 색신으로 된 여래를 보고 법신여래는 보지 못하니, 법신은 그 모양이 허공과 같음이라. 이런고로 부처님께서 수보리에게 물으시길, '가히 몸매를 육신의 모습으로 여래를 볼 수 있느냐?' 하시니, 수

보리가 범부는 다만 색신여래만 보고 법신여래는 보지 못함을 알고서 '못 보겠습니다. 세존이시여, 몸의 모양으로써 여래는 볼 수 없습니다'라고 한 것이다.

규봉 三 釋體異有爲
　　　삼 석 체 이 유 위

㈐ 체가 유위와 다르다는 것을 해석한 것이다.

何以故 如來所說身相 卽非身相
왜냐하면, 여래께서 말씀하신 몸매를 갖춘 육신의 모습은 모습이 아니기 때문입니다."

설 佛擧身相問空生 欲明妙圓無相身 空生 本是獅子兒 不曾
　　불거신상문공생　욕명묘원무상신　공생　본시사자아　부증
逐塊能咬人 莫以無相云是斷 非形 終不外於形
축괴능교인　막이무상운시단　비형　종불외어형

　부처님께서 몸 모양을 들어 수보리에게 물으시어 묘하고 원만한 무상신을 밝히고자 하셨는데, 수보리는 본래 사자새끼라서 일찍이 흙덩이를 쫓지 아니하고 사람을 물었도다(본질을 추구). 무상으로 의심을 끊었다고 이르지 말라. 형상이 아닌 것은 마침내 형상을 벗어난 것이다.

규봉 相是有爲 生住異滅 佛體 異此 故非身相 偈 云三相 異體
　　　상시유위　생주이멸　불체　이차　고비신상　게　운삼상　이체

故者 佛體 異於有爲三相也 住異二相 同是現在 故合爲一 若細
고자 불체 이어유위삼상야 주이이상 동시현재 고합위일 약세
分 卽四 故 唯識 云生表此法 先非有 滅表此法 後是無 異表此
분 즉사 고 유식 운생표차법 선비유 멸표차법 후시무 이표차
法 非凝然 住表此法 暫有用
법 비응연 주표차법 잠유용

상은 유위이고 생·주·이·멸하나 부처님 몸은 이와 달라서 몸 모양이 아닌 것이다. 게로 말하길, 삼상이 체가 다르다는 것은 불체가 유위의 삼상과 다르다는 것이다. 주·이, 이상은 같은 현재이므로 합하여 하나가 되었고 만약 세분하면 즉 사상(生·住·異·滅)이 된다. 그러므로 유식에서 말하기를, 생은 이 법을 표하면 태어나기 이전에는 있지 않다는 뜻이고 멸은 이 법 이후에는 없음이며, 이는 이 법이 고정된 것이 아니라는 것이고, 주는 이 법이 잠깐 사용할 곳이 있음을 표시한 것이라고 했다.

육조 色身 是相 法身 是性 一切善惡 盡由法身 不由色身 法身
색신 시상 법신 시성 일체선악 진유법신 불유색신 법신
若作惡 色身 不生善處 法身 作善 色身 不墮惡處 凡夫 唯見色
약작악 색신 불생선처 법신 작선 색신 불타악처 범부 유견색
身 不見法身 不能行無住相布施 不能於一切處 行平等行 不能
신 불견법신 불능행무주상보시 불능어일체처 행평등행 불능
普敬一切衆生 見法身者 卽能行無住相布施 卽能普敬一切衆生
보경일체중생 견법신자 즉능행무주상보시 즉능보경일체중생
卽能修般若波羅蜜行 方信一切衆生 同一眞性 本來淸淨 無有垢
즉능수반야바라밀행 방신일체중생 동일진성 본래청정 무유구
穢 具足恒沙妙用
예 구족항사묘용

색신은 상이고 법신은 성이라, 일체 선악이 다 법신으로부터

유래한 것이고 색신에 말미암음이 않으니, 법신이 만약 악을 지으면 색신이 좋은 곳에 나지 않고 법신이 선을 지으면 색신이 나쁜 곳에 떨어지지 않는다. 범부는 오직 색신을 보고 법신을 보지 못하므로 능히 무주상보시를 행하지 못하며, 일체처에 평등한 행을 행하지 못하여 널리 일체중생을 능히 공경치 못하는 것이다. 법신을 보는 자는 능히 무주상보시를 행하며 널리 일체중생을 공경하여 능히 반야바라밀행을 닦아서 바야흐로 일체중생이 동일한 참된 성품임을 믿을 것이다. 또한 본래로 청정하여, 때 묻거나 더러움이 없어서 수많은 묘한 작용이 구족됨을 믿을 것이다.

야부 且道 卽今行住坐臥 是甚麽相 休瞌睡
차도 즉금행주좌와 시심마상 휴갑수

또 일러라. 지금의 행주좌와는 이 무슨 상인가? 졸지 말아라.

설 吾今色身 卽是常身法身 不得離却色身 別求常身法身 若
오금색신 즉시상신법신 부득리각색신 별구상신법신 약
也離却色身 別求常身法身 慈氏宮中 願生兜率 含元殿裏 更覓
야리각색신 별구상신법신 자씨궁중 원생도솔 함원전이 갱멱
長安 所以 道 卽今行住坐臥 是什麽相要見常身法身 直須向行
장안 소이 도 즉금행주좌와 시심마상요견상신법신 직수향행
住坐臥處 覰破 始得 離却日用 別求常身法身 便是鬼窟裏 作活
주좌와처 처파 시득 이각일용 별구상신법신 변시귀굴이 작활
計 所以 道 休瞌睡
계 소이 도 휴갑수

나의 이 색신이 곧 상신인 법신이니 색신을 떠나서 따로 상신법신을 구하지 말라. 만약 색신을 떠나서 따로 상신법신을 구하면 미륵궁 중에서 도솔천에 나기를 원함과 같고 함원전(含

元殿, 장안에 있는 궁전)에 있으면서 다시 장안을 찾는 것이 된다. 그러므로 말하길, 지금의 행주좌와는 이 무슨 상인가? 상신법신을 보고자 하면 바로 행주좌와처를 향해 간파하여야 비로소 얻을 수 있으니, 날마다 쓰는 것을 떠나서 달리 상신법신을 구하면, 문득 이 귀신 굴속에서 살 궁리를 하는 것이 된다. 그러므로 말하길, 졸지 말라고 하신 것이다.

야부 身在海中休覓水 日行嶺上莫尋山〈嶺上一作山嶺〉鶯吟燕
　　　　신재해중휴멱수　일행령상막심산〈영상일작산령〉앵음연

語 皆相似 莫問前三與後三
어　개상사　막문전삼여후삼

　　몸이 바다 가운데 있으면서 물을 찾지 말고
　　매일 산 위를 행하면서 산을 찾지 말라.
　　꾀꼬리 울음과 제비 지저귐이 서로 비슷하니
　　전삼과 더불어 후삼을 묻지 말지어다.

설 淸淸水中 遊魚自迷 赫赫日中 盲者不覩 常在於其中 經行
　　　청청수중　유어자미　혁혁일중　맹자부도　상재어기중　경행
及坐臥 而人 自迷 向外空尋 身在海中 何勞覓水 日行山嶺 豈
급좌와　이인　자미　향외공심　신재해중　하노멱수　일행산령　개
用尋山 鶯與鶯吟 聲莫二 燕與燕語 語一般 但知物物 非他物
용심산　앵여앵음　성막이　연여연어　어일반　단지물물　비타물
莫問千差與萬別
막문천차여만별

　　맑은 물 가운데서 노는 고기는 스스로 미하고, 밝고 밝은 대낮에도 눈먼 자는 볼 수 없음이다. 그 가운데 항상 있으면서 움직이고 앉고 눕지만 사람이 스스로 미하여 밖을 향하여 부질없이 찾으니, 몸이 바다 한가운데 있음이다. 어찌 수고로이 물을

찾을 것이며, 매일 산 고개를 오르면서 어찌 산을 찾을 것인가? 꾀꼬리와 꾀꼬리 소리가 둘이 아니고 제비와 제비 지저귐이 한 가지로다. 다만 물물이 다른 물건이 아닌 것을 알게 되면 천 가지 만 가지 차별을 묻지 않게 될 것이다.

규봉 四 印佛身無相
　　　사　인불신무상

㈑ 불신은 무상임을 인증한 것이다.

佛告須菩提　凡所有相　皆是虛妄　若見諸相非相　卽見如來

부처님께서 수보리에게 말씀하셨다.
"무릇 형상의 모습은 모두 허망한 것이다. 만약 형상의 모습을 모습 아닌 것으로 보면 곧 여래를 보리라."

설 目前　無法　觸目皆如　但知如是　卽爲見佛
　　목전　무법　촉목개여　단지여시　즉위견불

눈앞에 법이 없으니 눈 닿는 곳마다 모두가 여여함이다. 다만 이같이 알면 곧 부처님을 보게 될 것이다.

규봉 非但佛身　無相　但是一切凡聖依正有爲之相　盡是虛妄　以
　　　비단불신　무상　단시일체범성의정유위지상　진시허망　이

從妄念所變現故 妄念 本空 所變 何實 故 起信 云一切境界 唯
종망념소변현고 망념 본공 소변 하실 고 기신 운일체경계 유

依妄念 而有差別 若離心念 則無一切境界之相 若見諸相等者
의망념 이유차별 약리심념 즉무일체경계지상 약견제상등자

遮離色觀空也 恐聞相是虛妄 又別求無相佛身 故 云相卽非相
차리색관공야 공문상시허망 우별구무상불신 고 운상즉비상

便是如來 不唯佛化身無相 是如來 所見一切相 皆無相 卽如來
변시여래 불유불화신무상 시여래 소견일체상 개무상 즉여래

也 故 起信 云所言覺義者 謂心體離念 離念相者 等虛空界 卽
야 고 기신 운소언각의자 위심체리념 이념상자 등허공계 즉

是如來平等法身 肇 云行合解通 則爲見佛 偈 云離彼 是如來者
시여래평등법신 조 운행합해통 즉위견불 게 운리피 시여래자

離彼三相 是法身如來 無著 則於色身 但離遍計 不執色相 卽眞
이피삼상 시법신여래 무착 즉어색신 단이편계 부집색상 즉진

色身 故 彼論 云此爲顯示如來色身 又此當第三欲得色身住處
색신 고 피론 운차위현시여래색신 우차당제삼욕득색신주처

　비단 불신이 무상일 뿐만 아니라, 일체 범성, 의보, 정보(正報, 범성이 의지하고 있는 세간·기세간 등)인 일체 유위의 상이 모두 허망한 것이니, 이는 망념으로부터 변하여 나타난 까닭이다. 망념은 본래 공한 것인데 변함이 어찌 실답겠는가? 그럼으로 기신론(起信論)에 따르면, 일체의 경계가 오직 망념에 의하여 차별이 있으니 심념을 떠나면 곧 일체 경계에 상이 없다고 했다. '약견제상' 등이란 색을 떠나서 공을 관하는 것을 막은 것이니 상이 허망하다 함을 듣고 따로 모양 없는 불신을 구할까 두려워하므로 말하길, 형상을 고정된 형상이 아닌 것으로 볼 때가 곧 여래인 것이라 했다.

　오직 부처님의 화신이 무상한 것을 여래라 할 뿐만 아니라, 보이는 일체의 상이 다 무상한 것이었을 때 곧 여래라 했다. 고로 기신론에서 각의 뜻이란 몸과 마음에서 생각이 떠난 것이

니, 관념의 상이 허공계와 같아서 곧 여래의 평등법신이라 했
다. 조법사가 말하길, 행이 합하고 해가 통하면 곧 부처를 본다
고 했다. 게로 말하길 '저(彼)를 떠난 것을 여래라 한 것은 저
삼상(三相)을 여읨이 법신여래라' 하니, 무착은 '곧 색신에 다만
편계만 여의어서 색상을 집착하지 않으면 곧 참다운 색신이다'
했다. 그러므로 저 논에 말하길, 이는 여래의 색신을 드러내기
위함이며 또 이는 제삼 색신의 주처를 얻고자 하는데 해당한
것이라 했다.

육조 如來 欲顯法身 故說一切諸相 皆是虛妄 若悟一切諸相 虛
　　　여래 욕현법신 고설일체제상 개시허망 약오일체제상 허
妄不實 卽見如來無相之理也
망부실 즉견여래무상지이야

　여래께서 법신을 나타내고자 하여 말씀하시기를, 무릇 형상
의 모습은 모두 허망한 것이니, 만약 형상의 모습을 모습 아닌
것으로 보면 곧 여래의 무상한 도리를 보리라고 하셨다.

부대사 如來 擧身相 爲順世間情 恐人 生斷見 權且立虛名 假
　　　　여래 거신상 위순세간정 공인 생단견 권차립허명 가
言三十二 八十 也空聲 有身非覺體 無相乃眞形
언삼십이 팔십 야공성 유신비각체 무상내진형

　여래께서 몸의 모양을 드신 것은
　세간의 정에 따른 것이니,
　사람들이 단견을 낼까 염려해서
　방편으로 헛된 이름을 세웠도다.
　거짓으로 32상이라 하고
　80종호 또한 헛된 소리로다.

몸은 있는 것은 각의 체가 아니요
모양이 없어야 참다운 형상이로다.

야부 山是山水是水 佛 在甚麼處
　　　　산시산수시수　불　재심마처

산은 산이요 물은 물이로다. 부처님은 어느 곳에 계시는가?

설 若一向佛身 無相 相外 必有佛身 卽今見山 卽是山 見水
　　약일향불신　무상　상외　필유불신　즉금견산　즉시산　견수
卽是水 佛 在甚麼處
즉시수　불　재심마처

만약 한결같이 불신의 모양이 없다 하면, 모양 밖에는 반드시 불신이 있어야 하는 것인데, 지금 산을 보면 곧 이 산이요 물을 보면 곧 이 물이니. 부처님은 어느 곳에 계시는가?

야부 有相有求 俱是妄 無形無見 墮偏枯 堂堂密密何曾間 一
　　　유상유구　구시망　무형무견　타편고　당당밀밀하증간　일
道寒光 爍大虛
도한광　삭대허

상이 있고 구함이 있음은 이 모두 망이요
무형 무견은 치우친 소견에 떨어짐이로다.
당당하고 밀밀하여 어느 곳에 틈이 있겠는가?
한 줄의 한광(寒光, 찬빛)이 태허공을 빛나도다.

설 執有執無 俱成邪見 有無無二 一味常現
　　집유집무　구성사견　유무무이　일미상현

유에 집착하고 무에 집착하는 것은 함께 사견을 갖는 것이니, 유무 둘 다 없어져야 한맛(一味)으로 항상 나타나리라.

종경 金身顯煥　巍巍海上孤峯　妙相莊嚴　皎皎星中圓月　雖然如
　　　 금신현환　외외해상고봉　묘상장엄　교교성중원월　수연여
是　畢竟非眞　經　云眞非眞恐迷　我常不開演　且道　意在於何　一
시　필경비진　경　운진비진공미　아상불개연　차도　의재어하　일
月　普現一切水　一切水月　一月攝
월　보현일체수　일체수월　일월섭

　금신이 환하게 나투심이여, 높고 높은 바다위의 고봉이요, 묘상이 장엄함이여, 밝고 밝은 별 중에 뚜렷한 달이로다. 비록 이와 같으나 필경에 진이 아니니, 경에 의하면, 진과 비진에 미혹될까 두려워하여 내가 늘 열어 펴지 않는다고 하시었다. 또 일러라. 뜻이 어디에 있는가? 하나의 달이 모든 물에 널리 나타나니, 모든 물에 비친 달은 하나의 달에 포섭됨이로다.

설 報化高大　一似海岳之嵬嵬　妙相端嚴　猶如江月之皎皎　然
　　 보화고대　일사해악지외외　묘상단엄　유여강월지교교　연
此身此相　遇緣卽現　緣盡則隱　任它報化隱現　寂光眞身　常湛湛
차신차상　우연즉현　연진즉은　임타보화은현　적광진신　상담담
從敎水月有無　天上一輪　常皎皎　一身　應爲千百億　千百億身　一
종교수월유무　천상일륜　상교교　일신　응위천백억　천백억신　일
身攝
신섭

　보신, 화신의 높고 큼은 마치 바다 위에 산봉우리가 높음과 같고, 묘상의 단엄은 마치 강에 비친 달처럼 밝고 밝도다. 그러나 이 몸과 이 상은 인연을 만나면 곧 나타나고, 인연이 다하면 곧 숨으니, 보·화신이 숨고 나타나는데 맡겨두어서 대적광의 진신은 늘 담담함이요, 물속의 달이 있고 없음에 맡겨두어서 하늘에 뜬 달은 항상 밝고 밝도다. 일신이 응하여 천백억이 됨으로 천백억화신은 일신에 포섭됨이다.

종경 報化非眞了妄緣 法身淸淨廣無邊 千江 有水千江月 萬里
보화비진료망연 법신청정광무변 천강 유수천강월 만리

無雲萬里天
무운만리천

보신과 화신은 진이 아니고 마침내 망령된 인연이니
법신은 청정하고 넓어 끝이 없음이라.
천강에 물 있으므로 천강에 달이 비치고
만리에 구름이 없으니 만리가 하늘뿐이로다.

설 看取棚頭弄傀儡 抽牽 全借裏頭人 裏頭人 量恢恢 螢若淸
간취붕두농괴뢰 추견 전차이두인 이두인 양회회 형약청

空絶點霞 絶點霞 隨機普現百億身 刹塵有機刹塵身 刹塵無感但
공절점하 절점하 수기보현백억신 찰진유기찰진신 찰진무감단

眞身 次下顯示 悟修證 門雖末世衆生 赤自有分也 能信此經悟
진신 차하현시 오수증 문수말세중생 적자유분야 능신차경오

也 無我人等修也 得無量福德證也 是知法無古今悟無先後也
야 무아인등수야 득무량복덕증야 시지법무고금오무선후야

붕두(棚頭, 무대) 위에서의 인형극을 잘 보아라. 당기고 미는 것이 모두 이두인(裏頭人, 뒤에서 조정하는 사람)의 힘을 빌린 것이다. 이두인이여, 그 양이 크고 크니 그 빛남은 맑은 하늘에 구름 한 점 없음과 같도다. 구름 한 점 없음과 같음이여, 근기에 따라서 백억화신을 나투도다. 찰진(刹塵)에 기가 있으매 찰진의 몸이요 찰진에 감득함이 없으면 다만 진신이로다. 이하는 깨달음을 수행으로 증오해 들어감을 보이시니 비록 말세중생이라도 스스로 갖추고 있어서 마땅히 이 경을 믿으면 깨달을 수 있다. 아상과 인상 등이 없으면 곧 수행이 되어 한량없는 복덕을 얻게 되는 것이 깨달음이니, 알라, 법에는 고금이 없고 깨달음에는 선후가 없는 법이다.

규봉 第二 斷因果俱深無信疑 論 云無住行施 因深也 無相見佛
  제이 단인과구심무신의 론 운무주행시 인심야 무상견불
果深也 未來惡世 必不生信 空說何益 斷之 文四 一 約無信以
과심야 미래악세 필불생신 공설하익 단지 문사 일 약무신이
呈疑 二 呵疑詞以顯信 三 明能信之所以 四 示中道之玄門今初
정의 이 가의사이현신 삼 명능신지소이 사 시중도지현문금초

<2>는 인과가 함께 깊어서 믿을 수 없다는 의심을 끊는 것이다. 논에 따르면, 머무름 없이 행하는 보시는 인이 깊음이요 상없이 부처를 보는 것은 과가 깊음이라. 미래 악세에 반드시 믿음을 내지 않으리니, 공연히 말한들 무엇이 이익되겠는가? 하는 것을 끊어주는 것이다. 글에 네 가지가 있으니 ㈎ 믿음 없음에 의해서 의심을 들어내어 바치는 것이요, ㈏ 의심되는 말을 꾸짖어 믿음을 나타냄이요, ㈐ 능히 믿는 까닭을 밝힌 것이요 ㈑ 중도의 현문을 보인 것이, 지금은 처음 ㈎이다.

6. 정신희유분(正信希有分)
-바른 믿음은 희유하다-

須菩提 白佛言 世尊 頗有衆生 得聞如是言說
章句 生實信不
수보리가 부처님께 사뢰었다.
"세존이시여, 자못 어떤 중생이 이와 같은 말
씀을 듣고 실다운 믿음을 내겠습니까?"

규봉 魏 云頗有衆生 於未來世云云 今略此句者 影在後五五百
　　　 위 운파유중생 어미래세운운 금략차구자 영재후오오백
歲也 句詮差別 章者 解句 實信者 大品 云於一切法 不信 是
세야 구전차별 장자 해구 실신자 대품 운어일체법 불신 시
信般若
신반야

 위(魏)역에 따르면, '자못 어떤 중생이 미래세에…'라고 했거늘 지금의 이 문구를 생략한 것은 후오오백세(2,500년 후)를 나타낸 것이다. '구'는 차별을 말함이고 '장'은 구를 해석한 것이다. '실신(實信)'이란 대품반야경에 의하면, 일체법을 믿지 않는 것이 반야를 믿는 것이라고 했다.

육조 須菩提 問此法 甚深 難信難解 末世凡夫 智慧微劣 云何
수보리 문차법 심심 난신난해 말세범부 지혜미열 운하

信入 佛答 在下
신입 불답 재하

수보리가 '이 법은 심히 깊어서 믿기 어렵고 알기 어려움이라, 말세의 범부는 지혜가 적고 하열해서 어떻게 믿어 들어가겠습니까?' 하고 물었다. 부처님께서는 아래와 같이 답하셨다.

규봉 二 呵疑詞以顯信
　　이　가의사이현신

㈏ 의심되는 말을 꾸짖어 믿음을 나타낸 것이다.

佛 告須菩提 莫作是說 如來滅後後五百歲 有持戒修福者 於此章句 能生信心 以此爲實

부처님께서 수보리에게 이르시되, "그런 말 하지 말아라. 여래가 멸도한 뒤 후오백세에도 계를 지니고 복을 닦는 자가 있어서 이 말에 능히 믿는 마음을 내고 이것으로써 실다움을 삼으리라.

설 上來問答 只明得無住無相之義 若是無住無相之義 甚深
　　상래문답 지명득무주무상지의 약시무주무상지의 심심
難解 不近人情 去聖愈遠 容有不信 故 問也 然 此固不外乎衆生
난해 불근인정 거성유원 용유불신 고 문야 연 차고불외호중생

日用 亦乃該通過現未來 由是 雖是末世 如有勝機 必當生信以
일용 역내해통과현미래 유시 수시말세 여유승기 필당생신이

此無住無相之義 以爲實然也 無相 是虛玄妙道 無住 是無著眞
차무주무상지의 이위실연야 무상 시허현묘도 무주 시무착진

宗 若是眞宗妙道 直是法身向上 非干向下 恁麽則以此爲實者
종 약시진종묘도 직시법신향상 비간향하 임마즉이차위실자

法身向上 以爲實也 法身向上 爲實則三身 皆屬向下 是權非實
법신향상 이위실야 법신향상 위실즉삼신 개속향하 시권비실

明矣 爲甚如此 三身 皆是對機示現 畢竟非眞故也 趙州 道 金
명의 위심여차 삼신 개시대기시현 필경비진고야 조주 도 금

佛 不度爐 木佛 不度火 泥佛 不度水 眞佛 內裏座 眞佛 豈不
불 부도로 목불 부도화 니불 부도수 진불 내이좌 진불 개불

是向上人也 三佛 豈不是三身也 臨濟 道 入淨妙國土中 著淨妙
시향상인야 삼불 개불시삼신야 임제 도 입정묘국토중 착정묘

衣 說法身佛 入無差別國土中 著無差別衣 說報身佛 入解脫國
의 설법신불 입무차별국토중 착무차별의 설보신불 입해탈국

土中 著解脫衣 說化身佛 大慧 拈云 要識臨濟老漢麽 法身報身
토중 착해탈의 설화신불 대혜 염운 요식임제노한마 법신보신

化身 咄哉 魍魎妖精 三眼國中 逢著 笑殺無位眞人 則向上 是
화신 돌재 망량요정 삼안국중 봉착 소살무위진인 즉향상 시

實 三身 是權 灼然灼然 又經顯法身 以此爲實者 法身 以爲實
실 삼신 시권 작연작연 우경현법신 이차위실자 법신 이위실

也 法身 是實則報化 是權非實 明矣
야 법신 시실즉보화 시권비실 명의

위의 문답은 다만 무주, 무상의 뜻을 밝힌 것이다. 만약 무주, 무상의 뜻이라면 심히 깊고 알기 어려워서 우리의 상식에 가깝지 않으니, 성인에 이르기가 더욱 멀어져서 혹 믿지 못함이 있을까 하여 물은 것이다. 그러나 이것은 진실로 중생의 일상에서 벗어나지 않은 것이며, 또한 과거·현재·미래를 전부 갖추고 있는 것이다. 이로 말미암아 비록 말세라 하나 만약 수승한 근기가 있으면 반드시 마땅히 신심을 내어서 이 무주, 무상의

뜻으로써 실다움을 삼을 것이다. 무상은 텅 비고 현묘한 도이고 무주는 집착이 없는 참된 근본(眞宗)이니 만약 이 진종, 묘도라면 바로 이 법신향상(法身向上, 법신보다 높은 것)을 말한다. 향하에는 간섭되지 않으니, 이러한즉 이로써 실다움을 삼는다 하는 것은 법신향상으로써 실다움을 삼는 것이다. 법신향상으로 실다움을 삼은즉 삼신이 모두 향하에 속하여서, 이는 방편이고 실이 아님이 분명하도다.

무엇 때문에 이 같은가? 삼신이 다 근기에 따라서 나타나므로 필경엔 진이 아닌 까닭이다. 조주 스님에 말하길, 금불은 화로를 건너가지 못하고 목불은 불을 건너가지 못하고 니불은 물을 건너가지 못하지만 진불은 내 안에 앉아 있다 하시니, 진불이 어찌 이 향상인이 아니며, 삼불(금·목·니)이 어찌 이 삼신이 아니리오. 임제 스님이 말하길, 정묘국토 중에 들어가서 정묘한 옷을 입고 법신불을 설하며, 차별 없는 국토 중에 들어가서 차별 없는 옷을 입고 보신불을 설하며, 해탈국토 중에 들어가서 해탈의 옷을 입고 화신불을 설한다 했는데, 대혜 스님이 이것을 들어 말하길, 임제 스님의 취지를 알고자 하는가? 법신·화신·보신이여, 돌재라! 도깨비 요정이로다. 삼안국토 중에서 만나 무위진인(無位眞人, 차별심이 없는 참된 사람)을 비웃는다 하니, 곧 향상은 이 진실이요 삼신은 방편인 것이 분명하다. 또 경에서는 법신을 나타내는 것이고 이것으로써 실다움을 삼는다는 것은 법신으로써 실을 삼음이니, 법신이 실이라면 보신과 화신은 방편이요 실이 아님이 분명하다.

규봉 後五百歲者 大集 云初五百歲 解脫 牢固 二 禪定 牢固
후오백세자 대집 운초오백세 해탈 뇌고 이 선정 뇌고

三 多聞 牢固 四 塔寺 牢固 五 鬪諍 牢固 本疑惡世無信 故擧
삼 다문 뇌고 사 탑사 뇌고 오 투쟁 뇌고 본의악세무신 고거

惡世 以斷疑 持戒修福者 戒定也 以此爲實者 正解無倒故 無著
악세 이단의 지계수복자 계정야 이차위실자 정해무도고 무착

云增上戒等三學 顯示修行少欲等功德 戒出三塗 定出六欲 慧出
운증상계등삼학 현시수행소욕등공덕 계출삼도 정출육욕 혜출

三界 三 明能信之所以 於中 文二 一 明歷事善友 積集信因
삼계 삼 명능신지소이 어중 문이 일 명역사선우 적집신인

후오백세라는 것은 대집경에 의하면, 처음 오백세는 해탈 뇌고(解脫 牢固)함이고, 제2오백세는 선정 뇌고(禪定 牢固)함이며, 제3오백세는 다문 뇌고(多聞 牢固)함이며, 제4오백세는 탑사 뇌고(塔寺 牢固)하며, 제5오백세는 투쟁 뇌고(鬪諍 牢固)함이라 했다. 본래 오탁악세에 믿음이 없음을 의심했으므로 악세를 들어 의심을 끊음이다. '계를 지니고 복을 닦는 것'이란 계와 정이요 '이것으로써 실다움을 삼는다'란 바로 이해해서 전도됨이 없는 까닭이다. 무착이 말하기를, 보다 높은 계·정·혜, 삼학으로 욕심을 없애는 공덕을 닦는 것을 나타낸 것이니, 계는 삼악도를 벗어나고 정은 육욕을 벗어나고 혜는 삼계에서 벗어난다고 했다.

㈐ 능히 믿는 까닭을 밝힌 것이다. 그 중에 두 가지니 ㉮ 선지식을 두루 섬겨서 믿음에 대한 씨앗을 쌓는 것이다.

當知是人　不於一佛二佛三四五佛　而種善根
已於無量千萬佛所　種諸善根　聞是章句　乃至
一念生淨信者

마땅히 알라. 이 사람은 한 부처나 두 부처나 셋·넷·다섯 부처님께 선근을 심었을 뿐만 아니라, 한량없는 천만 부처님께 온갖 선근을 심었으므로 이 말을 듣고 한 순간이라도 깨끗한 믿음을 내는 자이니라.

규봉 於多佛所 明久事善友 則緣勝也 種諸善根 明久伏三毒 則
어다불소 명구사선우 즉연승야 종제선근 명구복삼독 즉

因勝也
인승야

　많은 부처님의 처소라는 것은 좋은 선지식을 오랫동안 섬긴 것을 밝힌 것이니 곧 연이 수승함이요, 모든 선근을 심는다는 것은 삼독을 오랫동안 조복함을 밝힌 것이니 곧 인이 수승한 것이다.

육조 於我滅後後五百歲 若復有人 能持大乘無相戒 不忘取諸相
어아멸후후오백세 약부유인 능지대승무상계 불망취제상

不造生死業 一切時中 心常空寂 不被諸相所縛 卽是無所住心
부조생사업 일체시중 심상공적 불피제상소박 즉시무소주심

於如來深法 心能信入 此人 所有言說 眞實可信 何以故 此人
어여래심법 심능신입 차인 소유언설 진실가신 하이고 차인

不於一劫二劫三四五劫 而種善根 已於無量千萬億劫 種諸善根
불어일겁이겁삼사오겁 이종선근 이어무량천만억겁 종제선근

是故 如來 說 我滅後後五百歲 有能離相修行者 當知是人 不於
시고 여래 설 아멸후후오백세 유능리상수행자 당지시인 불어

一二三四五佛 種諸善根 何名種諸善根 略說次下 所謂於諸佛所
일이삼사오불 종제선근 하명종제선근 약설차하 소위어제불소

一心供養 隨順教法 於諸菩薩 善知識 師僧 父母 耆年宿德尊長
일심공양 수순교법 어제보살 선지식 사승 부모 기년숙덕존장

之處 常行恭敬供養 承順教命 不違其意 是名種諸善根 於六道
지처 상행공경공양 승순교명 불위기의 시명종제선근 어육도
衆生 不加殺害 不欺不賤 不毀不辱 不騎不箠 不食其肉 常行饒
중생 불가살해 불기불천 불훼불욕 불기불추 불식기육 상행요
益 是名種諸善根 於一切貧苦衆生 起慈愍心 不生輕厭 有所須求
익 시명종제선근 어일체빈고중생 기자민심 불생경염 유소수구
隨力惠施 是名種諸善根 於一切惡類 自行和柔忍辱 歡喜逢
수력혜시 시명종제선근 어일체악류 자행화유인욕 환희봉
迎 不逆其意 令彼 發歡喜心 息剛戾心 是名種諸善根 信心者
영 불역기의 영피 발환희심 식강려심 시명종제선근 신심자
信般若波羅蜜 能除一切煩惱 信般若波羅蜜 能成就一切出世功
신반야바라밀 능제일체번뇌 신반야바라밀 능성취일체출세공
德 信般若波羅蜜 能出生一切諸佛 信自身中佛性 本來淸淨 無
덕 신반야바라밀 능출생일체제불 신자신중불성 본래청정 무
有染汗 與諸佛性 平等無二 信六道衆生 本來無相 信一切衆生
유염한 여제불성 평등무이 신육도중생 본래무상 신일체중생
盡能成佛 是名淨信心也
진능성불 시명정신심야

　　부처님 멸도 후 후오백세에 만약 어떤 사람이 능히 대승의 무상계를 가지고 망령되이 모든 상을 취하지 않으며, 생사의 업을 짓지 않고 일체 시간 가운데서 마음이 항상 공적하여 모든 모양에 속박하지 않으면 이것이 곧 '머무름이 없는 마음'이라 한 것이다. 저 여래의 깊은 법에 마음으로 능히 믿고 들어가리니 이런 사람의 말은 진실해서 가히 믿을 만하다. 왜냐하면 이 사람은 한 겁이나 두 겁, 삼·사·오 겁에 선근을 심었을 뿐만 아니라 이미 무량천만억겁에 모든 선근을 심은 것이니, 이 까닭에 여래께서 '내가 멸한 후 후오백세에 능히 상을 떠난 수행자가 있으면 마땅히 알라. 이 사람은 일, 이, 삼, 사, 오불에게만 모든 선근을 심은 것이 아니라'고 하셨다.

무엇을 이름하여 선근을 심었다 하는가? 아래에 간략히 말하면, 이른 바 모든 부처님 처소에 일심으로 공양하여 교법을 수순하고 모든 보살과 선지식과 스승이나 스님과 부모와 연세 많고 덕이 많은 분 등 존경하는 분들의 처소에 항상 공경·공양하여 높은 가르침을 받들어서 그 뜻을 어기지 않음을 이름하여 모든 선근을 심는 것이라고 함이다. 육도의 모든 중생을 살해하지 않으며, 속이지도 않고, 천하게 여기지도 않으며 해치지도 않고 욕하지도 않으며, 타지도 않고, 채찍질도 하지 않으며, 그 고기를 먹지 않고, 항상 이익되게 행함을 이름하여 모든 선근을 심는 것이라 한다. 일체의 가난하고 고통받는 중생에게 자비하고 불쌍히 여기는 마음을 일으켜서 가벼이 여기거나 싫어하는 생각을 내지 않고 구하려 하면 힘을 따라서 베풀어줌을 이름하여 모든 선근을 심음이라 하는 것이다. 일체의 악한 무리에게 스스로 화유하고 인욕을 행해서 즐거이 맞이하여 그 뜻을 거스르지 않고 그로 하여금 환희심을 내게 하여 사나운 마음을 쉬게 하는 것을 모든 선근을 심은 것이라 하는 것이다.

신심이란 것은 반야바라밀이 능히 일체 번뇌를 제거함을 믿으며, 반야바라밀이 일체 출세공덕을 성취함을 믿으며, 반야바라밀이 능히 일체 제불을 출생시킴을 믿으며, 자기 몸 중의 불성이 본래 청정하여 더러움에 물듦이 없어서 모든 불성과 더불어 평등하여 둘이 없음을 믿으며, 육도 중생이 본래 상이 없음을 믿으며, 일체중생이 모두 능히 성불함을 믿는 것이니, 이것을 깨끗하게 믿는 마음이라 하는 것이다.

부대사 因深果亦深 理密奧難尋 當來末法世 唯慮法將沈 空生
　　　　 인심과역심　이밀오난심　당래말법세　유려법장심　공생

情未達 聞義恐難任 如能信此法 定是覺人心
정 미 달 문 의 공 난 임 여 능 신 차 법 정 시 각 인 심

　원인도 깊고 결과도 깊음이여,

　이치가 밀밀하고 깊어서 찾기가 어렵도다.

　앞으로 오는 말법 세상에

　오직 법이 침체할까 두려워하도다.

　수보리는 정이 통달하지 못하여

　이 뜻을 듣고 감당하기 어려울까 두려워하나

　이 법을 능히 믿으면

　반드시 사람의 마음을 깨달으리.

야부 金佛 不度爐 木佛 不度火 泥佛 不度水
　　　　금 불 부 도 로 목 불 부 도 화 니 불 부 도 수

　금불은 화로를 지나가지 못하고

　목불은 불을 건너지 못하며,

　니불은 물을 건너지 못한다.

설 三佛 從來 未免有壞 三身 亦然 畢竟非眞 以三佛 配於三
　　　삼 불 종 래 미 면 유 괴 삼 신 역 연 필 경 비 진 이 삼 불 배 어 삼
身 意旨如何 法身 堅固不動 報身 上冥下應 化身 曲順機宜 金
신 의 지 여 하 법 신 견 고 부 동 보 신 상 명 하 응 화 신 곡 순 기 의 금
剛而不柔 木 能柔能剛 泥 柔而不剛 以三佛 配於三身 其意以
강 이 불 유 목 능 유 능 강 니 유 이 불 강 이 삼 불 배 어 삼 신 기 의 이
此 又金之氣 爲秋之涼 其質 在地則確然其堅 是 體句也 木之
차 우 금 지 기 위 추 지 량 기 질 재 지 즉 확 연 기 견 시 체 구 야 목 지
氣 爲春之煖 其質 在地則蒼然其靑 是 用句也 土則旺於四季
기 위 춘 지 난 기 질 재 지 즉 창 연 기 청 시 용 구 야 토 즉 왕 어 사 계
爲金木等之所依 是 中間句也 又金佛 一鑄便成 是 中間句也
위 금 목 등 지 소 의 시 중 간 구 야 우 금 불 일 주 변 성 시 중 간 구 야

木佛 滅滅而成 是 無句也 泥佛 加加而就 是 有句也 金佛 不
목불 멸멸이성 시 무구야 니불 가가이취 시 유구야 금불 불

可以度爐 度爐則鎔却去 木佛 不可以度火 度火則燒却去 泥佛
가이도로 도로즉용각거 목불 불가이도화 도화즉소각거 니불

不可以度水 度水則爛却去 此則三句 一一非實 伊麽則以此爲實
불가이도수 도수즉난각거 차즉삼구 일일비실 이마즉이차위실

者 三句外一句 以爲實也 又金佛 不須度爐 木佛 不須度火 泥
자 삼구외일구 이위실야 우금불 불수도로 목불 불수도화 니

佛 不須度水 此則三句 一一總不動著 伊麽則有句也端端的的 無
불 불수도수 차즉삼구 일일총부동착 이여즉유구야단단적적 무

句也端端的的 中間句也端端的的 體用等 亦然 又法身 以畢竟
구야단단적적 중간구야단단적적 체용등 역연 우법신 이필경

空寂 爲栖止 何聲之可聞 何相之可覩 非金木等 所能模邈也 唯
공적 위서지 하성지가문 하상지가도 비금목등 소능모막야 유

有報化 妙相 端嚴 令人樂見 音聲 淸雅 令人樂聞 及其示滅也
유보화 묘상 단엄 영인락견 음성 청아 영인락문 급기시멸야

人之像之 或鑄以金 或彫以木 或塑以泥 伊麽則現前金佛木佛泥
인지상지 혹주이금 혹조이목 혹소이니 이마즉현전금불목불니

佛 皆從報化中來也 不度爐不度火不度水 明報化非實也
불 개종보화중래야 부도로부도화부도수 명보화비실야

　　삼불이 종래로 부서짐을 면하지 못하고 삼신도 역시 그러해서 필경 진이 아닌 것이라. 삼불로써 삼신을 배대하신 뜻은 무엇인가? 법신은 견고하여 움직이지 아니하고 보신은 위로 명합하고 아래로 응하며 화신은 근기에 마땅함을 따라 구부려서 수순하거늘, 금은 굳으나 부드럽지 않고 목은 능히 부드럽고 강하며 니(진흙)는 부드럽지만 강하지 못하니 삼불로서 삼신을 짝 지운 뜻이 이런 것이다. 또 금의 기는 마치 가을의 서늘함과 같고 그 바탕이 땅에 있은즉 확연하여 그 견고한 것이 체의 구(體句)요, 목의 기는 봄의 따뜻함과 같아서 그 바탕이 땅에 있으면 파랗게 푸르른 것이 용의 구(用句)요, 토는 사계절이 왕성

해서 금·목·수·화 등에 의지함이 되는 것이 중간의 구가 된다. 또 금불은 한번 녹여 부우면 금방 만들어지니 이는 중간구(中間句)이고 목불은 깎고 깎아서 이루어지니 이것은 무구(無句)요, 니불은 더하고 더해서 이뤄지니 이것은 유구(有句)로다. 금불은 가히 용광로를 지나가지 못하니 용광로를 지나가면 녹아버림이요 목불은 불을 건너가지 못하니 불을 건너가면 타버리고 진흙불은 물을 건너가지 못하니 물을 건너가면 풀어져 버리느니라. 이것은 삼구가 낱낱이 진이 아니니, 이런즉 '이것으로써 실다움을 삼는다'는 삼구 밖의 일구로서 실을 삼는 것이다. 또 금불은 모름지기 용광로를 지나가지 못하고, 목불은 불을 건너가지 못하고, 진흙불은 물을 건너가지 못하니, 이것은 삼구가 낱낱이 모두 움직이지 못함이다. 이러한즉 유구는 분명하고 뚜렷하고(端端的的) 무구도 분명하고 뚜렷하며 중간구도 분명하고 뚜렷해서 체와 용 등도 또한 그러한 것이다. 또 법신은 필경 공적으로써 깃들어 의지하는 것이니, 무슨 소리를 가히 들을 것이며 무슨 상을 가히 볼 수 있으리오? 금이나 목 등으로 능히 모양을 본뜨지 못하며, 오직 보신·화신은 묘상이 단엄하여 사람들이 즐겨 보게 하며, 음성이 청아하여 사람으로 하여금 즐겨 듣게 하다가 그 멸을 보이시매 사람들이 그것을 형상으로 만드는데, 혹 금으로 주조하기도 하고 혹은 나무로 조각하며 혹은 진흙으로 빚으니, 앞에 드러난 금불·목불·니불은 모두 보신·화신 가운데서부터 나온 것이다. 용광로를 건너지 못하고 불을 건너지 못하고 물을 건너지 못함은 보신·화신이 실답지 않음을 밝힌 것이다.

야부 三佛形儀揔不眞 眼中瞳子面前人 若能信得家中寶 啼鳥山
삼불형의총부진 안중동자면전인 약능신득가중보 제조산
花一樣春
화일양춘

  삼불의 형상과 거동은 다 진실이 아니고
  눈 가운데 동자가 그대 앞의 사람이라.
  만약 능히 집에 있는 보배를 믿기만 하면
  새 울고 꽃피는 것이 한결같은 봄이로다.

설 三身 只是那人影 悟來影影不是他 又三句但從一句來 一
    삼신 지시나인영 오래영영불시타 우삼구단종일구래 일
句悟來三則一 又報化非眞全是影 眞若悟來影非他
구오래삼즉일 우보화비진전시영 진약오래영비타

  삼신이 다만 그 사람의 그림자이고, 깨닫고 보면 그림자 그림자가 다른 것이 아니로다. 또 삼구가 다만 일구로부터 왔으니 일구를 깨달으면 삼이 곧 일이다. 또 보신과 화신은 진이 아니고 온전히 그림자지만, 만약 진을 깨달으면 그림자가 다른 것이 아니로다.

규봉 二 明善友所攝 成就信德 於中 亦二 一 明攝受得福 顯
     이 명선우소섭 성취신덕 어중 역이 일 명섭수득복 현
福德門
복덕문

  ㈏는 선지식을 섭수함으로써 신과 덕을 성취함을 밝힌 것이다. 그 중에 두 가지가 있으니 섭수하여 복 얻음을 밝혀서 복덕의 문을 나타낸 것이다.

須菩提 如來 悉知悉見 是諸衆生 得如是無量
福德

수보리야, 여래는 다 알고 다 보나니 이 모든 중
생들은 이와 같은 한량없는 복덕을 얻느니라.

설 諸佛所證 只證此法 是人所信 亦信此法 信由宿熏 不是無
　　제불소증　지증차법　시인소신　역신차법　신유숙훈　불시무
因 信必有證 當成兩足
인　신필유증　당성양족

　모든 부처님들의 증득한 것이 모두 이 법을 증득한 것이며,
이 사람의 믿는 것도 역시 이 법을 믿는 것이니, 믿음은 숙생
(과거 훈습한 인연)으로 유래되는 것이라서 원인이 없지 않고,
믿으면 반드시 증득함이 있어서 마땅히 양족존(兩足尊, 福·
慧)을 이루니라.

규봉 無著 云謂於一切行住所作中 知其心心四蘊也 見其依止
　　　무착　운위어일체행주소작중　지기심심사온야　견기의지
卽色身也 故 此等 顯示善友所攝 論 云若不說見 或謂如來以
즉색신야　고　차등　현시선우소섭　논　운약불설견　혹위여래이
比智知 若不說知 或謂如來 以肉眼見 故須二語 得福德者 魏
비지지　약불설지　혹위여래　이육안견　고수이어　득복덕자　위
云生如是福德 取如是福德 無著 云生者 福正起時 取者 卽彼滅
운생여시복덕　취여시복덕　무착　운생자　복정기시　취자　즉피멸
時 攝持種子 此云得者 生取二義 不離於得 得之一字 生取俱攝
시　섭지종자　차운득자　생취이의　불리어득　득지일자　생취구섭

　무착이 말하기를, 일체 행주좌와의 생활 속에서 그 마음의
사온(四蘊, 수상행식)을 알고 그 의지의 색신을 보는 이런 것은

선지식의 포섭한 것을 나타냄이라 했다. 논에 따르면, 만약 견을 말하지 않으면 혹 여래가 비지(比智, 견주어 아는 지혜)로서 안다고 할 것이며, 만약 지를 말하지 않으면 혹 여래가 육안으로 본다고 하므로 이 두 가지를 말한 것이다. 또 '덕을 얻는 것'이란 위역에 따르면, 이 같은 복덕을 내고(生) 이 같은 복덕을 취한다고 하며, 무착이 말하기를, 생이란 복이 정히 일어날 때이고 취란 저가 멸할 때 종자를 섭지하거늘 여기서 득이란 생과 취의 두 뜻이 득의 뜻을 떠나지 않으니 '득' 한 자에 생·취가 다 포함되어 있다고 했다.

부대사 信根生一念 諸佛 盡能知 修因於此日 證果未來時 三大
　　　　신근생일념　제불　진능지　수인어차일　증과미래시　삼대
經多劫 六度久安施 熏成無漏種 方號不思議
경다겁　육도구안시　훈성무루종　방호부사의

　신근(信根, 믿음의 뿌리)은 일념에서 생겨남을
　제불이 능히 다 알도다.
　인을 오늘에 닦음이요
　과를 증득함은 미래의 때로다.
　삼대아승지겁을 지나도록
　육바라밀로써 어찌 오래 베풀 것인가?
　무루의 종자를 훈습해 이루어야
　바야흐로 부사의(不思議, 佛)라 부르리라.

야부 種瓜得瓜 種果得果
　　　　종과득과　종과득과
　오이를 심으면 오이를 얻고 과일을 심으면 과일을 얻는다.

설 昔年所學 卽今日所信 因地所習 卽果上所證
　　　석년소학　즉금일소신　인지소습　즉과상소증

　옛날에 배운 것이 곧 오늘에 믿는 것이요, 인지(因地, 처음 발심했을 때)에 익힌 것이 과위에 증득한 것이로다.

야부 一佛二佛千萬佛 各各眼橫兼鼻直 昔年 親種善根來 今日
　　　　일불이불천만불　각각안횡겸비직　석년　친종선근래　금일
依前得渠力 須菩提須菩提 著衣喫飯 尋常事 何須特地却生疑
의전득거력　수보리수보리　착의끽반　심상사　하수특지각생의

　일불, 이불, 천만불이 각각 눈은 가로로 있고 코는 세로로 놓였도다.
　옛날에 친히 선근을 심어왔더니
　오늘은 옛것에 의지하여 큰 힘을 얻었도다.
　수보리 수보리여, 옷 입고 밥 먹음이 일상의 일이거늘
　어찌하여 모름지기 특별히 의심을 내는가?

설 諸佛 同證眼橫鼻直 承事諸佛 只要學得眼橫鼻直 眼橫鼻
　　　제불　동증안횡비직　승사제불　지요학득안횡비직　안횡비
直身 非但千萬佛 張三李四 皆同有 昔已學得 今能生信 須菩提
직신　비단천만불　장삼리사　개동유　석이학득　금능생신　수보리
須菩提 卽日用 便是 有甚難會
수보리　즉일용　변시　유심난회

　모든 부처님들이 안횡비직(眼橫鼻直, 모두 똑같은 도리)을 함께 증득하셨으니, 모든 제불들을 받들어 섬기는 것도 바로 안횡비직을 배우고자 하는 것이다. 눈이 옆으로 코가 바로 된 몸은 천만 부처님들 뿐 아니라 누구나 모두 똑같은 것이며, 옛적에 이미 배워 얻은 것이라서 지금 능히 믿음을 내는 것이다. 수보리 수보리여, 곧 일용이 문득 이것이니 무슨 알기 어려움

이 있겠는가?

규봉 二 明攝受所以 顯智慧門 由無二執 故得攝受 於中 亦二
　　　　이 명섭수소이 현지혜문 유무이집 고득섭수 어중 역이
一 正明已斷麤執
일 정명이단추집

둘째, 섭수의 이유를 밝혀서 지혜의 문을 나타냄이니, 두 가지 집착이 없음으로 해서 섭수함을 얻는 것이다.

그 중에 두 가지니, 1. 이미 거친 집착 끊는 것을 바로 밝힌 것이다.

　　何以故 是諸衆生 無復我相人相衆生相壽者相
　　無法相 亦無非法相
　　왜냐하면 이 중생은 다시 자아에 대한 고집, 인간에 대한 고집, 중생에 대한 고집, 수명에 대한 고집, 법에 대한 고집도 없고, 법 아니라는 고집도 없기 때문이니라.

설 麤細垢盡 圓明體露
　　　추세구진 원명체로

거칠고 미세한 때가 다하면 원명한 체가 드러나도다.

규봉 初徵 信者 以何義故 得如來悉知悉見 後釋 有二 一 無
　　　　초징 신자 이하의고 득여래실지실견 후석 유이 일 무

我執 執取自體 爲我 計我展轉 趣於餘趣 爲人 計我盛衰苦樂
아집 집취자체 위아 계아전전 취어여취 위인 계아성쇠고락
種種變異相續 爲衆生 計我一報命根 不斷而住 爲壽者 二 無
종종변이상속 위중생 계아일보명근 부단이주 위수자 이 무
法執 論 云無法相者 能取所取 一切法無 亦無非法相者 無我
법집 논 운무법상자 능취소취 일체법무 역무비법상자 무아
卽顯眞空實有 然 離二執 正是得佛知見 成就正信之本 善根福
즉현진공실유 연 이이집 정시득불지견 성취정신지본 선근복
德 却是相兼 故 論 云有智慧便足 何故 復說持戒功德 爲示現
덕 각시상겸 고 논 운유지혜편족 하고 부설지계공덕 위시현
生實相差別義故 亦有持戒功德 依信心恭敬 能生實相故 不但說
생실상차별의고 역유지계공덕 의신심공경 능생실상고 부단설
般若
반야

처음 물음에, 믿는 사람은 무슨 뜻으로 여래가 다 알고 모두를 본다고 하는가? 후석(後釋)에 두 가지가 있으니, 첫째는 아집이 없음이니, 자기 몸에 집착함이 아가 되고, 아가 더욱더 발전해서 다른 것을 취하고 계교함이 인이 되며, 나의 성쇠고락의 가지가지 변이 상속을 계교함이 중생이 되고, 내가 한번 받은 생명이 끊어지지 않고 머문다고 계교하는 것이 수가 된다 한 것이다.

다음은 법집이 없음이니, 논에 따르면, 무법상이란 능히 취하고(能取) 취할 것에(所取) 일체법이 없음이요, 또한 무비법상이란 무아가 진공의 실유(妙有)를 나타냄이라 했다. 그러나 두 가지(我執·法執) 집착을 떠난 것이 바로 부처님의 지견을 얻음이니, 바른 믿음의 근본을 성취하므로 선근과 복덕이 도리어 서로 겸한 것이다. 고로 논에 따르면, 지혜가 있으면 만족하거늘 어찌하여 다시 지계공덕을 설하셨는가. 실상 차별내는 것을

드러내 보이기 위한 고로 또한 지계공덕이 있음이요, 신심공경을 의지해서 능히 실상을 내는 고로 다만 반야만 설하지 않았다고 하였다.

육조 若有人 於如來滅後 發般若波羅蜜心 行般若波羅蜜行 修
약유인 어여래멸후 발반야바라밀심 행반야바라밀행 수

習解悟 得佛深意者 諸佛 無不知之 若有人 聞上乘法 一心受持
습해오 득불심의자 제불 무부지지 약유인 문상승법 일심수지

卽能行般若波羅蜜無相無著之行 了無我人衆生壽者四相 無我者
즉능행반야바라밀무상무착지행 요무아인중생수자사상 무아자

無受想行識也 無人者 了四大不實 終歸地水火風也 無衆生者
무수상행식야 무인자 요사대부실 종귀지수화풍야 무중생자

無生滅心也 無壽者我身 本無 寧有壽者 四相 旣無 卽法眼
무생멸심야 무수자아신 본무 영유수자 사상 기무 즉법안

明徹 不著有無 遠離二邊 自心如來 自悟自覺 永離塵勞妄念 自
명철 불착유무 원리이변 자심여래 자오자각 영리진로망념 자

然得福無邊 無法相者 離名絶相 不拘文字也 亦無非法相者 不
연득복무변 무법상자 이명절상 불구문자야 역무비법상자 부

得言無般若波羅蜜法 若言無般若波羅蜜法 卽是謗法
득언무반야바라밀법 약언무반야바라밀법 즉시방법

만약 어떤 사람이 여래 멸후에 반야바라밀의 마음을 내고 반야바라밀을 행해서 닦고 익히고 알고 깨달아서 부처님의 깊은 뜻을 얻으면 모든 부처님이 그를 알지 못함이 없다. 만약 어떤 사람이 상승법(上乘法, 깊은 가르침)을 듣고 일심으로 받아 지니면 곧 능히 반야바라밀 무상무착행을 행하게 되어서 마침내 아·인·중생·수자의 사상이 없으리라. 아상이 없다는 것은 수상행식이 없음이고, 인상이 없다는 것은 사대가 실이 아니어서 마침내 지수화풍으로 돌아감을 요달함이요, 중생상이 없다는 것은 생멸심이 없음이고, 수자상이 없다는 것은 내 몸이 본

래 없음이니 어찌 목숨이 있겠는가 하는 것이다. 사상이 이미 없으므로 곧 법안이 밝게 드러나서, 유무에 집착함이 없이 두 변을 멀리 떠나고 자기 마음 가운데 있는 여래를 스스로 깨닫고 자각해서 길이 진로망상을 여의면 자연히 복 얻음이 끝이 없으리라. 무법상이란 이름을 떠나고 상을 떠나서 문자에 얽매이지 않음이고, 또한 무비법상이란 반야바라밀법이 없음을 말하는 것이 아니니, 만약 반야바라밀법이 없다고 한다면 곧 이 법을 비방하는 것이다.

야부 圓同大虛 無欠無餘
　　　　원동대허　무흠무여

　원만함이 큰 허공과 같아서 모자람도 없고 남음도 없도다.

설 人有身 圓滿空寂者 是 人有心 廣大靈通者 是 此身此心
　　 인유신　원만공적자　시　인유심　광대령통자　시　차신차심
阿誰獨無 但以無明不了 妄認四大 爲自身相 六塵緣影 爲自心
아수독무　단이무명불료　망인사대　위자신상　육진연영　위자심
相 由是 身以圓滿之體 隱於形殼之中 心以靈通之用 匿於緣慮
상　유시　신이원만지체　은어형각지중　심이령통지용　익어연려
之內 脫或知非 亦成斷見 由滯二邊 圓滿之體 靈通之用 不能顯
지내　탈혹지비　역성단견　유체이변　원만지체　영통지용　불능현
現 如今 我法雙忘 其忘亦忘 圓滿之體 靈通之用 豁爾現前 初
현　여금　아법쌍망　기망역망　원만지체　영통지용　활이현전　초
無欠剩
무흠잉

　사람에게 몸이 있음이여, 원만공적한 것이 이것이다. 사람에게 마음이 있음이여, 광대하고 영통한 것이 이것이다. 이 몸 이 마음이 누군들 홀로 없을까 마는, 다만 무명을 요달하지 못하

여 망령되이 사대를 오인해서 자신의 몸뚱이로 여기고 육진의 그림자로 자기 마음을 삼는다. 이로 말미암아 몸의 원만한 체가 형체 속에 갇히고, 마음의 영통한 쓰임(用)이 연려(緣慮, 생각하는 마음)안에 숨어 있으니, 설혹 잘못된 줄을 알더라도 또한 단견을 이루는 것이다. 두 변에 막으로 말미암아서 원만 체와 영통한 용이 능히 드러나지 못하다가 지금에 와서 아와 법을 쌍으로 잊고, 그 잊은 것까지도 또한 잊으니, 원만한 체와 영통한 용이 활연히 앞에 나타나서, 아예 모자람도 없고 남음도 없다.

야부 法相非法相 開拳復成掌 浮雲 散碧空 萬里天一樣
　　　　법상비법상　개권부성장　부운　산벽공　만리천일양

　법상과 비법상이여,
　주먹을 펴니 다시 손바닥이로다.
　뜬구름이 푸른 하늘에서 흩어지니
　만리의 하늘이 온통 푸르름뿐이더라.

설 是法非法 一常一斷 斷常 雖異 爲病 是同 爲病是同 開拳
　　시법비법　일상일단　단상　수이　위병　시동　위병시동　개권
成掌 開拳成掌 何必不必 斷常 俱亡 一味方現
성장　개권성장　하필불필　단상　구망　일미방현

　옳은 법과 그른 법이여, 하나는 상(常)이고 하나는 단(斷)이니, 단과 상이 비록 다르나 병이 되는 것은 같도다. 병이 됨이 같음이여, 주먹을 펴니 손바닥이 됨이로다. 주먹을 펴니 손바닥이 됨이여, 하필이요 불필이로다. 단상이 함께 없어야 한 맛이 바야흐로 나타나리라.

규봉 二, 因顯未除細執
　　　이, 인현미제세집

  2. (앞의 것으로) 인하여 미세한 집착을 없애지 못함을 나타낸 것이다.

    何以故　是諸衆生　若心取相　卽爲着我人衆生
　　壽者　何以故　若取法相　卽着我人衆生壽者　若
　　取非法相　卽着我人衆生壽者

　　무슨 까닭에선가! 이 모든 중생들이 만약 마음에 고집을 부리면 곧 자아에 대한 고집, 인간에 대한 고집, 중생에 대한 고집, 수명에 대한 고집에 붙게 되나니, 왜 그런가! 만약 법에 대한 고집을 부리더라도 곧 자아에 대한 고집, 인간에 대한 고집, 중생에 대한 고집, 수명에 대한 고집에 붙게 되며 집착함이며 만약 법 아니라는 고집을 부리더라도 곧 자아에 대한 고집, 인간에 대한 고집, 중생에 대한 고집, 수명에 대한 고집에 붙어버리기 때문이니라.

규봉 分兩節釋 初 揔明二相 揔解取法非法 盡名相也 亦是建立
　　　분양절석 초 총명이상 총해취법비법 진명상야 역시건립
　　取相則我等相 便生之義宗也 後 若取法下 別明二相 論 云但有
　　취상즉아등상 변생지의종야 후 약취법하 별명이상 논 운단유

無明使 無現行麤煩惱 示無我見 無著 云但取法及非法想轉 非
무명사 무현행추번뇌 시무아견 무착 운단취법급비법상전 비

我等想 以我想 及依止 不轉 中有徵者 取法 但爲法相 何故 便
아등상 이아상 급의지 부전 중유징자 취법 단위법상 하고 변

著 我等 釋云取非法 亦著我等 何況取法 以後釋前也
착 아등 석운취비법 역착아등 하황취법 이후석전야

두 절로 나눠서 해석하리니,

앞은 두 상을 모두 밝히는 것으로써, 법과 비법을 취하는 것은 모두 상이 됨을 해석한 것이며, 또한 상을 취하면 아, 인의 상이 생긴다는 뜻으로 건립된 것이다.

뒤는 약취법상 밑에는 두 상을 달리 밝힌 것이니, 논에 따르면, 다만 무명의 번뇌만 있고 드러난 거친 번뇌가 없으면 아견이 없다는 것을 보인 것이라 하며, 무착이 말하기를, 다만 법과 비법상을 취하여 전하면 아등의 상이 아니니 아상 및 의지가 전하지 않음이라 했다. 중간에 묻는 자가 있으되, 법을 취한다는 것은 다만 법상이 되거늘 어찌하여 아등의 상에 집착한다고 하는가. 해석하여 말하길, 비법을 취함도 또한 아등에 집착함이 되는데 하물며 법을 취하겠는가? 하시니, 뒤로 앞을 해석한 것이 된다.

육조 取此三相竝 著邪見 盡是迷人 不悟經意 故 修行人 不得愛
취차삼상병 착사견 진시미인 불오경의 고 수행인 부득애

著如來 三十二相 不得言我解般若波羅蜜法 亦不得言不行般若
착여래 삼십이상 부득언아해반야바라밀법 역부득언불행반야

波羅蜜行 而得成佛
바라밀행 이득성불

이 삼상(三相, 相·法相·非法相)을 취하면 아울러 사견에 집착함이니, 모두 미혹한 사람으로 경의 뜻을 깨닫지 못한 것

이다. 그러므로 수행인은 여래의 32상에 애착하지 말고, 나는 반야바라밀법을 안다고 말하지도 말며, 또한 반야바라밀행을 행하지 않고도 성불한다고 말하지 말 것이니라.

부대사 人空法亦空 二相 本來同 遍計 虛分別 依他 礙不通 圓
　　　　 인공법역공 이상 본래동 편계 허분별 의타 애불통 원
成 沈識海 流轉若飄蓬 欲識無生性 心外斷行蹤
성 심식해 유전약표봉 욕식무생성 심외단행종

　사람도 공하고 법 또한 공함이여,
　두 가지 상이 본래로 같은 것이라.
　편계는 헛된 분별이요,
　의타는 걸려서 통하지 않음이로다.
　원성은 식의 바다에 잠겨서
　그 유전함이 바람에 흩날리는 홀씨와 같으니
　생함 없는 성을 알고자 하다면
　마음 밖의 행적을 끊어야 하느니라.

규봉 四 示中道之玄門
　　　 사　시 중 도 지 현 문

　㈒ 중도의 현문을 보인 것이다.

　　　是故 不應取法 不應取非法
　　　이렇기 때문에 응당 법을 붙들지 말 것이며 법
　　　아님도 붙들지 말아야 하느니라.

설 取法 只由不知法卽非法 取非法 只由不知非法卽法 一眞
　　취법　지유부지법즉비법　취비법　지유부지비법즉법　일진
法界 無是無非 此無 亦無 所以 道 何於一法中 有法有不法 脫
법계　무시무비　차무　역무　소이　도　하어일법중　유법유불법　탈
或分別是法非法 拈一放一 有甚了期
혹분별시법비법　염일방일　유심료기

　　법을 취함은 다만 법이 곧 비법임을 알지 못한 때문이고, 비법을 취함도 다만 비법이 곧 법임을 알지 못한 때문이니, 일진법계는 옳음도 없고 그름도 없으며, 없다는 것도 또한 없는 것이다. 이런 까닭에, 어찌 일법 중에 법이 있음과 법아님이 있으리오 하니, 설혹 법과 법아님을 분별할지라도 하나를 집고 하나를 놓음이라, 언제 마칠 기약이 있으리.

부대사 有因 名假號(假號 一本 作無號)無相 有馳名 有無無別
　　　　유인　명가호(가호　일본　작무호)무상　유치명　유무무별
體 無有有無形 有無無自性 妄起有無情 有無 如谷響勿著有無聲
체　무유유무형　유무무자성　망기유무정　유무　여곡향물착유무성

　　유인은 가호라 부르고 무상은 이름만 있음이라.
　　유무는 달리 체가 없어서 유무의 형이 없음이로다.
　　유무가 자성이 없거늘 망령되이 유무의 정을 일으키니
　　유무가 마치 골짜기의 메아리 같으므로
　　유무의 소리에 집착하지 말지어다.

야부 金不搏金 水不洗水
　　　　금부단금　수불세수

　　금으로 금을 살 수 없으며 물로써 물을 씻을 수 없다.

설 只是一般金 豈分能搏所搏 只是一般水 豈分能洗所洗 恁
　　지시일반금　개분능단소단　지시일반수　개분능세소세　임

麽則法則一味 見有二取 二取相亡 一味方現
마즉법즉일미 견유이취 이취상망 일미방현

다만 똑같은 금인데 어찌 능히 바꿔줄 것과 바꿔가질 것으로 나누며, 똑같은 물인데 어찌 씻는 물과 씻어지는 물로 나누겠는가? 이러한즉 법은 한 맛이거늘 견에 두 가지 취함이 있으니, 두 가지 취의 상이 없어야 한 맛이 바야흐로 나타난다.

야부 得樹攀枝 未足奇(攀枝 一本 作攀高) 懸崖撤手 丈 夫兒
득수반지 미족기(반지 일본 작반고) 현애철수 장 부아
水寒夜冷魚難覓 留得空船載月歸
수한야냉어난멱 유득공선재월귀

(벼랑에서) 나뭇가지를 잡음은 족히 기이함이 아니리.
벼랑에서 손을 놓아야 비로소 장부로다.
물도 차고 밤도 싸늘하여 고기 찾기 어려우니
빈 배에 달빛만 가득 싣고 돌아오도다.

설 得一心存 未是奇 一處亦亡 是丈夫 到這裏 凡情 脫盡 聖
득일심존 미시기 일처역망 시장부 도저이 범정 탈진 성
解 亦亡 但將無私照 却來是非場
해 역망 단장무사조 각래시비장

한 마음을 얻어 두는 것이 기이한 게 아니라, 한 곳마저도 없어야 장부이니라. 이 경지에 이르러서는 범부의 뜻이 다 떨어지고 성인의 앎도 또한 없어야 함이니, 다만 사심 없이 비춤을 가져서 도리어 시비의 장에 왔도다.

以是義故 如來 常說 汝等比丘 知我說法 如

筏喩者 法尙應捨 何況非法

이런 뜻에서 여래는 항상 말하기를 '너희들 비구는 나의 설법을 뗏목에 비유함과 같은 줄 알라'고 하나니 법도 오히려 버려야 하거늘 어찌 하물며 법 아닌 것이야 더 말할 게 있겠느냐."

설 佛所說法 只是入道方便 依方便而入道則可 守方便而不捨
불소설법 지시입도방편 의방편이입도즉가 수방편이불사
則不可 方便 尙應捨離 此離 亦何所存
즉불이 방편 상응사리 차리 역하소존

부처님께서 설하신 법은 다만 도에 들어가는 방편이니, 이 방편에 의해서 도에 들어가는 것은 옳지만, 방편을 지키고 버리지 않음은 옳지 않느니라. 방편도 오히려 마땅히 버려야 하거늘, 이 버려야 할 것을 어찌 보존하리오.

규봉 曲分爲二 初 正結歸中 後 引說以證 筏喩 假言顯義 不應
곡분위이 초 정결귀중 후 인설이증 벌유 가언현의 불응
如言執義 不執 卽爲不取 非全棄也 偈 云彼不住隨順 於法中證
여언집의 부집 즉위불취 비전기야 게 운피부주수순 어법중증
智 論 釋云不住者 得證智捨敎 如到彼岸 隨順者 隨順彼證智之
지 논 석운부주자 득증지사교 여도피안 수순자 수순피증지지
敎法 如未到彼岸 無著 云法尙應捨者 實想生故 何況非法者 理
교법 여미도피안 무착 운법상응사자 실상생고 하황비법자 이
不應故
불응고

자세히 둘로 나누면,

앞은 정히 중도에 돌아감을 결론함이요 뒤는 설을 이끌어 증

을 삼음이다. 뗏목의 비유는 말을 빌려서 뜻을 나타냄이니 응당히 말과 같이 뜻도 집착하지 말아야 한다. 집착하지 않음은 곧 불취가 됨이니, 온전히 모두를 버린 것은 아니다. 게송으로 말하길, 저가 주하지 않고 수순하는 것은 법 중의 지혜를 증득했다 하며, 논에서 해석하기를, 불주란 증지를 얻어 가르침을 버리는 것이니 피안에 이름과 같으며, 수순이란 저 증지의 교법을 수순함이니 피안에 이르지 못함과 같다고 했다. 무착이 말하기를, 법상응사(法尙應捨)란 실상이 나는 까닭이고, 하황비법(何況非法)이란 이치가 맞지 않은 까닭이라고 했다.

육조 法者 是般若波羅蜜法 非法者 生天等法 般若波羅蜜法 能
법자 시반야바라밀법 비법자 생천등법 반야바라밀법 능
令一切衆生 過生死大海 旣得過已 尙不應住 況生天等法 而得
령일체중생 과생사대해 기득과이 상불응주 황생천등법 이득
樂著
락착

법이란 반야바라밀법이요, 비법이란 천상에 태어나는 것 등의 법이다. 반야바라밀법은 능히 일체중생으로 하여금 생사의 대해를 건너가게 하는 것이니, 이미 건너가서는 응당 주하지 말 것이며 어찌 천상에 나는 등의 법에 즐거이 집착하겠는가?

부대사 渡河 須用筏 到岸 不須船 人法知無我 悟理詎勞筌 中
도하 수용벌 도안 불수선 인법지무아 오이 거로전 중
流 仍被溺 誰論在二邊 有無 如取一 卽被汚心田
류 잉피익 수론재이변 유무 여취일 즉피오심전

강을 건너는 데는 모름지기 뗏목을 쓸 일이고
언덕에 이르러 서는 뗏목을 사용치 않음이라.

234

사람과 법에 있어서 아가 없음을 안다면
이치를 깨달았음이니 어찌 전(筌, 방편)을 수고롭게 하리오.
중류(中流, 中道)에도 오히려 빠질 수 있거늘
누가 두 변에 있음을 논할까.
유무에서 만약 하나를 취한다면
곧 마음밭을 더럽히리라.

야부 水到渠成
　　　　수 도 거 성

물이 고이면 개울이 이루어지도다.

설 一作成渠 佛所說法 卽眞卽俗 卽俗故 解脫 卽文字 四十
　　 일작성거 불소설법 즉진즉속 즉속고 해탈 즉문자 사십
九年 東說西說 卽眞故 文字 卽解脫 三百餘會 未曾說一字 若
구년 동설서설 즉진고 문자 즉해탈 삼백여회 미증설일자 약
著文字 見派迷源 若捨文字 望源迷派 源派 俱不迷 方入法性海
착문자 견파미원 약사문자 망원미파 원파 구불미 방입법성해
旣入法性海 無念智 現前 無念智現前 所向無礙 觸處皆通
기입법성해 무념지 현전 무념지현전 소향무애 촉처개통

(다른 책엔 개울을 이루었다고 되어있다.) 부처님께서 설하신 법은 진에도 해당하고 속에도 해당하니 속에 해당한 고로 해탈이 곧 문자여서 49년을 동설서설하시고 진에도 해당한 까닭에 문자가 곧 해탈이다. 300여 회에 일찍 한 글자도 설하지 않았다 하시니, 만약 문자에 집착하면 파(派, 줄기)만 보고 원(源, 근원)을 미할 것이요, 만약 문자를 버리면 근원만 보게 되어 줄기를 미하게 되니, 원과 파을 함께 미하지 않아야 바야흐로 법성해에 들어가게 되리라. 이미 법성해에 들어가서는 무념

지가 현전함이니 향하는 데마다 걸림이 없어서 부딪치는 곳마다 통하리라.

야부 終日忙忙 那事無妨 不求解脫 不樂天堂 但能一念歸無念
종일망망 나사무방 불구해탈 불락천당 단능일념귀무념
高步毗盧頂上行
고보비로정상행

 종일토록 바쁘고 바쁘나
 그 어느 일도 방해되지 않도다.
 해탈도 구하지 않고
 천당도 즐기지 않도다.
 다만 능히 한 생각 무념으로 돌아가면
 높이 비로의 정상을 걸어가리라.

설 無念智現 這邊那邊 打成一片 縛脫 無二 升沈 一際 旣得
무념지현 저변나변 타성일편 박탈 무이 승심 일제 기득
正因 但不認著 高步毗盧頂 自成眞快活
정인 단불인착 고보비로정 자성진쾌활

 무념지가 나타남이여, 이쪽과 저쪽을 쳐서 한 덩어리를 이룸이라. 속박과 해탈이 둘이 아니요, 떠오름과 잠김이 한 때로다. 이미 정인을 얻고서 다만 오인하지만 않는다면 비로 정상을 높이 걸어서 스스로 참다운 쾌활을 이루리라.

종경 因勝果勝 信心 明了無疑 人空法空 眞性 本來平等 直饒
인승과승 신심 명료무의 인공법공 진성 본래평등 직요
名相 雙泯 取捨兩忘 要且猶筏見 哦彈指 已超生死海 何須更覓
명상 쌍민 취사양망 요차유벌견 이탄지 이초생사해 하수갱멱

度人舟 善根成熟信無疑 取相求玄轉背馳 一念頓超空劫外 元來
도인주 선근성숙신무의 취상구현전배치 일념돈초공겁외 원래
不許老胡知
불허노호지

　원인도 수승하고 결과도 수승함이여. 믿는 마음이 명료해서 의심이 없으면 사람도 공하고 법도 공해져 진성이 본래 평등하도다. 설사 명과 상이 쌍으로 없어지고 취하고 버림을 둘 다 잊는다 해도 오히려 뗏목이 남아 있느니라. 이! 손가락을 튕기는 사이에 이미 생사해를 뛰어넘으니, 어찌 모름지기 다시 사람을 건네주는 배를 찾으리오.
　선근이 성숙하여 믿어 의심하지 않으니
　상을 취하고 현묘한 이치를 구하는 것이 더욱 배치됨이라.
　한 생각에 몰록 공겁 밖을 뛰어넘으니
　원래 노호(老胡, 달마)의 앎을 허락하지 않도다.

규봉 第三 斷無相云何得說疑 論 云向說不可以相 見佛 佛非有
　　　 제삼 단무상운하득설의 논 운향설불가이상 견불 불비유
爲 云何釋迦 得阿耨菩提 云何說法 斷 之文 二 一 問答斷疑
위 운하석가 득아뇩보리 운하설법 단 지문 이 일 문답단의
文四 擧疑因以問
문사 거의인이문

　<3>은 무상이라면 어떻게 설할 수 있겠는가 하는 의심을 끊음이다. 논에 따르면, 앞서 말하길 가히 상으로써 부처를 보지 못한다 했으니 부처님은 유위가 아니거늘 어찌 석가모니께서 아뇩보리를 얻었으며 어떻게 설법하는가 하는 것을 끊음이다. 문에 두 가지니, ㈎ 문답으로 의심을 끊는 것이다. 이것을 넷으로 나누면, ㉮ 의심의 원인을 들어 물은 것이다.

7. 무득무설분(無得無說分)
-얻을 것도 없고 설할 것도 없음-

須菩提 於意云何 如來 得阿耨多羅三藐三菩
提耶 如來 有所說法耶
"수보리야, 어떻게 생각하느냐? 여래가 위없는
정각을 얻었다고 여기느냐? 여래가 설한 법이
있다고 여기느냐?"

규봉 佛問得不 意顯不得 故 無著 云顯示翻於正覺取故 二 順
　　　 불문득불 의현부득 고 무착 운현시번어정각취고 이 순
實理以酬
실 이 이 수

　부처님께서 '얻었느냐?' 하고 물으심은 얻지 못함을 나타내기
위함이다. 그러므로 무착이 말하기를, 정각의 취함에서 뒤바꿈을
나타낸 연고라 했다. ㉯ 실다운 이치에 따라서 대답한 것이다.

須菩提 言 如我解佛所說義 無有定法名阿耨
多羅三藐三菩提 亦無有定法如來可說

수보리가 말했다.

"제가 알기로는 위없는 정각이라고 할 어떤 법이 없으며, 또한 여래께서 설했다고 할 어떤 법도 없습니다.

설 眞如佛性菩提涅槃 以至六度諦緣等一切名言 皆是對機不
　　　진여불성보리열반　이지육도제연등일체명언　개시대기부
得已之施設 就實而觀 初無伊麼事 又乘時有說 無實法與人
득이지시설 취실이관 초무이마사 우승시유설 무실법여인

　진여·불성·보리·열반으로써 육도·사제·십이인연(십이연기) 등 일체의 명언에 이르기까지 모두 근기에 따라서 부득이 설한 것이다. 사실에 나아가 관하면 아예 이러한 일은 없는 것이다. 또한 때에 따라 설함은 있으나 실다운 법으로써 사람에게 준 것은 아니다.

규봉 偈 云應化 非眞佛 亦非說法者
　　　　게　운응화　비진불　역비설법자

　게로 말하기를, 응신·화신은 진불이 아니며 또한 설법하는 이도 아니라 했다.

육조 阿耨多羅 非從外得 但心無我所 卽是也 祇緣對病設藥 隨
　　　　아뇩다라　비종외득　단심무아소　즉시야　기연대병설약　수
宜爲說 何有定法乎 如來 說 無上正法 心本無得 亦不言不得
의위설　하유정법호　여래　설　무상정법　심본무득　역불언부득
但爲衆生 所見 不同 如來 應彼根性 種種方便 開誘化導 俾其
단위중생　소견　부동　여래　응피근성　종종방편　개유화도　비기
離諸執著 指示一切衆生 妄心 生滅不停 逐境界動 前念 瞥起
이제집착　지시일체중생　망심　생멸부정　축경계동　전념　별기

後念 應覺 覺旣不住 見亦不存 若尒 豈有定法爲如來可說也 阿
후념 응각 각기부주 견역부존 약이 개유정법위여래가설야 아
者 心無妄念 耨多羅者 心無驕慢 三者 心 常在正定 藐者 心
자 심무망념 녹다라자 심무교만 삼자 심 상재정정 먁자 심
常在正慧 三菩提者 心常空寂 一念凡心 頓除 卽見佛性也
상재정혜 삼보리자 심상공적 일념범심 돈제 즉견불성야

아뇩다라는 밖으로부터 얻은 것이 아니고 다만 마음에 아소(我所, 내것)가 없으면 곧 이것이다. 다만 병에 따라 약을 베푸는 것으로 인하여, 마땅함을 따라서 설하시니 어찌 결정적인 법이 있으랴. 여래께서 말씀하시기를, 위없는 정법은 마음에 본래 얻을 것이 없으며 또한 얻지 못했다고도 말할 수 없으니, 다만 중생들의 소견이 같지 않으므로 여래가 근기에 따라 갖가지 방편으로 열어주고 달래고 이끌어주고 인도하시며 그들로 하여금 모든 집착을 떠나게 하신 것이다. 일체중생의 망심으로 일어나고 없어져 머물지 않고 경계를 쫓아 움직이는 고로 앞생각이 문득 일어나면 뒷생각이 바로 깨달을 것이니, 바로 망상이 일어난 줄 알면 이미 주하지 않음이라서 견도 또한 있지 않다고 가리켜 보이셨도다. 만약 그러할진댄 어찌 정한 법이 있어서 여래께서 가히 설했다 하겠는가? 아(阿, 無)란 것은 마음에 망념이 없음이요, 녹다라는 마음에 교만이 없음이고, 삼이란 마음이 항상 정정(正定)에 있음이요 먁이란 마음이 항상 정혜에 있음이고, 삼보리는 마음이 늘 공적해서 한 생각 범부의 마음을 몰록 제거하면 곧 불성을 보는 것이다.

야부 寒卽言寒 熱卽言熱
한 즉 언 한 열 즉 언 열

추우면 춥다고 말하고 더우면 덥다고 말하도다.

설 以有二乘說二乘 以有大乘說大乘 應物行權無定法 隨緣立
　　 이유이승설이승　이유대승설대승　응물행권무정법　수연립
理脫羅籠
리탈라롱

　　이승이 있으므로 이승을 설하고 대승이 있으므로 대승을 설하시니, 중생에 응하여 방편을 행함이니 결정적인 법은 없음이로다. 인연에 따라서 이치를 세우니 그물을 벗어나도다.

야부 雲起南山雨北山 驢名馬字幾多般 請看浩渺無情水 幾處隨
　　 　운기남산우북산　로명마자기다반　청간호묘무정수　기처수
方幾處圓
방기처원

　　구름은 남산에서 일고 비는 북산에서 내리니
　　나귀이름에 마자가 얼마나 많았는가.
　　청컨대 넓고 아득한 무정수를 보라.
　　몇 곳이 모났으며 몇 곳이나 둥글었는가.

설 依俙說諦緣 更爲談六度 以機不同 法亦無定 從此分開萬
　　 의희설제연　갱위담육도　이기부동　법역무정　종차분개만
種名 以無念智應羣機 半滿偏圓 多少說 多少說 曾無一字落
종명　이무념지응군기　반만편원　다소설　다소설　증무일자락
言詮
언전

　　그럴듯하게 사제, 십이인연을 설하시고 다시 육바라밀을 설하셨으니 근기가 같지 않음으로 법 또한 일정함이 없도다. 이로 쫓아 만 가지 이름으로 나누어졌도다. 무념지로써 온갖 근기에 응하시니 반교(半敎), 만자교(滿字敎), 편교(偏敎), 원교(圓敎)가 얼마나 많은가. 그 많은 말들이여, 일찍이 한 글자도 말에 떨어지지 않았도다.

규봉 三 釋無定法之言
　　　삼　석무정법지언

㈐ 결정적인 법이 없다는 말을 해석한 것이다.

何以故　如來所說法　皆不可取　不可說　非法
非非法

무슨 까닭인가 하오면, 여래께서 말씀하신 법은 모두가 파악할 수 없고 말로 설명할 수 없으며 법도 아닌 것이며 법 아닌 것도 아니기 때문입니다."

설 佛所說法　若說有相　若說無相　圓話自在　終不滯於一邊　所
　　　불소설법　약설유상　약설무상　원화자재　종불체어일변　소
以　不可取說　又佛所說法　謂是法　亦不是　謂非法　亦不是　若定
이　불가취설　우불소설법　위시법　역부시　위비법　역불시　약정
非法　渡河　須用筏　若定是法　到岸　不須船　所以　有時　道　至理
비법　도하　수용벌　약정시법　도안　불수선　소이　유시　도　지리
一言　革凡成聖　有時　道　三乘十二分敎　是什麽　熱椀鳴聲　金屎
일언　혁범성성　유시　도　삼승십이분교　시십마　열완명성　금시
之論　亦以此也
지론　역이차야

　부처님께서 설하신 법은 유상이라 설했거나 무상이라 설했거나 원만한 말(圓話)로 자재하여서 마침내 일변에 머물지 않

음이다. 그러므로 가히 취할 것이 아니며 설할 것도 아니니라. 또한 부처님께서 설하신 법은 '이 법'이라 말해도 옳지 않으며 '법이 아니다' 말해도 옳지 않으니, 만약 결정코 '법이 아니다' 말하면 강을 건너는 데는 모름지기 뗏목을 쓰는 것이요 만약 결정코 '이 법'이라 하면 언덕에 이른 후에는 배를 필요로 하지 않는 것이다. 이 까닭에 어떤 때에 말하길, '지극한 이치의 한 마디가 범부를 고쳐서 성인을 만든다' 하고 어떤 때는 말하길, '삼승 십이분교가 이 무엇인가? 뜨거운 그릇에 물 붓는 소리'라 하니 금과 시의 말도 또한 이것 때문이다.

규봉 無著 云不可取者 謂正聞時 不可說者 謂正說時 非法者
　　　무착 운불가취자 위정문시 불가설자 위정설시 비법자
分別性故 非非法者 法無我故 論 云彼法非法 依眞如義說 非法
분별성고 비비법자 법무아고 논 운피법비법 의진여의설 비법
者 一切法 無體相故 非非法者 彼眞如無我 實相有故 何故 唯
자 일체법 무체상고 비비법자 피진여무아 실상유고 하고 유
言說 不言證 有言說者 卽成證義故 若不證者 卽不能說
언설 불언증 유언설자 즉성증의고 약부증자 즉불능설

무착이 말하기를, 불가취란 정히 들을 때를 말함이고 불가설이란 정히 설할 때를 말함이다. 비법이란 분별성인 것이고 비비법이란 법에 아가 없는 까닭이다. 논에 말하길, 저 법과 비법은 진여에 의지하여 설한 것이니, 비법이란 일체의 법은 체상이 없기 때문이며 비비법이란 저 진여에 아가 없어서 실상이 있는 까닭이다. 그러면 무엇 때문에 오직 설만 말하고 증을 말하지 않는가? 설이라 말하는 것은 증득했다는 뜻이므로 만약 증득하지 못한 것은 능히 설할 수 없다고 했다.

육조 恐人 執著如來所說文字章句 不悟無相之理 妄生知解 故
　　　　공인　집착여래소설문자장구　불오무상지리　망생지해　고
言不可取 如來 爲化種種衆生 應機隨量 所有言說 亦何有定乎
언불가취　여래　위화종종중생　응기수량　소유언설　역하유정호
學人 不解如來深意 但誦如來所說敎法 不了本心 終不成佛 故
학인　불해여래심의　단송여래소설교법　불료본심　종불성불　고
言不可說也 口誦心不行 卽非法 口誦心行 了無所得 卽非非法
언불가설야　구송심불행　즉비법　구송심행　요무소득　즉비비법

　사람들이 여래께서 설하신 문자나 문구에 집착하여 무상의 이치를 깨닫지 못하고 망령되이 알음알이를 낼까 두려워하였으므로 불가취라 하셨다. 여래께서 갖가지 중생들을 교화하기 위하여 근기에 응하고 그 양에 따르시니 부처님이 설하신 언설이 또한 어찌 정함이 있겠는가. 학인이 여래의 깊은 뜻을 알지 못하고 다만 여래께서 설하신 교법을 외우고 여래의 본심을 요달하지 못하여 마침내는 성불하지 못하므로 불가설이라 하셨다. 입으로만 외우고 마음으로 행하지 않으면 곧 비법이요, 입으로 외우고 마음으로 행하여 마침내 얻을 바가 없음(無所得)을 요달하면 곧 비비법이라 한다.

부대사 菩提難言說 從來無得人 須依二空理 當證法王身 有心
　　　　　보리난언설　종래무득인　수의이공리　당증법왕신　유심
俱是妄 無執乃名眞 若悟非非法 逍遙出六塵
구시망　무집내명진　약오비비법　소요출육진

　보리가 말로 설함을 떠남이여,
　예로부터 얻은 사람이 없도다.
　모름지기 이공의 이치를 의지하여
　마땅히 법왕신을 증득하도다.
　유심은 모두 허망함이요

집착이 없어야 진이라 할 수 있으니,
만약 비비법을 깨달으면
소요자재하여 육진에서 벗어나리라.

야부 是甚麼
시 심 마

이것이 무엇이냐?

설 佛所說法 如水上 按胡蘆相似 觸著便轉 無定法可取 無定
불소설법 여수상 안호로상사 촉착변전 무정법가취 무정
法可說 若定說有 爭奈非有 若定說無 爭奈非無 旣非有無法 畢
법가설 약정설유 쟁나비유 약정설무 쟁나비무 기비유무법 필
竟是甚麼 又謂法謂非法 旣皆不是 畢竟是甚麼
경시심마 우위법위비법 기개불시 필경시심마

부처님께서 설하신 법은 물위에 뜬 표주박과 같아서 부딪치기만 해도 금방 움직이도다. 정한 법은 가히 취할 게 없으며 정한 법은 가히 설할 게 없으니, 만약 결정코 설할 것이 있다고 하면 비유(非有, 있지 않음)는 어찌하며 만약 결정코 설할 것이 없다면 비무(非無, 없지 않음)는 어찌하리오. 이미 유무의 법이 아닐진대 필경 무엇인가? 또 법이라 말하고 비법이라 말하는 것은 이미 다 옳지 않으니, 필경에 이 무엇인고?

야부 恁麼也不得 不恁麼也不得 廓落大虛空 鳥飛無影跡 咄 撥
임마야부득 불임마야부득 확락대허공 조비무영적 돌 발
轉機輪却倒廻 南北東西任往來
전기륜각도회 남북동서임왕래

이래도 옳지 않고 저래도 옳지 않으니
텅 빈 큰 허공에 새가 날아가나 자취가 없도다.

돌! 교화에 도리어 거꾸로 돌아가니
남북동서에 뜻대로 왕래하도다.

설 定有定無俱不是 莫向四句覓黃老 黃老 不坐四句中 不坐
　　정유정무구불시　막향사구멱황노　황노　부좌사구중　부좌
四句中 鳥飛空中無影迹 咄更須向鳥道裏轉身 始得 南北東西一
사구중　조비공중무영적　돌경수향조도이전신　시득　남북동서일
天地 莫分彊界任往來 又法與非法 二俱不是 二見 皆非佛本心
천지　막분강계임왕래　우법여비법　이구불시　이견　개비불본심
誰向空中覓鳥跡 咄縱然伊麼去 亦非佛本心 若也眞知佛本心 謂
수향공중멱조적　돌종연이마거　역비불본심　약야진지불본심　위
是法 亦不妨 謂非法 亦不妨
시법　역불방　위비법　역불방

　　결정코 있음과 결정코 없음이 모두 옳지 않으니 사구(四句)를 향해서 부처님을 찾지 말라. 부처님은 사구 가운데 앉아 있지 않으니 사구 중에 있지 않음이여, 새가 공중으로 날아가도 그림자 자취가 없도다. 돌! 다시 새가 날아간 그 길을 향해 몸을 굴려야 비로소 옳음이니 남북동서 천지에 경계를 나누지 않고 자유롭게 왕래하도다. 또 법과 비법이 둘 다 옳지 않으니 두 가지 견해가 모두 부처님의 본심이 아님이다. 누가 공중에서 새의 자취를 찾겠는가? 돌! 비록 이렇게 되더라도 또한 부처님의 본심이 아니니 만약 부처님의 본심을 참으로 알고자 한다면, 법이라 이를지라도 방해되지 않고 비법이라 해도 방해되지 않도다.

규봉 四 釋無取說之所以
　　　사　석무취설지소이

　㈜ 취하고 설할 게 없는 까닭을 해석한 것이다.

所以者 何 一切賢聖 皆以無爲法 而有差別

왜 그러냐면 온갖 현인이나 성인들이 모두 무위의 법에서 차별이 있기 때문입니다.

설 一切賢聖所證法 皆以無爲 有差別 而此差別 卽無爲 逈出
　　일체현성소증법 개이무위 유차별 이차차별 즉무위 형출
中間與二邊 伊麼則一味無爲法 在聲聞則名四諦 在緣覺則名因
중간여이변 이마즉일미무위법 재성문즉명사제 재연각즉명인
緣 在菩薩則名六度 六度因緣與四諦 一一無取不可說
연 재보살즉명육도 육도인연여사제 일일무취불가설

모든 현성이 증득한 법이 다 무위로서 차별을 두었으니 이 차별이 곧 무위로 중간과 이변을 멀리 벗어났도다. 이러한즉 한 맛의 무위법이 성문에 있은즉 사제이고 연각에 있은즉 십이인연이고 보살에 있은즉 육바라밀이니, 육도와 십이인연과 사제가 낱낱이 취할 것도 없고 설할 것도 없음이로다.

규봉 魏譯 云一切聖人 皆以無爲法 得名 論 云聖人 但依眞如
　　　위역 운일체성인 개이무위법 득명 논 운성인 단의진여
淸淨得名 非別得法 故無取說 而有差別者 論 云眞如 具足淸淨
청정득명 비별득법 고무취설 이유차별자 논 운진여 구족청정
分淸淨故 無著 云無爲者 無分別義 是故 菩薩 有學得名 如來
분청정고 무착 운무위자 무분별의 시고 보살 유학득명 여래
無學得名 初無爲者 折伏散亂時 顯了故 後無爲者 唯第一義者
무학득명 초무위자 절복산란시 현료고 후무위자 유제일의자
無上覺故 三乘賢聖 皆修證無爲 故 通說爲差
무상각고 삼승현성 개수증무위 고 통설위차

위역에 따르면, 모든 성인이 다 무위법으로 이름을 얻었다 하며 논에는, 성인이 다만 진여의 청정을 의지하여 이름을 얻

었고 달리 법을 얻지 않았으므로 취하고 설할 것이 없다고 했다. 이유차별이란 논에 따르면, 진여는 구족청정과 분청정(分淸淨, 부분 청정)인 까닭이라 하며, 무착은 무위란 무분별의 뜻이라고 말했다. 이 까닭에 보살은 유학으로 이름을 얻으며 여래는 무학으로 이름을 얻으니 처음의 무위란 산란이 항복할 때 환히 드러남이요, 나중의 무위란 오직 제일의자의 무상각인 까닭이다. 삼승현성이 모두 무위를 닦고 증득하므로 통틀어 차별이 된다고 설하신 것이다.

육조 三乘根性 所解不同 見有淺深 故言差別 佛說無爲法者 卽
삼승근성 소해부동 견유천심 고언차별 불설무위법자 즉
是無住 無住 卽是無相 無相 卽是無起 無起 卽是無滅 蕩然空
시무주 무주 즉시무상 무상 즉시무기 무기 즉시무멸 탕연공
寂 照用齊收 鑒覺無礙 乃眞是解脫佛性 佛 卽是 覺覺 卽是觀
적 조용제수 감각무애 내진시해탈불성 불 즉시 각각 즉시관
照 觀照 卽是智慧 智慧 卽是般若波羅蜜多
조 관조 즉시지혜 지혜 즉시반야바라밀다

　삼승들의 근성이 아는 바가 같지 않아 견해에 얕고 깊음이 있어서 차별이라 말한다. 부처님이 설하신 무위법이란 곧 무주이니, 무주가 곧 무상이며 무상이 곧 무기며 무기가 곧 무멸이다. 탕연히 공적하여 조와 용을 가지런히 거두며 깨달음에 걸림이 없는 것이 참다운 해탈불성이다. 부처는 곧 각이며 각은 곧 관조며 관조가 곧 지혜이며 지혜는 곧 반야바라밀다이다.

부대사 人法俱名執 了卽二無爲 菩薩 能齊證 聲聞 離一非 所
인법구명집 요즉이무위 보살 능제증 성문 이일비 소
知煩惱盡 空中 無所依 常能作此觀 證果定無疑
지번뇌진 공중 무소의 상능작차관 증과정무의

사람과 법이 모두 집착이라 하지만
요달하면 곧 둘 다 무위로다.
보살은 능히 함께 증득하고
성문은 하나의 그릇됨을 여의었도다.
소지장과 번뇌장이 다하면
공 가운데 의지할 게 없으니
항상 이런 관을 행하면
불과를 증득하매 결정코 의심할 게 없도다.

야부 毫釐有差 天地懸隔
　　　　호 리 유 차　천 지 현 격

털끝만큼이라도 차이가 있으면 천지만큼 벌어진다.

설 法雖一味 見有千差 所以千差 只在一念 一念之差 隔同天
　　　법수일미　견유천차　소이천차　지재일념　일념지차　격동천
地 雖然如是 天地一統 伊麼則金爲千器 器器皆金 旃檀萬片 片
지　수연여시　천지일통　이마즉금위천기　기기개금　전단만편　편
片皆香
편 개 향

　법은 비록 한 맛이나 견해에 천차가 있으니, 이 까닭에 천차가 단지 한 생각에 있음이다. 한 생각 차이에 나누어짐이 천지와 같으니 비록 이와 같으나 천지는 한 덩어리로다. 이러한즉 금으로 천 가지 그릇을 만들면 그 그릇그릇이 모두 금이요 전단향 나무 조각마다 모두 향이로다.

야부 正人 說邪法 邪法 悉歸正 邪人 說正法 正法 悉歸邪(歸
　　　정인　설사법　사법　실귀정　사인　설정법　정법　실귀사(귀

邪 一作皆邪) 江北成枳江南橘 春來都放一般花
사 일작개사) 강북성지강남귤 춘래도방일반화

  바른 사람이 삿된 법을 말하면
  사법이 다 정에 돌아오고
  삿된 사람이 정법을 설하면
  바른 법이 모두 사에 돌아가도다.
  강북에서는 탱자가 되고 강남에선 귤이 됨이여,
  봄이 오면 모두 똑같이 꽃을 피우도다.

설 一味無爲法 能正亦能邪 一種 分南北 南北 一般花
    일미무위법 능정역능사 일종 분남북 남북 일반화

  한 맛의 무위법이 능히 바르기도 하고 능히 삿되기도 한 것이다. 한 종자가 남북으로 갈렸지만 남북의 꽃은 한가지로다.

종경 得亦非說亦非 能仁機輪 電掣 取不可捨不可 空生舌本 瀾
      득역비설역비 능인기륜 전체 취불가사불가 공생설본 란
翻 且道 無爲法 爲甚麼有差別 萬古碧潭空界月 再三撈漉始應知
번 차도 무위법 위심마유차별 만고벽담공계월 재삼로록시응지

  얻는다는 것도 틀리고 설한다는 것도 또한 틀림이여. 능인(能仁, 부처님)의 기륜(機輪, 솜씨)이 번개가 치는 것과 같음이요, 취할 수도 없고 버릴 수도 없음이며 수보리의 혀뿌리가 물결침과 같도다. 또 일러라. 무위법이 무엇 때문에 차별이 있는가? 만고의 푸른 못에 뜬 허공의 달을 재삼 건져보아야 비로소 알겠는가?

설 得而無得 說而無說 神妙其機 電光 難能入手 取之不可取
    득이무득 설이무설 신묘기기 전광 난능입수 취지불가취

捨之不可捨 快然其舌 勇浪 能爲高下 此則且置 只如無爲法 爲
사지불가사 쾌연기설 용랑 능위고하 차즉차치 지여무위법 위

甚麽有差別 君今欲識無爲理 不離千差萬別中 雖然如是 但知空
심마유차별 군금욕식무위리 불리천차만별중 수연여시 단지공

月 落潭心 爭似癡猿枉勞形
월 낙담심 쟁사치원왕노형

얻되 얻음이 없으며 설하되 설함이 없으니 신묘한 근기여. 번개빛은 손에 넣기 어려움이요, 취할래야 취할 수 없고 버릴래야 버릴 수 없음이니, 쾌연한 그 혀는 사나운 물결이 능히 오르고 내리도다. 이것은 그만두고 다만 저 무위법은 무엇 때문에 차별이 있는가? 그대가 이제 무위의 이치를 알고자 하면 천차만별 중을 떠나야 하도다. 비록 이와 같으나 다만 허공의 달이 못 가운데 떨어짐을 알면 어찌 어리석은 원숭이가 헛되이 형상을 수고롭게 하는 것과 같으리오.

종경 雲捲秋空月印潭 寒光 無際與誰談 豁開透地通天眼 大道
운권추공월인담 한광 무제여수담 활개투지통천안 대도

分明不用參
분명불용참

구름 걷힌 가을하늘의 달이 못에 비치니
찬빛의 끝없음을 누구와 더불어 얘기할 것인가.
천지를 꿰뚫는 안목을 활짝 여니
대도가 분명하여 참구함을 따로 쓸 게 없도다.

설 若使空月不印潭 豈謂寒光廣無邊 照天照地含萬像 無窮此
약사공월불인담 개위한광광무변 조천조지함만상 무궁차

味 與誰談 但於頂門 能具眼 更向何處覓玄宗
미 여수담 단어정문 능구안 갱향하처멱현종

만약 허공의 달이 못에 비치지 않으면 어찌 찬 달빛이 넓고 끝이 없다고 말하겠는가? 하늘도 비추고 땅도 비춰서 만상을 머금고 있으니 무궁한 이 맛을 누구와 얘기할까? 다만 이마에 능히 지혜의 눈을 갖추었다면 다시 어느 곳을 향하여 현종을 찾으리오.

규봉 二 校量顯益 於中 有四 一 擧劣福以問
　　　　이 교량현익 어중 유사 일 거열복이문

㈏ 헤아려 이익을 나타냄이다. 그 중에 네 가지니, ㉮ 작은 복(劣福)을 들어서 묻는 것이다.

8. 의법출생분(依法出生分)
-법에 의하여 출생함-

須菩提 於意云何 若人 滿三千大千世界七寶
以用布施 是人 所得福德 寧爲多不

"수보리야, 어떻게 생각하느냐? 어떤 사람이 삼천대천세계에 가득한 일곱 가지 보배를 써서 보시를 하면 이 사람이 얻는 복덕이 많지 않겠느냐?"

규봉 俱舍偈 云四大洲日月 蘇迷盧欲天 梵世各一千 名一小千
구사게 운사대주일월 소미로욕천 범세각일천 명일소천
界 此小千千倍 說名一中千 此千倍大千 皆同一成壞 七寶者 金
계 차소천천배 설명일중천 차천배대천 개동일성괴 칠보자 금
銀琉璃珊瑚碼碯赤眞珠玻瓈 二 釋福多以酬
은유리산호마뇌적진주파려 이 석복다이수

 구사론 게송에, 사대주의 일월과 수미산의 욕천과 범세천의 각각 일천을 일소천세계라 하고 이 소천의 천배를 중천세계라 하며, 이것의 천배를 대천세계라 하니 모두 생겨났다가 무너진다고 했다. 칠보란 금·은·유리·산호·마노·적진주·파려를 말한다.

㈏ 복이 많음을 해석하여 답한 것이다.

須菩提 言 甚多 世尊 何以故 是福德 卽非福
德性 是故 如來 說福德多
수보리가 대답하였다.
"매우 많겠습니다. 세존이시여, 왜냐하면 이 복덕은 곧 복덕성이 아니므로 이런 까닭에 여래께서 복덕이 많다고 하시는 것입니다."

규봉 無著 云是福者 標牒 卽非者 約勝義空 是故者 約世俗有
　　　무착 운시복자 표첩 즉비자 약승의공 시고자 약세속유

무착이 말하기를, '시복덕'이란 거듭 말하는 것을 표시하는 것이고, '즉비'라는 것은 승의공(勝義空, 출세간적이고 진리적인 공)을 잡음이요 '시고'란 세속유(世俗有, 세속에 있음)을 잡음이라 했다.

육조 三千大千世界七寶 持用布施 得福 雖多 於性上 一無利益
　　　삼천대천세계칠보 지용보시 득복 수다 어성상 일무이익
依摩訶般若波羅蜜多修行 令自性 不墮諸有 是名福德性 心有能
의마하반야바라밀다수행 영자성 불타제유 시명복덕성 심유능
所 卽非福德性 能所心 滅 是名福德性 心依佛敎 行同佛行 是
소 즉비복덕성 능소심 멸 시명복덕성 심의불교 행동불행 시
名福德性 不依佛敎 不能踐履佛行 卽非福德性
명복덕성 불의불교 불능천이불행 즉비복덕성

삼천대천세계의 칠보를 가지고 보시에 쓰면 복 얻음이 비록

많으나 성품자리에는 하나도 이익됨이 없다. 마하반야바라밀다를 의지하여 수행하며, 자성으로 하여금 모든 유에 떨어지지 않으면 이를 복덕성이라 이름한다. 마음에 능소가 있으면 복덕성이 아니요 능소심이 끊어져야 복덕성이다. 마음에 부처님의 가르침을 의지하고 행이 부처님의 행과 같으면 이를 복덕성이라 이름하고, 부처님의 가르침을 의지하지 않고 능히 부처님의 행을 실천하고 이행하지 않으면 곧 복덕성이 아닌 것이다.

규봉 三 判經福超過
삼 판경복초과

㈁ 경의 복이 넘침을 판단하는 것이다.

若復有人 於此經中 受持乃至四句偈等 爲他
人說 其福 勝彼

"만약 또 어떤 사람이 이 경 가운데서 사구게만 받아 지녀 남을 위해 설해도 그 복이 일곱 가지 보배를 보시한 복덕보다 나으리니,

설 福德性者 離能所絶是非 泯存亡無得失 眞淨無漏者 是 如
복덕성자 이능소절시비 민존망무득실 진정무루자 시 여

是福德 等空難量 絶對無倫 不應以多少待對之言 稱之 今則反
시복덕 등공난량 절대무륜 불응이다소대대지언 칭지 금즉반

是 只可說名爲多 不應以無量無邊 稱之 若能持經悟理 行無住
시 지가설명위다 불응이무량무변 칭지 약능지경오리 행무주

行 則所作 出於無心 行行 一一淸淨 所感福德 宜其眞淨無漏
행 즉소작 출어무심 행행 일일청정 소감복덕 의기진정무루
而終無有極也 故 前 讚云 若菩薩 不住相布施 其福德 不可思量
이종무유극야 고 전 찬 운 약보살 부주상보시 기복덕 불가사량

　　복덕성이란 능소를 떠나 시비를 끊으며 존망을 없애고 득실
도 없애서 진정한 무루가 이것이다. 이 같은 복덕은 허공과 같
아서 헤아리기 어려우며 상대가 끊어지고 짝할 수 없어서 응당
히 다소나 상대로써 일컫지 못하리니, 지금엔 이와 반대로 다
만 가히 많다고 설할지언정 마땅히 무량무변으로써 칭하지 못
함이로다. 만약 능히 경을 가지고 이치를 깨달아서 무주행을
행하면 그 짓는 바가 무심에서 나와서 행마다 낱낱이 청정함이
다. 감득한 복덕이 마땅히 참답고 깨끗하고 새는 것이 없어서
마침내 다함이 없다. 그러므로 앞에서 찬탄하며 말하길, 만약
보살이 상에 주하지 않고 보시하면 그 복덕이 가히 헤아릴 수
없다고 하셨다.

규봉 偈 云受持法及說 不空於福德 福不趣菩提 二能趣菩提 四
　　　 게 운수지법급설 불공어복덕 복불취보리 이능취보리 사
句偈者 但於四句 詮義究竟 卽成四句偈 如經 凡所有相 皆是虛
구게자 단어사구 전의구경 즉성사구게 여경 범소유상 개시허
妄 若見諸相非相 則見如來 此最妙也 然 但義具四句 持說 卽
망 약견제상비상 즉견여래 차최묘야 연 단의구사구 지설 즉
趣菩提 文或增減 不必唯四 義若闕者 則互成謗
취보리 문혹증감 불필유사 의약궐자 즉호성방

　　게로 말하길, 법을 수지하고 또 설한다는 것은 복덕이 헛되
지 않음이니 복은 보리에 나아가지 않거니와 수지하고 설함은
보리에 나간다고 했다. 사구게란 다만 네 구절의 뜻을 전해 마
치면 곧 사구게를 이루도다. 저 경에 '범소유상 개시허망 약견

제상비상 즉견여래'가 가장 묘함이다. 그러나 다만 뜻이 사구를 갖추면 수지와 설함이 곧 보리에 나아가는 것이니, 글이 혹 더하고 감함이 있더라도 굳이 사구일 필요는 없거니와, 만약 뜻이 완전치 못하면 곧 서로 비방을 이루게 되리라.

육조 十二部敎大意 盡在四句之中 何以知其然 以諸經中 讚歎
　　　 십 이 부 교 대 의　 진 재 사 구 지 중　 하 이 지 기 연　 이 제 경 중　 찬 탄
四句偈 卽是摩訶般若波羅蜜多 以摩訶般若 爲諸佛母 三世諸佛
사 구 게　 즉 시 마 하 반 야 바 라 밀 다　 이 마 하 반 야　 위 제 불 모　 삼 세 제 불
皆依此經修行 方得成佛 般若心經 云三世諸佛 依般若波羅蜜多
개 의 차 경 수 행　 방 득 성 불　 반 야 심 경　 운 삼 세 제 불　 의 반 야 바 라 밀 다
故得阿耨多羅三藐三菩提 從師所學曰受 解義修行曰持 自解自
고 득 아 뇩 다 라 삼 먁 삼 보 리　 종 사 소 학 왈 수　 해 의 수 행 왈 지　 자 해 자
行是自 利爲人演說 是利他 功德 廣大 無有邊際
행 시 자　 리 위 인 연 설　 시 리 타　 공 덕　 광 대　 무 유 변 제

　12부 가르침의 큰 뜻이 모두 사구게 안에 있으니 어찌 그러함을 아는가? 모든 경 중의 사구게를 찬탄함이 곧 이 마하반야바라밀다이니, 이로써 마하반야는 모든 부처님들의 어머니가 되는지라, 삼세제불이 다 이 경을 의지해서 수행하여 바야흐로 성불하셨다. 그래서 반야심경에 '삼세제불이 다 이 반야바라밀다를 의지하여 아뇩다라삼먁삼보리를 얻었다' 하신 것이다. 스승으로부터 배우는 것을 수(受)라 하고 뜻을 이해하여 수행함은 지(持, 실천)라 한다. 스스로 이해하고 스스로 행함은 자리요, 남을 위해 연설하는 것은 이타이니 공덕이 광대하여 끝이 없느니라.

야부 事向無心得
　　　 사 향 무 심 득

일은 무심에서 이루어진다.

설 信此經則無我理顯 知無我則心無異緣 心無異緣則胸中 洒
　　신차경즉무아이현　지무아즉심무이연　심무이연즉흉중　주
落 淸淨如空 心旣淸淨則諸佛祖 神通機用 自餘無量妙義 前所
락　청정여공　심기청정즉제불조　신통기용　자여무량묘의　전소
未獲 皆從斯得
미획　개종사득

이 경을 믿으면 무아의 이치가 드러나고, 무아를 알면 마음에 다른 인연이 없으며, 마음에 다른 인연이 없으면 마음이 깨끗하여 청정함이 허공과 같고, 마음이 이미 청정하면 모든 부처님과 조사들의 신통기용과 그 밖의 무량한 뜻, 전에 얻지 못한 것들을 모두 이로부터 얻으리라.

야부 寶滿三千及大千 福緣 應不離人天 若知福德元無性 買得
　　　보만삼천급대천　복연　응불리인천　약지복덕원무성　매득
風光不用錢
풍광불용전

　삼천대천세계를 채울 만한 보배로 보시하더라도
　복의 인연은 인간과 천상을 여의지 않으니
　원래 복덕의 성품이 없음을 알면
　본지풍광을 사는데 돈을 쓰지 않으리라.

설 七寶 人世之所重也 捨施 人情之所難也 今以七寶 滿三千
　　칠보　인세지소중야　사시　인정지소난야　금이칠보　만삼천
而施之 可謂能所難能也然其行施也 如未契於無念眞宗 則其感
이시지　가위능소난능야연기행시야　여미계어무념진종　즉기감
果也 但是人天有漏之報而已 若依此經 知福性空 則不因施功
과야　단시인천유루지보이이　약의차경　지복성공　즉불인시공

本地風光 自然呈露
본지풍광 자연정로

 칠보는 인간 세상에서 소중히 여기는 것이고, 보시를 베푸는 것은 사람의 마음으로 행하기 어려운 것이거늘, 지금 칠보로써 삼천세계에 가득히 베푸니 가히 어려운 것을 능히 행하는 것이다. 그러나 보시를 행하는 것이 만약 무념의 진종에 계합하지 않으면 곧 그 감득한 과보가 다만 인간과 천상에 나는 유루의 과보이거니와 만약 이 경을 의지해서 복덕성의 공함을 알면 베푸는 공으로 인하지 않아도 본지풍광이 자연히 드러나게 된다.

규봉 四 釋超過所以 於中 二 一 正釋
　　　사 석초과소이 어중 이 일 정석

 ㉣ 복이 넘치는 까닭을 해석하는 것이다. 이 중에 둘이 있으니, 첫째, 바른 해석이다.

何以故 須菩提 一切諸佛 及諸佛阿耨多羅三
藐三菩提法 皆從此經出
 그 까닭은 수보리야, 일체 모든 부처님과 부처님의 아뇩다라삼먁삼보리법이 모두 이 경으로부터 나왔기 때문이니라."

설 祇這一卷經 量包大虛 體遍一切 佛之與法 玄根 在茲 又
　　지저일권경 양포대허 체편일체 불지여법 현근 재자 우

三身之佛 人性中固有 但以無明所覆 不能顯現 今以智慧嘴 啄
삼신지불 인성중고유 단이무명소복 불능현현 금이지혜취 탁

破無明殼 三身之佛 當處現前
파무명각 삼신지불 당처현전

다만 이 한 권의 경은 그 모양이 태허를 에워싸고 그 체가 일체에 두루하니 부처님과 법의 현묘한 뿌리가 바로 여기 있기 때문이다. 또 삼신의 부처님은 사람의 성품 가운데 다 있지만 다만 무명으로 덮여서 능히 나타내지 못하다가 이제 지혜의 부리로써 무명의 껍질(殼)을 쪼아 깨뜨리면 삼신의 부처님이 그 자리에 나타나시도다.

규봉 諸佛菩提法者 論 云名爲法身 於彼法身 此二 能作了因
제불보리법자 논 운명위법신 어피법신 차이 능작료인

一切諸佛者 卽報化身 論 云於此 能爲生因
일체제불자 즉보화신 논 운어차 능위생인

'제불의 보리법'이란 논에 따르면, 법신이라 이름하니, 저 법신에 이 두 가지가 능히 성숙한 인을 짓는다고 했다. '일체제불'이란 곧 보신과 화신을 이르니, 논에 따르면, 이에 능히 덜 성숙된 인이라 했다.

육조 此經者 非指此一卷之文 要顯佛性 從體起用 妙利無窮 般
차경자 비지차일권지문 요현불성 종체기용 묘리무궁 반

若者 卽智慧也 智以方便 爲功 慧以決斷 爲用 卽一切時中 覺
야자 즉지혜야 지이방편 위공 혜이결단 위용 즉일체시중 각

照心 是 一切諸佛 及阿耨多羅三藐三菩提法 皆從覺照中生 故
조심 시 일체제불 급아뇩다라삼막삼보리법 개종각조중생 고

云從此經出
운종차경출

차경이란 이 한 권의 글을 가리킴이 아니다. 요는 불성이 체

로부터 용을 일으켜서 묘한 이치가 무궁함을 나타낸 것이니, 반야란 곧 지혜이다. 지는 방편으로 덕을 삼음이다. 혜는 지혜의 결단으로서 작용을 삼음이니, 곧 모든 시간 가운데 깨달아 비추는 마음이 이것이다. 일체제불과 아뇩다라삼먁보리가 깨달아 비치는 곳으로부터 나오는 까닭에 '이 경으로부터 나온다' 하신 것이다.

야부 且道 此經 從甚麼處出 須彌頂上 大海波心
　　　　차도　차경　종심마처출　수미정상　대해파심

또 말하라. 이 경은 어느 곳으로부터 왔는가?
수미산의 정상이요 대해의 파도 중심이로다.

설 人 但知有子 不知有父 雖知有父 亦不知有祖在 須彌頂上
　　　인　단지유자　부지유부　수지유부　역부지유조재　수미정상
大海波心 豈不是祖之面目 須彌頂上 形名不到 大海波心 嶷然
대해파심　개불시조지면목　수미정상　형명부도　대해파심　억연
千差 嶷然千差 浩浩沒涯岸 形名不到 巍巍杳難攀 到這裏 佛佛
천차　억연천차　호호몰애안　형명부도　외외묘난반　도저이　불불
祖祖 計較不成 一切物類 比況不及
조조　계교불성　일체물류　비황불급

사람들이 단지 자식 있음만 알고 아비 있음은 알지 못하며, 비록 아비가 있음은 알지만 또한 할아버지가 있음은 알지 못하니, 수미산의 정상과 대해의 파도 중심이 어찌 할아버지의 면목이 아니리오. 수미 정상은 형상이나 이름으로써 이르지 못하고 대해파심이 억연(嶷然, 높이 빼어나고 아주 뛰어난 모양)히 천만차별이로다. 억연한 천차여, 넓고 넓어 가이없고 형상과 이름이 이르지 못하니 높고 아득하여 잡고 오르기 어렵도다. 여

기에 이르러서는 부처와 부처, 조사와 조사가 헤아리지 못하며 일체의 어떤 사물로도 비교할 수 없는 것이다.

야부 佛祖垂慈實有權 言言 不離此經宣 此經出處 還相委 便向
　　　불조수자실유권 언언 불리차경선 차경출처 환상위 변향
空中駕鐵船(空中　他本　作雲中) 切忌錯會
공중가철선(공중　타본　작운중) 절기착회

　불조께서 자비를 베푸시어 진실에서 방편을 두시니
　말씀 말씀이 다 이 경을 떠나지 않고 베푸셨도다.
　이 경의 출처를 자세히 아는가?
　문득 하늘을 향해 철선을 몰고 갈지니라.
　간절히 바라노니 잘못 알지 말지어다.

설　頓獲大事了　灰頭土面伊麼來　爲霑枯槁洒甘露　滴滴　皆從
　　　돈획대사료　회두토면이마래　위점고고쇄감로　적적　개종
此經出　知得此經出處已　好向芳草岸頭行　切忌錯會　有甚錯會
차경출　지득차경출처이　호향방초안두행　절기착회　유심착회
無雲生嶺上　有月落波心　有月落波心　上界　光不歇　無雲生嶺上
무운생영상　유월락파심　유월락파심　상계　광불헐　무운생령상
舒卷 也尋常
서 권　야 심 상

　큰 일(깨달음)을 몰록 얻어 마치고는, 재 묻은 머리와 흙 묻은 얼굴로 이렇게 와서, 마른 나무들을 적시기 위해 감로를 뿌리니 그 방울방울이 모두 이 경으로부터 나왔도다. 이 경의 출처를 알고 나서 저 방초언덕을 향해 거닐지니라.
　간절히 잘못 안 것을 꺼려함이여,
　무슨 잘못 알 것이 있으리오.
　구름이 없으면 산봉우리가 드러나고

달이 있으면 파도 중심에 떨어진다.
달이 있으면 파도의 중심에 떨어짐이여,
하늘에는 그 빛이 쉬지 않음이요.
구름이 없으면 산봉우리가 들어남이여,
그 펴고 거둠은 늘 있는 일이로다.

규봉 二 轉釋
　　　이　전　석

둘째, 전전히 해석한 것이다.

須菩提 所謂佛法者 卽非佛法

"수보리야, 불법이라 하는 것도 곧 불법이 아니니라."

설 眞性 不碍緣起 經能出生佛法 緣起不礙 眞性佛法 卽非佛法
　　진 성　불 애 연 기　경 능 출 생 불 법　연 기 불 애　진 성 불 법　즉 비 불 법

진성은 연기에 걸리지 않으니 경이 능히 불법을 출생함이요,
연기가 진성에 걸리지 않으니 불법이 곧 불법이로다.

규봉 第一義中 無有佛法 從經出也
　　　제 일 의 중　무 유 불 법　종 경 출 야

제일의 가운데엔 불법이 경으로부터 나온 것이 없느니라.

육조 此說一切文字章句 如標如指 標指者 是影響之義 依標取
차설일체문자장구 여표여지 표지자 시영향지의 의표취
物 依指觀月 月不是指 標不是物 但依經取法 經不是法 經文
물 의지관월 월불시지 표불시물 단의경취법 경불시법 경문
卽肉眼可見 法 卽慧眼 能見 若無慧眼者 但見其經 不見其法
즉육안가견 법 즉혜안 능견 약무혜안자 단견기경 불견기법
卽不解佛意 旣不解佛意 終不成佛道
즉불해불의 기불해불의 종불성불도

여기서 말한 일체의 문자 장구가 표식과 같고 손가락과 같으니, 표식과 손가락은 그림자나 메아리의 뜻이다. 표식을 의지해서 사물을 취하고 손가락을 의지하여 달을 보는 것이니 달은 이 손가락이 아니요 표식은 이 사물이 아닌 것이다. 다만 경문을 의지하여 법을 취하는 고로 경은 곧 이 법이 아닌 것이어서, 경문은 육안으로 볼 수 있지만, 법은 혜안이라야 볼 수 있도다. 만약 혜안이 없는 자는 다만 그 경만 보고 그 법은 보지 못한다. 만약 그 법을 보지 못하면 곧 부처님의 뜻을 알지 못함이니, 이미 부처님의 뜻을 알지 못하면 마침내 불도를 이루지 못하리라.

부대사 寶滿三千界 齎持作福田 唯成有漏業 終不離人天 持經
보만삼천계 재지작복전 유성유루업 종불리인천 지경
取四句 與聖作良緣 欲入無爲海 須乘般若船
취사구 여성작양연 욕입무위해 수승반야선

　삼천세계를 가득 채울 보물로
　복을 짓더라도
　단지 유루의 업을 이루는 것이라서
　마침내 인천을 떠나지 않거니와
　경을 수지하고 사구를 취하면

성인과 더불어 좋은 인연을 지으니,
무위의 바다에 들고자 하면
모름지기 반야선을 탈 것이니라.

야부 能將蜜果子 換汝苦胡蘆
　　　　능장밀과자　환여고호로

능히 단 과자를 가지고 너의 쓴 호로와 바꾸도다.

설 佛法也 如彼蜜果子 非佛法也 如彼苦胡蘆 佛非佛法非法
　　 불법야　여피밀과자　비불법야　여피고호로　불비불법비법
如將蜜果 換苦胡蘆 更知道䚷果 徹蔕䚷 苦胡 連根苦
여장밀과　환고호로　갱지도첨과　철체첨　고호　연근고

　불법이 저 단 과자와 같고, 비불법은 저 쓴 호로와 같도다.
불이 불이 아니고 법이 법이 아님이여, 단 과자를 가지고 쓴 호로와 바꿈과 같거니와, 다시 단 과일은 꼭지까지 달고 쓴 호로는 뿌리까지 쓴 것을 알지니라.

야부 佛法非法 能縱能奪 有放有收 有生有煞 眉間 常放白毫光
　　　　불법비법　능종능탈　유방유수　유생유살　미간　상방백호광
癡人 猶待問菩薩
치인　유대문보살

　불법이 법이 아님이여,
　능히 놓아두기도 하고 능히 뺏기도 함이라.
　놓아두기도 하고 거두기도 하며
　살리기도 하고 죽이기도 하도다.
　눈썹 사이에서 항상 백호광을 놓거늘
　어리석은 이들은 오히려 보살에게 묻도다.

설 左之右之 能方能圓 鷺鷥立雪非同色 崑崙騎象稍依俙 人
좌지우지 능방능원 노자립설비동색 곤륜기상초의희 인

人 盡有一雙眉 一雙眉際 放毫光 放毫光 本現成 何須向外空尋覓
인 진유일쌍미 일쌍미제 방호광 방호광 본현성 하수향외공심멱

좌로 가고 우로 가고, 능히 모나기도 하고 둥글기도 하도다. 백로가 눈 속에 서 있으나 같은 색이 아니요, 곤륜이 코끼리를 타니 조금은 비슷하도다. 사람사람이 다 한 쌍의 눈썹이 있어서 한 쌍의 미간에 백호광을 놓음이로다. 백호광을 놓음이여, 본래 이루었는데 어찌 모름지기 밖을 향해 부질없이 찾으리오.

종경 寶滿三千 財施 有盡 偈宣四句 法施 無窮 發生智慧光明
보만삼천 재시 유진 게선사구 법시 무궁 발생지혜광명

流出眞如妙道 所以 稱揚德勝 了達性空 徹諸佛之本源 豁一經
유출진여묘도 소이 칭양덕승 요달성공 철제불지본원 활일경

之眼目 還見四句親切處麼 眞性 洞明依般若 不勞彈指證菩提
지안목 환견사구친절처마 진성 동명의반야 불로탄지증보리

徒將七寶施三千 四句親聞了上根 無量劫來諸佛祖 從茲超出涅
도장칠보시삼천 사구친문료상근 무량겁래제불조 종자초출열

槃門
반문

삼천세계에 가득찬 보물로 재물을 보시하는 것은 다함이 있고 사구를 게송으로 법보시 하는 것은 다함이 없음이니 지혜의 광명을 발해서 진여의 묘한 도리를 흘러 보냄이로다. 이 까닭에 덕의 수승함을 드날려서 성의 공함을 깨닫고 모든 부처님의 본원에 사무치면 금강경의 안목이 활연히 열리게 되니, 사구의 친절함을 도리어 보는가? 참된 성품이 훤히 밝아서 반야를 의지하니 수고롭게 손가락을 튕기지 않고도 보리를 증득하도다.

한갓 칠보로서 삼천세계에 보시하기보다

사구를 직접 들으면 상근을 요달하도다.
무량겁래로 모든 부처님과 조사께서는
이로부터 열반의 문을 뛰어 넘으셨도다.

설 徒將七寶施三千 但是人天有漏因 四句親聞了上根 當證無
　　도장칠보시삼천　단시인천유루인　사구친문료상근　당증무

餘大涅槃 淸淨無餘大涅槃 佛祖皆因四句證
여대열반　청정무여대열반　불조개인사구증

한갓 칠보를 보시하나 이는 인간과 천상의 유루인이 되거니와, 사구를 친히 듣고 상근을 요달하면 마땅히 무여의 열반을 증득하리라. 청정하고 무여한 대열반은 불조가 모두 사구로 인해서 증득하신 것이다.

규봉 第四 斷聲聞得果是取疑 論 云向說聖人 以無爲法 得名
　　　　제사　단성문득과시취의　논　운향설성인　이무위법　득명

故 法不可取說 云何聲聞 各取自果 如證而說 斷之 文 四 一
고　법불가취설　운하성문　각취자과　여증이설　단지　문　사　일

入流果
입류과

<4>는 성문이 과를 얻는 것도 취하는 것이 아닌가 하는 의심을 끊는 것이다. 논에 따르면, 앞에서 '성인이 무위법으로 이름을 얻었다' 했으므로 법은 가히 취하여 설하지 못하거늘 어떻게 성문이 각각 자기의 성과를 취하여 증득한 바대로 설할까 하는 의심을 끊는 것이다. 네 가지로 나누면, ㈎ 입류과이다.

9. 일상무상분(一相無相分)
-하나의 상도 상이 아님-

須菩提 於意云何 須陀洹 能作是念 我得須陀
洹果不
"수보리야, 어떻게 생각하느냐? 수다원이 능히 이런 생각을 하되, 내가 수다원의 지위를 얻었다 하는가?"

육조 須陀洹者 梵語 唐言 逆流 逆生死流 不染六塵 一向修無
　　　 수다원자 범어 당언 역류 역생사류 불염육진 일향수무
漏業 得麤重煩惱不生 決定不受地獄畜生修羅異類之身 名須
루업 득추중번뇌불생 결정불수지옥축생수라이류지신 명수
陀洹果 若了無相法 卽無得果之心 微有得果之心 卽不名須陀洹
다원과 약료무상법 즉무득과지심 미유득과지심 즉불명수다원
故 言不也
고 언불야

　수다원(須陀洹, 성문의 류에 들어섬)이란 범어이고 당언으로는 역류니, 생사의 흐름을 거슬러서 육진에 물들지 않고 한결같이 무루업만 닦아서 거칠고 무거운 번뇌를 나지 않게 하여, 결정코 지옥·아귀·축생 등 이류의 몸을 받지 않으므로 수다

원이라 이름했다. 만약 무상법을 요달하면 곧 과를 얻었다는 마음이 없으리니, 조금이라도 과를 얻었다는 마음이 있으면 곧 수다원이라 이름할 수 없으므로 '불야'라고 말씀하신 것이다.

須菩提 言 不也 世尊 何以故 須陀洹 名爲入流 而無所入 不入色聲香味觸法 是名須陀洹
수보리가 대답하였다.
"아닙니다. 세존이시여, 왜냐하면 수다원은 성인의 경지에 들어간 이들이지만 들어간 바가 없으니 눈에 보이는 대상인 물질적 형체와 귀에 들리는 대상인 소리, 코에 맡아지는 대상인 냄새, 혀에 느껴지는 맛, 피부에 닿는 촉감, 그리고 기억의 대상에 들어가지 않으므로 이름하여 수다원이라 합니다."

육조 流者 聖流也 須陀洹人 已離麤重煩惱故 得入聖流 而無所
유자 성류야 수다원인 이이추중번뇌고 득입성류 이무소
入者 無得果之心也 須陀洹者 乃修行人 初果也
입자 무득과지심야 수다원자 내수행인 초과야
'류'란 것은 성인의 무리라는 뜻이니 수다원은 이미 거친 번뇌를 여읜 까닭에 성류에 들어간 것이요, '이무소입'이라 함은 과를 얻었다는 마음이 없는 것이니, 수다원이란 수행인의 첫 결과이다.

규봉 須陀洹 此云入流 入聖流故 亦云預流 預聖流故 秖由不入
수다원 차운입류 입성류고 역운예류 예성류고 지유불입
六塵 名入聖流 不是別有所入故 論 云聖人 得果 不取一法 不
육진 명입성류 불시별유소입고 논 운성인 득과 불취일법 불
取六塵境界 故名逆流 乃至羅漢 不取一法 以是義故 名阿羅漢
취육진경계 고명역류 내지나한 불취일법 이시의고 명아라한
然 非不取無爲自果 但於證時 離取我等煩惱 是故 無如是心我
연 비불취무위자과 단어증시 이취아등번뇌 시고 무여시심아
能得果 若起如是心我能得果 卽爲著我人等 故知得果 是不取義
능득과 약기여시심아능득과 즉위착아인등 고지득과 시불취의
何得疑云是取 二 一來果
하득의운시취 이 일래과

수다원은 여기에서 입류라 하니, 성류에 들어간 까닭이며 또한 예류라 이르니, 성류에 참예한 까닭이다. 다만 육진에 들어가지 않음을 이름하여 성류에 들어갔다 함이니 따로 들어간 바가 있지 않는 까닭이다. 논에 따르면, 성인의 과를 얻음에 일법도 취하지 않으며 육진 경계도 취하지 않은 고로 역류(逆流, 생사류를 거스름)라 명하며, 내지 아라한들도 한 법도 취하지 않음을 아라한이라 이름하도다. 그러나 무위인 자과(自果)를 취하지 아니함이 없되, 다만 증득할 때 아를 취하는 등의 번뇌를 여의는 고로 '이와 같이 내가 능히 과를 얻었다하는 마음이 없다' 하시니 만약 이와 같이 내가 과를 얻었다는 마음을 일으키면 곧 아상, 인상 등에 집착함이 되는 것이다. 그러므로 알라. 과를 얻었다는 것은 불취의 뜻이거늘 어찌 의심에서 말하길 '취했다' 하겠는가. (나) 일래과이다.

須菩提 於意云何 斯陀含 能作是念 我得斯陀

含果不 須菩提 言 不也 世尊 何以故 斯陀含
名一往來 而實無往來 是名斯陀含

"수보리야, 어떻게 생각하느냐? 사다함이 능히 이런 생각을 하되 내가 사다함과를 얻었다 하겠느냐?"

수보리가 대답하였다.

"아닙니다. 세존이시여, 왜냐하면 사다함은 한 번 갔다가 되돌아오는 이들이지만 실로 갔다가 되돌아옴이 없으므로 이름하여 사다함이라 합니다."

규봉 斯陀含 此云一來 斷欲界六品修惑 從此命終 一往天上 一
　　　 사다함 차운일래 단욕계육품수혹 종차명종 일왕천상 일
來人間 便得斯陀含果 故名一來 而實無來者 已悟無我 誰能往來
래인간 변득사다함과 고명일래 이실무래자 이오무아 수능왕래

사다함은 일왕래(한번 갔다 옴)한다는 말이니, 욕계의 육품 수도혹을 끊고 이로써 목숨을 마치면 한번 천상에 가서 나고 한번 인간으로 와서 곧 사다함과를 얻으므로 일래라 한다. '이실무래(而實無來, 실로 온 것이 없다)'란 이미 무아를 깨달았으니 누가 능히 왕래하리오.

육조 斯陀含者 梵語 唐言 一往來 捨三界結縛 三界結盡 故名
　　　 사다함자 범어 당언 일왕래 사삼계결박 삼계결진 고명
斯陀含 斯陀含 名一往來 從天上却到 人間生 從人間死却 生
사다함 사다함 명일왕래 종천상각도 인간생 종인간사각 생

天上竟出 生死 三界業盡 名斯陀含果 大乘斯陀含者 目覩諸境
천상경출 생사 삼계업진 명사다함과 대승사다함자 목도제경
心有一生一滅 無第二生滅 故名一往來 前念起妄 後念卽止 前
심유일생일멸 무제이생멸 고명일왕래 전념기망 후념즉지 전
念有著 後念卽離 實無往來 故曰斯陀含也
념유착 후념즉리 실무왕래 고왈사다함야

사다함이란 범어이고 당언에 일왕래(한번 갔다 온다)이니 삼계의 결박을 버려서, 삼계의 결박이 없으므로 사다함이라 이름한다. 사다함을 일왕래라 한 것은 인간으로 죽어 곧 천상에 나고 천상에서 곧 이어 인간으로 태어나는 것이니, 마침내는 생사를 벗어나 삼계의 업이 다했으므로 사다함이라 이름하는 것이다. 대승의 사다함이란 눈으로 모든 경계를 볼 적에 마음에 일생일멸만 있고 제이의 생멸이 없는 고로 일왕래라 하니, 앞생각이 망을 일으키면 뒷생각이 곧 그치고, 앞생각에 집착이 있으면 뒷생각이 곧 그 집착을 떠나서 실로 왕래가 없으므로 사다함이라 말한다.

규봉 三 不來果
　　　　삼 불래과

㈐ 불래과이다.

須菩提 於意云何 阿那含 能作是念 我得阿那
含果不 須菩提 言 不也 世尊 何以故阿那含
名爲不來 而實無不來 是故 名阿那含

"수보리야, 어떻게 생각하느냐? 아나함이 능히

이런 생각을 하되 내가 아나함의 지위를 얻었다 하겠느냐?"

수보리가 대답하였다.

"아닙니다. 세존이시여, 왜냐하면 아나함은 오지 않는 이들이지만 실로 오지 않음이 없으므로 이름하여 아나함이라 합니다."

설 此本 元無無不之不字 今稽川頌本 加之 一切佛法 皆從此
　　차본 원무무부지부자 금계천송본 가지 일체불법 개종차
經出 一切賢聖 皆以無爲法 而有差別 佛法 旣非佛法 差別聖果
경출 일체현성 개이무위법 이유차별 불법 기비불법 차별성과
亦何有實 伊麽則若佛若法若僧寶 畢竟冥然合一機
역하유실 이마즉약불약법약승보 필경명연합일기

이 책에는 원래 무불의 불 자(字)는 없는데, 지금 야부스님의 송본을 참고하여 더한 것이다.

일체 불법이 모두 이 경으로부터 나온 것이며, 일체의 성현이 다 무위법으로써 차별을 두었으니, 불법이 이미 불법이 아닐진대 차별의 성과에 또한 무슨 실이 있으리오. 이러한즉 불보·법보·승보가 필경엔 명연히 일기에 합함이로다.

규봉 阿那含 此云不來 亦云不還 斷欲界九品修惑盡 命終 一往
　　　 아나함 차운불래 역운불환 단욕계구품수혹진 명종 일왕
天上 更不還來下界 故云不來 而實無來 義同前釋
천상 갱불환래하계 고운불래 이실무래 의동전석

아나함은 불래(不來, 오지 않는다)라 하며 불환이라 이르니, 욕계의 구품수혹을 모두 끊어 마치고 목숨이 다하면 한번 천상

에 가서 다시는 하계에 돌아오지 않으므로 불래라 한다.
이실무래의 뜻은 앞의 해석과 같다.

육조 阿那含 梵語 唐言 不還 亦名出欲 出欲者 外不見可欲之
　　　　아나함　범어　당언　불환　역명출욕　출욕자　외불견가욕지
境 內無欲心可得 定不向欲界受生 故名不來 而實無不來 亦名
경　내무욕심가득　정불향욕계수생　고명불래　이실무불래　역명
不還 以欲習 永盡 決定不來受生 是故 名阿那含也
불환　이욕습　영진　결정불래수생　시고　명아나함야

　아나함은 범어이고 당언에는 불환이니 또한 출욕이라고도 한다. 출욕이란 밖으로는 욕심낼 만한 경계를 보지 않고, 안으로는 욕심이 없어서 결정코 욕계의 생을 받지 않으므로 불래라 하고, 실로는 오지 않음도 없으니 불환이라고도 이름하는 것이다. 욕의 습이 영원히 다하여 결정코 생을 받지 않는 고로 아나함이라 한다.

부대사 捨凡初入聖 煩惱漸輕微 斷除人我執 創始至無爲 緣塵
　　　　　사범초입성　번뇌점경미　단제인아집　창시지무위　연진
及身見 今者乃知非 七返人天後 趣寂不知歸
급신견　금자내지비　칠반인천후　취적부지귀

　범부를 버리고 성위에 처음 듦이여
　번뇌가 점점 경미해지도다.
　인, 아의 집착을 끊어버리고
　비로소 무위에 이르렀도다.
　연진(六塵)과 신견이
　지금에야 그른 줄 아니
　일곱 번 인천을 돌아온 후에

적에 나아가 돌아올 줄 모르도다.

야부 諸行無常 一切皆苦
제행무상 일체개고

제행이 무상하여 일체가 모두 고로다.

설 皆苦 他本 作皆空 空字 近是 四果無果 歸一妙空
개고 타본 작개공 공자 근시 사과무과 귀일묘공

'개고'는 다른 책에 '개공'이라 하니 공 자에 더 가깝도다. 사과는 과가 없어서 하나의 묘한 공에 돌아가도다.

야부 三位聲聞 已出塵 往來求靜有疎親 明明四果 元無果 幻化
삼위성문 이출진 왕래구정유소친 명명사과 원무과 환화
空身 卽法身
공신 즉법신

삼위의 성문이 이미 육진을 벗어났으나
왕래하며 정을 구하니 친소가 있음이로다.
분명하고 분명한 사과는, 원래 과라는 것이 없으니
환화공신(幻化空身, 허망한 빈 몸뚱이)이 곧 법신이로다.

설 六塵境內 齊得出 涅槃城裏 有疎親 有疎親分四果 四果無
육진경내 제득출 열반성이 유소친 유소친분사과 사과무
果幻空身 幻空身卽法身 混融平等勿疎親
과환공신 환공신즉법신 혼융평등물소친

육진 경계 안에서 벗어났으나 열반의 성 속에는 소와 친이 있음이다. 소친이 있어서 사과로 나누나 사과는 과가 없어서 허망한 몸뚱이로다. 허망한 몸뚱이가 곧 법신이라 함이니 혼융하고 평등하여 소친이 없도다.

규봉 四 不生果 阿羅漢 此譯 有三 一 無賊 三界見修煩惱盡
　　　 사 불생과 아라한 차역 유삼 일 무적 삼계견수번뇌진
故 二 不生 不受後有故 三 應受 應受人天廣大供養故 於中 有
고 이 불생 불수후유고 삼 응수 응수인천광대공양고 어중 유
三 一 擧所得以問
삼 일 거소득이문

㈑ 불생과이다.

아라한은 세 가지로 번역하니, ㉮ 무적(無賊): 삼과의 견(見)·수(修)의 번뇌가 다한 까닭이다. ㉯ 불생(不生): 다시 있음(后有)을 받지 않는 까닭이다. ㉰ 응수(應受, 아라한): 마땅히 인천의 광대한 공양을 받을 수 있는 까닭이다. 그 중에 세 가지가 있으니, 첫째, 소득을 들어서 물음이다.

須菩提 於意云何 阿羅漢 能作是念 我得阿羅
漢道不

"수보리야, 어떻게 생각하느냐? 아라한이 능히 이런 생각을 하되 내가 아라한의 지위를 얻었다 하겠느냐?"

육조 諸漏已盡 無復煩惱 名阿羅漢 阿羅漢者 煩惱永盡 與物無
　　　 제루이진 무부번뇌 명아라한 아라한자 번뇌영진 여물무
諍 若有得果之心 卽是有諍 若有諍 非阿羅漢
쟁 약유득과지심 즉시유쟁 약유쟁 비아라한

모든 루(漏, 번뇌)가 이미 다하여 다시 번뇌가 없는 것을 아라한이라 이름한다. 아라한이란 번뇌가 영원히 다해서 중생과

더불어 다툼이 없음이니, 만약 과를 얻었다는 마음이 있으면 곧 다툼이 있음이고, 만약 다툼이 있으면 아라한이 아니다.

규봉 二 明無取以答
      이 명무취이답

  둘째, 무취를 밝혀서 답한 것이다.

須菩提 言 不也 世尊 何以故 實無有法名阿
羅漢 世尊 若阿羅漢 作是念 我得阿羅漢道
卽爲着我人衆生壽者

  수보리가 대답하였다.
  "아닙니다. 세존이시여, 왜냐하면 실로 아라한이라 할 법이 없기 때문입니다. 세존이시여, 만약 아라한이 이런 생각을 하되, 내가 아라한의 지위를 얻었다 하면, 이는 자아·인간·중생 그리고 수명에 대한 집착을 하는 것입니다.

육조 阿羅漢 梵語 唐言 無諍 無諍者 無煩惱可斷 無貪瞋可離
     아 라 한 범어 당언 무쟁 무쟁자 무번뇌가단 무탐진가리
情無違順 心境俱空 內外常寂 是名阿羅漢 若有得果之心 卽同
정무위순 심경구공 내외상적 시명아라한 약유득과지심 즉동
凡夫 故 言不也
범부 고 언불야

  아라한은 범어이고. 당언에는 무쟁(無諍, 다툼이 없는 자)이

라 했다. 무쟁이란 끊을 만한 번뇌가 가히 없고, 가히 여읠 만한 탐진치도 없으며, 정에 어김이나 따를 것이 없어서 마음과 경계가 함께 공하고, 안과 밖이 항상 고요한 것을 이름하여 아라한이라 한다. 만약 과를 얻었다는 마음이 있으면 곧 범부와 같기 때문에 '그렇지 않습니다'라고 말한 것이다.

규봉 三, 引已證令信 於中 文三 一 明佛先印
   삼, 인이증령신 어중 문삼 일 명불선인

 셋째, 이미 증득함을 이끌어 믿게 함이다. 그 중에 세 가지가 있으니, 1. 부처님이 먼저 인가하심을 밝힌 것이다.

   世尊 佛說我得無諍三昧人中 最爲第一 是第
   一離欲阿羅漢
   세존이시여, 부처님께서는 저를 다툼이 없는 고
   요한 삼매를 얻은 사람 가운데 가장 제일이라
   욕망을 떠난 제일의 아라한이라 하시나

설 內不被見聞 使殺 外不被聲色 染汚 內外淸淨 曠然虛閑
   내불피견문 사살 외불피성색 염오 내외청정 광연허한
是名無諍 亦名離欲
시명무쟁 역명이욕

 안으로 견문의 끄달림을 입지 않고 밖으로 성색의 물듦을 입지 않아서 내외가 청정하여 확연히 허한(虛閑, 넓게 비어 고요함)함을 무쟁이라 명하며 또 이욕이라고도 한다.

규봉 無諍者 不惱衆生 能令衆生 不起煩惱故 佛 讚之 十弟子
　　　　무쟁자 불뇌중생　능령중생　불기번뇌고　불 찬지 십제자
中 善現 第一離欲者 三界煩惱 但有貪心 盡名爲欲 非唯欲界
중 선현 제일이욕자 삼계번뇌 단유탐심 진명위욕 비유욕계

　무쟁이란 중생을 번거롭게 하지 않음이니 능히 중생으로 하여금 번뇌를 일으키지 않게 하는 까닭이다. 부처님이 그를 찬탄하되 십대제자 가운데 수보리가 제일 욕심을 떠난 자라 하시니, 삼계의 번뇌에 다만 탐심이 있으면 모두 욕이라 이름하고 오직 욕계 뿐만은 아닌 것이다.

육조 何名無諍三昧 謂阿羅漢 心無生滅去來 唯有本覺常照 故
　　　　하명무쟁삼매 위아라한　심무생멸거래　유유본각상조　고
云無諍三昧 三昧 是梵語 唐言 正受 亦云正見 遠離九十五種邪
운무쟁삼매 삼매 시범어 당언 정수 역운정견 원리구십오종사
見 是名正見也 然 空中 有明暗諍 性中 有邪正諍 念念常正 無
견 시명정견야 연 공중 유명암쟁 성중 유사정쟁 염념상정 무
一念邪心 即是無諍三昧 修此三昧 人中 最爲第一 若有一念得
일념사심 즉시무쟁삼매 수차삼매 인중 최위제일 약유일념득
果之心 即不名無諍三昧
과지심 즉불명무쟁삼매

　무엇을 무쟁삼매라 하는가? 아라한이 마음에 생멸의 거래가 없고 오직 본각이 항상 비추고 있으므로 무쟁삼매라 한다.
　삼매란 범어이고 당언에는 정수(正受, 받아드림)라 하며 또한 정견이라고도 하니, 95종의 사견을 멀리 여의는 것을 정견이라 한다. 그러나 허공 가운데는 명암의 다툼이 있고 성품 중에는 사와 정의 다툼이 있으니, 생각생각이 항상 곧아서 한 생각도 삿된 마음이 없는 것을 무쟁삼매라 한다. 이 삼매를 닦은 사람 가운데서 가장 제일이라도, 만약 한 생각이라도 과를 얻

었다는 마음이 있으면 곧 무쟁삼매라 이름할 수 없는 것이다.

야부 把定則雲橫谷口 放下也 月落寒潭
　　　　파정즉운횡곡구　방하야　월락한담

파정하면 구름이 골짜기에 걸쳐 있고
방하하면 달이 찬 못에 떨어지도다.

설 不爲有邊所動　根境法中　無影迹　不爲無邊所寂　這邊那
　　　불위유변소동　근경법중　무영적　불위무변소적　저변나
邊　應無虧　應無虧　月落寒潭　無影迹　雲橫谷口　把定　是　放行
변　응무휴　응무휴　월락한담　무영적　운횡곡구　파정　시　방행
是　把定放行　俱不是　一掃掃向三千外
시　파정방행　구불시　일소소향삼천외

　유에 동하는 바가 되지 않는 것은 육근과 육경의 법 가운데 그림자나 자취가 없음이요, 무의 고요한 바가 되지 않는 것은 이쪽 저쪽의 응함에 치우침이 없음이다. 마땅히 치우침이 없는 것은 달이 찬 못에 떨어짐이로다. 그림자나 자취가 없음은 구름이 골짜기에 걸쳤도다. 파정(把定, 잡아 정함)이 옳으냐, 방행(放行, 놓음)이 옳으냐? 파정과 방행이 모두 다 옳지 않으니, 한 번 쓸어 삼천세계 밖에 버리도다.

야부 喚馬何曾馬　呼牛未必牛　兩頭　都放下　中道　一時休　六門
　　　　환마하증마　호우미필우　양두　도방하　중도　일시휴　육문
迸出遼天鶻　獨步乾坤棍不收
병출료천골　독보건곤총불수

　말이라고 부른들 어찌 말이며
　소라고 부른들 반드시 소가 아니로다.
　두 가지를 함께 놓아 버리면

중도도 일시에 쉴지니,
육문에서 먼 하늘의 매처럼 병출하고
건곤에 홀로 걸어서 모두 거두지 못하도다.

설 喚馬呼牛摠不然 放行把定 俱不是 旣不涉於明暗兩頭 亦
　　환마호우총불연　방행파정　구불시　기불섭어명암양두　역
不坐於毗盧頂顙 六根門頭 沒蹤由 三千里外 閑獨步 閑獨步 快
부좌어비로정령　육근문두　몰종유　삼천리외　한독보　한독보　쾌
如遼天鶻 乾坤 收不得 宇宙 豈能藏
여요천골　건곤　수부득　우주　개능장

말이라 부르고 소라 부름이 모두 그렇지 않아서 방행과 파정이 모두 옳지 못함이다. 이미 명암의 양쪽에 들어가지 않고 또한 비로자나불의 이마에도 앉지 않음이다. 육근문두에 자취가 없으니 삼천리 밖에서 부질없이 홀로 걷도다.

부질없이 홀로 걸음에 그 쾌활하기가 저 멀리 하늘 끝까지 날아가는 매와 같도다. 건곤도 거둬들여 얻지 못하거니, 우주가 어찌 능히 그것을 감추리.

규봉 二 彰己不取
　　　　이　창기불취
2. 자기가 취하지 않음을 드러낸 것이다.

我不作是念 我是離欲阿羅漢
저는 제가 욕망을 떠난 아라한이라고 생각하지 않습니다."

규봉 三 却釋佛意
　　　　삼 각석불의

3. 도리어 부처님의 뜻을 해석한 것이다.

世尊 我若作是念 我得阿羅漢道 世尊 卽不說
須菩提 是樂阿蘭那行者 以須菩提 實無所行
而名須菩提 是樂阿蘭那行

"세존이시여, 제가 만약 이렇게 생각하되 저가 아라한의 지위를 얻었다 하면 세존께서는 곧 수보리가 다툼이 없는 고요한 삼매의 좋아하는 자라고 말씀하시지 않으려니와, 수보리가 실로 그렇게 하지 않았으므로 수보리는 다툼이 없는 고요한 삼매의 수행을 좋아한다고 하십니다."

설 離欲無諍 已稱第一 又不作念 善不可加 反是則豈得名爲
　　　이욕무쟁 이칭제일 우부작념 선불가가 반시즉개득명위
無諍
무쟁

　욕심을 여의고 다툼이 없음을 이미 제일이라 칭하며, 또한 그런 생각을 짓지 않으니 더 이상 좋을 수가 없도다. 이와 반대라면 어찌 무쟁이라고 이름할 수 있으리오.

규봉 無所行者 論 云離二種障 一 煩惱障 二 三昧障 故無所行
　　　무소행자 논 운이이종장 일 번뇌장 이 삼매장 고무소행

阿蘭那者 此云寂靜
아 란 나 자 차 운 적 정

　　무소행(無所行, 행할 바가 없음)이란, 논에 따르면, 두 가지 장애를 여의는 것이니 번뇌장과 삼매장이다. 그러므로 행하는 바가 없는 것이라 했다. '아란나'는 적정을 일컫는 말이다.

육조 阿蘭那 是梵語 唐言 無諍行 無諍行 卽是淸淨行 淸淨行
　　　 아란나 시범어 당언 무쟁행 무쟁행 즉시청정행 청정행
者 爲除去有得心也 若存有所得心 卽是有諍 有諍 卽非淸淨
자 위제거유득심야 약존유소득심 즉시유쟁 유쟁 즉비청정
道 常行無所得心 卽是無諍行
도 상행무소득심 즉시무쟁행

　　아란나는 범어이고 당언에는 무쟁행이니, 다툼이 없는 행으로 곧 청정행이다. 청정행이란 유소득심을 제거한 것이니, 만약 얻은 바가 있다는 마음을 두면 곧 다툼이 있음이요, 다툼이 있으면 곧 청정도가 아님이니, 항상 무소득심을 행하는 것이 곧 무쟁행이다.

부대사 無生亦無滅 無我復無人 永除煩惱障 長辭後有身 境亡
　　　　 무생역무멸 무아부무인 영제번뇌장 장사후유신 경망
心亦滅 無復起貪瞋 無悲空有智 脩然獨任眞
심역멸 무부기탐진 무비공유지 소연독임진

　　생도 없고 멸도 없으며
　　아가 없으니 다시 인도 없음이라.
　　번뇌장을 영원히 없애니
　　길이 후유신(後有身, 뒤에 몸을 받음)도 받지 않도다.
　　경계가 없어지니 마음도 또한 멸하여
　　다시는 탐진치를 일으키지 않음이라.

자비 없이 공연히 지혜만 있어서
홀로 유연히 진에 맡기도다.

야부 認著 依前還不是
　　　　 인 착　의 전 환 불 시

인착(認著, 알았다)하면 공부하기 이전처럼 도리어 옳지 못하도다.

설 以有無諍之實 故有無諍之名 名實 更須忘却 始得 若也未
　　　이 유 무 쟁 지 실　고 유 무 쟁 지 명　명 실　갱 수 망 각　시 득　약 야 미
忘却 依前還不是
망 각　의 전 환 불 시

무쟁의 실이 있으므로 무쟁의 이름이 있으니, 명과 실을 모름지기 망각해야 비로소 옳은 것이다. 만약 망각하지 못하면 전처럼(수행 전) 도리어 옳지 못하리라.

야부 蚌腹 隱明珠 石中 藏碧玉 有麝自然香 何用當風立(當 一
　　　　방 복　은 명 주　석 중　장 벽 옥　유 사 자 연 향　하 용 당 풍 립 (당　일
作臨) 活計看來恰似無 應用頭頭皆具足
작 임)　활 계 간 래 흡 사 무　응 용 두 두 개 구 족

조개 속엔 밝은 구슬 숨어 있고
돌 속엔 푸른 옥 감추었어라.
사향이 있으매 자연히 향기롭나니
어찌하여 바람 앞에 섰으리오.
살림살이 돌아보면 흡사 없는 듯하나
응용하면 낱낱이 다 구족함이로다.

설 明珠碧玉 隱不露 大智如愚看似癡 道存乎己 自發外 何用
　　명주벽옥　은불로　대지여우간사치　도존호기　자발외　하용
區區逆人知 莫謂渠無活計在 應用頭頭皆具足
구구역인지　막위거무활계재　응용두두개구족

　밝은 구슬과 푸른 옥은 숨어서 드러나지 않으니, 큰 지혜자는 어리석은 듯하여 우치한 것 같으나, 도가 자기에게 있어 자연히 밖으로 드러나게 되니 어찌 구구하게 사람에게 알리리오. 그가 살림살이가 없다고 말하지 말라. 응용하면 낱낱이 다 구족하다.

종경 人天往返 諸漏未除 道果雙忘 無諍第一 超凡入聖 從頭勘
　　인천왕반　제루미제　도과쌍망　무쟁제일　초범입성　종두감
證將來 轉位廻機 透底盡令徹去 委悉麽 勿謂無心云是道 無心
증장래　전위회기　투저진영철거　위실마　물위무심운시도　무심
猶隔一重關
유격일중관

　인간과 천상에 가고 오는 동안 모든 번뇌를 없애지 못하였다가 도와 과를 쌍으로 잊으니 무쟁이 제일이로다. 범부를 초월하여 성인에 들어가는 것은 처음부터 증득하여 오는 것이요, 위를 굴리고 기를 돌이켜서 밑바닥까지 뚫어 모두 사무쳐 가는 것이다.

　자세히 아는가? 무심이 이 도라고 말하지 말라. 무심도 오히려 한 관문이 막혔도다.

설 超凡入聖 從頭勘證將來 爭奈死水沈潛 要須死水裏 轉身
　　초범입성　종두감증장래　쟁나사수심잠　요수사수이　전신
廻機向此來 令於大寂滅海 透底深入 徹證無餘 還相委悉此意麽
회기향차래　영어대적멸해　투저심입　철증무여　환상위실차의마

莫以滅定爲究竟 於道 猶未達一間
막 이 멸 정 위 구 경 어 도 유 미 달 일 간

　범부를 초월하여 성인에 들어감이여, 처음부터 증득하여 오나 어찌 사수에 침잠하리오. 모름지기 사수에서 몸을 굴리고 기를 돌이켜 이곳을 향해 와서 대적멸의 바다에 밑바닥까지 깊이 들어가야, 깊이 사무쳐서 증득함에 남음이 없을지니, 도리어 이 뜻을 자세히 아는가? 멸진정을 구경으로 삼지 말라. 도에 있어서는 오히려 한 칸을 도달하지 못하였도다.

종경 果位聲聞 獨善身 寂然常定 本非眞 廻心頓入如來海 倒駕
　　　 과 위 성 문 독 선 신 적 연 상 정 본 비 진 회 심 돈 입 여 래 해 도 가
慈航逆渡人
자 항 역 도 인

　과위의 성문이 홀로 일신만 다스리며
　적연히 항상 정에 있음은 본래 진이 아니로다.
　마음을 돌이켜 몰록 여래의 바다에 들어가서
　자비의 배를 거꾸로 돌려
　건너는 사람을 맞이해야 할 것이다.

설 聲聞獨善 不是仁人 若是仁人 兼善天下 寂然常定 死水沈
　　 성 문 독 선 불 시 인 인 약 시 인 인 겸 선 천 하 적 연 상 정 사 수 심
潛 若是眞龍 不藏死水 要須死水裏 轉身 廻入大寂滅海 興悲度
잠 약 시 진 용 부 장 사 수 요 수 사 수 이 전 신 회 입 대 적 멸 해 흥 비 도
生 始得
생 시 득

　성문의 독선은 어진 사람이 할 바가 아니며, 만약 어진 사람이라면 겸하여 천하를 모두 좋게 해야 함이니라. 적연히 항상 정에 든 것은 사수에 침잠함이니, 만약 참다운 용이라면 죽은

물에 잠기지 말지니라. 모름지기 사수 속에서 몸을 뒤쳐 일으켜서 대적멸의 바다에 돌이켜 들어가서 자비로 중생을 제도해야 비로소 옳은 것이다.

규봉 第五 斷釋迦然燈取說疑 論 云釋迦 昔於然燈佛所 受法
　　　제 오　단석가연등취설의　논　운석가　석어연등불소　수법
彼佛 爲此佛說法 云何言不可取不可說 故 經 斷之
피불　위차불설법　운하언불가취불가설　고　경　단지

    <5>는 석가와 연등불이 취하고 설했다는 의심을 끊은 것이다. 논에 따르면, 석가는 옛날에 연등불 처소에서 법을 받고 연등불은 석가모니를 위해 설하셨거늘 어찌하여 '불가취, 불가설'이라고 말하는가? 하므로 경에서 이 의심을 끊은 것이다.

10. 장엄정토분(莊嚴淨土分)
－정토를 장엄함－

佛 告須菩提 於意云何 如來 昔在然燈佛所
於法 有所得不 不也 世尊 如來 在然燈佛所
於法 實無所得

부처님께서 수보리에게 말씀하셨다.
"어떻게 생각하느냐? 여래가 옛적에 연등부처
님께 법을 얻은 것이 있다 하겠느냐?"
"아닙니다. 세존이시여, 여래께서는 연등부처
님께 아무런 법도 실로 얻은 바가 없습니다."

설 已明聲聞無取了 將現菩薩亦無取 先擧自己因地上 師亦
　　이명성문무취료　장현보살역무취　선거자기인지상　사역
無言己無聞 空生 知佛明無得 果能答以無所得 因甚道無所得
무언기무문　공생　지불명무득　과능답이무소득　인심도무소득
以迹論之則釋迦 彼時 因聞然燈 所說法要 熏成正覺 豈是無得
이적론지즉석가　피시　인문연등　소설법요　훈성정각　개시무득
然 此 但以借緣見道 爲得耳 以實言之則釋迦 本是天上天下 獨
연　차　단이차연견도　위득이　이실언지즉석가　본시천상천하　독
尊獨貴底人 位過諸佛 富有萬德 何曾受它點眼 何容有法更 得
존독귀저인　위과제불　부유만덕　하증수타점안　하용유법갱　득

所以 道 謂得然燈記 寧知是舊身
소이 도 위득연등기 영지시구신

이미 성문들이 취할 것이 없음을 밝히시고 장차 보살도 또한 취할 것이 없음을 나타내고자 하시어, 먼저 자기의 인지상(因地上, 최초의 수행시)에 스승도 말이 없으시고 자기도 들음이 없음을 먼저 드시니, 수보리가 부처님께서 얻은 바가 없음을 밝히기 위함을 알아서, 과연 능히 무소득이라 답하였다.

왜, 무소득이라고 말하였는가? 자취로써 그것을 논한즉 석가가 저 때에 연등불께서 설하신 법요를 들음으로 인하여 정각을 이루시니 어찌 얻은 것이 없으리오. 그러나 이는 다만 인연을 빌려 견도(見道)한 것으로써 얻음을 삼은 것일 뿐이니라. 사실로써 말하면 석가는 본래 천상천하에 홀로 높고 홀로 귀하신 분이라, 그 지위가 모든 부처님을 지나시며 그 부가 만덕을 소유하였으니, 어찌 일찍이 다른 이가 점안해 줌을 받을 것이며 또 어찌 다시 얻을만한 법이 있음을 용납하겠는가? 그러므로 말하길, 연등불께 수기를 얻었다 말할진댄 어찌 옛 몸을 알았으리오? 하시었다.

규봉 於法 實無所得者 然燈佛說 說是語言 釋迦所聞 唯聞語言
어법 실무소득자 연등불설 설시어언 석가소문 유문어언
語言 非實智證法故 論云釋迦 於然燈佛所 言語所說 不取證法
어언 비실지증법고 논운석가 어연등불소 언어소설 불취증법
以是義故 顯彼證智 不可說不可取
이시의고 현피증지 불가설불가취

'법에 실무소득'이란, 연등불이 설하신 설은 말이요 석가가 들은 바도 오직 말만 들은 것이니, 말이란 실다운 지혜로써 증득한 법이 아닌 까닭이다. 논에 따르면, 석가가 연등불 처소에서

말로써 설한 것은 취하여 증득한 법이 아니니, 이러한 뜻으로써 저 증득한 지혜는 불가설이고 불가취임을 나타낸 것이라 했다.

설 佛恐須菩提 有得法之心 爲遣此疑故 問之 須菩提 知法
　불　공수보리　유득법지심　위견차의고　문지　수보리　지법
無所得 而白佛言 不也然燈佛 是釋迦牟尼佛 授記之師 故 問
무소득　이백불언　불야연등불　시석가모니불　수기지사　고　문
須菩提 我於師處聽法 有法可得不 須菩提 卽謂法卽因師開示
수보리　아어사처청법　유법가득불　수보리　즉위법즉인사개시
而實無所得 但悟自性 本來淸淨 本無塵勞 寂而常照 卽自成佛
이실무소득　단오자성　본래청정　본무진로　적이상조　즉자성불
當知世尊在然燈佛所 於法 實無所得也 如來法者 譬如日光 明
당지세존재연등불소　어법　실무소득야　여래법자　비여일광　명
照 無有邊際 而不可取
조　무유변제　이불가취

　부처님께선 수보리가 법을 얻었다는 마음을 낼까 두려워해서 이런 의심을 없애기 위한 고로 물은 바, 수보리가 법 얻은 바가 없음을 알고, 부처님께 '아니옵니다'라고 하였다. 연등불은 석가모니불께 수기한 스승인지라 수보리에게 말씀하시기를, 스승의 처소에서 법을 들을 때, '법 가히 얻은 것이 있느냐?' 하시기에 수보리가 곧 법이란 '스승으로 인해서 개시되긴 하나, 실로 얻은 바는 없습니다' 하고 답했다.

　다만 자성이 본래 청정하여 본래 진로가 없고 고요하되 항상 비추고 있음을 깨달으면 곧 스스로 성불하는 것이다. 마땅히 알라. 세존이 연등불 처소에 계실 때 법에 있어 실로 얻은 바가 없음이다. 비유컨대 여래법이란 햇빛이 밝게 비쳐 끝이 없으나 가히 취할 수 없음과 같은 것이다.

부대사 昔時 稱善慧 今日 號能仁 看緣緣是妄 識體體非眞 法
석시 칭선혜 금일 호능인 간연연시망 식체체비진 법

性 非因果 如理 不從因 謂得然燈記 寧知是舊身
성 비인과 여리 부종인 위득연등기 영지시구신

 옛날에는 선혜라 일컬었는데
 오늘엔 능인(佛)이라 부르도다.
 인연을 보면 인연은 망이요
 체를 알면 체는 진이 아니로다.
 법성은 인과가 아니요
 여실한 지혜는 인을 따르지 않으니
 연등불의 수기를 얻었다 말한다면
 어찌 이 옛 몸임을 알리오.

야부 古之今之
고 지 금 지

 옛날은 옛날이고 지금은 지금이로다.

설 非但昔年 無所得 至今出世 亦無得 伊麽則古亦只如是
비단석년 무소득 지금출세 역무득 이마즉고역지여시

今亦只如是
금 역 지 여 시

 비단 옛날에만 무소득일 뿐만 아니라 지금 출세함에도 또한 무득이다. 그러한즉 옛날에도 또한 이와 같았으며 지금에도 역시 이와 같다.

야부 一手指天 一手指地 南北東西 秋毫不視 生來心膽 大如
일수지천 일수지지 남북동서 추호불시 생래심담 대여

天 無限羣魔 倒赤幡
천 무한군마 도적번

한 손은 하늘을 가리키고 한 손은 땅을 가리키시니
남북동서에 추호도 볼 수 없도다.
태어나면서부터 심담이 하늘같이 크시니
무한한 마군들의 붉은 깃발을 넘어뜨리도다.

설　指天指地　會也未　南北東西一釋迦　一釋迦　誰籠罩　心膽
　　지천지지　회야미　남북동서일석가　일석가　수농조　심담
恢恢大如天　一口吞盡諸佛祖　佛祖　尙被渠吞却　魔外　如何得不降
회회대여천　일구탄진제불조　불조　상피거탄각　마외　여하득불항

　하늘을 가리키고 땅을 가리킴을 아는가? 남북동서에 오직 한 석가로다. 한 석가여, 누가 뒤덮고 있는가? 심장과 담이 크고 커서 큰 하늘과 같으시니, 한 입으로 불조들을 한꺼번에 삼켰도다. 불조도 오히려 삼킴을 당했거늘 하물며 마군과 외도가 어찌 항복하지 않겠는가?

규봉　第六　斷嚴土違於不取疑　論　云若法不可取　云何諸菩薩
　　　제육　단엄토위어불취의　논　운약법불가취　운하제보살
取莊嚴淨土　云何自受法王身　此中　且斷嚴土之疑　斷之文　三
취장엄정토　운하자수법왕신　차중　차단엄토지의　단지문　삼
一擧取相莊嚴問
일거취상장엄문

　<6>은 장엄불토가 불취에 위배된다는 의심을 끊는 것이다. 논에, 만약 가히 법을 취하지 않는데 어찌하여 모든 보살이 정토장엄을 취하며, 어찌하여 스스로 법왕신을 받는가? 하므로, 이 가운데서 또한 불토장엄의 의심을 끊는 것이다. 끊는 글이 셋이니, ㈎ 상을 취해 장엄하는 것을 예로 들어 묻는 것이다.

須菩提 於意云何 菩薩 莊嚴佛土不

"수보리야, 보살이 불국토를 장엄하느냐?"

규봉 佛意 欲明法性眞土 故問取形相莊嚴土不 二 釋離相莊嚴答
불의 욕명법성진토 고문취형상장엄토불 이 석리상장엄답

부처님의 뜻이 법성진토(法性眞土, 진리 또는 각의 자리)를 밝히고자 함에 있으므로 말씀하시기를, '형상을 취하여 불토를 장엄하느냐?'고 하셨다.

(나) 상을 떠난 장엄을 해석하여 답한 것이다.

不也 世尊 何以故 莊嚴佛土者 即非莊嚴 是名莊嚴

"아닙니다. 세존이시여, 왜냐하면 불국토를 장엄한다는 것은 곧 장엄이 아니므로 이름을 장엄이라 합니다."

설 內而根身 外而器界 皆是清淨智境 一一無爲佛土 根身器
내이근신 외이기계 개시청정지경 일일무위불토 근신기
界 因甚喚作清淨智境 無爲佛土 捏目 空花亂墜 不然 滿目蒼
계 인심환작청정지경 무위불토 날목 공화난추 불연 만목창
蒼 作麼生莊嚴 情忘勿疎親 見盡無內外 作麼生 是非莊嚴 情
창 작마생장엄 정망물소친 견진무내외 작마생 시비장엄 정
見忘處 不留蹤 見佛見祖 若寃讎
견망처 불유종 견불견조 약원수

안으로 육근의 몸과 밖으로의 세계가 다 청정한 지혜의 경계이며 낱낱이 함이 없는 불토니라. 근신과 기계를 무엇 때문에 청정한 지혜의 경계와 무위의 불토라 부르는가? 눈을 누르면 헛꽃(空花)이 어지럽게 떨어지고, 그렇지 아니하면 눈 가득히 푸를 것이다. 어떻게 장엄하는가? 정을 잊으면 친소가 없고 소견이 다하면 내외가 없음이로다. 무엇이 비장엄인가? 정과 견이 잊혀진 곳에서도 자취를 남기지 않으면 부처를 보고 조사를 보는 것이 마치 원수와 같으리라.

규봉 偈 云智習唯識通 如是取淨土 非形 第一體 非嚴 莊嚴意
게 운지습유식통 여시취정토 비형 제일체 비엄 장엄의
論 釋云諸佛 無有莊嚴國土事 唯眞實智慧 習識通達 故不可取
논 석운제불 무유장엄국토사 유진실지혜 습식통달 고불가취
莊嚴 有二 一 形相 二 第一義相 非嚴者 無形相故 莊嚴意者
장엄 유이 일 형상 이 제일의상 비엄자 무형상고 장엄의자
卽是第一莊嚴 以一切功德 成就莊嚴故
즉시제일장엄 이일체공덕 성취장엄고

게로 말씀하시길, '지습(智習, 지혜의 습기)과 유식으로 통하는 것이니 이와 같이 정토를 취함이다. 형상이 아닌 것은 제일의 체이고 장엄이 아닌 것을 장엄의 뜻이라' 하며, 논에 해석하기를, 제불은 국토를 장엄하는 일이 없고 오직 진실한 지혜로 지습과 유식으로써 통달해서 불가취인 것이라 하였다. 장엄에 두 가지가 있으니 첫째, 형상이요 다음은 제일의상이다. 비엄(非嚴, 모양을 꾸미는 것이 아니다)이란 형상이 없는 까닭이고, 장엄의 뜻은 곧 제일의 장엄이니, 일체 공덕으로써 장엄을 성취한 까닭이다.

육조 佛土淸淨 無相無形 何物 而能莊嚴耶 唯以定慧之寶 假
　　　불토청정　무상무형　하물　이능장엄야　유이정혜지보　가
名莊嚴 莊嚴 有三 第一莊嚴 世間佛土 造寺寫經 布施供養 是
명장엄　장엄　유삼　제일장엄　세간불토　조사사경　보시공양　시
也 第二莊嚴 身佛土 見一切人 普行恭敬 是也 第三莊嚴 心佛
야　제이장엄　신불토　견일체인　보행공경　시야　제삼장엄　심불
土 心淨 卽佛土淨 念念常行無所得心 是也
토　심정　즉불토정　염념상행무소득심　시야

　　불국토가 청정해서 무상무형이니 어떤 물건으로 능히 장엄할 것인가? 오직 정과 혜의 보배로써 장엄이라 거짓으로 이름하느니라. 장엄에는 세 가지가 있으니, 제1장엄은 세간불토로써 절을 짓고 사경과 보시공양이 이것이고, 제2장엄은 신불토이니 모든 사람을 볼 때 널리 공경하는 것이 이것이요, 제3장엄은 심불토이니 마음이 청정하면 곧 불토가 청정한 것이어서 생각생각이 얻고자 하는 마음 없는 행이 이것이다.

야부 孃生袴子 靑州布衫
　　　양생고자　청주포삼

　　어머니의 속옷이요 청주에서 만든 장삼이로다.

설 孃生袴子 純而無雜 然 唯古非今 靑州布衫 儉而無華 然
　　　양생고자　순이무잡　연　유고비금　청주포삼　검이무화　연
但質無文 本始合體 文質 彬彬 始可名爲十成莊嚴
단질무문　본시합체　문질　빈빈　시가명위십성장엄

　　어머니의 속옷은 순수하여 잡됨이 없음이다. 그러나 오직 옛이고 지금이 아님이요, 청주의 포삼은 검소해서 화려하지 않으나 다만 질박해서 무늬가 없음이니, 본과 시가 체에 합하여 무늬와 바탕(質)이 빛나고 빛나야만 비로소 만족할 만한 장엄이

된다고 했다.

야부 抖擻渾身白勝霜 蘆花雪月 轉爭光 辛有九皐翹足勢 更添
　　　　두수혼신백승상　노화설월　전쟁광　신유구고교족세　갱첨
朱頂又何妨
주정우하방

　온 몸을 털어버리니 서리보다 더 희고
　갈대꽃과 설월은 더욱 빛을 다투도다.
　다행히 깊은 못에 한 마리 학이 빼어났으니
　다시 붉은 이마를 더한들 무엇이 방해로우랴.

설 功中就位 脫盡廉纖 位裏轉身 更添光彩
　　　공중취위　탈진염섬　위이전신　갱첨광채

　공 가운데서 위의에 나아감에 염섬(廉纖, 자질구레한 것)을 다 벗어버리고, 위의 속에서 몸을 굴림에 다시 광채를 더함이로다.

규봉 三 依淨心莊嚴勸
　　　삼　의정심장엄권

　㈜ 정심 장엄에 의지하여 권하는 것이다.

　是故 須菩提 諸菩薩摩訶薩 應如是生淸淨心
　不應住色生心 不應住聲香味觸法生心
　그런 까닭에 수보리야, 보살마하살들은 응당 이렇게 청정한 마음을 내어야 한다. 눈에 보이는 대상인 물질적 형체에 머물러 마음을 내지 말 것이며, 귀에 들리는 대상인 소리와 코에 맡아지는 대상인 냄새와 혀에 느껴지는 맛, 피부에 닿는 촉감 그리고 기억의 대상에 머물러 마음을 내어서는 안 된다.

설 何謂淸淨心 無取無著 是 若欲無取著 須開智慧眼 一切
하위청정심 무취무착 시 약욕무취착 수개지혜안 일체
賢聖 以開智慧眼故 善能分別諸根境界 於中無著 而得自在 由
현성 이개지혜안고 선능분별제근경계 어중무착 이득자재 유
是 根塵識界 廓達無碍 一一明妙 一一淸淨如虛空 是可謂天水
시 근진식계 확달무애 일일명묘 일일청정여허공 시가위천수
相連爲一色 更無纖靄隔淸光 般若利用 如是甚深 如是自在 須
상연위일색 갱무섬애격청광 반야이용 여시심심 여시자재 수
開慧眼 普應根門 念念淸淨 塵塵解脫 不應無智 染著諸境
개혜안 보응근문 염념청정 진진해탈 불응무지 염착제경

무엇이 청정심인가? 취함도 없고 집착도 없는 것이 이것이다. 만약 취하고 집착함이 없고자 하면 모름지기 지혜의 눈을 열어야 하니, 일체 현성이 지혜의 눈을 연 까닭으로 능히 모든 근의 경계를 분별하되, 그 가운데 집착함이 없어서 자재함을 얻느니라. 이로 말미암아 육근, 육진, 육식의 경계가 확 터져 걸림이 없어서, 낱낱이 밝고 묘하며 낱낱이 허공같이 청정하여서 이것은 가히 하늘과 물이 서로 이어져 일색이 됨이다. 다시 섬애(纖靄, 조각구름)도 청광을 막지 않았도다.

반야의 날카로운 작용이 이와 같이 심히 깊으며 이와 같이 자재하니 모름지기 지혜의 눈을 열어 널리 근문에 응하여, 생각생각마다 청정하고 낱낱이 해탈할 것이다. 마땅히 지혜가 없

이 모든 경계에 물들거나 집착하지 말 것이니라.

규봉 論 云若人 分別佛土 是有爲形相 而言是我成就者 彼住
　　　 논　운약인　분별불토　시유위형상　이언시아성취자　피주
於色等境中 爲遮此故 云應如是生淸淨心 不應住色等也 而生
어색등경중　위차차고　운응여시생청정심　불응주색등야　이생
其心者 則是正智 此是眞心 若都無心 便同空見
기심자　즉시정지　차시진심　약도무심　변동공견

　논에 따르면, 만약 어떤 사람이 불토를 분별함에 유위의 형상이라고 하여 '내가 성취했다'고 말하면 그는 색 등의 경계에 주하는 것이니, 이것을 막기 위한 까닭으로 마땅히 이와 같이 청정심을 내어서 응당 색 등에 주하지 말라 하신 것이다. 그 마음을 낸다고 하는 것은 곧 바른 지혜를 말함이요, 이것이 참다운 마음이니, 만약 마음이 없으면 모두 텅 빈 견해와 같은 것이니라 했다.

설 諸修行人 不應說他是非 自言我能我解 心輕未學 此非淸
　　 제수행인　불응설타시비　자언아능아해　심경미학　차비청
淨心也 自性 常生智慧行平等慈 下心恭敬一切衆生 是修行人
정심야　자성　상생지혜행평등자　하심공경일체중생　시수행인
淸淨心也 若不自淨其心 愛著淸淨處 心有所住 卽是著法相 見
청정심야　약부자정기심　애착청정처　심유소주　즉시착법상　견
色著色 住色生心 卽是迷人 見色離色 不住色生心 卽是悟人
색착색　주색생심　즉시미인　견색이색　부주색생심　즉시오인
住色生心 如雲蔽天 不住色生心 如空無雲 日月 長照 住色生
주색생심　여운폐천　부주색생심　여공무운　일월　장조　주색생
心 卽是妄念 不住色生心 卽是眞智 妄念 生 卽暗 眞智 照 卽
심　즉시망념　부주색생심　즉시진지　망념　생　즉암　진지　조　즉
明 明 卽煩惱 不生 暗 卽六塵 競起
명　명　즉번뇌　불생　암　즉육진　경기

모든 수행인은 응당 남의 시비를 말하지 말지니, 스스로 말하되 나는 능하고 나는 잘 안다 하여 마음으로 배우지 못한 사람을 가벼이 여기면 이것은 청정심이 아니로다. 자성에 항상 지혜를 내어서 평등한 자비를 행하고, 마음을 낮추어 일체중생을 공경하는 것이 수행인의 청정심이다. 만약 그 마음을 스스로 깨끗하게 하지 않고 청정한 곳에 애착해서 마음에 머문 바가 있으면 곧 법상에 집착한 것이니, 색을 보면 색에 집착하고 색에 머물러 마음을 내는 것은 곧 미한 사람이고, 색을 보되 색을 여의어서 색에 주하지 않고 마음을 내는 것은 곧 깨달은 사람이다. 색에 주하여 마음을 내는 것은 구름이 하늘을 가린 것과 같고 색에 주하지 않고 마음을 내는 것은 마치 허공에 구름이 없어서 해와 달이 잘 비춤과 같으며, 주색생심은 곧 망령된 생각이요 부주색생심은 곧 참다운 지혜이니, 망념이 일어나면 곧 어둡고 참다운 지혜가 비추면 곧 밝은 것이다. 밝으면 곧 번뇌가 일어나지 않고 어두우면 육진이 다투어 일어나느니라.

부대사 掃除心意地　名爲淨土因　無論福與智　先且離貪瞋　莊嚴
　　　　소제심의지　명위정토인　무론복여지　선차리탐진　장엄

絶能所　無我亦無人　斷常　俱不染　穎脫出囂塵
절능소　무아역무인　단상　구불염　영탈출효진

　마음과 뜻을 깨끗하게 하는 것을 정토의 인이라 하니
　복과 혜를 논하지 말고 먼저 탐진치를 여윌지니라.
　장엄은 능소를 끊는 것이어서 아도 없고 인도 없으니
　단과 상에 함께 물들지 않으면
　시끄러운 세상의 티끌에서 훤히 벗어나리라.

야부 雖然恁麽 爭奈目前 何
　　　　수연임마 쟁나목전 하

비록 그러하나 눈앞에 있는 것을 어찌하리오.

설 雖然不應住於色聲 色聲 爭奈目前何
　　　수연불응주어색성 색성 쟁나목전하

비록 그렇게 색성에 마땅히 주하지 않으나, 색성이 눈앞에 있는 것을 어찌할 것인가?

야부 見色非干色 聞聲不是聲 色聲不礙處 親到法王城
　　　　견색비간색 문성불시성 색성불애처 친도법왕성

색을 보면 색에 간섭받지 않고
소리를 들어도 소리가 아니로다.
색과 소리에 방해받지 않는 곳에서
친히 법왕성에 이르리라.

설 目前諸法 鏡裏看形 鏡裏看形不礙我 眉目分明非別人 非
　　　목전제법 경이간형 경이간형불애아 미목분명비별인 비
別人 此是相見法王處 所以 道 鏡裏 見誰形 谷中 聞自聲 見聞
별인 차시상견법왕처 소이 도 경이 견수형 곡중 문자성 견문
而不惑 何處匪通程
이불혹 하처비통정

눈앞의 모든 법이 거울 속에서 형상을 보는 듯하여, 거울 속에서 형상을 보는 것은 나에게 방해받지 않으니, 눈썹과 눈이 분명하여 다른 사람이 아니로다. 다른 사람이 아닌 것이므로 이것은 법왕처를 상견하는 것이다. 그러므로 말하길, 거울 속에서 누구의 형상을 보는가? 골짜기 속에서 자기 소리를 들음이로다. 보고 들음에 유혹되지 않으니 어느 곳인들 길이 통하지

않으리오 하신 것이다.

應無所住 而生其心
응당히 어디에도 머무름 없이 그 마음을 내어야
하느니라."

설 不須空然逐風波　常在滅定應諸根　是可謂暗中有明　又無
　　 불수공연축풍파　상재멸정응제근　시가위암중유명　우무

所住者 了無內外 中虛無物 如鑑空衡平 而不以善惡是非 介於
소주자 요무내외 중허무물 여감공형평 이불이선악시비 개어

胸中也 生其心者 以無住之心 應之於事 而不爲物累也 孔夫子
흉중야 생기심자 이무주지심 응지어사 이불위물루야 공부자

云君子之於天下也 無適也 無莫也 義之與比 此 言心無所倚
운군자지어천하야 무적야 무막야 의지여비 차 언심무소의

而當事以義也 當事以義則必不爲物累矣 不爲物累則必不失其
이당사이의야 당사이의즉필불위물누의 불위물누즉필부실기

宜矣 聖人 時異而道同 語異而相須 於斯 可見也已 謝氏 於無
의의 성인 시이이도동 어이이상수 어사 가견야이 사씨 어무

適莫註中 引經此句 以爲猖狂自恣 而卒得罪於聖人 何其言之不
적막주중 인경차구 이위창광자자 이졸득죄어성인 하기언지불

審 至於如是之甚耶 昔者 盧能 於五祖忍大師處 聞說此經 到此
심 지어여시지심야 석자 노능 어오조인대사처 문설차경 도차

心花頓發 得傳衣盂 爲第六祖 自尒 五葉 結果 芬芳天下 故知
심화돈발 득전의우 위제육조 자이 오엽 결과 분방천하 고지

只此一句 出生無盡人天師也 嗚呼 謝氏 何將管見 擬謗蒼蒼乎
지차일구 출생무진인천사야 오호 사씨 하장관견 의방창창호

　모름지기 공연히 풍파를 일으키지 말고 항상 멸진정에 머물
러 모든 근기에 응해야 함이니, 이것은 가히 어두운 가운데서

밝음이 있는 도리이다. 또 무소주란 마침내 내외가 없고 중간도 비어서 사물이 없는 것이 마치 거울이 텅 비고 평평한 저울대와 같아서 선악시비를 가슴속에 두지 않는 것이다. 생기심이란 머무른 바 없는 마음으로 사에 응하되, 물에 얽매이지 않는 것이다. 공자가 말하기를, 군자(賢人)가 천하에 머물면 옳은 것도 없고 옳지 않음도 없어서, 뜻과 더불어 화한다 하니, 이는 마음에 의지하는 바가 없어서 일을 당함에 의로써 행함을 말하는 것으로, 일을 당하여 의로써 행한즉 반드시 사물의 얽매임이 되지 않으며, 사물의 얽매임이 되지 않은즉 반드시 그 마땅함을 잃지 않는 것이다. 성인이 비록 태어난 시대는 다르나 도는 같고, 말은 비록 다르나 서로 구하는 것은 다름이 없음을 가히 알 수 있다. 사씨(謝氏)가 무적막(無適莫, 可·不可도 없음)의 주 가운데 경의 이 구를 인용하되, 창광히(미친 듯) 스스로 방자하게 함으로써 마침내 성인에게 죄를 지었다 하니, 어찌 말을 살피지 못함이 이같이 심한 데까지 이르렀는가. 옛날에 혜능이 오조 홍인대사의 처소에서 이 경 설함을 듣고, 여기에 이르러 마음 꽃이 활짝 피어서 옷과 발우를 전해 받고 육조가 되셨다. 고로 오엽(五葉)이 열매를 맺어 천하를 향기롭게 했도다. 그러므로 알라. 단지 이 한 글귀(應無所住 而生其心)가 다함이 없는 인천의 스승을 출생시키셨도다. 오호라, 사씨여. 어찌 좁은 소견으로 저 푸르고 넓은 하늘을 비방하려 하였던가?

야부 退後退後 看看 頑石 動也
　　　　퇴후퇴후　간간　완석　동야

　뒤로 물러서고 물러설지어다.
　살피고 살펴라. 완석(頑石, 굳은 돌)이 움직이도다.

설 明中 莫留礙 却向暗中歸 看看 可不動底 如今動也 動
　　　명중　막유애　　　각향암중귀　　간간　　가불동저　　여금동야　동
還無動 始得
환무동　시득

　　밝은 가운데서 자취에 머물지 말고 도리어 어두운 곳을 향하
　여 돌아오도다. 살피고 살펴라. 동할 수 없는 것이 지금 동하니,
　동하는 것이 도리어 동하지 않아야 비로소 옳은 얻음이다.

야부 山堂靜夜坐無言 寂寂廖廖本自然 何事西風 動林野 一聲
　　　　산당정야좌무언　적적요요본자연　하사서풍　동림야　일성
寒鴈 唳長天
한안　여장천

　　고요한 밤 산사에 말없이 앉았으니
　　적적하고 요요함이 본래 그대로더라.
　　무슨 일로 서풍은 임야를 동하게 하여
　　한 소리 찬 기러기가 장천을 울리게 하는가.

설 本自無動 何須動也 須信道 四海 浪靜龍穩睡 九天 雲淨
　　　본자무동　하수동야　수신도　사해　낭정용온수　　구천　운정
鶴飛高
학비고

　　본래 스스로 동함이 없거늘 어찌 모름지기 동하리오.
　　모름지기 믿을 지어다.
　　사해에 물결이 고요하면 용이 숨어서 잠을 자고
　　구천에 구름이 개이면 학이 높이 날도다.

규봉 第七 斷受得報身有取疑 疑意 如前 斷之文 二一 問答
　　　　제칠　단수득보신유취의　의의　여전　단지문　이일　문답

斷疑
단의

　<7>은 보신을 받는 것도 취함이 있다는 의심을 끊는 것이니, 의심하는 뜻은 앞과 같다. 의심을 끊는 글은 두 가지이니, ㈎ 문답으로 의심을 끊는 것이다.

須菩提 譬如有人 身如須彌山王 於意云何 是身 爲大不 須菩提 言 甚大 世尊 何以故 佛說非身 是名大身

　"수보리야, 비유하건대 어떤 사람이 몸이 수미산만 하다면 어떻게 생각하느냐? 이 몸이 크다고 하겠느냐?"
수보리가 대답하였다.
　"매우 큽니다. 세존이시여, 왜냐하면 부처님께서 몸 아닌 것을 말씀하시므로 이름이 큰 몸이라 하겠습니다."

설 放下根塵識　淸淨至無餘　圓滿空寂體　豁尒於焉現　體同龜
　　 방하근진식　청정지무여　원만공적체　활이어언현　체동귀
毛像嵬嵬　須彌橫海落羣峰　擧問空生深有以　恐人於斯　生認著
모상외외　수미횡해락군봉　거문공생심유이　공인어사　생인착
空生　果能知佛意　答以非身好知音　只如非身底道理　作麽生道
공생　과능지불의　답이비신호지음　지여비신저도리　작마생도
未曾暫有像宛然　像雖宛然　同兎角
미증잠유상완연　상수완연　동토각

육근과 육진과 육식을 모두 놓아버려서 청정하여 남음이 없으니, 원만하고 공적한 몸이 활연히 드러나도다. 체는 거북이 털과 같으나 그 모습은 대단히 커서 수미산이 바다에 비껴 있으매 뭇 봉우리보다 우뚝 섰도다. 수보리에게 물은 것은 깊은 까닭이 있으니, 사람들이 여기에서 오인할까 두려워하셨거늘, 수보리가 과연 부처님의 뜻을 알아서 답하기를 몸이 아님으로써 답한 것은 좋은 지음자로다. 다만 저 몸 아님의 도리를 어떻게 말할 것인가?

일찍이 잠시도 있지 않지만 형상은 완연하니

상이 비록 완연하나 토끼뿔과 같음이로다.

규봉 論云如須彌山 勢力高遠 故名爲大 而不取我是山王 以
논 운여수미산 세력고원 고명위대 이불취아시산왕 이

無分別故 報佛 如是 以得無上法王體 故名爲大 而不取我是法
무분별고 보불 여시 이득무상법왕체 고명위대 이불취아시법

王 以無分別故 故 偈 云如山王無取 受報 亦復然非身名身者
왕 이무분별고 고 게 운여산왕무취 수보 역부연비신명신자

非有漏有爲身 是無漏無爲身 故 偈 云遠離於諸漏 及有爲法故
비유루유위신 시무루무위신 고 게 운원리어제루 급유위법고

論 云若如是 卽無有物 唯有淸淨法身 以遠離有爲法故 以是義
논 운약여시 즉무유물 유유청정법신 이원리유위법고 이시의

故 實有我體 以不依他緣住故
고 실유아체 이불의타연주고

논에 의하면, 수미산의 세력이 크고 멀므로 대(大)가 된다 하되, '나는 이 산중의 왕이라'고 취하지 않는 것은 분별이 없는 까닭이어서, 보신불도 또한 이와 같이 위없는 법왕체를 얻었으므로 대가 된다 했다. 그래서 내가 이 법왕이라고 취하지 않는 것은 분별이 없는 까닭이라고 했다. 그러므로 게송으로 말하기

를, 산왕의 취함이 없는 것과 같아서 보를 받는 것도 또한 그러하다고 했다. 비신을 신이라고 하는 것은 유루와 유위의 신이 아니요, 이것은 무루와 무위의 신인 것이다. 고로 게송으로 말하기를, 만약 이와 같으면 곧 물이 없음이요 오직 청정법신이 있을 따름이니 유위법을 멀리한 까닭이다. 이런 뜻 때문에 실로 아의 체가 있으니 타연을 의지하여 머물지 않는 까닭이라고 했다.

육조 色身 雖大 內心量小 不名大身 內心量大 等虛空界 方名
색신 수대 내심양소 불명대신 내심양대 등허공계 방명
大身 色身 縱如須彌 終不爲大
대신 색신 종여수미 종불위대

  몸뚱이는 비록 크나 내심의 양이 작으면 큰 몸이라 이름할 수 없고 내심의 양이 커서 허공계와 같아야 비로소 큰 몸이라 이름하니, 몸뚱이는 비록 수미산 같더라도 마침내 대(大)가 되지 못하는 것이다.

부대사 須彌高且大 將喩法王身 七寶齊圍繞 六度自相隣(自字
수미고차대 장유법왕신 칠보제위요 육도자상인 (자자
他本 作次字)四色 成山相 慈悲 作佛因 有形終不大 無相乃爲眞
타본 작차자)사색 성산상 자비 작불인 유형종불대 무상내위진

  수미산이 높고 또한 큼이여,
  그를 법왕신에 비유함이니
  칠보를 가지런히 두른 것이요
  육도가 스스로 서로 이웃함이다.
  사색(청황적백)은 산의 모습을 이루고
  자비는 부처의 인을 짓나니

형상이 있음은 마침내 큰 것이 아니요
형상이 없어야 참다움이 되느니라.

야부 設有 向甚麼處著
설유 향심마처착

설사 있다 한들 어느 곳을 향해서 착할 것인가?

설 賴同兎角 設有 向什麼處著 大烘焰裏 難停物
뇌동토각 설유 향심마처착 대홍염이 난정물

토끼뿔과 같으니 설사 있다 한들 어느 곳을 향해서 착할 것인가? 큰 불꽃 속에서는 사물을 머물게 하기 어렵도다.

야부 擬把須彌作幻軀 饒君膽大更心麤 目前 指出千般有 我道
의파수미작환구 요군담대갱심추 목전 지출천반유 아도
其中一也無 便從這裏入
기중일야무 변종저이입

수미산으로 환화 같은 몸뚱이를 지으려 하니
설사 그대가 담이 크고 또 마음이 크다 하여
눈앞에서 천만 가지를 지적해 낼지라도
나는 그 중에서 한 개도 없다 말하리라.
곧 이곳으로부터 들어갈지니라.

설 大身說非身 心膽 大麤生 幸而喚作非身 設使喚作是身
대신설비신 심담 대추생 행이환작비신 설사환작시신
我道龜毛滿目前 伏請諸人 須從這裏入
아도귀모만목전 복청제인 수종저이입

큰 몸을 몸이 아니라 말하는 것은 심담이 크고 큼이다. 다행히 몸이 아니라 부르니, 설사 이 몸이라 부를지라도 나는 거북이 털(헛것)이 눈앞에 가득하다고 말하리라. 엎드려 청하노니 모든 사람들은 모름지기 이 도리(본래 없는 도리)속으로 들어갈지어다.

종경 如來 續焰然燈 實無可得之法 菩薩 莊嚴佛土 應無所住
여래 속염연등 실무가득지법 보살 장엄불토 응무소주
之心 諸妄 消亡 一眞 淸淨 昔究法華妙旨 親感普賢誨言 淸淨
지심 제망 소망 일진 청정 석구법화묘지 친감보현회언 청정
身心 安居求實 冥符奧義 豁悟前因 直得心法兩忘 根塵俱泯
신심 안거구실 명부오의 활오전인 직득심법양망 근진구민
且道 莊嚴箇什麼彈指 圓成八萬門 刹那 滅却三祇劫
차도 장엄개십마탄지 원성팔만문 찰나 멸각삼기겁

여래가 지혜의 불꽃을 연등불로부터 이어 받으셨으나 실로 얻은 법이 없으며, 보살이 불토를 장엄하나 마땅히 머무른 바가 없는 마음이어서, 모든 망념이 녹아 사라지면 일진(一眞, 절대의 진리)이 청정하도다. 옛날 법화경의 묘한 뜻을 연구하다가 친히 보현보살의 가르침에 감득하여서 심신이 청정하여 편안히 진실을 구하며 깊은 뜻에 명합하여 활연히 과거의 인연을 활짝 깨달으니, 바로 심과 법을 둘 다 잊으므로 육근과 육진이 함께 없어짐이로다. 또 말하라. 장엄이란 무엇인가? 손가락 튕기는 사이에 8만4천 바라밀문을 원만히 이루고 찰나에 삼대 아승지겁을 멸하도다.

설 雖曰續焰然燈 傳介什麼 得介什麼 雖曰莊嚴佛土 所嚴
수왈속염연등 전개심마 득개심마 수왈장엄불토 소엄
何土 能嚴 何人 能所旣無 心應無住 心旣無住諸妄消 妄旣消
하토 능엄 하인 능소기무 심응무주 심기무주제망소 망기소
亡一眞現 昔究法華妙旨 感驗契實 直得心法兩亡 根塵俱泯 且
망일진현 석구법화묘지 감험계실 직득심법양망 근진구민 차

道 莊嚴个什麼 一彈指間 無法不圓 一刹那際 無罪不滅 莊嚴
도 장엄개십마 일탄지간 무법불원 일찰나제 무죄불멸 장엄

淨土事如是 而與實相不違背
정토사여시 이여실상불위배

　비록 지혜의 불꽃이 연등불로부터이었다 하나, 전한 것은 그 무엇이며 얻은 것은 그 무엇인가? 비록 불토를 장엄한다고 하나, 장엄할 곳은 어느 국토이며 능히 장엄함은 누구인가? 능과 소가 없으면 마음이 마땅히 주하지 않는지라. 마음이 이미 주하지 않으면 모든 망이 녹고 망념이 이미 소멸되면 일진만이 나타남이다. 옛날에 법화경의 묘지를 연구하다가 효험을 감득하고 여실한데 계합하여 바로 마음과 법을 모두 잊고 육근과 육진에 함께 없어짐을 얻었도다. 또 말하라. 장엄함은 그 무엇인가? 한번 손가락을 튕김에 법마다 원만하지 않음이 없으며 한 찰나에 멸하지 못할 죄가 없음이로다. 정토를 장엄함이 이와 같으니 실상과 더불어 어긋나지 않음이로다.

종경 正法眼中 無所得 涅槃心外 謾莊嚴 六塵空寂 無人會 推
　　　　정법안중 무소득 열반심외 만장엄 육진공적 무인회 추

倒須彌浸玉蟾
도수미침옥섬

　정법안 가운데는 얻을 바가 없거늘
　열반심 밖에서 부질없이 장엄함이라.
　육진이 공적함을 아는 이 없으니
　수미산을 넘어뜨려 옥섬(玉蟾, 달빛)에 잠기게 하도다.

설　莊嚴淨土事如何 得正法眼眞宗要 何謂正法眼 了法無所
　　　장엄정토사여하 득정법안진종요 하위정법안 요법무소

有 法旣無所有 一切心亦無 無心無所得 是謂涅槃心 此眞莊嚴
유 법기무소유 일체심역무 무심무소득 시위열반심 차진장엄
人不會 取相身土謾莊嚴 故號大身說非身 致令知見無所寄
인불회 취상신토만장엄 고호대신설비신 치령지견무소기

정토를 장엄하는 일이 어떠한가? 정법안과 진종요를 얻음이다. 무엇을 정법의 눈이라 하는가? 법에 있는 바가 없음을 요달함이다. 법이 이미 무소유인데 일체 마음 또한 없음이라. 무심과 무소득을 열반심이라 하니, 이 참다운 장엄을 사람들이 알지 못해서 상을 취하여 신과 토에 부질없이 장엄함이로다. 그러므로 큰 몸은 몸이 아니라고 설하시니 지견으로 하여금 기댈 곳이 없게 하시니라.

규봉 二 校量顯勝 於中 文二 一 約外財校量 廣顯經勝 二 約
이 교량현승 어중 문이 일 약외재교량 광현경승 이 약
內財校量 倍顯經勝 初中 二 初 校量勝劣 二 釋勝所以 初中
내재교량 배현경승 초중 이 초 교량승열 이 석승소이 초중
文三 一 約多河以辨沙
문삼 일 약다하이변사

㈏ 교량하여 수승함을 나타냄이다. 그 중에 두 가지이니 ㉮ 외재를 가지고 교량하여서 널리 경이 수승함을 나타냄이다. ㉯ 내재를 가지고 헤아려서 경이 수승함을 배로 나타냄이다.

㉮ 가운데 두 가지니, 첫째, 수승함과 하열함을 헤아림이요, 둘째, 수승한 까닭을 해석함이다. 첫째를 셋으로 나누면 1. 여러 항하(갠지스강)를 가지고 모래를 표현한 것이다.

11. 무위복승분(無爲福勝分)
-무위복이 수승함-

須菩提 如恒河中所有沙數 如是沙等恒河 於
意云何 是諸恒河沙 寧爲多 須菩提 言甚多
世尊 但諸恒河 尚多無數 何況其沙

"수보리야, 갠지스강의 모래알만큼 많은 갠지
스강이 있다면 어떻게 생각하느냐? 그 모든 갠
지스강에 있는 모래알이 많지 않겠느냐?"

"매우 많습니다. 세존이시여, 다만 갠지스강만
하여도 헤아릴 수 없이 많을 것인데 하물며 그
모래알이겠습니까?"

설 一恒河沙數無窮 沙等恒河亦無盡 一性中有恒沙用 如恒沙
　　일항하사수무궁　사등항하역무진　일성중유항사용　여항사

用法無盡 一一恒沙亦無盡 一一法有恒沙用
용법무진　일일항사역무진　일일법유항사용

　한 항하의 모래수도 무궁하지만,
　모래수와 같이 많은 항하도 또한 무진하도다.
　한 성품 가운데는 항하사와 같은 묘용이 있으니,

항하사와 같은 묘용의 그 법도 다함이 없도다.
낱낱의 항하사 또한 무진하니,
낱낱의 법 가운데도 항하사와 같은 작용이 있음이로다.

규봉 恒河者 從阿耨池東面流出 周四十里 沙細如麵 金沙混流
　　　 항하자 종아뇩지동면유출 주사십리 사세여면 금사혼유
佛多近此說法 故取爲喩
불다근차설법 고취위유

　항하는 아뇩지라는 못의 동쪽으로부터 흘러나왔으니 주위가 40리다. 가늘기는 밀가루 같고 금모래가 섞여 흐르며 부처님께서 이 강가에서 여러 차례 법문을 설하셨으므로 항하강에 비유한 것이다.

야부 前三三 後三三
　　　 전삼삼 후삼삼

　전삼삼 후삼삼이로다.

설 天地日月 萬像森羅 性相空有 明暗殺活 凡聖因果 凡諸名
　　 천지일월 만상삼라 성상공유 명암살활 범성인과 범제명
數 一句 都說破
수 일구 도설파

　천지일월과 삼라만상과
　성·상·공·유·명암·살활과,
　범성 그리고 인과 등 무릇 모든 이름과 숫자를
　이 한 구절에 모두 다 설파했도다.

야부 一二三四數河沙 沙等恒河數更多 算盡目前無一法 方能靜
　　　 일이삼사수하사 사등항하수갱다 산진목전무일법 방능정

處薩婆訶
처 사 바 하

1, 2, 3, 4의 수가 항하사와 같음이여,
모래 같은 항하의 수가 다시 또한 많아라.
셈을 다하여 눈앞에 한 법도 없어야
비로소 능히 적정처에서 사바하(成就)하리라.

설 一二三四等恒河 一恒河沙 以爲數 一恒河沙 猶未足 沙等
일 이 삼 사 등 항 하 일 항 하 사 이 위 수 일 항 하 사 유 미 족 사 등
恒河數更多 諸法 無邊數難窮 窮盡諸法無異法 了得法法無異法
항 하 수 갱 다 제 법 무 변 수 난 궁 궁 진 제 법 무 이 법 요 득 법 법 무 이 법
方能靜處薩婆訶
방 능 정 처 사 바 하

1, 2, 3, 4의 수가 항하사와 같음이여, 한 항하의 모래로 수를 세니 한 항하의 모래로는 오히려 만족하지 못함이다. 모래 같은 항하의 수라야 많음이 되도다. 모든 법이 가없이 많아 헤아리기 어려우나, 모든 법을 모두 궁구하면 다른 법이 아니로다. 법과 법이 다른 법이 없음을 요달하여야 바야흐로 적정처에서 사바하리.

규봉 二 約多沙以彰福
         이 약 다 사 이 창 복

2. 많은 모래로 복을 드러낸 것이다.

須菩提 我今實言 告汝 若有善男子善女人 以
七寶 滿爾所恒河沙數三千大千世界以用布

施 得福 多不 須菩提 言 甚多 世尊

"수보리야, 내가 이제 사실대로 네게 말하노니, 어떤 선남자선여인이 일곱 가지 보석을 그곳 갠지스강의 모래알 수만큼 많은 삼천대천세계에 가득히 채워서 보시하면 복을 얻는 것이 많지 않겠느냐?"

수보리가 대답하였다.

"매우 많겠습니다. 세존이시여."

규봉 論 云前已說喩 何故 復說 偈 云說多義差別 亦成勝校量
　　　논 운전이설유 하고 부설 게 운설다의차별 역성승교량
後福 過於前 故 重說勝喩 何故 不先說此喩 爲漸化衆生 令信
후복 과어전 고 중설승유 하고 불선설차유 위점화중생 영신
上妙義故 又前未顯以何等勝功德 能得菩提故 三 約多福以顯勝
상묘의고 우전미현이하등승공덕 능득보리고 삼 약다복이현승

논에 따르면, 전에 이미 비유로 설했거늘 어떤 까닭으로 다시 설하는가? 게송으로 말하기를, 많은 뜻의 차별을 설한 것이며 또한 수승한 교량(校量, 헤아림)을 이룸이니 뒤의 복이 앞의 것보다 나으므로 거듭 수승하다는 비유를 한 것이라고 했다. 무슨 까닭으로 먼저 이 비유를 설하지 않았는가? 차차로 중생을 교화하여 그로 하여금 보다 더 깊은 이치로 이끌어 가려는 때문이며, 또 전엔 하등의 수승한 공덕으로 능히 보리를 증득함을 나타내지 못한 까닭이다.

3. 많은 복을 가지고 수승함을 나타낸 것이다.

佛 告須菩提 若善男子善女人 於此經中 乃至
受持四句偈等 爲他人說 而此福德 勝前福德
부처님께서 수보리에게 말씀하셨다.
"만약 선남자선여인이 이 경전에서 네 구절만
익혀 지녀 다른 사람에게 전해준다면 그 복덕이
앞의 일곱 가지 보석을 보시한 복덕보다 나으리
라."

설 施寶 終感生死 所以爲劣 持經 當趣菩提 所以爲勝
　　시보 종감생사 소이위열 지경 당취보리 소이위승

　칠보를 보시하는 것은 마침내 생사를 감득하므로 하열한 이
유가 되고, 경을 수지하는 것은 마땅히 보리에 나아감으로 수
승함이 된다.

규봉 施感生死 經趣菩提 大意 同前
　　　시감생사 경취보리 대의 동전

　보시는 생사를 감득함이요 경은 보리에 나아감이니 큰 뜻은
앞의 뜻과 같다.

육조 布施七寶 得三界富貴報 講說大乘經典 令諸聞者 生大智
　　　보시칠보 득삼계부귀보 강설대승경전 영제문자 생대지
慧 成無上道 當知受持福德 勝前七寶福德也
혜 성무상도 당지수지복덕 승전칠보복덕야

　칠보를 보시하는 것은 삼계의 부귀한 과보를 얻음이요, 대승
경전을 설하는 것은 모든 듣는 자로 하여금 대지혜를 내게 하
여 무상도를 이루게 함이니, 마땅히 알라. 경을 수지하는 복덕

이 앞의 칠보로 보시하는 복덕보다 수승하리라.

부대사 恒河數甚多 沙數更難量 將沙齊七寶 能持布施漿 有相
　　　　　항하수심다　사수갱난량　장사제칠보　능지보시장　유상

皆爲幻 徒言智慧强 若論四句偈 此福 未爲長
개위환　도언지혜강　약론사구게　차복　미위장

　항하의 수가 심히 많으며,
　모래수 또한 헤아리기 어렵도다.
　모래수와 같은 칠보를 가지고
　능히 보시해 줄지라도
　상이 있으면 모두가 환이 됨이라.
　한갓 지혜가 강함을 말할 뿐이니
　만약 사구게를 논할진대
　복(보시)은 길지 못하리라.

야부 眞鍮 不換金
　　　　진유　불환금

　진짜 놋쇠라도 금과는 바꾸지 않는다.

설 眞鍮 雖眞 比之精金 猶是僞寶 施福 雖勝 比之經福 猶是
　　　진유　수진　비지정금　유시위보　시복　수승　비지경복　유시

劣福
열복

　진짜 놋쇠가 비록 진짜이기는 하나 순금에 비하면 오히려 가짜 보배(僞寶)가 되고, 보시하는 복이 비록 수승하긴 하지만 경을 수지하는 복에 비유하면 오히려 하열한 복이 되도다.

야부 入海算沙徒費力 區區未免走紅塵(紅 一作埃)爭如運出家
　　　　 입해산사도비력　구구미면주홍진(홍　일작애)쟁여운출가
珍寶 枯木生花別是春
진보　고목생화별시춘

　바다에 들어가 모래를 헤아리는 것은 한갓 힘만 허비함이라.
　구구히 홍진에서 허덕임을 면치 못하니
　어찌 내집의 진귀한 보배를 꺼내어
　고목에 꽃피우는 특별한 봄만 같겠는가?

설 棄本逐風波 終成有漏因 有漏因 爭如直下明自己 因甚要
　　　 기본축풍파　종성유루인　유루인　쟁여직하명자기　인심요
須明自己 人人脚跟下 淸淨本解脫 更明今日事 別有一春光
수명자기　인인각근하　청정본해탈　갱명금일사　별유일춘광

　근본을 버리고 풍파를 쫓으니 마침내 유루의 인을 이룸이다.
　유루의 인이 어찌 바로(直下에) 자기를 밝힘만 같으리오. 무엇
　때문에 모름지기 자기를 밝혀야 하는가?
　　사람 사람의 선 자리가
　　청정하여 본래 해탈이라.
　　다시 오늘 일을 밝힌다면,
　　특별한 봄빛이 있으리라.

종경 滿積恒沙七寶 周廻布施三千 福德 分明 果因 不昧 能宣
　　　　 만적항사칠보　주회보시삼천　복덕　분명　과인　불매　능선
四句之偈 勝前萬倍之功 用眞智以照愚 如急流而勇退 且道 退
사구지게　승전만배지공　용진지이조우　여급류이용퇴　차도　퇴
後 如何 象踏恒河徹底過 大千沙界 百雜碎
후　여하　상답항하철저과　대천사계　백잡쇄

　항하사에 가득한 칠보로 삼천대천세계에 두루 보시하면 그

복덕이 분명하여 과와 인이 어둡지 않거니와 능히 사구게를 선설하면 앞의 공덕보다 만 배나 수승하리니, 참다운 지혜를 써서 어리석음을 비추는 것이 급류(생사의 흐름)에서 용감하게 물러남과 같도다. 또 말하라. 물러간 후에는 어떻게 할 것인가?

  코끼리가 항하강을 건너는 데는

  철저히 밑바닥까지 밟아

  대천사계(大千沙界, 有爲・有漏의 세계)가 다 부서지도다.

설 七寶施來 福德果因 分明 四句宣來 勝前施功萬倍 持說此
　　칠보시래 복덕과인 분명 사구선래 승전시공만배 지설차
經 因甚勝前福德 前則智眼 未明 癡心 未除 此則智以照愚 愚
경 인심승전복덕 전즉지안 미명 치심 미제 차즉지이조우 우
不得住 且道 尒後 如何 利根 依經解義 洞明此道淵源 淵源 旣
부득주 차도 이후 여하 이근 의경해의 동명차도연원 연원 기
已洞明 曠劫無明 當下灰 無明 旣已灰 目前境界 何有
이동명 광겁무명 당하회 무명 기이회 목전경계 하유

  칠보를 보시하는 복덕의 과와 인이 분명하나 사구를 선설함은 앞의 보시공덕보다 만 배나 수승하다. 이 경을 수지하고 설하는 것이 무엇 때문에 앞의 복덕보다 수승한 것인가? 앞에서는 지혜의 눈이 밝지 못해서 어리석은 마음을 없애지 못했거니와, 이것은 지혜로써 어리석음을 비추어서 어리석음이 머물지 못함이다. 또 말하라. 그 후에는 어떠한가? 영리한 근기가 경을 의지해서 뜻을 이해하면, 이 도리의 연원(淵源, 깊은 근원)이 환히 밝혀지리니, 연원이 이미 밝혀지면 오랜 시간(曠劫)의 무명이 그 자리에서 사라지리. 무명이 이미 사라지면 눈앞의 경계가 어찌 있으리오.

종경 重增七寶滿恒沙 如棄恬瓜覓苦瓜 豁悟眞空元不壞 百千三
중증칠보만항사 여기첨과멱고과 활오진공원불괴 백천삼

昧 揔虛花
매 총허화

  칠보를 거듭 더하여 항사계에 가득함이여,
  단 오이를 버리고 쓴 오이를 찾음과 같음이로다.
  진공이 원래 무너지지 않음을 활연히 깨달으면
  백천 삼매가 모두 헛된 꽃이로다.

설 恬瓜服來 心自悅 苦果服來 氣未便 持經 當受無生樂 布
  첨과복래 심자열 고과복래 기미편 지경 당수무생락 보

施 終成有漏因 布施 因甚 終成有漏 持經 因甚 受樂無窮 持經
시 종성유루인 보시 인심 종성유루 지경 인심 수락무궁 지경

豁悟眞空 布施 空然住相 住相布施 生天福 猶如仰箭射虛空 豁
활오진공 보시 공연주상 주상보시 생천복 유여앙전사허공 활

悟眞空 元不壞 百千三昧 揔虛花
오진공 원불괴 백천삼매 총허화

  단 오이를 먹으면 마음이 스스로 기쁘고 쓴 오이를 먹으면 기분이 편치 못함이니, 경을 가지면 마땅히 위없는 즐거움을 받고, 보시하면 마침내 유루인을 이루도다. 보시는 무엇 때문에 마침내 유루를 이루고, 경을 가지면 무엇 때문에 무궁한 즐거움을 받는가? 경을 가지는 것은 진공을 활연히 깨달음이요 보시는 공연히 상에 주하는 것이니, 상에 주한 보시는 천상에 나는 복이라서 마치 허공을 향해 화살을 쏘는 것과 같도다. 진공을 활연히 깨닫는 것은 원래 부서지지 않음이라. 백천삼매(보시 등 온갖 것들)가 모두 헛된 꽃이로다.

규봉 二 釋勝所以 於中 文五 一 尊處歎人勝 又三 一 明處可敬
　　　 이 석승소이 어중 문오 일 존처탄인승 우삼 일 명처가경

둘째, 수승한 까닭을 해석함이다. 그 중에 다섯 가지이니, 1. 처(경이 있는 곳)를 높임과 사람을 찬탄하는 수승함이다. 그 중에 또 세 가지니, 첫째, 처소가 가히 공경할 만함을 밝힌 것이다.

12. 존중정교분(尊重正敎分)
-바른 가르침을 존중함-

復次須菩提 隨說是經 乃至四句偈等 當知此
處 一切世間天人阿修羅 皆應供養 如佛塔廟

"또 수보리야, 어디서든지 이 경을 설하되 네 구절만 설하더라도, 마땅히 알아라. 이경을 설하는 곳은 일체 천상세계 사람들과 인간세상 사람들, 그리고 아수라들이 공양하기를 부처님 탑묘와 같이 할 것이거늘,

규봉 大般若 說天帝 不在 諸天 若來 但見空座 盡皆作禮供養
　　　대반야 설천제 부재 제천 약래 단견공좌 진개작례공양
而去 窣覩波 此云高顯 塔者 邊國訛語 廟 皃也 於塔中 安佛形皃
이거 솔도파 차운고현 탑자 변국와어 묘 모야 어탑중 안불형모

　대반야경에 의하면, 제석천왕이 없을 때 만약 다른 천왕이 와서 단지 빈자리만 볼지라도 모두 다 예를 올리고 공양하고 간다고 했다. 솔도파(窣堵波, 탑)는 높이 드러남이니, 탑이란 변방의 사투리이다. 묘는 모(皃)니 탑 가운데 부처님의 형상을 안치한 것이다.

육조 所在之處 如有人 卽說是經 若念念常行無念心 無所得心
소재지처 여유인 즉설시경 약념념상행무념심 무소득심
不作能所心說 若能遠離諸心 常依無所得心 卽此身中 有如來全
부작능소심설 약능원리제심 상의무소득심 즉차신중 유여래전
身舍利 故言如佛塔廟 以無所得心 說此經者 感得天龍八部 悉
신사리 고언여불탑묘 이무소득심 설차경자 감득천룡팔부 실
來聽受 心若不淸淨 但爲名聞利養 而說是經者 死墮三途 有何
래청수 심약불청정 단위명문이양 이설시경자 사타삼도 유하
利益 心若淸淨 而說是經者 令諸聽者 除迷妄心 悟得本來佛性
리익 심약청정 이설시경자 영제청자 제미망심 오득본래불성
常行眞實 感得天人阿修羅人非人等 皆來供養 持經之人
상행진실 감득천인아수라인비인등 개래공양 지경지인

경이 있는 곳에서 사람을 만나면 곧 이 경을 설하되 마땅히 생각생각에 늘 생각 없는 마음(無念心)과 무소득심을 행하여 분별심(能所心)을 지어서 설하지 말지니, 만약 모든 마음을 멀리하여 항상 무소득심에 의지하면 곧 이 몸 가운데 여래의 전신사리가 있는 것이니, 고로 부처님의 탑묘와 같다고 할 수 있을 것이다. 무소득심으로 이 경을 설한 자는 천룡팔부가 다 와서 듣고 받아가짐을 느끼지만, 마음이 청정하지 못하고 다만 명예와 이익을 위해서 이 경을 연설하는 자는 죽어서 삼악도에 떨어지리니 무슨 이익이 있으리오. 마음이 만약 청정하여 이 경을 설한 자는 모든 듣는 자로 하여금 미혹되고 망령된 마음을 없애고, 본래의 불성을 깨달아서 항상 참되고 실답게 행하게 하므로 천인·아수라·인·비인 등이 모두 이 경을 수지한 사람을 공양할 것이다.

규봉 二 顯人獲益
이 현인획익

둘째, 사람들이 이익을 얻는 것을 나타냄이다.

何況有人 盡能受持讀誦 須菩提 當知是人 成
就最上第一希有之法
어찌 하물며 어떤 사람이 다 능히 익혀 지니어
읽고 외우는 것이야 더 말할 게 있겠는가?"
"수보리야, 마땅히 알아라. 이런 사람은 가장 높
고 제일가는 희유한 법을 성취하게 될 것이다.

설 四句偈者 對全經 而言其小分也 雖是小分 隨所說處 皆應
사구게자 대전경 이언기소분야 수시소분 수소설처 개응
供養如塔 小分 尙尒 況盡能持說全經者乎 此則不啻如塔廟尊崇
공양여탑 소분 상이 황진능지설전경자호 차즉불시여탑묘존숭
當知是人 決定成就最上無上第一無比 希有難得之法也
당지시인 결정성취최상무상제일무비 희유난득지법야

사구게란 경 전체에 대하여 작은 부분에 불과한 것이다. 비
록 작은 분량이지만 설한 바의 곳을 따라 모두 마땅히 탑과 같
이 공양함이니 작은 부분도 오히려 그렇거늘 하물며 능히 경
전체를 가지고 설하는 것이겠는가? 이는 곧 탑묘와 같이 존숭
할 뿐만 아니라, 마땅히 알아라. 이 사람은 결정코 최상·무상·
제일·무비하고 희유하여 얻기 어려운 법을 성취함이다.

규봉 前 四句 猶勝 況此盡受持 故 最上等也 三 顯處有佛
전 사구 유승 황차진수지 고 최상등야 삼 현처유불

앞에서는 사구도 오히려 수승하다 했는데, 하물며 이것을 수지함이야…. 그러므로 최상등이다. 셋째, 그곳에는 부처님이 계심을 나타낸 것이다.

若是經典所在之處 即爲有佛 若尊重弟子
만약 이 경이 있는 곳은 곧 부처님과 존중하는 제자들이 있는 셈이 되느니라."

설 前明經勝 次敎尊重人法 此顯經勝之所以 人間世之所尊重
전명경승 차교존중인법 차현경승지소이 인간세지소존중
者 賢聖也 賢聖之所宗者 佛也 佛之所宗者 經也 此經 佛及賢
자 현성야 현성지소종자 불야 불지소종자 경야 차경 불급현
聖 尙以爲宗 其勝 可知 前明佛法僧三 皆從一經流出 而言一切
성 상이위종 기승 가지 전명불법승삼 개종일경유출 이언일체
佛法 皆從此經出 一切賢聖 皆以無爲法 而有差別 此明佛法僧
불법 개종차경출 일체현성 개이무위법 이유차별 차명불법승
三 會歸一經 而言經典所在之處 即爲有佛 若尊重弟子 前則從
삼 회귀일경 이언경전소재지처 즉위유불 약존중제자 전즉종
體起用 此則攝用歸體也 又前明佛法僧三 一一泯迹 而言佛法非
체기용 차즉섭용귀체야 우전명불법승삼 일일민적 이언불법비
法 四果無果 以至嚴非嚴身非身 此明佛法僧三 却向一處活 而
법 사과무과 이지엄비엄신비신 차명불법승삼 각향일처활 이
言經典所在之處 則爲有佛 若尊重弟子 前則把定乾坤黑 此則放
언경전소재지처 즉위유불 약존중제자 전즉파정건곤흑 차즉방
開日月明 伊麼則此一行文 亦可謂之全體句也 亦可謂之全用句
개일월명 이마즉차일행문 역가위지전체구야 역가위지전용구
也 是可謂之雙明雙暗 是可謂之雙放雙收
야 시가위지쌍명쌍암 시가위지쌍방쌍수

앞에서는 경이 수승함을 밝히셨고 다음으로 사람과 법을 존중할 것을 가르치시며 여기에선 경이 수승한 까닭을 나타내시니, 인간 세상에서 존중해야 할 바는 성현이요, 현성들이 제일로 삼는 것은 부처님이요, 부처님이 종을 삼는 것은 경이다. 이 경은 부처와 현성들도 오히려 종으로 여기시니 그 수승함을 가히 알 만할 것이다. 앞에서 밝힌 불·법·승, 삼보가 모두 이 경으로부터 흘러나옴을 밝히시니 일체 불법이 모두 이 경으로부터 나오며, 일체 현성이 모두 무위법으로써 차별이 있다고 말씀하셨다. 여기에선 불법승이 한 경에 회귀함을 밝히시어 경전이 있는 곳에는 곧 부처님과 존중하는 제자가 있다 하신 것이다. 앞에서는 체로부터 용을 일으키는 것이요, 여기에선 용을 섭하여 체로 돌아가는 것이다. 또 앞의 불법승 삼이 낱낱이 자취가 없음을 밝히시어 불법이 법아님과, 사과(四果)가 과 아닌 것으로써, 장엄이 장엄이 아니며 몸이 몸 아님에 이름을 말씀하셨다. 여기에선 불법승, 삼이 도리어 한 곳을 향해 살아 있음을 밝혀 경전이 있는 곳엔 곧 부처님과 존중하는 제자가 있음을 말씀하셨다. 앞에서는 잡아 정하면 건곤이 어둡고, 여기에선 놓아 버리니 일월이 밝다. 이러한즉 한 줄의 글은 가히 온전한 체의 구라 하며 또한 온전한 용의 구라 한다. 이것은 가히 쌍명, 쌍암이라 말하며 쌍방, 쌍수라 이른다.

규봉 經顯如來法身 依法則有報化 又一切賢聖 皆以無爲法 得
경현여래법신 의법즉유보화 우일체현성 개이무위법 득
名 經顯無爲 必有賢聖 尊重弟子
명 경현무위 필유현성 존중제자

경에는 여래의 법신을 나타냄이니, 법에 의지하면 보·화가 있음이요, 또 일체 현성이 다 무위법으로써 이름을 얻은 것이니, 경은 무위를 나타내기 때문에 반드시 현성과 존중하는 제자가 있음이다.

육조 自心 誦得此經 自心 解得經義 更能體得無著無相之理 所
       자심 송득차경 자심 해득경의 갱능체득무착무상지리 소
在之處 常修佛行 念念無有間歇 卽自心 是佛 故言所在之處 卽
재지처 상수불행 염념무유간헐 즉자심 시불 고언소재지처 즉
爲有佛
위유불

　자신의 마음으로 이 경을 외우고, 자심으로 이 경의 뜻을 이해하며, 다시 능히 무착·무상의 이치를 체득하여, 자신이 있는 곳에서 항상 부처님의 행을 닦아서, 생각생각이 쉬지 않으면 자기 마음이 곧 부처인 것이다. 그러므로 이 경이 있는 곳은 곧 부처님이 계신다고 하는 것이다.

부대사 恒沙爲比量 分爲六種多 持經取四句 七寶 詎能過 法門
         항사위비량 분위육종다 지경취사구 칠보 거능과 법문
遊歷處 供養感修羅 經中稱最勝 尊高似佛陀
유력처 공양감수라 경중칭최승 존고사불타

　항하사에 비교하여
　나누어 육종의 많음을 삼더라도
　경을 가지고 사구를 취하면
　칠보가 어찌 지나치리오.
　법문이 있는 곳에 공양하면
　아수라도 다 감득하도다.
　경 중에서 가장 수승하다 일컬으니

그 존귀함이 부처님과 같도다.

야부 合如是
　　　　합여시

합당히 이와 같도다.

설 舒卷自由 隱現無礙 理合如是 又白雲 只合在靑山 山含白
　　서권자유　은현무애　이합여시　우백운　지합재청산　산함백
雲 也相宜
운　야상의

펴고 거두는 것이 자유스럽고 숨고 나타남에 장애가 없으니 이치가 합당함이 이와 같도다. 또한 흰구름은 다만 청산에 있으니, 산이 흰 구름을 머금고 있는 것이 서로 그럴싸하도다.

야부 似海之深 如山之固 左旋右轉 不去不住 出窟金毛師子兒
　　　사해지심　여산지고　좌선우전　불거부주　출굴금모사자아
全威哮吼衆狐疑 深思不動干戈處 直攝天魔外道歸
전위효후중호의　심사부동간과처　직섭천마외도귀

바다같이 깊고 산처럼 견고하며
좌우로 돌고 가지도 머물지도 않도다.
굴 밖에서 나온 금빛 사자새끼가
온전한 위세로 포효하니 여우들이 의심하도다.
깊이 생각하여 무기를 쓰지 않는 곳에
바로 천마외도를 포섭하여 돌아가도다.

설 日月 雖明 明不到 劫火壞時 渠不壞 然亦賓主交參 善能
　　일월　수명　명부도　겁화괴시　거불괴　연역빈주교참　선능

廻互 轉身無滯 大用 全彰 羣邪自伏 端拱九重 四海朝宗
회호 전신무체 대용 전창 군사자복 단공구중 사해조종

　일월이 비록 밝으나 그 밝음은 금강경에 이르지 못하고 겁화가 무너질 때도 이 경은 무너지지 않도다. 그러나 또한 주인과 객이 교참함에, 잘 어우려져 몸을 굴려 막힘이 없으면, 큰 작용이 온전히 드러나서, 온갖 삿됨이 저절로 항복됨이라. 다만 구중궁궐에 단정히 앉아 있어도 사해에서 우러러보도다.

종경 慈愍三根隨說 乃人天 敬仰 受持四句 皆應如塔廟尊崇 常
　　　자민삼근수설　내인천　경앙　수지사구　개응여탑묘존숭　상
行無念之心 卽爲希有之法 如何是最上第一句 非但我今獨達了
행무념지심　즉위희유지법　여하시최상제일구　비단아금독달료
恒沙諸佛 體皆同 說處隨宜不滯空 勸持四句爲流通 天龍 覆護
항사제불　체개동　설처수의불체공　권지사구위유통　천룡　복호
尊如塔 功德 無邊讚莫窮
존여탑　공덕　무변찬막궁

　자비로써 어여삐 여기시어 세 가지 근기(三根)에 따라 알맞게 설하시니, 이에 인천이 우러러 공경함이요 사구를 수지함에 모두 마땅히 부처님의 탑묘와 같이 존중하도다. 무념의 마음으로 행하면 곧 희유한 법이 되는 것이다. 어떤 것이 최상의 제일구인가? 비단 나만 홀로 깨달을 뿐 아니라 항하사의 제불의 체가 모두 같음이로다.

　곳을 따라 설하되 마땅히 공에 걸림이 없으니
　사구를 가지고 권하여 막힘없이 통하도다.
　천룡이 보호하길 탑과 같이 존중하니
　그 공덕이 가없어 모두 찬탄할 수 없도다.

규봉 二 約義辨名勝
　　　이　약 의 변 명 승

2. 뜻에 의지하여 이름이 수승함을 밝힌 것이다.

13. 여법수지분(如法受持分)
-법답게 받아 지님-

爾時 須菩提白佛言 世尊 當何名此經 我等
云何奉持 佛 告須菩提 是經 名爲金剛般若波
羅密 以是名字 汝當奉持

그때 수보리가 부처님께 사뢰었다.
"세존이시여, 이 경의 이름이 무엇이며 저희들
이 어떻게 받들어 지니오리까?"
부처님께서 대답하였다.
"이 경은 이름이 '금강반야바라밀'이니 이
이름으로써 너희들은 마땅히 받들어 지닐 것이
니라.

설 從初敷座 極至於此 一經體備 說義已周 由是 空生 請安
    종초부좌 극지어차 일경체비 설의이주 유시 공생 청안
經名 以求奉持 如來 於是 叩其兩端 兩手分付
경명 이구봉지 여래 어시 고기양단 양수분부

    '처음 자리를 펴고 앉으심'으로부터 여기까지 경의 체가 갖추
어졌고 설하신 뜻은 이미 두루하였도다. 이에 수보리가 경의

이름을 두고자 청하여, 받들어 갖기를 구하므로, 여기에 여래께서 그 양단(安名과 奉持)의 물음에 양손으로 분부하셨다.

야부 今日 小出大遇
금일 소출대우

금일에 조금 내놓았는데 크게 얻었도다.

설 一問經名求奉持 和盤托出親分付 可不謂之太遇乎
일문경명구봉지 화반탁출친분부 가불위지태우호

경의 이름을 한번 물어서 수지함을 구한 것인데, 소반까지 내밀어 친히 분부하시니 가히 크게 얻었다고 말하지 않겠는가.

야부 火不能燒 水不能溺 風不能飄 刀不能劈 軟似兜羅 硬如鐵壁
화불능소 수불능익 풍불능표 도불능벽 연사도라 경여철벽

天上人間 古今不識 咦!
천상인간 고금불식 이!

불이 태우지도 못하고 물도 빠뜨리지 못하며
바람도 날리지 못하고 칼도 자르지 못하도다.
부드럽기는 도라솜(兜羅綿)같고 단단하기는 철벽과 같으니
천상과 인간이 고금에 알지 못하도다. 이!

설 般若波羅蜜 千變變不去 雖然變不去 物來卽應 雖然應物
반야바라밀 천변변불거 수연변불거 물래즉응 수연응물

亦不變去 非情識到 那容思慮
역불변거 비정식도 나용사려

반야바라밀이여, 천 번이나 변해도 변하지 않도다. 비록 그렇게 변하지 않는다고 하지만, 중생이 오면 중생에 응하고, 비록 그렇게 중생에 응하나 또한 변해가지 않음이다. 우리 생각(情

識)으로는 닿을 수 없거늘 어찌 사려를 용납하겠는가?

　　所以者 何 須菩提 佛說般若波羅密 卽非般若
　　波羅密 是名般若波羅密
　　어째서 그러냐 하면 수보리야, 부처가 반야바라
　　밀이라 말하는 것은 곧 반야바라밀이 아니기 때
　　문이니라."

설 說經安名分付了　且恐依語生知解　故說般若非般若　令知文
　　설 경 안 명 분 부 요　차 공 의 어 생 지 해　고 설 반 야 비 반 야　영 지 문
字性本空
자 성 본 공

　경을 설하시고 이름을 안치하는 것을 분부해 마치시고, 또한 말에 의지하여 알음알이(知解)를 낼까 염려하였다. 그러므로 반야바라밀이 반야바라밀이 아니라고 설하시어, 이로 하여금 문자의 성품이 본래 공한 것임을 알게 하셨다.

규봉 佛立經名　約能斷惑　斷惑故　勝也　則非般若者　無著　云對
　　　　불 립 경 명　약 능 단 혹　단 혹 고　승 야　즉 비 반 야 자　무 착　운 대
治如言執
치 여 언 집

　부처님께서 경 이름을 세우심은 능히 미혹을 끊는 것을 강조한 것이니 미혹을 끊음으로써 수승한 것이다. 즉 비반야란 무착이 말하기를, 저 말에 집착함을 다스린 것이라 했다.

육조 佛說般若波羅蜜 今諸學人 用智慧 除却愚心生滅 生滅 滅
불설반야바라밀 금제학인 용지혜 제각우심생멸 생멸 멸

盡 卽到彼岸 若心有所得 卽不到彼岸 心無一法可得 卽是到彼
진 즉도피안 약심유소득 즉부도피안 심무일법가득 즉시도피

岸 口說心行 乃是到彼岸也
안 구설심행 내시도피안야

　　부처님께서 반야바라밀을 설하심은, 모든 학인으로 하여금 지혜로 어리석은 마음이 생멸하는 것을 없애게 함이니, 생멸이 모두 없어지면 곧 피안에 이르는 것이다. 만약 마음에 얻은 것이 있으면 곧 피안에 이르지 못하고, 마음에 한 법도 가히 얻을 것이 없으면 곧 피안에 이르는 것이니, 입으로 설하고 마음으로 행하는 것이 피안에 이르는 것이다.

야부 猶較些子
　　　유교사자

　　오히려 조금 비슷하도다.

설 般若 說非般若 是則固是 猶隔一線道
　　반야 설비반야 시즉고시 유격일선도

　　반야를 반야가 아니라고 말하니, 그 말이 옳기는 진실로 옳으나, 오히려 한 선(線)의 길이 막혔도다.

야부 一手擡一手搦 左邊吹右邊拍 無弦彈出無生樂 不屬宮商
　　　일수대일수닉 좌변취우변박 무현탄출무생락 불속궁상

律調新(律 一作格)知音知後 徒名邈
율조신(율 일작격)지음지후 도명막

　　한 손으로 들고 한 손으로 잡으며
　　왼쪽으로 불고 오른쪽으로 치도다.

줄 없이도 무생의 가락을 튕겨야
궁상에 속하지 않고도 율조가 새롭나니
지음자가 안 후에는 한갓 이름이 아득하도다.

설 般若 卽非般若 一擡一搦 左吹右拍 擡搦吹拍 善則善矣
　　 반야　즉비반야　일대일닉　좌취우박　대닉취박　선즉선의
尙非好手 無弦琴上 彈出無生曲子 始可名爲好手 若是無生曲子
상비호수　무현금상　탄출무생곡자　시가명위호수　약시무생곡자
不屬擡搦 與吹拍 雖然不屬彼宮商 格調淸新別 宮商此曲 從來
불속대닉　여취박　수연불속피궁상　격조청신별　궁상차곡　종래
和者稀 子期之聽 尙茫然
화자희　자기지청　상망연

　반야가 곧 반야가 아님이여, 한 손으로 들고 한 손으로 잡으며 왼쪽으로 불고 오른쪽으로 치도다. 들고, 잡고, 불고, 치는 것이 좋기는 하지만 오히려 좋은 솜씨는 못되니 줄 없는 거문고에서 무생곡을 튕겨내야 비로소 좋은 솜씨라 이름하느니라. 만약 이 무생곡이라면 들고, 잡고, 또한 불고, 치는 것에 속하지 않으니 비록 그렇게 저 궁상각치우에 속하지는 않으나 격조가 청신하여 궁상과 다른 것이니, 이 곡은 예로부터 화답하는 이가 드물어 종자기의 들음도 오히려 망연하도다.

규봉 三 佛無異說勝
　　　 삼　불무이설승

　3. 부처님께서 이설 없음이 수승한 것이다.

須菩提 於意云何 如來 有所說法不 須菩提
白佛言 世尊 如來 無所說

"수보리야, 어떻게 생각하느냐? 여래가 법을 설한 것이 있느냐?"
수보리가 대답하였다.
"세존이시여, 여래께서는 법을 설하신 바가 없습니다."

설 佛稱空生善解空 果能知佛本無言 然雖如是 自從阿難結集
불칭공생선해공 과능지불본무언 연수여시 자종아난결집
來 名句文身 差別言詞 布在方策 溢于西乾 盈于東震 汔至于今
래 명구문신 차별언사 포재방책 일우서건 영우동진 흘지우금
黃面老子 若都無說 如是法藏 夫誰說來 須信 道有言 皆成謗
황면노자 약도무설 여시법장 부수설래 수신 도유언 개성방
無言 亦不容
무언 역불용

 부처님께서는 수보리가 공을 잘 이해한다 일컬으시니, 과연 수보리는 부처님께서 본래 말이 없으심을 잘 알았도다. 비록 이와 같으나 아난이 경을 결집함으로부터 명, 구, 문신(팔만대장경)의 차별언사가 방책(經典)에 펴 있어서, 서건(인도)에 넘치고 동진(중국)에 가득 차서 지금에 이르렀으니, 부처님께서 모두 설함이 없다고 하면 이 같은 팔만대장경은 대저 누가 설해왔는가? 모름지기 믿을 지이다. 말이 있다 할지라도 모두 비방함이 되고 말이 없다 해도 또한 용납하지 못할지니라.

규봉 無所說者 無別異增減之說 但如證而說 旣如其證 則無所
무소설자 무별이증감지설 단여증이설 기여기증 즉무소
說 三世諸佛 皆然 故 云無異說 故 論 云無有一法 唯獨如來說
설 삼세제불 개연 고 운무이설 고 논 운무유일법 유독여래설
餘佛不說 無著 云第一義 不可說
여불불설 무착 운제일의 불가설

　무소설이란 것은 별달리 증감이 없다는 말이고, 다만 증득한 대로 설한 것이니 이미 증득한 것과 같다면 곧 설한 것도 없으리라. 삼세제불이 모두 그러하시므로 다른 설이 없느니라. 그러므로 논에, 한 법도 오직 여래가 설한 것이 아니고 다른 부처님도 설하지 않으셨다 하며, 무착이 말하기를, 제일의는 가히 설할 수 없는 것이라 했다.

육조 佛 問須菩提 如來說法 心有所得不 須菩提 知如來說法
불 문수보리 여래설법 심유소득불 수보리 지여래설법
心無所得 故言無所說也 如來意者 欲令世人 離有所得之心 故
심무소득 고언무소설야 여래의자 욕영세인 이유소득지심 고
說般若波羅蜜法 令一切人 聞之 皆發菩提心 悟無生理 成無上
설반야바라밀법 영일체인 문지 개발보리심 오무생리 성무상
道也
도야

　부처님께서 수보리에게 물으시길, '여래의 설법이 마음으로 얻은 것이 있는가?' 수보리는 여래 설법이 마음으로 얻은 것이 없음을 알기에 '설한 것이 없습니다' 하고 답했다. 여래의 뜻이란 세상 사람으로 하여금 유소득심(有所得心, 얻은 것이 있는 마음)을 떠나게 하고자 함이므로 반야바라밀다법을 설하시어 일체인이 그것을 듣고 모두 보리심을 발하여 무생의 이치를 깨달아서 위없는 도를 이루게 하심이다.

부대사 名中 無有義 義上 復無名 金剛喩眞智 能破惡堅貞 若
　　　　명중　무유의　의상　부무명　금강유진지　능파악견정　약
到波羅岸 入理出迷情 智人 心自覺 愚者 外求聲
도바라안　입리출미정　지인　심자각　우자　외구성

　　이름 중에는 뜻이 없고
　　뜻에는 다시 이름이 없음이라.
　　금강으로 참된 지혜에 비유함이여!
　　능히 악의 굳고 곧은 것을 깨뜨렸도다.
　　만약 저 언덕에 다다르면
　　이치에 들어가서 어리석은 정을 벗어나리니
　　지혜있는 사람은 마음을 스스로 깨달음이요
　　어리석은 사람은 밖으로 소리를 구함이로다.

야부 低聲低聲
　　　　저성저성

　　소리를 낮추고 낮추어라.

설 佛無所說 是則固是 無言 亦非佛本心 故 云低聲低聲 又
　　　불무소설　시즉고시　무언　역비불본심　고　운저성저성　우
莫謂一向無所說 人天耳裏 鬧浩浩 鬧浩浩 伏請 低聲低聲
막위일향무소설　인천이이　요호호　요호호　복청　저성저성

　　부처님께서 설한 바가 없다 하시니 옳기는 진실로 옳으나 무언도 부처님의 본심은 아님이다. 그러므로 소리를 낮추고 낮추라고 하시니, 또한 한결같이 무소설(설한 바가 없다)이라고만 말하지 말라. 인천의 귓속에 시끄럽기가 호호하도다. 대단히 시끄러움이여. 엎드려 청하노니 소리를 낮추고 낮추어라.

야부 入草求人不奈何 利刀斫了手摩挲 雖然出入無蹤跡 紋彩全
입초구인불나하　이도작료수마사　수연출입무종적　문채전
彰 見也麽
창　견야마

　풀숲에 들어가 사람을 구하려 해도 어쩌지 못하여
　날카로운 칼로 베고 나서 손으로 어루만지도다.
　비록 그렇게 그 출입에 자취가 없으나
　무늬가 온전히 드러남을 보았는가.

설　要識黃面老麽　此老　本不愛草　亦不厭草　不愛草故　入草
　　요식황면노마　차노　본불애초　역불염초　불애초고　입초
見此老不得 不厭草故 出草 覓此老不得 所以 道 雖復不依言語
견차노부득　불염초고　출초　멱차노부득　소이　도　수부불의언어
道 亦復不著無言說 看看 黃面老子 現也 摩醯眼前 藏身無地
도　역부불착무언설　간간　황면노자　현야　마혜안전　장신무지

　부처님을 알고자 하는가? 이 노인은 본래 풀(부처님 설법)을 사랑하지 않으시며 또한 풀을 싫어하지도 않으시니, 풀을 사랑하지 않으므로 풀숲에 들어가서 이 노인을 찾으려 해도 찾지 못하고, 풀을 싫어하지 않는 까닭에 풀을 벗어나서 이 노인을 보려고 해도 보지 못함이다. 그러므로 말하길, 비록 언어의 길을 의지하지도 않으나 또한 다시 무언설을 집착하지도 않는다 하시는 것이다. 잘 보아라. 부처님께서 드러내시니 마혜수라(摩醯修羅, 大自在天神)의 눈앞에서는 몸을 숨길래야 숨길 곳이 없도다.

규봉　四　施福劣塵勝
　　　　사　시복열진승

　4. 보시한 복은 하열하고 티끌은 수승한 것이다.

須菩提 於意云何 三千大千世界所有微塵 是爲多不 須菩提 言 甚多 世尊 須菩提 諸微塵 如來 說非微塵 是名微塵 如來 說世界非世界 是名世界

"수보리야, 어떻게 생각하느냐? 삼천대천세계에 있는 먼지 티끌이 많지 않겠느냐?"
수보리가 대답하였다.
"매우 많습니다. 세존이시여."
"수보리야, 여래가 말한 먼지 티끌은 먼지 티끌이 아니므로 먼지 티끌이라 하며 여래가 말한 세계도 세계가 아니므로 세계라 하느니라."

설 此 擧塵界之喩 以明無所說也 於一大地 有三千 三千界
차 거진계지유 이명무소설야 어일대지 유삼천 삼천계

塵 數難窮 離却本有一大地 世界微塵 總皆空 於一佛乘 說三乘
진 수난궁 이각본유일대지 세계미진 총개공 어일불승 설삼승

無盡法門 從玆始 離却本有一佛乘 法法 皆空無所有 伊麽則從
무진법문 종자시 이각본유일불승 법법 개공무소유 이마즉종

初轉四諦 至今談般若 可謂有法可示 有言可宣 以實而觀 理本
초전사제 지금담반야 가위유법가시 유언가선 이실이관 이본

亡言 無法可示 佛本無心 無言可宣 塵非塵則名數 卽非名數 界
망언 무법가시 불본무심 무언가선 진비진즉명수 즉비명수 계

非界則三乘 卽非三乘 會三 何待靈山會 祇園座上 早歸一
비계즉삼승 즉비삼승 회삼 하대영산회 기원좌상 조귀일

이것은 미진세계의 비유를 들어서 설한 바 없는 도리를 밝히신 것이다. 일대지에 삼천세계가 있으니 삼천세계의 미진은 그

수를 헤아리기가 어렵도다. 본래 있는 일대지를 떠나면 세계의 미진이 모두 공함이로다. 일불승(一乘)에서 삼승(聲聞, 緣覺, 菩薩)을 설하시니 무진법문이 이로부터 시작되었다. 본래 있는 일불승을 떠나면 법법이 다 공해서 있지 않도다. 이러한즉 처음 사성제를 전함으로부터 이제 반야를 말하기까지 법으로 가히 보일 수 있었으며 말로써 베풀 수 있다고 말하거니와, 실제로써 관하건대 이치는 본래 말이 없어서 법은 가히 보일 수 없는 것이며, 부처는 본래 마음이 없는지라 말로써 가히 베풀 것이 없으니 진이 진이 아닌즉 명수가 곧 이름이나 숫자가 아니고, 계가 계가 아닌즉 삼승이 곧 삼승이 아닌 것이다. 삼승을 아는데 어찌 영산회상을 기다리리오. 기원정사의 좌상에서 일찍이 일불승에 돌아갔도다.

규봉 論 云寶施福德 是煩惱因 以能成就煩惱事故 地塵 無記
논 운보시복덕 시번뇌인 이능성취번뇌사고 지진 무기
非煩惱因 故 塵勝施劣 大雲 云諸地塵 則非貪等煩惱塵 是名無
비번뇌인 고 진승시열 대운 운제지진 즉비탐등번뇌진 시명무
記地塵 如來 說彼三千界 卽非煩惱染因界 是名地塵無記界 是
기지진 여래 설피삼천계 즉비번뇌염인계 시명지진무기계 시
則界爲塵因 塵不生煩惱 施爲福因 福生煩惱
즉계위진인 진불생번뇌 시위복인 복생번뇌

논에 따르면, 보배를 보시한 복덕은 번뇌의 인이니 능히 번뇌사를 성취한 까닭이요, 지진(地塵, 땅덩이)은 무기이니 번뇌의 인이 아니므로 진은 수승하고 보시는 열하다고 했다. 대운이 말하기를, 모든 지진은 곧 탐진치의 번뇌진이 아니라 무기지진이라 이름하고, 여래가 저 삼천세계를 설한 것은 곧 번뇌의 염인계(染因界, 물든 인의 세계)가 아니라 지진의 무기계라

이름하니, 이는 곧 계는 진인이 되는지라 진은 번뇌를 나지 않게 하고 보시는 복의 인이 되니 복은 번뇌를 낸다고 했다.

육조 如來 說衆生性中妄念 如三千大千世界中所有微塵 一切衆
여래 설중생성중망념 여삼천대천세계중소유미진 일체중
生 被妄念微塵 起滅不停 遮蔽佛性 不得解脫 若能念念眞正 修
생 피망념미진 기멸부정 차폐불성 부득해탈 약능념념진정 수
般若波羅蜜無著無相行 了妄念塵勞 卽淸淨法性 妄念 旣無 卽
반야바라밀무착무상행 요망념진노 즉청정법성 망념 기무 즉
非微塵 是名微塵 了眞卽妄 了妄卽眞 眞妄 俱泯 無別有法 故
비미진 시명미진 요진즉망 요망즉진 진망 구민 무별유법 고
云是名微塵 性中 無盡勞 卽是佛世界 心中 有塵勞 卽是衆生世
운시명미진 성중 무진노 즉시불세계 심중 유진노 즉시중생세
界 了諸妄念空寂 故 云非世界 證得如來法身 普現塵刹 應用無
계 요제망념공적 고 운비세계 증득여래법신 보현진찰 응용무
方 是名世界
방 시명세계

여래께서 말씀하시기를, 중생의 성품 가운데 망념은 삼천대천세계의 미진수와 같으니 일체중생이 미진처럼 많은 망념을 일으키고 멸하며, 잠시도 머물지 못하여 불성을 막고 가려서 해탈을 얻지 못하나니, 만약 능히 생각 생각을 참답고 바르게 하여 반야바라밀의 무착·무상행을 닦으면 망념진로가 곧 청정법성임을 깨달으리라. 망념이 이미 없어지면 곧 미진이 아니고 진이 곧 망인 줄 깨달으며, 망이 곧 진임을 깨달아서 진과 망이 함께 없어지면 달리 법이 없음이라. 이 까닭에 미진이라 이름한다. 성품 중에 진노가 없으면 곧 이것이 불세계이고, 심중에 진로가 있으면 곧 중생세계이니 모든 망념이 공적함을 깨달으므로 말하길, '비세계'라고 한다. 여래법신을 증득하여 널리 온갖 세계(塵刹)에 나투어 응용함에 막힘이 없으므로 이를

세계라 이름한 것이다.

부대사 積塵成世界 析界作微塵 界喩人天果 塵爲有漏因 塵因
　　　　적진성세계　석계작미진　계유인천과　진위유루인　진인
因不實 界果 果非眞 果因 知是幻 逍遙自在人
인부실　계과　과비진　과인　지시환　소요자재인

　티끌을 쌓아 세계를 이루고
　세계를 쪼개면 티끌이 됨이라.
　세계는 인천의 과에 비유되고
　티끌은 유루 인이 되도다.
　진인은 실답지 못한 인이요
　계의 과는 참답지 못한 과이니,
　과와 인이 모두 환인 줄 알면
　소요자재한 사람이 될 것이다.

야부 南贍部洲 北鬱單越
　　　　남섬부주　북울단월

　남섬부주요 북울단월이로다.

설 今師 直取塵界 以明平常不動也 塵非塵則塵塵 淨妙身 界
　　　금사　직취진계　이명평상부동야　진비진즉진진　정묘신　계
非界則界界 黃金國 界界 旣知黃金國則更說什麼非世界 塵塵
비계즉계계　황금국　계계　기지황금국즉갱설십마비세계　진진
旣知淨妙身則更說什麼非微塵 只可喚作南贍部洲 北鬱單越
기지정묘신즉갱설십마비미진　지가환작남섬부주　북울단월

　이제 야부 스님께서 바로 진계를 취하여 이로써 평상부동을 밝히시니 진이 진이 아닌즉 진진이 정묘신이 되고, 세계는 세계가 아닌즉 세계세계가 그대로 황금국이 된다. 세계세계가 이미 황금국인 줄 알면 다시 무엇 때문에 비세계라 설하며 진진이 이미 정묘한 법신인 줄 알았다면 어이하여 비미진이라 설함인가. 다만, 가히 남섬부주라 하고 북울단월이라 부를 뿐이다.

야부 頭指天脚踏地 饑則湌困則睡 此土西天 西天此土 到處元正
　　　두지천각답지　기즉손곤즉수　차토서천　서천차토　도처원정
便是年 南北東西祇者是
변시년　남북동서지자시

　머리는 하늘을 가리키고 다리는 땅을 밟으며
　주리면 먹고 곤하면 자도다.
　이곳이 서천(극락)이요 서천이 이곳이로다.
　곳곳의 설날은 똑같은 새해이니
　남북동서에 다만 이것일 뿐이로다.

설 指天踏地人所同 飢湌困睡孰不能 只這眞消息 彼此無兩般
　　　지천답지인소동　기손곤수숙불능　지저진소식　피차무양반
只如無兩般底道理 作麼生道 梅枝片白 足知天下春 梧桐一葉
지여무양반저도리　작마생도　매지편백　족지천하춘　오동일엽
可知天下秋 從此不疑天下事 天下人皆應似我 應似我 久旱 逢
가지천하추　종차불의천하사　천하인개응사아　응사아　구한　봉
甘雨 何人 獨不喜 又頭指云云 平常愡不動 此土云云 彼此無兩
감우　하인　독불희　우두지운운　평상총부동　차토운운　피차무양
般 到處云云 無私一著子 全該一切處
반　도처운운　무사일착자　전해일체처

　하늘을 가리키고 땅을 밟음은 사람이 모두 같음이다. 주리면 먹고 피곤하면 자는 것은 누가 능히 못하리오. 다만 이 참 소식은 피차에 두 가지가 없으니, 다만 두 가지가 없는 도리를 어떻게 말할 것인가? 매화 가지의 한 송이 흰 꽃은 족히 천하의 봄

을 알리고 오동잎 하나 떨어지면 천하가 가을임을 알림이다. 이것으로써 천하의 일을 의심하지 않으니 천하의 사람이 모두 마땅히 나와 같도다. 응당 나와 같으니, 오랜 가뭄에 단비를 어떤 사람인들 홀로 기쁘게 여기지 않으리오. 또한 '머리는 하늘을~'이란 평상하여 모두 움직이지 않음이요, '이곳이~'란 피차 두 가지가 없음이요 '곳곳의'란 사사로움이 없는 일착자가 온전히 일체처를 갖췄음이로다.

규봉 五 感果離相勝
오 감 과 이 상 승

5. 결과를 감득하는 것이 상을 여의어 수승한 것이다.

須菩提 於意云何 可以三十二相 見如來不 不也 世尊 不可以三十二相 得見如來 何以故 如來 說三十二相 卽是非相 是名三十二相

"수보리야, 어떻게 생각하느냐? 32가지 신체의 모습으로써 여래를 볼 수 있겠느냐?"

"아닙니다. 세존이시여, 32가지 신체의 모습으로는 여래를 보지 못하나니, 왜냐하면 여래께서 말씀하신 32가지 모습은 곧 모습이 아니므로 32가지 모습이라 하옵니다."

설 是相非相 皆非佛 相卽非相 乃爲眞 若能如是知端的 天眞
　　시상비상　개비불　상즉비상　내위진　약능여시지단적　천진
面目 更何疑
면목　갱하의

　　이 상과 상아님이 모두 부처가 아니고 상은 곧 상아님이라야 참다운 것인 줄 알아야 한다. 만일 능히 이렇게 분명한 도리를 알면 천진면목을 어찌 다시 의심하겠는가?

규봉 恐施寶者 云我施求佛 誰言煩惱 故 此經 云可以相 爲佛
　　　공시보자　운아시구불　수언번뇌　고　차경　운가이상　위불
不 論 云持説此經 能成菩提 勝彼福德 何以故 彼相 於佛菩提
불　논　운지설차경　능성보리　승피복덕　하이고　피상　어불보리
非法身相故 經福 能降施福 得三十二相 意明經福降施 方得色
비법신상고　경복　능항시복　득삼십이상　의명경복항시　방득색
相佛身 若但寶施 卽煩惱因
상불신　약단보시　즉번뇌인

　　칠보를 보시한 자가 말하기를, 나의 보시는 부처를 구하는 것이니 누가 번뇌라고 하리오? 할까 염려하여, 이 경에서 '가히 상으로써 부처를 삼겠는가' 한 것이다. 논에 따르면, 이 경을 가지고 설하면 능히 깨달음을 이루게 되어 저 보시의 복덕보다 수승하다 했다. 왜냐하면 저 상은 부처님의 깨달음에 있어서 법신상이 못되는 까닭이다. 경의 복은 능히 보시한 복을 낮추어서 32상을 겨우 얻게 한다 하니, 그 뜻은 경의 복은 보시한 복을 낮추어서 바야흐로 색상의 불신을 겨우 얻음을 밝힌 것이다. 만약 다만 칠보만 베풀면 곧 번뇌의 원인이 되느니라.

육조 三十二相者 是三十二淸淨行 於五根中 修六波羅蜜 於意
　　　삼십이상자　시삼십이청정행　어오근중　수육바라밀　어의

根中 修無相無爲 是名三十二淸淨行 常修此三十二淸淨行 卽得
근중 수무상무위 시명삼십이청정행 상수차삼십이청정행 즉득
成佛 若不修三十二淸淨行 終不成佛 但愛著如來 三十二相 自
성불 약불수삼십이청정행 종불성불 단애착여래 삼십이상 자
不修三十二行 終不見如來
불수삼십이행 종불견여래

  32상이란 곧 32청정행이니 오근 가운데서 육바라밀을 닦고 의근 중에 무상과 무위를 닦으면 이것을 32청정행이라 이름하느니라(오근×육바라밀+무상·무위=삼십이상). 항상 32청정행을 닦으면 곧 성불하거니와 만약 32청정행을 닦지 않으면 마침내 성불하지 못하며, 다만 32상만을 애착하고 스스로 32행을 닦지 않으면 마침내 여래를 보지 못하리라.

부대사 佛問空生相 善現 答相非 一相全無相 無相佛何爲 了達
         불문공생상 선현 답상비 일상전무상 무상불하위 요달
人空理 法空 未覺知 一切全無相 方号大慈悲
인공리 법공 미각지 일체전무상 방호대자비

    부처님께서 수보리에게 상을 물으매
    선현이 상이 아니라고 대답하니,
    한 상은 온전히 상이 없는지라
    무상을 부처님이 어찌하겠는가.
    인공의 이치만 요달하면,
    법공의 이치를 알지 못함이니
    일체가 온전히 상이 없어야
    바야흐로 대자비(佛)라 하느니라.

야부 借婆衫子拜婆年
      차파삼자배파년

할머니 옷을 빌려 입고서 할머니에게 절한다.

설 佛 欲明無相 果能答相非 若使佛問相 亦能答以相
　　불　욕명무상　과능답상비　약사불문상　역능답이상

부처님께서 무상을 밝히고자 하심에 과연 능히 상이 아닌 것으로써 답하시고 만약 부처님께서 상으로써 물으시면 또한 능히 상으로써 답한 것이다.

야부 你有我亦有 君無我亦無 有無俱不立 相對嘴盧都
　　　이유아역유　군무아역무　유무구불립　상대취로도

그대 있으니 나 또한 있고
그대 없으면 나도 또한 없음이라.
유와 무를 모두 세우지 아니하니
서로 대하여 입만 침묵하도다.

설 承問有答不參差 你有你無我亦然 有無 俱不立 相對默無
　　승문유답불참차　이유이무아역연　유무　구불립　상대묵무
言 有無不立 無言以對 外道 問佛 世尊 良久 其勢然也 彼可謂
언　유무불립　무언이대　외도　문불　세존　양구　기세연야　피가위
騎賊馬趕賊 此可謂借婆衫拜婆年
기적마간적　차가위차파삼배파년

물음후의 답이 어긋나지 않으니 네가 있고 네가 없음에 나 또한 그러하다. 유와 무를 다 세우지 않으니, 상대하여 묵묵히 말이 없음이로다. 유와 무를 세우지 않고 무언으로써 대항하여 외도가 부처님께 묻자 세존께서 양구(良久, 침묵)하시니 그 세가 당연히 그러하도다. 저것은 가히 도적의 말을 타고 도적을 쫓는 격이요, 이것은 가위 할머니 옷(婆衫)을 빌려 입고 할머니

에게 절하는 것이다.

규봉 二 約內財校量 倍顯經勝 於中 文二 一 校量勝劣
　　　이　약내재교량　배현경승　어중　문이　일　교량승열

㉯ 내재를 잡아 헤아려서 경이 수승함을 배로 나타낸 것이니 그 중에 두 가지이다. 첫째, 수승하고 열함을 헤아림이다.

　　須菩提　若有善男子善女人　以恒河沙等身命
　　布施
　　"수보리야, 만약 선남자선여인이 갠지스강의
　　모래수효만큼 많은 목숨을 보시하고,

부대사 施命如沙數　人天業轉深　旣掩菩提相　能障涅槃心　猨猴
　　　　시명여사수　인천업전심　기엄보리상　능장열반심　원후
探水月　閬蕩　拾花針　愛河浮更沒　苦海出還沈
탐수월　랑탕　십화침　애하부갱몰　고해출환침

목숨으로 보시하기를 모래숫자와 같음이여,
인천의 업이 더욱 깊어짐이라.
이미 보리의 상을 가졌음이요
능히 열반의 마음을 장애함이로다.
원숭이는 물속에 있는 달(수월)을 건지고
랑탕은 화침을 줍는다.
애욕의 물결에 떴다가 잠김이요
고해에서 나왔다가 도리어 잠기도다.

若復有人 於此經中 乃至受持四句偈等 爲他
人說 其福 甚多

또 어떤 사람이 이 경 가운데 네 구절만이라도
익혀 지녀 다른 사람을 위하여 설하면 그 복이
더욱 많느니라."

설 無智慧眼 空然捨施 此非菩提正路 反招生死苦輪 受持四
　　무지혜안　공연사시　차비보리정로　반초생사고륜　수지사
句 開得慧眼 此眞菩提正路 當證涅槃眞常 有爲無爲 優劣 皎然
구　개득혜안　차진보리정로　당증열반진상　유위무위　우열　교연

　　지혜의 안목이 없이 공연히 베풀기만 하면 이것은 보리의 바
른 길이 아니며 도리어 생사의 고통스런 윤회를 초래함이 되
고, 사구를 수지하여 혜안을 뜨면 이것은 참다운 보리의 바른
길이어서, 마땅히 열반의 진상을 증득하리니 유위와 무위의 차
별이 분명하도다.

육조 世間重者 莫過於身命 菩薩 爲法 於無量劫中 捨施身命
　　　세간중자　막과어신명　보살　위법　어무량겁중　사시신명
分與一切衆生 其福 雖多亦不如受持此經四句之福 多劫捨身 不
분여일체중생　기복　수다역불여수지차경사구지복　다겁사신　불
了空義 妄心 不除 元是衆生 一念持經 我人頓盡 妄想 旣除 言
료공의　망심　부제　원시중생　일념지경　아인돈진　망상　기제　언
下成佛 故知多劫捨身 不如持經四句之福
하성불　고지다겁사신　불여지경사구지복

　　세간에서 소중하게 여기는 것은 목숨보다 더한 것은 없는데,
보살이 법을 위하여 무량겁 동안 목숨을 보시하고 베풀어 일체
중생에게 나눠주면 그 복이 비록 많으나, 이 경의 네 구절을 받

아 지닌 복과는 같지 않으니, 다겁 동안 몸을 보시하되 공의 도리를 요달하지 못하면 망령된 마음을 없애지 못한 것이다. 원래 이 중생이여, 한 순간 이라도 경을 지니어 아와 인이 다 없어지면 망상도 또한 이미 없어짐이어서, 언하에 성불할 것이로다. 그러므로 알라. 아무리 오랜 세월동안 몸을 보시함은 경의 사구게를 수지하는 복만 못하도다.

부대사 經中 持四句 應當不離身 愚人 看似夢 智者 見唯眞 法
경중 지사구 응당불리신 우인 간사몽 지자 견유진 법

性 無前後 無中非故新 蘊空無實體 憑何見有人
성 무전후 무중비고신 온공무실체 빙하견유인

경중에서 사구를 수지함이여,
마땅히 몸을 떠나지 않았도다.
어리석은 사람은 꿈같이 보고
지혜있는 사람은 오직 진을 보는구나.
법의 성품은 전후가 없고
중간도 없어서 옛것도 새것도 아니로다.
오근이 공하여 실체가 없으니
무엇을 의지하여 사람이 있음을 보리오.

야부 兩彩一賽
양 채 일 새

두 가지 색의 한 주사위로다.

설 優劣 皎然 卽不無 然 皆未免修斷功勳 若是本分衲僧 動
우열 교연 즉불무 연 개미면수단공훈 약시본분납승 동

靜 皆行施 何勞捨身命 語默 皆轉經 何煩讀文字 伊麽則持經行
정 개행시 하노사신명 어묵 개전경 하번독문자 이마즉지경행
施 不故兼而自兼
시 불고겸이자겸

　우열이 분명한 것은 곧 없지 않으나, 그러나 모두 닦고 끊는 공훈은 면치 못하거니와, 만약 본분 납승이면 동하고 정함이 다 보시를 행하거니와 어찌 수고로이 목숨을 버릴 것이며, 말과 침묵(語默)이 모두 경을 전하는 것인데, 어찌 번거롭게 문자를 익히리오. 그렇다면 경을 지니고 보시를 행하는 것은 짐짓 겸하지 않아도 저절로 겸한 것이로다.

야부 伏手滑槌 不換釖 善使之人 皆總便<皆總便 他本 作能穩
　　복수골퇴 불환검 선사지인 개총편<개총편 타본 작능온
便>不用安排本現成 箇中 須是英靈漢 囉囉哩哩囉囉 山花笑野
편>불용안배본현성 개중 수시영령한 라라리리라라 산화소야
鳥歌 此時 如得意 隨處薩婆訶
조가 차시 여득의 수처사바하

　손에 쥔 골추(滑槌)를 칼과 바꾸지 않으니
　잘 쓰는 사람은 모두 편리하도다.
　안배를 쓰지 않아도 본래 다 이루었으니
　그 중에 모름지기 이 영령한 사람이라.
　라라리리라라여.
　산에서는 꽃이 피고, 들에서는 새가 지저귀도다.
　이때에 만약 뜻을 얻으면
　어느 곳에서든지 사바하하리라.

설 若是本分人 卽日用 便是妙用 何須更借修斷方便 不用今
　　약시본분인 즉일용 변시묘용 하수경차수단방편 불용금

日安排 妙用 本自現成 此非劣機境界 須是過量人 始得 只如過
일안배 묘용 본자현성 차비열기경계 수시과량인 시득 지여과

量人境界 作麼生道 海晏河淸風月好 人人 齊唱大平歌 何獨人
량인경계 작마생도 해안하청풍월호 인인 제창대평가 하독인

人 如是 花笑山前洩天機 鳥歌林外話無生 頭頭自有無窮意 得
인 여시 화소산전설천기 조가임외화무생 두두자유무궁의 득

來無處不逢原
래무처불봉원

 만약 이 본분인이라면 곧 날마다 쓰는 것이 모두 묘용이니 어찌 모름지기 다시 닦고 끊는 방편을 빌 것인가? 금일의 안배를 쓰지 않고도 묘용이 본래 스스로 이루어져 있으니 이는 하열한 근기의 경계가 아님이로다. 모름지기 과량인(過量人, 뛰어난 사람)이라야 비로소 될 수 있도다. 다만 저 과량인의 경계를 어떻게 말할까?
 바다는 잔잔하고 냇물은 맑아서 풍월이 훌륭하니
 사람사람이 모두 태평가를 부른다.
 어찌 홀로 사람만이 홀로 그러하리오.
 꽃은 산 앞에서 웃으며 천기를 누설하고
 새는 숲 밖에서 지저귀며 무생을 말하도다.
 두두물물이 다 스스로 무궁한 뜻이 있으며,
 얻고 나면 그 근원을 만나지 못할 곳이 없으리라.

종경 大覺尊 本來不立一字 而直指人心 須菩提 無端特請標名
　　　　대각존 본래불립일자 이직지인심 수보리 무단특청표명

而强生枝節 縱使析 微塵如世界 無相可求 施身命等 河沙無法
이강생지절 종사석 미진여세계 무상가구 시신명등 하사무법

可說 且道 奉持介什麼 咄 金剛寶劒 倚天寒 外道邪魔 俱腦裂
가설 차도 봉지개십마 돌 금강보검 의천한 외도사마 구뇌열

부처님께서 본래 한 글자도 세우지 않고 바로 사람의 마음을 가르치셨는데, 수보리가 무단히 이름을 특별히 청하여 일부러 지와 절을 낸 것이다. 비록 항하사와 같은 목숨을 보시하더라도 상은 가히 구할게 없으며, 세계를 부수어 가는 먼지같이 할지라도 법은 가히 설할 수 없음이니, 또한 말하라. 그 무엇을 받들어 가질 것인가? 돌!

금강보검이 하늘 높이 치솟았으니

외도와 사마의 뇌가 모두 깨지도다.

설 咄 不須向外謾馳求 馳求未免作兩段
　　돌 불수향외만치구　치구미면작양단

돌! 모름지기 밖을 향해서 부질없이 치구하지 말 것이니, 치구하면 양단 지음을 면치 못하리라.(금강보검에 의하여 두 조각이 날 것이다.)

종경 箇裏 本無元字脚 空中 誰肯强安名 等閑點出金剛眼 照破
　　　　개이 본무원자각　공중 수긍강안명 등한점출금강안 조파
魔王八萬城
마왕팔만성

그 속에 본래 원자의 다리가 없으니

허공에 누가 구태여 이름을 두었는가.

넌지시 금강안을 끄집어내어

마왕의 팔만성을 조파하리라.

설 此事從來 無註脚 誰向空中强安名 不須向外謾馳求 只要
　　　차사종래　무주각 수향공중강안명 불수향외만치구　지요

點出金剛眼 等閑點出金剛眼 滿目虛空 當撲落 虛空 旣撲落 魔
점 출 금 강 안　등 한 점 출 금 강 안　만 목 허 공　당 박 락　허 공　기 박 락　마
宮 無所寄
궁　무 소 기

　이 일은 종래로 각주가 필요 없으니 누가 허공을 향해 구태여 이름을 두었으리. 모름지기 밖을 향하여 부질없이 치구하지 말고 다만 금강의 눈을 점출할 지이다. 넌지시 금강안을 점출하니 눈에 가득한 허공이 부서져 내리도다. 허공이 이미 부서져 내리니 마군의 궁전은 의지할 데가 없도다.

규봉 捨身 勝於寶施 持說 又勝捨命 二 釋勝所以 於中 文五
　　　　사 신　승 어 보 시　지 설　우 승 사 명　이　석 승 소 이　어 중　문 오
一　泣歎未聞深法勝
일　읍 탄 미 문 심 법 승

　몸을 버리는 것이 보배를 보시하는 것보다 수승함이요, 경을 가지고 설하는 것이 또한 목숨 버리는 것보다 수승한 것이다.
　둘째, 수승한 이유를 해석함이다. 그 중에 다섯 가지이니 1. 깊은 법을 아직 듣지 못함을 울면서 탄식함이 수승한 것이다.

14. 이상적멸분(離相寂滅分)
-상을 떠나서 적멸함-

爾時 須菩提 聞說是經 深解義趣 涕淚悲泣
而白佛言 希有世尊 佛說如是甚深經典我從昔
來所得慧眼 未曾得聞如是之經

그때에 수보리가 이 경을 설하시는 것을 듣고
깊이 그 뜻을 알고는 눈물을 흘리면서 부처님께
사뢰었다.
"희유하십니다. 세존이시여, 부처님께서 이렇
게 심오한 경전을 설하시는 것은 제가 지금까지
얻은 혜안으로도 들어 보지 못하였습니다."

설 經初 以上根悟入 故 不動悲欣 直讚希有 此 迹同中容 權
경초 이상근오입 고 부동비흔 직찬희유 차 적동중용 권
示悟入 故 悲欣交集然後 讚佛希有
시오입 고 비흔교집연후 찬불희유

경문의 앞에서는 상근기로서 깨달아 들게 하므로 슬픔이나
기쁨에 동하지 않고 바로 희유하다고 찬탄했거니와, 여기서는

자취를 중근기와 같이해서 방편으로 깨달아 들어감을 보이시므로 슬픔과 기쁨이 뒤섞인 연후에 부처님의 희유하심을 찬탄한 것이다.

규봉 捨身之苦 已感人心 何況更聞 不及持說 是故悲淚 論 云
사신지고 이감인심 하황갱문 불급지설 시고비루 논 운
念彼身苦 尊重法故 悲淚 慧眼 人空也 未聞 法空也
염피신고 존중법고 비루 혜안 인공야 미문 법공야

 (남을 위해) 몸을 버린 고통도 이미 사람의 마음을 감동하는데, 어찌 하물며 다시 듣고 가지고 설하는데 미치지 못할 것인가? 이런 까닭에 슬피 운 것이다. 논에 따르면, 저 몸의 고통을 생각해서 법을 존중히 여긴 고로 슬피 운다고 했다. 혜안은 인공이요 듣지 못한 것은 법공이다.

부대사 聞經深解義 心中喜且悲 昔除煩惱障 今能離所知 徧計
문경심해의 심중희차비 석제번뇌장 금능이소지 편계
於先了 圓成 證此時 宿乘無礙慧 方便勸人持
어선료 원성 증차시 숙승무애혜 방편권인지

 경을 듣고서 깊은 뜻을 이해하여
 마음으로 기뻐하기도 하고 슬퍼하기도 함이라.
 옛날엔 번뇌장을 없애고
 지금은 능히 소지장을 떠났도다.
 편계를 먼저 요달하고
 원성실성을 이때 증하였도다.
 옛날에 걸림없는 지혜를 얻어서
 이제 방편으로 사람들이 가지도록 권하도다.

야부 好笑 當面諱了
호소 당면휘료

좋게 웃어야 하는 것인데, 얼굴을 마주하여 숨겼도다.

설 喜事現前 也好吐笑 涕淚悲泣 只要諱却 又深悟佛意 忍不
희사현전 야호토소 체루비읍 지요휘각 우심오불의 인불

云喜 內悅外悲 所以堪笑
운희 내열외비 소이감소

  기쁜 일이 현전함에 웃음을 토해내야 하거늘 눈물을 흘리고 슬피 우는 것은 다만 숨기기를 요함이다. 또한 부처님의 뜻을 깊이 깨달으매 차마 기쁘다고 말하지 못하고 안으로는 기뻐하고 밖으로 슬퍼하니 그 까닭에 웃음을 견딤이로다.

야부 自少來來慣遠方 幾廻衡岳渡瀟湘 一朝 踏著家鄕路 始覺
자소래래관원방 기회형악도소상 일조 답착가향로 시각

途中日月長
도중일월장

  젊어서부터 돌아다녀 먼길에 익숙하니
  몇 번이나 형악산을 돌고 소상강을 건넜던가.
  하루아침에 고향 땅을 밟으니
  비로소 도중에 세월이 길었음을 깨달았도다.

설 因小利養 捨父逃逝 流落天涯 幾度往返我人山下 幾度出
인소이양 사부도서 유락천애 기도왕반아인산하 기도출

沒恩愛河中 忽逢良友 指示 踏得常樂家鄕 始知昔年生死路 虛
몰은애하중 홀봉양우 지시 답득상락가향 시지석년생사로 허

送百千閑日月
송백천한일월

  작은 이익으로 인하여 아버지를 버리고 멀리 도망가서 하늘

가를 떠도니, 몇 번이나 아인의 산하를 돌고 돌았으며, 몇 번이나 은애의 물속을 출몰했던가. 홀연히 좋은 친구의 가르침을 접하여 항상 즐거운 고향을 밟으니, 비로소 옛날 생사의 길에서 부질없이 긴 세월 보냈음을 알았도다.

규봉 二 心淨契實具德勝 於中 文二 初 正明
이 심정계실구덕승 어중 문이 초 정명

2. 마음이 깨끗해지면 진실에 계합하게 되어 덕을 갖춤이 수승함이다. 그 중에 두 가지니, 첫째는 정히 밝힌 것이다.

世尊 若復有人 得聞是經 信心淸淨 卽生實相
當知是人 成就第一希有功德

"세존이시여, 만약 어떤 사람이 이 경을 듣고 믿는 마음이 깨끗해지면 실상을 깨달을 것이니, 이 사람은 제일 희유한 공덕을 성취한 사람이 되겠습니다."

규봉 論 云此中 有實相 餘者 非實相
논 운차중 유실상 여자 비실상

논에 따르면, 이 가운데 실상이 있음이요 나머지는 실상이 아니라고 했다.

육조 自性不癡 名慧眼 聞法自悟 名法眼 須菩提 是阿羅漢 於
자성불치 명혜안 문법자오 명법안 수보리 시아라한 어

五百弟子中 解空第一 已曾勤奉多佛 豈得不聞如是深法 今於釋
오백제자중 해공제일 이증근봉다불 개득불문여시심법 금어석

迦牟尼佛所 始聞也 然 或是須菩提 於往昔所得 乃聲聞慧眼 今
가모니불소 시문야 연 혹시수보리 어왕석소득 내성문혜안 금

方悟佛意 始得聞如是深經 悲昔未悟故 涕淚悲泣 聞經諦會 謂
방오불의 시득문여시심경 비석미오고 체루비읍 문경체회 위

之淸淨 從淸淨中 流出般若波羅蜜多深法 當知決定成就諸佛功德
지청정 종청정중 유출반야바라밀다심법 당지결정성취제불공덕

자성이 어리석지 아니함을 혜안이라 하고 법을 듣고 스스로 깨달은 것을 법안이라 한다. 수보리는 아라한으로 500제자 중에 공의 도리를 아는 데는 제일이며 이미 일찍이 많은 부처님을 부지런히 섬기었으나 어찌 이와 같은 깊은 법을 듣지 못하고 이제 석가모니부처님 처소에서 비로소 들었으리요. 그러나 혹시 수보리가 옛날에 얻은 것은 성문의 혜안이어서, 지금 비로소 이 같은 깊은 경전을 듣고 바야흐로 부처님의 뜻을 깨달았을 새, 옛날에 깨닫지 못한 것을 슬퍼한 고로 체루비읍했는가. 경을 듣고 명확하게 아는 것을 청정이라고 하는 것이다. 청정한 가운데서 반야바라밀의 깊은 법이 유출되니, 마땅히 알라. 결정코 제불 공덕을 성취할 것이다.

규봉 二 拂跡
　　　　이　불적

둘째는 자취를 떨어버림이다.

世尊 是實相者 卽是非相 是故 如來 說名實相

"세존이시여, 이 실상이라 하는 것이 상이 아

니니 이런 까닭에 여래께서 실상이라 하십니다."

설 經顯眞常妙體 聞經生信 妙體實相 當處現前 故 云信心淸
경현진상묘체 문경생신 묘체실상 당처현전 고 운신심청
淨 卽生實相 此實相者 不可以見聞覺智 求 不可以色香味觸 覓
정 즉생실상 차실상자 불가이견문각지 구 불가이색향미촉 멱
故 云是實相者 卽是非相 是故 如來 說名實相又是實相者 非有
고 운시실상자 즉시비상 시고 여래 설명실상우시실상자 비유
相 非無相 非非有相非非無相 是故 如來 說名實相
상 비무상 비비유상비비무상 시고 여래 설명실상

경에 참되고 항상한 묘체를 나타내시니, 경을 듣고 신심을 내면 묘체 실상이 바로 그 자리에서 나타나므로 말씀하시길, 신심이 청정하면 바로 이 자리에서 실상이 난다고 하셨다. 이 실상이란 견문각지로써 구할 수 있는 것이 아니며, 색·향·미·촉으로 찾을 수 있는 것이 아님이다. 그러므로 말하길, 이 실상이란 곧 상이 아니므로 여래께서 실상이라 이름한다고 하신 것이다. 또 이 실상이란 유상도 아니고 무상도 아니며 비유상도 아니고 비무상도 아니므로 여래께서 실상이라 이름한다 하셨다.

규봉 無著 云爲離實相 分別故
무착 운위이실상 분별고

무착이 말하기를, 실상의 분별을 떠나기 위한 까닭이라 했다.

육조 雖行淸淨行 若見垢淨二相 當情並是垢心 卽非淸淨心也
수행청정행 약견구정이상 당정병시구심 즉비청정심야

但心有所得 卽非實相
단심유소득 즉비실상

비록 청정한 행을 행하지만, 만약 구(더러움)와 정(깨끗함)의 두 가지 상이 마음에 있으면, 이것은 때 묻은 마음이라 곧 청정심이 아닌 것이니, 다만 마음에 얻은 바가 있으면 실상이 아니니라.

부대사 未有無心境 曾無無境心 境亡心自滅 心滅境無侵 經中
　　　　 미유무심경 증무무경심 경망심자멸 심멸경무침 경중
稱實相 語妙理能深 證知唯有佛 小聖詎堪任
청실상 어묘리능심 증지유유불 소성거감임

　마음없는 경계(無心境)도 있지 않고
　일찍이 경계 없는 마음도 없음이라.
　경계가 없으면 마음도 저절로 멸하고
　마음이 멸하면 경계도 그 마음을 침범하지 않음이로다.
　경 가운데서 실상이라 일컫는 것은
　묘한 이치가 능히 깊음을 말한 것이니
　증득해서 아는 것은 오직 부처님뿐이라.
　작은 성인이 어찌 감당하리오.

야부 山河大地 甚處 得來
　　　 산하대지 심처 득래

　산하대지를 어느 곳에서 얻으리오.

설 若謂一向非相 卽今山河大地 顯然是相 甚處 得來
　　 약위일향비상 즉금산하대지 현연시상 심처 득래

　만약 한결같이 상이 아니라 하면 지금의 산하대지는 분명 상인데, 어느 곳에서 얻어왔는가?

야부 遠觀山有色 近聽水無聲 春去花猶在 人來鳥不驚 頭頭皆
원관산유색 근청수무성 춘거화유재 인래조불경 두두개

顯露 物物 體元平 如何言不會 祇爲太分明
현로 물물 체원평 여하언불회 기위태분명

　멀리 바라보니 산은 색이 있고
　가까이 들으니 물은 소리가 없음이로다.
　봄은 갔건만 꽃은 아직 남아 있고
　사람이 와도 새가 놀라지 않도다,
　두두가 다 드러내니
　물물의 체가 원래 평등하도다.
　어떻게 모른다고 말하겠는가?
　다만 너무나도 분명한 것을.

설 迷之則目前有法 所以 遠於道也 悟之則耳畔無聲 所以 近
　　미지즉목전유법 소이 원어도야 오지즉이반무성 소이 근

於道也 所以 道 以衆生妄見則種種紛紜 以如來實見則一切眞寂
어도야 소이 도 이중생망견즉종종분운 이여래실견즉일체진적

雖云無色聲 相相 常宛然 雖云常宛然 相相 不可得 所以 道 無
수운무색성 상상 상완연 수운상완연 상상 불가득 소이 도 무

相無空無不空 卽是如來眞實相 此眞實相 頭頭上顯 物物上明
상무공무불공 즉시여래진실상 차진실상 두두상현 물물상명

無時無處而不明顯也 旣頭頭上顯 物物上明 老盧 因甚 道不會
무시무처이불명현야 기두두상현 물물상명 노로 인심 도불회

佛法 眉底兩眼 極分明 反觀眸子作何樣
불법 미저양안 극분명 반관모자작하양

　미한 즉 눈앞에 법이 있음이라. 이 까닭에 도에서 멀고, 깨달
은즉 귓가에 소리가 없음이라. 이 까닭에 도에 가까우니라.

그러므로 말하길, 중생의 망견인 즉 가지가지로 소란스럽거니와 여래의 식견인 즉 일체가 진이고 적정이라 한 것이다. 비록 색성이 없다 말하나 상과 상이 항상 완연하고, 비록 항상 완연하다 말하나 상과 상을 가히 얻지 못함이다. 그러므로 말하길, 상도 없고 공도 없고 무공도 없으니 곧 여래의 진실한 상이라 하신 것이다. 진실한 모습은 낱낱의 가운데 모두 나타나 있고 사물과 사물 위에 분명해서 때마다 곳마다 밝게 나타나지 않음이 없으니, 이미 두두에 모두 나타나고 물물 위에 밝은데 혜능은 무엇 때문에 불법을 알지 못한다 말하는가? 눈썹 밑에 두 눈이 극히 분명하니, 도리어 눈동자를 보아라. 무슨 모양을 지었는가.

규봉 三 信解三空同佛勝 於中 文三 一 總標信解
　　　삼 신 해 삼 공 동 불 승 　어 중 　문 삼 　일 　총 표 신 해

3. 삼공을 믿어 아는 것이 부처님같이 수승한 것이다. 그 중에 세 가지니, 첫째는 신해를 모두 표한 것이다.

世尊 我今得聞如是經典 信解受持 不足爲難.
"세존이시여, 제가 지금 이러한 경을 듣고 믿어 알고 받아 지니기는 어렵지 않겠지만

야부 若不得後語 前話也難圓
　　　약 부 득 후 어 　전 화 야 난 원

만약 뒷말을 얻지 못하면 앞의 말도 원만하기 어렵도다.

설 若使空生 但說其易 不言其難 話不得圓 如今 難易 俱說
약사공생 단설기이 불언기난 화부득원 여금 난이 구설
話得爲圓
화득위원

만약 수보리로 하여금 다만 그 쉬운 것만 말하고 어려움을 말하지 않으면 그 말이 원만함을 얻지 못하거니와, 지금의 어려운 것과 쉬운 것을 함께 설하니 말씀이 원만하게 되었도다.

야부 難難難 如平地上靑天 易易易 似和衣一覺睡 行船 盡在把
난난난 여평지상청천 이이이 사화의일각수 행선 진재파
梢人 誰道波濤從地起
초인 수도파도종지기

어렵고도 어렵고도 어려움이여,
마치 평지에서 청천에 오름과 같고
쉽고도 쉽고도 쉬움이여,
옷 입은 채 한숨 자고 깨어남과 같도다.
배가 가는 것은 삿대를 잡은 이에 있으니
누가 파도가 땅으로부터 일어난다 말하리오.

설 言其難也 五目 不能覩 二耳 不能聞 言其易也 開眼便見
언기난야 오목 불능도 이이 불능문 언기이야 개안변견
側耳便聞 開口則頭頭說破 擧足則步步踏著 平地上天 誠不易
측이변문 개구즉두두설파 거족즉보보답착 평지상천 성불이
和衣覺睡 豈爲難 看看 難易 只是一人 機變
화의각수 개위난 간간 난이 지시일인 기변

그 어려움을 말한다면, 다섯 가지 눈으로도 능히 보지 못하고 두 귀로도 듣지 못함이다. 그 쉬움을 말한다면, 눈만 뜨면 곧 보이고 귀를 기울이면 곧 들리며 입만 열면 낱낱이 다 설파하고, 발을 들면 걸음걸음이 다 그것을 밟으니 평지에서 하늘에 오름은 진실로 쉽지 않으나, 옷 입은 채 자다가 깨는 것이 어찌 어려우리오. 자세히 보아라. 어렵고 쉬움이 다만 이 한사람의 기변이로다.

若當來世後五百歲 其有衆生 得聞是經 信解受持 是人 卽爲第一希有

만약 오는 세상 마지막 오백세에 그 어떤 중생이 이 경을 듣고 그대로 믿고 알아서 받아 지닌다면 이 사람이야말로 제일 희유한 사람이 될 것이니,

설 經顯人人本有 此本有底一著子 硬如鐵壁 軟似兜羅 軟似
　　경현인인본유　차본유저일착자　경여철벽　연사도라　연사
兜羅故 受持卽易 硬如鐵壁故 受持卽難 空生 左叩右擊 以現其中
도라고　수지즉이　경여철벽고　수지즉난　공생　좌고우격　이현기중

경에서는 사람사람이 본래 지니고 있음을 나타내시니, 이 본래 지니고 있는 일착자는 굳기가 철벽과 같고 부드럽기는 도라솜과 같도다. 부드럽기가 솜과 같은 고로 받아 지니기는 쉽고 굳기가 철벽과도 같은지라 받아 지니기는 어려우니, 수보리가 좌로 두드리고 우로 쳐서 그 중간을 보이도다.

야부 行住坐臥 著衣喫飯 更有甚麽事
　　　　 행　주　좌　와　착 의 끽 반　갱 유 심 마 사

행주좌와, 착의끽반이 다시 무슨 일이 있으리오?

설 佛法 只在日用 行住坐臥處 著衣喫飯時 一切時一切處 一
　　　불법　지재일용　행주좌와처　착의끽반시　일체시일체처　일
一呈路靡遺 旣然如是 信解受持 何難之有 雖然信解 亦何希有
일정로미유　기연여시　신해수지　하난지유　수연신해　역하희유

　불법이 다만 날마다 쓰는 행주좌와 처와 옷 입고 밥 먹을 때에 있는 것이어서, 어느 때 어느 곳에서나 낱낱이 드러나고 빠뜨림이 없으니, 이미 이와 같음인데 신해하고 수지함에 무슨 어려움이 있을 것이며, 비록 그렇게 신해수지할지라도 어찌 희유하다 하리오.

야부 冰不熱火不寒 土不濕水不乾 金剛 脚踏地 幡竿 頭指天
　　　　빙불열화불한　토불습수불건　금강　각답지　번간　두지천
若人 信得及 北斗 面南看
약인　신득급　북두　면남간

　얼음은 뜨겁지 않고 불은 차지 않으며
　흙은 습하지 않고 물은 건조하지 않도다.
　금강신은 다리로 땅을 밟고
　깃대의 머리는 하늘로 향했도다.
　만일 누구라도 이 도리를 믿으면
　북두를 남쪽으로 향하여 보라.

설 氷不熱 至頭指天 平常慫不動著 只如平常底道理 作麽生
　　　빙불열　지두지천　평상총부동착　지여평상저도리　작마생
道 行船 宜擧棹 走馬 卽加鞭 若遇飢來飯 還因困卽眠 君今欲
도　행선　의거도　주마　즉가편　약우기래반　환인곤즉면　군금욕

識平常道 北斗南星 位不別 只如不別底道理 且作麼生道 雨中
식평상도 북두남성 위불별 지여불별저도리 차작마생도 우중
看好月 火裏 汲淸泉 直立頭垂地 橫眠脚指天
간호월 화이 급청천 직립두수지 횡면각지천

  '얼음은 뜨겁지 않고'부터 '하늘로 향했도다'까지는 평상의 도리라서 모두 움직이지 않는 것이니 다만 저 평상의 도리를 어떻게 말할까? 배가 가는 데는 당연히 노를 저어야 하며 말을 달리게 하려면 곧 채찍을 가해야 하고 만약 주리면 밥을 먹고 곤하면 잠을 자도다. 그대가 지금의 평상한 도리를 알고자 하면, 북두칠성과 남성(南星)이 그 위치가 다르지 않으니, 단지 저 다르지 않는 도리를 또한 어떻게 말할 것인가?

  비오는 가운데서 좋은 달을 봄이요
  불 속에서 맑은 샘물을 길러 냄이며
  바로 서서 머리를 땅에 드리움이요
  가로누워 자는데 다리로 하늘을 가리킴이로다.

규봉 無著 云未來法滅時 尙有菩薩受持 故無我人等取 云何汝
    무 착 운미래법멸시 상유보살수지 고무아인등취 운하여
等 於正法時 遠離修行 不生慚愧 二 別顯三空
등 어정법시 원리수행 불생참괴 이 별현삼공

  무착이 말하기를, 미래에 법이 멸할 때도 오히려 보살들이 수지함이 있는데, 아·인 등의 취가 없거늘 어찌하여 너희들은 정법시대에 수행을 멀리하니 부끄럽지도 않는가? 했다.
  둘째는 삼공을 달리 나타낸 것이다.

何以故 此人 無我相 無人相 無衆生相 無壽者
相 所以者 何 我相 卽是非相 人相衆生相壽者
相 卽是非相 何以故 離一切諸相 卽名諸佛

왜냐하면 이 사람은 자아에 대한 고집, 인간에
대한 고집, 중생에 대한 고집, 수명에 대한 고집
이 없기 때문입니다. 어째서 그러냐 하면 자아에
대한 고집이 고집이 아니며, 인간에 대한 고집,
중생에 대한 고집, 수명에 대한 고집도 고집이
아니기 때문입니다. 그 까닭에 온갖 생각의 고집
을 여윈 이를 부처라 하기 때문입니다."

설 聞經信受 何名第一希有 以離四相 超然獨步故也 四相遠
문경신수 하명제일희유 이리사상 초연독보고야 사상원
離 爲難 因甚却能遠離 以開智慧眼 了四相本空故也 了相本空
리 위난 인심각능원리 이개지혜안 요사상본공고야 요상본공
而能遠離 何名第一希有 離一切相 卽名諸佛故也
이능원리 하명제일희유 이일체상 즉명제불고야

경을 듣고서 신수하는 것을 어찌하여 제일 희유하다 하는가?
사상을 떠나서 초연히 홀로 걷기 때문이니라. 사상을 멀리 하
는 것은 어려움이 되거늘, 어떻게 능히 멀리 할 수 있는가? 지
혜의 눈을 떠서 사상이 본래 공함을 요달하여야 한다. 상이 본
래 공한 줄을 요달해서 능히 멀리 떠남을 어찌 제일 희유하다
하는가? 일체상을 떠난 것을 곧 제불이라 이름하기 때문이니라.

규봉 無著 云無我等者 無人取我相 卽非相等者 無法取 離一切
무착 운무아등자 무인취아상 즉비상등자 무법취 이일체

相者 顯示諸菩薩 順學相 諸佛世尊 離一切相 是故我等 應如
상자 현시제보살 순학상 제불세존 이일체상 시고아등 응여
是學
시학

　무착이 말하기를, 무아등이란, 사람이 아상을 취하지 않음이고, 즉비상등이란, 법상을 취하지 않음이며, 이일체상이란 모든 보살이 수순하여 배우는 상을 나타낸 것이니, 제불과 세존이 일체상을 떠났으므로 우리들도 당연히 이와 같이 배운다고 했다.

육조 須菩提 深悟佛意 呈自見處 業盡垢除 慧眼 明徹 信解受
　　　수보리 심오불의 정자견처 업진구제 혜안 명철 신해수
持 卽無難也 世尊 在世說法之時 亦有無量衆生 不能信解受持
지 즉무난야 세존 재세설법지시 역유무량중생 불능신해수지
何必獨言後五百歲 蓋佛在之日 雖有下根不信 及懷疑者 卽往問
하필독언후오백세 개불재지일 수유하근불신 급회의자 즉왕문
佛 佛 卽隨宜爲說 無不契悟 佛滅度後後五百歲 漸至末法 去聖
불 불 즉수의위설 무불계오 불멸도후후오백세 점지말법 거성
遙遠 但存言敎 若人 有疑 無處諮決 愚迷抱執 不悟無生 著相
요원 단존언교 약인 유의 무처자결 우미포집 불오무생 착상
馳求 輪廻諸有 於此時中 得聞深經 淸心敬信 悟無生理者 甚爲
치구 윤회제유 어차시중 득문심경 청심경신 오무생리자 심위
希有 故 言第一希有也 於如來滅後後五百歲 若有人 能於般若
희유 고 언제일희유야 어여래멸후후오백세 약유인 능어반야
波羅蜜甚深經典 信解受持 卽知此人 無我人衆生壽者相 無此四
바라밀심심경전 신해수지 즉지차인 무아인중생수자상 무차사
相 是名實相 卽是佛心 故 云離一切諸相 卽名諸佛也
상 시명실상 즉시불심 고 운리일체제상 즉명제불야

　수보리가 깊이 부처님 뜻을 깨달아 자기의 견처를 드러내니, 업이 다하고 때(垢)가 없어져 지혜의 눈이 밝게 뜨이면 신해수지함에 어려움이 없느니라. 세존이 세상에 계시면서 설법하실

때에도 무량한 중생이 능히 신해수지 못하였거늘 하필이면 유독 후오백세를 말했으리요? 대개 부처님이 계실 때에는 비록 하근기라서 믿지 않고 의심하는 일이 있을지라도 곧 부처님께 가서 물으면 부처님께서 곧 마땅함을 따라서 그들을 위해 설하시어 깨닫지 못함이 없거니와, 부처님이 멸도한 후오백세엔 점차 말법에 이르니 성인에 가기가 더욱 멀어져서 말씀만 있으니, 만약 사람이 의심이 있으면 물어 해결할 곳이 없어서, 어리석고 미하여 집착을 안고서 무생의 이치를 깨닫지 못하고 상에 집착하여 치구해서 육도에 윤회하리니, 이때에 깊은 경을 얻어 듣고 맑은 마음으로 공경히 믿어서, 무생의 이치를 깨닫는 자는 심히 희유함이 되므로 말씀하시기를, '제일 희유'라고 하시니라. 여래께서 멸후 후오백세에 만약 어떤 사람이 능히 반야바라밀의 심히 깊은 경전을 신해수지하면 곧 알라. 이 사람은 아상·인상·중생상·수자상이 없음이니, 이 사상이 없어지면 이것을 이름하여 실상이라 부르고 이는 곧 불심인 것이다. 그러므로 일체의 모든 상을 여읜 것을 곧 이름하여 제불이라 하시니라.

부대사 空生 聞妙理 如蓬植在麻 凡流 信此法 同火出蓮華 恐
　　　　공생 문묘리 여봉식재마 범류 신차법 동화출연화 공
人生斷見 大聖 預開遮 如能離諸相 定入法王家
인생단견 대성 예개차 여능리제상 정입법왕가

　수보리가 묘한 이치를 들음은
　쑥을 삼밭에 심음과 같도다.
　보통 사람들이 이 법을 믿으면
　불 속에서 연꽃이 피는 것과 같도다.

사람들이 단견을 낼까 두려워하여
대성인이 미리 열고 막으시니(開遮)
만약 모든 상을 여의면
결정코 법왕의 집에 들어가리.

야부 心不負人 面無慚色
　　　심 불 부 인　면 무 참 색

마음에 사람을 저버리지 않으면, 얼굴에 부끄러운 색이 없어질 것이다.

설 佛有三身 是法身耶 報身耶 化身耶 看彼毗盧老漢 住處
　　　불 유 삼 신　시 법 신 야　보 신 야　화 신 야　간 피 비 로 노 한　주 처
非三非一 而三而一 若使文殊 不來途中 普賢 忘却靑山 早已辜
비 삼 비 일　이 삼 이 일　약 사 문 수　불 래 도 중　보 현　망 각 청 산　조 이 고
負毗盧老漢 辜負毗盧則心有歉然 面有慚色 如今不然 寒山 忘
부 비 로 노 한　고 부 비 로 즉 심 유 겸 연　면 유 참 색　여 금 불 연　한 산　망
却來時路 拾得 相將携手歸 所以 心無歉然 面無慚色
각 래 시 로　습 득　상 장 휴 수 귀　소 이　심 무 겸 연　면 무 참 색

부처님께는 삼신이 있으니 이는 법신인가, 보신인가, 화신인가? 저 비로자나불(법신불)의 머무는 곳을 보라. 삼도 아니고 일도 아니로되 능히 삼도 되고 일도 됨이니, 만약 문수로 하여금 도중에서 오지 않고 보현으로 하여금 청산을 망각케 한다면 벌써 비로자나불을 저버리는 것이다. 비로자나불을 저버리는 마음에 겸연함이 있어서 얼굴에 부끄러운 빛이 있거니와, 지금은 그렇지 않아서 한산은 올 때의 길을 잃어버리고 습득은 서로 손을 잡고서 돌아오는지라, 마음에 꺼림칙한 것이 없어서 얼굴에 부끄러운 빛이 없도다.

야부 舊竹 生新筍 新花 長舊枝 雨催行客路 風送片帆歸 竹密
　　　구죽　생신순　신화　장구지　우최행객로　풍송편범귀　죽밀
不妨流水過 山高 豈礙白雲飛
불방유수과　산고　개애백운비

　오래된 대에서 새 죽순이 돋아나고
　새 꽃은 옛 가지에서 자라도다.
　비는 나그네 길을 재촉하고
　바람은 조각배를 돌아가게 만든다.
　대나무 빽빽해도 어찌 물 흐름을 방해하리.
　산이 높다 한들 흰구름의 흐름을 어찌 막으리오.

설 本始雙成 父子 同業 旣然同業 莫戀家裏事 好作途中客
　　　본시쌍성　부자　동업　기연동업　막연가이사　호작도중객
亦莫戀途中 却向家裏歸雖然如是 途中 不礙家裏事 家裏 不礙
역막연도중　각향가이귀수연여시　도중　불애가이사　가이 불애
途中事 看看 文殊普賢 左旋右轉 毗盧滿面笑春風
도중사　간간　문수보현　좌선우전　비로만면소춘풍

　본각과 시각을 쌍으로 이루어서 부자가 동업이라. 동업일 진대 집안일은 생각하지 말고 도중에 객을 좋게 지을 것이며 또한 도중일은 생각하지 말고 도리어 집을 향해 들어갈지어다. 비록 이와 같으나 도중일은 집안일에 걸리지 않고 집안일은 도중사에 걸리지 않음이로다. 잘 보아라. 문수·보현이 왼쪽으로 돌고 오른쪽으로 돌아가니 비로자나불의 얼굴에 봄바람의 미소가 가득하도다.

규봉 三 如來印定
　　　삼　여래인정

　셋째는 여래께서 인정함이다.

佛 告須菩提 如是如是

부처님께서 수보리에게 말씀하셨다.
"그렇다. 그렇느니라."

육조 佛 印可須菩提 所解 善契我心 故 重言如是也
　　　　불 인가수보리 소해 선계아심 고 중언여시야

부처님께서 수보리의 아는 것이 자신의 마음에 잘 계합함을 인정하시므로 거듭 '그렇고 그렇다'고 하신 것이다.

규봉 四 聞時不動希有勝
　　　　사 문시부동희유승

넷째는 경을 들을 때 부동함에 희유한 것이 수승함이다.

若復有人 得聞是經 不驚不怖不畏 當知是人 甚爲希有

"만약 또 어떤 사람이 이 경을 듣고 놀라지 않으며 겁내지 않으며 두려워하지도 않으면, 이 사람은 참으로 희유한 사람인 줄을 알아야 할 것이다.

설 空生 希有之說 妙契於理 故 讚言如是如是 衆生 違背覺
　　　공생 희유지설 묘계어리 고 찬언여시여시 중생 위배각
　　　王 其來久矣 聞佛開示 多生驚怖 苟不驚怖 甚爲希有 比之窮子
　　　왕 기래구의 문불개시 다생경포 구불경포 심위희유 비지궁자

䒢嬪孤露 爲日已久 得見父王 實爲天幸 然 其父 門庭 高峻 窮
영병고로 위일이구 득견부왕 실위천행 연 기부 문정 고준 궁

子 志意 下劣 見已 未免驚怖去在 見已 不驚怖者 甚爲希有
자 지의 하열 견이 미면경포거재 견이 불경포자 심위희유

수보리의 희유하다는 말이 묘하게 이치에 계합하므로 찬탄해 말씀하시길, '그렇고 그렇다' 하셨다. 중생이 부처님을 위배하여 온 것이 오래로다. 이제 부처님의 개시함을 듣고 여러 번 놀라 두려움을 내나니, 진실로 놀라 두렵지 않으면 심히 희유함이다. 비유컨대 집나간 궁자가 가난하고 헐벗은 지 오래됐음이라. 부왕을 뵌 것이 실로 천행이 되도다. 그러나 그 아버지는 뜰 앞의 문이 고준하고 그 궁자는 뜻이 하열하여 보고나니 놀라고 두려워함을 면치 못하나니, 보고나서 놀라 두려워하지 않는 자는 심히 희유함이 되는 것이다.

규봉 論 云驚者 謂非處生懼 怖者 不能斷疑心故 畏者 一向怖
　　　　논 운경자 위비처생구 포자 불능단의심고 외자 일향포

故 其心 畢竟墮驚怖故
고 기심 필경타경포고

논에 의하면, '경'이란 비처(非處, 곳답지 못한 곳)에서 두려움을 내는 것이요, '포'란 능히 의심을 끊지 못한 것이고 '외'란 한결같이 두려워하는 것이니, 그 마음이 필경에 경포에 떨어진다고 했다.

육조 聲聞 久著法相 執有爲解(爲解 一作所解) 不了諸法 本空
　　　　성문 구착법상 집유위해 (위해 일작소해) 불료제법 본공

一切文字 皆是假立 忽聞深經 諸相不生 言下卽佛 所以驚怖 唯
일체문자 개시가립 홀문심경 제상불생 언하즉불 소이경포 유

是上根菩薩 得聞此理 歡喜受持 心無怖畏退轉 如此之流甚爲希
시상근보살 득문차리 환희수지 심무포외퇴전 여차지류심위희
有也
유야

　성문은 오랫동안 법상에 집착하여 유위의 알음알이를 고집하고, 제법이 본래 공하여 일체 문자가 다 거짓으로 세운 것임을 요달하지 못하여, 홀연히 깊은 경전을 듣고 모든 상이 나지 않게 되어 언하에 부처를 이루는 것이므로, 이 까닭에 놀라고 겁내거니와 오직 상근기의 보살은 이 이치를 얻어듣고서 기쁘게 받아 가져 마음에 두려움과 물러남이 없으므로, 이러한 무리는 심히 희유함이 되도다.

부대사 如能發心者 應當了二邊 涅槃 無有相 菩提 離所緣 無
　　　　여능발심자 응당료이변 열반 무유상 보리 이소연 무
乘及乘者 人法兩俱捐 欲達眞如理 應當識本源
승급승자 인법양구연 욕달진여리 응당식본원

　만약 능히 발심한 사람은
　마땅히 양변을 요달해야 할 것이다.
　열반은 상이 없음이요,
　보리는 반연함을 여읜 것이로다.
　승과 승자(乘者, 수레와 수레를 탈 사람)가 없음이여,
　인과 법을 함께 버려야 하니,
　진여의 뜻을 요달하고자 하면
　마땅히 본원을 알아야 하리.

야부 祇是自家底
　　　　기 시 자 가 저

다만 자기 것이기 때문이다.

설 不生驚怖 說爲希有 是則是矣 而父子 本自同氣 亦自同家
　　 불생경포 설위희유 시즉시의 이부자 본자동기 역자동가
何曾驚怖 雖不驚怖 亦何希有
하증경포 수불경포 역하희유

　놀라고 두려워하지 않는 것을 희유라 하니 이는 옳기는 옳으나 아버지와 아들이 본래 같은 기이며, 또한 스스로 같은 집이니 어찌 일찍이 경포할 것이며, 비록 두렵고 놀라지 않음이 또한 어찌 희유하리오?

야부 毛吞巨海水 芥子 納須彌 碧漢 一輪滿 淸光 六合輝 踏得
　　　 모탄거해수 개자 납수미 벽한 일륜만 청광 육합휘 답득
故鄉田地穩(鄉 一作關)更無南北與東西
고향전지온(향 일작관)갱무남북여동서

　한 터럭이 큰 바다를 삼키고
　겨자 속에 수미산을 드리우도다.
　푸른 하늘에 한 달이 둥글으니
　밝은 빛이 육합(六合, 온누리)에 빛나도다.
　고향땅을 밟아서 안온하니
　다시 남북동서가 없도다.

설 塵毛芥子 物之最微者也 巨海須彌 物之最大者也 以最微
　　 진모개자 물지최미자야 거해수미 물지최대자야 이최미
攝最大 非情識之所到 然 智以照之則塵毛芥子 不曾小 巨海須
섭최대 비정식지소도 연 지이조지즉진모개자 부증소 거해수
彌 不曾大 容巨海於毛端 納須彌於芥子 是吾輩之常分 非假於
미 부증대 용거해어모단 납수미어개자 시오배지상분 비가어

他術 因甚如此 性天覺月 虛徹靈明 輝騰六合 光被萬像 洪纖巨
타 술 인심여차 성천각월 허철령명 휘등육합 광피만상 홍섬거
細 無一不容其光焉 踏得這般境界 見得這般消息 更說甚麼是東
세 무일불용기광언 답득저반경계 견득저반소식 갱설심마시동
是西 是南是北 南北東西 皆吾化 一切由我總無妨 恁麼則建立
시서 시남시북 남북동서 개오화 일체유아총무방 임마즉건립
亦在我 掃蕩 亦在我
역재아 소탕 역재아

　먼지, 털, 겨자는 사물로써 가장 작은 것이요 큰 바다와 수미산은 사물로써 가장 큰 것이로다. 가장 작은 것으로써 가장 큰 것을 거두는 것은 우리의 상식으로는 이를 바가 아니다. 그러나 지혜로 그것을 비춰본다면 먼지, 털, 겨자가 곧 작은 것이 아니며 큰 바다와 수미산이 곧 큰 것도 아니니 큰 바다를 터럭 끝에 용납하고 수미산을 겨자에 받아들이니 이것은 우리들의 상식이어서 다른 기술을 빌린 것이 아니다. 무엇 때문에 이 같은가? 성품의 하늘에 각의 달이 허철영명(虛徹靈明, 사무치게 밝아서)하여 육합에 밝게 빛나고 빛은 삼라만상에 입혀져서 넓고 좁고 크고 가는 것이 한 가지도 그 빛을 용납하지 않음이 없으니 이 경계에 오르며 이런 소식을 본다면 다시 무슨 동서와 남북을 말하리오. 남북동서가 다 내가 만든 것이니 일체가 모두 나로 말미암아 모두 방해가 되지 않는도다. 이런즉 건립하는 것도 역시 나에게 있으며, 그것을 없애는 것도 또한 나에게 있음이로다.

규봉 五 大因淸淨第一勝
　　　　오 대인청정제일승

　다섯째는 큰 원인인 청정제일이 수승함이다.

何以故 須菩提 如來 說第一波羅密 卽非第一波羅密 是名第一波羅密

왜냐하면 수보리야, 여래가 말하는 제일바라밀은 제일바라밀이 아니므로 제일바라밀이라 이름하기 때문이니라."

설 聞經不怖 因甚道甚爲希有 此法 物無與等 而能與物爲等
문경불포 인심도심위희유 차법 물무여등 이능여물위등
深玄幽奧 不近人情 聞者 多生驚怖 信解者 誠難 如今 能生淨
심현유오 불근인정 문자 다생경포 신해자 성난 여금 능생정
信 不生驚怖 所以希有
신 불생경포 소이희유

경을 듣고서 두려워하지 않음이 어째서 심히 희유하다고 하는가? 이 법은 어떤 사물과 더불어 같지 않으며 또한 능히 사물과 더불어 평등함이다. 심현하고 유오하여 인정에 가깝지 않으나 듣는 사람이 많은 놀라움과 두려움을 내어서 믿고 이해한다는 것이 실로 어렵다. 지금에 능히 깨끗한 믿음을 내어서 겁내고 두려워하지 않는 것이 희유한 까닭이로다.

규봉 何以故者 有二 一 躡前不驚等徵 二 都躡前勝以徵 論 云此
하이고자 유이 일 섭전불경등징 이 도섭전승이징 논 운차
法門 名爲大因 勝餘修多羅 故名爲淸淨 無量諸佛 同說故 故彼
법문 명위대인 승여수다라 고명위청정 무량제불 동설고 고피
珍寶檀等 無如是功德 是故 彼福德中 此福 爲勝
진보단등 무여시공덕 시고 피복덕중 차복 위승

'하이고(何以故)'란 두 가지 뜻이 있으니 하나는 앞에서 불경 등을 밟아서 물은 것이요, 다른 하나는 앞의 수승한 것을 모두

섭하여 물은 것이다. 논에 따르면, 이 법문은 이름이 대인이 되니 다른 경전보다 수승한 것이다. 그러므로 이름을 청정이라 하니 많은 부처님이 다 같이 설한 까닭이다. 그러므로 저 진귀한 보물을 보시한 것 등은 이 같은 공덕이 없는 것이니, 이 까닭에 저 복 중에서 이 복이 수승함이 된다고 했다.

육조 口說心不行 卽非 口說心行 卽是 心有能所 卽非 心無能
　　　　구설심불행　즉비　구설심행　즉시　심유능소　즉비　심무능
所 卽是
소　즉시

입으로 말하고 마음으로 행하지 않으면 곧 그름이고, 입으로 말하고 마음으로 행하면 곧 옳은 것이며, 마음에 능과 소가 있으면 곧 그름이고, 마음에 능소가 없으면 곧 옳은 것이다.

부대사 波羅 稱彼岸 於中 千種名 高卑 緣妄識 次第 爲迷情
　　　　　바라　칭피안　어중　천종명　고비　연망식　차제　위미정
燄裏 尋求水 空中 覓響聲 眞如何得失 今始号圓成
염리　심구수　공중　멱향성　진여하득실　금시호원성

　바라를 피안이라 일컬으니
　그 중에 천 가지 이름이 있다.
　높고 낮음은 망식을 인연함이고
　차례는 미한 정 때문이로다.
　불꽃 속에서 물을 찾고
　허공에서 메아리를 찾음이니
　진여를 어찌 얻고 잃을 것인가?
　지금 비로소 원성이라 부르리라.

야부 八字打開　兩手分付
　　　　팔자타개　양수분부

　팔 자(字)로 타개하여 양수로 분부하셨다(양팔로 열어 보여 두 손으로 드러내었다.)

설 第一波羅蜜　更無向上　非第一波羅蜜　不異向下　是名第一
　　　제일바라밀　갱무향상　비제일바라밀　불이향하　시명제일
波羅蜜　是向上耶　向下耶　向上向下　都說時　兩手　分付了也
바라밀　시향상야　향하야　향상향하　도설시　양수　분부료야

　제일바라밀은 다시 향상이 없음이요, 제일바라밀이 아님은 향하와 다르지 않다. 제일바라밀이라 이름하는 것은 향상인가, 향하인가? 향상과 향하를 모두 설해 보여 두 손으로 바쳤도다.

야부 是名第一波羅蜜　萬別千差　從此出　鬼面神頭　對面來　此時
　　　　시명제일바라밀　만별천차　종차출　귀면신두　대면래　차시
莫道不相識
막도불상식

　제일바라밀이라 이름하는 것은
　천차만별이 이로부터 나옴이다.
　귀면과 신두가 대면하여 오니
　이때 서로 모른다고 말하지 말라.

설 第一波羅蜜　差別　所從出　窅然幽奧深難測　爭奈頭頭常現
　　　제일바라밀　차별　소종출　요연유오심난측　쟁나두두상현
露　常現露　別無眞　此時　莫道不相識
로　상현로　별무진　차시　막도불상식

　제일바라밀이여, 온갖 차별이 이로부터 나왔도다. 요연히 아득히 깊어 측량키 어려우나, 낱낱이 항상 드러나 있음을 어찌

하리오. 항상 드러나 있음으로 따로 참다운 것이 없으니 이때 서로 모른다고 말하지 말라.

규봉 第八 斷持說 未脫苦果疑 論 云向說捨身 苦身果報故 福
제팔 단지설 미탈고과의 논 운향설사신 고신과보고 복
劣 若尒 依此法門持說 諸菩薩 行苦行 亦是苦果 云何此法 不
열 약이 의차법문지설 제보살 행고행 역시고과 운하차법 불
成苦果 斷之 文二 一 明超忍以斷疑 二 勸離相以安忍 初中 文
성고과 단지 문이 일 명초인이단의 이 권이상이안인 초중 문
二 一 明忍體
이 일 명인체

<8>은 경을 지니고 설함이 고의 과보를 벗어나지 못한다는 의심을 끊음이다. 논에 의하면, 앞에서 말해온 몸을 버리는 것은 몸을 괴롭게 한 과보인 고로 복이 열함이니, 만약 그렇다면 이 법문을 의지해 지설함에 모든 보살의 고행도 역시 고의 과보이거늘 어찌하여 이 법은 고과를 이루지 않는가? 하는 것을 끊음이다. 글에 두 가지니, ㈎ 인을 넘어서 의심 끊음을 밝힘이고, ㈏ 상을 여의고 안인함을 권하는 것이다. ㈎에 두 가지니, ㉮ 인의 체를 밝힌 것이다.

須菩提 忍辱波羅密 如來 說非忍辱波羅密 是名忍辱波羅密

"수보리야, 인욕바라밀을 여래는 말하되 인욕바라밀이 아니라 이름이 인욕바라밀이라 하노니,

규봉 忍到彼岸 已離苦相 況彼岸非岸 誰苦誰忍 二 明忍相 於
　　　　인도피안　이리고상　황피안비안　수고수인　이 명인상 어
中 又二 初 引一生 證極苦忍 又二 一 正明
중 우이 초 인일생 증극고인 우이 일 정명

　인이 피안에 이름에 이미 고의 상을 떠났으니 하물며 저 언덕은 언덕이 아니므로, 누가 고통스럽고 누가 참을 것이 있겠는가. ㉴ 인상을 밝힌 것이다. 그 중에 둘이니, 첫째, 일생에 극고의 인을 증득함을 이끈 것이다. 또 두 가지니, 1. 정히 밝힌 것이다.

　　何以故 須菩提 如我昔爲歌利王 割截身體 我
　　於爾時 無我相 無人相 無衆生相 無壽者相
　　무슨 까닭에선가? 수보리야, 내가 옛날에 가리왕에게 몸을 잘렸을 적에 내가 그때 자아에 대한 고집이 없었으며, 인간에 대한 고집이 없었으며, 중생에 대한 고집, 수명에 대한 고집이 없었느니라.

규봉 歌利王 此云極惡 佛昔作仙 在山中修道 王獵疲寢 妃共禮
　　　　가리왕　차운극악　불석작선　재산중수도　왕렵피침　비공례
仙 王 問得四果不 皆答云不 王 怒 割截 天 怒 雨石 王 懼而
선 왕 문득사과불 개답운불 왕 노 할절 천 노 우석 왕 구이
懺悔 仙 證本無瞋 王乃免害 論 云不但無苦 而乃有樂 以慈悲
참회 선 증본무진 왕내면해 논 운부단무고 이내유락 이자비

故 二 反顯
고 이 반현

　가리왕은 극악이라 하니, 부처님께서 옛날 선인으로 산중에서 수도할 때, 왕이 사냥하다 피로하여 잠이 든 사이 그 왕비들이 모두 선인에게 예배하거늘, 왕이 사과(四果)를 얻었느냐고 물음에 못 얻었다 답하니, 왕이 노하여 몸을 베었는데, 하늘이 노하여 돌비를 내려서 왕이 놀라 참회하였다. 선인은 본래 화를 내는 일이 없음을 증득하였으므로 왕이 이에 해를 면하였다. 논에 따르면, 다만 고가 없을 뿐 아니라 즐거움까지 있으니 자비로써 한 연고라 했다. 2. 반대로 나타냄이다.

何以故　我於往昔節節支解時　若有我相人相衆生相壽者相　應生嗔恨
　왜냐하면 내가 그때 마디마디 사지가 잘렸을 적에 자아에 대한 고집과 인간에 대한 고집과 중생에 대한 고집, 수명에 대한 고집이 있었더라면 성을 내고 원망을 하였을 것이니라."

설　上讚信解　令發心竟　將勸菩薩　離相發心　先擧自己　行菩薩
　　　상찬신해　영발심경　장권보살　이상발심　선거자기　행보살
道時　逢難安忍　離相之迹　忍辱波羅蜜者　逢難安忍　求到彼岸也
도시　봉난안인　이상지적　인욕바라밀자　봉난안인　구도피안야
非忍辱波羅蜜者　辱境　本空　忍心　本寂　無彼岸可到也　爲甚如此
비인욕바라밀자　욕경　본공　인심　본적　무피안가도야　위심여차

如我昔爲歌利　割截　不見有辱境當情　亦不見有身心　當彼所害
여아석위가리　할절　불견유욕경당정　역불견유신심　당피소해
初無我人之相　尙不見有辱境身心　何更見有彼岸可到也　因甚知
초무아인지상　상불견유욕경신심　하갱견유피안가도야　인심지
無我相　我於彼時　若有我相　應生瞋恨　旣不生瞋　故知無相也
무아상　아어피시　약유아상　응생진한　기불생진　고지무상야

　　위에서는 신해를 찬탄하여 이로 하여금 발심해 마치시고, 장차 보살의 상을 떠난 발심을 권하려 하여 먼저 자기가 보살도를 행할 때, 어려움을 만나서 인에 안주하던, 상을 떠난 자취를 예로 드신 것이다. 인욕바라밀이란 어려움을 만나서 인에 안주하여 피안에 이름을 구하는 것이요, 인욕바라밀이 아니란 것은 욕경에 본래 공하고 참는 마음이 본래 공적해서 피안에 가히 이를 것이 없느니라. 어째서 이 같은가? 내가 옛적에 가리왕에게 할절했을 때와 같아서 욕된 경계가 마음에 있음도 보지 못하며, 또한 몸과 마음이 해치는 것을 당함도 보지 못하여서 애초에 아상·인상이 없는 것이라. 오히려 욕경과 신심이 있음을 보지 못하거늘 어찌 다시 피안에 이름이 있음을 가히 보겠는가? 그러면 무엇으로 인하여 아상이 없음을 아는가? 내가 저 때 만약 아상이 있었으면 당연히 성내고 원망을 냈을 것이나 이미 성내고 원망을 하지 않았으므로 상이 없음을 알았느니라.

육조 見有辱境當情　卽非　不見有辱境當情　卽是　見有身相　當彼
　　　　견유욕경당정　즉비　불견유욕경당정　즉시　견유신상　당피
所害　卽非　不見有身相　當彼所害　卽是　如來　因中在初地時　曾
소해　즉비　불견유신상　당피소해　즉시　여래　인중재초지시　증
爲忍辱仙人　被歌利王　割截身體　無一念痛惱之心　若有痛惱之心
위인욕선인　피가리왕　할절신체　무일념통뇌지심　약유통뇌지심
卽生瞋恨　歌利王　是梵語　此云無道極惡君也　一說　如來　因中
즉생진한　가리왕　시범어　차운무도극악군야　일설　여래　인중

曾爲國王 嘗行十善 利益蒼生 國人 歌稱此王 故云歌利 王 求
증위국왕 상행십선 리익창생 국인 가칭차왕 고운가리 왕 구
無上菩提 修忍辱行 尒時 天帝釋 化作旃陀羅 乞王身肉 王
무상보리 수인욕행 이시 천제석 화작전다라 걸왕신육 왕
卽割施 殊無瞋惱 今存二說 於理 俱通
즉할시 수무진뇌 금존이설 어리 구통

　욕경(辱境, 참는 경계)이 마음에 있음을 보면 곧 그릇된 것이고, 욕경이 마음에 있음을 보지 못하면 곧 옳은 것이다. 신상이 저 해하는 것을 당함이 있음을 보면 곧 그른 것이고, 몸 모양이 해치는 것을 당함을 볼 수 없으면 곧 옳은 것이다. 여래가 인중(因中, 인행시)의 초지에 있을 때 일찍이 인욕선인이 되어 가리왕에게 신체를 할절될 때 한 생각도 아파하거나 괴롭다는 생각이 없으셨으니, 만약 아프고 괴로움이 마음에 있으면 곧 진한을 내었으리라.

　가리왕은 범어인데 극악무도한 임금이라 한다. 일설에 여래가 인행중(前世)에 일찍이 국왕이 되어서 항상 십선을 행하여 창생을 이익케 하시니 국민이 이 왕을 노래로써 칭하기를 가리라 불렀다. 왕이 무상보리를 구하여 인욕행을 닦으니 이때 제석천이 전다라(栴陀羅, 백정)로 변하여 왕의 신육을 구걸하므로 왕이 곧 베어서 베풀면서 조금도 성내거나 괴로워하지 않았다 하니, 지금의 두 가지 설이 있음은 이치에 있어서 모두 다 통하는 것이다.

야부 智不責愚
　　　　지 불 책 우

　지혜는 어리석음을 책망하지 않는다.

설 仙人 逢難不動 歌利 昧仙證空 愚智皎然 逢難不動 是不
　　선인　봉난부동　가리　매선증공　우지교연　봉난부동　시불
責愚
책우

　선인은 어려움을 만나도 동하지 않으시거늘, 가리왕은 선인이 공을 증득한 것도 모르니 어리석음과 지혜는 밝고 분명하다. 어려움을 만나도 동하지 않는 것이 어리석음을 책망하지 않는 것이다.

야부 如刀斷水 似火吹光 明來暗去 那事無妨 歌利王歌利王 誰
　　　여도단수　사화취광　명래암거　나사무방　가리왕가리왕　수
知遠煙浪 別有好商量
지원연랑　별유호상량

　칼로써 물을 베는 것과 같고
　불로써 빛을 부는 것과 같도다.
　밝음이 오면 어둠이 가니
　무슨 일이라도 방해롭지 않도다.
　가리왕 가리왕이여,
　누가 원연랑에 달리 좋은 사량이 있음을 알리오.

설 商 一作思 靈源 湛寂 攪之不可動 靈焰 烜赫 吹之不可滅
　　상　일작사　영원　담적　교지불가동　영염　훤혁　취지불가멸
任他八風交馳 內智 湛尒常凝 歌利之愚 焉知逢難之中 具無限
임타팔풍교치　내지　담이상응　가리지우　언지봉난지중　구무한
好消息也
호소식야

　(商을 때로 思라고도 함) 신령스런 근원이 밝고 고요해서 흔들어도 가히 동하지 않으며, 신령스런 불꽃이 밝게 빛나서 불

어도 가히 꺼지지 않음이다. 저 팔풍이 교치함에 맡겨서 안으로의 지혜가 맑아 항상 엉겨 있으니, 가리왕의 어리석음이 어려움을 만난 가운데서 한량없는 좋은 소식이 갖추어져 있음을 어찌 알리오.

규봉 後 引多生 證相續忍
후 인다생 증상속인

둘째, 다생에 상속된 인의 증득함을 이끈 것이다.

須菩提 又念過去於五百世 作忍辱仙人 於爾
所世 無我相 無人相 無衆生相 無壽者相

수보리야, 또 과거 오백세 동안을 인욕선인으로 있었던 일을 생각하니 그때 그 세상에서도 자아에 대한 고집, 인간에 대한 고집, 중생에 대한 고집, 수명에 대한 고집이 없었느니라.

설 非但一生 安忍無相 五百生中 頻遭此苦 悉皆無相
비단일생 안인무상 오백생중 빈조차고 실개무상

비단 일생을 잘 참아서 상이 없었을 뿐만 아니라 500생 중에서 자주 이런 고통을 만났어도 모두 다 상이 없었도다.

규봉 累苦故 忍 忍熟而樂 但與正定慈悲相應故 偈 云離我及恚
누고고 인 인숙이락 단여정정자비상응고 게 운리아급에

相 實無有苦惱 共樂有慈悲 如是苦行果
상 실무유고뇌 공락유자비 여시고행과

　누적된 고인 까닭에 인이요, 인이 익으면 즐거우니 다만 정정(正定)과 자비가 상응하는 까닭이다. 게송에 말하기를, 아상과 성냄을 여의면 실로 고뇌가 있지 않고 함께 즐거움과 자비가 있음은 이 같은 고행의 결과라 했다.

육조 世者 生也 如來 因中 於五百生 修行忍辱波羅蜜 以得四
세자 생야 여래 인중 어오백생 수행인욕바라밀 이득사
相不生 如來 自述往因者 欲令一切修行人 成就忍辱波羅蜜 行
상불생 여래 자술왕인자 욕령일체수행인 성취인욕바라밀 행
忍辱波羅蜜人 旣行忍辱行 先須不見一切人過惡 寃親平等 無是
인욕바라밀인 기행인욕행 선수불견일체인과악 원친평등 무시
無非 被他 打罵殘害 歡喜受之 倍加恭敬 行如是行者 卽能成就
무비 피타 타매잔해 환희수지 배가공경 행여시행자 즉능성취
忍辱波羅蜜
인욕바라밀

　세란 생이다. 여래께서 전생의 500생에 인욕바라밀을 수행하시어 사상이 일어나지 않음을 얻으셨다. 여래께서 스스로 지난 세상의 인행을 말씀하심은 일체의 수행인으로 하여금 인욕바라밀을 성취케 함이다. 인욕바라밀을 닦는 사람이 이미 인욕행을 하고자 한다면 먼저 모름지기 일체인의 허물과 잘못을 보지 않고, 원수나 친한 이나 평등히 하며, 옳고 그름도 없이하여, 다른 사람이 때리거나 꾸짖거나 해칠지라도 환희로써 그것을 받아들여서 더욱더 그를 공경할 것이고, 이 같은 수행을 하는 이는 곧 능히 인욕바라밀을 이룬 것이다.

부대사 暴虐唯無道 時稱歌利王 逢君出遊獵 仙人 橫被傷 頻經
　　　　폭학유무도　시칭가리왕　봉군출유엽　선인　횡피상　빈경

五百世 前後極時長 承仙忍辱力 今乃證眞常
오백세　전후극시장　승선인욕력　금내증진상

　　포학하여 오직 무도하므로

　　그때 사람들이 가리왕이라 칭했도다.

　　사냥 나온 임금을 만나서

　　선인이 뜻밖에 부상을 당했도다.

　　여러 500세를 지남이여,

　　전후로 지극히 긴 시간이로다.

　　선인의 인욕력을 이어와

　　지금 이에 진상(참답고 항상함)을 증득하도다.

야부 目前 無法 從敎柳緣花紅 耳畔 無聞 一任鶯吟燕語
　　　　목전　무법　종교유연화홍　이반　무문　일임앵음연어

　　눈앞에 법이 없으니

　　버들이 푸르고 꽃이 붉은 대로(本然의 모습) 맡겨둠이요,

　　귓가에 들림이 없으니

　　꾀꼬리가 읊조리고 제비가 지저귐에 맡겨두도다.

설 深達法性空 塗割 兩無心 達性空則根塵 無礙 得無心則
　　　심달법성공　도할　양무심　달성공즉근진　무애　득무심즉

事事無妨 所以 道 智明頭頭明 心閑事事閑
사사무방　소이　도　지명두두명　심한사사한

　　법성이 공함을 깊이 통달해서 도(塗, 약을 발라줌)와 해함에 둘 다 무심하니, 성품이 공함을 통달하여 육근과 육진이 걸림이 없음이요 무심을 얻어 일마다 방해롭지 않도다. 그러므로

말하길, 지혜가 밝으면 낱낱이 다 밝음이요 마음이 한가하면 일마다 다 한가하다고 했다.

야부 四大 元無我 五蘊 悉皆空 廓落虛無理 乾坤 萬古同 妙峯
　　　사대 원무아　오온　실개공　확락허무리　건곤 만고동　묘봉
嶷嶷常如故 誰管顚號括地風
억억상여고　수관전호괄지풍

　사대가 원래 아가 없음이요
　오온은 모두 공하도다.
　텅 비어 허무한 이치여,
　하늘과 땅은 만고에 같고
　묘봉은 높고 높아 항상 옛과 같으니
　땅을 휩쓸고 가는 회오리바람을 누가 상관하리오.

설 四大五蘊 同鏡像 空空無我亦無人 無我無人性常住 同地
　　사대오온　동경상　공공무아역무인　무아무인성상주　동지
同天古到今 古到今 無變異 從敎八風來彭彭
동천고도금　고도금　무변이　종교팔풍래팽팽

　사대 오온이 거울 속의 모습과 같으니 공하고 공해서 아도 없고 또한 인도 없도다. 아도 없고 인도 없어서 성이 항상 주하니 땅도 같고 하늘도 같아서 예나 지금이 같음이로다. 예나 지금이 같음이여(시간을 초월함), 변하거나 달라진 것이 없으니 팔풍이 팽팽함에 맡기도다.

규봉 二 勸離相以安忍 論 云若有菩薩 不離我相 見苦行苦 欲
　　　　이 권리상이안인　논　운약유보살　불리아상　견고행고　욕
捨菩提心 故勸離相 無著 云爲對治不忍因緣 不忍因緣 有三種
사보리심　고권리상　무착　운위대치불인인연　불인인연　유삼종

苦 謂流轉苦 衆生相違苦 乏受用苦 於中 文二 一 總標
고 위류전고 중생상위고 핍수용고 어중 문이 일 총표

㈏ 상 떠남을 권해서 인에 안주케 하는 것이다.

논에 따르면, 만약 보살이 아상을 떠나지 않으면, 괴로움을 보거나 괴로움이 있을 때 보리심을 버리고자 하므로, 상 떠나기를 권한 까닭이라 하며, 무착이 말하기를, 참지 못할 인연을 대치함이니 참지 못할 인연에 세 가지 고가 있으니 유전고(흘러가는 고통)와 중생상위고(중생이 서로 어기는 고통)와 핍수용고(수용이 부족한 고통)이라 했다. 이 중에 두 가지니, ㉠ 총괄적으로 표하는 것이다.

是故 須菩提 菩薩 應離一切相 發阿耨多羅三藐三菩提心
그러므로 수보리야, 보살은 응당히 일체 생각의 고집을 여의고 아뇩다라삼먁삼보리의 마음을 내어야 하나니

설 既悟自心 與佛無殊 更能塵塵無著 念念無生 是眞發心 名
기오자심 여불무수 갱능진진무착 염념무생 시진발심 명
眞菩薩 由是 凡有發心者 要應離相也 此 正勸離相發心也 又離
진보살 유시 범유발심자 요응리상야 차 정권이상발심야 우리
相發心者 是非人我 俱是虛妄 悉應遠離 但發無上菩提之心也
상발심자 시비인아 구시허망 실응원리 단발무상보리지심야
然 所謂離相 但了相虛妄 能所不生 卽名爲離 非別有相爲可離也
연 소위리상 단료상허망 능소불생 즉명위리 비별유상위가리야

이미 자기 마음이 부처님과 다름이 없음을 깨달았으면, 다시 능히 사물사물에 집착하지 않고 생각생각이 일어나지 않아야 이것이 참으로 발심한 것이며 참다운 보살이라 한다. 그래서 무릇 발심한 사람은 요컨대 마땅히 상을 여의야 함이니, 이는 바로 상을 떠나서 발심해야 함을 권한 것이다. 또 상을 떠나서 발심한다는 것은 시·비·인·아가 다 허망한 것이어서 멀리 여의고 다만 무상보리심만 발할 뿐이다. 그러나 다만 상을 여윈다는 것은, 다만 상이 허망한 줄을 요달하여 능과 소라는 생각을 일으키지 않는 것이 바로 상을 여윈 것이지, 따로 상이 있어서 가히 떠나야 될 상이 있는 것은 아니다.(근본적으로 상의 공한 이치를 깨달으면 떠나야 할 상은 없는 것이다)

규봉 若離相發心 雖逢大苦 卽能不捨 無著 云離一切相者 爲離
　　　 약 리 상 발 심　수 봉 대 고　즉 능 불 사　무 착　운 리 일 체 상 자　위 리

如是三苦相也
여 시 삼 고 상 야

　만약 상을 여윈 발심이라면 비록 큰 고통을 만나더라도 곧 능히(보리심을) 버리지 않는다. 무착이 말하기를, 일체 상을 떠났다는 것은 이와 같은 세 가지 고통의 상을 여윈 것을 말한다고 했다.

야부 是 卽此用 離此用
　　　 시　즉 차 용　이 차 용

　이것은 이 용에 즉한 것인가, 이 용을 떠난 것인가?

설 旣云離相發心 心與相 相去多少 冲虛妙粹 廣大靈明 離諸
　　 기 운 리 상 발 심　심 여 상　상 거 다 소　충 허 묘 수　광 대 령 명　이 제

幻妄 名之爲心 日用是非人我 現前色香味觸 俱是虛妄 皆名爲
환망 명지위심 일용시비인아 현전색향미촉 구시허망 개명위

相 然 相非外來 全是自心起用 伊麼則此心 卽此用 離此用 若
상 연 상비외래 전시자심기용 이마즉차심 즉차용 이차용 약

道卽此用 爭奈絶相離名 若道離此用 爭奈不礙諸相 畢竟作麼生
도즉차용 쟁나절상이명 약도리차용 쟁나불애제상 필경작마생

道 若人 識得心 大地無寸土 所以 道 於一毛端 現寶王刹 坐微
도 약인 식득심 대지무촌토 소이 도 어일모단 현보왕찰 좌미

塵裏 轉大法輪
진이 전대법륜

　이미 상을 여읜 발심이라면 마음과 상이 갖는 서로의 거리가 얼마나 되는가? 텅 비어 묘하게 순수하고 크고 신령스럽게 밝아서 모든 환과 망을 여의는 것을 이름하여 마음이라 함이요, 일용의 시·비·인·아와 현전의 색·향·미·촉이 다 허망한 것을 이름하여 상이라 한다. 그러나 이 상이란 밖에서 온 것이 아니고 모두 자기 마음에서 일어난 작용이니, 마음이 이 용에 즉한 것인가,(곧 이 用인가) 이 용을 떠난 것인가? 만약 이 용에 즉했다면 어찌 상을 끊고 이름을 떠날 수 있으며, 만약 이 용을 떠났다면 어찌 모든 상에 걸리겠는가?
　필경 어떻게 말할 것인가?
　만약 사람이 마음을 알아 얻으면
　대지에 촌토도 없을 것이다.(모두 마음으로만 보인다)
　그러므로 말하기를,
　한 터럭 끝에 보왕찰(큰世界, 佛刹)이 나타나고
　미진 속에 앉아서 대법륜을 굴린다 하시니라.

야부 得之在心 應之在手(在 一作於) 雪月風花 天長地久 朝朝
　　　　득지재심 응지재수(재 일작어) 설월풍화 천장지구 조조

鷄向五更啼 春來處處山花秀
계향오경제 춘래처처산화수

  얻는 것은 마음에 있고
  쓰는 것은 손에 있다.
  눈(雪) 위를 비추는 달빛과 바람에 나부끼는 꽃이요
  하늘은 높고 땅은 넓도다.
  아침마다 닭은 오경에 울고
  봄이 오면 산마다 꽃이 빼어나도다.

설 失其旨也 離却日用 別求生涯 得其源也 機境上 把得便用
    실기지야 이각일용 별구생애 득기원야 기경상 파득변용
伊麼則頭頭 淨妙國土 物物 常住眞身 一切聲 是佛聲 一切色
이마즉두두 정묘국토 물물 상주진신 일체성 시불성 일체색
是佛色 觸處天眞 雌黃無分 鷄向五更啼 處處山花秀 可得雌黃麼
시불색 촉처천진 자황무분 계향오경제 처처산화수 가득자황마

  그 뜻을 잃어버리면 일상생활을 떠나서 따로 생애를 구하거니와 그 근원을 얻으면 일체 경계 위에서도 그것을 잡아 곧 씀이니라. 이러한즉 낱낱이 정묘한 국토(우리의 마음자리)요 사물사물이 항상 머물러 있는 진신(청정법신)이로다. 일체의 모든 소리는 부처님 음성이고 일체의 모든 물질이 다 불색이니 닿는 곳마다 천진하여 자황을 가릴 수 없도다. 닭은 오경에 울고 산마다 꽃들이 빼어났으니 가히 자황을 얻겠는가?

규봉 二 別顯 於中 文二 一 對治不忍流轉苦
    이 별현 어중 문이 일 대치불인류전고

  ㉯ 일일이(別顯) 드러냄이다. 그 중에 둘이 있으니, 첫째, 참지 못하면 유전하는 고통을 대치함이다.

不應住色生心 不應住聲香味觸法生心 應生無所住心

눈에 보이는 대상에 붙들려 마음을 내지 말며 귀에 들리는 대상과 코에 맡아지는 대상, 혀에 느껴지는 대상, 몸으로 느끼는 감촉의 대상 그리고 기억의 대상에 붙들려 마음을 내지 말아야 하느니라. 마땅히 붙들림이 없는 마음을 낼 것이니라.

육조 不應住色生心者 是都標也 聲香等 別列其名也 於此六塵
불응주색생심자 시도표야 성향등 별열기명야 어차육진

起憎愛心 由此 妄心 積集 無量業結 覆蓋佛性 雖種種勸苦修行
기증애심 유차 망심 적집 무량업결 복개불성 수종종권고수행

不除心垢 終無解脫之理 推其根本 都由色上住心 如能念念常行
부제심구 종무해탈지리 추기근본 도유색상주심 여능념념상행

般若波羅蜜 推諸法空 不生計著 念念常自精進 一心守護 無令
반야바라밀 추제법공 불생계착 염념상자정진 일심수호 무령

放逸 淨名經 云求一切智 無非時求 大般若經 云菩薩摩訶薩 晝
방일 정명경 운구일체지 무비시구 대반야경 운보살마하살 주

夜精進 常住般若波羅蜜多 相應作意 無時暫捨
야정진 상주반야바라밀다 상응작의 무시잠사

마땅히 색에 머물러 마음을 내지 않는다는 것은 통틀어 표한 것이고, 성향 등은 따로 그 이름을 열거한 것이다. 이 육진에서 증애심을 일으키면 이로 말미암아 망심이 쌓여서 한량없는 업을 짓게 되어 불성을 덮나니, 비록 여러 가지로 힘든 수행을 할지라도 마음의 때를 없애지 못하면 마침내 해탈의 이치가 없다.(마음이 보리, 열반에 머문다 해도 머문다는 것은 때와 같은

것이다). 그 근본을 추구하건대 모두 색 위에 마음을 머무는 까닭이니 만약 능히 순간순간에 항상 반야바라밀을 행하면 모든 법이 공함을 미루어 알아서 계교와 집착을 내지 않으며, 생각생각에 항상 스스로 정진하고 일심으로 수호하여 이로 하여금 방일함이 없게 할 것이다. 정명경(淨明經, 유마경)에 의하며, 일체지를 구하려면 어느 때나 다 구해야 하며, 대반야경에 의하면, 보살마하살이 밤낮으로 정진하되 항상 반야바라밀다에 주하여 서로 응하게 뜻을 지어서 때마다 잠시도 버림이 없게 하라 했다.

若心有住 卽爲非住
만약 마음이 붙들리는 데가 있으면 이는 곧 마음의 본래 자리가 아니니라.

육조 若心住涅槃 非是菩薩住處 不住涅槃 不住諸法 一切處不
약심주열반 비시보살주처 부주열반 부주제법 일체처부
住 方是菩薩住處 上文 說應無所住 而生其心者是也
주 방시보살주처 상문 설응무소주 이생기심자시야

만약 마음이 열반에 머무르면 이는 보살이 주할 곳이 아닌 것이라. 열반도 주하지 않고, 제법에도 주하지 않으며 일체처에도 주하지 않아야 바야흐로 보살의 주처인 것이니 위에서 설한 '마땅히 붙들림이 없는 마음을 낼 것'이 이것이니라.

是故 佛說菩薩心 不應住色布施

이렇기 때문에 부처는 말하기를, 보살은 눈에 보이는 대상에 붙들리지 말고 보시하라 하느니라.

육조 菩薩 不爲自身 五欲快樂 而行布施 但爲內破慳心 外利益
보살 불위자신 오욕쾌락 이행보시 단위내파간심 외이익
一切衆生 而行布施
일체중생 이행보시

보살은 자신의 오욕과 쾌락을 위해서 보시를 행하지 않고, 다만 안으로 아끼는 마음을 깨뜨리며 밖으로는 온갖 중생을 이익되게 하기 위하여 보시를 행하는 것이다.

규봉 初 正明流是集諦 轉是苦諦 無著 云若著色等 則於流轉苦
초 정명류시집제 전시고체 무착 운약착색등 즉어류전고
中 疲乏故 菩提心 不生 後 引證 引前說無住施 具含六度 證此
중 피핍고 보리심 불생 후 인증 인전설무주시 구함육도 증차
文矣 二 對治不忍相違苦
문의 이 대치불인상위고

초는 정히 류는 집제가 되고 전은 고제가 됨을 밝힌 것이니, 무착이 말하기를, 만약 색성 등에 집착하면 즉시 유전의 고 중에서 피로하고 궁핍한 까닭에 보리심이 나지 않는다 했다. 후는 증을 이끄는 것이니, 앞에 설한 무주상보시가 육도를 모두 포함하고 있음을 끌어주어 이 글을 증명해 준다. 둘째, 참지 못하면 서로 어기는 고통을 대치함이다.

須菩提 菩薩 爲利益一切衆生 應如是布施
수보리야, 보살은 일체중생들을 이익되게 하기
위하여 응당히 이와 같이 보시를 하여야 하니,

설 識浪 內湧則境風 作而常動 智水 內凝則風塵 息而常靜
　　식랑 내용즉경풍 작이상동 지수 내응즉풍진 식이상정
靜無靜相 眞明自照 是謂無住生心 是眞菩薩住處 由是 發心之
정무정상 진명자조 시위무주생심 시진보살주처 유시 발심지
者 凡於應用之際 但當無念而應 不應著意攀緣 著意墮魔坑 非
자 범어응용지제 단당무념이응 불응착의반연 착의타마갱 비
眞菩薩住處也 所以然者 菩薩發心 只爲益生 自若有住 豈能令
진보살주처야 소이연자 보살발심 지위익생 자약유주 개능영
它無住 所謂有諸己然後 求諸人 無諸己然後 非諸人 是也 所謂
타무주 소위유제기연후 구제인 무제기연후 비제인 시야 소위
無念無住 正似秋天野水 森羅自顯 豈同寒灰枯木 一於忘懷者哉
무념무주 정사추천야수 삼라자현 개동한회고목 일어망회자재
忘懷 沈鬼窟 亦非菩薩住處也 若眞住處 不依有住而住 不依無
망회 침귀굴 역비보살주처야 약진주처 불의유주이주 불의무
住而住 亦不依中道而住 如是而住也
주이주 역불의중도이주 여시이주야

　식의 물결이 안으로 용솟음치면 경계의 바람이 일어나서 항상 움직이게 된다(마음속에서 망상과 번뇌가 일면 모든 경계도 바로 시끄러워지는 것이다). 지혜의 물이 안으로 엉기면 풍진(육진 경계)이 쉬게 되어 항상 고요할 것이요, 고요하되 고요하다는 상이 없어야 참되고 밝은 것이 스스로 비추는 것이니 이것을 머무른 바 없이 마음을 낸다고 이르는 것이다. 이것이 참된 보살이 머물 곳이다. 이로 말미암아 발심한 사람은 무릇 응용할 때에 다만 마땅히 집착없이 무념으로써 응하고, 응당 뜻

에 집착하여 반연(攀緣, 인연에 끄달리다)하지 말 것이니, 뜻에 집착하면 마군이의 구덩이에 떨어지게 되어 참다운 보살의 머무를 곳이 못되는 것이다. 그러한 이유는 보살의 발심은 단지 중생을 이익되게 하기 위한 것이니 만약 스스로 머무름이 있으면 어찌 능히 다른 이로 하여금 머무르지 못하게 할 것인가. 이른바 몸소 그렇게 한 연후에 남에게도 있기를 구할 것이며 자기에게 허물이 없는 연후에 남을 그르다 하는 것이 이것이다.

　이른바 무념, 무주라는 것은 가을하늘과 맑은 물위에 삼라만상이 저절로 드러남과 같으니, 싸늘한 재와 고목처럼 한결같이 생각만 잊는 것과 어찌 같겠는가. 생각을 잊는 것은 귀신의 굴에 잠기는 것이어서 또한 보살의 머무를 곳이 아니니 만약 참답게 머무를 곳이라면 유주를 의지하여 주하지도 말고 무주를 의지하여 주하지도 말며 또한 중도에 의지하여 주하지도 않아야 이와 같이 주하는 것이다.

육조 菩薩者 行法財等施 利益無疆 若作能利益心 卽是非法 不
　　　 보살자 　행법재등시　 이익무강　 약작능이익심　 즉시비법　 부

作能利益心 是名無住 無住 卽是佛心也
작능이익심　 시명무주　 무주　 즉시불심야

　보살이란 법과 재물 등을 똑같이 베풀어서 이익을 끝없이 하는 것이니, 만일 이익되게 한다는 마음을 지으면 곧 법이 아님이요, 능히 이익되게 한다는 마음을 내지 않으면 이것을 무주라 하니, 이 무주가 곧 불심이다.

부대사 菩薩　 懷深智　 何時不帶悲　 投身憂虎餓　 割肉濟鷹飢(濟
　　　　 보살　 회심지　 하시부대비　 투신우호아　 할육제응기(제

一 本 作恐)精勤三大劫 曾無一念疲 如能同此行 皆得作天師
일 본 작 공)정근삼대겁 증무일념피 여능동차행 개득작천사

　보살이 깊은 지혜를 품고 있음이니 어느 때인들 자비를 베풀지 않겠는가? 몸을 던져서 주린 호랑이를 염려하고 살을 베어서 굶주린 매를 구제하도다. 정근을 삼아승지겁 동안 하였으나 일찍이 한 순간도 고달픔이 없었으니, 만약 능히 이 행과 같으면 모두 인천의 스승이 되리라.

야부 有佛處 不得住 無佛處 急走過 三十年後 莫言不道
　　　유불처 부득주 무불처 급주과 삼십년후 막언부도

　부처님 계신 곳에서 머물지 말고, 부처님 아니 계시는 곳에서는 급히 지나갈지니 30년 후에 (너에게) 이르지 않았다고 말하지 말지어다.

설 有佛處 有敎可遵 無佛處 無敎可効 然 有敎無敎 盡令人
　　유불처 유교가준 무불처 무교가효 연 유교무교 진령인
不得洒洒落落 既不坐於兩邊 亦不滯於中道 透過三關已 亦復不
부득쇄쇄락락 기부좌어양변 역불체어중도 투과삼관이 역부불
留蹤
유 종

　부처님 계신 곳에서는 가르침에 있어서 가히 쫓을 만하고, 부처님 없는 곳에서는 가히 본받을 만한 가르침이 없도다. 그러나 가르침이 있고 없는 것은 다 사람으로 하여금 주주락락(洒洒落落, 깨끗한 상태)하게 하지 못함이니 이미 양변에 앉지 아니하였으면 또한 중도에도 머물지 말고 세 가지 관문(有敎·無敎·中道)을 뚫고 지나서는 또한 다시 자취에도 머물지 말아야 한다.

야부 朝遊南嶽 暮往天台 追而不及 忽然自來 獨行獨坐無拘繫
조유남악 모왕천태 추이불급 홀연자래 독행독좌무구계

得寬懷處 且寬懷
득관회처 차관회

  아침에는 남악산에서 놀고

  저물면 천태산에 가도다.

  쫓으려 해도 미치지 못하더니

  홀연히 저절로 오도다.

  홀로 행하고 홀로 앉아 걸림이 없으니

  너그러운 생각이 있음에 또한 너그러워짐이로다.

설 彼此無所止 中間 亦無蹤 蕭然獨脫無拘絆 雲蹤 鶴態 喩
피차무소지 중간 역무종 소연독탈무구번 운종 학태 유

難齊 旣不坐於三千里內 亦不立於三千里外 是可謂逸驥之於春
난제 기부좌어삼천리내 역불립어삼천리외 시가위일기지어춘

風廣野 神龍之於月明滄海
풍광야 신룡지어월명창해

  피차에 머물 것이 없고 중간도 또한 자취가 없음이라. 소연히 홀로 벗어나서 구속과 얽매임이 없으니, 구름의 자취와 학의 자태로 비유하여도 똑같이 표현하기 어렵도다. 이미 삼천리(유·무·중도) 안에 앉아 있지 않고 또한 삼천리 밖에서도 서 있지 않으니, 이것은 가히 춘풍광야에서 준마가 달림과 같고 달 밝은 푸른 바다에 신룡이 오름과 같도다.

  如來 說一切諸相 卽是非相 又說一切衆生 卽
非衆生

여래는 설하되 일체 모양이 모양이 아니며 또 모든 중생들도 곧 중생이 아니라 하느니라."

설 諸相 本空 無相可住 衆生 本寂 無生可度也 此所以勸離
　　제상　본공　무상가주　중생　본적　무생가도야　차소이권리
相發心也
상발심야

모든 상이 본래 공하여 상에 가히 머물 것이 없음이요, 중생이 본래 고요하여 중생을 가히 제도할 것이 없음이니, 이 까닭에 상을 떠난 발심을 권한 것이다.

육조 如者 不生 來者 不滅 不生者 我人不生 不滅者 覺照不滅
　　　여자　불생　래자　불멸　불생자　아인불생　불멸자　각조불멸
下文 云如來者 無所從來 亦無所去 故名如來 如來 說我人等四
하문　운여래자　무소종래　역무소거　고명여래　여래　설아인등사
相 畢竟可破壞 非眞覺體也 一切衆生 盡是假名 若離妄心 卽無
상　필경가파괴　비진각체야　일체중생　진시가명　약리망심　즉무
衆生可得 故 言卽非衆生也
중생가득　고　언즉비중생야

'여' 자(字)는 불생을 뜻하고 '래'는 불멸이다. 불생이란 아상과 인상을 내지 않는 것이고, 불멸이란 깨달아 비춤이 멸하지 않음이니라. 아래 글에, 여래란 쫓아온 바도 없으며 또한 가는 바도 없으므로 여래라 하시니, 여래가 설하신 아·인 등의 사상은 필경 가히 무너질 것이라서 참된 각의 체가 아님이요, 일체 중생은 모두 다 거짓 이름이어서, 만약 망심만 떠나면 곧 중생은 가히 얻을 것이 없으므로 곧 중생이 아니라고 말씀하신 것이다.

야부 別有長處 不妨拈出
　　　　별유장처　불방염출

따로 장처(좋은 곳)가 있으니
잡아내는데 꺼리지 않도다.

설 相卽非相 生卽非生 只說得一半 說不及一半 一半 更須拈
　　상즉비상　생즉비생　지설득일반　설불급일반　일반　갱수염
出 始得
출　시득

상은 곧 상이 아니고 중생이 곧 중생이 아니니, 다만 반만 말했고 반은 아직 말로써 다하지 못했으니, 반을 다시 잡아채어야 비로소 옳을 것이다.

야부 不是衆生不是相 春暖黃鶯 啼柳上 說盡山雲海月情 依前
　　　　불시중생불시상　춘난황앵　제유상　설진산운해월정　의전
不會空惆悵 休惆悵 萬里無雲天一樣
불회공추창　휴추창　만리무운천일양

중생도 아니고 상도 아님이여,
따뜻한 봄날 노란 꾀꼬리 버드나무 위에서 울고
산운과 해월의 정을 다 설했거늘
예전처럼 알지 못하고 공연히 쓸쓸해하도다.
슬퍼하지 말라.
만리에 구름 한 점 없으니 하늘이 한 모양뿐이로다.

설 纖毫不掛處 萬像頓彰時 山頂白雲 封不開 海天明月 正簫
　　섬호불괘처　만상돈창시　산정백운　봉불개　해천명월　정소
然 見已 情自悅 此情說向誰 傍有遠鄕客作夢 扶起分明說此情
연　견이　정자열　차정설향수　방유원향객작몽　부기분명설차정

睡初起 眼昏昏 依前不會空惆悵 休惆悵 一 道寒光滿目前
수초기 안혼혼 의전불회공추창 휴추창 일 도한광만목전

　가는 털도 걸리지 못하는 곳에 만상이 몰록 드러날 때로다. 산봉우리의 흰 구름은 봉(封)하여 열지 않았고 해천의 명월은 정히 분명하도다. 보고나매 정이 절로 즐거우니 이 정을 누구를 향해 말할까? 곁에 먼 고향의 나그네가 꿈을 꾸고 있어서 붙잡아 일으켜 분명한 이 정경을 말하니, 잠이 막 깬지라 눈이 혼혼하여 예전처럼 알지 못하고 공연히 슬퍼하도다.

　슬퍼하지 마라.

　한 줄기 차가운 광명이 눈앞에 가득한 것을!

규봉 無著 云既爲衆生行施 云何於彼 生瞋 由不能無衆生想故
　　　무 착　운기위중생행시　운하어피　생진　유불능무중생상고
衆生 相違時 卽生疲乏 故 顯示人無我法無我 其第三苦 此不用
중생　상위시　즉생피핍　고　현시인무아법무아　기제삼고　차불용
之 論 云諸相者 衆生相也 非相者 無我也 陰中見我 是衆生相
지　논　운제상자　중생상야　비상자　무아야　음중견아　시중생상
一切衆生者 五陰法也 非衆生者 陰空故 法無我也 第九 斷能證
일체중생자　오음법야　비중생자　음공고　법무아야　제구　단능증
無體非因疑 論 云於證果中 無道 云何彼於果 能作因 斷之 文
무체비인의　논　운어증과중　무도　운하피어과　능작인　단지　문
二 初 斷疑
이　초　단의

　무착이 말하기를, 이미 중생을 위해서 보시를 행했으면 어찌하여 저 사람에게 진심을 내리오? 능히 중생이란 상이 없지 않기 때문이다. 중생이 서로 어길 때 피곤함을 내므로 인무아와 법무아를 드러내니 제삼의 고는 여기에서 쓰지 않았다. 논에 따르면, 제상이란 중생상이요 비상이란 무아인 것이다. 오음 중

에서 아를 보는 것이 이 중생상이니 일체중생이란 오음법이요 비중생이란 오음이 본래 공한 고로 법에 아가 없다고 했다.

<9>는 능히 증득하는 것은 체가 없어서 인이 아니라는 의심을 끊는 것이다. 논에 따르면, 과를 증득하는 데는 길이 없거늘 어찌하여 저들은 과에서 능히 인을 짓는 것을 끊는 것이다. 글에 두 가지니, ㈎ 초는 의심을 끊음이다.

須菩提 如來 是眞語者 實語者 如語者 不誑語者 不異語者

"수보리야, 여래는 참된 말을 하는 자이며, 실다운 말을 하는 자이며, 그대로 말하는 자이며, 속이지 않는 말을 하는 자이며, 다르지 않는 말을 하는 자이니라.

설 諸法實相 說也說盡 乃云我所說法 眞不僞 實不虛 上不違
제법실상 설야설진 내운아소설법 진불위 실불허 상불위

如理 下不誑衆生 佛佛 皆然 初無異說
여리 하불광중생 불불 개연 초무이설

제법의 실상을 설하고 설하여 모두 마치시고, 이에 말씀하시기를, 내가 설한 바 법은 참다워서 거짓이 아니며 실다워서 헛되지 않으며, 위로는 여여한 이치에 어기지 않고 아래로는 중생을 속이지 않음이다. 모든 부처님이 다 그러해서 애초에 다른 말씀이 없다고 하셨다.

규봉 佛所有說 皆如其事 今說證果 何疑不然 眞語者 說佛大菩
　　　불소유설 개여기사 금설증과 하의불연 진어자 설불대보
提法也 是眞智故 實語者 說小乘四諦 諦是實義 如語者 說大乘
리법야 시진지고 실어자 설소승사제 제시실의 여어자 설대승
法 說大乘法 有眞如 小乘 無也 說大乘 故決定 說大乘有佛性
법 설대승법 유진여 소승 무야 설대승 고결정 설대승유불성
故不異語者 說三世授記等事 更無參差 佛 將此四語 不誑衆生
고불이어자 설삼세수기등사 갱무참차 불 장차사어 불광중생
是故 秦譯 加不誑語
시고 진역 가불광어

　　부처님께서 설하신 것은 모두 그 일과 같으니(사실을 사실대로 관하고 사실 그대로 설하심), 지금 과를 증득한 것을 말씀하신 것인데 어찌 그렇지 않다고 의심하리오. 진어란 부처님의 대보리법을 설한 것이니 이것은 참다운 지혜인 까닭이다. '실어'란 소승사제를 설한 것이니, '제(진리)'는 실다운 뜻이요 '여어'란 대승법을 설한 것이니 대승법은 진여가 있거니와 소승은 없는 까닭이다. 대승법에는 고로 결정코 불성이 있다고 설하셨다. '불이어'란 삼세의 수기 등을 설한 것으로 다시 어긋남이 없음이니, 부처님이 네 가지로 중생을 속이지 않은 고로 진(秦)역에는 불광어를 추가한 것이다.

육조 眞語者 說一切有情無情 皆有佛性 實語者 說衆生 造惡業
　　　　진어자 설일체유정무정 개유불성 실어자 설중생 조악업
定受苦報 如語者 說衆生 修善法 定受樂報 不誑語者 說般若波
정수고보 여어자 설중생 수선법 정수락보 불광어자 설반야바
羅蜜法 出生三世諸佛 決定不虛 不異語者 如來所有言說 初善
라밀법 출생삼세제불 결정불허 불이어자 여래소유언설 초선
中善後善 旨意微妙 一切天魔外道 無有能超勝 及破壞佛語者也
중선후선 지의미묘 일체천마외도 무유능초승 급파괴불어자야

'진어'란 일체의 유정·무정이 모두 불성이 있음을 설한 것이요 '실어'란 중생이 악업을 지으면 결정코 고의 보를 받게 된다는 것이다. '여어'란 중생이 선법을 닦으면 반드시 낙의 보를 받음이요 '불광어'란 반야바라밀법이 삼세제불을 출생하되 결정코 헛되지 않음이다. '불이어'란 여래께서 하신 언설이 처음도 좋고 중간도 좋으며 결론도 좋음을 설하시니, 뜻이 미묘하여 일체 천마외도들이 능히 초월할 수 없고 부처님의 말씀을 파괴할 수 없음이다.

부대사 衆生與蘊界 名別體非殊 了知心似幻 迷情見有餘 眞言
중생여온계 명별체비수 요지심사환 미정견유여 진언

言不妄 實語 語非虛 始終無變異 性相本來如
언불망 실어 어비허 시종무변이 성상본래여

　중생과 오온계가 이름은 다르나 체는 다르지 않음이라.
　마음이 환과 같음을 요달하여 알지라도
　미한 정으로 보면 남음이 있느니라.
　진어는 말이 망령되지 않고
　실어는 말이 헛되지 않으니
　시작과 끝이 변하거나 다르지 않음이라.
　법상이 본래 여여함이로다.

야부 知恩者 少 負恩者 多
지은자 소 부은자 다

　은혜를 아는 자는 적고 은혜를 저버리는 자는 많도다.

설 諄諄之慈 靡所不至 隨語生解者 衆 承言會旨者鮮 承言會
순순지자 미소부지 수어생해자 중 승언회지자선 승언회

旨 所以知恩 隨語生解 所以負恩
지 소이지은 수어생해 소이부은

지극하고 지극한 자비가 이르지 아니한 곳 없건만, 말에 따라 알음알이를 내는 자는 많고, 말을 받아듣고 뜻을 아는 자는 드무니 말을 받아 뜻을 아는 것은 은혜를 아는 것이고, 말을 따라서 알음알이를 내는 것은 은혜를 저버리는 것이다.

야부 兩箇五百 是一貫 阿爺元是丈夫漢 分明對面向渠言(向 一
　　　　양개오백　시일관　아야원시장부한　분명대면향거언(향　일
作報) 爭奈好心 無好報 眞語者 實語者 呵呵呵喏喏喏
작보)　쟁나호심　무호보　진어자　실어자　가가가야야야

두 개의 500근이 일관이요
아버지는 원래 장부로다.
분명히 대면시켜 그를 향해 말하나
좋은 마음에 좋은 보가 없음을 어찌하리오.
진어자, 실어자여. 가가가 야야야로다
(하하하, 그렇고 그렇도다).

설 天下 無二道 聖人 無兩心 如來眞實說 只說這介法 琴上
　　　천하　무이도　성인　무량심　여래진실설　지설저개법　금상
分明彈報知 一曲無生和者稀 邈然天地間 唯師獨知恩 忍俊不禁
분명탄보지　일곡무생화자희　막연천지간　유사독지은　인준불금
笑呵呵 肯心自許云喏喏 且喜瞿曇 逢此老 白雲千載 一知音 連
소가가　긍심자허운야야　차희구담　봉차노　백운천재　일지음　연
下三聲 字細看 亦與忠老 作知音
하삼성　자세간　역여충노　작지음

천하의 도가 둘이 없고 성인은 두 마음이 없으니, 여래의 진실한 말씀은 다만 이 법을 설할 뿐이로다. 거문고를 튕기어 분

명히 알리나 한 곡조 무생곡에 화답하는 자가 드물도다. 아득한 천지간에 오직 스님(야부)만이 홀로 은혜를 알도다. 그 준걸함을 참을래야 참지 못하여 '하하하' 웃고, 기꺼이 스스로 허락하여 '야야야'(그렇고 그렇도다)라 했다. 또한 부처님께서 이 노인(治父) 만남을 기뻐하노니, 흰구름만이 뒤덮인 천년 사이에 한 지음자를 만났음이다. 아래로 이은 세 소리(가가가, 야야야)를 자세히 보아라. 또한 충노와 더불어 지음자를 지었도다.

규봉 二 離執
　　　이　이집

(내) 집착을 떠남이다.

須菩提 如來所得法 此法 無實無虛
수보리야, 여래가 얻은 법은 이 법이 진실이라
할 것이 없으며 헛되다 할 것도 없느니라.

설 前明所說 此明所得 所說 亦只是不二法 所得 亦只是不二
　　전명소설　차명소득　소설　역지시불이법　소득　역지시불이
法 無實無虛 是言不二
법　무실무허　시언불이

　앞에서는 설한 바를 밝히시고, 여기서는 얻은 바를 밝히시니 설한 바도 또한 두 법이 아니며, 얻은 것도 역시 두 법이 아니다. 무실무허는 둘이 아닌 도리를 말함이다.

규봉 無實者 如其言說 性非有故 無虛者 不如言說 自性有故
　　　　무실자　여기언설　성비유고　무허자　불여언설　자성유고

　'무실'이란 그 언설이 자성이 있지 않는 것과 같은 까닭이요 '무허'란 그 언설이 자성을 갖고 있는 것과 같지 않은 까닭이다.

육조 無實者 以法體空寂 無相可得 然 中有恒沙性德 用之不匱
　　　　무실자　이법체공적　무상가득　연　중유항사성덕　용지불궤
故言無虛 欲言其實 無相可得 欲言其虛 用而無間 是故 不得言
고언무허　욕언기실　무상가득　욕언기허　용이무간　시고　부득언
有 不得言無 有而不有 無而不無 言辭不及者其唯眞智乎 若不
유　부득언무　유이불유　무이불무　언사불급자기유진지호　약불
離相修行 無由臻此也
리상수행　무유진차야

　'무실'이란 법의 체가 공적해서 상을 가히 얻을 수 없는 것이다. 그러나 그 가운데는 항하사 같은 성덕을 갖추고 있어도 다함이 없는 까닭에 '무허'라고 말한 것이다. 그 실을 말하고자 하면 상은 가히 얻지 못하고, 그 허를 말하고자 하면 사용함에 끊어질 사이가 없는 것이다. 그러므로 유라고 말하지 못하며 무라고도 말하지 못하니, 있으되 있음이 아니고 없으되 없음이 아님이다. 언사로써 미치지 못하는 것은 오직 그 참다운 지혜이니, 만약 상을 여의고 수행하지 않으면 여기에 이를 수가 없도다.

야부 水中鹹味 色裏膠淸
　　　　수중함미　색이교청

　물속의 짠맛이요 색깔 속에 있는 아교의 깨끗(투명)함이로다.

설 是有 是無 是實 是虛
　　시유　시무　시실　시허

있는 것인가, 없는 것인가? 실다운 것인가, 헛된 것인가?

야부 硬似鐵軟如酥 看時有覓還無 雖然步步常相守 要且無人識
　　　경사철연여소　간시유멱환무　수연보보상상수　요차무인식
得渠 咦
득거 이

굳기는 쇠와 같고 부드럽기는 연유와 같으며
보면 있는 듯하나 찾으면 도리어 없도다.
비록 그렇게 걸음걸음에 항상 서로 따르나
또한 그를 아는 이 아무도 없도다. 이!

설 且强且柔 易見難曉 雖一切處 披露分明 乃一切處 摸嗦不
　　차강차유　이견난효　수일체처　피로분명　내일체처　모색불
著更知道 十聖三賢 不知處 有時 閑掛寺門前
저갱지도　십성삼현　부지처　유시　한괘사문전

또한 강하기도 하고 부드럽기도 하니, 쉽게 보되 밝히기는
어렵도다. 비록 일체처에서 헤쳐 드러내면 분명하나, 일체처에
서 찾으려면 찾을 수 없도다. 다시 알지어다. 십성삼현도 그 있
는 곳을 알지 못하나 어느 땐 한가롭게 절문 앞에 걸려 있도다.

규봉 第十 斷如徧有得無得疑 論 云若聖人 以無爲眞如法 得名
　　　제십　단여변유득무득의　논　운약성인　이무위진여법　득명
彼眞如 一切時處 恒有何故 有得者 有不得者 斷之 文二 一 擧
피진여　일체시처　항유하고　유득자　유부득자　단지　문이　일　거
喩斷疑
유단의

<10>은 진여가 유득과 무득에 두루하다는 의심을 끊음이다.

논에 따르면, 만약 성인이 무위의 진여법으로써 이름을 얻었다면 저 진여가 일체의 시와 처에 항상 있거늘, 어찌하여 얻는 자도 있고 얻지 못하는 자가 있는가 하므로 그것을 끊는 것이다. 두 가지가 있으니, ㈎ 비유를 들어서 의심을 끊음이다..

須菩提 若菩薩 心住於法 而行布施 如人 入暗 卽無所見 若菩薩 心不住法 而行布施 如人 有目 日光明照 見種種色

수보리야, 만약 보살이 마음을 법에 붙들려 보시하는 것은 사람이 어둠 속에 들어가 아무것도 보지 못하는 같고, 만약 보살이 마음을 법에 붙들리지 않고 보시하면 눈 밝은 사람이 햇빛이 밝게 비칠 적에 여러 가지 물건들을 보는 것과 같느니라.

규봉 論 云無智住法 心不淸淨故 不得 有智不住法 心淸淨故
논 운무지주법 심불청정고 부득 유지부주법 심청정고
得 有目者 如得對治法 日光者 如所治闇盡 能治現前 旣有目及
득 유목자 여득대치법 일광자 여소치암진 능치현전 기유목급
日光 合見虛空空喩 眞如之性 種種色 喩性上萬德
일광 합견허공공유 진여지성 종종색 유성상만덕

논에 따르면, 지혜없이 법에 주하면 마음이 청정하지 못한 고로 얻음이 없고, 지혜가 있고서도 법에 주하지 않으면 마음이 청정하여 얻는 것이니, 눈이 있는 자는 대치할 법을 얻음과

같고 일광이란 대치할 바의 어둠이 다하면 능히 다스림이 현전
하는 것과 같다. 이미 눈과 빛이 있다면 합당히 공중의 모든 사
물들을 모두 볼 것이니, 공은 진여의 성품에 비유한 것이요 사
물은 성품 가운데 갖추어진 만덕에 비유한 것이라 했다.

육조 於一切法 心有住著 則不了三輪體空 如盲處暗 無所曉了
　　　어일체법 심유주착 즉불료삼륜체공 여맹처암 무소효료
華嚴經 云聲聞 在如來會中 聞法 如盲如聾 爲住法相故 若菩薩
화엄경 운성문 재여래회중 문법 여맹여롱 위주법상고 약보살
常行般若波羅蜜多無著無相行 如人 有目 處於皎 日之中 何所
상행반야바라밀다무착무상행 여인 유목 처어교 일지중 하소
不見也
불견야

　일체법에 마음이 머물고 집착하면 곧 삼륜의 체(주는 자, 받
는 자, 물건)가 공함을 요달하지 못한 것이 마치 눈먼 자가 어
두운 곳에 처함과 같아서 밝게 아는 바가 없다. 화엄경에 의하
면, 성문들은 여래회중에서 법을 들으면 맹인과 같고 귀머거리
와 같이 되는 것은 법상에 주하였기 때문이거니와, 만약 보살
이 항상 반야바라밀다의 무착·무상행을 행하면 사람이 눈이
있고 밝은 빛 속에 처함과 같으니 무엇인들 보지 못할 것인가?
했다.

부대사 不拘寂靜地 縱橫觸處通 若心依相住 有作枉施工 離法
　　　　불구적정지 종횡촉처통 약심의상주 유작왕시공 이법
如行慧 淸光 一鏡中 靈源 常獨照 坦蕩摠含容
여행혜 청광 일경중 영원 상독조 탄탕총함용

　적정지에 얽히지 않으면 종횡으로 만나는 곳마다 통하고
만일 마음이 상을 의지하여 주하면

조작함이 있어서 그릇되게 공덕을 베푸느니라.
법을 떠나서 지혜를 행하면
맑은 빛이 한 거울 가운데 있어서
신령스런 근원(靈源)이 항상 홀로 비춤이라,
평탄하고 탕탕해서 모두 포용하리라.

규봉 二 讚經功德 於中 有二 一 總標
　　　　이 찬경공덕 어중 유이 일 총표

㈎ 경의 공덕을 찬탄함이다. 그 중에 두 가지니, ㉮ 총표이다.

須菩提 當來之世 若有善男子善女人 能於此
經 受持讀誦 即爲如來 以佛智慧 悉知是人
悉見是人 皆得成就無量無邊功德

수보리야, 오는 세상에 만약 어떤 선남자선여인이 능히 이 경을 익혀 지녀 읽고 외우면 곧 여래가 부처의 지혜로써 이 사람을 다 알고 보나니 모두가 한량없고 끝없는 공덕을 이룰 것이니라."

설 前明無住所以 此喩明無住 法本無實 不應住於有 法本無
　　　전명무주소이 차유명무주 법본무실 불응주어유 법본무
虛 不應住於無 住於有則違於空寂之本體 住於無則違彼靈明之本
허 불응주어무 주어유즉위어공적지본체 주어무즉위피령명지본

用旣與本體本用 相違則性上萬德 無由顯發 如人 入暗 卽無所
용 기여본체본용 상위즉성상만덕 무유현발 여인 입암 즉무소
見 是可謂盲者 不知光所在 低頭冷坐暗思量 不住有則契乎本體
견 시가위맹자 부지광소재 저두냉좌암사량 부주유즉계호본체
不住無則契乎本用 旣與本體本用 相契則性上萬德 當處現前 如
부주무즉계호본용 기여본체본용 상계즉성상만덕 당처현전 여
人 有目 當陽見色 是可謂決散浮雲孤月上 大千沙界一時明
인 유목 당양견색 시가위결산부운고월상 대천사계일시명

앞에서는 무주한 까닭을 밝히고 여기서는 비유로서 무주를 밝히시니 법은 본래 실다움이 없음이다. 응당히 유에도 주하지도 말 것이며, 법은 본래 헛되지 않아서 응당 무에도 주하지 말 것이다. 유에 머문즉 저 공적한 본체를 어기게 되고, 무에 주하면 저 영명한 본래의 작용을 어기는 것이니, 이미 본체 본용과 더불어 서로 어긋난즉 성품 위에 만덕이 나타날 수 없으리니, 사람이 어두운 곳에 들어가면 곧 아무 것도 보지 못하는 것과 같다. 이것은 가히 눈먼 자가 빛이 있는 곳을 알지 못하여 머리를 떨구고 냉랭히 앉아서 그윽이 사량함을 말하는 것이다. 유에 주하지 않은즉 본체에 계합하고 무에 주하지 않은즉 본용에 계합하니, 이미 본체, 본용과 더불어 서로 계합한즉 성품위에 만덕이 그 자리에서 앞에 드러날 것이다. 이는 마치 사람이 눈이 있어서 햇빛에서 사물을 보는 것과 같음이다. 이것은 가히 뜬구름을 다 흩날리고 둥근 달만이 떠올라, 대천사계가 일시에 밝아짐을 말하는 것이다.

규봉 無著 云讀誦者 此說受持因故 爲欲受故 讀 爲欲持故 誦
　　　무착 운독송자 차설수지인고 위욕수고 독 위욕지고 송
論 云受持修行 依摠持法故 讀誦修行 依聞慧廣故 是則從他聞
논 운수지수행 의총지법고 독송수행 의문혜광고 시즉종타문

法 內自思惟 爲得修行智也 故 偈 云須從他及內
법 내자사유 위득수행지야 고 게 운수종타급내

　　무착이 말하기를, 독송이란 수지하는 인을 말하는 것이니, 받고자 하므로 독(읽음)이요 가지고자 하므로 송(외움)이라 했다. 논에 의하면, 수지의 수행은 모두를 가지는 법에 의지하는 연고이고 독송 수행은 문혜가 넓음을 의지하는 연고라 했다. 이것은 곧 남에겐 법을 듣고 안으로는 스스로 사유해서 수행의 지혜를 얻기 위한 것이다. 그러므로 게로 말하기를, 수행이란 다른 것(他)으로부터 자신(內)에 이른다고 했다.

육조 當來之世 如來滅後後五百歲濁惡之時 邪法 競起 正法 難
　　　　당래지세 여래멸후후오백세탁악지시 사법 경기 정법 난
行 於此時中 若有善男子善女人 得遇此經 從師稟授 讀誦在心
행 어차시중 약유선남자선녀인 득우차경 종사품수 독송재심
專精不忘 依義修行 悟入佛之知見 則能成就阿耨多羅三藐三菩
전정불망 의의수행 오입불지지견 즉능성취아뇩다라삼막삼보
提 以是 三世諸佛 無不知之
리 이시 삼세제불 무부지지

　　'당래지세'는 여래께서 멸하신 후 제5오백년의 혼탁하고 악한 때이니 사법이 다투어 일어나 정법을 행하기 어려운 때로다. 이러한 때에 만약 선남자 선여인이 이 경을 얻어서 스승으로부터 전해 받고 독송하며 마음에 두고 오로지 정진해서 잊지 않으며 뜻에 의지하고 수행하여 부처님의 지견에 깨달아 들어가면 곧 능히 아뇩다라삼막삼보리를 성취하리니, 이에 삼세제불이 그들을 다 아시느니라.

부대사 證空便爲實 執我乃成虛 非空亦非有 誰有復誰無 對病
　　　　　증공변위실 집아내성허 비공역비유 수유부수무 대병

應施藥 無病藥還袪須觀二空理 穎脫入無餘
응시약 무병약환거수관이공리 영탈입무여

　공을 증득하면 문득 실이 되고,
　아에 집착하면 허를 이루나니
　공도 아니고 또한 유도 아니니
　무엇이 있고 다시 무엇이 없으리오.
　병을 따라 응당 약을 베풀고
　병이 없으면 약 또한 버리나니,
　모름지기 이공의 이치를 관하여
　훤출하게 무여에 들어가도다.

야부 因地而倒 因地而起 地向尒道什麽
　　　　인지이도　인지이기　지향이도 십마

　땅으로 인해 넘어진 사람은 땅으로 인해서 일어나니, 땅이 너를 향하여 무엇이라고 말하던가?

설 地不令人倒 亦不令人起 起倒由人 不關於地 法不令人悟
　　지불령인도　역불령인기　기도유인　불관어지　법불령인오
亦不令人迷 迷悟在人 不關於法 法不令人取 亦不令人舍 取舍
역불령인미　미오재인　불관어법　법불령인취　역불령인사　취사
由人 不在於法
유인　부재어법

　땅은 사람으로 하여금 넘어지게도 하지 않으며 또한 사람을 일어나게도 하지 않으니 일어나고 넘어지는 것은 사람으로 말미암기 때문에 땅은 관계하지 않는다. 법은 사람으로 하여금 깨닫게 하지 않으며 또한 사람을 미하게도 하지 않으니, 미(迷)와 오(悟)는 사람에게 있고 법과는 관계가 없다. 법은 사람을

취하게 하지 않으며 또한 사람을 버리게도 하지 않으니, 취하고 버리는 것은 사람에서 비롯됨이지 법에 있는 것이 아니다.

야부 世間萬事 不如常(不如常 他本 作榕如常)又不驚人又久長
세간만사 불여상(불여상 타본 작총여상)우불경인우구장
如常 恰似秋風至 無意凉人人自凉
여상 흡사추풍지 무의량인인자량

세간만사가 한결같지 않으니
또한 사람을 놀라게 하지 않으며 또한 오래가도다.
여상함이여! 한결같음이여!
흡사 가을바람과 같아서
사람을 서늘케 할 뜻이 없으나
사람들이 저절로 서늘해 하도다.

설 世間萬事 不過常與不常 言其常也 頂天立地 飢湌渴飮 又
세간만사 불과상여불상 언기상야 정천입지 기손갈음 우
不驚人 亦乃久長 言其不常也 身上出水 身下出火 此則驚動人
불경인 역내구장 언기불상야 신상출수 신하출화 차즉경동인
心 又不久長 雖云奇特 就實而觀 不如常也 伊麽則觸目皆道 是
심 우불구장 수운기특 취실이관 불여상야 이마즉촉목개도 시
平常 平常 何以使人驚 不以有相 驚於人 不以無相 驚於人 人
평상 평상 하이사인경 불이유상 경어인 불이무상 경어인 인
於其間 自生障碍 或以爲有相 著於有而落於常見之坑 或以爲無
어기간 자생장애 혹이위유상 착어유이락어상견지갱 혹이위무
相 著於無而落於斷見之坑 正似秋風 無心 而人 自凉 迷悟 亦然
상 착어무이락어단견지갱 정사추풍 무심 이인 자량 미오 역연

세간만사가 상과 불상에 지나지 않으니, 그 상을 말할진대 이마는 하늘에 두고 땅에 서 있으며, 주리면 먹고 목마르면 마시도다. 또 사람을 놀라게 하지 않으며 또한 오래감이로다. 그

불상을 말할진대 몸 위에서 물이 나고 몸 밑으로 불이 나옴이라. 이것은 사람의 마음을 놀래고 동하게 하며 또한 오래가지 않음이로다. 비록 기특하다 하나 실상에 나아가 관하건대 여상하지 못하도다. 이러한즉 눈에 닿는 것마다 모두 도로다. 이것이 평상의 도리이니 평상이 어찌 사람을 놀래게 하리오. 상이 있음으로써 사람을 놀래게도 하지 않으며 무상으로써 사람을 놀래게도 하지 않거늘, 사람이 그 사이에 스스로 장애를 내어서 혹 상이 있다고 여겨 유에 집착해서 상견의 구덩이에 떨어지며 혹은 무상이라고 여겨 무에 집착해서 단견의 구덩이에 떨어지나니, 바로 가을바람은 무심하거늘 사람들이 스스로 서늘해함과 같도다. 어리석고 깨닫는 것도 또한 그러하도다.

종경 空生 聞說是經 解義趣而悲流雨淚 仙人 垂慈弘忍 笑雪刃
　　　공생 문설시경 해의취이비류우루 선인 수자홍인 소설인
而謾斬虛空 如是印可其詞 能離一切諸相 未審 感悟處 有何奇
이 만 참 허 공 여시인가기사 능리일체제상 미심 감오처 유하기
特 豁開慧眼明如日 返照微塵世界空
특 활개혜안명여일 반조미진세계공

　수보리가 이 경의 설함을 듣고 그 뜻을 알아서 비 오듯 눈물을 흘리시며, 선인은 자비를 드리워 크게 참으시어 설인(雪刃, 눈 같은 흰 칼날)으로 부질없이 허공을 베는 것을 비웃었다. 이와 같이 그 말을 인가하시니 능히 일체 모든 상을 여윔이로다.
　알 수 없어라.
　느껴서 깨달은 곳에 무슨 기특함이 있는가.
　활연히 혜안을 여니 밝기가 해와 같으시고
　반조하니 미진세계가 공함이로다.

설 空生 離相之言 妙契於理 佛稱如是 印可其詞
　　공생 이상지언 묘계어리 불칭여시 인가기사

　수보리가 상을 여의였다는 말이 묘하게 이치에 계합하시니 부처님이 '그렇다'라고 말씀하시어 그 말을 인가했도다.

종경 善吉 親聞徹見源 悲欣 交集讚慈尊 心空法朗超眞際 堪報
　　　선길 친문철견원 비흔 교집찬자존 심공법랑초진제 감보
從前不報恩
종전불보은

　수보리가 친히 듣고 근원을 사무쳐 보시니
　슬픔과 기쁨이 뒤섞여 부처님을 찬탄하도다.
　마음이 공하고 법이 밝아 진제에 뛰어나시니
　종전에 갚지 못한 은혜를 능히 갚았도다.

규봉 二 別顯於中文十 一 捨命不如 又二 一 捨命福
　　　이 별현어중문십 일 사명불여 우이 일 사명복

　㈎ 별도로 나타냄이다. 그 중에 10가지가 있으니, 첫째, 목숨을 희사하는 것이 불여(경전을 읽고 외우고 전하는 것만 같지 못하다)하다. 여기에 두 가지가 있으니 1.목숨을 보시한 복이다.

15. 지경공덕분(持經功德分)
-경을 가지는 공덕-

須菩提 若有善男子善女人 初日分 以恒河沙等身 布施 中日分 復以恒河沙等身 布施 後日分 亦以恒河沙等身 布施如是無量百千萬億劫 以身布施

"수보리야, 만약 어떤 선남자선여인이 아침나절에 갠지스강의 모래 수만큼 많은 몸으로써 보시를 하고, 점심나절에도 갠지스강의 모래 수만큼 많은 몸으로써 보시를 하고, 저녁나절에도 갠지스강의 모래 수만큼 많은 몸으로써 보시를 하여 이렇게 한량없는 백천만 억겁 동안 몸으로써 보시를 하더라도

규봉 偈 云以事及時大 福中 勝福德 二 信經福
　　　게 운이사급시대 복중 승복덕 이 신경복

　게송으로 말하기를, 사(事, 항하사 등의 몸으로써 보시하는 일)와 시(時, 무량백천만억겁 동안)가 커서 복 중에서 가장 수

승한 복덕이라 했다. 2. 경을 믿는 복이다.

若復有人 聞此經典 信心不逆 其福 勝彼 何
況書寫受持讀誦 爲人解說
만약 다른 사람이 이 경전을 듣고 믿는 마음으
로 거스르지 아니하면, 그 복이 저 몸으로써 보
시한 복덕보다 낫거늘 하물며 이 경을 쓰고 베
끼고 받아 지녀 읽고 외우고 남을 위해 설해 주
는 것이야 더 말할 게 있겠느냐?"

설 世人 慳貪 厚於地 寸絲施人 尙爲難 況捨身命而行施 誰
　　세인　간탐　후어지　촌사시인　상위난　황사신명이행시　수
肯一念生其心 今捨身命日三時 施經多劫尙無厭 此事希奇絶無
긍일념생기심　금사신명일삼시　시경다겁상무염　차사희기절무
倫 聞之使人竪寒毛 今讚持經福勝彼 信知此經 爲無上 佛訶布
륜　문지사인수한모　금찬지경복승피　신지차경　위무상　불가보
施言爲劣 以其不能無所著 但能布施心無住 只此便是菩薩行
시언위열　이기불능무소착　단능보시심무주　지차변시보살행

　　세인의 간탐심이 땅보다도 두꺼워서 한 토막의 실을 남에게
베풂도 오히려 어려움이 되거늘, 하물며 이 목숨을 버려서 보
시하는 것을 누가 한 생각이라도 그런 마음내기를 즐겨하랴.
지금 목숨 버리기를 하루에 세 번씩 해서 다겁생이 지나도록
보시를 해도 오히려 싫어함이 없으니, 이 일은 참으로 희기해
서 짝할 것이 없도다. 그것을 들으면 사람으로 하여금 머리끝

이 서게 하거늘, 지금 경을 가지는 복이 저 보다 수승하다고 찬탄하시니 진실로 이 경전이 위없음을 알겠도다. 부처님께서 보시하는 것을 하열하다 꾸짖은 것은, 능히 그것에 집착하는 바가 없지 않기 때문이니, 다만 보시를 하되 마음에 머문 바가 없다면 이것이 곧 보살의 행인 것이다.

규봉 信經 劣於持說 多命 勝於前喩
　　　　신경　열어지설　다명　승어전유

경을 믿는 것은 경을 가지고 설하는 것보다는 못하고, 많은 목숨을 보시하는 것은 앞의 비유(칠보로 보시하는 것)보다는 수승한 것이다.

육조 佛說末法之時 得聞此經 信心不亦 四相 不生 卽是佛之知
　　　　불설말법지시　득문차경　신심불역　사상　불생　즉시불지지
見 此人功德 勝前多劫捨身功德百千萬億 不可譬喩 一念聞經
견　차인공덕　승전다겁사신공덕백천만억　불가비유　일념문경
其福 尙多 何況更能書寫受持讀誦 爲人解說 當知此人 決定成
기복　상다　하황경능서사수지독송　위인해설　당지차인　결정성
就阿耨多羅三藐三菩提 所以 種種方便 爲說如是甚深經典 俾離
취아뇩다라삼먁삼보리　소이　종종방편　위설여시심심경전　비리
諸相 得阿耨多羅三藐三菩提 所得功德 無有邊際 蓋緣多劫捨身
제상　득아뇩다라삼먁삼보리　소득공덕　무유변제　개연다겁사신
不了諸相本空 有能捨所捨心在 元未離衆生之見 如能聞經悟道
불료제상본공　유능사소사심재　원미리중생지견　여능문경오도
我人頓盡 言下卽佛 將彼捨身有漏之福 比持經無漏之慧 實不可
아인돈진　언하즉불　장피사신유루지복　비지경무루지혜　실불가
及 雖十方聚寶 三世捨身 不如持經四句之偈也
급　수시방취보　삼세사신　불여지경사구지게야

부처님께서 말씀하시기를, 말법시대에 이 경을 얻어듣고 믿

는 마음이 거슬리지 않으면 사상이 나지 않으리니, 이는 곧 부처님의 지견이로다. 이 사람의 공덕은 앞의 다겁토록 몸을 보시한 공덕보다 백천만억 배나 수승해서 가히 비유할 수 없으니, 한순간 경을 들어도 그 복이 오히려 많은데 하물며 다시 능히 사경하고 수지하고 독송하여 다른 사람에게 해설해 줌이랴. 마땅히 알라. 이 사람은 결정코 아뇩다라삼먁삼보리를 성취하리라. 이 까닭에 가지가지 방편으로 이와 같이 심히 깊은 경전을 설하여 모든 상을 떠나서 아뇩다라삼먁삼보리를 얻게 하시니, 얻을 바의 공덕이 그지 없으리라. 대개 다겁토록 몸을 버려 보시하여도 모든 상이 본래 공함을 깨닫지 못하면 능사(能捨, 능히 버리는 것)와 소사(所捨, 버릴 것)가 마음에 있는 것이므로 원래 중생의 견해를 떠나지 못한 것이지만, 능히 경을 듣고 도를 깨달아 아상과 인상이 단번에 없어지면 언하에 곧 부처인 것이다. 저 목숨을 보시한 유루의 복을 가지고서 경을 가진 무루의 혜에 비교한다면 실로 가히 미칠 수 없으니, 비록 시방세계의 무더기 보배와 삼세토록 몸을 보시함도 경의 사구게를 지니는 것만 같지 못함이니라.

부대사 衆生及壽者 蘊上 立虛名 如龜毛不實 似兎角無形 捨身
중생급수자 온상 입허명 여구모부실 사토각무형 사신
由妄識 施命 爲迷情 詳論福比智 不及受持經
유망식 시명 위미정 상론복비지 불급수지경

   중생 및 수자여,
   오온 위에 부질없는 이름을 세움이라.
   마치 거북이 털처럼 실답지 못하고,
   토끼 뿔같이 형상이 없도다.

몸을 버리는 것은 망식으로 말미암음이고
목숨을 보시하는 것은 미한 정 때문이니
복과 지혜를 비교하여 자세히 논한다면
경을 수지하는 것엔 미칠 수 없느니라.

야부 人天福報 卽不無 佛法 未夢見在
 인천복보 즉불무 불법 미몽견재

 인천에 태어나는 복의 과보는 곧 없지 않으나 불법은 꿈에도 보지 못함이로다.

설 捨身時事兩不輕 人天福報 孰敢先 然 所作 出於迷情 終
 사신시사양불경 인천복보 숙감선 연 소작 출어미정 종
感不如意事 若將經福論相去 十萬八千 未是遠
감불여의사 약장경복론상거 십만팔천 미시원

 몸을 보시하는 시간과 일이 둘 다 가볍지 않으니 인천에 태어나는 복의 과보를 누가 감히 이보다 앞서리오. 그러나 그 지은 바가 미한 정에서 나와 마침내 뜻과 같지 않은 일을 감득하니, 만약 경을 지니는 복과 몸을 보시하는 복과의 거리를 논한다면 십만팔천리라 해도 먼 것이 아니로다(유루의 복은 아무리 쌓아도 무루의 복이 되지 못함).

야부 初中後發施心同 功德 無邊算莫窮 爭似信心心不立 一拳
 초중후발시심동 공덕 무변산막궁 쟁사신심심불립 일권
打透大虛空
타투대허공

 초·중·후의 베푸는 마음을 냄은 같으니
 공덕은 그지없어 다 헤아릴 수 없도다.

어찌 신심의 마음을 세우지 않고서
한 주먹으로 저 허공을 쳐서 꿰뚫는 것만 같으랴.

설 三時捨身福無邊　爭似聞經一念信　一念了達無生佛　其量
　　삼 시 사 신 복 무 변　쟁 사 문 경 일 념 신　일 념 료 달 무 생 불　기 량

恢恢大如空　更把虛空令分碎　人天福報　不堪論
회 회 대 여 공　갱 파 허 공 영 분 쇄　인 천 복 보　불 감 론

　삼시로 몸을 버리는 복이 그지없으나 어찌 경을 듣고 한순간 동안이라도 믿는 것만 같겠는가? 한 순간에 무생불을 요달하면 그 양이 크고 커서 큰 허공과 같아서 다시 허공을 잡아서 분쇄한다면 인천에 나는 복의 과보와는 감히 논할 수 없다.

규봉 二 餘乘不測
　　　　이　여 승 불 측

　둘째, 여승(餘乘, 나머지 乘)은 측량치 못함이다.

須菩提　以要言之　是經　有不可思議不可稱量
無邊功德
　"수보리야, 요점만 들어 말하자면 이 경에는 생각으로 헤아리지 못하고 무어라 일컬어 말 할 수 없는 끝없는 공덕이 있으니,

규봉 偈　云非餘者　境界　無著　云不可思議者　唯自覺故　不可稱
　　　　게　운 비 여 자　경 계　무 착　운 불 가 사 의 자　유 자 각 고　불 가 칭

量者 無有等及勝故
량자 무유등급승고

    게송으로 말하기를, 나머지 경계가 아니라 하며 무착이 말하기를, 불가사의란 오직 자각하는 연고요 불가칭량이란(그것보다) 같다(等)든가 수승함이 없는 까닭이라 했다.

육조 持經之人 心無我所 無我所故 卽是佛心 佛心功德 無有邊
       지경지인 심무아소 무아소고 즉시불심 불심공덕 무유변
際 故 言不可稱量也
제 고 언불가칭량야

    경을 지니는 사람은 마음에 아소가 없어야 하니 아소가 없는 고로 이는 곧 부처의 마음이다. 불심공덕이 끝이 없는 고로 칭량할 수 없다고 한 것이다.

규봉 三 依大心說
     삼 의대심설

    셋째, 대심에 의지해 설한 것이다.

    如來 爲發大勝者說 爲發最上勝者說
    여래가 대승의 마음을 낸 이를 위하여 설하며, 가장 높은 마음을 낸 이를 위하여 설하느니라."

설 是經 德難量 獨爲上智說
   시경 덕난량 독위상지설

이 경은 그 덕을 측량할 수 없음이라. 홀로 최상의 지혜자를 위하여 설하셨느니라.

규봉 最上者 一佛乘也
최상자 일불승야

최상이란 일불승이다.

육조 大乘者 智慧廣大 善能建立一切法 最上乘者 不見垢法可
대승자 지혜광대 선능건립일체법 최상승자 불견구법가
猒 不見淨法可求 不見衆生可度 不見涅槃可證 不作度衆生之心
염 불견정법가구 불견중생가도 불견열반가증 부작도중생지심
亦不作不度衆生之心 是名最上乘 亦名一切智 亦名無生忍 亦名
역부작부도중생지심 시명최상승 역명일체지 역명무생인 역명
大般若 有人 發心 求無上道 聞此無相無爲甚深之法 聞已 卽便
대반야 유인 발심 구무상도 문차무상무위심심지법 문이 즉변
信解受持 爲人解說 令其深悟 不生毁謗 得大忍力 大智慧力 大
신해수지 위인해설 영기심오 불생훼방 득대인력 대지혜력 대
方便力 卽能流通此經
방편력 즉능유통차경

대승이란 지혜가 광대해서 능히 일체법을 잘 건립하는 것이요, 최상승이란 더러운 법은 가히 싫어함을 보지 않으며 깨끗한 법을 구함도 보지 않고 제도할 중생도 보지 않으며 증득할 만한 열반도 보지 않고 중생을 제도한다는 마음도 짓지 않으며 또한 중생을 제도하지 않는다는 마음도 짓지 않으니, 이것을 최상승이라 명하며 또한 일체지라 명하고 무생인이며 대반야라 이름 한다. 어떤 사람이 발심하여 무상도를 구하려면 이 무상, 무위의 심히 깊은 법을 들은 후엔 곧바로 신해수지하여 사람들을 위해 설하고 그로 하여금 깊이 깨닫게 하여 훼방을 내지 않게 해서 대인력과 대지혜력과 대방편력을 얻게 하면 바로

능히 이 경을 유통함이 되는 것이다.

야부 如斬一握絲 一斬 一切斷
　　　　여참일악사　일참　일절단

　마치 한줌의 실을 끊음과 같아서 한번 끊으면 일체가 끊어짐 이로다.

설　此經　令人斷障則如斬一握絲　一斬　一切斷　令人成德則如
　　　차경　영인단장즉여참일악사　일참　일절단　영인성덕즉여
染一縷絲 一染 一切染
염일루사　일염　일체염

　이 경이 사람으로 하여금 장애를 끊게 하는 것은 곧 한줌의 실을 끊는 것과 같아서 한번 끊으면 일체가 끊어지고, 사람으로 하여금 덕을 이루게 하는 데는 곧 한 타래의 실을 물들임과 같아서 한번 물들이면 모두가 물듦이로다.

야부 一拳打倒化城關　一脚趯翻玄妙寨　南北東西　信步行　休覓
　　　　일권타도화성관　일각적번현묘채　남북동서　신보행　휴멱
大悲觀自在. 大乘說最上說 一棒 一條痕 一掌 一 握血
대비관자재. 대승설최상설　일봉　일조흔　일장　일　악혈

　한 주먹으로 화성의 관문을 타도하고
　한 발로 현묘한 울타리를 차서 뒤 엎도다.
　남북동서에 마음대로 행하니
　대비의 관자재를 찾지 말지어다.
　대승설 최상설이여,
　일봉에 한 가닥의 흔적이요
　일장에 한줌의 피로다.

설 摑倒化城踏玄關 闊步如來廣大刹 旣能與佛同活計 大悲提接
　　괵도화성답현관　활보여래광대찰　기능여불동활계　대비제접

更何求 大乘說最上說 一棒 可當五千部 一掌擊盡八萬門 只此
갱하구　대승설최상설　일봉　가당오천부　일장격진팔만문　지차

已成多事在 何更喃喃話葛藤 一條痕一握血 乾坤 失色 日月無光
이성다사재　하갱남남화갈등　일조흔일악혈　건곤　실색　일월무광

　화성을 쳐버리고 현관을 밟아버리니 여래의 광대한 세상을 활보하도다. 이미 능히 부처님과 더불어 살림살이를 같이할진대 대비관자재보살의 지도함을 어찌 구할 것인가. 대승설 최상설이여, 한 방망이에 가히 오천부를 당하고 한 손바닥으로 팔만문을 다 치도다. 다만 이것도 많은 일을 이룬 것이니 어찌 다시 지껄이며 언어 문자(喃喃)를 말하리오. 한 가닥의 흔적과 한 줌의 피여, 건곤이 빛을 잃고 일월이 빛이 없도다.

규봉 四 具德能傳
　　　사　구덕능전

　넷째, 덕을 갖추어야 능히 전함이다.

若有人 能受持讀誦 廣爲人說 如來 悉知是人 悉見是人　皆得成就不可量不可稱無有邊不可思議功德 如是人等 卽爲荷擔如來阿耨多羅三藐三菩提

　"만약 어떤 사람이 받아 지녀 읽고 외우고 여러 사람들을 위하여 설해주면 여래가 이 사람을 다 알고 보나니, 모두가 한량없고 무어라 일컬

어 말할 수 없는 끝없는 불가사의한 공덕을 이루리니, 이런 사람은 여래의 아뇩다라삼먁삼보리를 감당할 것이니라.

설 此經 旣爲上智說來 若人 持說 此必上智 得佛知見 荷擔
　　 차경 기위상지설래 약인 지설 차필상지 득불지견 하담
菩提 必無疑矣
보리 필무의의

　이 경은 이미 최상의 지혜를 위해 설하였으니 만약 사람이 이 경을 가지고 설하면 이는 반드시 최상의 지혜인이라서 불지견을 얻어 보리를 지고 반드시 의심이 없으리라.

규봉 成就等者 偈 云滿足無上界 荷擔者 無著 云肩負菩提重擔故
　　　 성취등자 게 운만족무상계 하담자 무착 운견부보리중담고

　성취등이란 게송에 따르면, 무상계를 만족하게 함이며, 하담이란 무착이 말하기를, 어깨에 보리의 무거운 짐을 지는 연고라 했다.

육조 上根之人 聞此深經 得悟佛意 持自心經 見性究竟 復能起
　　　 상근지인 문차심경 득오불의 지자심경 견성구경 부능기
利他之行 爲人解說 令諸學者 自悟無相之理 得見本性如來 成
이타지행 위인해설 영제학자 자오무상지리 득견본성여래 성
無上道 當知說法之人 所得功德 無有邊際 不可稱量 聞經解義
무상도 당지설법지인 소득공덕 무유변제 불가칭량 문경해의
如敎修行 復能廣爲人說 令諸衆生 得悟修行無相無著之行 以能
여교수행 부능광위인설 영제중생 득오수행무상무착지행 이능
行此行 卽有大智慧光明 出離塵勞 雖離塵勞 不作離塵勞之念 卽
행차행 즉유대지혜광명 출리진로 수리진로 부작리진로지념 즉

得阿耨多羅三藐三菩提　故名荷擔如來　當知持經之人　自有無量
득 아 녹 다 라 삼 먁 삼 보 리　고 명 하 담 여 래　당 지 지 경 지 인　자 유 무 량
無邊不可思議功德
무 변 불 가 사 의 공 덕

　상근기의 사람은 이 깊은 경전을 듣고서 부처님의 뜻을 깨달아 자기 마음의 경을 갖게 되어서 견성해 마치고는, 다시 능히 이타의 행을 일으켜서 남을 위해 해설하고 모든 학자로 하여금 스스로 무상의 이치를 깨닫게 하여 마침내 여래의 본성을 볼 수 있게 하여서 무상의 도를 이루게 하리라. 마땅히 알라. 법을 설하는 사람의 얻을 바 공덕은 끝이 없어서 가히 칭량할 수 없느니라. 경을 듣고서 뜻을 이해하여 가르침과 같이 수행하고는 다시 능히 사람을 위하여 널리 설하여서 모든 중생으로 하여금 무상·무착의 행을 수행해서 깨달음을 얻게 함이다. 이런 행을 능히 하게 되면 곧 지혜광명이 있게 되어 진로에서 벗어나리라. 비록 진로는 벗어났으나 진로를 벗어났다는 생각을 짓지 않으면 곧 아뇩다라삼먁삼보리를 얻게 되므로 하담여래라 이름하느니라. 마땅히 알라. 경을 가지는 사람은 저절로 무량무변 불가사의한 공덕이 있느니라.

야부 擘開泰華手　須是巨靈神
　　　 벽 개 태 화 수　수 시 거 영 신

　태산과 화산을 쪼갤 수 있는 솜씨는 모름지기 이 거령신(火身)이로다.

설 荷擔佛菩提　須是介中人
　　 하 담 불 보 리　수 시 개 중 인

　부처님 보리를 짊어진 이는 모름지기 이 가운데 사람이로다.

야부 堆山積岳來 一一盡塵埃 眼裏 瞳人碧 胸中 氣若雷 出邊
　　　퇴산적악래 일일진진애 안이 동인벽 흉중 기약뇌 출변
沙塞靜 入國 貫英才 一片寸心 如海大 波濤 幾見去還來
사새정 입국 관영재 일편촌심 여해대 파도 기견거환래

　산과 악을 쌓고 쌓아옴이여,
　낱낱이 다 티끌이로다.
　눈 속의 그 눈동자 푸르고
　흉중의 그 기세는 우레 같도다.
　변방에 나아가면 변방이 고요하고
　나라 안에 들어오면 영재를 꿰도다.
　한 조각 작은 마음이 바다처럼 크니
　파도가 출렁임을 몇 번이나 보았던가.

설 若是介中人 無理不窮 無事不通 直令虛空 粉碎 大地 平
　　약시개중인 무리불궁 무사불통 직령허공 분쇄 대지 평
沈 假使十方諸佛 同時興現種種神變 此人面前 盡成塵埃 爲甚
침 가사시방제불 동시흥현종종신변 차인면전 진성진애 위심
如此 拈槌竪拂 他亦不顧 語言三昧 他亦不聞 眼光 爍破三千界
여차 염퇴수불 타역불고 어언삼매 타역불문 안광 삭파삼천계
裏有瞳睛碧眸寒 胸次 洒落渾忘世 中有雷霆氣宇新 外應衆緣隨
이유동정벽모한 흉차 쇄락혼망세 중유뇌정기우신 외응중연수
處寂 內冥一寂應無虧 肚裏恢恢如海大 一任千差有與無
처적 내명일적응무휴 두리회회여해대 일임천차유여무

　만약 그 가운데 사람일진대 그 이치가 다하지 않음이 없고,
일마다 통하지 않음이 없도다. 바로 허공으로 하여금 분쇄하고
대지로 하여금 평침케 하니, 가령 시방의 제불이 동시에 갖가
지 신통변화를 일으켜 나타낼지라도 이 사람의 면전에서는 다
먼지와 같이 되도다. 어찌하여 그러한가? 방망이를 잡고 불자

를 세움도(조사들이 법을 드날리는 표현) 저들은 또한 돌아보지 않으며 어언삼매(語言三昧, 훌륭한 설법)도 저들은 듣지 않아서, 안광이 삼천계를 불살라서 깨뜨리니 그 눈 속에 눈동자가 푸르고 차갑도다. 흉중이 주락(물 뿌린 듯)하여 혼연히 세상을 잊었으나 그 안에 우레가 있어서 기개와 도량이 신선하도다. 밖으로 온갖 인연에 응하나 곳을 따라 고요하고 안으로는 한결같이 고요한 데 명합하나 그 응함에는 이지러짐이 없도다. 뱃속이 넓고 넓어 바다같이 크니 천 가지 차별인 유와 무에 일임하도다.

규봉 五 樂小不堪
     오 요소불감

다섯째, 작은 법을 좋아하는 사람은 감당하지 못함이다.

何以故 須菩提 若樂小法者 着我見人見衆生見壽者見 卽於此經 不能聽受讀誦 爲人解說

왜냐하면 수보리야, 소승법을 좋아하는 사람은 자아에 대한 고집의 소견과 인간에 대한 고집의 소견, 중생에 대한 고집의 소견, 수명에 대한 고집의 소견에 집착하므로 이 경을 듣지도 못하고 읽고 외우지도 못하며 남을 위해 해석하고 설명해주지 못하느니라.”

설 因甚道此經 爲發大乘者說 爲發最上乘者說 乃至云如是人
인심도차경 위발대승자설 위발최상승자설 내지운여시인

等 卽爲荷擔阿耨菩提 此經 直示大人境界 非是小根小智 所能
등 즉위하담아뇩보리 차경 직시대인경계 비시소근소지 소능

堪任故也
감임고야

  무슨 까닭으로 이 경이 대승을 발한 자를 위하여 설하며 최상승을 발한 자를 위하여 설하며, 내지 이러한 사람들은 곧 아뇩보리를 짊어졌다고 말하는가? 이 경은 대인의 경계를 바로 보인 까닭에 작은 근기와 작은 지혜자는 능히 감당할 수 없는 까닭이다.

육조 樂小法者 爲二乘聲聞人 樂小果 不發大心 以不發大心故
요소법자 위이승성문인 요소과 불발대심 이불발대심고

卽於如來深法 不能受持讀誦 爲人解說
즉어여래심법 불능수지독송 위인해설

  작은 법을 즐긴다는 것은 이승인이 작은 과를 즐겨서 큰마음을 발하지 못하는 것이니 큰마음을 발하지 못한 까닭에 곧 여래의 깊은 법을 수지 독송해도 사람들을 위해 능히 해설하지 못하느니라.

야부 仁者見之 謂之仁 智者見之 謂之智
인자견지 위지인 지자견지 위지지

  어진 이가 보면 어질다 말하고, 지혜로운 이가 보면 지혜롭다 말하도다.

설 此經 以智立體 念念無生 以行起用 繁興無際 此乃文殊普
차경 이지입체 념념무생 이행기용 번흥무제 차내문수보

賢 大人境界 非小根小智 所能掛懷 伊麼則非智 無以窮其體 非
현 대인경계 비소근소지 소능괘회 이마즉비지 무이궁기체 비
仁 無以盡其用 依此而修者 可謂行悲 悲廣大 用智 智能深
인 무이진기용 의차이수자 가위행비 비광대 용지 지능심

　이 경은 지혜로써 체를 세워서 생각생각에 생함이 없고 행으로써 용을 일으켜서 계속 일어나 끝이 없으니, 이것은 문수와 보현같은 대인의 경계로다. 작은 근기와 작은 지혜자의 생각엔 능히 걸릴 만한 것이 못되도다. 이러한즉 지혜가 없으면 이로써 체를 궁구할 수 없고 인이 아니면 그 작용을 다할 수 없으니, 이것에 의지해서 닦는 자는 가히 자비를 행함에 자비가 광대하고 지혜를 쓰면 지혜가 능히 깊어지도다.

야부 不學英雄不讀書 波波役役走長途 娘生寶藏 無心用 甘作
　　　 불학영웅부독서　파파역역주장도　낭생보장　무심용　감작
無知餓死夫 爭怪得別人
무지아사부　쟁괴득별인

　영웅도 배우지 않고 독서도 하지 않으며
　부지런히 부지런히 먼 길만 가도다.
　어머니가 낳아준 보배를 마음대로 쓸 줄 몰라서
　무지하게 굶어 죽는 것을 당연히 여기도다.
　어찌 다른 사람을 괴이하게만 여기리오.

설　能文能武世第一 免見人間貧賤苦 仁智於人 亦如然 習來
　　　능문능무세제일　면견인간빈천고　인지어인　역여연　습래
能得免沈淪 如今仁智兩不習 故於迷途 長匍匐 德性寶藏 雖然
능득면침륜　여금인지양불습　고어미도　장포복　덕성보장　수연
在 不解用 自取竛竮苦 旣然自取 歸咎何人
재　불해용　자취령병고　기연자취　귀구하인

글에도 능하고 무술에도 능한 것이 세상 제일이면 인간의 빈천한 고통을 면할 수 있으리니, 어질고 지혜로운 것도 사람에게 또한 그러하여 익혀오면 능히 윤회에서 벗어날 수 있으리라. 지금은 인과 지혜를 둘 다 익히지 못하여 미한 길에서 오래도록 기어다니는 것이라. 덕성의 보배가 비록 우리에게 있으나 사용할 줄 몰라서 스스로 비틀거리는 고통을 취하도다. 이미 그렇게 스스로 취하였으니 그 허물을 누구에게 돌리리오.

규봉 六 所在如塔
　　　　육　소 재 여 탑

여섯째, 경이 있는 곳은 탑이 있는 것과 같음이다.

須菩提　在在處處　若有此經　一切世間天人阿修羅　所應供養　當知此處　卽爲是塔　皆應恭敬作禮圍繞　以諸華香　而散其處

"수보리야, 어느 곳이든지 만약 이 경이 있으면 온갖 하늘 사람과 인간세상의 사람과 아수라들이 공양을 올리리니, 마땅히 이곳은 부처님의 탑과 같은 곳으로 알아야 하느니라. 모두가 공경히 예배하고 돌면서 꽃과 향으로 그곳에 흩으리라.

설 此經　從來　無處不在　只因埋塵不顯　人不得知　唯有大智人
　　차 경　종 래　무 처 부 재　지 인 매 진 불 현　인 부 득 지　유 유 대 지 인

破塵擎來 廣爲人說 此有此經之處也 此是人天眼 人天 所應供
파진경래 광위인설 차유차경지처야 차시인천안 인천 소응공

이 경은 예로부터 있지 않은 곳이 없으나 단지 먼지(六塵)에 묻혀서 나타나지 않았으므로 사람들이 그것을 알지 못함이다. 그러나 오직 큰 지혜자는 먼지를 깨뜨리고 드러내어서 사람들을 위해 널리 설하리니, 이곳은 곧 경이 있기 때문이다. 이것은 인천의 안목이어서 인천이 응당 공양해야 함이로다.

육조 若人 口誦般若 心行般若 在在處處 常行無爲無相之行 此
약인 구송반야 심행반야 재재처처 상행무위무상지행 차
人所在之處 如有佛塔 感得一切人天 各持供養 作禮恭敬 與佛
인소재지처 여유불탑 감득일체인천 각지공양 작례공경 여불
無異 能受持經者 是人心中 自有世尊 故云如佛塔廟 當知是人
무이 능수지경자 시인심중 자유세존 고운여불탑묘 당지시인
所作福德 無量無邊
소작복덕 무량무변

만약 사람이 입으로 반야를 외우고 마음으로 반야를 행해서 어느 곳에서든지 무위·무상의 행을 늘 행하면 이 사람이 있는 곳은 마치 부처님의 탑이 있음과 같다. 일체의 인천이 각기 공양하고 예를 올려 공경하기를 부처님과 다름없이 할 것이다. 능히 경을 수지하는 자는 이 사람의 마음 가운데 세존이 있음이 되기에 부처님의 탑묘와 같으리니, 마땅히 알라. 이 사람은 그 지은 복이 무량무변하리라.

부대사 所作 依他性 修成功德林 終無趣寂意 唯有濟羣心 行悲
소작 의타성 수성공덕림 종무취적의 유유제군심 행비
悲廣大 用智 智能深 利他兼自利 小聖 詎能任
비광대 용지 지능심 이타겸자리 소성 거능임

짓는 바가 다른 이의 성품에 의지하여
공덕을 닦아서 이룸이라.
마침내 적정(열반)에 나아갈 뜻은 없으며
오직 중생들을 제도할 마음만 있을 뿐이로다.
자비를 행함에 그 자비가 광대하고
지혜를 씀에 그 지혜가 능히 깊으니
남을 이롭게 하고 겸하여 자기도 이롭게 함이여.
(그런 경계를) 작은 성인이 어찌 능히 감당하리오.

야부 鎭州蘿蔔 雲門胡餅
　　　　진주나복　운문호병

진주의 무우요 운문의 호떡이로다.

설 供養此經 以何 爲供養具 鎭州蘿蔔 雲門胡餅 僧 問雲門
　　공양차경　이하　위공양구　진주나복　운문호병　승　문운문
如何是超佛越祖之談 門 云胡餅 開先暹和尙 擧此話云 如今二
여하시초불월조지담　문　운호병　개선섬화상　거차화운　여금이
百員衲子 東京西洛 出一叢林 入一道場 到處 嫌冷愛熱 喫却多
백원납자　동경서락　출일총림　입일도량　도처　혐냉애열　끽각다
少了也 還有一人 識得雲門胡餅也未 山僧 不是壓良爲賤 敢道
소료야　환유일인　식득운문호병야미　산승　불시압량위천　감도
未識得在 何故 山僧 二十年前 藏在衣鉢下 鬼神 亦不能知 你
미식득재　하고　산승　이십년전　장재의발하　귀신　역불능지　이
這一隊漢 向甚麼處 摸揉 若也不信 今日 普將供養大衆 遂拈起
저일대한　향심마처　모색　약야불신　금일　보장공양대중　수염기
柱杖 畫一圓相云 好手底 拈取 復云 收 須知所以爲供養具 始得
주장　화일원상운　호수저　염취　부운　수　수지소이위공양구　시득
此一枚胡餅 非但可以供養一衆 亦可以供養十方諸佛 亦可以供
차일매호병　비단가이공양일중　역가이공양시방제불　역가이공

養六途含靈 作麼生供養 鎭州 一頭蘿蔔 天下老和尙 呑吐來呑
양 육 도 함 령　작 마 생 공 양　진 주　일 두 나 복　천 하 노 화 상　탄 토 래 탄
吐去 雲門 一枚胡餠 天下衲僧 咬嚼來咬嚼去 苟知呑吐咬嚼 早
토 거　운 문　일 매 호 병　천 하 납 승　교 작 래 교 작 거　구 지 탄 토 교 작　조
已供養了也
이 공 양 료 야

　　이 경을 공양하되 무엇으로 공양구를 삼겠는가? 진주의 무우요 운문의 호떡이로다. 어떤 스님이 운문 스님께 '어떤 것이 부처를 뛰어넘고 조사를 초월할 수 있는 말입니까?' 하고 물었다. 운문 스님이 말하기를, '호떡이니라' 했다. 개선, 섬(宋初) 화상이 이 말을 들어 말하길, 지금 이 200명의 납자가 동경서락의 한 총림에서 나와서 한 도량에 들어가되, 이르는 곳마다 찬 것을 싫어하고 따뜻한 것을 좋아해서 먹고 간 것이 그 얼마이며 또 한 사람이라도 운문의 호떡을 참으로 아는 사람이 있는가?
　　산승(遑和尙)이 양반을 강제로 천하게 하려는 것이 아니라 감히 말하건대 아무도 아는 사람이 없다고 하니 무슨 까닭인가? 섬 스님이 20년 전에 옷과 발우 밑에다 감추어 두어서 귀신도 능히 알지 못하거늘 지금 너희들은 어느 곳을 향해 호떡을 찾으리오.
　　만약 이런 이치를 믿지 않는다면 오늘 대중에게 널리 공양하리라. 드디어 주장자를 잡아세워 한 원상을 그리며 말하기를, '수단이 좋은 이는 잡아 취하라' 또 말하기를, '거둬들였다' 하시니 모름지기 그것이 공양구가 되는 소이를 비로소 알았도다.
　　이 한 개의 호떡은 비단 한 대중에게 공양할 뿐 아니라, 또한 시방제불께 공양한 것이며 또한 육도중생에게 다 공양한 것이니라. 어떻게 공양하는가?. 진주의 한 개 무우를 천하 노화상이

삼켰다 토하고 삼켰다 토하며 운문의 한 개 호떡을 천하 납승이 씹어오고 씹어가니, 진실로 삼키고 토하고 또 씹을 줄 알면 벌써 이미 공양을 마친 것이로다.

야부 與君同步又同行 起坐相將歲月長 渴飮飢湌常對面 不須回
여 군 동 보 우 동 행 기 좌 상 장 세 월 장 갈 음 기 손 상 대 면 불 수 회
首更思量
수 갱 사 량

그대와 함께 걷고 함께 행하며
서고 앉음에 항상 서로 거느리며
오랜 세월 함께 했음이로다.
목마르면 마시고 주리면 먹으며 항상 서로 대하니
머리를 돌이켜 다시 생각하지 말지어다.

설 只如供養底一卷經 向什麼處 看 一切時處 覿面相呈 擬議
지 여 공 양 저 일 권 경 향 습 마 처 간 일 체 시 처 적 면 상 정 의 의
思量 對面千里
사 량 대 면 천 리

단지 저 공양하는 한 권의 경전을 어느 곳을 향해서 볼 것인가? 일체의 때와 곳에서 얼굴을 보고 서로 받드니 헤아려서 사량하면 얼굴을 마주하여도 천리나 어긋나도다.

종경 布施千萬億劫之身 福深於海 爲發最上乘者說 擔重如山
보 시 천 만 억 겁 지 신 복 심 어 해 위 발 최 상 승 자 설 담 중 여 산
慶快撩起便行 且請依然放下 （然 當作前） 何故 大力量人 元
경 쾌 료 기 변 행 차 청 의 연 방 하 （연 당 작 전） 하 고 대 력 량 인 원
不動 等閑抹過上頭關
부 동 등 한 말 과 상 두 관

천만억겁 동안 몸을 보시함이여, 그 복이 바다보다 깊음이요, 최상승에 발한 자를 위하여 설함이여, 그 짐이 산같이 무겁도다. 경쾌하게 일어나서 곧 행하나 또한 예전대로 내려놓기를 청하노니 무슨 까닭인가? 큰 역량있는 자는 원래 동하지 않아서 쉽게 상두관(上頭關, 높은 관문)을 지나가느니라.

설 捨身之福 深則深矣 於此上乘 了沒交涉 菩提重擔撩起便行
　　사신지복　심즉심의　어차상승　요몰교섭　보리중담료기변행
快則快矣 且請依前放下 爲甚如此 若是大力量人 不肯聽他最上
쾌즉쾌의　차청의전방하　위심여차　약시대력량인　불긍청타최상
乘說 踏斷千差 直過那邊
승설　답단천차　직과나변

몸을 버리는 복이 깊긴 깊지만 이 최상승엔 마침내 교섭할 것이 없음이요, 보리의 무거운 짐을 일으켜 세워서 문득 행함이 유쾌하긴 유쾌하나 또한 그전처럼 내려놓기를 청하노니, 무엇 때문에 이 같은가? 만약 큰 역량있는 사람이라면 기꺼이 남의 최상승 설법을 듣지 않고 천 가지 차별을 밟고 끊어서 저 경계를 바로 지나가 버리느니라.

종경 倒握吹毛掃異蹤 頓令心地盡開通 鋒芒 獨露毗盧頂 凡聖
　　　도악취모소이종　돈령심지진개통　봉망　독로비로정　범성
齊敎立下風
제교립하풍

　　취모검(吹毛劒, 날카로운 지혜의 칼)을 거꾸로 잡고 다른 자취를 다 쓸어서
　　몰록 심지로 하여금 다 개통케하도다.
　　봉망(鋒芒, 지혜의 칼끝)이 비로정에 홀로 드러나니

범성이 모두가 바람 아래 섰도다.

설 倒握一柄吹毛 掃盡千差萬別 頓令心地 豁然開通 毗盧頂
　　도악일병취모　소진천차만별　돈령심지　활연개통　비로정
上 鋒芒 獨露 威光 赫赫 寓目皆喪 所以 凡聖 立在下風
상　봉망　독로　위광　혁혁　우목개상　소이　범성　입재하풍

　한 자루의 취모검을 거꾸로 잡고 천차만별을 다 쓸어서 한꺼번에 심지로 하여금 활연히 개통하니, 비로정상에서 봉망이 홀로 드러나 위광이 빛나고 빛나서 보는 대로 다 상함이라. 이 까닭에 범성이 바람 아래 서 있음이로다.

규봉 七 轉罪爲佛
　　　　칠　전죄위불
　일곱째, 죄를 돌이켜 불이 됨이다.

16. 능정업장분(能淨業障分)
-능히 업장을 깨끗이 함-

復次須菩提 善男子善女人 受持讀誦此經 若爲人輕賤 是人 先世罪業 應墮惡道 以今世人輕賤故 先世罪業 卽爲消滅 當得阿耨多羅三藐三菩提

"또 수보리야, 선남자선여인이 이 경을 지녀 읽고 외우다가 만약 남에게 업신여김이나 천대를 받으면 이 사람은 지난 세상에 지은 죄업으로 악도에 떨어질 것인데 금생에 남의 업신여김과 천대를 받은 탓으로 전생의 죄업이 모두 소멸되고 마땅히 아뇩다라삼먁삼보리를 얻으리라."

설 爲人輕賤 明無我人 大率有我人者 只欲爲人之上 不欲爲
　　위인경천　명무아인　대솔유아인자　지욕위인지상　불욕위

人之下 達無我人者 貴之不喜 賤之不怒 能下心於一切衆生 甘
인지하　달무아인자　귀지불희　천지불노　능하심어일체중생　감

爲人之下也 由是 昔年 忍辱仙人 爲歌利 割截不輕菩薩 爲四衆
위인지하야　유시　석년　인욕선인　위가리　할절불경보살　위사중

打罵 此皆經賤之事 初無瞋恨之心 故知爲人輕賤之事 乃達無我
타매 차개경천지사 초무진한지심 고지위인경천지사 내달무아

人者之所爲也 苟達無我則爲人輕賤 猶爲法樂 法無彼此 見起我
인자지소위야 구달무아즉위인경천 유위법락 법무피차 견기아

人 因有我人 起業造罪 罪業 相形 障菩提路 欲成菩提 先除罪
인 인유아인 기업조죄 죄업 상형 장보리로 욕성보리 선제죄

業 欲除罪業 先斷我人 若聞經解義 達無我理 又能修行無我之
업 욕제죄업 선단아인 약문경해의 달무아리 우능수행무아지

行 更不造生死之業 則罪根 永除故 縱有先世無量罪業 卽同氷
행 갱부조생사지업 즉죄근 영제고 종유선세무량죄업 즉동빙

消瓦解 當成無上佛果菩提 故 云若善男子善女人 受持讀誦此經
소와해 당성무상불과보리 고 운약선남자선여인 수지독송차경

若爲人輕賤 是人 先世罪業 卽爲消滅當得阿耨多羅三藐三菩提
약위인경천 시인 선세죄업 즉위소멸당득아뇩다라삼막삼보리

雖然受持讀誦此經 若貪名聞利養 不能生淨信心 亦不能知無我
수연수지독송차경 약탐명문이양 불능생정신심 역불능지무아

理 行無我行 則塵勞業用 依舊熾然 非唯不能轉罪成佛 亦乃未
리 행무아행 즉진로업용 의구치연 비유불능전죄성불 역내미

免當墮惡途
면당타악도

　남으로부터 업신여김을 당하는 것은 아상·인상이 없음을 밝힌 것이니, 대개 아인(너다 나다하는 생각)이 있는 사람은 다만 남의 위가 되고자 하고 남보다 아래 되고자 하지 않거니와, 아와 인이 없는 도리를 통달한 사람은 귀히 여겨도 기뻐하지 않고 천하게 여겨도 성내지 않으며 능히 일체중생에게 하심하여 남의 아래 됨을 달게 여긴다. 이로 말미암아 옛날의 인욕선인은 가리왕에게 할절하게 되고 상불경보살은 사부대중(四衆)이 때리고 꾸짖어도 이것은 다 경천하는 일이지만 아예 성내고 원망하는 마음이 없었다. 그러므로 알라. 남으로부터 경천당하는 일은 아상·인상이 없음을 통달한 자가 하는 일이니 진실로

무아의 도리에 도달한즉 남의 경천함이 되어도 오히려 법의 즐거움으로 삼는 것이다.

법에는 피차가 없거늘 견에 아와 인을 일으키니 아와 인이 있음으로 해서 업을 일으키고 죄를 짓는 것이다. 죄업이 형상을 이루어서 보리의 길에 장애가 되니, 보리를 이루고자 하면 먼저 죄업을 없애야 하고, 죄업을 없애고자 하면 먼저 아와 인을 끊어야 함이니, 만약 경을 듣고서 뜻을 알아 무아의 이치를 통달하고 또한 무아의 행을 수행해서 다시는 생사의 업을 짓지 않으면, 곧 죄의 뿌리가 영원히 없어진 까닭으로 비록 선세의 무량한 죄업이 있다 할지라도, 곧 봄날에 얼음이 녹고 기와가 풀어지는 것같이 마땅히 위없는 부처님의 과보인 보리를 이룰 것이다.

그러므로 말하기를, 만약 선남자 선여인이 이 경을 수지 독송하되 남에게 경천을 당하면 이 사람의 선세죄업은 곧 소멸되고 마땅히 아뇩다라삼먁삼보리를 얻는다고 했다. 비록 그렇게 이 경을 수지 독송하나 만약 칭찬이나 이익을 탐하여 능히 깨끗한 신심을 내지 않거나 또한 능히 무아의 이치를 알지 못하여 무아의 행을 행하지도 않으면 번뇌와 업의 작용이 예전처럼 치성하리니, 오직 이는 죄를 굴려서 성불하지 못할 뿐만 아니라 악도에 떨어짐을 면치 못할 것이다.

규봉 輕賤者 揔包 於中 或打或罵故 隋譯 云輕賤甚輕賤 無著
　　　경천자 총포 어중 혹타혹매고 수역 운경천심경천 무착

云此毀辱 有無量門故 復云甚輕賤 當得菩提者 罪滅故
운차훼욕 유무량문고 부운심경천 당득보리자 죄멸고

경천이란 모두를 포함한 것이니 그것은 혹 때리기도 하고 꾸짖음도 있는 까닭이다. 수(隋)나라 역에는 경천하고 또 심히 경천하게 여긴다 했으며, 무착이 말하기를, 이것은 헐뜯고 욕하는 것이 한량없는 고로 다시 말하길 매우 경천하게 여김을 당함으로써 마땅히 보리를 얻는다는 것은 죄가 멸한 까닭이라 했다.

육조 佛言 持經之人 合得一切天人 恭敬供養 爲多生 有重業障
불언 지경지인 합득일체천인 공경공양 위다생 유중업장
故 今生 雖得受持諸佛如來 甚深經典 常被人輕賤 不得人恭敬
고 금생 수득수지제불여래 심심경전 상피인경천 부득인공경
供養 自以受持經典故 不起人我等相 不問寃親 常行恭敬 心無
공양 자이수지경전고 불기인아등상 불문원친 상행공경 심무
惱恨 蕩然無所計較 念念常行般若波羅蜜 曾無退轉 以能如是修
뇌한 탕연무소계교 염념상행반야바라밀 증무퇴전 이능여시수
行 故得從無量劫 以至今生 所有極重惡障 悉皆消滅 又約理而
행 고득종무량겁 이지금생 소유극중악장 실개소멸 우약리이
言 先世者 卽是前念妄心 今世者 卽是後念覺心 以後念覺心 輕
언 선세자 즉시전념망심 금세자 즉시후념각심 이후념각심 경
賤前念妄心 妄不能住 故 云先世罪業 卽爲消滅 妄念 旣滅 罪
천전념망심 망불능주 고 운선세죄업 즉위소멸 망념 기멸 죄
業 不成 卽得菩提也
업 불성 즉득보리야

부처님께서 말씀하시기를, 경을 가진 사람은 합당히 일체 인천의 공경과 공양을 받아야 하지만, 많은 생에서 무거운 업장이 있게 된 까닭에 비록 금생에 모든 부처님들의 심히 깊은 경전을 수지하면서도 항상 남에게 업신여김을 당하고 남의 공경과 공양을 받지 못함이니라. 그러나 스스로 경전을 받아가진 까닭에 아·인 등의 상을 일으키지 않아서 원수나 친한 이를 가리지 않고 항상 공경을 행하여 마음에 번뇌와 한(惱恨)이 없으며 탕연히 계교할 바가 없어서 순간순간 항상 반야바라밀다

를 행함에 일찍이 물러남이 없으니, 능히 이와 같이 수행함으로써 무량겁으로부터 금생에 이르기까지 있는 바 극히 무겁고 나쁜 장애를 모두 다 소멸한다 하셨다. 또한 이치로써 말하면 선세란 곧 앞생각(과거)의 망령된 마음이요, 금세란 뒷생각의 깨달은 마음이니, 뒷생각의 깨달은 마음으로 앞생각의 망령된 마음을 업신여겨서 망심이 머물지 못하게 하는 까닭에 선세 죄업이 곧 소멸된다 하신 것이다. 망념이 이미 소멸되었으면 죄업이 성립되지 못하며 곧 보리를 얻음이 되는 것이다.

부대사 先身 有報障 今日受持經 暫被人輕賤 轉重復還輕 若了
　　　　　선신　유보장　금일수지경　잠피인경천　전중부환경　약료
依他起 能除徧計情 常依般若觀 何慮不圓成
의 타 기　능 제 편 계 정　상 의 반 야 관　하 려 불 원 성

　선세의 몸에는 과보의 장애가 있으나
　금일 경을 수지하여
　잠시 남에게 경천함을 당함으로써
　무거운 것을 전환하여 도리어 가볍게 하도다.
　만약 의타기(依他起, 他를 의지하여 일어남)를 요달하면
　능히 편계의 정(두루 計較하는 마음)을 없애리니
　항상 반야의 관에 의지하면
　어찌 원성하지 못함을 염려하리오.

야부 不因一事 不長一智
　　　　불 인 일 사　부 장 일 지
　한 가지 일로 인하지 않으면 한 지혜가 자라지 않느니라.

설 無我不造業 斷障成菩提 全承受持經力 伊麼則不因了得一
　　무아부조업　단장성보리　전승수지경력　이마즉불인료득일
大事 不能證之一切智
대사　불능증지일체지

　아가 없으면 업을 짓지 않고 장애를 끊으면 보리를 이루는 것은 온전히 경을 수지한 힘을 받은 것이니, 이런즉 일대사를 요달하지 않으면 능히 일체지를 증득하지 못하리라.

야부 讚不及毀不及 若了一萬事畢 無欠無餘若大虛 爲君題作波
　　　찬불급훼불급　약료일만사필　무흠무여약대허　위군제작바
羅蜜
라밀

　찬탄도 미치지 못하고 훼방도 미치지 못함이라.
　만약 하나를 요달하면 만사를 마침이로다.
　모자람도 남음도 없는 것이 큰 허공과 같거늘
　그대를 위해서 '바라밀'이라 이름짓도다.

설 此一大事 釋梵諸天 稱讚不及 天魔外道 毀謗無門 若能了
　　차일대사　석범제천　칭찬불급　천마외도　훼방무문　약능료
得一大事 諸佛祖 神通機用 百千三昧 無量妙義 只向一念間 了
득일대사　제불조　신통기용　백천삼매　무량묘의　지향일념간　요
畢無餘 此一大事 無名字相 無迷悟相 圓同大虛 無欠無餘 只爲
필무여　차일대사　무명자상　무미오상　원동대허　무흠무여　지위
未了底人 施設文字言詞
미료저인　시설문자언사

　이 일대사는 석·범·제천의 칭찬이 미치지 못하고 천마외도가 훼방할 문이 없다. 만약 능히 일대사를 요달하면 모든 불조의 신통기용과 백천삼매와 한량없는 묘한 뜻을 다만 한 순간에 통째로 알아서 남음이 없으리니, 이 일대사는 명자의 상도

없고 미오의 상도 없어서 원만함이 큰 허공과 같아서 부족함도 남음도 없으나, 다만 요달치 못한 이를 위하여 문자와 언사를 베푼 것이다.

규봉 八 超事多尊 論 云示現速證菩提法故 於中 文二 一 供
팔 초사다존 논 운시현속증보리법고 어중 문이 일 공
佛多中全具福
불다중전구복

여덟째, 많은 세존을 섬기는 일보다 뛰어난 것이다. 논에, 보리법을 속히 증득함을 시현하는 연고라 했다. 그 중에 두 가지니, 1. 부처님을 공양하는 많은 일 중에 온전히 갖춘 복이다.

須菩提 我念過去無量阿僧祇劫 於然燈佛前
得值八百四千萬億那由他諸佛 悉皆供養承事
無空過者

"수보리야, 나는 기억하고 있나니, 과거 지나간 세상 한량없는 아승지겁 동안 연등부처님을 만나기 전에 팔백사천만억 나유타 부처님을 만나서 모두 다 공양하고 받들어 섬겨 그냥 보낸 적이 없었느니라."

규봉 那由他者 十億 爲洛叉 十洛叉 爲俱胝 十俱胝 爲那由他
나유타자 십억 위락차 십락차 위구지 십구지 위나유타

나유타란, 10억이 낙차가 되고 10낙차가 구지가 되고 10구지가 나유타가 된다.

부대사 如來說那由 那由幾劫中 我人衆生壽 壽者盡俱空 若悟
　　　　 여래설나유　나유기겁중　아인중생수　수자진구공　약오
菩提道 道者盡通同 二體俱實際 際度出凡籠
보리도　도자진통동　이체구실제　제도출범농

　여래께서 나유타라 설함이여,

　나유는 몇 겁 중인가?

　아·인·중생·수자여,

　수자가 모두 함께 공함이로다.

　만일 보리도를 깨달으면

　도란 다 통하여 같음이니,

　이체가 실제를 갖춤이라.

　실제의 도가 범부의 굴레를 벗어남이로다.

규봉 二 持經多中少分福
　　　 이　지경다중소분복

　2. 경을 지니는 많은 일 중에서 작은 복이다.

　若復有人 於後末世 能受持讀誦此經 所得功德 於我所供養諸佛功德 百分 不及一千萬億分 乃至算數譬喻 所不能及

　"만약 또 어떤 사람이 다음 세상 말법시대에 이 경을 지니고 읽고 외워서 얻는 공덕은 내가 부처님께 공양한 공덕으로는 백분의 일에도 미치며 못하며 천분의 일, 만분의 일, 억분의 일에도 미치지 못하여 산수비유로도 미칠 수 없느니라."

설 佛不外求 只向心覓 若欲見佛 唯須內照 承事諸佛 福則不
불불외구 지향심멱 약욕견불 유수내조 승사제불 복즉불
無 然亦未免向外馳求 一念聞經 能生淨信 卽自見性 直了成佛
무 연역미면향외치구 일념문경 능생정신 즉자견성 직료성불
所以 供佛 不及持經
소이 공불 불급지경

부처는 밖에서 구하는 것이 아니니, 다만 마음을 향해서 찾는 것이다. 만약 부처를 보고자 하면 오직 모름지기 안으로 비추어 살펴라. 여러 부처님을 받들어 섬김이 복은 없지 않으나 또한 밖을 향해서 어지럽게 구함을 면치 못하는 것이니, 한 순간이라도 경을 들으면 능히 깨끗한 믿음을 내게 되고 곧 스스로 견성하여 바로 성불해 마칠 것이다. 이 까닭에 부처님께 공양하는 것이 이 경 수지하는 것만 못하게 된다.

육조 供養恒沙諸佛 施寶滿三千界 捨身如微塵數 種種福德 不
공양항사제불 시보만삼천계 사신여미진수 종종복덕 불
及持經 一念 悟無相理 息希望心 遠離衆生 顚倒知見 卽到波羅
급지경 일념 오무상리 식희망심 원리중생 전도지견 즉도바라
彼岸 永出三塗苦 證無餘涅槃
피안 영출삼도고 증무여열반

항하사의 부처님께 공양하며, 보물을 삼천세계에 가득히 보시하며, 몸 버리기를 미진수와 같이 하는 갖가지 복덕이 경을 지니는 것에는 미치지 못하는 것은, 한 순간에 무상의 이치를

깨달아서 희망심을 쉬고, 중생의 전도된 지견을 멀리 떠나서 곧 저 언덕에 이르러 영원히 삼악도의 고통을 벗어나고 무여열반을 증득함이니라.

부대사 然燈 未敎化 呼爲在佛前 得値河沙聖 供養不爲難 末法
　　　　　연등　미교화　호위재불전　득치하사성　공양불위난　말법
難調製 開經暫展看 斯人 生斷見 萬劫自安閑
난조제 개경잠전간　사인　생단견　만겁자안한

연등불이 교화하기 전에는
부처님 전에 있음이 된다 하도다.
항하사의 성인을 만나서
공양함은 어렵지 않으나
말법의 제도가 어려울 적엔
경을 열고 잠시 펴보면
이 사람은 단견이 없어서
만겁에 스스로 편안하고 한가하리라.

야부 功不浪施
　　　　공불낭시

공은 헛된 베품이 아니니라.

설 持經一念圓證 直了成佛 所以 功不浪施
　　　지경일념원증　직료성불　소이　공불낭시

경을 수지하여 한 순간에 원만히 증득하면 바로 성불하는 것이므로 공은 헛되지 않는다.

야부 億千供佛 福無邊 爭似常將古敎看 白紙上邊 書黑字 請君
　　　억천공불　복무변　쟁사상장고교간　백지상변　서흑자　청군
開眼目前觀 風寂寂水漣漣 謝家人 秖在魚船
개안목전관　풍적적수련련　사가인　지재어선

억천 부처님을 공양하는 복은 끝이 없으나

어찌 옛 가르침을 항상 가져보는 것과 같겠는가?

백지 위에 검은 글자를 써서 그대에게 청하노니

눈을 뜨고 눈앞을 볼지어다.

바람은 고요하고 물결은 잔잔하니

집 떠난 사람은 다만 어선 위에 있도다.

설 他本 謝家人 在釣魚船 要識古敎在處麼 似海之深 如山之
　　타본　사가인　재조어선　요식고교재처마　사해지심　여산지
高 要識古敎文彩麼 煦日 發生舖地錦 無紋印字錦上舒 請君大
고　요식고교문채마　후일　발생포지금　무문인자금상서　청군대
開娘生眼 十二時中 常照了 常照了 內外無侵眞境現 一人 獨擅
개낭생안　십이시중　상조료　상조료　내외무침진경현　일인　독천
其中事 又古敎者 以迹言之則古佛 能詮之敎也 以理言之則學人
기중사　우고교자　이적언지즉고불　능전지교야　이리언지즉학인
一卷經也 此一卷經 佛祖相傳底法印 衆生本有底一著子 其來無
일권경야　차일권경　불조상전저법인　중생본유저일착자　기래무
始 故云古敎 白紙上邊書黑字者 經卷 本具文彩也 白屬偏 自性
시　고운고교　백지상변서흑자자　경권　본구문채야　백속편　자성
隨緣二用也 黑屬正 寂滅一體也 請君開眼目前觀者 勸令諸人
수연이용야　흑속정　적멸일체야　청군개안목전관자　권령제인
不離日用 轉一大經卷也 風寂寂云云 若轉得一大經卷 則外而境
불리일용　전일대경권야　풍적적운운　약전득일대경권　즉외이경
風 自寂 內而智水 澄淸 隨緣任眞 逐處消遙 一似虛舟駕浪 自
풍　자적　내이지수　징청　수연임진　축처소요　일사허주가랑　자
東自西 隨高隨下也 又風寂寂云云 謂釣得錦鱗時 也合風停而水
동자서　수고수하야　우풍적적운운　위조득금린시　야합풍정이수

面漣漣 觀照實相時 也宜情忘而智水澄澄 船爲釣魚之具 敎爲悟
면련련　관조실상시　야의정망이지수징징　선위조어지구　교위오
眞之法 悟眞者 專心悟眞之法 則必有悟眞之期 釣魚者 只在釣
진지법　오진자　전심오진지법　즉필유오진지기　조어자　지재조
魚之船 則必有釣魚之時也
어지선　즉필유조어지시야

　　(다른 책에는 '집 떠난 사람이 낚시배 위에 있도다'로 되어있음.) 옛 가르침이 있는 곳을 알고자 하는가? 마치 바다의 깊음과 같고 산이 높음과 같도다. 옛 가르침의 무늬(文彩)를 알고자 하는가? 아침 햇빛이 땅 위에 비단을 깐 듯이 무늬 없는 도장을 비단위에 찍음이로다. 그대에게 청하노니, 어머니가 낳아준 눈을 뜨고서 12시중(하루종일) 늘 비출지어다. 항상 비춤이여! 안과 밖으로 침범함이 없어서 참된 경계가 나타나니, 한 사람이 홀로 그 가운데 일을 오로지 함이로다. 또한 옛 가르침이란 그 자취로써 말한즉 옛 부처님이 능히 가르치신 말씀이요, 이 치로서 말하자면 학인의 한 권 경이로다. 이 한 권의 경은 부처와 조사가 서로 전한 법인이며 중생들이 본래 지니고 있는 일착자(一著子, 한 물건)이니, 그것이 온 것은 시작이 없으므로 옛 가르침이라 이르도다. 백지 위에 검은 글자를 쓴 것은 경전에 본래부터 갖춘 무늬로다(우리 마음 경전에도 온갖 만행만덕과 온갖 견문각지의 작용이 있다).

　　흰 것은 치우친 데(偏)에 속하니 자성과 수연, 두 가지 쓰임(用)이요, 검은 것은 정에 속하여 적멸이 하나의 체이니라. '그대에게 청하노니 눈을 뜨고 앞을 보라'는 것은 모든 사람으로 하여금 일용을 떠나지 않고 일대경권 굴리기를 권함이다. '바람이 고요하고 고요하다' 운운한 것은 만약 일대경권을 굴린다면 곧 밖으로의 경계 바람이 스스로 고요하고 안으로 지혜의 물이

말쑥하여 인연에 따라 진에 맡기며, 쫓는 곳마다 소요하는 것이 빈 배가 물결 따라 저절로 동서로 가는 것 같으며, 높고 낮은 데를 따름과 같도다. 또한 '바람은 고요하다' 운운한 것은 좋은 물고기를 낚을 때엔 바람이 그쳐 수면이 잔잔함이요, 실상을 관조할 때 마땅히 정을 잇으니 지혜의 물이 맑고 맑음이니라. 배는 고기를 낚는 도구요 가르침은 진리를 깨닫는 법이니, 진리를 깨닫는 자가 마음의 진리를 깨닫는 법에 오로지 할 것 같으면 반드시 진리를 깨달을 기약이 있을 것이요, 고기 낚는 자가 다만 낚시 배 위에 있으면 반드시 고기 낚을 때가 있을 것이다.

규봉 九 具聞則疑
　　　　　구　구 문 즉 의

아홉째, 갖추어 들으면 곧 의심함이다..

須菩提　若善男子善女人　於後末世　有受持讀誦此經　所得功德　我若具說者　或有人聞　心卽狂亂　狐疑不信

"수보리야, 만약 선남자선여인이 다음 세상 말법시대에 이 경을 지녀 읽고 외우는 공덕을 내가 죄다 모두 말한다면 혹 어떤 사람은 듣고 마음이 어지러워 의심하고 믿지 아니 하리라."

육조 佛言 末法衆生 德薄垢重 嫉妬彌深 衆聖 潛隱 邪見 熾盛
　　　불언 말법중생 덕박구중 질투미심 중성 잠은 사견 치성
於此時中 如有善男子善女人 受持讀誦此經 圓離諸相 了無所得
어차시중 여유선남자선여인 수지독송차경 원리제상 요무소득
念念常行慈悲喜捨 謙下柔和 究竟成就無上菩提 或有聲聞小見
염념상행자비희사 겸하유화 구경성취무상보리 혹유성문소견
不知如來正法 常在不滅 聞說如來滅後後五百歲 有人 能成就無
부지여래정법 상재불멸 문설여래멸후후오백세 유인 능성취무
相心 行無相行 得阿耨多羅三藐三菩提 則心生驚怖 狐疑不信
상심 행무상행 득아뇩다라삼먁삼보리 즉심생경포 호의불신

　부처님께서 말씀하시기를, 말법중생은 덕이 엷고 번뇌는 무거우며 질투는 더욱 깊어져서 많은 성인들이 숨어버리고 삿된 견해는 치성하리니, 이러한 때에 만약 선남자선여인이 이 경을 수지 독송하면 모든 상을 원만히 떠나게 되어 본래의 얻을 바 없음을 깨달아서 생각생각에 항상 자(慈)·비(悲)·희(喜)·사(捨)와 겸하와 유화를 행하여 끝내는 위없는 깨달음을 성취하거니와, 혹 성문의 소견은 여래의 정법이 멸하지 않고 항상 있음을 알지 못하므로 여래가 멸한 뒤 후오백세에 어떤 사람이 능히 무상심을 성취하고 무상행을 행하여 아뇩다라삼먁삼보리를 얻었다 함을 들으면 곧 마음이 두려움을 내어 의심하고 믿지 않으리라 하신 것이다.

부대사 了妄 心明遣 無爲 業漸離 狂迷心境滅 凡夫盡懲袪 經
　　　　요망 심명견 무위 업점리 광미심경멸 범부진충거 경
中 稱末世 狐疑且自迷 性慧修眞實 只此是菩提
중 칭말세 호의차자미 성혜수진실 지차시보리

　망념을 요달하면 마음을 밝게 보냄이요,
　함이 없으면 업은 점점 떠나리라.

매우 미혹한 마음의 경계가 멸하니
범부의 우치함이 없어지도다.
경 가운데서 말세라 일컬음이여!
의심하여 또한 스스로 미하도다.
성혜로써 진실을 닦음이여,
다만 이것이 보리로다.

규봉 十 揔結幽邃
　　　　십　총결유수

열째, (이 경이 이치가) 아주 깊음을 총괄적으로 맺는 것이다.

須菩提 當知是經 義 不可思議 果報 亦不可思議

"수보리야, 마땅히 알라. 이 경은 뜻이 생각으로 알 수 없으며 과보도 또한 생각으로 알 수 없느니라."

설 廣讚持經說經之功德　不可得而思議　乃云所得功德　我若具
　　광찬지경설경지공덕　불가득이사의　내운소득공덕　아약구

說者　或有人　聞　心卽狂亂　狐疑不信　乃至云果報　亦不可思議
설자　혹유인　문　심즉광란　호의불신　내지운과보　역불가사의

聞經不信受　良藥　現前不知服　果報不思議　服來平地　便升仙
문경불신수　양약　현전부지복　과보부사의　복래평지　변승선

'경을 가지고 경을 설하는 공덕은 가히 생각할 수 없다'고 널

리 찬탄하시고, 이에 '얻을 바 공덕을 내가 다 갖추어 말한다면 혹 어떤 사람은 듣고 마음이 산란하여 의심하고 믿지 않으리라' 하시며, '내지 그 과보도 또한 생각할 수 없느니라' 하시니, 경을 듣고도 믿어 지니지 않으면 좋은 약이 앞에 있어도 먹을 줄 모르는 것이요, 과보도 생각할 수 없다 한 것은 좋은 약을 먹으면 평지에서 당장 신선이 되어 오름이로다.

규봉 無著 云此 顯示彼福體及果 不可測量故
　　　　무착 운차 현시피복체급과 불가측량고

　무착이 말하기를, 이것은 복의 체와 과보를 가히 측량할 수 없음을 드러낸 까닭이라 했다.

육조 是經義者 卽是無著無相行 云不可思議者 讚歎無著無相行
　　　　시경의자 즉시무착무상행 운불가사의자 찬탄무착무상행
能成就阿耨多羅三藐三菩提也
능성취아뇩다라삼먁삼보리야

　이 경의 뜻은 곧 무착·무상의 행이요, 가히 생각할 수 없다는 것은 무착·무상의 행이 능히 아뇩다라삼먁삼보리를 성취함을 찬탄한 것이다.

부대사 果報分明在 善惡 分兩枝 末法難調製 妄經失路迷 狐疑
　　　　　과보분명재 선악 분양지 말법난조제 망경실로미 호의
生斷見 修卽是便宜 覺悟無前後 成佛不爲遲
생단견 수즉시편의 각오무전후 성불불위지

　과보가 분명히 있음이여,
　선과 악, 두 가지로 나눔이라.
　말법에 조복받기 어려움이여,

경을 비방하여 길을 잃고 헤매도다.
의심하면 단견을 내고
닦으면 곧 편리함이니,
전후가 없음을 깨달으면
성불이 더디지 않으리라.

야부 各各眉毛眼上橫
　　　　각 각 미 모 안 상 횡

각각의 눈썹은 눈 위에 가로놓여 있도다.

설 佛所說法 只說得眼上眉毛 若是眼上眉毛 生而固有 誰獨
　　　불 소 설 법　지 설 득 안 상 미 모　약 시 안 상 미 모　생 이 고 유　수 독

且無
차 무

　부처님께서 설하신 법은 다만 눈 위의 눈썹을 말한 것이니, 만약 이 눈 위의 눈썹이라면 나면서부터 본래부터 있음이다. 누군들 홀로 없으리오.

야부 良藥 苦口 忠言 逆耳 冷暖自知 如魚飮水 何須他日 待龍
　　　양 약　고 구　충 언　역 이　냉 난 자 지　여 어 음 수　하 수 타 일　대 용

華 今朝 先授菩提記
화　금 조　선 수 보 리 기

좋은 약은 입에는 쓰고
충성스런 말은 귀에 거슬림이라.
차고 더움을 스스로 아는 것은
고기가 물 마심과 같으니
어찌 모름지기 다른 날에

용화세계를 기다리리오.
오늘 아침에 벌써 보리의 수기를 받음이로다.

설 既皆同有 聞不信受 怎麽 只爲大近難曉 雖然如是 飮啄隨
　　기개동유　문불신수　즘마　지위대근난효　수연여시　음탁수

時 飢飽自知 伊麽則人人 位同毗盧 一一同居寂光 何待龍華記
시　기포자지　이마즉인인　위동비로　일일동거적광　하대용화기

莂 擧足卽是寂場 以本分 論之則理合如斯 若據今時 論之則此
별　거족즉시적장　이본분　논지즉이합여사　약거금시　논지즉차

經 如良藥 服來 萬病消 超然作金仙 只是不肯下口 亦如忠言
경　여량약　복래　만병소　초연작금선　지시불긍하구　역여충언

信受 自知非能爲衆中尊 只是不肯信受 唯有利根人 言下 自知
신수　자지비능위중중존　지시불긍신수　유유이근인　언하　자지

非 一聞 能総持 鯤鯨 飮海水 位同大覺已 極果 更何疑 果報不
비　일문　능총지　곤경　음해수　위동대각이　극과　갱하의　과보부

思議誠哉 佛所說
사의성재　불소설

　이미 다 같이 갖고 있건만 듣고도 신수하지 않음은 무슨 까닭인가? 다만 너무 가까워서 알기 어려움이다. 비록 이와 같으나 마시고 먹는 것은 때를 따르는 것이며, 주리고 배부름은 스스로 아는 것이로다. 이러한즉 사람 사람의 지위는 비로자나불과 같고 낱낱이 적광토(寂光土, 불국토)에 함께 있으니 어찌 용화의 기별(授記)을 기다리리오. 발을 들면 곧 이곳이 적광의 도량이로다. 본분으로써 논한 즉 이치가 합당히 이와 같거니와 만약 금시(新熏, 현재의 입장)를 들어 논한다면, 이 경은 마치 좋은 약과 같아서 먹으면 만병이 없어짐이라. 초연히 부처를 짓건만 다만 기꺼이 입에 넣지 않음이요 또한 충언과 같아서 신수하면 스스로 그릇됨을 알도다. 능히 대중의 존중함이 되건만 다만 기꺼이 신수하지 않느니라.

오직 영리한 사람은 언하에 스스로 그른 줄을 알아서 한번 들으면 능히 다 가지리니 고래(鯤鯨)가 바닷물을 마심과 같도다. 그 지위가 대각과 같거니와 지극한 과보를 다시 어찌 의심하리오. '과보가 부가사의하다' 하시니 진실하도다! 부처님의 설하심이여!

종경 宿業緣墮惡報 今人賤而罪卽消 供諸佛誦此經 功德勝而喩
숙업연타악보　금인천이죄즉소　공제불송차경　공덕승이유
莫及 只如無著無相底 還有果報也無 妄心滅盡業還空 直證菩提
막급　지여무착무상저　환유과보야무　망심멸진업환공　직증보리
超等級 惡因誰作罪誰招 眞性 如空不動搖 曠劫無明 俱蕩盡 先
초등급　악인수작죄수초　진성　여공부동요　광겁무명　구탕진　선
天後地寂寥寥
천후지적요요

　숙업의 인연으로 악의 과보에 떨어질 것이거늘 지금 사람들이 천하게 여기므로 죄가 곧 소멸되고, 제불께 공양하는 것보다 이 경을 외우면 그 공덕이 수승하여 어떤 비유로도 미칠 수 없음이로다. 다만 저 무착, 무상한 것은 또한 과보가 있는 것인가, 없는 것인가? 망심이 멸하여 다하면 업도 또한 공하리니, 바로 보리를 증득하여 등급을 초월하게 된다.
　악한 인연은 누가 짓고 그 죄는 누가 부르는가?
　참된 성품은 허공과 같아서 동요하지 않도다.
　오랜 동안의 무명을 모두 다 없애니
　하늘보다 먼저하고 땅보다 뒤에 하여
　고요하고 고요하도다.

규봉 第十一 斷住修降伏是我疑 佛 教我住修降伏 兼不住前十重
제십일 단주수항복시아의 불 교아주수항복 겸부주전십중

疑執過患 若無我者 誰人受敎 誰人 住修 誰人 如此離過云云
의집과환 약무아자 수인수교 수인 주수 수인 여차이과운운

亦云除微細執故 偈 云於內心修行 存我爲菩薩 此卽障於心 違
역운제미세집고 게 운어내심수행 존아위보살 차즉장어심 위

於不住道 斷之文 二 初 問
어부주도 단지문 이 초 문

<11>은 주하고 닦으며 항복받는 것도 이 아라는 의심을 끊음이다. 부처님께서 나로 하여금 주·수를 항복받게 하시며, 겸하여 앞의 열 가지 무거운 의심과 집착한 허물에 머물지 않게 하시니, 만약 아가 없으면 어떤 사람이 가르침을 받으며, 어떤 사람이 머물고 닦으며, 어떤 사람이 이와 같은 허물을 버린다고 운운할 것인가. 또한 미세한 집착을 없앤 까닭이니 게송으로 말하기를, 내심으로 수행함에 내가 보살이 되었다는 생각을 두면 이는 곧 마음을 장애하는 것이다. 머물지 않는 도에 위배된다고 했다. 그것을 끊는 데 두 가지니, ㈎ 물음이다.

17. 구경무아분(究竟無我分)
-끝까지 아가 없음-

爾時 須菩提 白佛言 世尊 善男子善女人 發阿
耨多羅三藐三菩提心 云何應住 云何降伏其心
그때 수보리가 부처님께 사뢰었다.
"세존이시여, 선남자선여인이 아뇩다라삼먁삼
보리의 마음을 냈다면 마땅히 어떻게 하고 있어
야 하며, 그들의 마음을 어떻게 다스려야 하나
이까?"

규봉 二 答 文三 一 若名菩薩 必無我
   이 답 문삼 일 약명보살 필무아

㈏ 답이니, 여기에 세 가지로 ㉮ 만약 보살이라 이름한다면 필히 아가 없어야 하는 것이다.

佛 告須菩提 若善男子善女人 發阿耨多羅三
藐三菩提心者 當生如是心 我應滅度一切衆生

滅度一切衆生已 而無有一衆生 實滅度者
부처님께서 수보리에게 말씀하셨다.
"선남자선여인이 아뇩다라삼먁삼보리의 마음을 냈거든 마땅히 이와 같은 마음을 내어야 하나니, '내가 마땅히 모든 중생을 제도하리라' 하고, 중생을 제도하고 나서는 한 중생도 실제로 제도한 자가 없어야 하느니라.

설 滅度一切衆生 不同二乘 悲化含生 無一衆生滅度 智冥眞
　　멸도일체중생 부동이승 비화함생 무일중생멸도 지명진
際 不生於化 此當安住降心也
제 불생어화 차당안주항심야

일체중생을 멸도하는 것은 이승과 같지 않아서 자비로 모든 중생(含生)을 교화하는 것이다. 한 중생도 멸도함이 없다는 것은 지혜가 진리에 명합해서 교화했다는 생각을 내지 않음이니 이는 마땅히 항복한 마음에 안주하는 것이로다.

육조 須菩提 問佛 如來滅後後五百歲 若有人 發阿耨多羅三藐
　　　수보리 문불 여래멸후후오백세 약유인 발아뇩다라삼먁
三菩提心者 依何法而住 如何降伏其心 佛言 當發度脫一切衆生
삼보리심자 의하법이주 여하항복기심 불언 당발도탈일체중생
心 度脫一切衆生 盡得成 佛已 不得見有一衆生 是我度者 何以
심 도탈일체중생 진득성 불이 부득견유일중생 시아도자 하이
故 爲除能所心也 除有衆生見也 亦除我見也
고 위제능소심야 제유중생견야 역제아견야

수보리가 부처님께 묻으시기를, '여래께서 멸한 뒤 후오백세에 만약 어떤 사람이 아뇩다라삼먁삼보리심을 발한 즉 이는 무

슨 법에 의지하여 머물며 어떻게 그 마음을 항복받으리까?' 하
니, 부처님께서 말씀하시기를, '마땅히 일체중생을 제도하여 해
탈케 하는 마음을 내어야할지니, 일체중생을 도탈해서 다 성불
하고 나서는 어떤 중생도 내가 제도했다는 것으로 생각해서는
안 된다'고 하셨다. 무슨 까닭인가? 능소심(能所心, 상대적인
생각)을 없앴기 때문에 중생이 있다는 견해가 사라졌기 때문이
며, 또한 나라는 견해를 제거했기 때문이다.

야부 有時 因好月 不覺過滄洲
유 시 인 호 월 불 각 과 창 주

어떤 때는 달이 하도 좋아서 창주 지나가는 줄도 몰랐도다.

설 駕起鐵船入海來 釣竿揮處 月正明 性愛蟾光寒照影 滄溟
가 기 철 선 입 해 래 조 간 휘 처 월 정 명 성 애 섬 광 한 조 영 창 명
過來渾不覺 更知道 途中 却憶靑 山事 終日行行不知行
과 래 혼 불 각 갱 지 도 도 중 각 억 청 산 사 종 일 행 행 부 지 행

철선을 끌고 바다에 들어가니 낚싯대 드리운 곳에 달이 환히
밝도다. 성품이 달빛에 차갑게 비치는 그림자를 사랑하여 창명
을 지나도록 혼연히 깨닫지 못했도다. 다시 알지이다. 도중에
도리어 청산의 일을 기억하니 종일토록 행하고 행하여도 그 행
함을 알지 못하도다.

야부 若問云何住 非中及有無 頭無纖草蓋 足不履閻浮 細似隣
약 문 운 하 주 비 중 급 유 무 두 무 섬 초 개 족 불 이 염 부 세 사 인
虛析 輕如蝶舞初 衆生滅盡知無滅 此是隨流大丈夫
허 석 경 여 접 무 초 중 생 멸 진 지 무 멸 차 시 수 유 대 장 부

만일 '어떻게 주하는가?' 하고 묻는다면,

중도 아니고 유·무도 아님이라 하리니,
머리엔 작은 풀도 덮지 않고
발은 염부제도 밟지 않았도다.
가늘기는 작은 먼지를 쪼갠 듯하고
가볍기는 춤추는 나비의 날개짓과 같도다.
중생을 멸진하되 멸함이 없음을 알면
이는 흐름을 따르는 대장부로다.

설 要識眞住處 非中及有無 脫然無所托 鹿重淨無痕 靑山 留
　　요식진주처　비중급유무　탈연무소탁　록중정무혼　청산　유
不得 紫陌 豈能容 化生而無化 隨流大丈夫
부득　자맥　개능용　화생이무화　수유대장부

　참된 주처를 알고자 하다면 중 및 유무가 아니로다. 탈연하여 의탁할 것이 없으니, 거칠고 무거운 것(번뇌)이 다 청정해져서 흔적이 없음이로다. 청산에도 머물지 않거니와 어찌 도시(紫陌)를 용납하겠는가? 중생을 교화하되 교화함이 없으니, 이는 유(流)를 따르는 대장부로다.

규봉 二, 若有我相 非菩薩
　　　　이, 약유아상　비보살

　㉴ 만약 아상이 있으면 보살이 아님이다.

何以故　須菩提　若菩薩　有我相人相衆生相壽
者相　卽非菩薩

　왜냐하면 만약 보살이 자아에 대한 고집, 인간

에 대한 고집, 중생에 대한 고집, 수명에 대한 고집이 있으면 곧 보살이 아니기 때문이니라.

육조 菩薩 若見有衆生可度 卽是我相 有能度衆生心 卽是人相
보살 약견유중생가도 즉시아상 유능도중생심 즉시인상
謂涅槃可求 卽是衆生相 見有涅槃可證 卽是壽者相 有此四相
위열반가구 즉시중생상 견유열반가증 즉시수자상 유차사상
卽非菩薩也
즉비보살야

　보살이 만약 중생을 가히 제도할 게 있다고 보면 이는 곧 아상이요, 능히 중생을 제도하는 마음이 있으면 곧 인상이요, 열반을 가히 구한다 하면 곧 중생상이요, 열반을 가히 증득할 게 있다고 보면 곧 수자상이니, 이 네 가지 상이 있으면 곧 보살이 아닌 것이다.

규봉 三 能所俱寂 是菩提
삼 능소구적 시보리

　㈐ 능소가 모두 고요해야 이것이 보리인 것이다.

所以者 何 須菩提 實無有法發阿耨多羅三藐
三菩提心者
　그 까닭은 수보리야, 실제로는 아뇩다라삼먁삼보리의 마음을 낼 법이 없기 때문이니라."

설 因甚道要須不生於化 若謂我能度生 我是發心者 我人 競
　　인심도요수불생어화 약위아능도생 아시발심자 아인 경
作 能所紛然 卽非菩薩 我能我是 因甚道非菩薩 實際理地 曾無
작 능소분연 즉비보살 아능아시 인심도비보살 실제리지 증무
伊麼事 我人 頓盡 能所俱寂 方與實際 相應去在
이마사 아인 돈진 능소구적 방여실제 상응거재

　무엇 때문에 모름지기 교화하는 생각을 내지 않아야 하는가? 만약 내가 능히 중생을 제도하며 내가 발심한 사람이라고 말하면, 아와 인이 다투어 지어져서 능소가 어지러워지게 되어 곧 보살이 아닌 것이다. 나는 능하고 나는 옳다고 함을 왜 보살이 아니라고 하는가? 실제의 진리 그 자리에는 일찍 이러한 일이 없으니, 아와 인이 단번에 다하고 능소가 함께 고요해져야 바야흐로 실제와 더불어 서로 상응하기 때문이다.

육조 有法者 我人衆生壽者四法也 若不除四法 終不得菩提 若
　　　유법자 아인중생수자사법야 약부제사법 종부득보리 약
言我不發菩提心者 亦是我人等法 我人等法 卽是煩惱根本
언아불발보리심자 역시아인등법 아인등법 즉시번뇌근본

　법이 있다는 것은 아·인·중생·수자의 네 가지 법이니, 만약 네 가지 법을 없애지 아니하면 마침내 보리를 얻지 못함이요, 만약 나는 보리심을 발하지 아니하였다고 하더라도 또한 이것도 아·인·중생·수자 등의 법이 되니, 아·인 등의 법은 곧 번뇌의 근본이 된다.

부대사 空生 重請問 無心爲自身 欲發菩提者 當了現前因 行悲
　　　　공생 중청문 무심위자신 욕발보리자 당료현전인 행비
疑似妄 用智 最言眞 度生權立我 證理卽無人
의사망 용지 최언진 도생권입아 증리즉무인

수보리가 거듭 물음을 청하니,
무심으로 자신을 삼음이니
보리심을 발하고자 하다면
마땅히 앞에 나타난 요인을 요달할지니라.
자비를 행함에 망인 듯 의심함이요
지혜를 씀에 가장 참답다고 말하도다.
중생을 제도하기 위해 방편으로 아를 세움이니
이치를 증득하면 곧 인이 없느니라.

야부 小他一分 又爭得
소 타 일 분 우 쟁 득

저 하나마저 없는데 또 어찌 얻으리오.

설 我人頓盡 能所俱寂 功極則不無 以實而觀 又爭得也
아 인 돈 진 능 소 구 적 공 극 즉 불 무 이 실 이 관 우 쟁 득 야

아·인이 단번에 다하고 능소가 함께 고요해짐은 공이 지극하여 곧 없지 않으나 실제로 관하건대 또한 어찌 얻으리오.

야부 獨坐翛然一室空 更無南北與西東 雖然不借陽和力 爭奈桃
독 좌 소 연 일 실 공 갱 무 남 북 여 서 동 수 연 불 차 양 화 력 쟁 나 도
花一樣紅
화 일 양 홍

홀로 소연히 일실이 공한 데 앉았으니
다시 남북과 동서도 없음이라.
비록 그렇게 화창한 봄날의 힘을 빌리지 않았으나
복숭아꽃이 온통 붉음을 어이하리오.

설 脫然物外　更無栖泊處　莫把此境云究竟　敢道此亦猶未在
　　탈연물외　갱무서박처　막파차경운구경　감도차역유미재

雖然不用苦鍛鍊　自有本地風光爛
수연불용고단련　자유본지풍광란

　탈연히 물 밖에 다시 깃들어 머물 곳이 없으니, 이 경계를 잡아서 최고(구경)라고 이르지 말라. 감히 말하건대, 이것도 또한 오히려 부족하니 비록 그렇게 괴롭게 단련하지 않아도 저절로 본지풍광의 찬란함이 있도다.

규봉 第十二　斷佛因　是有菩薩疑　論　云若無菩薩　云何釋迦如來
　　　　제십이　단불인　시유보살의　논　운약무보살　운하석가여래

於燃燈佛所　行菩薩行　斷之　文四　一　擧疑處
어연등불소　행보살행　단지　문사　일　거의처

　<12>는 부처의 종자(佛因)에 보살이 있다는 의심을 끊음이다. 논에 따르면, 만약 보살이 없었으면 어찌 석가여래가 연등불 처소에서 보살행을 행하였겠는가? 하는 의심을 끊는 글에 네 가지가 있으니, ㈎ 의심난 곳을 들도다.

須菩提　於意云何　如來　於燃燈佛所　有法得阿耨多羅三藐三菩提不

　"수보리야, 어떻게 생각하느냐? 여래가 연등부처님에게서 아뇩다라삼먁삼보리의 법을 얻은 것이 있다고 하느냐?"

규봉 降怨王 請然燈佛 入城 城中長幼 盡迎 路泥 善慧 布髮
　　　항원왕　청연등불　입성　성중장유　진영　노니　선혜　포발
佛與授記 故擧此問 二 斷疑念
불여수기　고거차문　이　단의념

　항원왕(降怨王, 원수를 항복받는 왕)이 연등불을 청하여 성에 들어오심에 성중의 모든 사람이 영접할 때, 길이 질퍽거리므로 선혜동자가 머리를 풀어서 펴니 부처님이 수기를 주셨도다. 그러므로 이 물음을 든 것이다. (나) 의심하는 생각을 끊은 것이다.

不也 世尊 如我解佛所說義 佛 於然燈佛所
無有法得阿耨多羅三藐三菩提

　"아닙니다. 세존이시여, 제가 부처님께서 말씀하시는 뜻을 알기로는 부처님께서 연등부처님에게서 아뇩다라삼먁삼보리의 법을 얻은 것이 없나이다."

규봉 善慧 彼時 都無所得 離諸分別 由無法故 得記 若有法者
　　　선혜　피시　도무소득　이제분별　유무법고　득기　약유법자
是有相心 不順菩提 佛不與記
시유상심　불순보리　불불여기

　선혜가 그때 도무지 얻은 바가 없어서 모든 분별을 떠났음이니, 법이 없음으로 말미암은 고로 수기를 얻었거니와, 만약 법이 있었다면 상이 있는 마음이어서 보리를 수순하지 못하여 부처님께서 수기를 주지 않았을 것이다.

육조 佛 告須菩提 我於師處 不除四相 得受記不 須菩提 深解
　　　 불　고수보리　아어사처　부제사상　득수기불　수보리　심해
無相之理 故 言不也
무상지리　고　언불야

　부처님께서 수보리에게 물으시기를, '내가 스승의 처소에서 사상을 없애지 않고 수기를 얻었는가?' 하시니, 수보리가 무상의 깊은 이치를 이해하는 고로 '아닙니다'라고 대답하였다.

규봉 三, 印決定
　　　　삼　인결정

　㈐ 결정을 인가한 것이다.

　　佛言 如是如是
　　부처님께서 말씀하셨다.
　　"그렇느니라.

설 上明菩薩 無我之意 今擧自己 無所得 重明無我之意 佛
　　　상명보살　무아지의　금거자기　무소득　중명무아지의　불
欲明無得 假以有得問也 空生 善契佛意 答以無得 可謂好知音
욕명무득　가이유득문야　공생　선계불의　답이무득　가위호지음
也 再歎如是 須著眼 滿口許他見家風
야　재탄여시　수착안　만구허타견가풍

　위에서는 보살이 무아의 뜻을 밝히시고, 지금은 자신의 무소

득을 들어서 거듭 무아의 뜻을 밝히신 것이다. 부처님께서 무소득을 밝히고자 거짓으로 얻음이 있는 것으로 물으셨는데, 수보리가 부처님 뜻에 잘 계합하여 무소득으로써 답하니, 가히 좋은 지음자로다. 재차 '여시'라고 찬탄한 것에 착안하라. 입 가득히 저 가풍 보는 것을 허락하신 것이다.

육조 善契佛意 故言如是 如是之言 是印可之辭
　　　선계불의 고언여시 여시지언 시인가지사

　부처님의 뜻에 잘 계합하였으므로 '그렇다'라고 하시니, '그렇다'란 말은 곧 인가한 것이다.

야부 若不同床睡 爭知紙被穿
　　　약부동상수 쟁지지피천

　만약 같은 침상에서 잠자지 않았으면 어찌 지피(紙被, 종이 속옷)가 뚫어진 줄을 알겠는가?

설 同聲相應 同氣相求
　　동성상응 동기상구

　같은 소리는 서로 응함이요, 같은 기운은 서로 구함이로다.

야부 打鼓弄琵琶 相逢兩會家 君行楊柳岸 我宿渡頭沙 江上 晚
　　　타고농비파 상봉양회가 군행양유안 아숙도두사 강상 만
來疎雨過＜疎 一作初＞ 數峯 蒼翠接天霞
래소우과＜소 일작초＞ 수봉 창취접천하

　북치는 이와 비파를 연주하는 이

　둘이 한집에 모였도다.

　그대는 버드나무 언덕을 거닐고

나는 나루터에서 잠을 자도다.
강 위엔 늦은 성긴 비가 지나가고
두어 봉우리의 푸른빛은 하늘가 노을에 닿았도다.

설 空生 見世尊 打鼓人 逢弄琴者 見來 歌何事 君行楊柳我
　　공생　견세존　타고인　봉농금자　견래　가하사　군행양유아
渡頭 要識渡頭光景麼 雨過雲收江上晚 數峯蒼翠接天霞 箇中無
도두　요식도두광경마　우과운수강상만　수봉창취접천하　개중무
限淸意味 江上一句 都說破
한청의미　강상일구　도설파

　수보리가 세존을 보는 것은 북을 치는 이가 비파 타는 이를 만난 것이다. 마주보며 무슨 일을 노래할까? 그대는 버드나무 언덕을 거닐고 나는 나루터에 있도다. 나루터의 광경을 알고자 하는가? 비가 지나가고 구름이 걷히면서 저무는 강 위로 두어 봉우리의 푸른빛이 하늘가 노을에 닿는다. 그 속의 무한하고 맑은 의미를 강 위의 한 구절로 모두 설파했다.

　　須菩提 實無有法如來得阿耨多羅三藐三菩提
　　수보리야, 실제로는 여래가 아뇩다라삼먁삼보리
　　의 법을 얻은 것이 없느니라.

규봉 論 云我於彼時 所修諸行 無有一法 得阿耨菩提 功德施論
　　　논　운아어피시　소수제행　무유일법　득아뇩보리　공덕시론
引佛說云若見於佛 卽見自身 見身淸淨 見一切淸淨 見淸淨智
인불설운약견어불　즉견자신　견신청정　견일체청정　견청정지

亦復淸淨 是名見佛 我如是見然燈如來 得無生忍 一切智智 明
역부청정 시명견불 아여시견연등여래 득무생인 일체지지 명
了現前 卽得授記 是授記聲 不至於耳 亦非餘智之所能知 我於
료현전 즉득수기 시수기성 부지어이 역비여지지소능지 아어
此時 亦非惛曚無覺 然無所得 四 反覆釋
차시 역비혼몽무각 연무소득 사 반복석

　논에 따르면, 내가 그때 닦은 모든 행이 한 법도 아뇩보리를 얻은 것이 아니었다고 하며, 공덕시론에 부처님의 말씀을 끌어들여 말하길, 만약 부처님을 보면 곧 자신을 봄이요 자신의 청정함을 보면 일체가 청정함을 보는 것이며 청정한 지혜를 봄도 또한 청정한 것이니 이것을 이름하여 부처를 보는 것이라 했다. 이어서, 내가 이와 같이 연등여래를 보고 무생인을 얻어서 일체의 지혜와 종지가 밝게 현전함으로써 곧 수기를 얻었으니 이 수기하는 소리가 귀에 이르지 않았으며 또한 다른 지혜로써 능히 알 바도 아닌 것이다. 내가 이때에 혼몽하여 모르지 않았지만, 그러나 얻을 바 없다고 했다.

　㈘ 반복해서 해석한 것이다.

須菩提　若有法如來得阿耨多羅三藐三菩提者
然燈佛　卽不與我授記　汝於來世　當得作佛　號
釋迦牟尼　以實無有法得阿耨多羅三藐三菩提
是故　然燈佛　與我授記　作是言　汝於來世　當
得作佛　號　釋迦牟尼

　수보리야, 만약 여래가 아뇩다라삼먁삼보리의

법을 얻은 것이 있다면, 연등부처님께서 나에게 수기를 주되 '네가 오는 세상에 부처가 되어 이름을 석가모니라 하리라' 하지 않았을 것이니 실로 아뇩다라삼먁삼보리의 법을 얻은 것이 없었기 때문에 연등부처님께서 내게 수기를 주기를 '네가 오는 세상에 부처가 되어 이름을 석가모니라 하리라' 하셨느니라."

설 得失之言 只緣迷悟 而其實則迷介什麽 悟介什麽 迷悟旣
　　득실지언　지연미오　이기실즉미개습마　오개습마　미오기
無 得何曾得 失何曾失 旣然不可言有得 亦復不應言無得 我佛
무　득하증득　실하증실　기연불가언유득　역부불응언무득　아불
見然燈 了應如是知
견연등　요응여시지

　득과 실의 말은 다만 미와 오에 인연했으나, 그 실인즉 미한 것은 무엇이며 오한 것은 또 무엇인가? 미와 오가 이미 없을진대 얻는다 한들 어찌 일찍이 얻은 것이며, 잃었다 한들 어찌 일찍이 잃은 것이리오. 이미 그렇다면 가히 얻음이 있다고 말할 수 없음이다. 또한 다시 얻음이 없다고도 말할 수 없음이니, 우리 부처님께서 연등불을 본 것도 마땅히 이와 같이 알아야 할 것이다.

규봉 無著 云若正覺法可說 如彼然燈所說者 我於彼時 便得正
　　　　무착　운약정각법가설　여피연등소설자　아어피시　변득정
覺 然燈 則不與我授記 言來世當得 以法不可說故 我於彼時 不
각　연등　즉불여아수기　언래세당득　이법불가설고　아어피시　부

得正覺 是故 記言來世當得
득정각 시고 기언래세당득

　무착이 말하기를, 만약 정각의 법을 가히 설하는 것은 저 연등불의 설한 바와 같을진대, 내가 저때에 곧 정각을 얻었으므로 연등불이 곧 나에게 '내세에 마땅히 얻으리라'고 수기를 주시지 않았거니와, 법은 가히 설할 것이 없는 고로 내가 그때 정각을 얻지 않았으므로 수기하여 말하되, '내세에 마땅히 얻으리라'고 하신 것이다.

육조 佛言 實無我人衆生壽者 始得授菩提記 我若有發菩提心
　　　 불언 실무아인중생수자 시득수보리기 아약유발보리심
然燈佛 卽不與我授記 以實無所得 然燈佛 始與我授菩提記 此
연등불 즉불여아수기 이실무소득 연등불 시여아수보리기 차
一段文 揔成須菩提 無我義
일단문 총성수보리 무아의

　부처님이 말씀하시기를, 실로 아·인·중생·수자가 없어야 비로소 보리의 수기를 얻을 것이니, 내가 만약 보리심을 냈다면 연등불이 곧 나에게 수기를 주지 않았거니와, 실로 얻은 바가 없으므로 연등불이 비로소 나에게 보리의 수기를 주셨다고 하셨다. 이 일단의 글은 모두 수보리가 무아의 뜻을 이룬 것을 의미하는 것이다.

야부 貧似范丹 氣如項羽
　　　 빈사범단 기여항우

　가난하기는 범단(范丹, 후한의 청빈한 선비)같으나 그 기개는 항우와 같도다.

설 貧則貧矣 自有衝天意氣
　　빈 즉 빈 의　자 유 충 천 의 기

가난하기는 몹시 가난해도 스스로 충천하는 의기가 있다.

야부 上無片瓦 下無卓錐 日往月來 不知是誰 噫
　　　상 무 편 와　하 무 탁 추　일 왕 월 래　부 지 시 수　희

위로는 한 기와 조각도 없고
아래로는 송곳 꽂을 데도 없어라.
해가 지고 달이 떠도
알 수 없어라. 이 누구인가?
아! 슬프다.

설 淸貧無所有 意氣 不敢籠
　　청 빈 무 소 유　의 기　불 감 롱

청빈하여 가진 것 없으나, 그 의기 감히 숨길 수가 없도다.

규봉 第十三 斷無因則無佛法疑 於中 文三 一 斷一向無佛疑
　　　제십삼　단 무 인 즉 무 불 법 의　어 중　문 삼　일　단 일 향 무 불 의
論 云若無菩提 卽無諸佛如來 有如是謗 謂一向無佛 爲斷此疑
논　운 약 무 보 리　즉 무 제 불 여 래　유 여 시 방　위 일 향 무 불　위 단 차 의
故 云如來者 卽是眞如 於中 文二 一 顯眞如 是佛故 非無
고　운 여 래 자　즉 시 진 여　어 중　문 이　일　현 진 여　시 불 고　비 무

〈13〉은 인이 없으면 불법도 없을 것이라는 의심을 끊는 것이다. 그 중에 세 가지니, ㉮ 한결같이 부처님이 없다는 의심을 끊음이다. 논에 따르면, 만약 보살이 없으면 곧 제불여래도 없으리니 하는 이와 같은 비방이 있어서 한결같이 부처가 없다고 말하므로, 이런 의심을 끊기 위하여 말씀하시길, 여래란 곧 진여라 하셨다. 그 중에 글이 두 가지니, ㉮ 진여가 부처인 까닭

에 없는 것이 아님을 나타낸 것이다.

何以故 如來者 卽諸法如義
"어째서 그런가 하면 여래라는 것은 모든 법이 여여하다는 뜻이니라.

설 旣得如來號　必得菩提道　因甚道無所得　得名如來無別意
　　　 기득여래호　필득보리도　인심도무소득　득명여래무별의
以了諸法是眞如　眞如平等性淸淨　所得　何以論其中
이료제법시진여　진여평등성청정　소득　하이론기중

이미 여래의 호를 얻었으면 반드시 보리도를 얻었을 것이거늘 어찌하여 무소득을 말하는가? 여래란 이름을 얻었다는 것은 별 뜻이 없음이다. 모든 법이 진여임을 요달할 뿐인 것이다. 진여는 평등하여 그 성덕이 청정하니 그 얻은 바를 어찌 그 가운데서 논하리오.

규봉 無著　云眞如淸淨　故名如來　猶如眞金
　　　　무착　운진여청정　고명여래　유여진금

무착이 말하기를, 진여는 청정하여 여래라 이름하니, 마치 진금과 같다고 했다.

육조 言諸法如義者　諸法　卽是色聲香味觸法　於此六塵中　善能
　　　　언제법여의자　제법　즉시색성향미촉법　어차육진중　선능
分別　而本體湛然　不染不著　曾無變異　如空不動　圓通瑩徹　歷劫
분별　이본체담연　불염불착　증무변이　여공부동　원통형철　역겁

常存 是名諸法如義 菩薩瓔珞經 云毀譽不動 是如來行 入佛境
상존 시명제법여의 보살영락경 운훼예부동 시여래행 입불경
界經 云諸欲不染故 敬禮無所觀
계경 운제욕불염고 경예무소관

'모든 법이 여여하다는 뜻'이라고 말한 것은, 제법이란 곧 색·성·향·미·촉·법이니, 이 육진 가운데 잘 분별하되 그 본체가 담연하여 물들지도 않고 집착하지도 않아서 일찍이 변함이 없는 것이 마치 허공과 같이 움직이지 않아서 원만히 통하고 환히 밝게 사무쳐서 몇 겁을 지나도 항상 있으므로 '모든 법이 여여하다'고 하신 것이다. 보살영락경에 의하면, 헐뜯거나 칭찬에 동하지 않음이 여래의 행이라 하며, 입불경계경에 의하며, 모든 욕에 물들지 않는 고로 보는 바 없는 데(불)에 예경한다 했다.

야부 ○住住 動著則三十棒
　　　　○주주　동착즉삼십봉

○머물고 가만히 기다려라. 움직이면 30방을 치리다.

설 只如眞如平等底道理 作麼生道 ○生佛 幷沈 自他俱泯 天
　　지여진여평등저도리 작마생도 ○생불 병침 자타구민 천
地地天天地轉 水山山水水山空 雖然如是 法法 本來安本位 誰
지지천천지전 수산산수수산공 수연여시 법법 본래안본위 수
喚燈籠作露柱 伊麼則不應動著 動著則三十棒
환등농작로주 이마즉불응동착 동착즉삼십봉

다만, 저 진여평등의 도리를 어떻게 말할 것인가? 중생과 부처가 모두 함께 사라지고 자타가 다 함께 없어지니 하늘이 땅이요 땅이 하늘이라 하늘과 땅이 뒤바뀌고, 물이 산이고 산이 물이라, 물과 산이 다 공함이다. 비록 이와 같으나 법과 법이

본래의 위치에 안치해 있으니 누가 등롱(燈籠, 內 또는 體)을 불러 노주(露柱, 外 또는 用)라 하리오. 그러한즉 마땅히 움직이지 말지니, 움직이자마자 30방을 치리라.

야부 上是天兮下是地 男是男兮女是女 牧童 撞著放牛兒 大家
상시천혜하시지 남시남혜여시여 목동 당착방우아 대가

齊唱囉囉哩 是何曲調 萬年歡
제창라라리 시하곡조 만년환

 위는 하늘이고 아래는 땅이라,
 남자는 남자이고 여자는 여자로다.
 목동이 목동을 만나니
 대중이 다 함께 라라리… 부르도다.
 이 무슨 곡조인가, 만년의 즐거움이로다.

설 天天地地何曾轉 水水山山各宛然 百億活釋迦 醉舞春風端
천천지지하증전 수수산산각완연 백억활석가 취무춘풍단

韻曲 自然 誰不解和 萬年歡曲 緣何有 人人 自有無生樂
운곡 자연 수불해화 만년환곡 연하유 인인 자유무생락

 하늘은 하늘이고, 땅은 땅이라, 어찌 일찍이 뒤바뀌리오. 물과 물, 산과 산이 각각 완연함이로다. 백억의 살아있는 석가가 춘풍 끝에 취하여 춤을 추니 운곡이 저절로 그러함이다. 누가 화답할 줄 모르리오. 만년의 즐거운 곡이 무엇으로 인하여 있는가? 사람사람이 저절로 무생락이 있음이로다.

규봉 二 明佛卽菩提故 無得
  이 명불즉보리고 무득

 ㉔ 부처가 곧 보리인 까닭으로 무득임을 밝힌 것이다.

若有人 言如來得阿耨多羅三藐三菩提 須菩提
實無有法佛得阿耨多羅三藐三菩提

어떤 사람이 말하기를 여래가 아뇩다라삼먁삼보리를 얻었다 하지만 수보리야, 실제로 부처는 아뇩다라삼먁삼보리라 할 어떤 법도 얻은 것이 없느니라.

규봉 先標錯解 魏 云若有人 言如來得阿耨菩提者 是人 不實語
선표착해 위 운약유인 언여래득아뇩보리자 시인 부실어

後釋正見 偈 云菩提 彼行等 謂等前菩薩行無得也 無著 云或
후석정견 게 운보리 피행등 위등전보살행무득야 무착 운혹

謂然燈佛所 於法 不得正覺 世尊 後時 自得正覺 爲離此取 故
위연등불소 어법 부득정각 세존 후시 자득정각 위이차취 고

云若人言等 二 斷一向無法疑 論 云有人 謗言 若無因行 則如
운약인언등 이 단일향무법의 논 운유인 방언 약무인행 즉여

來 不得阿耨菩提 爲斷此疑故 云如來所得等 於中 文二 初 遣
래 부득아뇩보리 위단차의고 운여래소득등 어중 문이 초 견

執遮疑
집차의

먼저(先)는 잘못 안 것을 나타낸 것이니, 위역에 따르면, 만약 어떤 사람이, 여래가 아뇩보리를 얻었다고 한다면, 이 사람은 실답지 못한 말을 한 것이라 했다. 뒤(后)는 정견을 해석함이니, 게송으로 말하기를, 보리는 피안의 바라밀행과 같다 하니 앞의 보살행의 무득과 같다고 했다. 무착이 말하기를, 혹 어떤 이가 말하길, 연등불 처소에서는 법에 정각을 얻지 못했음이요 세존께서 뒤에 스스로 정각을 얻었다 하니, 이 취착을 떠나기 위한 고로 '만약 어떤 사람이 말하길~'이라 하셨다.

㈏ 한결같이 법이 없다고 하는 의심을 끊은 것이다. 논에 따르면, 어떤 사람이, 만약 인행이 없으면 곧 여래가 아뇩보리를 얻지 못하였을 것이라고 비방하여 말하므로, 이런 의심을 끊기 위한 고로 '여래가 얻은 바' 등이라 했다. 그 중에 글이 두 가지니 ㉮ 집착을 놓아주고 의심을 막은 것이다.

須菩提 如來所得阿耨多羅三藐三菩提 於是中無實無虛

수보리야, 여래가 얻었다는 아뇩다라삼먁삼보리는 그 가운데는 실다움도 없는 것이고 헛되다 할 것도 없는 것이니라.

설 前言佛 以明無得無實 此言法 以明所得無虛 若論佛義 猶
전언불 이명무득무실 차언법 이명소득무허 약론불의 유
如大虛 廓然無諸相 寂然無去住 盡十方世界 都盧是一身 更無
여대허 확연무제상 적연무거주 진시방세계 도로시일신 갱무
二相 傳介什麼 得介什麼 所以 道 實無有法如來得阿耨菩提等
이상 전개습마 득개습마 소이 도 실무유법여래득아뇩보리등
若論法義 如彼大虛 白日相似 萬像森羅 差別全身 見聞覺知 應
약론법의 여피대허 백일상사 만상삼라 차별전신 견문각지 응
用無妨 這裏 說聽 亦不無 傳得 亦不無 所以 道 無實無虛 雖
용무방 저이 설청 역불무 전득 역불무 소이 도 무실무허 수
然無實 亦非無實也
연무실 역비무실야

앞에서는 부처님이 무득과 무실을 밝히시고 여기서는 법을 들어 얻은 바가 헛됨이 없음을 밝히셨다. 만약 부처님의 뜻을

논할진댄, 마치 큰 허공과 같아서 확연히 모든 상이 없으며 적연하여 가고 머무름이 없어서 온 시방세계가 모두 한 몸인 것이다. 다시 두 상이 없으니 전한다는 것은 무엇이며 얻는다는 것은 무엇이리오. 그러므로 말하길, 실로 법이 있어서 여래가 아뇩보리 등을 얻음이 아니라고 하셨다. 만약 법의 뜻을 논한다면, 저 큰 허공의 밝은 해와 같아서 삼라만상이 그대로 차별된 온전한 몸이요, 견문각지가 응용함에 방해됨이 없는 것이다. 이 속에는 설하고 들음도 역시 없지 않으며 전하고 얻음도 또한 없지 않음이다. 그러므로 말하길, 무실무허이라 하니, 비록 그렇게 실답지 못함이나 또한 실답지 못하지도 않은 것이다.

규봉 論 云無色等相故 彼卽菩提相故 無著 云顯眞如無二故 謂
논 운무색등상고 피즉보리상고 무착 운현진여무이고 위
言說故 謂彼正覺 不無世間言說故
언설고 위피정각 불무세간언설고

논에 따르면, 색 등의 상이 없는 까닭이며 그것이 곧 보리의 상인 까닭이라 하고, 무착이 말하기를, 진여가 둘이 아님을 나타낸 까닭이라 하며, 언설을 말하는 까닭이니, 저 정각은 세간의 언설이 없지 않는 까닭이라 했다.

육조 佛言 實無所得心 而得菩提 以所得心 不生 是故 得菩提
불언 실무소득심 이득보리 이소득심 불생 시고 득보리
離此心外 更無菩提可得 故言無實也 所得心 寂滅 一切智 本有
이차심외 갱무보리가득 고언무실야 소득심 적멸 일체지 본유
萬行 悉圓備 恒沙德性 用無乏少 故言無虛也
만행 실원비 항사덕성 용무핍소 고언무허야

부처님께서 말씀하시기를, 실로 얻을 바 없는 마음으로 보리

를 얻음이니, 얻을 바의 마음이 나지 않으므로 보리를 얻음이니라. 이 마음을 여의고 밖으로 다시 보리를 가히 얻을 수 없으므로 실다움이 없다고 말함이다. 소득심이 적멸하면 모든 지혜가 본래 있으며 만행이 모두 원만히 갖추어져서 항하사의 덕성을 쓰되 조금도 부족함이 없으므로 헛됨이 없다고 한다.

야부 富嫌千口少 貧恨一身多
　　　부혐천구소　빈한일신다

　부유하면 천 개의 입도 적다고 싫어하고, 가난하면 한 몸도 많다고 한탄하도다.

설 實而無實 虛而無虛
　　실이무실　허이무허

　실답되 실다움이 없음이요, 헛되되 헛되지 않음이로다.

야부 生涯如夢若浮雲 活計都無絶六親 留得一雙靑白眼 笑看無
　　　생애여몽약부운　활계도무절육친　유득일쌍청백안　소간무
限往來人
한왕래인

　생애가 꿈과 같고 뜬구름과 같으니
　살 길을 모두 잃어 육친이 끊어졌도다.
　오직 한 쌍의 청백안을 얻어서
　무한한 왕래인을 웃으며 보도다.

설　莫怪寥寥無一物 伊家活計自如然 莫謂一向空無物 左之右
　　　막괴요요무일물　이가활계자여연　막위일향공무물　좌지우
之應無虧
지응무휴

요요하여 한 물건도 없음을 괴이하게 여기지 말라. 너의 집 살림살이가 본래로 그러하도다. 한결같이 공하여 물이 없다고 말하지 말라. 좌로 가나 우로 가나 응함에 모자람이 없도다.

규봉 二, 釋義斷疑
이, 석의단의

㉯ 뜻을 해석하여 의심을 끊은 것이다.

是故 如來 說一切法 皆是佛法
그러므로 여래는 말하기를 '모든 법이 불법이다' 라고 하느니라.

설 前言無實則法法 無自性 內而根身 外而器界 相相 皆爲虛
전언무실즉법법 무자성 내이근신 외이기계 상상 개위허
妄 無可指陳 此言無虛則法法 依位住 鶴長鳧短 松直棘曲 相相
망 무가지진 차언무허즉법법 의위주 학장부단 송직극곡 상상
元眞 無非實相 牛佛馬佛 男佛女佛 不相借借 各受法樂
원진 무비실상 우불마불 남불여불 불상차차 각수법락

앞에서는 무실을 말한 즉 법과 법이 자성이 없어서 안으로 육근의 몸(根身)과 밖으로의 세계(器界)가 상과 상이 다 허망해서 가히 (이것이라고) 가르칠 것이 없음이고, 여기에서는 무허를 말한즉 법과 법이 다 법위에 주하여, 학다리는 길고 오리다리는 짧으며 소나무는 곧고 가시덩굴은 굽어서 모양과 모양이 원래로 진실함이라, 실상 아님이 없으니, 소부처·말부처·남부처·여부처가 서로 빌리지 않고 각기 법락을 수용함이로다.

야부 明明百草頭 明明祖師意
　　　명 명 백 초 두　명 명 조 사 의

　분명하고도 분명한 백초두는 분명하고도 분명한 조사의 뜻이로다.

설 祖意明明百草頭 百草頭上 好開眸
　　조 의 명 명 백 초 두　백 초 두 상　호 개 모

　조사의 뜻이 백초두에 분명하고도 분명하니 사물 하나하나 위에서 좋게 눈을 뜰지어다.

야부 會造逡巡酒 能開頃刻花 琴彈碧玉調 爐煉白硃砂 幾般伎
　　　회 조 준 순 주　능 개 경 각 화　금 탄 벽 옥 조　로 연 백 주 사　기 반 기
俩 從何得 須信風流出當家
량　종 하 득　수 신 풍 류 출 당 가

　준순주를 만들 줄 알고
　경각화를 능히 피우도다.
　거문고로 벽옥의 곡조를 타고
　화로에 백주사를 정련하도다.
　몇 가지의 기량을 어디서 배웠는가?
　모름지기 풍류가 자기 집에서 흘러나옴을 믿을지니라.

설 造酒開花 伎俩 多端 如是伎俩 匪從他得
　　조 주 개 화　기 량　다 단　여 시 기 량　비 종 타 득

　술을 빚고 꽃을 피움이여. 기량이 여러 가지이니 이와 같은 재주는 다른 이에게서 얻음이 아니로다.

須菩提 所言一切法者 卽非一切法 是故 名一切法

수보리야, 모든 법이라는 것도 모든 법이 아니므로 모든 법이라고 하느니라.

설 前言無實無虛則捏取放開　此言法卽非法則放開捏取　伊麼
　　전언무실무허즉날취방개　차언법즉비법즉방개날취　이마
則佛則是法 法則是佛 佛法 無二 道方現前
즉불즉시법 법즉시불 불법 무이 도방현전

앞에서는 무실무허를 말한즉 취했다가 놓음이요, 여기서 법이 곧 법아님이라고 말한 것은 놓았다가 다시 취한 것이다. 이러한즉 부처가 곧 법이요, 법이 곧 부처이니, 부처와 법이 둘이 아닌 것이다. 도가 바야흐로 현전함이로다.

규봉 論 云一切法 皆眞如體 故皆佛法 卽非者 由色等法 卽眞
　　　논 운일체법 개진여체 고개불법 즉비자 유색등법 즉진
如故 卽非色等法 眞如 常無色等諸相故 是名者 卽是眞如法自
여고 즉비색등법 진여 상무색등제상고 시명자 즉시진여법자
性矣
성의

논에 따르면, 일체법이 다 진여의 체이므로 모두 불법이라 했다. '즉비'란 색 등의 법은 곧 진여로부터 말미암은 고로 곧 색 등이 법아님이니, 진여는 항상 색 등의 모든 상이 없는 까닭이고 '시명'이란 곧 진여법의 자성이다.

육조 能於諸法 心無取捨 亦無能所 熾然建立一切法 而心常空
　　　능어제법 심무취사 역무능소 치연건립일체법 이심상공

寂 故知一切法 皆是佛法恐迷者 貪著一切法 以爲佛法 爲遣此
적 고지일체법 개시불법공미자 탐착일체법 이위불법 위견차
病故 言卽非一切法 心無能所 寂而常照 定慧齊行 體用一致 是
병고 언즉비일체법 심무능소 적이상조 정혜제행 체용일치 시
故 名一切法也
고 명일체법야

 능히 모든 법에 대해서 마음으로 취사가 없고, 또한 능소가 없으면 치연히 일체법을 건립하되 마음은 항상 공적함이니, 그러므로 알라. 일체법이 모두 불법이거니와 미한 사람은 일체법에 탐착하여 이것으로 불법을 삼을까 두려워한 까닭에, 이런 병을 고치기 위해서 말씀하시기를 곧 일체법이 아니라고 함이다. 마음에 능소가 없어서 고요하되 항상 비추면 정과 혜가 가지런히 행해지고 체와 용이 일치하게 됨으로 이름하여 일체법이라 한다.

야부 上大人丘乙己
　　　　상 대 인 구 을 기

상대인 구을기로다.

설 斯道之體 最尊極無上 廣博無邊表 混空爲體性 無物爲等
　　　사 도 지 체　최 존 극 무 상　광 단 무 변 표　혼 공 위 체 성　무 물 위 등
論 所以 道上大人丘乙己 上大人之言 世稱孔聖之談 然 此乃天
논　소 이　도 상 대 인 구 을 기　상 대 인 지 언　세 칭 공 성 지 담　연　차 내 천
下之公名 豈一人之獨稱哉 但孔聖 深體乎此 而其德之大成 未
하 지 공 명　개 일 인 지 독 칭 재　단 공 성　심 체 호 차　이 기 덕 지 대 성　미
嘗有問然故 稱之云然 如所謂佛者 妙契天眞佛體故 稱之爲佛也
상 유 문 연 고　칭 지 운 연　여 소 위 불 자　묘 계 천 진 불 체 고　칭 지 위 불 야

 이 도의 체는 가장 높고 지극하여 위가 없고 지극히 넓어서 끝이 없으며 온 허공으로 체성을 삼아서 어떤 물건과도 짝할

수 없으므로 말하길, '상대인 구을기'라 한 것이다. '상대인'이란 세상에서 공자 등의 성인을 말하나 이것은 천하의 공명이니, 어찌 한사람만을 홀로 일컫는 것이겠는가. 다만 공자 등의 성인이 깊이 이것을 체득하여 그 덕을 크게 이룬 것이 일찍이 끊임이 없는 고로 그렇게 칭함이니, 저 이른바 부처란 것도 천진불체에 묘하게 계합한 까닭에 부처라 하는 것이다.

야부 是法非法不是法 死水藏龍活鱍鱍 是心非心不是心 逼塞虛
　　　　시법비법불시법　사수장용활발발　시심비심불시심　핍새허

空古到今 秖者是 絶追 尋 無限野雲 風捲盡 一輪孤月 照天心
공고도금　지자시　절추　심　무한야운　풍권진　일륜고월　조천심

　　시법과 비법은 이 법이 아님이여,
　　죽은 물에 잠긴 용이 활발발하도다.
　　시심과 비심은 모두 시심이 아님이여,
　　허공을 가득 채우고 예로부터 오늘에 이르렀도다.
　　다만 이것일 뿐이라, 달리 찾을 게 없도다.
　　한없는 들구름을 바람이 다 거두니,
　　둥근달만이 하늘 한가운데서 비춤이로다.

설 法則是心不是法 死水藏龍活鱍鱍 法旣非法心亦非 非心心
　　　법즉시심불시법　사수장용활발발　법기비법심역비　비심심

體塞天地 塞天地 今古應無墜 分明在目前 在目前 何用區區謾
체새천지　새천지　금고응무추　분명재목전　재목전　하용구구만

追尋 是非雲盡 心法雙忘 大人面目 當陽顯赫
추심　시비운진　심법쌍망　대인면목　당양현혁

　　법은 곧 마음이고 법이 아니니 죽은 물에 잠긴 용이 활하게 움직임이다. 법은 이미 법이 아니고 마음 또한 아니므로 비심

인 심체가 천지에 가득 찼도다. 천지를 메움이여, 지금과 옛날에 응당 떨어짐이 없이 분명히 눈앞에 있음이로다. 눈앞에 있는데 어찌 구구하게 부질없이 따로 찾을 것인가. 시비의 구름이 다하여 마음과 법을 쌍으로 잊으니 대인의 면목이 햇빛에 나와 밝게 빛남이로다.

규봉 三 顯眞佛眞法體
　　　　삼　현진불진법체

㈐ 진불과 진법의 체를 나타낸 것이다.

須菩提 譬如人身長大 須菩提 言 世尊 如來
說人身長大 卽爲非大身 是名大身
수보리야, 비유하건대 어떤 사람의 몸집이 엄청 큰 것과 같으니라.
수보리가 여쭈었다.
"세존이시여, 여래께서 말씀하시는 '어떤 사람의 몸집이 엄청 크다'는 것은 큰 몸집이 아니므로 큰 몸집이라 하시는 것입니다."

설 此身 無限量 無邊表 無一物可等伊 無一物能蓋伊 設道大
　　차신　무한량　무변표　무일물가등이　무일물능개이　설도대
同須彌 早已局限他了也 量同大虛 亦局限他了也 因甚道非身
동수미　조이국한타료야　양동대허　역국한타료야　인심도비신

本是尊貴人 不居尊貴位 須彌頂上 尋不遇 芳草岸頭 或相逢 是
본시존귀인 불거존귀위 수미정상 심불우 방초안두 혹상봉 시

名爲大身 令人特地愁 摩竭 爲之曾掩關 毗耶 爲之口掛壁
명위대신 영인특지수 마갈 위지증엄관 비야 위지구괘벽

이 몸은 한량이 없고 끝이 없어 한 물건도 그것과 같은 것이 없으며 일물도 능히 그것을 덮을 수 없음이니, 설사 크기가 수미산과 같다고 말하더라도 벌써 그것에 국한한 것이며 그 양이 큰 허공과 같더라도 그것에 국한된 것이다. 무엇으로 인하여 몸이 아니라고 말하는가? 본래 존귀한 사람은 존귀한 위치에 머물지 않았으니 수미 정상에서 찾아봐도 만나지 못함이다. 방초 우거진 언덕에서 혹 서로 만남이로다. 이름이 큰 몸이라 함이여, 사람으로 하여금 특별히 서글프게 하도다. 마갈타(摩竭陀)에서 그를 위해 일찍이 문을 닫았고 비야리성에서는(유마거사 있던 곳) 그를 위해 입을 벽에 걸었도다.

규봉 偈 云依彼法身佛 故說大身喩 身離一切障 及徧一切境 功
　　　게 운의피법신불 고설대신유 신이일체장 급편일체경 공

德及大體 故卽說大身 非身卽是身 是故說非身 論 云非身者 無
덕급대체 고즉설대신 비신즉시신 시고설비신 논 운비신자 무

有諸相故 大身者 有眞如體故 無著 云攝一切衆生 大身故 於彼
유제상고 대신자 유진여체고 무착 운섭일체중생 대신고 어피

身中 安立非自非他故
신중 안립비자비타고

게에 말하길, 저 법신을 의지하는 고로 큰 몸을 비유해서 말함이니, 몸은 일체 장애를 떠났으며 또 일체 경계에 두루하도다. 공덕(報身)과 대체(法身)이니 그러므로 곧 큰 몸이라 설하였고, 몸 아님이 이 몸이니 큰 몸이라 했도다. 논에 따르면, 신이란 제상이 있지 않음이고 대신이란 진여의 체가 있음이라 하

며, 무착이 말하기를, 일체중생을 포섭한 대신인 고로 저 몸 가운데서 자타가 아닌 도리를 세운 까닭이라 했다.

육조 如來 說人身長大 卽爲非大身者 以顯一切衆生 法身 不二
여래 설인신장대 즉위비대신자 이현일체중생 법신 불이
無有限量 是名大身 法身 本無 處所 故言卽非大身 又以色身
무유한량 시명대신 법신 본무 처소 고언즉비대신 우이색신
雖大 內無智慧 卽非大身也 色身 雖小 內有智慧 得名大身 雖
수대 내무지혜 즉비대신야 색신 수소 내유지혜 득명대신 수
有智慧 不能依行 卽非大身 依敎修行 悟入諸佛無上知見 心無
유지혜 불능의행 즉비대신 의교수행 오입제불무상지견 심무
能所限量 是名大身
능소한량 시명대신

여래가 설한 사람 몸의 장대가 곧 큰 몸이 아니라는 것을 일체중생들에게 말한 것으로, 법신은 둘이 아니어서 한량이 없으므로 그 이름이 큰 몸이라 하고, 본래 처소가 없는 것을 나타낸 것이므로 곧 큰 몸이 아니라고 말한 것이다. 또한 색신이 비록 크나 안으로 지혜가 없으면 곧 큰 몸이 아님이요, 색신이 비록 작으나 안으로 지혜가 있으면 큰 몸이라 하며, 비록 지혜가 있으나 능히 의지하여 행하지 않으면 곧 큰 몸이 아님이다. 가르침에 의지하여 수행으로 제불의 위없는 지견을 깨달아 들어가서 마음에 능소와 한량이 없으면 이것을 큰 몸이라 이름하느니라.

야부 喚作一物 卽不中
환작일물 즉부중

일물이라 해도 맞지 않도다.

설 設道卽心卽佛 爭奈非心非佛 設道一物 亦非一物
　　설도즉심즉불 쟁나비심비불 설도일물 역비일물

　설사, 즉심이 즉불이라 말하더라도 비심비불임을 어찌 할 것이며, 설사 일물이라 말하더라도 또한 일물이 아닌 것이다.

야부 天産英靈六尺軀 能文能武善經書 一朝 識破孃生面 方信
　　　천산영령육척구 능문능무선경서 일조 식파양생면 방신
閑名 滿五湖
한명 만오호

　하늘이 뛰어난 육척의 몸을 낳으시니
　문에도 능하고 무에도 능하며 경서도 잘 하도다.
　하루아침에 본래면목을 깨뜨리니
　바야흐로 부질없는 이름들이
　천하에 가득함을 믿는도다.

설 能文武善經書 可謂天産之英靈 人間之俊傑 然 只得雙眼
　　능문무선경서 가위천산지영령 인간지준걸 연 지득쌍안
圓明 未開得頂門正眼 識得大人面目然後 許伊開得頂門正眼伊
원명 미개득정문정안 식득대인면목연후 허이개득정문정안이
麽則目前所作 只是閑事 所聞 亦只是閑名
마즉목전소작 지시한사 소문 역지시한명

　문무에도 능하고 경서에도 밝으니 가히 말하길, 하늘이 낳은 뛰어난 사람이며 인간 중의 준걸이로다. 그러나 다만 두 눈이 뚜렷이 밝음을 얻은 것이요, 정문(頂門, 智慧眼)의 바른 눈은 얻어 열지 못했으니 대인의 안목을 안 연후에야 저 정문의 정안을 열었음을 허락하는 것이다. 이러한즉 눈앞에서 짓는 것이 단지 부질없는 일이며 듣는 바도 또한 부질없는 이름들이로다.

규봉 第十四 斷無人度生嚴土疑 論 云若無菩薩者 諸佛 亦不成
　　　제십사　단무인도생엄토의　논　운약무보살자　제불　역불성
菩提 衆生 亦不入涅槃 亦無淸淨佛土 何故 諸菩薩 發心 欲令
보리　중생　역불입열반　역무청정불토　하고　제보살　발심　욕령
衆生 入涅槃 起心修行 淸淨佛土 斷之 文三 一 遮道生念 文
중생　입열반　기심수행　청정불토　단지　문삼　일　차도생념　문
三 一 明失念
삼　일　명실념

　<14>는 '사람이 없다면 중생을 제도하고 불토를 장엄할 수 있는가?' 하는 의심을 끊음이다. 논에 따르면, '만약 보살이 없을진대 모든 부처님도 또한 보리를 이루지 못하여 중생도 또한 열반에 들지 못할 것이며, 또한 청정불토도 없거늘 무슨 까닭으로 모든 보살이 발심하여 중생으로 하여금 열반에 들게 하며, 마음을 일으켜 수행해서 불토를 청정하게 하는가?' 하므로 그것을 끊음이다. 글에 세 가지니, ㈎ 중생을 제도한다는 생각을 막는 것이다. 여기에 세 가지니, ㉮ 실념을 밝힌 것이다.(생각을 잃는 것)

　　須菩提 菩薩 亦如是 若作是言 我當滅度無量
　　衆生 卽不名菩薩
　　"수보리야, 보살들도 또한 그러하여 만약 이런 말을 하되 '내가 마땅히 한량없는 중생을 제도한다' 하면 보살이라 이름하지 못하느니라.

규봉 偈 云不達眞法界 起度衆生意 及淸淨國土 生心 卽是倒
게 운부달진법계 기도중생의 급청정국토 생심 즉시도
二, 明無人
이, 명무인

 게로 말하길, 진법계를 통달하지 못하여 중생을 제도한다는 것과 국토를 청정하게 한다는 생각을 일으키니, 이런 마음을 내는 것이 곧 전도된 것이라 했다.
 ㉴ 사람이 없음을 밝힌 것이다.

  何以故 須菩提 實無有法名爲菩薩
  왜냐하면 수보리야, 실제로 어떤 법도 보살이라
  이름할 게 없기 때문이니라.

규봉 無法名菩薩 豈有我度衆生 三 引前說
  무법명보살 개유아도중생 삼 인전설

 법으로 보살이라 이름할 것이 없으니, 어찌 내가 중생을 제도한다 할 것이오. ㉵ 앞에서 설함을 이끌어주는 것이다.

  是故 佛說一切法 無我無人無衆生無壽者
  이렇기 때문에 부처는 말하기를 모든 법은 자아
  ·인간·중생·수명이라는 고정된 관념이 없는
  것이라 하느니라."

설 始因空生問住降 敎以滅度而無滅 以明無住無我之意 令如
　　시인공생문주항　교이멸도이무멸　이명무주무아지의　영여

是降心 如是安住也 次言實無有法如來得阿耨等 又言一切法 以
시항심　여시안주야　차언실무유법여래득아뇩등　우언일체법　이

至云大身 卽非大身 以明佛法道三 皆空而無住 此言菩薩 亦如
지운대신　즉비대신　이명불법도삼　개공이무주　차언보살　역여

是 至實無有法名爲菩薩 重明無住無我之意 乃云是故 佛說一切
시　지실무유법명위보살　중명무주무아지의　내운시고　불설일체

法 無我無人無衆生無壽者 伊麽則現前天地日月 萬像森羅 以至
법　무아무인무중생무수자　이마즉현전천지일월　만상삼라　이지

二乘諦緣 菩薩六度 諸佛無上正等菩提 一一無住 一一無相 一
이승제연　보살육도　제불무상정등보리　일일무주　일일무상　일

一淸淨 一一寂滅 一一如銀山鐵壁相似 無有一法 容思議於其間矣
일청정　일일적멸　일일여은산철벽상사　무유일법　용사의어기간의

　　처음 수보리가 주하고 항복함에 대한 질문으로 인하여 중생을 멸도하되 멸도함이 없어야 함을 가르쳐서 무아·무주의 뜻을 밝히시어, 이로 하여금 이와 같이 항복받으며 이와 같이 안주케 하신 것이다. 다음에는 실로 법이 있어서 여래가 아뇩보리 등을 얻지 않았다 하시고 또한 일체법으로부터 큰 몸이 곧 큰 몸이 아니라고 한 데까지 말씀하시어, 불법승 세 가지가 다 공하여 주함이 없음을 밝히셨다. 이어서 말씀하시기를, 보살도 또한 이와 같아서 실로 법이 있어 이름을 보살이라 이름하지 않는 데까지 말씀하시어 거듭 무주·무아의 뜻을 밝히셨다. 이에 말씀하시길, 그러므로 부처님께서 설하신 일체법은 아도 없고 인도 없으며 중생도 없고 수자도 없다 하셨다. 이러한즉 눈앞에 나타난 천지일월과 삼라만상으로 이승과 사제 12인연과 보살의 육도만행과 제불의 무상정등보리에 이르기까지 낱낱이 무주며 낱낱이 무상하며 낱낱이 청정하며 낱낱이 적멸하며 낱낱이 은산철벽과 서로 같아서 한 법도 그 사이에 생각함을 용

납할 수 없는 것이다.

육조 菩薩 若言因我說法 除得彼人煩惱 卽是法我 若言我能度
　　　보살 약언인아설법 제득피인번뇌 즉시법아 약언아능도
得衆生 卽有我所 雖度脫衆生 心有能所 我人不除 不得名爲菩
득중생 즉유아소 수도탈중생 심유능소 아인부제 부득명위보
薩 熾然說種種方便 化度衆生 心無能所 卽是菩薩也
살 치연설종종방편 화도중생 심무능소 즉시보살야

　보살이 만약 말하길, 나의 설법으로 인하여 저 사람의 번뇌를 없앤다고 하면 이것이 곧 법아이고, 만약 내가 능히 중생을 제도한다고 말한다면 이것은 곧 아소가 있음이니, 비록 중생을 제도하고 해탈하나 마음에 능소가 있어서 아와 인을 없애지 못하면 보살이란 이름을 얻지 못할 것이다. 치연하게 가지가지 방편을 설하여 중생을 교화하고 제도하되 마음에 능소가 없으면 이는 곧 보살이니라.

야부 喚牛卽牛　呼馬卽馬
　　　환우즉우　호마즉마

　소라고 부르면 곧 소이고, 말이라 부르면 곧 말이다.

설 旣一一如銀山鐵壁相似　作麽生出氣去　喚牛卽牛　呼馬卽馬
　　 기일일여은산철벽상사　작마생출기거　환우즉우　호마즉마
法本是無 道無 亦不乖法體 法本是有 道有 亦不乖法體
법본시무 도무 역불승법체 법본시유 도유 역불승법체

　이미 낱낱이 은산철벽과도 같은데 무엇으로 기운을 내어 가겠는가? 소라고 부르면 곧 소이고 말이라 부르면 곧 말이니 법은 본래 없음이다. 없다고 말해도 또한 법체를 어기지 않으며, 법은 본래 있음이라 있다고 해도 또한 법체를 어기지 않느니라.

야부 借婆衫子拜婆門 禮數周旋已十分 竹影 掃階塵不動 月穿
　　　　차파삼자배파문　예수주선이십분　죽영 소계진부동　월천

潭底水無痕
담저수무흔

　노파의 적삼(婆衫子)을 빌려 입고
　노파의 문 앞에서 절을 하니
　예의가 법도에 맞음이 이미 충분하도다.
　대나무 그림자 뜰을 쓸어도 티끌은 움직이지 않고
　달빛이 연못에 구멍을 뚫어도 물에는 흔적이 없네.

설 看取門前禮數儀 借來堂上婆子衫 有影掃階塵不動 當軒翠
　　　간취문전예수의　차래당상파자삼　유영소계진부동　당헌취
竹 舞婆娑 有華透水水無痕 在天明月 光炯曜 空耶 有耶 吾不
죽　무파사　유화투수수무흔　재천명월　광형요　공야 유야 오불

稱斷
칭단

　문전에서 예의를 갖추는 거동을 보아라. 당상의 노파옷을 빌려 입었도다. 그림자로 뜰을 쓸어도 티끌은 움직이지 않고, 툇마루의 푸른 대나무만 너울너울 춤을 추도다. 달빛이 물을 뚫지만 물에 그 흔적이 없고 하늘의 밝은 달만 그 빛이 밝도다. 없느냐, 있느냐? 나는 단적으로 말할 수 없음이로다.

규봉 二 遮嚴土念 於中 文二 一 明失念
　　　　이　차엄토념　어중　문이 일　명실념

　㈏ 국토를 장엄한다는 생각을 막음이다. 이 중에 두 가지니,
㈎ 실념을 밝힌 것이다.

須菩提 若菩薩 作是言 我當莊嚴佛土 是不名菩薩

"수보리야, 만약 보살이 말하기를 '내가 불국토를 장엄한다' 하면 보살이라 이름하지 못하나니

규봉 二, 釋所以
이, 석소이

㉯ 까닭을 해석함이다.

何以故 如來 說莊嚴佛土者 卽非莊嚴 是名莊嚴
그 까닭은 여래가 말하는 불국토의 장엄은 장엄이 아니므로 장엄이라 하느니라.

육조 菩薩 若言我能建立世界者 卽非菩薩 雖能建立世界 心有
보살 약언아능건립세계자 즉비보살 수능건립세계 심유
能所 卽非菩薩 熾然建立世界 能所心 不生 是名菩薩 最勝妙定
능소 즉비보살 치연건립세계 능소심 불생 시명보살 최승묘정
經 云假使有人 造得白銀精舍 滿三千大千世界 不如一念禪定心
경 운가사유인 조득백은정사 만삼천대천세계 불여일념선정심
心有能所 卽非禪定 能所不生 是名禪定 禪定 卽是淸淨心也
심유능소 즉비선정 능소불생 시명선정 선정 즉시청정심야

보살이 만약 내가 능히 세계를 건립한다고 하면 이는 곧 보살이 아닌 것이다. 비록 능히 세계를 건립하나 마음에 능소가

있으면 곧 보살이 아님이니, 치연히 세계를 건립하되 능소심이 나지 않아야 보살이라 한다. 최승묘정경에 의하며, 가령 어떤 사람이 백은으로 절을 삼천세계에 가득히 짓는다 할지라도 한 순간의 선정심만 같지 못하다고 하시니, 마음에 능소가 있으면 곧 선정이 아님이요 능소가 나지 않아야 선정이라 이름하니, 선정이 곧 청정심을 말한다.

규봉 三 釋成菩薩
삼 석성보살

㈐ 보살의 성취를 해석함이다.

須菩提 若菩薩 通達無我法者 如來 說名眞是菩薩
수보리야, 만약 보살이 '나'가 없는 법을 통달하면 여래는 그를 진정한 보살이라 이름하느니라."

설 前依度生 以明無我 此依嚴土 復明無我 乃云若菩薩 通達
전의도생 이명무아 차의엄토 부명무아 내운약보살 통달
無我法者 如來 說名眞是菩薩 只如無我底道理 作麽生道 內不
무아법자 여래 설명진시보살 지여무아저도리 작마생도 내불
見有五蘊身 天地萬物 爲一已 更有一道理 亦名無我法 寒山拾
견유오온신 천지만물 위일이 갱유일도리 역명무아법 한산습
得 兩相隨 在山在途影從形 若使二人 如有我 一在靑山一在途
득 양상수 재산재도영종형 약사이인 여유아 일재청산일재도

作麼生通達　智窮文殊之智源　權掛垢衣伊麼來　行窮普賢之行海
작마생통달　지궁문수지지원　권괘구의이마래　행궁보현지행해
却粧珍御伊麼去
각장진어이마거

　　앞에서는 중생 제도에 의지하여 무아를 밝히시고 여기서는 불토 장엄에 의지하여 다시 무아를 밝히시니, 이에 말씀하시길, 만약 보살이 무아의 법에 통달한 자라면 여래는 참다운 보살이라 이른다 하시니, 다만 저 무아의 도리를 어떻게 말할 것인가? 안으로 오온의 몸이 있음을 보지 않으니 천지만물이 한 몸이 된다. 다시 한 도리가 있으니 또한 이름이 무아의 법이다. 한산과 습득, 두 사람이 서로 따르니 산에 있으나 길에 있으나 그림자가 형상을 쫓음과 같도다. 만약 두 사람으로 하여금 아가 있었으면 한 사람은 청산에 있고 한 사람은 길에 있을 것이다. 어떻게 통달했다 하는가? 지혜는 문수의 지혜 근원(智源)을 궁구하여 방편으로 때 묻은 옷을 걸치고 이렇게 오며, 행은 보현의 행해를 궁구하여 도리어 진귀한 것으로 꾸며 이렇게 가느니라.

규봉 論 云若起度生嚴土心 卽是顚倒 非菩薩者 起何等心 名爲
　　　논 운약기도생엄토심 즉시전도 비보살자 기하등심 명위
菩薩 故 經 言通達等 無著 云謂人無我法無我
보살 고 경 언통달등 무착 운위인무아법무아

　　논에 따르면, 만약 중생을 제도하고 불토를 장엄한다는 마음을 일으키면 이는 곧 전도된 것이다. 보살이 아닐진대, 어떤 마음을 일으켜야 보살이라 하는가 하므로, 이 경에서는 무아를 통달했다 하며, 무착이 말하기를, 인무아·법무아라 했다.

육조 於諸法相 無所滯礙 是名通達 不作解法心 是名無我法 無
　　　　어제법상　무소체애　시명통달　부작해법심　시명무아법　무
我法者 如來 說名眞是菩薩 隨分行持 亦得名爲菩薩 然 未爲眞
아법자　여래　설명진시보살　수분행지　역득명위보살　연　미위진
菩薩 解行 圓滿 一切能所心 盡 方得名爲眞是菩薩也
보살　해행　원만　일체능소심　진　방득명위진시보살야

　모든 법상에 걸린 바가 없음을 통달이라 하고, 법을 안다는 마음을 짓지 않음을 이름하여 무아법이라 한다. 무아법이란 여래가 참다운 보살이라 이름하는 것이며 분에 따라 행하는 것을 이름하는 것이다. 그러나 아직 참다운 보살이 못됨이니, 아는 것과 행함(解行)이 원만하여 일체의 능소심이 다하여야 바야흐로 이름을 참다운 보살이라 할 수 있다.

부대사 人與法相待 二相 本來如 法空 人是妄 人空 法亦袪 人
　　　　　인여법상대　이상　본래여　법공　인시망　인공　법역거　인
法 兩俱實 授記可非虛 一切皆如幻 誰言得有無
법　양구실　수기가비허　일체개여환　수언득유무

　인과 법이 상대함이여,
　두 상이 본래부터 같도다.
　법이 공하면 인이 망이요
　인이 공하면 법도 또한 없도다.
　인과 법이 둘 다 함께 실다움이라
　수기가 가히 헛되지 않거니와,
　일체가 모두 환과 같거니
　누가 얻음이 있고 없음을 말하리오.

야부 寒卽普天寒 熱卽普天熱
　　　　한즉보천한　열즉보천열

추우면 온 하늘이 다 춥고, 더우면 온 하늘이 다 덥도다.

설 妙造文殊之智境 朔風 冽冽 霜雪 漫天 高踏普賢之行門
　　묘조문수지지경　삭풍　열렬　상설　만천　고답보현지행문
熏風 習習 靑黃 滿地
훈풍 습습 청황 만지

　　묘하게 문수의 지혜 경계에 나아가니 삭풍이 매우 차서 서리와 눈이 하늘에 가득함이요, 높은 보현의 행문을 밟으니 훈풍이 은은히 불어와 푸르고 누른 빛이 천지에 가득하도다.

야부 有我元無我 寒時 燒軟火 無心似有心 半夜 拾金針 無心
　　유아원무아　한시　소연화　무심사유심　반야　습금침　무심
無我 分明道 不知道者 是何人 呵呵
무아 분명도 부지도자 시하인 가가

　　아가 있음은 원래 아가 없음이니
　　추울 때는 연화를 태우고
　　무심은 유심과 같아서
　　한밤중에 금침을 줍도다.
　　무심과 무아를 분명하게 일렀건만
　　이를 줄 모르는 자가 누구인가? 하하….

설 本是無我人 度生權立我 寒時軟火 不是可厭 內同枯木 假
　　본시무아인　도생권립아　한시연화　불시가염　내동고목　가
現威儀 夜半拾針 不是無知 分明道出無我理 不知道者是何人
현위의 야반습침 불시무지 분명도출무아리 부지도자시하인
呵呵是有我 無我 有心 無心
가가시유아 무아 유심 무심

　　본래 아·인이 없으되, 중생을 제도하기 위하여 방편으로 아를 세웠으니 추울 땐 불을 지피는 것이 싫지 않고, 안으로는 고목과 같으나 거짓으로 위의를 나타내니 한밤중에 바늘을 줍는 것은 무지함이 아니로다. 분명히 무아의 이치를 말하니, 이르지 못하는 자가 누구인가. 하하, 이것이 유아인가, 무아인가? 유심인가, 무심인가?

종경 妄盡還眞 衆生 何曾滅度 法空無我 菩提 本自圓成 直饒
　　　망진환진 중생 하증멸도 법공무아 보리 본자원성 직요
遇然燈 印證而不疑 已隔來世 況釋迦 重審而方悟 轉涉途程 且
우연등 인증이불의 이격래세 황석가 중심이방오 전섭도정 차
道 不涉途底人 脚跟 還點地麽 丈夫自有衝天智 不向如來行處
도 불섭도저인 각근 환점지마 장부자유충천지 불향여래행처
行 直指單傳密意深 本來非佛亦非心 分明不受然燈記 自有靈光
행 직지단전밀의심 본래비불역비심 분명불수연등기 자유영광
耀古今
요고금

　망이 다하면 도리어 진이 되니 중생이 어찌 일찍이 멸도하리. 법이 공하여 아가 없으니 보리는 본래 스스로 원만하게 이루어지도다. 설사 연등불을 만나 인증하여 의심하지 않더라도 이미 내세를 격했거늘 하물며 석가가 거듭 살펴 바야흐로 깨달아서 전전히 도정을 밟은 것인가? 또 말하라. 길을 밟지 않은 사람은 발이 또한 땅을 밟았는가. 장부는 스스로 충천하는 지혜가 있으니 여래가 행한 곳을 향해서 행하지 않음이다.
　직지와 단전의 비밀한 뜻이 깊으니
　본래 부처도 아니고 또한 마음도 아님이라.
　분명 연등불의 수기를 받지 않았으니
　스스로 신령스런 빛이 있어서 고금에 빛나도다.

설 密意圓成更無求 自有靈光耀古今
　　밀의원성갱무구　자유영광요고금

비밀한 뜻이 뚜렷하게 이루어져 다시 구할 것이 없고, 스스로 신령스런 빛이 있어서 예와 오늘에 빛나도다.

규봉 第十五 斷諸佛 不見諸法疑 論 云前說菩薩 不見彼是衆生
　　제십오 단제불 불견제법의 논 운전설보살 불견피시중생
不見我爲菩薩 不見淸淨國土 若如是則諸佛 不見諸法 斷之 文
불견아위보살 불견청정국토 약여시즉제불 불견제법 단지 문
二 一 約能見五眼 明見淨 於中 又三 一 以偈摠標 偈 云雖不
이 일 약능견오안 명견정 어중 우삼 일 이게총표 게 운수불
見諸法 非無了境眼 諸佛 五種實 以見彼顚倒 二 約經別釋 於
견제법 비무료경안 제불 오종실 이견피전도 이 약경별석 어
中 文五 一 肉眼
중 문오 일 육안

　　<15>는 제불이 제법을 보지 못하는가 하는 의심을 끊은 것이다. 논에 따르면, 앞에서는 보살이 저들이 중생임을 보지 않고 내가 보살임도 보지 않으며 국토가 청정한 것도 보지 않으니, 만약 그렇다면 모든 부처님은 모든 법을 보지 못하는 게 아닌가 하는 의심을 끊은 것이다. 글에 두 가지니, ㈎ 능히 보는 오안을 가지고 견정을 밝힘이다. 그 중에 또 셋이니, ㉮ 게송으로 모두 나타낸 것이다. 게송으로 말하길, 비록 모든 법은 보지 않으나 경계를 요달하는 눈이 없지 않으니, 모든 부처님이 다섯 가지 실다운 것으로 저 전도된 것을 본다 했다. ㉯ 경을 가지고 따로 해석한 것인데, 다섯 가지가 있다.

　　첫째, 육안이다.

18. 일체동관분(一體同觀分)
－한 몸으로 동일하게 봄－

須菩提 於意云何 如來 有肉眼不 如是 世尊
如來 有肉眼
"수보리야, 어떻게 생각하느냐? 여래가 육안이
있느냐?"
"예. 세존이시여, 여래는 육안이 있습니다."

규봉 肉團中 有淸淨色 見障內色 名爲肉眼 佛具諸根 故有肉眼
　　　육 단 중　유 청 정 색　견 장 내 색　명 위 육 안　불 구 제 근　고 유 육 안
二 天眼
이 천 안

　몸 가운데는 청정색이 있어서 외형(障內)의 색을 보는 것을
이름하여 육안이라 하니, 부처님은 모든 근을 다 갖추었으므로
육안이 있는 것이다.
　둘째, 천안이다.

須菩提 於意云何 如來 有天眼不 如是 世尊

如來 有天眼

"수보리야, 어떻게 생각하느냐? 여래가 천안이 있느냐?"

"예. 세존이시여, 여래는 천안이 있습니다."

규봉 於肉眼邊 引淨天眼 見障外色 依大般若說 佛 肉眼 能見
어육안변 인정천안 견장외색 의대반야설 불 육안 능견
人中無數世界 不唯障內 若佛天眼 能見諸天 所有細色 除見天
인중무수세계 불유장내 약불천안 능견제천 소유세색 제견천
外 見人等事 名天眼矣 淨名 云唯佛世尊 得眞天眼 照見恒沙佛
외 견인등사 명천안의 정명 운유불세존 득진천안 조견항사불
土 不以二相 三 慧眼
토 불이이상 삼 혜안

　육안의 끝에 깨끗한 천안을 이끌어서 밖의 색을 보는 것이다. 대반야설을 의하면 부처님은 육안으로 능히 사람 가운데서 무수한 세계를 보나니 오직 외형뿐만 아님이요, 만약 부처님의 천안이라면 능히 제천의 있는 바 미세한 물질까지도 다 보아서 하늘 이외의 사람과 사물을 보는 것을 천안이라 한다. 정명에 의하면, 오직 불세존이 참다운 천안을 얻어서 항하사 같은 불국토를 비추어 보시되, 두 모양으로 보지 않는다 했다.

　셋째, 혜안이다.

須菩提 於意云何 如來 有慧眼不 如是 世尊 如來 有慧眼

"수보리야, 어떻게 생각하느냐? 여래가 혜안이 있느냐?"

"예. 세존이시여, 여래는 혜안이 있습니다."

규봉 以根本智 照眞理 四 法眼
　　　　이근본지 조진리 사 법안

근본의 지혜로써 진리를 비추는 것이다.
넷째, 법안이다.

須菩提 於意云何 如來 有法眼不 如是 世尊 如來 有法眼

"수보리야, 어떻게 생각하느냐? 여래가 법안이 있느냐?"

"예. 세존이시여, 여래는 법안이 있습니다."

규봉 後得智 說法度人 五 佛眼
　　　　후득지 설법도인 오 불안

후득의 지혜로써 법을 설하여 사람을 제도하는 것이다.
다섯째, 불안이다.

須菩提 於意云何 如來 有佛眼不 如是 世尊

如來 有佛眼

"수보리야, 어떻게 생각하느냐? 여래가 불안이 있느냐?"

"예. 세존이시여, 여래는 불안이 있습니다."

설 上明無住無我之意 此 歷擧五眼 以明如來知見 廣大纖悉
상명무주무아지의 차 역거오안 이명여래지견 광대섬실
沙界衆生 染淨善惡差別心行 不可得而掩也 意在令捨顚倒知見
사계중생 염정선악차별심행 불가득이엄야 의재영사전도지견
契乎無住大道也 若使衆生 住無住 佛眼 雖明 覰不見
계호무주대도야 약사중생 주무주 불안 수명 처불견

위에서는 무주·무아의 뜻을 밝히시고 지금엔 오안(五眼, 肉眼·天眼·慧眼·法眼·佛眼)을 일일이 들어 여래의 지견이 광대하고 섬세하게 갖추어져서 항하사 같은 세계의 중생의 염정, 선악인 차별의 심행을 가히 막을 수 없음을 밝힌 것이다. 이로 하여금 전도된 지견을 버리고 무주의 대도에 계합하게 하는 데 뜻이 있는 것이다. 만약 중생으로 하여금 무주에 주하게 하면 불안이 비록 밝으나 엿보지는 못하느니라.

규봉 前四 在佛 摠名佛眼 又見佛性圓極 名爲佛眼 三 以論摠
전사 재불 총명불안 우견불성원극 명위불안 삼 이론총
釋 無著 云爲令知見淨勝故 顯示有五種眼 略說有四種 謂色攝
석 무착 운위영지견정승고 현시유오종안 약설유사종 위색섭
第一義諦攝 世諦攝 一切種 一切攝
제일의제섭 세제섭 일체종 일체섭

앞의 네 가지 눈(肉眼·天眼·慧眼·法眼)이 부처에게 있으매 모두 불안이라 하고 또 불성을 봄이 원만하고 지극함을 불

안이라 이름하도다. ㉯ 논으로 모두 해석한 것이니, 무착이 말하기를, 지견으로 하여금 깨끗하고 수승하게 하기 위한 고로 다섯 가지 눈이 있음을 나타내 보였지만, 간략하게 말하면 네 가지가 있음이니, 색섭(물질에 攝함)이며 제일의제섭이며 세제섭이며 일체종과 일체섭이라 했다.

육조 一切人 盡有五眼 爲迷所覆 不能自見 故 佛 敎除却迷心
　　　일체인 진유오안 위미소복 불능자견 고 불 교제각미심
卽五眼 圓明 念念修行般若波羅密法 初除迷心 名爲肉眼 見一
즉오안 원명 염념수행반야바라밀법 초제미심 명위육안 견일
切衆生 皆有佛性 起憐憫心 是名天眼 癡心不生名爲慧眼 著法
체중생 개유불성 기련민심 시명천안 치심불생명위혜안 착법
心除 名爲法眼 細惑永盡 圓明徧照 名爲佛眼 又云見色身中 有
심제 명위법안 세혹영진 원명편조 명위불안 우운견색신중 유
法身 名爲肉眼 見性明徹 能所永除 名爲天眼 見一切衆生 各具
법신 명위육안 견성명철 능소영제 명위천안 견일체중생 각구
般若性 名爲慧眼 見一切佛法 本來自備 名爲法眼 見般若波羅
반야성 명위혜안 견일체불법 본래자비 명위법안 견반야바라
蜜 能出生三世 一切法 名爲佛眼也
밀 능출생삼세 일체법 명위불안야

모든 사람이 다 오안이 있건만 미혹에 덮인 바가 되어서 능히 스스로 보지 못함이다. 그러므로 부처님께서, 가르침으로 미한 마음을 없애버리고, 곧 오안이 뚜렷이 밝아지게 하여 생각생각에 반야바라밀법을 수행케 하셨다. 처음의 미한 마음을 없애는 것을 육안이라 하고, 일체중생은 다 불성이 있어서 연민의 마음을 일으키는 것을 천안이라 했으며, 어리석은 마음이 나지 않음을 혜안이라 이름하고, 법에 집착한 마음을 없애는 것을 법안이라 했도다. 미세한 번뇌까지 영원히 다할 때까지 뚜렷하고 밝게 두루 비춤을 불안이라 하신 것이다.

또 말씀하시기를, 색신(몸) 가운데 법신이 있음을 보는 것을 육안이라 하고, 성품이 밝게 사무쳐서(明徹) 능소를 영원히 없음을 보는 것이 천안이요, 일체중생이 각각 반야의 성품을 갖추고 있음을 보는 것이 혜안이요, 일체의 불법이 본래 스스로 갖춤을 보는 것이 법안이요, 반야바라밀법으로 능히 삼세의 일체법이 드러남을 보는 것이 불안이라 이름한다 하셨다.

부대사 天眼 通非礙 肉眼 礙非通 法眼 唯觀俗 慧眼 直緣空佛
천안 통비애 육안 애비통 법안 유관속 혜안 직연공불

眼 如千日 照異體還 同 圓明法界內 無處不鑑容＜鑑 他本 作含＞
안 여천일 조이체환 동 원명법계내 무처불감용＜감 타본 작함＞

  천안은 통하여 걸리지 않음이요
  육안은 걸려서 통하지 않음이라.
  법안은 오직 속만 보며
  혜안은 바로 공을 인연하거니와
  불안은 천 개의 해가 뜬 것 같이
  이체를 한가지로 비추는 것이라서
  뚜렷이 밝은 법계 내에서는
  어느 곳이든지 비추지 않음이 없느니라.
  (鑑을 他本에서는 含이라 함)

야부 盡在眉毛下
     진 재 미 모 하

(그 오안이) 모두 눈썹 밑에 있다.

설 如來五種眼 盡在眉毛下 張三一雙眼 亦在眉毛下 旣然同
여래오종안 진재미모하 장삼일쌍안 역재미모하 기연동

在眉毛下 應用亦應無兩般
재 미 모 하 응 용 역 응 무 양 반

여래의 다섯 가지 눈은 모두 눈썹 밑에 있으며, 장씨의 셋째 아들도 가진 한 쌍의 눈 역시 눈썹 밑에 있도다. 이미 그렇게 모두 눈썹 밑에 있음인데, 응용하는 데 응당 두 가지가 있을 수 없음이로다.

야부 如來 有五眼 張三 只一雙 一般分皂白 的的別靑黃 其間
　　　　여래 유오안 장삼 지일쌍 일반분급백 적적별청황 기간
些子爻訛處 六月炎天 下雪霜
사 자 효 와 처 육 월 염 천 하 설 상

여래는 오안이 있음이요
장삼(우리들)은 다만 한 쌍뿐이라.
똑같이 흑(皂)과 백을 나누고
분명하게 청과 황을 분별하도다.
그 사이에 조금 다른 것은
6월 염천에 눈서리가 내림이로다.

설 五眼一雙 名雖異 誰將皂白謂靑黃 春來 同見芳草綠 秋來
　　　오안일쌍 명수이 수장급백위청황 춘래 동견방초연 추래
同見黃葉彫 佛之所以異於人 熾然作用無其蹤 無其蹤 六月炎天
동견황엽조 불지소이이어인 치연작용무기종 무기종 유월염천
下雪霜
하 설 상

오안과 한 쌍이 비록 이름은 다르나 누가 검고 흰 것을 가지고 청·황이라 하겠는가. 봄이 오면 다 같이 방초의 푸르름을 보고 가을이 오면 다 같이 누런 잎이 시드는 것을 보도다. 부처님이 다른 사람과 다른 까닭은 치연히 작용하되, 그 적(迹, 자

취)이 없으시니 그 자취 없음이 6월 염천에 눈과 서리가 내림이로다.

규봉 二 約所知諸心 明知淨 於中 文五 初 約一箇恒河 以數沙
　　　이 약소지제심　명지정　어중　문오　초　약일개항하　이수사

㈏ 알고 있는 바의 모든 마음에 의지해서 아는 것의 청정함을 밝힌 것이다. 그 중에 다섯 가지니 ㉮ 한 개의 항하를 가지고 모래를 세는 것이다.

　　須菩提 於意云何 如恒河中所有沙 佛說是沙
　　不 如是 世尊 如來 說是沙
　　"수보리야, 어떻게 생각하느냐? 갠지스강에 있는 모래를 부처가 모래라 말하느냐?"
　　"예. 세존이시여, 여래께서 모래라고 말씀하셨습니다."

규봉 二 約一河中沙 以數河
　　　이 약일하중사　이수하

㉯ 한 항하 가운데의 모래를 가지고 강을 세는 것이다.

　　須菩提 於意云何 如一恒河中所有沙 有如是
　　沙等恒河

수보리야, 어떻게 생각하느냐? 한 갠지스강에
있는 모래 수효만큼 많은 갠지스강이 있고

규봉 三 約恒河中沙 以數界(恒 當作多)
　　　삼 약항하중사 이수계(항 당작다)

㉓ 항하 가운데 있는 모래를 가지고 세계를 세는 것이다.

是諸恒河所有沙數佛-世界 如是寧爲多不 甚
多 世尊

이 많은 갠지스강에 있는 모래 수효만큼의 불세
계가 있다면 이 불세계가 많지 않겠느냐?"
"매우 많습니다. 세존이시여."

육조 恒河者 西國祇洹精舍側近之河也 如來說法 常指此河爲喩
　　　항하자 서국기원정사측근지하야 여래설법 상지차하위유
佛說此河中沙一沙 況一佛世界 以爲多不 須菩提 言 甚多 世尊
불설차하중사일사 황일불세계 이위다불 수보리 언 심다 세존
佛 擧此衆多國土者 欲明其中所有衆生 一一衆生 皆有尒許心數
불 거차중다국토자 욕명기중소유중생 일일중생 개유이허심수

　항하란 서국(인도) 기원정사 가까이에 있는 강이다. 여래께
서 설법하심에 항상 이 강을 가리켜 비유로 삼으셨는데, 부처
님께서 말씀하시기를, '이 강의 모래 하나로 하나의 불세계와
비유한다면 많음이 되느냐?' 하시니 수보리가 답하기를, '심히
많습니다. 세존이시여' 했다. 부처님께서 이 많은 국토를 예로

드신 것은 그 가운데 있는 바 낱낱의 중생들이 모두 그러한 마음의 숫자(心數)가 있음을 밝히고자 한 것이다.

규봉 四 約尒所界中所有生
　　　사　약이소계중소유생

㋓ 그 세계 가운데 있는 바 중생을 밝힌 것이다.

佛 告須菩提 爾所國土中所有衆生
부처님께서 수보리에게 이르셨다.
"그곳 국토에 있는 중생들의

규봉 五 約一一衆生 所有心 於中 文三 一 揔明染淨 以標悉知
　　　오　약일일중생　소유심　어중　문삼　일　총명염정　이표실지

㋔ 낱낱 중생의 있는 바 마음이다. 그 중에 글이 셋이니, 첫째, 염정을 모두 밝혀 모두 안다는 것을 말씀한 것이다.

若干種心 如來悉知
갖가지 마음을 여래는 다 아느니라.

설 如來心地月 照臨諸刹海 刹海 都一撮 諸心 一點雲
　　여 래 심 지 월　조 임 제 찰 해　찰 해　도 일 촬　제 심　일 점 운

여래 심지의 달이 모든 찰해를 비추시니 찰해가 모두 하나로

묶어짐이요, 모든 마음이 한 점의 구름이로다.

규봉 無著 云若干種者 有二種 謂染及淨 卽共欲心 離欲心等
　　　　무착 운약간종자 유이종 위염급정 즉공욕심 이욕심등

　무착이 말하기를, 갖가지 종류란 두 종류가 있어서 염과 정을 말함이니, 곧 욕심과 욕심을 떠난 마음 등이라 했다.

야부 曾爲蕩子 偏憐客 慣愛貪盃 惜醉人
　　　　증위탕자 편련객 관애탐배 석취인

　일찍이 탕자(나그네)가 됐음이다. 나그네를 특별히 생각함이요, 술을 늘 좋아했음으로 취한 사람을 애석하게 여기도다.

설　客作他鄕 跉跰事可哀 醉迷衣寶 癡迷情可愍 循塵背眞覺
　　　객작타향　영병사가애　취미의보　치미정가민　순진배진각
枉趣輪轉事如然 我佛 曾經今故愍 慈眼普照輪中人
왕취륜전사여연　아불 증경금고민 자안보조윤중인

　타향에서 나그네가 되어 비틀거리는 일이 가히 애석하고, 취하여 옷 속의 보배를 잊어버림이여, 어리석고 미한 정이 가히 불쌍하도다. 진(塵, 妄想)을 쫓으며 진각(眞覺, 참된 깨달음)을 등지니 윤회에 잘못 나아감이 이와 같도다. 우리 부처님께서 일찍이 경험하여 짐짓 지금 불쌍히 여기어 자비의 눈으로 윤회 중에 있는 사람들을 널리 비추심이다.

야부 眼觀東南 意在西北 將謂猴白 更有猴黑 一切衆生一切心
　　　　안관동남　의재서북　장위후백　갱유후흑　일체중생일체심
盡逐無窮聲與色 喝
진축무궁성여색　갈

　눈은 동남으로 보고 뜻은 서북에 있도다.

백이라 말하려 했는데, 다시 흑이 있음이로다.
일체중생의 일체심이여,
모두가 다 한없는 성과 색을 쫓아다니도다. 할!

설 白雲兒向萬里飄 從來 不忘靑山父 將謂牟尼是大悲 更有
　　백운아향만리표　종래　불망청산부　장위모니시대비　갱유

毗盧最是慈 乃何遊子 不知返 累他慈父送人尋 不知還 長在迷
비로최시자　내하유자　부지반　누타자부송인심　부지환　장재미

途逐風波 喝金剛寶劒 倚天寒 一揮能 摧萬仞峯 徧界魔軍 從此
도축풍파　갈금강보검　의천한　일휘능　최만인봉　편계마군　종차

落 有何精魅 闖其中
락　유하정매　틈기중

흰 조각구름이 만리를 향해서 흘러가지만 종래로 청산의 아비를 잊지 못하도다. 석가모니를 대비라고 이르더니 다시 비로자나를 가장 자비롭다 했다. 이에 떠돌던 아이가 돌아올 줄 몰라서 수차례 자부가 사람을 보내어 찾게 하는가. 돌아올 줄 모름이여, 오랫동안 길을 잃고 풍파를 쫓았음이로다. 할! 금강보검이 하늘을 의지해서 차가우니 한번 휘두르면 능히 만길의 봉우리를 자르도다. 온 세계의 마군들이 이로부터 다 떨어져 버리니 무슨 귀신이 있어서 그 가운데를 엿보리오.

규봉 二 會妄歸眞 以釋悉知
　　　　이　회망귀진　이석실지

둘째, 망을 알아 진에 돌아가, 모두 아는 것을 해석한 것이다.

何以故 如來 說諸心 皆爲非心 是名爲心

왜냐하면 여래가 말한 갖가지 마음은 다 마음이 아니오 이름이 마음이기 때문이니라.

설 靈源 湛寂 本自無生 一念波興 諸妄 競作 波非水性 妄非
영원 담적 본자무생 일념파흥 제망 경작 파비수성 망비
眞源 是可名爲虛妄浮心 又前念今念後念 念念 思無量善事 思
진원 시가명위허망부심 우전념금념후념 염념 사무량선사 사
無量惡事 念念遷流 起滅不停 如是等心 是名諸心 而此諸心 刹
무량악사 염념천류 기멸부정 여시등심 시명제심 이차제심 찰
那 無有生相 刹那 無有滅相 更無生滅可滅 是名非心 旣無生滅
나 무유생상 찰나 무유멸상 갱무생멸가멸 시명비심 기무생멸
可滅 唯一妙圓眞心 常住不滅 是名爲心 所以 佛頂經 云見與見
가멸 유일묘원진심 상주불멸 시명위심 소이 불정경 운견여견
緣 幷所想相 如空中花 本無所有 此見及緣 元是菩提 妙精明體
연 병소상상 여공중화 본무소유 차견급연 원시보리 묘정명체

　신령스런 근원이 맑고 고요해서 본래 스스로 생함이 없거늘, 한 생각의 물결이 일어나매 모든 망념이 다투어 지어진다. 물결은 물의 성품이 아니고 망념은 진리의 근원이 아님이라, 이것을 가히 이름하여 허망한 뜬 마음이라 했다.

　또한 전념·금념·후념이 순간순간 한량없는 좋은 일을 생각하며, 온갖 악한 일을 생각하여 순간순간 계속 흘러가고, 일어나고, 멸함이 멈추지 아니하니, 이와 같은 등등의 마음을 모든 마음이라 한다. 이 모든 마음은 찰나에도 생한 모양이 없으며 찰나에도 멸한 모양이 없음이다. 다시 생멸이 가히 멸함이 없음으로 이것을 비심이라 하고, 이미 생멸이 가히 멸함이 없지만 오직 하나 미묘하고 원만한 참된 마음이 상주하여 멸하지 않음으로 이를 마음이라 하는 것이다. 이 까닭에 불정경에 의

하며, 견(見, 보는 나)과 견연(見緣, 볼 것)과 아울러 생각할 바의 모습들이 공중의 꽃과 같이 본래 있는 것이 아니니, 이 견(봄)과 연(볼 것)이 원래 보리의 묘하고 정미로운 밝은 체라 이른다.

규봉 大雲 云由一切妄心 依眞如體 都無其性 佛證眞如 故悉知
대운 운유일체망심 의진여체 도무기성 불증진여 고실지
之 諸心者 標指 非心者 妄識本空 是名心者 眞心不滅 若本論
지 제심자 표지 비심자 망식본공 시명심자 진심불멸 약본론
釋 則與此殊 偈 云種種顚倒識 以離於實念 不住彼實智 是故說
석 즉여차수 게 운종종전도식 이리어실념 부주피실지 시고설
顚倒
전도

　대운이 말하기를, 일체의 망심은 진여의 체를 의지해서 모두 그 성품이 없음으로 비롯됨이니, 부처님은 진여를 증득한 고로 그것을 다 안다고 했다. 제심이란 표지요, 비심이란 망식이 본래 공함을 말하고, 시명심이란 참마음이 멸하지 않음이다. 만약 본론으로 해석한다면 곧 이것과 다르니 게송으로 말하길, 갖가지 전도된 식이 실다운 생각을 여윔에 따라, 저 실다운 지혜에 머물지 않으므로 전도라고 설한다 했다.

육조 尒所國土中所有衆生 一一衆生 皆有若干差別心數 心數雖
이소국토중소유중생 일일중생 개유약간차별심수 심수수
多 摠名妄心 識得妄心非心 是名爲心 此心 卽是眞心 常心 佛
다 총명망심 식득망심비심 시명위심 차심 즉시진심 상심 불
心 般若波羅蜜心 淸淨菩提涅槃心也
심 반야바라밀심 청정보리열반심야

　저 국토 가운데 있는 낱낱의 중생이 모두 제각각 약간의 차

별된 마음의 가지수(心數)를 가지고 있으니 심수가 비록 많으나 모두 이름이 망심이다. 망심이 참 마음이 아님을 아는 이것을 이름하여 '마음'이라 하니, 이 '마음'이 곧 참 마음이며 항상하는 마음며 불심이며 반야바라밀심이며 청정보리 열반심인 것이다.

야부 病多 諳藥性
　　　　병다　암약성

병 많은 사람이 약의 성품을 아는 것이다.

설 世人 無病 醫王 拱手 衆生 無垢 佛自無爲
　　세인　무병　의왕　공수　중생　무구　불자무위

세상 사람의 병이 없으면 의사는 팔짱을 끼고 있을 것이며, 중생의 허물이 없으면 부처님께서도 할 일이 없을 것이다.

야부 一波纔動萬波隨 似蟻循環豈了期 咄 今日 與君都割斷 出
　　　　일파재동만파수　사의순환개료기　돌　금일　여군도할단　출
身方號丈夫兒
신방호장부아

한 물결이 일렁이면 만 물결이 따르는 것이
마치 개미의 순환함과 같아서
어찌 마칠 기약이 있으리오.
돌! 오늘 그대와 더불어 모두 다 잘라 버리니
몸을 나타내매 바야흐로 장부라 부르도다.

설 虛妄浮心 其勢然也 咄 妄想林向靈鋒斷 於焉方現本來身
　　허망부심　기세연야　돌　망상임향영봉단　어언방현본래신

허망한 뜬마음의 기세가 그러하도다. 돌!
망상의 숲을 향하여 영봉으로 자르니
어언간 바야흐로 본래의 몸이 나타나도다.

규봉 三 推破妄染 以釋非心
　　　삼 추파망염　이석비심

셋째, 이로 미루어 망과 염을 깨뜨려 비심을 해석한 것이다.

所以者 何 須菩提 過去心不可得 現在心不可
得 未來心不可得

그 까닭은 수보리야, 과거의 마음도 얻을 수 없고 현재의 마음도 얻을 수 없고 미래의 마음도 얻을 수 없기 때문이니라."

설 因甚道諸心 非諸心 是名常住妙圓眞心 若定諸心 是妄非
　　　인심도제심　비제심　시명상주묘원진심　약정제심　시망비
眞 何者 是過去心 何者 是現在心 何者 是未來心 過去心不可
진　하자　시과거심　하자　시현재심　하자　시미래심　과거심불가
得 現在心不可得 未來心不可得 旣揔不可得 唯一妙圓眞心 無
득　현재심불가득　미래심불가득　기총불가득　유일묘원진심　무
去來相 無現在相 光通三際 體徧十方 佛之所以言此者 示現沙
거래상　무현재상　광통삼제　체편시방　불지소이언차자　시현사
界衆生 差別心行 卽是如來妙圓眞心 與佛無殊也 所以 永嘉 云
계중생　차별심행　즉시여래묘원진심　여불무수야　소이　영가　운
諸行無常一切空 卽是如來大圓覺 然 此 但依會妄歸眞之義 論
제행무상일체공　즉시여래대원각　연　차　단의회망귀진지의　논

之而已 若但伊麼商量 恐妨捨妄歸眞之路 若以捨妄歸眞之義 論
지이이 약단이마상량 공방사망귀진지로 약이사망귀진지의 논

之則沙界衆生 若干種心 如來悉知 因甚得知之也 沙界衆生 若
지즉사계중생 약간종심 여래실지 인심득지지야 사계중생 약

干種心 卽非常住眞心 皆爲虛妄浮心 故得知之也 因甚如此 若
간종심 즉비상주진심 개위허망부심 고득지지야 인심여차 약

是常住眞心 是過去耶 現在耶 未來耶 若道過去心 過去已滅 心
시상주진심 시과거야 현재야 미래야 약도과거심 과거이멸 심

不可得 若道現在心 現在空寂 心不可得 若道未來心 未來未至
불가득 약도현재심 현재공적 심불가득 약도미래심 미래미지

心不可得 寂然無有去住 廓然無有諸相 一切時中 不可得而見也
심불가득 적연무유거주 확연무유제상 일체시중 불가득이견야

一切法中 亦不可得而知也 佛之所以言此者 令捨虛妄浮心 契乎
일체법중 역불가득이지야 불지소이언차자 영사허망부심 계호

常住眞心也 所以 道 妄心滅盡業還空 直證菩提超等級
상주진심야 소이 도 망심멸진업환공 직증보리초등급

무엇으로 인하여 모든 마음이 마음이 아니고 이름하여 상주·묘원·진심이라 하는가? 만약 결정코 모든 마음이 망이고 진이 아니라면, 무엇이 과거심이고 무엇이 현재심이며 무엇이 미래심인가? 과거심도 얻을 수 없으며 현재심도 얻을 수 없으며 미래심도 얻을 수 없음이니라. 이미 모두 얻을 수 없으면 유일한 묘원 진심이 과거나 미래의 상도 없으며 현재의 상도 없어서 그 광명이 삼제(過去, 現在, 未來)에 통하고 체가 시방에 두루하니 부처님께서 이것을 말한 까닭은 항사세계의 중생의 차별 심행이 곧 여래의 묘원 진심이어서 부처와 더불어 조금도 다름이 없음을 보여주신 것이다. 그러므로 영가(永嘉) 스님이 말하기를, 제행이 무상하여 일체가 공함이니 이는 곧 여래의 대원각이라 했다. 그러나 이것은 다만 망을 알고 진에 돌아가는 뜻에 의지하여 논했을 따름이니, 만약 그렇게만 생각한다면

망을 버리고 진에 돌아가는 길을 방해할까 염려하노라. 만약 망을 버리고 진에 돌아가는 뜻으로 논한다면 사바세계 중생들의 갖가지 마음을 여래가 다 아니 무엇으로 그것을 알 수 있는가? 사바세계 중생의 가지가지 마음이 곧 변함없는 마음(常住眞心)이 아님이다.

  모두 허망한 뜬 마음이 되므로 그것을 알 수 있을 것이다. 어찌하여 그런가? 만약 이 상주 진심이라면 이는 과거인가, 현재인가, 미래인가? 만약 과거심이라 말하면 과거는 이미 멸하여 그 마음을 얻을 수 없으며, 만약 현재심이라면 현재는 텅 비어 그 마음 또한 얻을 수 없으며, 만약 미래심이라 하면 미래는 이르지 않았으므로 그 마음을 가히 얻을 수 없으니, 적연하여 가고 머묾이 없으며 확연하게 모든 상이 없어서 일체의 시간 중에 가히 얻어 볼 수 없으며 일체의 법 중에 또한 알 수 없는 것이다. 부처님께서 이것을 말씀하신 까닭은 허망 부심을 버리고 상주 진심에 계합하기 위함이다. 그러므로 말씀하시기를, 망심이 멸진하고 업 또한 공하여서 바로 보리를 증득하면 등급을 초월한다 하셨다.

규봉 無著 云過去 已滅故 未來 未有故 現在 第一義故
       무착 운과거 이멸고 미래 미유고 현재 제일의고

  무착이 말하기를, 과거는 이미 멸한 까닭이고, 미래는 아직 있지 않은 까닭이며, 현재는 제일의인 까닭이라 했다.

육조 過去心不可得者 前念妄心 瞥尓已過 追尋無有處所 現在
       과거심불가득자 전념망심 별이이과 추심무유처소 현재
心不可得者 眞心 無相 憑何得見 未來心不可得者 本無可得 習
심불가득자 진심 무상 빙하득견 미래심불가득자 본무가득 습

氣已盡 更不復生 了此三心不可得 是名爲佛也
기 이 진　갱 불 부 생　요 차 삼 심 불 가 득　시 명 위 불 야

　'지나간 마음은 얻을 수 없다'란 앞생각의 망심이 문득 지나가매 찾아봐도 그 처소가 없음이요, '현재의 마음도 얻을 수 없다'라는 것은 참 마음에는 상이 없으니 무엇을 의지하여 얻어볼 것인가? 또한 '미래의 마음도 얻을 수 없다'란 본래 가히 얻을 수 없음이다. 습기가 이미 다해 다시 또 나지 않으니 이 세 가지 마음을 얻을 수 없다는 것을 요달하면 이를 부처라 이름한다.

부대사 依他一念起 俱爲妄所行 便分六十二 九百亂縱橫 過去
　　　　의 타 일 념 기　구 위 망 소 행　변 분 육 십 이　구 백 란 종 횡　과 거

滅無滅 當來 生不生 常能作此觀 眞妄坦然平
멸 무 멸　당 래　생 불 생　상 능 작 차 관　진 망 탄 연 평

　의타의 일념이 일어나면
　모두 망의 행한 바가 됨이라.
　문득 62소견(마음의 온갖 변화를 숫자로 표현함)을 나누어서
　900가지 견해가 어지럽게 나누어진다.
　과거는 멸하되 멸함이 없고
　미래는 나되 나지 않음이니
　항상 능히 이런 관을 지으면
　진과 망이 탄연히 평등하리라.

야부 低聲低聲 直得鼻孔裏出氣
　　　저 성 저 성　직 득 비 공 이 출 기

　소리를 낮추고 낮추어라. 바로 콧구멍 속에서 기가 빠져나가게 되리라.

설 此心 向三際求 求之不得 向十方覓 覓之無蹤 進之 如銀
　　　차심　향삼제구　구지부득　향십방멱　멱지무종　진지　여은
山鐵壁 退之 若萬丈深 坑 無有掛目處 無有下脚處 雖然如是
산철벽　퇴지　약만장심　갱　무유괘목처　무유하각처　수연여시
若但伊麽提持 後學 無有進身之路 便見陸地平沈 所以 道 低聲
약단이마제지　후학　무유진신지로　변견육지평침　소이　도　저성
低聲 直得鼻孔裏出氣
저성　직득비공이출기

　　이 마음은 삼제를 향해 구하여도 구할 수 없으며, 시방을 향해 찾아도 그 찾음에 자취가 없으니, 나아가면 은산철벽과 같고 물러서면 만길의 깊은 굴과 같도다. 눈을 둘 곳이 없으며 발붙일 곳도 없다. 비록 이와 같으나 만약 다만 이렇게 이끌어 가면 후학들이 나아갈 길이 없어서 문득 땅이 꺼짐을 보리라. 그런 이유로 말하길, 소리를 낮추고 낮추어라. 바로 콧구멍 속에서 기가 빠져나가게 되리라 하신 것이다.

야부 三際求心心不見 兩眼 依前對兩眼 不須遺劒刻舟尋 雪月
　　　삼제구심심불견　양안　의전대량안　불수유검각주심　설월
風花 常見面
풍화　상견면

　　삼제에 마음을 구하여도 마음은 볼 수 없으나
　　두 눈은 예전처럼 두 눈을 대하도다.
　　모름지기 칼을 빠뜨리고
　　배에다(빠뜨린 곳을) 표해서 찾지 말지니
　　눈과 달과 바람과 꽃에서 항상 그대 얼굴을 보리라.

설 作麽生出氣去 三際求心心不見 兩眼 依前對兩眼 要識兩
　　　작마생출기거　삼제구심심불견　양안　의전대량안　요식량

眼對兩眼麼 看取古境裏影子 不須求劒 劒不曾失 不須刻舟 刻
안 대 량 안 마 간 취 고 경 이 영 자 불 수 구 검 검 부 중 실 불 수 각 주 각

舟奚爲 只如古境裏影子 作麼生看取 雪月風花無限事 頭頭常現
주 해 위 지 여 고 경 이 영 자 작 마 생 간 취 설 월 풍 화 무 한 사 두 두 상 현

劒全身
검 전 신

　어떻게 기가 빠져나가는가? 삼제에 마음을 구하여도 마음은 볼 수 없으니 두 눈은 그대로 두 눈을 대함이로다. 두 눈이 두 눈을 대하고 있음을 알고자 하는가? 옛 거울 속의 그림자를 볼지어다. 모름지기 칼을 구하지 말지니 칼은 일찍이 잃은 적이 없거니, 모름지기 배에다 (빠진 곳을) 표하지 말지니라. 배에 표한즉 어쩌겠는가. 다만 저 옛 거울 속의 그림자를 어떻게 봐야 하는가?

　눈·달·바람·꽃의 무한한 경관이여, 두두에서 항상 칼의 전신(佛性)이 드러나도다.

종경 五眼 悉圓明 如揭日耀恒沙之世界 三心 不可得 似撥火覓
　　　　오 안 실 원 명 여 게 일 요 항 사 지 세 계 삼 심 불 가 득 사 발 화 멱

滄海之浮漚 縱使窮諸玄辯 竭世樞機 到此 摠須茫然 且道 是何
창 해 지 부 구 종 사 궁 제 현 변 갈 세 추 기 도 차 총 수 망 연 차 도 시 하

標格 直饒講得千經論 也落禪家第二籌 心眼 俱通法界周 恒沙
표 격 직 요 강 득 천 경 론 야 락 선 가 제 이 주 심 안 구 통 법 계 주 항 사

妙用 沒蹤由 雲收江湛天空闊 明月蘆花一樣秋
묘 용 몰 종 유 운 수 강 담 천 공 활 명 월 로 화 일 양 추

　오안이 모두 뚜렷이 밝아 마치 해가 높이 떠서 항하사 세계를 비춤과 같도다. 세 가지 마음(三心)을 얻지 못하는 것은 마치 불을 밝혀 바다에 뜬 물거품을 찾는 것과 같다. 비록 모든 깊은 이치(玄辯)를 다 통달하고 세상의 중요한 근본(樞機)을 다

할지라도 여기에 이르러서는 모두 망연함이다. 또 일러라. 이것을 어떻게 표할 것인가?

　설사 천의 경론을 강의하더라도 선가의 제이주(이차적인 것)에 떨어지느니라.
　심안이 함께 통하여 법계에 두루하니
　항하사의 묘용이 자취가 없음이로다.
　구름 걷힌 강은 맑고 하늘은 넓으니
　밝은 달과 갈대꽃이 한 무늬인 가을이로다.

설　此心 周法界 佛眼 亦乃通 此心妙用 沒蹤由 佛眼 雖明
　　　차심 주법계 불안 역내통 차심묘용 몰종유 불안 수명
覰不得 伊麼則十方 都是一眼睛 更無纖塵到此間
처부득 이마즉시방 도시일안정 갱무섬진도차간

　이 마음이 법계에 두루하니 불안으로 또한 이에 통하도다. 이 마음의 묘용이 자취가 없어 불안이 비록 밝으나 그 묘용을 엿볼 수 없으니 시방이 모두 한 눈동자로다. 다시 작은 티끌도 이 사이에 닿을 수 없음이로다.

규봉　第十六 斷福德例心顚倒疑　論 云向說心住顚倒 皆不可得
　　　　제십육 단복덕예심전도의　논 운향설심주전도 개불가득
若如是 福德 亦是顚倒 何名善法 斷之 文二 一 問福答福
약여시 복덕 역시전도 하명선법 단지 문이 일 문복답복

　<16>은 복덕을 마음에 규정하면 전도된다는 의심을 끊은 것이다. 논에 따르면, 앞에서 말한 '마음이 전도되면 다 얻을 수 없다'고 하니, 만약 이와 같이 복덕도 또한 전도된 것이니 무엇

을 이름하여 선법이라 하는가? 하여 이에 그것을 끊은 것이다.
문에 두 가지니, ㈎ 복을 물으니 복으로 답한 것이다.

19. 법계통화분(法界通化分)
-법계를 다 교화하다-

須菩提 於意云何 若有人 滿三千大千世界七寶 以用布施 是人 以是因緣 得福多不如是世尊 此人 以是因緣 得福 甚多

"수보리야, 어떻게 생각하느냐? 만약 어떤 사람이 삼천대천세계에 가득한 일곱 가지 보배로써 보시를 하면 이 사람이 이 인연으로 복을 얻는 복이 많지 않겠느냐?"

"예. 세존이시여, 그 사람이 그 인연으로 얻는 복이 매우 많겠습니다."

규봉 以是離相無倒行施因緣 成無漏福 離於二障 旣非顚倒 故
　　　이 시 이 상 무 도 행 시 인 연　성 무 루 복　이 어 이 장　기 비 전 도　고
得福多 二 反釋順釋
득 복 다　이　반 석 순 석

　상을 떠나서 전도됨이 없는 보시를 행한 인연으로 무루의 복을 이루어서 두 가지 장애를 떠나니 이미 전도됨이 아니므로 복이 많으니라. ㈏ 반대로 해석하고 순리로 해석한 것이다.

須菩提 若福德 有實 如來不說得福德多 以福德 無故 如來 說得福德多

"수보리야, 만약 복덕이 실체가 있다면 여래가 복덕이 많다고 말하지 않을 것이나 복덕이 없으므로 여래가 복덕이 많다고 하느니라."

설 福有者 取相也 福無者 離相也 經中 凡所以訶之者 警其
복유자 취상야 복무자 이상야 경중 범소이하지자 경기
住相也 贊之者 進其離相也 離相行施 是眞修行 故知 凡言施者
주상야 찬지자 진기리상야 이상행시 시진수행 고지 범언시자
非但爲較量經勝 蓋責其住相也 前則責其住相故 寶施福德 皆歸
비단위교량경승 개책기주상야 전즉책기주상고 보시복덕 개귀
世諦有漏 此則直示無相無住故 寶施福德 得歸眞淨無漏
세제유루 차즉직시무상무주고 보시복덕 득귀진정무루

복이 있다는 것은 상을 취한 것이요 복이 없다는 것은 상을 여읜 것이다. 경 가운데서 무릇 꾸짖은 까닭은 상에 주하는 것을 경책한 것이요, 찬탄한 것은 그 상을 여의고 나아가게 하기 위한 것이니, 상을 떠나서 보시를 행하면 이는 참다운 수행이니라. 그러므로 알라. 무릇 보시를 말하는 것은 비단 경이 수승함을 비교하여 헤아릴 뿐만 아니라 대개 상에 주함을 책망한 것이니, 앞에서 상에 주한 것을 책망한 고로 보배를 베푼 복덕이 속세의 유루에 모두 돌아가거니와, 여기서는 바로 무상·무주를 가리킨 까닭으로 보배를 베푼 복덕이 진정 무루에 돌아가게 되느니라.

규봉 偈 云佛智慧爲本 非顚倒功德 論 云顯示福非顚倒 佛智爲
　　　게 운불지혜위본 비전도공덕 논 운현시복비전도 불지위

本故 福有實者 取相也 福無者 離相也 問 福性空故 福多者 前
본고 복유실자 취상야 복무자 이상야 문 복성공고 복다자 전

說妄心性空 妄亦應多 答 福 以佛智爲本 順於性空 故悟性空
설망심성공 망역응다 답 복 이불지위본 순어성공 고오성공

福則甚多 心識 顚倒 違於性空 故悟性空 則心識 都盡
복즉심다 심식 전도 위어성공 고오성공 즉심식 도진

　게송에 말하길, 부처님의 지혜가 근본이 되어서 전도된 공덕이 아니라 하며, 논에 따르면, 복이 전도된 것이 아님을 나타냄이니, 부처의 지혜가 근본이 되는 까닭이라 했다. 복이 실로 있다는 것은 상을 취한 것이요 복이 없다는 것은 상을 여읜 것이다.

　묻기를, 복의 성품이 공한 까닭에 복이 많다고 하는데, 앞에서 망심의 성품이 공하다고 말했으니 망 또한 응당 많음이 아닌가?

　답하기를, 복은 부처님의 지혜로써 근본을 삼은 것이니, 성의 공함을 따르는 것이므로 성품이 공함을 깨달으면 복은 곧 매우 많거니와 심식은 전도되어 성공을 어겼으므로 성공을 깨달으면 곧 심식은 모두 다함이니라.

육조 七寶之福 不能成就佛果菩提 故言無也 以其在量數 故名
　　　칠보지복 불능성취불과보리 고언무야 이기재량수 고명

曰多 如能超過量數 卽不說多也
왈다 여능초과량수 즉불설다야

　칠보의 복은 능히 불과나 보리를 성취하지 못하는 까닭에 '없다'고 말한 것이요, 그 수량에 있어 '많다'고 말한 것이니, 만약 수량을 초과하면 곧 많다고 말하지 않았을 것이다.

부대사 三千大千界 七寶滿其中 有人 持布施 得福也如風 猶勝
삼천대천계 칠보만기중 유인 지보시 득복야여풍 유승
慳貪者 未得達眞宗 終須四句偈 知覺證全空
간탐자 미득달진종 종수사구게 지각증전공

삼천대천세계에 가득찬 칠보를
어떤 사람이 보시하면 복 얻음이 바람과 같도다.
간탐자들이 진종에 도달하지 못하는 것보다는
오히려 수승하지만
마침내 사구게로 전공을 증득할 수 있음을 지각해야 하리.

야부 由勝別勞心
유승별노심

오히려 달리 마음을 쓰는 것보다 수승하도다.

설 但知作福 不解性空 果招象身七寶珍 但觀性空 不解作福
단지작복 불해성공 과초상신칠보진 단관성공 불해작복
果招羅漢應供薄 此與大道 皆不相契 然 此二 較量 觀空者 差
과초나한응공박 차여대도 개불상계 연 차이 교량 관공자 차
勝 所以 道 莫言空打坐 猶勝別勞心
승 소이 도 막언공타좌 유승별노심

다만 복 지을 줄만 알고 복의 성품이 공함을 알지 못하면 그 과보는 코끼리 몸에 진귀한 칠보를 두른 것과 같고, 다만 성품의 공함만을 관하고 복 지을 줄 모르면 그 과보가 나한의 응공함이 박복함을 초래하니, 이것은 대도와 더불어 서로 계합하지 못함이다. 그러나 이 두 가지를 비교하면 공을 관한 자가 조금 수승하다. 그러므로 말하길, 부질없이 앉아 있기만 한다고 말하지 말라. 오히려 달리 마음을 쓰는 것보다는 수승하다고 하시었다.

야부 羅漢 應供薄 象身 七寶珎 雖然多濁富 爭似少淸貧 罔象
나한 응공박 상신 칠보진 수연다탁부 쟁사소청빈 망상
秖因無意得 离婁 失在有心親
지인무의득 리루 실재유심친

아라한은 응공이 박하고
코끼리 몸은 칠보가 진귀함이라.
비록 그렇게 많은 탁부이긴 하나
어찌 적은 청빈과 같으리오.
망상은 다만 무의를 인하여 얻었음이요
이루(离婁)는 유심에 친하여 잃었느니라.

설 因若偏修 果闕圓常 觀空作福 二俱差過 然 於中 觀空 猶
인약편수 과궐원상 관공작복 이구차과 연 어중 관공 유
勝 觀空 因甚有勝處 罔象 只因無意得 作福 因甚有劣處 离婁
승 관공 인심유승처 망상 지인무의득 작복 인심유열처 리루
失在有心親
실재유심친

만약 인에 치우쳐서 수행하면 결과가 원만하고 항상함을 빠뜨리게 되니, 공을 관함과 복 지음이 둘 다 차이가 있게 된다. 그러나 그 가운데 공을 관함이 오히려 수승함이니, 공을 관함이 무엇 때문에 수승한 것인가? 망상은 단지 뜻없음으로 인한 얻음인데, 복을 지음은 무엇 때문에 하열한가? 이루의 잃은 것은 유심에 친하였기 때문이다.

종경 布施因緣 實人天有漏之果 無爲福德 超凡聖通化之功 噫
보시인연 실인천유루지과 무위복덕 초범성통화지공 희
有爲 雖僞 棄之則功行 不成 無爲 雖眞 擬之則聖果 難證 且道
유위 수위 기지즉공행 불성 무위 수진 의지즉성과 난증 차도

不擬不棄時 如何是聖諦第一義 達磨 當機曾直指 廓然元不識梁
불의불기시 여하시성제제일의 달마 당기증직지 곽연원불식양
王 寶施寰中福倍常 花開錦上最難量 就中 挼到空王殿 露柱
왕   보시환중복배상 화개금상최난량 취중 찰도공왕전 로주
燈龍盡放光
등롱진방광

　　보시의 인연은 실로 인천이나 유루의 과보이고 무위복덕은
범성을 모두 교화하는 공을 초월했도다. 희라! 유위가 비록 거
짓이긴 하나 그것을 버린즉 공행을 이루지 못하고 무위가 비록
참되긴 하나 헤아린즉 성과를 증득하기 어렵도다. 또 말하라.
헤아리지도 않고 버리지도 않을 때 '어떤 것이 성제, 제일의인
가?' 달마대사가 기에 당하여 일찍이 바로 가르쳤지만 확연히
알지 못함은 양무제로다.
　　보배를 베푼 세계 가운데서 복은 항상 배가 되고
　　꽃이 비단 위에 피니 가장 헤아리기 어렵도다.
　　나아가는 가운데 밀치고 공왕전에 이르니
　　노주(外)와 등롱(內)이 다 방광하도다.

설 寶施因緣 福中之勝 無爲福德 勝中之勝 寶施 心有住 無
　　보시인연 복중지승 무위복덕 승중지승 보시 심유주 무
爲 解猶存 月入雲籠天下暗 大地山河 無其光 寶施 心無住 無
위 해유존 월입운농천하암 대지산하 무기광 보시 심무주 무
爲 解亦亡 杲日 當空宇宙淸 觸目無非淸淨色 伊麼則智淨 影方
위 해역망 고일 당공우주청 촉목무비청정색 이마즉지정 영방
明 事事得無碍
명 사사득무애

　　보배로 보시한 인연은 복 가운데서 수승하고 무위의 복덕은
수승한 것 중에 수승하도다. 보배를 보시하면 마음에 주함이

있고 무위에 알음알이(解)가 오히려 남아 있음이니, 달이 구름 속에 들어가 가려지는 것처럼 천하가 어두워서 대지산하가 그 빛을 잃었도다. 보배를 보시하되 마음에 주함이 없고 무위에 알음알이가 또한 없어지면, 해가 하늘에 뜨면 우주가 맑아서 눈 닿는 곳마다 청정색 아님이 없도다. 이러한즉 지혜가 깨끗해지고 그림자 밝으니 일마다 걸림이 없도다.

규봉 第十七 斷無爲 何有相好疑 論 云若諸佛 以無爲 得名 云
　　　제십칠 단무위 하유상호의 논 운약제불 이무위 득명 운
何諸佛 成就相好 而名爲佛 此 約法身佛 故以爲疑 斷之文 二
하제불 성취상호 이명위불 차 약법신불 고이위의 단지문 이
一 由無身故 現身
일 유무신고 현신

<17>은 '무위가 어찌 상호가 있겠는가?' 하는 의심을 끊음이다. 논에 따르면, 만약 제불이 무위로써 이름을 얻었으면 어떻게 제불이 상호를 성취하며 불이라 이름하는가? 하니, 여기서는 법신불을 잡음일새, 그러므로 의심함이니라. 끊는 글에 두 가지니, ㈎ 무신(몸이 없음)으로 말미암은 고로 몸을 나타낸 것이다.

20. 이색이상분(離色離相分)
-색과 상을 떠나다-

須菩提 於意云何 佛 可以具足色身 見不 不也 世尊 如來 不應以具足色身 見 何以故 如來 說具足色身 卽非具足色身 是名具足色身

"수보리야, 어떻게 생각하느냐? 부처를 몸매를 갖춘 몸으로써 볼 수 있겠느냐?"

"아닙니다. 세존이시여, 여래를 몸매를 갖춘 몸으로써 볼 수 없으니, 여래께서 말씀하신 몸매 갖춘 몸은 몸매 갖춘 몸이 아니므로 몸매 갖춘 몸이라 하옵니다."

규봉 卽隨形好也 如鏡中無物 方能現物故 論 云法身 畢竟 非
즉수형호야 여경중무물 방능현물고 논 운법신 필경 비
色身 非諸相 然 相好二種 亦非不佛 此二 不離法身故 是故 此
색신 비제상 연 상호이종 역비불불 차이 불리법신고 시고 차
二 亦得言無 故說非身 亦得言有 故說成就
이 역득언무 고설비신 역득언유 고설성취

곧 수형호(隨形好, 거울이 형상을 비춤)이니 거울 가운데는

물건이 없으나 능히 물건을 나타낸 것과 같은 연고이다. 논에 따르면, 법신은 필경에 색신이 아니며 모든 상도 아닌 것이다. 그러나 상호의 두 가지(32상, 80종호)도 또한 부처가 아님도 아니니 이 두 가지가 법신을 떠나지 않는 까닭이다. 이런 고로 이 두 가지를 또한 '없다'고 말하게 된다. 그런 고로 비신이라 하며 또한 '있다'고 말할 수도 있는 고로 성취라 한다 했다.

육조 佛意 恐衆生 不見法身 但見三十二相八十種好 紫磨金軀
　　　　불의　공중생　불견법신　단견삼십이상팔십종호　　자마금구
以爲如來眞身 爲遣此迷故 問須菩提 佛 可以具足色身 見不 三
이위여래진신　위견차미고　문수보리　불　가이구족색신　견불　삼
十二相 卽非具足色身 內具三十二淸淨行 是名具足色身 淸淨行
십이상　즉비구족색신　내구삼십이청정행　시명구족색신　청정행
者 卽六波羅蜜 是也 於五根中 修六波羅蜜 於意根中 定慧雙修
자　즉육바라밀　시야　어오근중　수육바라밀　어의근중　정혜쌍수
是名具足色身 徒愛如來 三十二相 內不行三十二淸淨行 卽非具
시명구족색신　도애여래　삼십이상　내불행삼십이청정행　즉비구
足色身 不愛如來色相 能自持淸淨行 亦得名具足色身
족색신　불애여래색상　능자지청정행　역득명구족색신

　부처님의 뜻은 중생들이 법신을 보지 못하고 다만 32상 80종호의 자마금의 몸만 보아서 이것으로 여래의 진신을 삼을까 염려하시어, 이런 미혹을 없애기 위하여 수보리에게 물으시기를, '부처를 몸매를 갖춘 몸(色身)으로써 볼 수 있겠느냐?' 하시니 32상은 곧 색신이 구족함이 아니고 안으로 32청정행을 갖춰야 이를 색신이 구족하다고 하니 청정행이란 곧 육바라밀을 말하는 것이다. 오근 중에서 육바라밀을 닦고 의근 가운데서 정과 혜를 쌍으로 닦아야 이를 색신이 구족하다 말하니, 여래의 32상만 좋아하고 안으로 32청정행을 행하지 아니하면 곧 구족색

신이 아니요, 여래의 색상을 좋아하지 않고 능히 스스로 청정행을 가지면 또한 색신이 구족하다는 이름을 얻느니라.(오근×육바라밀+정·혜=32청정행)

규봉 二 由無相故 現相
　　　　이 유무상고 현상

㈏ 무상으로 말미암은 고로 상을 나타내는 것이다.

須菩提 於意云何 如來 可以具足諸相 見不
不也 世尊 如來 不應以具足諸相 見 何以故
如來說諸相具足 卽非具足 是名諸相具足

"수보리야, 어떻게 생각하느냐? 여래를 온갖 상호 갖춘 것으로써 볼 수 있겠느냐?"

"아닙니다, 세존이시여, 여래를 온갖 상호 갖춘 것으로써 볼 수 없으니, 왜냐면 여래께서 말씀하신 온갖 상호 갖춘 것은 온갖 상호 갖춘 것이 아니므로 온갖 상호 갖춘 것이라 하옵니다."

규봉 體虛不見一絲毫 對緣垂示萬般形
　　　　체 허 불 견 일 사 호 대 연 수 시 만 반 형

체가 텅 비어서 실오라기 하나도 볼 수 없지만, 연을 대하면 만 가지 형상을 드리워 보이도다.

규봉 卽三十二相也 一一如前色身中說
　　　즉삼십이상야 일일여전색신중설

곧 32상이니, 일일이 앞의 색신 가운데서 설함과 같다.

육조 如來者 卽無相法身 是也 非肉眼所見 慧眼 乃能見之 慧
　　　여래자 즉무상법신 시야 비육안소견 혜안 내능견지 혜
眼 未明 具足我人等相 以觀三十二相爲如來者 卽不名爲具足也
안 미명 구족아인등상 이관삼십이상위여래자 즉불명위구족야
慧眼 明徹 我人等相 不生 正智光明 常照 是名諸相具足 三毒
혜안 명철 아인등상 불생 정지광명 상조 시명제상구족 삼독
未泯 言見如來眞身者 固無此理 縱有見者 秪是化身 非眞實無
미민 언견여래진신자 고무차리 종유견자 지시화신 비진실무
相之法身也
상지법신야

　여래란 곧 무상법신이 이것이요 육안으로 볼 수 있는 것이 아닌 것이다. 혜안이라야 능히 볼 수 있으니 혜안이 밝지 못해서 아인 등의 상을 구족하여 32상을 관함으로써 여래를 삼는 자는 곧 구족이라 이름할 수 없다. 혜안이 맑게 사무쳐서 아인 등 상이 나지 않고 바른 지혜의 밝은 빛이 항상 비추면 이를 모든 상이 구족하다고 이름한다. 삼독이 없어지지 않은 상태로 여래의 법신을 보는 것은 진실로 이러한 이치가 아님이니, 비록 본다 하더라도 다만 이것은 화신일 뿐이요 진실한 무상의 법신은 아닌 것이다.

부대사 八十隨形好 相分三十二 應物萬般形 理中非一異 人法
　　　　팔십수형호 상분삼십이 응물만반형 이중비일이 인법
兩俱遣 色心齊一棄 所以證菩提 實由諸相離
양구견 색심제일기 소이증보리 실유제상리

　80종의 좋은 형상이요

상으로 나눔이 32가지라.
중생에게 응할 땐 만 가지 형상이나
이치 가운데선 '하나'도 '다름'도 없도다.
인과 법을 둘 다 버림이요
색과 심도 가지런히 함께 버리도다.
그런 이유로 보리를 증득한다는 것은
실로 모든 상을 여읨으로 비롯됨이로다.

야부 官不容針 私通車馬
관 불 용 침 사 통 차 마

관(公的인 입장)에서는 바늘만큼도 용납하지 못하나 사로는 수레도 통함이로다.

설 公門 不容私 鄕黨 豈無情
공 문 불 용 사 향 당 개 무 정

공적인 문중에선 사사로움을 용납하지 못하나 마을에선 어찌 정이 없으리오.

야부 請君仰面看虛空 廓落無邊不見蹤 若解轉身些子力 頭頭物
청 군 앙 면 간 허 공 확 락 무 변 불 견 종 약 해 전 신 사 자 력 두 두 물

物楤相逢
물 총 상 봉

그대에게 청하노니 얼굴을 우러러 허공을 보라.
넓게 터져서 가없어 그 자취를 볼 수가 없도다.
그러나 만약 몸을 굴려 조그만 힘을 알게 되면
두두물물에서 모두 만나보게 되리라.

설 正體從來 絶聲色 覓則知君不見蹤 妙峯頂上 一轉身 十方
　　정체종래　절성색　멱즉지군불견종　묘봉정상　일전신　시방
無處不逢渠
무처불봉거

　바른 체는 본래부터 소리와 색을 끊었으니 찾은즉 그대는 알리라, 그 자취 볼 수 없음을. 묘봉 정상에서 한번 몸을 뒤척이면 시방 그 어디에서든지 그를 만나지 않을 수 없으리라.

종경 有相有身 如來莊嚴 具足 分賓分主 空生解辨 疎親 直得
　　　유상유신　여래장엄　구족　분빈분주　공생해변　소친　직득
賓主 兩忘 色相 俱離 如何是主中主 君臣道合無廻互 認得分明
빈주　양망　색상　구리　여하시주중주　군신도합무회호　인득분명
不是渠
불시거

　상도 있고 몸도 있음은 여래 장엄이 구족함이요.
　손님과 주인을 나눔이여,
　수보리가 친소로 분별하도다.
　바로 손님과 주인을 둘 다 잊어버리고
　색과 상을 함께 여의니
　어떤 것이 주인 가운데 주인인가?
　군신의 도가 합하여 회호할 게 없으니
　분명 그가 아님을 알게 되리라.

설 誰將佛身辨疎親 珍重空生 分主賓 賓主 兩忘 色相 俱離
　　수장불신변소친　진중공생　분주빈　빈주　양망　색상　구리
如何是主中主 君臣道合絶疎親 蕩蕩無依鳥道玄 只此妙中妙 何
여하시주중주　군신도합절소친　탕탕무의조도현　지차묘중묘　하
更生認著 生認著 廻頭鷂子過新羅
갱생인착　생인착　회두요자과신라

누가 불심을 가지고 친소를 나누는가. 점잖은 수보리가 주빈을 나눴도다. 주인과 손님을 둘 다 잊고 색과 상을 함께 떠나니 어떤 것이 주중의 주인가? 군신의 도가 합하여 친소를 끊었으니 탕탕하여 의지할 데 없어서 조도(鳥道, 絶對 道의 경지)가 그윽함이로다. 다만 이 묘한 가운데 묘함이여! 어찌 다시 안다는 집착을 내리오! 집착을 냄이여, 머리를 돌이키면 매(鷂子)는 벌써 신라를 지나갔음이니라.

종경 端嚴妙好紫金身 正眼看來總不眞 要會問酬親的意 蘊空無
단엄묘호자금신 정안간래총부진 요회문수친적의 온공무

我亦無人
아역무인

단엄하고 묘호한 자금신이여,
바른 눈으로 보면 모두 진이 아님이라.
친절한 문답의 뜻을 알고자 하면
오온이 공하여 아도 없고 인도 없음이로다.

규봉 第十八 斷無身何以說法疑 論 云若如來 色身相好 不可得
제십팔 단무신하이설법의 논 운약여래 색신상호 불가득

見 云何言如來說法 斷之 文三 一 遮錯解
견 운하언여래설법 단지 문삼 일 차착해

<18>은 몸이 없으면 어떻게 설법하는가 하는 의심을 끊은 것이다. 논에 따르면, 만약 여래의 색신과 상호를 볼 수 없다면 어떻게 설법할 수 있겠는가? 하기에 그것을 끊음이다. 글에 세 가지가 있으니 ㈎ 잘못 아는 것을 막음이다.

21. 비설소설분(非說所說分)
-설함과 설하여질 것이 아님-

菩提 汝勿謂如來 作是念 我當有所說法 莫作是念

"수보리야, 너는 여래가 생각하기를 '내가 설한 법이 있다' 여긴다고 생각하지 말아라. 그렇게 생각하지 말지니

규봉 谷中無人 能作音聲 二 釋所以
　　　　곡중무인　능작음성　이　석소이

골짜기에는 사람이 없으나 능히 음성을 내느니라.
(나) 까닭을 해석한 것이다.

何以故 若人 言如來 有所說法 卽爲謗佛 不能解我所說故

왜냐하면, 만약 어떤 사람이 말하기를 '여래께서 설한 법이 있다' 한다면 이는 부처님을 비방

하는 것이니, 내가 말한 뜻을 모르기 때문이니라.

설 佛說一切法 深然常寂滅 但信佛無言 可稱爲子期
　　불설일체법 심연상적멸 단신불무언 가칭위자기

　부처님께서 설하신 일체법은 담연하여 항상 적멸하시니 다만 부처가 말이 없음을 믿으면 가히 종자기(知音者)라고 할 만하도다.

규봉 世尊 達諸法空 畢竟無執 今言有說 是謗佛執法也
　　　세존 달제법공 필경무집 금언유설 시방불집법야

　세존께서 모든 법이 공함을 통달하시어 필경엔 집착이 없으시니 지금 설함이 있다고 말하면 이는 부처님이 법에 집착했다고 비방함이 되느니라.

야부 是則是 大藏小藏 從甚處得來
　　　시즉시 대장소장 종심처득래

　옳기는 옳으나 대장경·소장경들은 어느 곳으로부터 왔는가?

설 佛無所說 是則固是 頓漸偏圓 大小乘藏 充樑溢宇 如今天下 無在不在 若都無說 如是法門 其誰說來
　　불무소설 시즉고시 돈점편원 대소승장 충량일우 여금천하 무재부재 약도무설 여시법문 기수설래

　부처님께서 설한 바 없음이 옳기는 진실로 옳으나, 돈교·점교·편교·원교의 대·소승장경들이 들보에 가득차고 집에 넘쳐서 지금 천하에는 없는 곳이 없도다. 만약 그 모두가 설함이 없다고 말한다면 그와 같은 법문은 그 누가 설한 것인가?

야부 有說 皆成謗 無言 亦不容 爲君通一線 日向嶺東紅
　　　유설 개성방 무언 역불용 위군통일선 일향영동홍

설함이 있다 해도 다 비방함이 되고
말이 없다 해도 또한 용납되지 않도다.
그대를 위하여 한 가닥 선을 통하노니
해가 영동에서 붉게 떠오르리라.

설 有說無說 二俱擔板漢 無念說示 同谷響 亦如日輪 照無心
　　유설무설 이구담판한 무념설시 동곡향 역여일륜 조무심

설함이 있음과 설함이 없음이 모두 사형수(擔板漢)로다. 무념으로 설하여 보이신 것이 골짜기의 메아리와 같고 또한 해가 비추되 무심히 비추는 것과 같도다.

규봉 三 示正見
　　　삼 시정견

㈐ 정견을 보인 것이다.

須菩提 說法者 無法可說 是名說法
수보리야, 법을 설한다는 것은 설할 법이 없으므로 법을 설한다 하느니라."

설 法身 本無說 報化方有說 有說 非眞說 無說 是眞說 十方
　　법신 본무설 보화방유설 유설 비진설 무설 시진설 시방
佛土中 唯有一乘法 離此一乘法 更無可說底 故 云無法可說 只
불토중 유유일승법 이차일승법 갱무가설저 고 운무법가설 지

以一乘法 開示諸衆生 故 云是名說法 若是一乘法 直是無開口
이일승법 개시제중생 고 운시명설법 약시일승법 직시무개구
處 然 亦不離衆生日用
처 연 역불리중생일용

법신은 본래 설함이 없는지라 보신·화신이라야 설함이 있으니, 설함이 있음은 참다운 설이 아니고 설함 없음이 참다운 설이다. 시방의 불토 가운데는 오직 일승법이 있으니 이 일승법을 떠나서는 다시 가히 '설할 것'이 없도다. 그러므로 말하길, 법 가히 설할 게 없다 한 것이요, 다만 일승법으로써 모든 중생에게 열어 보이셨으므로 이름을 설법이라 한 것이니, 만약 일승법이라면 바로 입을 열 곳이 없음이로다. 그러나 또한 중생의 일용을 떠난 것도 아니니라.

규봉 偈 云如佛法亦然 所說二差別 不離於法界 說法無自相 大
게 운여불법역연 소설이차별 불리어법계 설법무자상 대
雲 云若言無說 是眞說法 若云有說 不名說法 是謗佛故
운 운약언무설 시진설법 약운유설 불명설법 시방불고

게송으로 말하길, 부처와 같이 법 또한 그러하니 설한 바 두 가지 차별이 법계를 떠나지 않아서 설법에는 스스로 상이 없다고 하며, 대운 스님이 말하기를, 만약 설함이 없다 하면 이는 참다운 설법이거니와 만약 설함이 있다 하면 설법이라 할 수 없으니 이는 부처를 비방하는 까닭이라 했다.

육조 凡夫說法 心有所得 故 佛 告須菩提 如來說法 心無所得
범부설법 심유소득 고 불 고수보리 여래설법 심무소득
凡夫 作能解心說 如來語默 皆如 所發言辭 如響應聲 任運無心
범부 작능해심설 여래어묵 개여 소발언사 여향응성 임운무심

不同凡夫 生滅心說 若言如來說法 心有生滅者 卽爲謗佛 維摩
부동범부 생멸심설 약언여래설법 심유생멸자 즉위방불 유마
經 云夫說法者 無說無示 聽法者 無聞無得 了萬法空寂 一切名
경 운부설법자 무설무시 청법자 무문무득 요만법공적 일체명
言 皆是假立 於自空性中 熾然建立一切言辭 演說諸法 無相無
언 개시가립 어자공성중 치연건립일체언사 연설제법 무상무
爲 開導迷人 令見本性 修證無上菩提 是名說法
위 개도미인 영견본성 수증무상보리 시명설법

 범부의 설법은 마음에 얻은 바가 있음이다. 그러므로 부처님께서 수보리에게 말씀하시기를, 여래의 설법은 마음에 얻은 바가 없음이니라. 범부는 능히 아는 마음을 지어서 설하거니와 여래는 말과 침묵이 모두 같고 발하는 언사는 메아리가 소리에 응함과 같으며, 운용에 맡겨 무심하여서 범부의 생멸심으로 설함과 같지 않으니, 만약 여래의 설법이 마음에 생멸함이 있다고 하면 곧 부처님을 비방함이 된다고 하셨다. 유마경에 의하면, 대저 설법이란 설함도 없고 보임도 없으며, 청법이란 들음도 없고 얻음도 없다 하니, 만법이 본래 공적함을 요달하여 일체의 명과 언은 모두 거짓으로 세운 것이라. 스스로 공한 성품 가운데 치연히 일체의 언사를 건립하여 모든 법을 연설하되, 상도 없고 함도 없이 미혹한 사람을 깨우치고 인도하여, 이로 하여금 본성을 보게 하여 위없은 깨달음을 닦고 증득하게 함을 설법이라 이름하는 것이다.

야부 兎角杖龜毛拂
   토각장구모불

 토끼 뿔로 만든 주장자요 거북이 털로 만든 불자로다.

설 古人 道 四十九年積累功 龜毛兎角 滿虛空 一冬臘雪 垂
　　고인 도 사십구년적누공 구모토각 만허공 일동랍설 수
垂下 落在烘爐烈焰中 則許多年 露胸跣足 拖泥帶水 拔濟沈淪
수하 낙재홍로열염중 즉허다년 노흉선족 타니대수 발제침륜
如是功能 如夢相似 無一毫許可與相許 雖然如是 畢竟作麽生道
여시공능 여몽상사 무일호허가여상허 수연여시 필경작마생도
拈起兎角杖 拈開一路涅槃門 竪起龜毛拂 拂盡三千空假中
염기토각장 염개일로열반문 수기구모불 불진삼천공가중

　옛사람이 말하기를, 49년간 많은 공을 쌓음이여, 거북이 털과 토끼 뿔이 허공에 가득함이라. 한 겨울 섣달 눈이 계속 내려서 붉은 화로의 불꽃 속으로 떨어진다 했다. 곧 허다한 세월을 가슴 드러내고 맨발로 진흙을 묻히고 물에 젖으며 고해에 빠져있는 중생을 건져 제도하신 이와 같은 공능이 꿈과 같이 상사하여 한 터럭만큼도 가히 더불어 허락할 게 없도다. 비록 이와 같으나 필경 어떻게 말할 것인가? 토끼뿔 지팡이를 잡아 일으켜서 한 길의 열반문을 열어주고 거북털의 불자를 일으켜 세워서 삼천대천세계의 공·가·중을 다 털어버렸다.

야부 多年石馬 放毫光 鐵牛哮吼入長江 虛空一喝 無蹤跡 不覺
　　　다년석마 방호광 철우효후입장강 허공일할 무종적 불각
潛身北斗藏 且道 是說 法 不是說法
잠신북두장 차도 시설 법 불시설법

　나이 많은 석마가 백호광명을 놓으니
　철우가 포효하며 장강으로 들어간다.
　허공의 한마디 할은 흔적도 없고
　몸을 숨겨 북두에 감춤을 알지 못하도다.
　또 일러라. 이것이 설법인가, 설법이 아닌가?

설 寂滅場中 不曾擡步 生死海裏 橫身而入 許多年 以石馬而
　　적멸량중 부증대보 생사해이 횡신이입 허다년 이석마이

放毫光 致令盲者 得見 以鐵牛而作哮吼 致令聾者 得聞 且喝得
방호광 치영맹자 득견 이철우이작효후 치영농자 득문 차갈득

虛空 令北斗裏藏身 且道 是說法 不是說法 若道是說 爭乃石馬
허공 영북두이장신 차도 시설법 불시설법 약도시설 쟁내석마

鐵牛 有甚閑情 有甚閑氣 若道不說 爭乃放光哮吼 解喝虛空 又
철우 유심한정 유심한기 약도불설 쟁내방광효후 해할허공 우

須信四十九年說 石馬放光鐵牛吼 石馬鐵牛 竟無力 虛空一喝
수신사십구년설 석마방광철우후 석마철우 경무력 허공일할

便無蹤 伊麼則虛空一喝 大烘焰 裏 放光哮吼 一冬片雪
변무종 이마즉허공일할 대홍염 이 방광효후 일동편설

적멸의 도량 가운데 일찍이 걸음을 옮기지 않고, 생사의 바다 속에 몸을 비껴 들어가서 허다한 세월 동안 석마로써 백호광명을 놓아서 눈 먼 자로 하여금 보게 하고 철우로써 사자후를 하여서 귀먹은 자로 하여금 다 듣게 하시며, 또한 허공에 대고 할(喝)을 하시어 북두에 몸을 감추게 하시니, 또 일러라. 이는 설법인가, 설법이 아닌가? 만약 설법이라 하면 이는 석마와 철우와 같거니 무슨 부질없는 생각이 있을 것이며 무슨 부질없는 기가 있으리오. 만약 설법이 아니라고 한다면 방광하고 포효하여 허공에 대고 할할 줄 어찌 알겠는가. 또한 모름지기 49년 설함은 석마가 방광하고 철우가 부르짖음인 줄 믿을지니 석마와 철우가 마침내 힘이 없음이요, 허공의 할이 문득 자취가 없음이로다. 이런즉 허공의 한마디 할이 큰 불구덩이 속이요, 방광과 포효가 한 겨울의 눈 조각이로다.

爾時 慧命須菩提 白佛言 世尊 頗有衆生 於

未來世 聞說是法 生信心不 佛言 須菩提 彼
非衆生 非不衆生 何以故 須菩提 衆生衆生者
如來 說非衆生 是名衆生

그때 지혜의 목숨인 수보리가 부처님께 사뢰었다.
"세존이시여, 자못 어떤 중생이 오는 세상에 이러한 법문을 듣고서 믿음을 낼 수가 있겠나이까?"

부처님께서 말씀하셨다.

"수보리야, 저들은 중생도 아니요 중생이 아님도 아니니라 왜냐하면 수보리야, 중생이다 중생이다 하는 것은 여래는 말하되 중생이 아니므로 중생이라 하느니라."

설 空生 以後世信與不信 發問 佛 以是生非生 答者 以是生
공생 이후세신여불신 발문 불 이시생비생 답자 이시생
故 因於生死 以求出要 應有信之之理 以非生故 本來是佛 不應
고 곤어생사 이구출요 응유신지지리 이비생고 본래시불 불응
以佛求佛 應有不信之理 不信佛法 是眞生信 以無法相故也 幽
이불구불 응유불신지리 불신불법 시진생신 이무법상고야 유
冥禪師續加
명선사속가

수보리가 '후세에 믿음과 믿지 않음'으로 물음을 시작함에 부처님께서 '중생은 중생이 아님'으로 답한 것은 중생인 까닭에 생사에 빠져서 벗어날 것을 구하니 응당 믿을만한 이치가 있음이요, 중생이 아닌 고로 본래로 부처인 것이라. 응당 부처가 부

처를 구하지 못하리니, 응당 믿지 못할 만한 이치가 있음이로다. 불법을 믿지 않는 이것이 참으로 믿음을 내는 것이니 법의 상이 없는 까닭이니라.

부대사 不言有所說　所說 妙難窮　有說皆爲謗　至道處其中　多言
　　　　불언유소설　소설 묘난궁　유설개위방　지도처기중　다언
無所解　默耳得三空　知覺刹那頃　無生無有終
무소해　묵이득삼공　지각찰나경　무생무유종

　설한 바가 있다고 말하지 않음이여, 설함은 묘하여 궁구하기 어렵다. 설함이 있으면 모두를 비방함이 되니, 지극한 도는 그 가운데 처해 있음이로다.
　많은 말은 아는 바가 없음이요 침묵은 삼공을 얻었음이라. 지각하는 찰나 사이엔 생함도 없고 마침도 없음이다.

야부 火熱風動　水濕地堅
　　　　화열풍동　수습지견

　불은 뜨겁고 바람은 움직이며 물은 습하고 땅은 견고하도다.

설 孺子入井見皆憐　可稱人天調御師　毀聲　入耳聞皆怒　是則
　　　유자입정견개련　가칭인천조어사　훼성　입이문개노　시즉
難當聖人名　伊麽則面前驢脚　背後龍鱗　是凡　是聖　定當不得　然
난당성인명　이마즉면전려각　배후용인　시범　시성　정당부득　연
雖如是　凡住凡位　聖住聖位　凡聖路別　不可得而混也
수여시　범주범위　성주성위　범성로별　불가득이혼야

　어린아이가 우물에 빠져있는 것을 보면 모두 불쌍히 여기니 가히 인천의 조어사라고 일컬음이요, 헐뜯는 소리를 귀로 들으면 모두 화를 내니 이는 곧 성인이라 이름하기 어렵다. 그러한 즉 앞에는 당나귀요 뒤는 용의 비늘이로다. 이는 범부인가, 성

현인가? 결정코 알 수 없도다. 비록 그러하나 범부는 범부의
위치에 머물고 성인은 성현의 위치에 머무르니 범부와 성현의
길이 다름이다. 가히 혼동하지 말지니라.

야부 指鹿 豈能成駿馬 言烏 誰謂是翔鸞 雖然不許纖毫異 馬字
　　　　지록　개능성준마　언오　수위시상란　수연불허섬호이　마자
驢名 幾百般
려명 기백반

　사슴을 가리켜 어찌 준마라 할 수 있으며
　까마귀를 가리켜 누가 난새(희귀한 새)라 하리오.
　비록 그렇게 털끝만큼의 차이도 허락되지 않건만
　마 자(字)가 든 나귀 이름들이 얼마나 많던가?

설 盜跖 不應號文湯 誰喚波旬作牟尼 雖然理上 融無二 爭奈
　　　도척　불응호문탕　수환파순작모니　수연이상　융무이　쟁나
難齊聖凡名
난제성범명

　도척(盜跖)을 문왕·탕왕(위대한 성군)이라 부르지 않는데
누가 마왕 파순(波旬)을 석가모니라 부르리오. 비록 그렇게 이
치상으로는 융통하여 둘이 없으나 성인과 범부 이름이 같지 않
음은 어찌하리오.

종경 如來 無所說 慈雲甘露 洒濛濛 慧命 未嘗聞 明月淸風
　　　　여래　무소설　자운감로　쇄몽몽　혜명　미상문　명월청풍
空寂寂 正恁麼時 且道 是何境界 欲得不招無間業 莫謗如來正
공적적　정임마시　차도　시하경계　욕득불초무간업　막방여래정
法輪
법륜

여래가 설함이 없다는 것은 자비스런 구름과 감로로 자욱이 젖음이요, 혜명 수보리가 일찍이 듣지 못했다는 것은 명월과 청풍이 공하여 고요하도다. 정히 이러한 때 일러보아라. 이 무슨 경계인가? 무간지옥의 업을 초래하지 않고자 하면 여래의 바른 법륜을 비방하지 말지어다.

설 如來無說說 出岫雲無心 慧命 不聞聞 風月 兩蕭然
여래무설설 출수운무심 혜명 불문문 풍월 양소연

여래가 설함 없이 설했다는 것은 산마루에 이는 구름같이 무심하고, 혜명이 들음 없이 들었다는 것은 바람과 달이 둘 다 스산하도다.

종경 道本無言喚不醒 藥因救病出金瓶 可憐億萬人天衆 依舊獃
도본무언환불성 약인구병출금병 가련억만인천중 의구애

獃 側耳聽
애 측이청

도란 본래 말이 없어, 불러도 성성하지 않고
약은 병을 구제하기 위해 금병에서 나오도다.
가련하다. 억만 인천의 대중이
아직도 어리석고 어리석게 귀를 기울이도다.

설 道本無言常寂滅 吉祥 難敎女子醒 佛爲救生出乎眞 浩浩
도본무언상적멸 길상 난교녀자성 불위구생출호진 호호

宣揚非本心 可憐億萬人天衆 不知黃葉竟非錢 若使人天 知本心
선양비본심 가련억만인천중 부지황엽경비전 약사인천 지본심

何用獃獃側耳聽
하용애애측이청

도란 본래 말이 없고 항상 적적하니, 길상(吉祥, 文殊)이 여

자로 하여금 깨어나게 하기 어렵고, 부처님이 중생을 구제하려고 진(眞)에서 나와 넓고 넓게 선양하는 것은 본심이 아니로다. 가련하다. 억만의 인천 대중은 황엽이 끝내 돈이 아님을 알지 못하도다. 만약 인천 대중으로 하여금 부처님의 본심을 알게 하면 어찌 어리석고 어리석게 귀를 기울이겠는가.

규봉 第十九 斷無法如何修證疑 論 云如來 不得一法 云何離上
　　　 제십구 단무법여하수증의 　논 운여래 부득일법 운하리상
上證 轉轉得阿耨菩提 爲斷此疑 示現非證法 名爲阿耨菩提 斷
상증 전전득아뇩보리 위단차의 시현비증법 명위아뇩보리 단
之文 三 一 以無法爲正覺
지문 삼 일 이무법위정각

　<19>는 법이 없다면 어떻게 닦고 증득하겠는가? 하는 의심을 끊음이다. 논에 따르면, 여래가 한 법도 얻지 못하였는데 저 상상증을 여의고 전전히 아뇩보리를 얻는가? 하므로 그 의심을 끊기 위하여, 법을 증득하지 않음이 곧 아뇩보리라 이름함을 보이셨다. 그것을 끊는 글이 세 가지니 ㈎ 법이 없음으로써 정각을 삼은 것이다.

22. 무법가득분(無法可得分)
-법은 가히 얻을 것이 없음-

須菩提 白佛言 世尊 佛 得阿耨多羅三藐三菩
提 爲無所得耶 佛言 如是如是 須菩提 我於
阿耨多羅三藐三菩提 乃至無有少法可得 是名
阿耨多羅三藐三菩提

수보리가 부처님께 사뢰었다.
 "세존이시여, 부처님께서 아뇩다라삼먁삼보리를 얻은 것은 얻은 바가 없기 때문이옵니까?"
 "그렇느니라. 그렇느니라. 수보리야, 내가 아뇩다라삼먁삼보리에 조금도 법을 얻은 것이 없으므로 아뇩다라삼먁삼보리라 하느니라."

설 上言生不生 此言佛無得 蓋菩提 生佛平等之本有 於中 不
　　 상언생불생 차언불무득 개보리 생불평등지본유 어중 불
應分別是凡是聖 有得無得
응분별시범시성 유득무득

　위에서는 중생과 중생 아님을 말씀하시고 여기서는 부처님께서 얻은 것이 없음을 말씀하시니, 대개 보리란 중생과 부처가 평등하게 본래 가지고 있는 것이라서 그 가운데서는 응당 범부와 성인, 유득과 무득을 분별하지 않음이니라.

규봉 以無法爲正覺者 偈 云彼處 無少法 知菩提無上 論 云彼
이무법위정각자 게 운피처 무소법 지보리무상 논 운피
菩提處 無有一法可證 名爲阿耨菩提
보리처 무유일법가증 명위아뇩보리

무법으로써 정각을 삼는다는 것은 게송으로 말하길, 저곳에선 작은 법도 없음이 무상의 보리인 줄 안다 하며, 논에 따르면, 저 보리처에는 한 법도 가히 증득함이 없으므로 아뇩보리라 이름한다 했다.

육조 須菩提 言 所得心盡 卽是菩提 佛言 如是如是 我於菩提
수보리 언 소득심진 즉시보리 불언 여시여시 아어보리
實無希求心 亦無所得心 以如是故 得名爲阿耨多羅三藐三菩提也
실무희구심 역무소득심 이여시고 득명위아뇩다라삼먁삼보리야

수보리가 말하기를, 소득심이 다 없어짐을 곧 보리라 하니, 부처님께서 말씀하시기를, '그렇느니라. 그렇느니라. 수보리야, 내가 아뇩다라삼먁삼보리에 조금도 법을 얻은 것이 없으므로 아뇩다라삼먁삼보리라 하느니라'고 하셨다.

부대사 諸佛智明覺 覺性本無涯 佛因有何得 所得爲無耶 妙性
제불지명각 각성본무애 불인유하득 소득위무야 묘성
難量比 得理則無差 執迷不悟者 路錯幾河沙
난량비 득리즉무차 집미불오자 노착기하사

제불의 지혜가 밝게 깨달음이여,
각의 성품은 본래 끝이 없음이라.
부처님은 무엇으로 인하여 얻음이 있는가?

얻을 바가 없음으로 인함이니
묘한 성품은 헤아리기 어려워서
이치를 득한즉 차별이 없거늘.
미혹에 집착하여 깨닫지 못한 이들은
길을 잘못 들은 적이 얼마나 많았던가.

야부 求人 不如求自己
　　　　구인　불여구자기

남에게 구하는 것은 자기에게서 구하는 것만 못하느니라.

설 求自 一作自求 旣是平等 何以遠推諸聖 旣是本有 何須向
　　　구자　일작자구　기시평등　하이원추제성　기시본유　하수향
外馳求 若能反求諸己 驀然觸著鼻孔 坐斷報化 佛頭去在 所以
외치구　약능반구제기　맥연촉착비공　좌단보화　불두거재　소이
求人 不如求自己
구인　불여구자기

　구자를 어떨 때는 자구라고도 한다.
　이미 평등하다고 한다면 어찌 멀리 성인들에게 미루어 구할 것이며, 이미 본래 지니고 있다면 어찌 모름지기 밖을 향해서 급하게 구할 것인가.
　만약 자기에게 돌이켜 구하여서 문득 콧구멍(根本)을 만지면 보신·화신의 부처 머리를 앉아서 끊어 가리니, 그러므로 남에게 구하는 것이 자기에게 구하는 것만 같지 못하느니라.

야부 滴水成氷 信有之 緣楊芳草色依依 秋月春花無限意 不妨
　　　　적수성빙　신유지　연양방초색의의　추월춘화무한의　불방
閑聽 鷓鴣啼
한청　자고제

방울 물이 얼음이 됨은 진실로 있으나
연양과 방초의 색은 무성하도다.
추월과 춘화의 무한한 뜻이여,
자고새의 울음을 한가히 듣는데 방해롭지 않도다.

설 此事 寒威威冷湫湫 滴水滴凍 江河絶流 纖塵不立 寸草不
　　차사 한위위냉추추 적수적동 강하절류 섬진불립 촌초불
生 雖然如是 寒暄 不常 日煖風和 山川 競秀 玄黃 可判 黑白
생 수연여시 한훤 불상 일난풍화 산천 경수 현황 가판 흑백
分明 伊麼則秋月春花無限事 各各自有無限意 事事 一一天眞
분명 이마즉추월춘화무한사 각각자유무한의 사사 일일천진
著著 可以明宗 可以向翠竹黃花邊 明得此事 可以向鶯吟燕語邊
착착 가이명종 가이향취죽황화변 명득차사 가이향앵음연어변
明得此事 以至一見一聞 一一皆是發機的時節 一色一香 一一開
명득차사 이지일견일문 일일개시발기적시절 일색일향 일일개
我活眼的物事 須信道 山僧 未陞座 風鐸 已搖舌
아활안적물사 수신도 산승 미승좌 풍탁 이요설

　이 일은 차갑기가 위위하고 냉하기는 추추한지라. 방울물이 얼어서 강물이 흐르지 못하고 가는 티끌도 서지 못하며 작은 풀도 나지 않음이로다. 비록 이와 같으나 차고 더움은 항상하지 않음이라. 날이 따뜻하고 바람이 온화하여 산천이 빼어남을 다투니 검고 누런 것을 판단할 수 있으며 흑백이 분명하도다. 이러한즉 가을 달과 봄꽃의 무한한 일들은 각각 자기 스스로 무한한 뜻을 가지고 있어서 일과 일이 낱낱이 천진하며 만나는 것마다 가히 종지를 밝히도다. 푸른 대나무와 노란 꽃잎 끝을 향해서 이 일을 밝힐 것이며 꾀꼬리 울음과 제비의 지저귐을 향하여 이 일을 밝힐지니라. 하나를 보고 하나를 듣는 것들이 낱낱이 다 기를 일으켜 세우는 시절이요, 하나의 사물 하나의

향기가 낱낱이 다 나의 살아 있는 눈을 뜨게 하는 것이니 부디 믿을지어다. 산승이 아직 법상에 오르기도 전에 풍경소리가 이미 법을 다 설하였도다.

종경 法無可得 是名阿耨菩提 道無可傳 直指涅槃正眼 只如得
　　　　법무가득　시명아뇩보리　도무가전　직지열반정안　지여득
而不得 傳而不傳 畢竟是何宗旨 三賢 尚未明斯旨 十聖 那能達
이부득　전이부전　필경시하종지　삼현　상미명사지　십성　나능달
此宗 從來無說亦無傳 纔涉思惟便隔關 語默離微 俱掃盡 寥寥
차종　종래무설역무전　재섭사유변격관　어묵리미　구소진　요요
獨坐古靈山
독좌고영산

　법 가히 얻을 것이 없음이여, 그 이름이 아뇩보리이고, 도 가히 전할 것이 없음이여, 바로 열반 정안을 가리켰도다. 다만 그것은 얻되 얻지 못함이요 전하되 전하지 못함이니, 필경에 무슨 종지인가? 삼현도 오히려 이 뜻을 밝히지 못했는데, 십성인들 어찌 이 종을 통달하리오.
　본래 설함도 없고 전할 것도 없으니
　막 사유하려 하면 곧 관문을 막는지라.
　어와 묵, 이(無)와 미(有)를 함께 다 쓸어버리고
　고요히 옛 영취산에 홀로 앉아 있노라.

설 此宗 本無生 生心卽差違 有心無心 俱蕩盡 空空唯有一靈臺
　　　차종　본무생　생심즉차위　유심무심　구탕진　공공유유일령대

　이 종은 본래 나지 않음이니 마음을 내면 곧 어긋나도다. 유심과 무심을 모두 없애니 공하고 공하여 오직 영대에 있을 뿐이로다.

규봉 二 以平等爲正覺
이 이평등위정각

㈏ 평등으로써 정각을 삼은 것이다.

23. 정심행선분(淨心行善分)
-깨끗한 마음으로 선을 행함-

復次須菩提 是法 平等 無有高下 是名阿耨多羅三藐三菩提

"또 수보리야, 이 법은 평등하여 높은 것도 낮은 것도 없으므로 이름을 아뇩다라삼먁삼보리라 하나니,

규봉 偈 云法界 不增減 論 云是法 平等 是故 名無上 以更無
게 운법계 부증감 논 운시법 평등 시고 명무상 이갱무
上上故 三 以正助修 爲正覺
상상고 삼 이정조수 위정각

게송으로 말하길, 법계는 증감이 없다 하며, 논에 따르면, 이 법은 평등하여 위없음이라 이름하니 다시 상상이 없는 까닭이라 했다.
㈐ 주된 수행과 보조수행으로써 정각을 삼은 것이다.

以無我無人無衆生無壽者 修一切善法 卽得阿

耨多羅三藐三菩提

자아에 대한 고집도 없고 인간에 대한 고집도 없고 중생에 대한 고집, 수명에 대한 고집 없이 온갖 착한 법을 닦으면 곧 아뇩다라삼먁삼보리를 얻게 되느니라.

설 佛 因空生之問 答以生亦非生 佛亦無得 乃云是法 平等無
불 인공생지문 답이생역비생 불역무득 내운시법 평등무

有高下 是名阿耨菩提 生非生則不異於佛 佛無得則不異於生是
유고하 시명아뇩보리 생비생즉불이어불 불무득즉불이어생시

名平等 無有高下 前言無得 此言卽得 何也 前明本有 令不屈於
명평등 무유고하 전언무득 차언즉득 하야 전명본유 영불굴어

下 此明新熏 使功齊於諸聖 若恃其本有 不以新熏 熏之 則持珠
하 차명신훈 사공제어제성 약시기본유 불이신훈 훈지 즉지주

行丐永處輪廻
행개영처륜회

부처님께서 수보리의 물음으로 중생 또한 중생이 아니며, 부처님 또한 얻음이 없음으로 답하시니, 이에 말씀하시기를, 이 법은 평등하여 고하가 없으므로 그 이름이 아뇩보리라 하느니라. 중생은 중생이 아닌즉 부처와 다르지 않고 부처가 얻음이 없은즉 중생과 다르지 않음이라. 이것을 평등이라 하며 고하가 없다고 한다 하셨다. 앞에선 얻음이 없다고 하시고 여기에선 곧 얻는다고 한 것은 무엇인가? 앞에서는 본래 있음을 밝히시어 범하(凡下, 下劣한 凡夫)에 굴하지 않게 함이요, 여기에선 신훈(新熏, 새로운 훈습)을 밝히시어 이로 하여금 공이 모든 성인과 같게 함이니, 만약 그 본래 있는 것만 믿고 신훈으로써 훈습하지 않으면 곧 보주를 가지고 거지 노릇을 하는 것이라서

영원히 윤회에 처하리라.

육조 菩提法者 上至諸佛 下至昆蟲 盡含種智 與佛無異 故言平
보리법자 상지제불 하지곤충 진함종지 여불무이 고언평
等 無有高下 以菩提無二故 但離四相 修一切善法 即得菩提 若
등 무유고하 이보리무이고 단이사상 수일체선법 즉득보리 약
不離四相 修一切善法 轉增我人 欲證解脫之心 無由可得 若離
불리사상 수일체선법 전증아인 욕증해탈지심 무유가득 약리
四相 而修一切善法 解脫 可期 修一切善法者 於一切法 無有染
사상 이수일체선법 해탈 가기 수일체선법자 어일체법 무유염
著 對一切境 不動不搖 於世出世法 不貪不愛 於一切處 常行方
착 대일체경 부동불요 어세출세법 불탐불애 어일체처 상행방
便 隨順衆生 使之歡喜信服 爲說正法 令悟菩提 如是 始名修行
편 수순중생 사지환희신복 위설정법 영오보리 여시 시명수행
故言修一切善法
고언수일체선법

 보리법이란 위로는 모든 부처님에서부터 아래로는 곤충에 이르기까지 모두 일체 종지를 함유하고 있어서 부처와 더불어 다름이 없으므로 평등하여 고하가 없다는 것이다. 이 보리는 둘이 없는 고로 단지 사상을 떠나서 일체 선법을 닦으면 곧 보리를 얻을 것이다. 만약 사상을 여의지 않고 일체의 선법을 닦으면 아와 인만 증장시켜서 해탈을 증득하고자 하는 마음 때문에 가히 얻을 수 없거니와 만약 사상을 떠나서 일체 선법을 닦으면 해탈을 기약할 수 있으리라. 일체 선법을 닦는다는 것은 일체법에 물들지 않아서 일체 경계를 대하여 동하지도 않고 흔들리지도 않아서 세법과 출세법에 탐하거나 애착하지도 않으며 일체처에서 항상 방편을 행하여 중생을 수순하고 그들로 하여금 환희롭게 믿고 복종케 하며 그들을 위하여 정법을 설하여 보리를 깨닫게 하니, 이와 같아야 비로소 수행이라 할 수 있으

므로 일체 선법을 닦는다고 한다.

야부 山高海深 日生月落
　　　　산고해심　일생월락

산은 높고 바다는 깊으며 해가 뜨면 달이 지도다.

설 所謂平等 豈是夷岳實淵 截鶴續鳧然後 然哉 長者 任其長
　　소위평등　개시이악실연　절학속부연후　연재　장자　임기장
短者 任其短 高處 任其高 低處 任其低
단자　임기단　고처　임기고　저처　임기저

이른바 평등이라 함을 어찌 산을 깎아서 연못을 채우는 것이며, 학의 다리를 잘라 오리다리에 이은 연후에라야 그렇게 되는 것인가. 긴 것은 긴 것에 맡기고 짧은 것은 짧은 데 맡기며 높은 곳은 높은 데 맡기고 낮은 곳은 낮은 데 맡기도다.

야부 僧是僧兮俗是俗 喜則笑兮悲則哭 若能於此 善參詳 六六
　　　승시승혜속시속　희즉소혜비즉곡　약능어차　선참상　육육
從來三十六
종래삼십육

스님은 스님이고 속인은 속인이며,
기쁘면 웃고 슬프면 울도다.
만약 여기에서 잘 참구하여 살피면
육육은 본래로부터 삼십육이니라.

설 何須喚僧作俗 不必忍喜云哭 但能隨流認性 彼彼元來平等
　　하수환승작속　불필인희운곡　단능수류인성　피피원래평등

어찌 모름지기 스님을 불러 속인이라 하겠는가. 구태여 기쁨을 참고 울 필요는 없으니, 다만 유(流)를 따르되 성품을 알 수 있으면 저마다 원래 평등함이니라.

須菩提 所言善法者 如來 說卽非善法 是名善法
수보리야, 착한 법이라 말한 것도 여래는 설하기를 착한 법이 아니므로 착한 법이라 하느니라."

설 了得平等理 無我 修善法 善法非善法 與惡性無殊 是名眞
요득평등리 무아 수선법 선법비선법 여악성무수 시명진
善法 不同於有漏
선법 부동어유루

　평등한 이치를 요달하여 무아로써 선법을 닦으니, 선법과 선법 아님이 악성과 다르지 않음이라. 이것이 참다운 선법이니 유루와 같지 않도다.

규봉 無我等 是了因 卽正道也 修一切善法 是緣因 卽助道也
　　　무아등 시료인 즉정도야 수일체선법 시연인 즉조도야
卽得阿耨菩提 是正覺 所言善法者 標指也 說非等者 論 云彼法
즉득아뇩보리 시정각 소언선법자 표지야 설비등자 논 운피법
無有漏法 故名非善法 以有無漏法 故名爲善法
무유루법 고명비선법 이유무루법 고명위선법

　무아 등은 요달한 인이니 곧 정도요, 일체 선법을 닦는다는 것은 조건의 인이니 곧 조도이며 곧 아뇩보리를 얻음은 정각이

요 말한 바 선법이란 가리키는 말이다. 비선법 등이라 설한 것은, 논에 따르면, 저 법엔 유루법이 없음으로 비선법이라 한 것이고 무루법이 있으므로 선법이 된다고 이름한 것이라 했다.

육조 修一切善法 希望果報 卽非善法 六度萬行 熾然俱作 心不
　　　수일체선법　희망과보　즉비선법　육도만행　치연구작　심불
望報 是名善法
망보　시명선법

일체선법을 닦으면서 과보를 바라는 것은 곧 선법이 아니요 육도만행을 치연히 함께 짓되 마음에 과보를 바라지 않으면 이를 선법이라 하느니라.

부대사 水陸 同眞際 飛行 體一如 法中 無彼此 理上 絶親踈
　　　　수육　동진제　비행　체일여　법중　무피차　이상　절친소
自他分別遣 高下執情除 了斯平等性 咸共入無餘
자타분별견　고하집정제　요사평등성　함공입무여

　물과 육지가 다 같은 진제요
　비와 행의 체는 일여하도다.
　법 가운데는 피차가 없음이요
　이치 위엔 친소를 끊었도다.
　자타의 분별을 없애고
　고하에 집착한 정을 제거하리니
　이 평등한 성품을 요달하면
　다같이 무여열반에 들리라.

야부 面上 夾竹桃花 肚裏 侵天荊棘
　　　면상　협죽도화　두이　침천형극

얼굴엔 협죽도(夾竹桃, 복숭아 꽃 종류)의 꽃이요 뱃속엔 침천(侵天, 가시나무 종류)의 가시로다.

설 善耶 惡耶
　　선야 악야

선인가, 악인가?

야부 是惡非惡 從善非善 將逐符行 兵隨印轉 有時 獨立妙高峯
　　　시악비악 종선비선 장축부행 병수인전 유시 독립묘고봉
却來端坐閻羅殿 見盡人間秪點頭 大悲手眼 多方便
각래단좌염라전 견진인간저점두 대비수안 다방편

이 악은 악이 아니고 선을 쫓아도 선이 아니로다.
장수는 부(符, 명령표시)를 따라 행하고
병사는 인(印, 지휘봉)을 따라 움직이도다.
어떤 때 홀로 묘고봉(須彌山 꼭대기 利天)에 있다가도
도리어 염라전에 단정히 앉아 있도다.
인간을 다 보고 다만 머리를 끄덕거리니
대자비의 관음보살은 방편이 많으시다.

설 惡非惡善非善 善惡 性無殊 擧一相隨來 涅槃生死 兩逍遙
　　악비악선비선 선악 성무수 거일상수래 열반생사 양소요
雖知無化 常演化
수지무화 상연화

악은 악이 아니고 선은 선이 아님이여. 선과 악의 본성은 다르지 않으니 하나를 들면 서로 따라 오도다. 열반과 생사에 둘 다 소요하니 비록 교화가 없음을 아나 항상 교화를 펴신다.

종경 法無高下故 諸佛心內 衆生 時時成道 相離我人故 衆生心
　　 법무고하고 　제불심내 　중생 　시시성도 　상리아인고 　중생심
內 諸佛 念念證眞 所以 道 念佛 不礙參禪 參禪 不礙念佛 至
내 제불 염념증진 소이 도 염불 불애참선 참선 불애념불 지
於念而不念 參而不參 洞明本地風光 了達惟心淨土 溪山 雖異
어념이불념 참이불참 동명본지풍광 요달유심정토 계산 수이
雲月 是同 且道 那裏 不是平等之法 要知縱橫不礙處麼 處處緣
운월 시동 차도 나이 불시평등지법 요지종횡불애처마 처처연
楊堪繫馬 家家有路透長安
양감계마 가가유로투장안

　법에는 고하가 없는 까닭으로 모든 부처님의 마음 안에는 중생이 때때로 성도하고, 상은 아와 인을 떠난 고로 중생의 마음 안엔 모든 부처님이 순간순간 진을 증득함이다. 그러므로 말하기를, 염불이 참선에 걸리지 않고 참선하는 것이 염불에 걸리지 않는다 하셨다. 염하되 염하지 않으며, 참선하되 참선하지 않는 데에 이르러서는 본지풍광을 훤출하게 밝히고 유심정토를 요달함이니 시냇물과 산은 비록 다르나 구름과 달은 같음이로다. 또 말하라. 어느 것이 평등법이 아니리오. 종횡으로 걸리지 않는 곳을 알고자 하는가? 곳곳에 있는 푸른 버들엔 말을 맬 수 있고 집집마다 길이 있어서 장안으로 통한다.

설 本來是佛 一念而迷 迷不曾失 現成受用 聞聲 是證時 見
　　 본래시불 일념이미 미부증실 현성수용 문성 시증시 견
色 是證時 一見一聞 擧足下足 一一皆是寂場 所以 道 念念釋
색 시증시 일견일문 거족하족 일일개시적량 소이 도 염념석
迦出世 步步彌勒下生 旣然如是 何容分別是凡是聖 昔日而迷
가출세 보보미륵하생 기연여시 하용분별시범시성 석일이미
今日而悟 悟無所得 念念無生 雖然念念興悲 未嘗一念離眞 所
금일이오 오무소득 염념무생 수연념념흥비 미상일념이진 소

以　道　終日度生　不見生之可度　旣然如是　何曾見有能度所度　所
이　도　종일도생　불견생지가도　기연여시　하증견유능도소도　소

以　念無念　無碍　究竟終無二致　只如無二底道理　作麽生道　溪山
이　염무념　무애　구경종무이치　지여무이저도리　작마생도　계산

雖異　雲月　是同　要知縱橫不礙處麽　處處綠楊堪繫馬　家家有路
수이　운월　시동　요지종횡불애처마　처처록양감계마　가가유로

透長安
투 장 안

　본래 이 부처거늘 한 생각에 미하니 미하되 일찍이 잃지는
않았도다. 현성하여 수용하나니 소리를 듣는 것이 그 증득하는
때이며 사물을 보는 것이 그 증득하는 때로다. 한번 보고 한번
듣는 것과 발을 들고 발을 놓는 것이 낱낱이 다 적멸도량이니
라. 그러므로 말하길, 순간순간에 석가가 출세함이요 걸음걸음
마다 미륵이 하생한다 했다. 이미 그러해서 이 같을진대 어찌
범부다 성인이다 분별함을 용납하리오.

　옛날에는 미했고 지금엔 깨달았으니 얻을 바 없음을 깨달았
도다. 순간순간 생함이 없으니 비록 그렇게 순간순간에 자비를
일으키나 일찍이 한 순간에도 진을 떠나지 않았음이다. 그러므
로 말하길, 종일토록 중생을 제도하되 가히 제도할 중생을 보
지 못하였다 하시니, 이미 그럴진대 어찌 일찍이 능히 제도하
는 나(能度)와 제도받을 중생(所度)이 있음을 볼 것인가? 그러
므로 염과 무념이 걸림이 없어서 구경엔 마침내 두 가지 이치
가 없음이니, 다만 저 둘이 없는 도리를 어떻게 말할 것인가?
시냇물과 산이 비록 다르나 구름과 달은 같음이니라. 종횡으로
걸리지 않는 곳을 알고자 하는가? 곳곳의 푸른 버들엔 말을 맬
수 있고 집집마다 길이 있어서 모두 장안으로 뚫려 있노라.

종경 山花似錦水如藍 莫問前三與後三 心境 廓然忘彼此 大千
산화사금수여람 막문전삼여후삼 심경 확연망피차 대천
沙界 摠包含
사계 총포함

산에 핀 꽃은 비단 같고 물은 쪽빛 같으니

전삼삼과 후삼삼을 묻지 말지어다.

마음과 경계가 확연해서 피차를 잊으니

대천사계를 모두 포함하도다.

설 混融無有差別 廓然摠含無遺
혼융무유차별 확연총함무유

혼용하여 차별이 없으니 확연히 모두를 함유해서 빠뜨림이 없도다.

규봉 第二十 斷所說無記非因疑 論 云若修一切善法 得阿耨菩
제이십 단소설무기비인의 논 운약수일체선법 득아뇩보
提者 則所說教法 不能得菩提 以是無記法故
리자 즉소설교법 불능득보리 이시무기법고

<20>은 설한 것이 무기(無記)라서 인이 아니라는 의심을 끊음이다. 논에 따르면, 만약 일체 선법을 닦아서 아뇩보리를 얻었을 수 있겠지만, 설한 바의 교법으로써는 능히 보리를 얻지 못하니 무기법이기 때문이라 했다.

24. 복지무비분(福智無比分)
-복덕과 지혜는 비교할 수 없음-

須菩提 若三千大千世界中所有諸須彌山王如是等七寶聚 有人 持用布施 若人 以此般若波羅密經 乃至四句偈等 受持讀誦 爲他人說 於前福德 百分 不及一 百千萬億分 乃至算數譬喩 所不能及

"수보리야, 삼천대천세계 가운데 있는 여러 수미산처럼 그렇게 많은 일곱 가지 보배 덩어리를 어떤 사람이 가지고 보시를 하더라도, 만약 어떤 사람이 이 반야바라밀경에서 네 구절의 게송만 받아 지녀 읽고 외우고 남에게 일러준다면 앞의 공덕(일곱 가지 보배를 보시한 공덕)으로는 백분의 일에도 미치지 못하며 천만억분의 일에도 미치지 못하며 나아가서는 계산하는 수효나 비유로도 미치지 못하느니라."

설 持經行施 功行 不等 所以不等 只在頓漸
　　지경행시 공행 부등 소이부등 지재돈점

경을 수지하는 것과 보시를 행하는 공행은 같지 않으니, 같지 않는 이유는 다만 돈과 점에 있다.

규봉 偈 云雖言無記法 而說是彼因 是故一法寶 勝無量珎寶 論
　　게 운수언무기법 이설시피인 시고일법보 승무양진보 논

云以離所說法 不能得大菩提 故 此法 能爲菩提因 又言汝法 是
운 이리소설법 불능득대보리 고 차법 능위보리인 우언여법 시

無記 而我法 是記 是故 勝捨無量七寶
무기 이아법 시기 시고 승사무량칠보

게송으로 말하길, 비록 무기법을 말하나 저 인을 설함이니 이 까닭에 일법보가 무량한 진보보다 수승하다 하며, 논에 따르면, 설한 바 법을 떠나면 대보리를 얻을 수 없음이라. 그러므로 이 법은 능히 보리의 인이 된다 하며, 또 말하길, 너의 법은 무기이거니와 나의 법은 이 기로다. 그러므로 무량한 칠보를 보시하는 것보다 수승하다고 했다.

육조 大鐵圍山高廣 二百二十四萬里 小鐵圍山高廣 一百一十二
　　대철위산고광 이백이십사만리 소철위산고광 일백일십이

萬里 須彌山高廣 三百三十六萬里 以此 名爲三千大千世界 約
만리 수미산고광 삼백삼십육만리 이차 명위삼천대천세계 약

理而言 卽貪瞋癡妄念 各具一千也 如尒許山 盡如須彌 以況七
리이언 즉탐진치망념 각구일천야 여이허산 진여수미 이황칠

寶數 持用布施 所得福德 無量無邊 終是有漏之因 而無解脫之
보수 지용보시 소득복덕 무량무변 종시유루지인 이무해탈지

理 摩訶般若波羅蜜多四句 經文 雖少 依之修行 卽得成佛 是知
리 마하반야바라밀다사구 경문 수소 의지수행 즉득성불 시지

持經之福 能令衆生 證得菩提 故 不可比也
지경지복 능영중생 증득보리 고 불가비야

대철위산의 높이와 넓이가 224만리요, 소철위산의 높이와 넓이는 112만리이며 수미산의 높이와 넓이는 336만리이다. 이로써 삼천대천세계라 이름하는데, 이치를 따져 말한다면 곧 탐진치의 망념이 각각 일천을 갖추었느니라. 그러한 산이 다 저 수미산과 같으므로 칠보의 수와 비교하니 그것을 보시에 쓰면 얻은 복이 무량무변이나 마침내 이것은 유루의 인이라 해탈할 이치가 없거니와 마하반야바라밀다의 사구는 경문이 비록 적으나 그것을 의지해서 수행하면 곧 성불하리니, 경을 수지하는 복이 능히 중생으로 하여금 보리를 증득케 함을 알 것이로다. 그러므로 가히 비교할 수 없느니라.

부대사 施寶如沙數 唯成有漏因 不如無我觀 了妄乃名眞 欲證
　　　　 시보여사수 유성유루인 불여무아관 요망내명진 욕증
無生忍 要假離貪瞋 人法知無我 逍遙出六塵
무생인 요가이탐진 인법지무아 소요출육진

　보배를 보시함이 모래수같이 많을지라도
　오직 유루의 인을 이루는 것이니
　무아를 관하여 망이 진임을 요달함만 같지 못하도다.
　무생의 인을 증득하고자 하면
　종요로히 탐진치를 여월지니
　인과 법에 아가 없음을 알면
　육진에서 벗어나 소요자재하리라.

야부 千錐劄地 不如鈍鍬一捺
　　　 천추답지 불여둔초일날

　천 개의 송곳으로 땅을 파는 것이 무딘 괭이로 한 번 파는 것만 같지 않도다.

설 無明堅厚 猶如地礙 漸斷頓除 千錐一捺 寶施 只度慳貪
　　무명견후　유여지애　점단돈제　천추일날　보시　지도간탐
般若 直度無明 頓漸 懸 殊 優劣 皎然
반야 직도무명　돈점　현　수　우열　교연

　무명의 굳고 두꺼운 것이 마치 땅의 견고함과 같으니 점점 끊고 단번에 없애는 것이 천개의 송곳과 한 개의 괭이와 같다. 보배를 베푸는 것은 단지 간탐만 없애기 위함이고 반야는 바로 무명을 건지는 것이니, 돈과 점이 현격히 다르고 우열이 분명하다.

야부 麒麟鸞鳳 不成群 尺璧寸珠 那入市 逐日之馬 不並駝 倚
　　　　기린난봉　불성군　척벽촌주　나입시　축일지마　불병타　의
天長劒 人難比 乾坤 不覆載 劫火 不能壞 凜凜威光 混大虛 天
천장검 인난비 건곤　불복재　겁화　불능괴　늠름위광　혼대허　천
上人間 揔不如 噫
상인간　총불여　희

　기린과 난새, 봉황이 무리를 이루지 못하고
　크고 훌륭한 보배가 어찌 시장에 들어오리오.
　하루에 천리를 달리는 말은 낙타와 함께 하지 못하고
　하늘을 의지한 장검은 사람이 비교하지 못하도다.
　건곤이 그것을 싣지 못하고
　겁화가 능히 그것을 무너뜨리지 못하도다.
　늠름한 위광이 태허에 빛나니
　천상과 인간이 모두 같지 않도다. 희라.

설 麒麟之爲物 頭載一角 性含仁心 鸞鳳之爲物 身備五彩 聲
　　기린지위물　두재일각　성함인심　난봉지위물　신비오채　성

含五音 天下有道則至 無道則隱 此事 亦然 本是一道 開有四心
함오음 천하유도즉지 무도즉은 차사 역연 본시일도 개유사심

五位 諸佛 時乃說之 衆生 時乃得聞 不成羣則彼物 無伴侶 此
오위 제불 시내설지 중생 시내득문 불성군즉피물 무반려 차

事 無多字 尺璧寸珠 體具溫閏明瑩之德 亦有剛强淸淨之相 此
사 무다자 척벽촌주 체구온윤명형지덕 역유강강청정지상 차

事 亦然 擧體隨緣而照無遺餘 隨緣不變而物不能汚 那入市則此
사 역연 거체수연이조무유여 수연불변이물불능오 나입시즉차

寶 人人 珍之 不用賤賣 此事 佛佛 密護 罕爲人說 亦迅速 如
보 인인 진지 불용천매 차사 불불 밀호 한위인설 역신속 여

良馬 不爲鈍根之所追 快然 如利劍 魔外 於是乎心寒 恢恢乎乾
양마 불위둔근지소추 쾌연 여리검 마외 어시호심한 회회호건

坤 覆載不著 確確乎劫火 燒壞不得 凜凜乎光爍億萬乾坤 嵬嵬
곤 복재불착 확확호겁화 소괴부득 늠름호광삭억만건곤 외외

乎絶對天上人間 得之者所以殊勝無譬
호절대천상인간 득지자소이수승무비

　기린의 물건 됨은 머리에 한 뿔을 이고 성품은 어진 마음을 함유하고 있으며 난새와 봉황의 물건 됨은 몸에 오색을 갖추고 소리는 오음을 가지고 있어서 천하에 도가 있으면 이르고(至) 천하에 도가 없으면 숨나니, 이 일도 또한 그러해서 본시 하나의 도이지만 열면 사심과 오위가 있는 것이다. 제불이 때때로 이를 설하시며 중생이 때때로 이를 얻어들으니 무리를 이루지 않은즉 저 사물은 벗이 없음이라.

　이 일도 설명이 많지 않으리라. 한 척이나 되는 옥과 한 치나 되는 구슬은 체가 따뜻하고 윤기 있으며 밝은 덕을 갖추었고 또한 아주 강하고 청정한 상을 갖추었으니, 이 일도 또한 그러해서 전체가 인연을 따르지만 비춤에 남김이 없고 연을 따라 불변하나 사물에 능히 물들지 않으니, 그것이 시장(市)에 들어가면 이 보배를 사람들이 진귀하게 여겨서 천하게 팔지 않도

다. 이 일도 그러하여 부처와 부처가 비밀히 보호해서 사람을 위하여 설함이 드물도다. 또한 신속하기가 좋은 말과 같아서 둔한 근기는 따라갈 수 없으며 명쾌하기가 날카로운 칼과 같아서 마구니와 외도가 이에 마음이 서늘해짐이로다.

크고 커서 건곤이 덮고 실을 수가 없음이요, 확실하고 확실해서 겁화가 그것을 태워서 무너뜨릴 수 없도다. 늠름한 빛이 억만 건곤에 빛나고, 높고 높아서 천상과 인간에 상대가 없으니 그것을 얻는 자는 수승하여 비유할 데가 없느니라.

종경 福等三千 施須彌之七寶 經持四句 耀智海之明珠 能令識
복등삼천 시수미지칠보 경지사구 요지해지명주 능령식
浪 澄淸 頓使義天 開朗 弘慈普濟 廣利無邊 夜半正明 還在何
랑 징청 돈사의천 개랑 홍자보제 광리무변 야반정명 환재하
處 三身四智 體中圓 八解六通 心地印
처 삼신사지 체중원 팔해육통 심지인

복이 삼천세계와 같음이여, 수미산과 같은 칠보를 베풂이요, 경의 사구를 가짐이여, 지혜 바다의 밝은 구슬처럼 빛나도다. 능히 식의 물결로 하여금 맑게 하고 단번에 진리의 하늘로 하여금 열어 빛나게 하도다. 큰 자비로 제도하매 널리 이롭게 함이 끝이 없도다. 한 밤에 정히 밝은 것은 또한 어느 곳에 있는가? 삼신과 사지가 체 가운데 원만함이요, 팔해육통이 심지의 인이로다.

설 施寶 福無邊 箭射虛空極還墜 持經 智乃明 驪珠獨耀於滄
시보 복무변 전사허공극환추 지경 지내명 여주독요어창
海 智明理旣顯 弘慈利無邊 心地 悲花秀 霜夜 月正明 且道 夜
해 지명리기현 홍자리무변 심지 비화수 상야 월정명 차도 야

半正明　還在何處　三身四智體中圓　八解六通　心地印　只如體中
반정명　환재하처　삼신사지체중원　팔해육통　심지인　지여체중
圓心地印　且作麼生道　大虛寥廓淨無雲　一輪　高朗照三千　旣知
원심지인　차작마생도　대허요확정무운　일륜　고랑조삼천　기지
夜半正　明　須知天曉不露　只如天曉不露　且作麼生道　月落寒潭
야반정　명　수지천효불로　지여천효불로　차작마생도　월락한담
可承攬　展手欲捉捉不得
가승람　전수욕착착부득

　　보배를 베푸는 것은 복이 끝이 없으나 화살을 허공에 쏘는 것 같아서 힘이 다하면 도리어 떨어진다. 경을 지니면 지혜가 밝음이라. 여주가 큰 바다에 홀로 빛나도다. 지혜가 밝고 이치가 이미 드러났으니 큰 자비로써 중생에 이익케 함이 끝이 없도다. 심지에 자비의 꽃이 빼어났으니 서리 내린 밤에 달이 정히 밝도다. 또 말하라. 한 밤에 정히 밝음이 또한 어느 곳에 있는가? 삼신과 사지가 몸 가운데 원만함이요 팔해육통이 심지의 인이로다. 다만 저 몸 가운데 원만한 심지의 인을 또한 어떻게 말할 것인가? 큰 허공이 고요하고 확락하며 맑아서 구름이 없으니 한 달이 높고 밝아서 삼천세계를 비추도다. 이미 한밤에 정히 밝음을 알았으면 모름지기 새벽하늘이 드러나지 않음을 알지니, 다만 저 새벽하늘이 드러나지 않음을 또한 어떻게 말할 것인가? 달이 찬 못에 떨어지니 가히 잡을 수 있으나 손을 펴서 잡으려 하면 잡을 수 없음이로다.

종경　寶聚山王筭莫窮　還如仰箭射虛空　洞明四句超三際　絶勝僧
　　　　보취산왕산막궁　환여앙전사허공　동명사구초삼제　절승승
祇萬倍功
기만배공

　　수미산왕만한 보배 더미를 수로써 헤아릴 수는 없으나

도리어 하늘을 향해 화살을 쏘는 것과 같도다.

사구가 삼제를 초월함을 환하게 밝히면

아승지겁 동안 보시한 것보다 만 배나 공이 수승하리.

규봉 第二十一 斷平等 云何度生疑 論 云若法 平等 無高下者
　　　제이십일　단평등　운하도생의　논　운약법　평등　무고하자

云何如來 度衆生 斷之 文四 一 遮其錯解
운하여래 도중생 단지 문사 일 차기착해

<21>은 중생과 부처가 평등한데, 어떻게 중생을 제도하는가 하는 의심을 끊는 것이다. 논에 따르면, 만약 법이 평등하여 고하가 없음인데 어떻게 여래가 중생을 제도하는가? 하므로 그것을 끊음이다. 글에 네 가지니, ㈎ 그 잘못 아는 것을 막음이다.

25. 화무소화분(化無所化分)
－교화하되 교화하는 바가 없음－

須菩提 於意云何 汝等 勿謂 如來作是念 我
當度衆生 須菩提 莫作是念
"수보리야, 어떻게 생각하느냐? 너희들은 여래
가 이렇게 생각을 하되, 내가 중생을 제도한다
고 생각한다 여기지 말라. 수보리야, 그런 생각
을 하지 말지니,

규봉 二 示其正見
　　　　이　시기정견

㈏ 그 정견을 보이다.

何以故 實無有衆生如來度者
왜냐하면 실제로 어떤 중생도 여래가 제도하는
자가 없느니라.

규봉 偈 云平等眞法界 佛不度衆生 以名共彼陰 不離於法界 論
게 운평등진법계 불부도중생 이명공피음 불리어법계 논

云衆生假名 與五陰 共不離於法界 三 反釋所以
운중생가명 여오음 공불리어법계 삼 반석소이

게송으로 말하길, 평등한 진법계에선 부처가 중생을 제도하지 않음이니, 그 이름(제도했다는 것)과 저 오온은 법계를 떠나지 않았다 하며, 논에 따르면, 중생의 거짓 이름과 더불어 오온이 모두 다 법계를 떠나지 않았다고 했다.

㈐ 그 까닭을 반대로 해석함이다.

若有衆生 如來度者 如來 卽有我人衆生壽者
만약 어떤 중생을 여래가 제도하는 자가 있다하면 이는 여래가 자아에 대한 고집, 인간에 대한 고집, 중생에 대한 고집, 수명에 대한 고집이 있다는 것이니라.

설 衆生 本成佛 佛不度衆生 爲甚如此 眞如界內 無生佛 平
중생 본성불 불부도중생 위심여차 진여계내 무생불 평

等性中 無自它 見有可度成自他 豈謂如來無我人
등성중 무자타 견유가도성자타 개위여래무아인

중생은 본래 부처를 이루었음이라. 부처가 중생을 제도할 수 없느니라. 어찌하여 이 같은가? 진여법계 안에서는 중생과 부처가 없음이요, 평등한 성품 가운데는 자타가 없음이로다. 중생을 가히 제도할 것이 있다고 보면 자타를 이루는 것이니, 어찌 여래가 아와 인이 없다고 말하리오.

규봉 論 云若如來 有如是心 五陰中 有衆生可度者 此是取相過
　　　　논　운약여래　유여시심　오음중　유중생가도자　차시취상과

無著 云如來 如尒炎而知 是故 若有衆生想 則爲有我取
무착　운여래　여이염이지　시고　약유중생상　즉위유아취

　논에 따르면, 만약 여래가 이와 같은 마음이 있으되 오온 중에 중생을 제도할 수 있다고 하면 이는 상을 취하는 허물이 된다 하며, 무착이 말하기를, 여래는 이염(尒炎, 智母)과 같이 알지니 이 까닭에 만약 중생상이 있으면 곧 아를 취하는 것이 된다고 했다.

육조 須菩提 意謂如來 有度衆生心 佛 爲遣須菩提 如是疑心故
　　　　수보리　의위여래　유도중생심　불　위견수보리　여시의심고

言莫作是念 一切衆生本自是佛 若言如來 度得衆生成佛 卽爲妄
언막작시념　일체중생본자시불　약언여래　도득중생성불　즉위망

語 以妄語故 卽是我人衆生壽者 此 爲遣我所心也 夫一切衆生
어　이망어고　즉시아인중생수자　차　위견아소심야　부일체중생

雖有佛性 若不因諸佛說法 無由自悟 憑何修行 得成佛道
수유불성　약불인제불설법　무유자오　빙하수행　득성불도

　수보리의 생각으로 여래가 중생을 제도하는 마음이 있다고 하므로 부처님께서 수보리의 이와 같은 의심을 없애기 위해 '이런 생각하지 말라'고 하신다. 일체 중생이 본래 스스로 부처인 것이니, 만약 여래가 중생을 제도하여 성불케 한다고 하면 곧 이는 망령된 말이다. 망어인 까닭에 곧 아·인·중생·수자이니, 이는 아소심(我所心, 내 것이라는 마음)을 보내기 위함이다.

　대저 일체중생은 비록 불성이 있으나 만약 여러 부처님의 설

법에 의하지 않고는 스스로 깨달을 까닭이 없으니, 무엇을 의지하여 수행해서 불도를 이룰 수 있으리오.

야부 春蘭秋菊 各自馨香
　　　　춘란추국　각자형향

봄의 난초와 가을 국화가 제각각 스스로 향기를 피우도다.

설 十類生 與十方佛 一時成道 十方佛 與十類生 同日涅槃
　　십유생　여시방불　일시성도　시방불　여십류생　동일열반
生佛相 本寂 能所度 亦寂 能所度 旣寂 我人相 何有 伊麼則釋
생불상　본적　능소도　역적　능소도　기적　아인상　하유　이마즉석
迦 眼橫鼻直 人人 亦眼橫鼻直 同居常寂光土 共受無生法樂
가　안횡비직　인인　역안횡비직　동거상적광토　공수무생법락

십류의 중생이 시방의 부처님들과 더불어 일시에 성도함이요, 시방부처님이 십류 중생과 더불어 같은 날 열반하니 중생과 부처의 상이 본래 공적하고 능도(제도할 자)와 소도(제도받을 자)도 또한 없으며, 능소도가 이미 없는데 아와 인의 상이 어찌 있으리오. 이러한즉 석가도 눈은 가로로 있고 코는 곧게 있으며 사람 사람도 또한 눈은 가로로 있고 코는 곧게 있으니 상적광토에 함께 있어서 법락을 함께 받도다.

야부 生下 東西七步行 人人 鼻直兩眉橫 哆㗂悲喜 皆相似 那
　　　　생하　동서칠보행　인인　비직양미횡　치화비희　개상사　나
時 誰更問尊堂 還記得在麼
시　수갱문존당　환기득재마

　태어나시어 동서로 칠보를 걸음이여,
　사람마다 코는 곧게 있고 두 눈썹은 옆으로 있도다.
　치화와 슬픔과 기쁨은 다 서로 같으니

어느 때에 누가 다시 존당에 물으리오.
또한 기억하는가.

설 釋迦 纔生母胎 周行七步 人人 纔生母胎 眼橫鼻直 哆哆
　　석가　재생모태　주행칠보　인인　재생모태　안횡비직　치치
咊咊兼悲喜 人家孺子 皆相似 性本神解自如然 誰向尊堂問何爲
화화겸비희　인가유자　개상사　성본신해자여연　수향존당문하위
傾心吐露報君知 問君於斯 記取否
경심토로보군지　문군어사　기취부

　석가가 모태에서 태어나자 7보를 걸으시고 사람들도 모태에서 태어나자 눈은 옆으로 있고 코는 곧게 있도다. 치치(애들이 기뻐하는 소리) 화화(애들이 슬퍼하는 소리)와 겸하여 슬퍼하고 기뻐함이여, 인가의 아이들은 모두 서로 비슷하도다.
　성품은 본래 신해(神解, 신비롭게 아는 것)하는 것이어서 저절로 그러하니 누가 존당(佛)을 향해 어찌할까 물으리오.
　마음 기울여 그대에게 토로하여 알리노니, 묻겠노라. 그대는 여기에서 기억하는가, 마는가?

규봉 四 展轉拂跡
　　　　사　전전불적

㈣ 전전히 자취를 떨어버리는 것이다.

須菩提 如來 說有我者 卽非有我 而凡夫之人
以爲有我 須菩提 凡夫者 如來 說卽非凡夫
是名凡夫

수보리야, 여래는 말하기를 자아가 있다는 것은 곧 자아가 있는 것이 아니건마는 범부인 사람들은 자아가 있다고 여기느니라. 수보리야, 범부라는 것도 여래는 말하기를 범부가 아니라고 하느니라.

설 雖云有我 我性 本空 凡夫 不知 以爲有我 雖曰凡夫 凡夫
수운유아 아성 본공 범부 부지 이위유아 수왈범부 범부
相 寂滅 凡夫相 寂滅故說非凡夫 又前念不覺 名凡夫 後念卽覺
상 적멸 범부상 적멸고설비범부 우전념불각 명범부 후념즉각
說非凡夫
설비범부

　비록 아가 있다고 말하나 아의 성품은 본래 공하거늘 범부들이 이를 알지 못하고 아가 있음으로 삼는다. 비록 범부라고 말하나 범부의 상도 적멸한 것이니 범부의 상이 적멸한 고로 범부가 아니라고 설하신다. 또 앞생각이 깨닫지 못함을 범부라 하고 뒷생각이 곧 깨달음을 범부가 아니라고 설하는 것이다.

육조 如來 說有我者 是自性淸淨常樂我淨之我 不同凡夫 貪瞋
여래 설유아자 시자성청정상락아정지아 부동범부 탐진
無明虛妄不實之我 故言凡夫之人 以爲有我 有我人 卽是凡夫
무명허망부실지아 고언범부지인 이위유아 유아인 즉시범부
我人不生 卽非凡夫 心有生滅 卽是凡夫 心無生滅 卽非凡夫 不
아인불생 즉비범부 심유생멸 즉시범부 심무생멸 즉비범부 불
悟般若波羅蜜多 卽是凡夫 悟得般若波羅蜜多 卽非凡夫 心有能
오반야바라밀다 즉시범부 오득반야바라밀다 즉비범부 심유능
所 卽是凡夫 能所不生 卽非凡夫也
소 즉시범부 능소불생 즉비범부야

여래가 아가 있다고 설한 것은 자성이 청정한 상락아정의 아이니 범부의 탐진치 무명과 허망하고 실답지 못한 아와는 같지 않다. 그래서 범부들이 아가 있음으로 삼는다. 아인이 있으면 곧 범부이고 아인이 생하지 않으면 곧 범부가 아니며, 마음에 생멸이 있으면 곧 범부이고 마음에 생멸이 없으면 곧 범부가 아니며, 반야바라밀다를 깨닫지 못하면 범부요 반야바라밀다를 깨달으면 곧 범부가 아니며, 마음에 능소가 있으면 범부이고 능소심이 나지 않으면 곧 범부가 아닌 것이다.

부대사 衆生 修因果 果熟自然圓 法船自然度 何必要人牽 恰似
　　　　중생　수인과　과숙자연원　법선자연도　하필요인견　흡사
捕魚者 得魚忘却筌 若道如來度 從來度幾船
포어자　득어망각전　약도여래도　종래도기선

　중생이 인과를 닦음이여,
　결과가 익어지면 자연 원만함이라.
　법의 배를 타고 자연히 건너가니
　하필 남이 이끌어주길 바라겠는가.
　흡사 고기 잡는 사람이
　고기를 다 잡으면 그 통발(도구)을 잊음과 같으니,
　만일 여래가 중생을 제도했다고 하면
　종래로 몇 개의 배나 건네주었겠는가.

야부 前念衆生後念佛 佛與衆生 是何物
　　　　전념중생후념불　불여중생　시하물
　앞생각은 중생이고 뒷생각은 부처로다.
　부처와 더불어 중생은 무슨 물건인가?

설 前念起妄 後念卽覺 前念有著 後念卽離 妄還覺著却離 爲
　　전념기망　후념즉각　전념유착　후념즉리　망환각착각리　위
聖 爲凡 是善 是惡 定當不得
성　위범　시선　시악　정당부득

　앞생각이 망념을 일으키면 뒷생각이 곧 깨닫고 전념이 집착하면 곧 (집착을) 떠남이니 망을 돌이켜 깨닫고 집착을 문득 떠남이니 성인이 되는가 범인이 되는가, 선인가 악인가? 결정코 알지 못하도다.

야부 不現三頭六臂 却能拈匙放筯 有時 醉酒罵人 忽尒燒香作禮
　　　불현삼두육비　각능염시방저　유시　취주매인　홀이소향작례
手把破砂盆 身披羅錦綺 做模打樣 百千般 驀鼻牽來秖是你 咦
수파파사분　신피라금기　주모타양　백천반　맥비견래지시니　이

　삼두와 육비(머리 셋과 팔 여섯)를 나투지 않아도
　능히 수저를 잡고 놓을 줄 알도다.
　어느 땐 술에 취하여 사람을 꾸짖다가
　홀연히 향을 사르고 예를 올리도다.
　손에는 깨진 사기그릇을 잡고
　몸에는 비단 옷을 걸쳤도다.
　모양을 만들고 지워버림이 백천 가지이나
　문득 코를 잡아끌고 오니, 다만 이는 너로다. 이!

설 咦 一作嗄 非能非不能 非善非不善 非貴非不貴 貴賤善惡
　　이　일작사　비능비불능　비선비불선　비귀비불귀　귀천선악
能否異 正眼看來唯一人
능부이　정안간래유일인

　(咦가 어느 곳에서는 嗄로 되어 있음.) 능도 아니고 불능도 아니며 선도 아니고 불선도 아니로다. 귀함도 아니고 불귀함도

아니니 귀천과 선악과 능부가 다름이여, 바른 눈으로 보면 오직 한 사람이로다.

종경 無我無人 衆生 自成正覺 不生不滅 如來 說非凡夫 雖然
무아무인 중생 자성정각 불생불멸 여래 설비범부 수연
箇事分明 爭奈當機蹉過 昔 有僧 問翠巖云 還丹一粒 點鐵成金
개사분명 쟁나당기차과 석 유승 문취암운 환단일립 점철성금
至理一言 轉凡成聖 學人 上來 請師一點 師 云不點 僧 云爲什
지리일언 전범성성 학인 상래 청사일점 사 운불점 승 운위습
麼不點 師 云恐汝落凡聖 且道 不落凡聖底人 具什麼眼 直饒聖
마불점 사 운공여락범성 차도 불락범성저인 구습마안 직요성
解凡情 盡 開眼依然在夢中
해범정 진 개안의연재몽중

아도 없고 인도 없음이여, 중생이 스스로 정각을 이룸이다. 나지도 않고 멸하지도 않음이여, 여래께서 범부가 아니라고 설하도다. 비록 그렇게 그 일은 분명하나 기에 당하면 어긋남을 어찌하리오. 옛날 어떤 스님이 취암 스님께 묻기를, 환단(약) 한 개를 철에다 칠(點)하면 금이 되고 지극한 이치 한 마디가 범부를 고쳐 성인을 만든다 하니, 학인이 와서 스님께 일점하여 주십사 청하였도다. 스승께서 말하기를, 점하지 않겠다 하니, 스님이 어찌하여 점하지 않습니까? 했다. 스승이 '네가 범부나 성인에 떨어질까 두려워하노라 했다. 또 일러라. 범부나 성인에 떨어지지 않는 사람은 어떤 눈을 갖추었는가? 설사 성인의 알음알이나 범부의 생각이 다 없어질지라도 눈을 뜨면 아직도 꿈 가운데 있는 것이다.

설 佛不度衆生 衆生 自成正覺 衆生相寂滅 如來 說非凡夫
불부도중생 중생 자성정각 중생상적멸 여래 설비범부

雖曰人人具足 爭奈日用而不知 翠岩 曾不點 恐落凡聖路 且道
수왈인인구족 쟁나일용이부지 취암 증부점 공락범성로 차도
不落凡聖底人 具什麼眼 直饒不落凡聖路 敢道猶未具眼在
불락범성저인 구습마안 직요불락범성로 감도유미구안재

부처가 중생을 제도하지 못함은 중생이 스스로 정각을 이룸이다. 중생상의 적멸함이여, 여래께서 범부가 아니라고 설하셨다. 비록 사람마다 다 갖추었다 말하나 날마다 쓰되 알지 못함을 어찌하리오. 취암 스님이 일찍 점하지 않음은 범성에 떨어질까 염려함이니, 또 일러라. 범성에 떨어지지 않은 사람은 무슨 눈을 갖추었는가? 비록 범성의 길에 떨어지지 않았더라도 감히 말하건대, 아직 눈을 갖추지 못했다 하리.

종경 到岸 從來不用船 坦然大道 透長安 了然元不因他悟 面目
도안 종래불용선 탄연대도 투장안 요연원불인타오 면목
分明惣一般
분명총일반

 언덕에 도착하면 본래 배는 쓰지 않으니
 평탄한 큰길이 장안으로 뚫려있음이로다.
 요연히 원래 다른 사람으로 인해 깨닫는 것이 아니니
 면목이 분명함은 모두가 한가지로다.

설 悟了不應守方便 何更從他問長安 一條活路 如絃直 千聖
오료불응수방편 하갱종타문장안 일조활로 여현직 천성
皆從此路歸
개종차로귀

 깨닫고 나서는 응당 방편을 지킬 것이 아니니 어찌 다시 장안의 길을 남에게 물을 것인가. 한 가닥 살 길(活路)이 거문고 줄같이 곧으니 일천 성인이 다 이 길로부터 돌아오도다.

규봉 第二十二 斷以相比知眞佛疑 論 云雖相成就 不可得見如
　　　제이십이　단이상비지진불의　론　운수상성취　불가득견여
來 而以見相成就比智 則知如來法身 斷之 文五 一 問以相表佛
래　이이견상성취비지　즉지여래법신　단지　문오　일　문이상표불

　<22>는. 상으로써 참다운 부처를 비교해 안다는 의심을 끊는 것이다. 논에 따르면, 비록 상성취로써 여래는 볼 수 없으나 상성취를 보는 비지(比知, 견주어 아는 것)로써 곧 여래의 법신을 안다고 하므로 이를 끊음이다. 글에 다섯 가지니, ㈎ 상으로써 부처를 표시함을 물은 것이다.

26. 법신비상분(法身非相分)
-법신은 상이 아님-

須菩提 於意云何오 可以三十二相 觀-如來不
"수보리야, 어떻게 생각하느냐? 32가지 몸매의 모습으로 여래를 보겠느냐?"

규봉 二 答因苗識根
　　　이　답인묘식근

㈏ 싹으로써 뿌리를 알 수 있음을 답한 것이다.

須菩提 言 如是如是 以三十二相 觀如來
수보리가 대답했다.
"그렇습니다. 세존이시여, 32가지 몸매의 모습으로 여래를 보겠습니다."

설 空生 彼中 迹同中容 權示悟入 故 言不可以三十二相 得
　　공생 피중 적동중용 권시오입 고 언불가이삼십이상 득

見如來 此中 迹同下根 權示未悟故 言可以三十二相 觀如來 彼
견여래 차중 적동하근 권시미오고 언가이삼십이상 관여래 피
中言見 此中言觀 亦有以也
중언견 차중언관 역유이야

　수보리가 저 앞에선 자취(대답)를 중근기와 같게 하여 방편
으로 깨달아 들게 하므로 '32상으로 여래를 볼 수 없다' 하고,
여기에선 대답을 하근기와 같게 하여 방편으로 깨닫지 못함을
보이므로 말씀하시기를, '32상으로 여래를 관할 수 있다'고 하
니 저곳에선 견이라 하고 여기에선 관이라 함은 또한 이유가
있음이로다.

규봉 問 善現 前 頻答此義 皆悟佛身非相 如何今答以相觀佛
　　　 문 선현 전 빈답차의 개오불신비상 여하금답이상관불
有云 前 實理答 今 假說答 又前 依眞答 此 據俗答 又有云 欲
유운 전 실리답 금 가설답 우전 의진답 차 거속답 우유운 욕
二十一段 明法身妙體 假示此答 兩疏 皆錯 前何不假示 今始假
이십일단 명법신묘체 가시차답 양소 개착 전하불가시 금시가
示 假示 須有綸緒理例 秪合先假示迷 後假示悟 豈可前悟而後却
시 가시 수유륜서리예 저합선가시미 후가시오 개가전오이후각
迷 又有云 前悟色身 此迷法身 此亦錯解 前已悟法 非唯悟色
미 우유운 전오색신 차미법신 차역착해 전이오법 비유오색
非不證眞 而能達俗 今細詳之 此問及答 與前皆殊 前問以相爲
비부증진 이능달속 금세상지 차문급답 여전개수 전문이상위
佛故 答云不也 今問可以相觀 知是無相佛不 故 設答云可以相
불고 답운불야 금문가이상관 지시무상불 고 설답운가이상
觀 意云相雖非佛 但見外具相好 卽表知內證法身無相眞佛 故
관 의운상수비불 단견외구상호 즉표지내증법신무상진불 고
論 云比智知也 由此科云因苗識根 大雲 最後 釋云 意謂法身
논 운비지지야 유차과운인묘식근 대운 최후 석운 의위법신
旣流出相身 卽由此相 知佛證得無相法身 此卽順矣
기류출상신 즉유차상 지불증득무상법신 차즉순의

묻기를 수보리가 앞에서 자주 이 뜻에 답하기를, 모든 불신은 상이 아님을 깨달았거늘 어찌 지금엔 상으로써 부처를 볼 수 있다고 답하였는가? 어떤 이가 말하기를, 앞에서는 실다운 이치의 답이고 지금엔 거짓으로 설정한 답이다. 또 전엔 진에 의한 답이고 여기에선 속에 의거한 답이라 하며, 또 어떤 이가 말하기를, 21단에서는 법신묘체를 밝히기 위하여 거짓으로 이런 답을 보였다고 하니 두 해석이 다 틀린 것이다. 앞에서는 어찌 거짓으로 보이지 않고 지금에는 거짓으로 보이는가? 거짓으로 보임은 모름지기 순서와 이치의 예가 있어야 함이니 다만 합당히 먼저는 거짓으로 미한 것을 보이고 나중에는 거짓으로 깨달음을 보일지언정 어찌 가히 앞에서는 깨달았다가 뒤에서는 도리어 미할 수 있으리오.

또 어떤 사람이 말하기를, 앞에서는 색신을 깨닫고 여기서는 법신을 미하였다 하니 이것도 역시 잘못 아는 것이로다. 전에 이미 법을 깨달았을진대 오직 색을 깨달았을 뿐만 아니라 진을 증득하고 또한 능히 속도 통달했음이니라. 지금 자세히 살피건대 이 물음과 답이 전과 더불어 모두 다르니 앞에서는 상으로써 부처를 삼는가 하고 물은 까닭에 답은 '그렇지 않습니다' 했거늘 지금에 묻기를 상을 관하는 것으로써 이 무상의 부처를 아느냐고 하므로 답하기를, '가히 상으로써 관한다' 하니 뜻으로 말하면 상은 비록 부처가 아님이나 다만 밖으로 구족한 상호를 보면 곧 안으로 증득한 법신의 무상진불을 표하여 안다고 하므로 논에 따르면, 비지(견주어 앎)로 안다고 하느니라. 이것으로 말미암아 과목해 말하면, 싹으로 인하여 뿌리를 안다고 하는 것이다. 대운 스님이 최후로 해석하기를, 법신이 이미 상신으로 유출했기에 곧 이 상으로 말미암아서 부처가 증득한 무상법신을 알 수 있다고 하니 이것은 곧 순리적인 해석이다.

야부 錯
     착

틀렸음이라.

설 色身 非是佛 音聲 亦復然 而云以相觀如來 所以 云錯
  색신 비시불 음성 역부연 이운이상관여래 소이 운착

색신은 부처가 아니고 음성도 또한 그렇거늘 상으로써 여래를 관한다고 하시니, 그러므로 틀렸다고 하시니라.

야부 泥塑木雕縑綵畫 堆靑抹綠更粧金 若將此是如來相 笑煞南
     니소목조겸채화 퇴청말록갱장금 약장차시여래상 소살남
無觀世音
무 관세음

진흙으로 빚고 나무로 조각하며 비단에 그림이여,
청색을 칠하고 녹색을 바르고 다시 금으로 장식하도다.
만약 이것을 여래의 모습이라 하면
우습도다. 나무 관세음보살!

설 執相執情之見 違於離塵復性之觀 取笑菩薩 其在茲焉
  집상집정지견 위어리진부성지관 취소보살 기재자언

상에 집착하고 정에 집착한 견해가 진을 떠나서 다시 본성을 회복하는 관을 어긴 것이니 '우습도다. 나무 관세음'이라 한 뜻이 여기에 있음이로다.

규봉 三 難凡聖不分
　　　　삼 난범성불분

㈐ 범성을 가리기 어려움을 힐난한 것이다.

佛言 須菩提 若以三十二相 觀 如來者 轉輪
聖王 則是如來
부처님께서 말씀하셨다.
　"수보리야, 만약 32가지 몸매의 모습으로 여래
를 본다면 전륜성왕도 곧 여래라 하겠구나."

규봉 偈 云非是色相身 可比知如來 諸佛 唯法身 轉輪王 非佛
　　　　게 운비시색상신　가비지여래　제불 유법신　전륜왕　비불
四 悟佛非相見
사 오불비상견
　게송으로 말하길, 이 색상신으로써 가히 여래를 견주어 알지
못함이니 제불은 오직 법신이요, 전륜성왕은 부처가 아니라 했
다. ㈑ 부처는 상으로 보지 않음으로 깨달음을 얻게 된다.

須菩提 白佛言 世尊 如我解佛所說義 不應以
三十二相 觀如來
수보리가 부처님께 사뢰었다.
　"세존이시여, 제가 부처님께서 말씀하시는 뜻

을 알기로는 32가지 몸매의 모습으로는 여래를
보지 못하겠습니다."

설 蒙佛痛與針箚 方得醒悟 乃云不以相觀 是則是矣 猶未澈見
　　몽불통여침차　방득성오　내운불이상관　시즉시의　유미철견

부처님께서 침으로 아프게 찔러줌을 당하고서야 비로소 깨
달음을 얻었으므로 이에 상으로 관하지 못한다 이르시니, 이는
옳기는 옳으나 사무쳐 보지는 못했음이로다.

육조 世尊 大慈 恐須菩提 執相之病 未除 故作此問 須菩提 未
　　　세존　대자　공수보리　집상지병　미제　고작차문　수보리　미
知佛意 乃言如是如是 早是迷心 更言以三十二相 觀如來 又是
지불의　내언여시여시　조시미심　갱언이삼십이상　관여래　우시
一重迷心 離眞轉遠 故 如來 爲說 除彼迷心 若以三十二相 觀
일중미심　이진전원　고　여래　위설　제피미심　약이삼십이상　관
如來者 轉輪聖王 卽是如來 輪王 雖有三十二相 豈得同如來也
여래자　전륜성왕　즉시여래　윤왕　수유삼십이상　개득동여래야
世尊 引此言者 以遣須菩提 執相之病 令其所悟深徹 須菩提 被
세존　인차언자　이견수보리　집상지병　영기소오심철　수보리　피
問 迷心 頓釋 故 言如我解佛所說義 不應以三十二相 觀如來
문　미심　돈석　고　언여아해불소설의　불응이삼십이상　관여래
須菩提 是大阿羅漢 所悟甚深 方便 示其迷路 以冀世尊 除遣細
수보리　시대아라한　소오심심　방편　시기미로　이기세존　제견세
惑 令後世衆生 所見不謬也
혹　영후세중생　소견불류야

세존께서 대자비로 수보리가 상에 집착한 병을 없애지 못할
까 염려하여 짐짓 이렇게 물었는데, 수보리가 부처님 뜻을 알
지 못하고 이에 '그렇습니다. 그렇습니다' 하니 벌써 이것은 미
혹한 마음이로다. 다시 말하면 32상으로써 여래를 관한다 하시

니 거듭 한번 더 미한 마음이로다. 진을 떠남이 더욱더 멀어지므로 여래가 이를 위하여 말씀하시기를, 저 미한 마음을 없애고자 하시어 만약 32상으로 여래를 볼 수 있다면 전륜성왕도 곧 여래라고 하시니 전륜성왕이 비록 32상이 있으나 어찌 여래와 같을 수 있겠는가? 세존께서 이 말을 끌어들이신 것은 수보리의 상에 집착한 병을 보내기 위하여 그로 하여금 깨달은 바가 깊이 사무치게 하심이로다. 수보리가 물음을 받고 미한 마음이 한꺼번에 풀어진 까닭에 '제가 부처님께서 말씀하시는 뜻을 알기로는 32가지 몸매의 모습으로는 여래를 보지 못하겠습니다' 한 것이다. 수보리는 대아라한이라, 깨달은 바가 매우 깊으니 방편으로 그 미로를 보여서 세존께서 미세한 번뇌를 없애버리고 후세의 중생으로 하여금 보는 바가 그릇되지 않기를 바란 것이다.

야부 錯
착

틀렸음이라.

설 亦不離色聲 見佛神通力 而云不以相觀 所以 亦錯
역불리색성 견불신통력 이운불이상관 소이 역착

또한 색성을 떠나지 않고 부처의 신통력을 보거늘 상으로써 관하지 못한다 하시니 그 까닭으로 또한 틀렸음이다.

야부 有相身中無相身 金香爐下 鐵崑崙 頭頭盡是吾家物 何必
유상신중무상신 금향로하 철곤륜 두두진시오가물 하필
靈山 問世尊 如王秉劒
령산 문세존 여왕병검

유상신 가운데 무상신이여,
금향로 밑에 철곤륜이로다.
두두가 모두 내집 물건이니
하필 영산의 세존께 물으리오.
왕이 칼을 잡음과 같도다.

설 卽相卽眞 相外無眞 頭頭物外家風 事事目前三昧 處處 得
　　즉상즉진　상외무진　두두물외가풍　사사목전삼매　처처　득
逢渠 何必向外求 如王秉劒者 以有相求 亦錯 以無相求 亦錯
봉거　하필향외구　여왕병검자　이유상구　역착　이무상구　역착
有相無相 都盧是錯 如王秉劒 罪來卽斬 一得知非 便令却活 操
유상무상　도로시착　여왕병검　죄래즉참　일득지비　변령각활　조
縱 在握 殺活 臨時
종　재악　살활　임시

상이 곧 진이라. 상 밖에는 진이 없음이니 두두가 물건 밖의 가풍이요 사사가 눈앞의 삼매로다. 처처에서 저를 만나는데 하필이면 밖을 향해서 구하리오. 왕이 칼을 잡는 것과 같다는 것은 유상으로써 구하더라도 또한 틀렸음이며 무상으로써 구하더라도 또한 틀렸음이니 유상과 무상이 모두 다 틀렸음이다. 왕이 칼을 잡아서 죄가 있으면 참하고 한번 그른 줄 알면 도리어 살게 함이니 조종하는 것이 손에 있고 죽고 사는 것이 그때에 임하도다.(때를 따르도다)

규봉 五. 印見聞不及
　　　오　인견문불급

㈤ 보고 듣는 것으로 미치지 못함을 인정한 것이다.

26. 법신비상분 · 609

爾時 世尊 而說偈言 若以色見我 以音聲求我
是人 行邪道 不能見如來

그때 세존께서 게송으로 말씀하셨다.
만약 색깔의 모양에서 부처를 찾거나 음성의 소리로써 부처를 구한다면 이 사람은 삿된 도를 행하는 자라 끝내 여래를 보지 못하리.

설 色見聲求 是行邪道 作麼生 不行邪道去 但知聲色 本非眞
색견성구 시행사도 작마생 불행사도거 단지성색 본비진
自然不被聲色惑 見盡 自於玄旨會 情忘 能與道相親
자연불피성색혹 견진 자어현지회 정망 능여도상친

색으로 보고 음성으로 구하는 것은 사도를 행하는 것인데 어떻게 하면 사도를 행하지 않으리오? 다만 성색이 본래 진이 아님을 알면 자연히 성과 색의 미혹됨을 입지 않으리라. 견이 다하면 스스로 깊은(오묘한) 뜻을 알 것이요, 정을 잊으면 능히 도와 더불어 서로 친하리라.

규봉 魏加後偈云 彼如來妙體 卽法身諸佛法體 不可見 彼識不
위가후게운 피여래묘체 즉법신제불법체 불가견 피식불
能知 偈 云唯見色聞聲 是人 不知佛 以眞如法身 非是識境故
능지 게 운유견색문성 시인 부지불 이진여법신 비시식경고
無著 云以彼法身 眞如相故 非如言說而知 唯自證知故
무착 운이피법신 진여상고 비여언설이지 유자증지고

위역에 후에 게송을 첨가해서 말하기를, 저 여래의 묘체는 곧 모든 부처의 법신이니 법체는 가히 볼 수 없고 저 식으로도 알 수 없다고 했다. 게송으로 말하기를, 오직 색만 보고 소리만

듣는 이 사람은 부처를 알지 못함이니 진여법신은 식의 경계가 아닌 까닭이라 하며, 무착이 말하기를, 저 법신은 진여의 상인 고로 언설로 아는 것이 아니고 오직 스스로 증득해야 아는 까닭이라 했다.

육조 若以兩字 是發語之端 色者 相也 見者 識也 我者 是一切
약이양자 시발어지단 색자 상야 견자 식야 아자 시일체
衆生身中 自性淸淨無爲無相眞常之體 不可高聲念佛 而得成就
중생신중 자성청정무위무상진상지체 불가고성념불 이득성취
會須正見分明 方得解悟 若以色聲二相 求之 不可見也 是知以
회수정견분명 방득해오 약이색성이상 구지 불가견야 시지이
相觀佛 聲中求法 心有生滅 不悟如來矣
상관불 성중구법 심유생멸 불오여래의

'약이(若以)' 두 자는 말을 낼 때의 단서이다. 색이란 상이요 견은 식이요 아는 일체중생의 몸 가운데 자성청정·무위·무상·진상의 체이니 높은 소리로 염불해서 성취하는 것이 아니요, 모름지기 정견이 분명해야 바야흐로 해오를 할 수 있는 것이다. 만약 색과 성 두 가지 상으로써 구한다면 가히 볼 수 없으리니, 알라. 상으로써 부처를 관하거나 소리 가운데서 법을 구한다면 마음에 생멸이 있어서 여래를 알지(悟) 못하리라.

부대사 涅槃 含四德 唯我契眞常 齊名八自在 獨我最靈長 非色
열반 함사덕 유아계진상 제명팔자재 독아최령장 비색
非聲相 心識豈能量 看時不可見 悟理卽形彰
비성상 심식개능양 간시불가견 오리즉형창

열반은 네 가지 덕을 머금었으니
오직 내가 진상에 계합함이라.
모두 팔자재라 이름하나

내가 홀로 최고의 영장이로다.
색도 아니고 성도 아니거니
심식으로 어떻게 헤아릴 수 있으랴.
보려면 볼 수는 없으나
이치를 깨달은즉 형상이 드러나도다.

야부 直饒不作聲色求 是亦未見如來在 且道 如何得見
직요부작성색구 시역미견여래재 차도 여하득견

설사 성색으로 구하지 않더라도 이는 또한 여래를 보지 못하는 것이니, 또 말하라. 어찌해야 볼 수 있겠는가?

설 聲至是 一作聲求色見
성지시 일작성구색견

성지시(聲至是, 소리로 여기에 이름)는 소리로 구하고 색으로 본다고도 함이다.

야부 不審不審
불심불심

모르겠다. 모르겠다.

설 佛不在色聲 亦不離色聲 卽色聲求佛 亦不得見 離色聲求
불부재색성 역불리색성 즉색성구불 역부득견 이색성구
佛 亦不得見 卽色離色 兩不得見 且道 如何得見 不審不審 看
불 역부득견 즉색리색 양부득견 차도 여하득견 불심불심 간
看 黃頭老 現也
간 황두노 현야

부처는 색과 성에 있지 않고 또한 색과 성을 떠난 것도 아니니 색성으로써 부처를 구하여도 또한 볼 수 없으며 색성을 떠

나서 부처를 구해도 볼 수 없느니라. 색에 즉하거나 색을 떠나서도 둘 다 볼 수 없음이니, 또 일러라. 어떻게 해야 볼 수 있겠는가? 모르겠다, 모르겠다 함이여! 잘 보아라. 부처님께서 나타났도다.

야부 見色聞聲 世本常 一重雪上 一重霜 君今要見黃頭老 走入
　　　　견색문성 세본상 일중설상 일중상 군금요견황두노 주입
摩耶腹內藏 咦 此語 三十年後 擲地金聲在
마야복내장 이 차어 삼십년후 척지금성재

　색을 보고 소리 듣는 것은 세상에 본래 항상하거늘
　한 겹의 눈 위에 한 겹의 서리로다.
　그대가 지금 부처를 보고자 하면
　마야의 뱃속에 뛰어 들어갈지어다.
　이, 이 말은 30년 후 땅에 던지면 쇳소리가 나리라.

설 妙圓眞淨劫前身 莫將知見妄疎親 見色聞聲 世本常 莫離
　　　묘원진정겁전신 막장지견망소친 견색문성 세본상 막리
色聲別求眞 古人 道 道不屬見聞覺知 亦不離見聞覺知 則卽見
색성별구진 고인 도 도불속견문각지 역불리견문각지 즉즉견
聞覺知求道 亦錯 離見聞覺知求道 亦錯 卽色聲求佛 亦錯 離色
문각지구도 역착 이견문각지구도 역착 즉색성구불 역착 리색
聲求佛 亦錯 將錯就錯 雪上加霜 如斯見佛 終不得見 君今要見
성구불 역착 장착취착 설상가상 여사견불 종부득견 군금요견
黃頭老 走入摩耶腹內藏 古人 道 摩耶肚裏堂 法界體一如 若是
황두노 주입마야복내장 고인 도 마야두이당 법계체일여 약시
法界體 爲相 爲非相 非相非非 相 諸佛所同歸 要見黃頭老 便
법계체 위상 위비상 비상비비 상 제불소동귀 요견황두노 변
向此中尋 此語 三十年前 未得分曉 三十年後 一似擲地金聲在
향차중심 차어 삼십년전 미득분효 삼십년후 일사척지금성재

묘원하고 진정한 겁전(劫前, 時空의 전)의 몸이여, 지견을 가지고 망령되이 친소를 내지 말지어다. 색을 보고 소리를 들음은 세상에 본래 항상한 일이니 색과 성을 떠나서 따로 진을 구하지 말지어다. 옛사람이 말하길, 도는 견문각지에 속하지도 않고 또한 견문각지를 떠나지도 않는다 했다. 견문각지에 즉하여 도를 구하여도 또한 틀렸음이요, 견문각지를 떠나서 도를 구하여도 또한 틀렸음이다. 색성에 즉하여 부처를 구하여도 또한 틀렸고, 색성을 떠나서 부처를 구하여도 또한 틀렸음이니 틀린 것을 가지고 틀린 데에 나아감이여, 설상가상이로다. 이와 같이 부처를 볼 것 같으면 마침내 부처를 볼 수 없으니 그대가 지금 부처를 보고자 하면 마야부인의 뱃속으로 뛰어 들어갈 지다. 옛사람이 말하길, 마야부인 뱃속의 집(法堂)이여, 법계의 체는 하나라고 하니, 만약 법계의 체라 한다면 상이 되는가, 비상이 되는가? 상도 아니고 비상도 아님이니 모든 부처가 같이 돌아가는 바이므로 부처를 보고자 하면 곧 이 속을 향해서 찾을지어다. 이 말이 30년 전에는 분명하지 못했으나 30년 후에는 마치 쇠를 땅에 던지는 것처럼 소리를 내리라.

종경 妙相端嚴 聖王相 卽如來相 法身周徧　如來身 異法王身
　　　묘상단엄　성왕상　즉여래상　법신주편　　여래신　이법왕신
若向這裏 見得徹去 鷺依雪巢 兎捿月殿 其或未然 石火一揮天
약향저이　견득철거　노의설소　토서월전　기혹미연　석화일휘천
外去 癡人 猶看月邊星
외거　치인　유간월변성

　묘한 상이 단엄한 전륜성왕의 상이 곧 여래의 상이요, 법신이 두루한 여래의 몸이 전륜성왕의 몸과 다르도다. 만약 이 속을 향해서 보아 사무치면 백로가 눈집을 의지함이요 토끼가 달

집 속에 깃들거니와, 혹 그렇지 못하면 석화(별똥)가 하늘 밖으로 한번 번득이며 날아가는데 어리석은 사람은 오히려 달 옆에 있는 별만을 보는 것이다.

설 如來與聖王 以其相則毫釐無差 以其證則天地何遠 若向這
여래여성왕 이기상즉호리무차 이기증즉천지하원 약향저

裏 見得徹去 鷺依雪巢 兎棲月殿 其或未然 火飛天外 目送星邊
이 견득철거 로의설소 토서월전 기혹미연 화비천외 목송성변

여래와 전륜성왕이 그 상인즉 털끝만큼도 차이가 없으나 그 증득한 것으로써 말하면 천지간보다 더 멀도다. 만약 이 속을 향하여 보아 사무쳐 가면 백로가 눈집을 의지함이요, 토끼가 월전에 깃들거니와 혹 그렇지 못하면 불꽃은 하늘 밖으로 날아 가는데도 눈길은 별가에 보내도다.

종경 公案現成重審問 愛情翻款錯承當 不應聲色行邪道 結罪無
공안현성중심문 애정번관착승당 불응성색행사도 결죄무

因見法王
인견법왕

　공안이 드러났으므로 거듭 살펴 물으시니
　애정으로 관(진술)을 번복하여 아는 것을 그르치도다.
　응당 성색으로 사도를 행하지 말지니
　죄를 지으면 법왕을 볼 인이 없어지도다.

설 如來重審問 空生 錯承當 適來 雷天大壯 今日 地下明夷
여래중심문 공생 착승당 적래 뇌천대장 금일 지화명이

法王體 寂滅 從來非色聲 色見聲求應結罪 結罪無因見法王
법왕체 적멸 종래비색성 색견성구응결죄 결죄무인견법왕

　부처님께서 거듭 살펴 물으시니 수보리가 잘못 알았음이로

다. 앞에서는 뇌천대장(雷天大壯, 군자는 예가 아니면 움직이지 않는다는 뜻)이더니 지금은 지화명이(地火明夷, 안으로는 밝으니 방편으로써 겉으로는 어리석은 듯함)로다. 법왕의 체가 적멸하니 종래로 성색이 아니로다. 색을 보고 소리로 구하는 것은 마땅히 죄를 맺는 것이니 죄를 맺으면 법왕을 뵐 인연이 없게 된다.

규봉 第二十三 斷佛果非關福相疑 由前 以相比知法身 是失 又
제이십삼 단불과비관복상의 유전 이상비지법신 시실 우

聞以色見聲求 是邪 遂作念云 佛果 一向無相無爲 若尒則修福
문이색견성구 시사 수작념운 불과 일향무상무위 약이즉수복

德之因 但成相果 相旣非佛 佛果 則不以具相而得故 佛果 畢竟
덕지인 단성상과 상기비불 불과 즉불이구상이득고 불과 필경

不關福相 故 論 云有人 起如是心 若不依福德 得大菩提 如是
불관복상 고 론 운유인 기여시심 약불의복덕 득대보리 여시

諸菩薩 則失福德 及失果報 斷之文 四 一 遮毁相之念
제보살 즉실복덕 급실과보 단지문 사 일 차훼상지념

<23>은 불과는 복상에 관계치 않는다는 의심을 끊은 것이다. 앞에서는 상으로써 법신을 견주어 아는 것은 '잃은 것'이라 하며, 또 색으로 보고 소리로 구함은 '삿된 것'이라 함을 들음으로 드디어 생각을 지어 말하길, 불과는 한결같이 무상·무위이니, 만약 그러한즉 복덕을 닦는 인은 다만 상의 과를 말하는 것이다. 상은 이미 부처가 아닌데 불과는 곧 구족한 상으로써 얻지 못한 까닭이니, 불과는 필경에 복의 상에 관계치 않는다 하므로 논에 따르면, 어떤 사람이 이와 같은 마음을 일으켜서 만약 복덕에 의지하지 않고 대보리를 얻는다 하면 이와 같은 보

살은 곧 복덕을 잃어버리며 또한 과보도 잃는다 하셨다. 그것을 끊는 글이 넷이니, ㈎ 상을 헐어버리는 생각을 막는 것이다.

27. 무단무멸분(無斷無滅分)
-단멸이 없음-

須菩提 汝若作是念 如來 不以具足相故 得阿
耨多羅三藐三菩提 須菩提 莫作是念如來 不
以具足相故 得阿耨多羅三藐三菩提

"수보리야, 네가 만약 이렇게 생각하되 여래가 거룩한 몸매를 갖춘 것으로서 아뇩다라삼먁삼보리를 얻은 것이 아니라고 하겠느냐? 수보리야, 그렇게 생각하지 말 것이니, 여래가 거룩한 몸매를 갖춘 것으로서 아뇩다라삼먁삼보리를 얻은 것이 아니라고도 하지 말라."

규봉 華嚴經 云色身 非是佛 音聲 亦復然 亦不離色聲 見佛神
　　　화엄경 운색신 비시불 음성 역부연 역불리색성 견불신
通力 肇 云不偏在色聲 故言非 非不身相 故復言是 大雲 云若
통력 조 운불편재색성 고언비 비불신상 고부언시 대운 운약
言如來 不以相具 斷滅見矣 故 佛 止之 莫作是念 二 出毀相之過
언여래 불이상구 단멸견의 고 불 지지 막작시념 이 출훼상지과

화엄경에 의하면, 색신은 부처가 아님이요 음성도 역시 그러

하거니와, 또한 색성을 여의지 않고 부처의 신통력을 본다고 했다. 조(肇) 법사가 말하기를, 색성에 치우치지 않았으므로 '아니다'라 하고 신상이 아님도 아니므로 다시 '옳다'고 했다. 대운 스님이 말하기를, 만약 여래가 상이 구족한 것으로써 말하지 않음으로 단멸한 견이라 했다. 그러므로 부처님이 그것을 그치게 하시고자 '이런 생각을 하지 말라' 하셨다고 했다.

㈏ 상을 헐어버리는 허물에서 벗어나는 것이다.

須菩提 汝若作是念 發阿耨多羅三藐三菩提心者 說諸法斷滅 莫作是念

"수보리야, 네가 만약 생각하되 아뇩다라삼먁삼보리심의 마음을 낸 사람은 모든 법이 아주 없다고 말한다고 여기느냐? 그렇게 생각하지 말 것이니,

규봉 毁相則墮斷滅 斷滅 是損減之過 斷見 邊見之過 三 明福
훼상즉타단멸 단멸 시손감지과 단견 변견지과 삼 명복
相不失
상부실

상을 헐어버린즉 단멸에 떨어지리니 단멸은 손감의 허물이고 단견은 치우친 견해(邊見)의 허물이니라.

㈐ 복상을 잃지 않음을 밝힌 것이다.

何以故 發阿耨多羅三藐三菩提心者 於法 不
說斷滅相

왜냐하면 아뇩다라삼먁삼보리심의 마음을 낸
사람은 법에 대해 아주 없는 것이라고 말하지
않느니라."

설 訶相與非相 恐伊落斷常 若謂佛無相 早已成斷滅
　　하상여비상　공이락단상　약위불무상　조이성단멸

상과 비상을 꾸짖은 것은 단(不定)과 상(肯定)에 떨어질까 염
려함이니, 만약 부처는 상이 없다고 말하면 벌써 이미 단멸은
이룬 것이다.

규봉 無著 云於法 不說斷滅者 謂如所住法而通達 不斷一切生
　　　 무착　운어법　불설단멸자　위여소주법이통달　부단일체생
死影像法 於涅槃 自在 行利益衆生事 此中 爲遮一向寂靜故 顯
사영상법　어열반　자재　행리익중생사　차중　위차일향적정고　현
示不住涅槃 偈 云不失功德因 及彼勝果報 論 云雖不依福德 得
시부주열반　게　운불실공덕인　급피승과보　논　운수불의복덕　득
眞菩提 而不失福德 及彼果報 以能成就智慧莊嚴 功德莊嚴故
진보리　이불실복덕　급피과보　이능성취지혜장엄　공덕장엄고

무착이 말하기를, 법에 단멸을 설하지 않은 것은 주한 바의
법과 같이 통달하여 모든 생사의 영상법을 끊지 않고 열반에
자재하여 중생을 이익케 하는 일을 행하는 것이니, 이 가운데
는 한결같이 적정한 것을 막기 위한 까닭으로 열반에만 주하지
않음을 나타내 보인 것이라 했다. 게송으로 말하길, 공덕의 인
과 저 수승한 과보를 잃지 않는다 하며 논에 따르면, 비록 복덕

에 의해서 참된 보리를 얻지는 못하나 복덕과 과보를 잃지도 않으니, 지혜장엄과 공덕장엄을 능히 성취하는 까닭이라 했다.

육조 須菩提 聞說眞身離相 便謂不修三十二淸淨行 得佛菩提
　　　 수보리 문설진신이상 변위불수삼십이청정행 득불보리
佛 語須菩提 莫言如來 不修三十二淸淨行 而得菩提 汝若言不
불 어수보리 막언여래 불수삼십이청정행 이득보리 여약언불
修三十二淸淨行 得阿耨菩提者 卽是斷滅佛種 無有是處
수삼십이청정행 득아뇩보리자 즉시단멸불종 무유시처

　수보리가 진신은 상을 여읜 것이라는 말씀을 듣고 문득 32청정행을 닦지 않고 부처님께서 보리를 얻었다 하므로, 부처님께서 수보리에게 말씀하시기를, '여래가 32청정행을 닦지 않고 보리를 얻었다고 말하지 말라. 네가 만약 32청정행을 닦지 않고 아뇩보리를 얻었다 한다면 곧 부처 종자를 단멸하는 것이라 옳지 않으니라' 하셨다.

부대사 相相 非有相 具足相無憑 法法 生妙法 空空體不同 斷
　　　　 상상 비유상 구족상무빙 법법 생묘법 공공체부동 단
滅不斷滅 知覺悟深宗 若無人我念 方知是志公
멸부단멸 지각오심종 약무인아념 방지시지공

　　상과 상은 상이 있지 않음이여,
　　구족한 상은 의지할 데가 없음이라.
　　법과 법이 묘법을 냄이여,
　　공하고 공하여 체가 같지 않도다.
　　단멸하되 단멸치 않음이여,
　　지각함에 깊은 종지를 깨달음이니,
　　만약 인아의 생각이 없으면

바야흐로 뜻이 공정함을 알리라.

야부 剪不齊兮 理還亂 拽起頭來割不斷
전부제혜 이환란 예기두래할부단

잘라서 가지런하지 않음이여, 다스리면 도리어 어지러워짐이요, 머리를 끌어 일으켜 잘라도 끊어지지 않도다.

설 剪欲其齊 不能使之齊 理欲無亂 不能使之無亂 拽來割欲
전욕기제 불능사지제 이욕무란 불능사지무란 예래할욕
斷 不能使之斷 伊麼則雖云無色聲 亦不碍色聲
단 불능사지단 이마즉수운무색성 역불애색성

잘라서 가지런히 하고자 하나 능히 그로써 가지런해지지 않고, 다스려서 어지럽지 않게 하고자 하나 능히 어지럽지 않게 하며, 이끌고 와서 잘라 끊고자 하나 능히 그것으로써 끊어지지 않으니, 이러한즉 비록 색성이 없다고 하나 또한 색성에 걸리지도 않도다.

야부 不知誰解巧安排 捏聚依前又放開 莫謂如來成斷滅 一聲
부지수해교안배 날취의전우방개 막위여래성단멸 일성
還續一聲來
환속일성래

알 수 없어라. 누가 교묘히 안배함을 아는가.
잡았다가 예전처럼 또 놓아주도다.
여래가 단멸을 이뤘다고 말하지 말라.
한소리가 또 한소리를 이어오도다.

설 旣言非諸相 又道是具足 恐人生斷見 再言莫作念
기언비제상 우도시구족 공인생단견 재언막작념

이미 모든 상이 아니라 말하고 또 구족하다고 말함이여, 사람들이 단견을 낼까 염려하여 거듭 '그런 생각을 하지 말라' 이르셨도다.

종경 相非具而本具 常自莊嚴 法雖傳而不傳 何曾斷滅 昔 世尊
상비구이본구 상자장엄 법수전이부전 하증단멸 석 세존
於靈山會上人天衆前 云 吾有淸淨法眼涅槃妙心 付囑飮光 廣令
어영산회상인천중전 운 오유청정법안열반묘심 부촉음광 광영
傳化 且道 當時 付箇甚麼 靑蓮目顧人天衆 金色頭陀 獨破顏
전화 차도 당시 부개심마 청연목고인천중 금색두타 독파안
一燈 能續百千燈 心印光通法令行 千聖 不傳吹不滅 聯輝列焰
일등 능속백천등 심인광통법령행 천성 부전취불멸 연휘열염
轉分明
전분명

　상은 갖춘 것이 아니로되 본래 갖추어져 있음이니 항상 저절로 장엄함이요, 법은 전하지 않되 서로 전해짐이니 어찌 일찍이 단멸하리오. 옛날 세존이 영산회상의 인천 대중 앞에서 말씀하시기를, 나에게 있는 청정법안, 열반묘심을 음광(飮光, 迦葉)에게 부촉하노니 널리 전하여 교화하라 하시니, 또 일러라. 당시에 부촉한 것은 그 무엇인가? 청연목으로 인천 대중을 돌아보시니 금색두타(金色頭陀, 迦葉)가 홀로 미소 짓도다.

　　한 등이 능히 백천 등을 이어줌이여,
　　심인의 빛이 통하여 법령을 행함이라.
　　천성인이 전하지 못하나 불어도 꺼지지 않으니
　　연이은 빛과 불꽃이 더욱 더 분명하도다.

설 一燈 能然百千燈 靈焰 綿綿到如今 千聖 不傳作狂風 吹
일등 능연백천등 영염 면면도여금 천성 부전작광풍 취

滅此燈燈不滅 燈不滅 聯輝列焰轉分明
멸차등등불멸 등불멸 연휘열염전분명

　한 등이 능히 백천 등을 밝힘이여, 신령스런 불꽃이 면면히 지금에 이르렀음이라. 천 성인이 전하지 못하나, 광풍이 불어서 이 등을 끄려하나 등은 꺼지지 않음이라. 등이 꺼지지 않음이여, 이어지는 찬란한 빛과 계속되는 불꽃이 더욱 더 분명하도다.

규봉 四 明不失所以 於中 文二 一 明得忍故 不失
　　　사 명부실소이 어중 문이 일 명득인고 부실

　㈃ 잃어버리지 않은 까닭을 밝힌 것이다. 그 중에 두 가지니, ㉮ 인(眞理=法)을 얻은 고로 잃지 않음을 밝힌 것이다.

28. 불수불탐분(不受不貪分)
-받지도 않고 탐하지도 않음-

須菩提 若菩薩 以滿恒河沙等世界七寶 持用布施 若復有人 知一切法無我 得成於忍 此菩薩 勝前菩薩 所得功德

"수보리야, 만약 보살이 갠지스강의 모래 수만큼 많은 세계에 가득한 일곱 가지 보배를 써서 보시하더라도, 다시 어떤 사람이 일체법이 '나'가 없는 줄 알아서 불생불멸하는 진리인 인(忍)을 이룬다면, 이 보살이 앞의 보살이 얻은 공덕보다 훨씬 나으리니.

설 布施不住於相 前讚福等十方虛空 知法無我 得成於忍 今
보시부주어상 전찬복등시방허공 지법무아 득성어인 금

讚福勝河沙布施 今此一言 可以攝前住降等意 所謂不貪不受 蓋
찬복승하사보시 금차일언 가이섭전주항등의 소위불탐불수 개

是住修降心之意也
시주수항심지의야

보시하되 상에 주하지 않는 것을 앞에서는 그 복이 시방허공

과 같다고 칭찬하시고, 법이 아가 없음을 알아서 인을 성취한 것을 지금엔 복이 갠지스강(항하)의 모래 수만큼의 보시보다 수승하다고 찬탄하시니, 지금의 한 말씀이 앞의 '머물고 항복받는' 등의 뜻을 포함한 것이다. 이른 바 탐하지도 않고 받지도 않는다는 것은 대개 주하고 닦고, 마음을 항복받는 뜻이다.

규봉 論 云有人 起如是心 諸菩薩 得出世智 失彼福德 及彼果
논 운유인 기여시심 제보살 득출세지 실피복덕 급피과
報 爲遮此故 偈 云得勝忍不失 以得無垢果 無我者 二種無我也
보 위차차고 게 운득승인부실 이득무구과 무아자 이종무아야

　논에 따르면, 어떤 사람이 이와 같은 마음을 일으키되 모든 보살이 출세지를 얻으면 저 복덕과 그 과보를 잃어버린다 하니, 이런 것을 막기 위한 까닭으로 게송으로 말하길, 수승한 인을 얻으면 잃음이 없어서 이 때문에 때가 없는(無垢) 과보를 얻는다고 하느니라. 무아라는 것은 두 가지(人無我, 法無我)의 무아니라.

육조 通達一切法 無能所心者 是名爲忍 此人 所得福德 勝前七
통달일체법 무능소심자 시명위인 차인 소득복덕 승전칠
寶之福也
보지복야

　일체법을 통달하여 능소심이 없는 것을 이름하여 인이 된다 하니, 이 사람의 얻는 바 복덕은 앞의 칠보를 보시한 복보다 수승한 것이니라.

야부 耳聽如聾 口說如啞
이청여농 구설여아

귀로 들어도 귀머거리 같고 입을 벌려도 벙어리와 같도다.

설 知法無我 則彼我相 泯 得成於忍 則能所情 忘 能所情 忘
　　지법무아　즉피아상　민　득성어인　즉능소정　망　능소정　망
則無念智 現 彼我相 泯則平等理 現 到伊麽時 眼見耳聞 分別
즉무념지　현　피아상　민즉평등리　현　도이마시　안견이문　분별
不生 開口動舌 分別不生 不生不生 何啻如聾若 啞 直如明鏡照
불생　개구동설　분별불생　불생불생　하시여농약　아　직여명경조
物 空谷應聲 熾然照應 而無照應 所以 道 常應諸根用 而不起
물　공곡응성　치연조응　이무조응　소이　도　상응제근용　이불기
用想 劫火 燒海底 風鼓山相擊 眞常寂滅樂 涅槃相 如是
용상　겁화　소해저　풍고산상격　진상적멸락　열반상　여시

법에 아가 없음을 알면 곧 피아상(彼我相, 너다 나다 하는 생각)이 없어짐이요, 인을 얻어 이루면 곧 능소의 정(주관과 객관의 생각)을 잊게 되니 능소의 정이 없어지면 무념지가 나타나고 피아상이 없어지면 평등의 이치가 드러난다. 이런 경지에 이르러서는 눈으로 보고 귀로 들음에 분별이 나지 않고, 입을 열고 혀를 움직여도 분별이 나지 않음이니, 나지 않는 것까지도 나지 않으면 어찌 귀머거리 같고 벙어리와 같을 뿐이리오. 이는 곧 밝은 거울이 사물을 비춤과 같고 빈 골짜기가 소리에 응함과 같아서 치연히 비추고 응하되 비추고 응한다함이 없으리니, 그러므로 항상 모든 근(六根)에 응하여 쓰되 그 쓴다는 생각을 일으키지 않음이라 말한다. 겁의 불이 바다 밑까지 태우고 바람이 몰아쳐 산이 무너져 내리더라도 참답고 항상한 적멸의 즐거움인 열반의 모습은 이와 같다 하셨다.

야부 馬下人因馬上君 有高有下有疎親 一朝 馬死人歸去 親者
　　　마하인인마상군　유고유하유소친　일조　마사인귀거　친자

如同陌路人 秖是舊時人改却舊時行履處
여동맥로인 지시구시인개각구시행이처

　말(馬)을 모는 사람이 말 위의 임금으로 인하여
　높음도 있고 낮음도 있어서 소친이 있더니,
　하루아침에 말이 죽고 임금도 돌아가시니
　그 친하던 사람들은 길가는 사람(무관한 사람)과 같음이라.
　다만 그 시절의 사람도
　그 시절에 놀던 곳으로 다시 돌아갔음이로다.

설　窮寒淸苦拙郞君　本來無馬亦無人　自有馬人分高下　親反成
　　　궁한청고졸랑군　본래무마역무인　자유마인분고하　친반성
疎疎反親 一朝 馬死人歸去 親者如同陌路人 馬死人歸親亦
소소반친 일조 마사인귀거 친자여동맥로인 마사인귀친역
疎 依舊窮寒拙郞君 又淸淨本解脫 我人相 元無 自有我人相 高
소 의구궁한졸랑군 우청정본해탈 아인상 원무 자유아인상 고
下執情生 高下情生與道疎 無明三毒以爲親 我人山向一念摧 所
하집정생 고하정생여도소 무명삼독이위친 아인산향일념최 소
親三毒 反成疎 反成疎 依舊淸淨本解脫
친삼독 반성소 반성소 의구청정본해탈

　궁핍하고 옹졸한 사람이 본래는 말(馬)도 없고 사람(임금)도 없더니 말과 사람이 있음으로부터 고하가 나뉘어져 친한 이는 도리어 멀어지고 먼 사람은 도리어 친해지도다. 하루아침에 말이 죽고 임금도 돌아가니 그 친하던 사람들은 마치 길가는 사람과 같아지도다. 말이 죽고 임금도 돌아가 버리니 친한 이들이 또한 멀어져서 예전처럼 궁핍하고 옹졸한 사람이 됨이로다.
　또한 청정한 본래의 해탈이여, 아·인의 상이 원래 없더니 아·인의 상이 있음으로부터 높고 낮은 집착의 정이 생김이다. 고하의 정이 생기니 도와는 멀어지고 무명과 삼독이 도리어 친

해지도다. 아·인의 산이 한 순간에 무너지니 친하던 삼독이 도리어 멀어지도다. 도리어 멀어지니 예전처럼 청정한 본래의 해탈이로다.

규봉 二 明不受故 不失 於中 文二 一 正明
　　　　이 명불수고 부실 어중 문이 일 정명

㉔ 받지 않은 연고로 잃지도 않음을 밝힌 것이다. 그 중에 두 가지니, 첫째, 정히 밝힘이다.

何以故 須菩提 以諸菩薩 不受福德故

수보리야, 모든 보살들은 복덕을 받지 않기 때문이니라."

설 知法無我 得成於忍 何勝布施之福耶 布施 但住相 福德
　　　지법무아 득성어인 하승보시지복야 　보시 단주상 복덕
爲究竟 菩薩 則不然 通達法性空 福德 尙不受 所以爲勝也
위구경 보살 즉불연 통달법성공 복덕 상불수 소이위승야

　법이 무아임을 알아서 인을 성취한 것이 어찌 보시한 복덕보다 수승한 것인가. 보시는 다만 상에 주한 것이어서 복덕을 구경으로 삼거니와 보살은 그렇지 않아서 법의 성품이 공함을 통달하여 복덕도 오히려 받지 않는 까닭에 수승함이 되느니라.

규봉 論 云彼福德 得有漏果報故 可呵 無著 云此 顯示不著生
　　　 논 운피복덕 득유루과보고 가가 무착 운차 현시불착생

死故 若住生死 卽受福德 二 徵釋
사고 약주생사 즉수복덕 이 징석

　논에 따르면, 저 복덕은 유루의 과보를 얻는 고로 가히 우습다 하며, 무착이 말하기를, 이것은 생사에 집착하지 않음을 나타내는 까닭이니, 만약 생사에 주하면 곧 복덕을 받음이라 했다. 둘째, 따져 물어서 해석한 것이다.

須菩提 白佛言 世尊 云何菩薩 不受福德 須菩提 菩薩 所作福德 不應貪着 是故 說不受福德

　수보리가 부처님께 사뢰었다.
　"세존이시여, 어찌하여 보살이 복덕을 받지 않습니까?"
　"수보리야, 보살은 지은 복덕에 응당 탐내어 집착하지 않으므로 이렇기 때문에 복덕을 받지 않는다 하느니라."

설 了知福德 元無性 不應於中 生染著 貪求已泯徹底空 日入
　요지복덕 원무성 불응어중 생염착 탐구이민철저공 일입
萬金渾不知
만금혼부지

　복덕이 원래 성품이 없음을 알면
　마땅히 그 가운데 물들고 집착함을 내지 않으리니
　탐하고 구함이 이미 없어져 철저하게 공하도다.

하루에 만금이 들어와도 혼연히 알지 못함이니라.

육조 菩薩 所作福德 不爲自己 意在利益一切衆生 故 言不受福
　　　보살　소작복덕　불위자기　의재리익일체중생　고　언불수복
德也
덕야

보살의 지은 바 복덕은 자기를 위함이 아니요 뜻이 일체중생을 이익케 하는 데 있음으로 복덕을 받지 않는다 한다.

부대사 布施有爲相 三生却被呑 七寶多行慧 那知捨六根 但離
　　　　보시유위상　삼생각피탄　칠보다행혜　나지사육근　단리
諸有欲 旋弃愛情恩 若得無貪相 應到法王門
제유욕　선기애정은　약득무탐상　응도법왕문

보시는 유위의 상이라.
삼생을 도리어 삼킴을 당하도다.
(한 생은 복 짓는데, 한 생은 복 받는데, 한 생은 복을 다 쓰고 타락하는 것에 비유한 것.)
칠보로써 많은 지혜행을 함이여,
어찌 육근을 버리는 것을 알겠는가.
다만 모든 욕심을 떠나고
가끔 애정의 은혜도 버릴지니
만약 탐상이 없음을 안다면
마땅히 법왕문에 이를 것이다.

야부 裙無腰袴無口
　　　군무요고무구

치마엔 허리가 없고 바지는 입구가 없도다.

설 裙袴 雖然在 與無却一般 經云不受福 其旨正如斯
　　군고 수연재 여무각일반 경운불수복 기지정여사

　치마와 바지가 비록 있으나 없는 것과 같으니, 경에 의하면, 복을 받지 않은 그 뜻이 바로 이러하도다.

야부 似水如雲一夢身 不知此外 更何親 箇中 不許容他物 分付
　　　사 수여운일몽신 부지차외 갱하친 개중 불허용타물 분부
黃梅路上人
황 매 로 상 인

　물과 같고 구름 같은 하나의 꿈과 같은 몸이여,
　알 수 없어라. 이것 외에 다시 무엇과 친하리오.
　이 가운데는 어떤 것도 용납하지 않으니
　황매의 노상인에게 분부함이로다.

설 只此一夢身 似水無情 逐處方圓 如雲無心 捲舒自由 此外
　　지차 일몽신 사수무정 축처방원 여운무심 권서자유 차외
別無親 何物 此中歸 曠然無人縛 解脫 更何求 信老 曾將此消
별무친 하물 차중귀 광연무인박 해탈 갱하구 신로 증장차소
息 分付黃梅路上人
식 분부황매로상인

　다만 이 꿈 같은 몸은 물과 같이 생각이 없어서 곳에 따라 모나기도 하고 둥글기도 하며, 구름같이 무심하여 거두고 펴는 것이 자유로우니 이외에 달리 친할 것이 없음이라. 무슨 물건이 이 가운데 돌아오리오. 넓고 넓어 남의 속박이 없으니 해탈을 어찌 다시 구할 것인가. 신로(信老, 四祖 道信 스님)가 일찍이 이 소식을 가져서 황매의 노상인(路上人, 五祖 弘忍스님)에게 분부했도다.

육조 有求有苦 八風五欲 交煎 無著無貪 三明六通 自在 便恁
　　　 유구유고 팔풍오욕 교전 무착무탐 삼명육통 자재 변임
麼去 水邊林下 月冷風淸 不恁麼去 橋斷路窮 別通消息 還委悉
마거 수변임하 월냉풍청 불임마거 고단로궁 별통소식 환위실
麼 老僧 笑指猿啼處 更有靈蹤在上方
마 노승 소지원제처 갱유영종재상방

　구함이 있으면 괴로움이 있으니 팔풍과 오욕이 서로 들끓음이요, 집착이 없으면 탐하지 않게 되니 삼명과 육통이 자재함이로다. 곧 이렇게 하면 물가나 숲속에서 달은 차갑고 바람이 맑음이요, 이렇게 하지 아니하면 다리(橋)가 끊어지고 길은 막혀서 달리 소식을 통해야 할 것이니라. 또한 자세히 알겠는가? 노스님이 웃으며 원숭이 우는 곳을 가리키니 다시 신령스런 자취가 위쪽에 있음이로다.

설 有心皆苦 無心乃樂 一得其樂 消息分明 樂亦不存 沒通消
　　 유심개고 무심내락 일득기락 소식분명 낙역부존 몰통소
息 作麼生是別通消息 行到路窮好轉身 十方無處匪通程 是通程
식 작마생시별통소식 행도로궁호전신 시방무처비통정 시통정
鴈點靑天猿掛樹
안점청천원괘수

　마음이 있으면 다 괴롭고 마음이 없어야 즐거움이니 한번 그 즐거움을 얻으면 소식이 분명함이요, 그 즐거움마저 있지 않다면 달리 소식을 통해야 하니, 어떻게 달리 소식을 통할 것인가? 가다가 길이 다하는 곳에 이르면 좋게 몸을 굴려야 함이니, 시방 그 어느 곳인들 통하지 않음이 없느니라. 통하는 길이여, 기러기는 푸른 하늘에 점찍듯 날아가고 원숭이는 나무에 걸려 있다.

육조 數行梵字雲中鴈 一曲無生澗底琴 德勝河沙渾不用 淸風明
　　　　수행범자운중안　일곡무생간저금　덕승하사혼불용　청풍명

月 是知音
월　시지음

두어 줄의 범자는 구름 속의 기러기 같고
무생의 한 곡조는 시냇물의 거문고로다.
덕이 항하사보다 수승하여도 혼연히 쓰지 않으니
청풍명월이 지음자로다.

설 雲中鴈寫數行字　澗底琴彈一曲歌　此中　無德爲可用　自有
　　운중상사수행자　간저금탄일곡가　차중　무덕위가용　자유

風月是知音
풍월시지음

구름 가운데 기러기는 두어 줄의 글자를 쓰고 시냇물 밑의 거문고는 한 곡조의 노래를 타도다. 이 가운데 덕은 가히 쓸 것이 없으니 저절로 풍월이 있어서 소리를 알도다.

규봉 第二十四　斷化身出現受福疑　論　云若諸菩薩　不受福德　云
　　제이십사　단화신출현수복의　논　운약제보살　불수복덕　운

何諸菩薩福德　衆生　受用　斷之　文二　一　席錯解
하제보살복덕　중생　수용　단지　문이　일　석착해

<24>는 화신이 출현한 것은 복을 받은 것이 아닌가 하는 의심을 끊은 것이다. 논에 따르면, 만약 모든 보살이 복덕을 받지 않으면 어떻게 모든 보살의 복덕을 중생이 받을 수 있을까 하므로 그것을 끊은 것이라 했다. 글에 두 가지니, ㈎ 잘못 아는 것을 막음이다.

29. 위의적정분(威儀寂靜分)
-위의가 적정함-

須菩提 若有人 言如來 若來若去若坐若臥 是人 不解我所說義

"수보리야, 만약 어떤 사람이 말하기를 '여래가 오기도 하고 가기도 하고 앉거나 눕기도 한다' 하면 이 사람은 나의 말한 뜻을 알지 못하는 것이니,

규봉 偈 云是福德報應 爲化諸衆生 自然如是業 諸佛 現十方
게 운시복덕보응 위화제중생 자연여시업 제불 현시방
二 示正見
이 시정견

게송으로 말하길, 이 복덕의 보응은 모든 중생을 교화하기 위함이니, 자연히 이와 같은 업으로써 모든 부처님이 시방에 나투셨다고 했다.

(내) 정견을 보인 것이다.

何以故 如來者 無所從來 亦無所去 故名如來
왜냐하면 여래는 오는 곳도 없고 가는 곳도 없
으므로 여래라고 하느니라."

설 前言不可以身相 得見如來 不可以三十二相 得見如來 佛
전언불가이신상 득견여래 불가이삼십이상 득견여래 불
不應以具足色身 見 不應以三十二相 觀如來 此 皆明佛非有相
불응이구족색신 견 불응이삼십이상 관여래 차 개명불비유상
次言莫作是念 如來 不以具足相故 得阿耨菩提 此 明佛非無相
차언막작시념 여래 불이구족상고 득아뇩보리 차 명불비무상
此言無所從來 亦無所去 此 明佛無去來 伊麼則眞法性身 非相
차언무소종래 역무소거 차 명불무거래 이마즉진법성신 비상
非非相 性相 相融 無去亦無來 動靜 一如
비비상 성상 상융 무거역무래 동정 일여

앞에서는 가히 신상으로써 여래를 볼 수 없다고 하며 가히 32상으로써도 여래를 볼 수 없다 하니, 부처님께서는 응당 구족한 색신으로도 볼 수 없으며, 또한 당연히 32상으로도 여래를 관하지 못한다 하셨다. 이것은 다 부처가 상이 있지 않음을 밝힌 것이다. 다음에 말씀하시길, '이런 생각을 하지 말되, 여래가 구족한 상이 아님으로써 아뇩보리를 얻은 것이다'라고 하시니 이것은 부처가 무상이 아님을 밝힌 것이다. 여기에서 말씀하시길, '오는 곳도 없고 가는 곳도 없다' 하시니 이것은 부처란 거래가 없음을 밝힌 것이다. 이러한즉 참다운 법성신은 상도 아니며 상아님도 아닌 것이다. 성과 상이 서로 융통함이요 가는 것도 없고 오는 것도 없음이다. 동과 정이 일여함이로다.

규봉 偈 云去來 化身佛 如來 常不動 大雲 云衆生心水 若淸淨
　　　게 운거래 화신불 여래 상부동 대운 운중생심수 약청정
則見佛來 來無所從 濁則見佛 雙林示滅 則云佛去 去無可至 肇
즉견불래 내무소종 탁즉견불 쌍림시멸 즉운불거 거무가지 조
云解極會如 體無方所 緣至物見 來無所從 感畢爲隱 亦何所去
운해극회여 체무방소 연지물견 내무소종 감필위은 역하소거

　　게송으로 말하길, 가고 오는 것은 화신불이니 여래는 항상 움직이지 않는다 하며, 대운 스님이 말하기를, 중생심의 물이 만약 청정하면 곧 부처가 온 것을 볼 수 있으나 와도 온 바가 없음이요 물이 탁하면, 부처가 쌍림에서 적멸에 드심을 보고 곧 말하길 부처가 갔다고 하나 가도 가히 이를 데가 없다고 했다. 조(肇) 법사가 말하기를, 아는 것이 지극해서 여여함을 알면 체에 방소가 없음이라. 인연이 지극하여 나타남이나 와도 온 바가 없고 감득함이 끝나면 숨음이 되나 또한 어찌 가는 바가 되겠는가 했다.

육조 如來者 非來非不來 非去非不去 非坐非不坐 非臥非不臥
　　　　여래자 비래비불래 비거비불거 비좌비부좌 비와비불와
行住坐臥四威儀中 常在空寂 卽是如來也
행주좌와사위의중 상재공적 즉시여래야

　　여래란 옴도 아니요 오지 않음도 아니며 감도 아니고 가지 않음도 아니며 앉음도 아니고 앉지 않음도 아니며 누움도 아니고 눕지 않음도 아니니, 행주좌와의 네 가지 위의 가운데서 항상 공적하게 있는 것이 곧 여래이니라.

부대사 如來何所來 修因幾劫功 斷除人我見 方用達眞宗 見相
　　　　　여래하소래 수인기겁공 단제인아견 방용달진종 견상

不求相 身空法亦空 從來無所著 來去盡通通
불구상 신공법역공 종래무소착 내거진통통

여래는 어디에서 오는 것이며
인을 닦음은 몇 겁의 공인가.
인아의 견을 끊어 없애면
비로소 진종을 통달하리라.
상을 보되 상을 구하지 아니하면
몸이 공하니 법 또한 공하여
종래로 집착함이 없으리라.
오고 감이 다 통하고 통하게 되느니.

야부 山門頭 合掌 佛殿裏 燒香
산문두 합장 불전이 소향

산문 앞에서 합장하고 불전에 들어가 향을 사룬다.

설 雖云無去來 山門殿裏 進止從容 合掌燒香 威儀炳著
수운무거래 산문전이 진지종용 합장소향 위의병저

비록 그렇게 거래가 없다고 하지만, 산문과 불전에서 나아가고 머묾이 법다우며 합장하고 향 사루는 위의가 환히 드러남이로다.

야부 衲捲秋雲去復來 幾廻南岳與天台 寒山拾得 相逢笑 且道
납권추운거부래 기회남악여천태 한산습득 상봉소 차도
笑箇甚麽 笑道同行步不擡
소개심마 소도동행보부대

납승이 가을 구름을 거두어 가고 또 오니
몇 번이나 남악산과 천태산을 돌았던가.

한산과 습득이 서로 만나 웃으니
또 말하라. 그 웃음은 무엇인가.
동행하되 한 걸음도 옮기지 않음을 웃어 보이도다.

설 飄然一條衲 來去雲無心 大千 寄脚底 台岳 經幾廻 撞著
　　　표연일조납　내거운무심　대천　기각저　태악　경기회　당착
寒山與拾得 笑道同行步不擡 怎生 是同行步不擡 寒山 也宜去 拾
한산여습득　소도동행보부대　즘생　시동행보부대　한산　야의거　습
得 也宜來 寒山之與拾得 來而不知去 拾得之與寒山 去而不知
득　야의래　한산지여습득　내이부지거　습득지여한산　거이부지
來 相緣不自由 取笑 於焉在 此衲 不如彼 來去自從容
래　상연부자유　취소　어언재　차납　불여피　내거자종용

　표연한 일조의 납승이 오고가매 구름처럼 무심하도다. 대천 세계를 발밑에 두니 천태산과 남악산을 몇 번이나 돌았던가. 한산과 습득이 만나서 동행하되 걸음을 옮기지 않음을 웃어주도다. 누가 동행하되 걸음을 옮기지 않는 것인가. 한산은 마땅히 가야하고 습득은 마땅히 와야 하는데 한산과 더불어 습득은 오기만 하고 습득은 한산과 더불어 가기만 하고 올 줄을 몰라서 서로 인연함이 자유롭지 못하여 웃음을 취한 것이 여기에 있도다. 이 납승은 저들과 같지 않아서 오고감이 스스로 자유스럽도다.

종경 坐臥經行 本自無來無去 威儀不動 寂然非靜非搖 要解如
　　　좌와경행　본자무래무거　위의부동　적연비정비요　요해여
來所說義否 隨緣赴感靡不周 而常處此菩提座 巍巍不動法中王
래소설의부　수연부감미부주　이상처차보리좌　외외부동법중왕
那有獼猴跳六窓 笑指眞空無面目 連雲推月下千 江
나유미후도육창　소지진공무면목　연운추월하천　강

앉고 눕고 행하는 것이 본래 스스로 옴도 감도 없음이요, 위의가 부동하여 적연하며 고요함도 아니고 흔들림도 아니로다. 여래의 설하신 뜻을 알고자 하는가? 인연을 따라 나아가서 감득하매 두루하지 않음이 없으나 항상 이 보리좌(覺의 자리)에 계시도다.

높고 높아 동하지 않는 법중왕이여,
어떤 원숭이가 있어서 육창(六根)으로 도망가리오.
진공이 면목(형체) 없음을 웃음으로 가리키고
구름에 연이은 달을 밀어서 천강에 떨어지게 하도다.

설 巍巍不動尊 號爲法中王 古殿 寥寥常放光 六窓 虛靜絶喧
　　외외부동존　호위법중왕　고전　요요상방광　육창　허정절훤

煩 眞淨界中 留不住 興悲運智爲機來 爲機來 綠楊芳草岸 無處
번　진정계중　유부주　흥비운지위기래　위기래　녹양방초안　무처

不稱尊
불칭존

높고 높아서 동하지 않는 세존이시여, 그 이름이 법중의 왕이로다. 옛 법당에서 고요히 항상 빛을 놓으시니 육창이 비고 고요하여 시끄럽고 번거로움을 끊었도다. 진법계(本體, 眞如) 가운데 머물러 주하지 않고 자비를 일으키고 지혜를 운용하며 중생을 위하여 오심이로다. 중생을 위하여 오심이여, 녹양방초 언덕마다 세존이라 칭하지 않을 곳이 없도다.

규봉 第二十五 斷法身化身一異疑 據前不可以化相 比知法身
　　　　제이십오　단법신화신일이의　거전불가이화상　비지법신

法身 無去來坐臥 卽似眞化 異 據遮斷滅之念 又顯不失福相 卽
법신 무거래좌와 즉사진화 이 거차단멸지념 우현부실복상 즉

似眞化 一 故 成疑也 此 約微塵世界 委釋非一非異義 以斷此
사진화 일 고 성의야 차 약미진세계 위석비일비이의 이단차

疑 斷之文 二 一 約塵界 破一異 文五 一 細末方便 破麤色
의 단지문 이 일 약진계 파일이 문오 일 세말방편 파추색

<25>는 법신과 화신이 하나인가 다른가 하는 의심을 끊음이다. 앞에서는 화신의 모습으로써는 법신을 견주어 알지 못한다는 것과 법신은 가고 오고 앉고 눕지 않는 것에 의거하건대 곧 진신과 화신이 다른 듯하고, 단멸의 생각을 막는 것과 또한 복상을 잃지 않는 것을 의미하는 것인데, 곧 진과 화가 하나인 것 같으므로 의심을 이룸이니, 이것은 미진세계를 잡아서 '하나'도 아니고 '다름'도 아님을 자세히 해석하여 이런 의심을 끊은 것이다. 끊는 글에 두 가지니, ㉮ 미진세계를 잡아서 '하나'와 '다름'을 깨뜨림이다. 여기에 다섯 가지니, ㉮ 미세한 방편으로 거친 색을 깨뜨리는 것이다.

30. 일합이상분(一合理相分)
-한 덩어리의 위치-

須菩提 若善男子善女人 以三千大天世界 碎
爲微塵 於意云何 是微塵衆 寧爲多不 甚多
世尊

"수보리야, 만일 어떤 선남자선여인이 삼천대
천세계를 부수어 작은 티끌을 만든다면 어떻게
생각하느냐? 이 티끌이 많지 않겠느냐?"

"매우 많겠나이다. 세존이시여,

규봉 偈 云於是法界處 非一亦非異 論 云彼諸如來 於眞如法界
　　　게 운어시법계처 비일역비이 논 운피제여래 어진여법계
中 非一處住 亦非異處住 爲示此義 故說世界 碎爲微塵 故 偈
중 비일처주 역비이처주 위시차의 고설세계 쇄위미진 고 게
云世界作微塵 此喩示彼義 無著 云爲破名色身 故說界塵等 於
운세계작미진 차유시피의 무착 운위파명색신 고설계진등 어
中 細末方便 及無所見方便 微塵甚多者 是世末方便 大雲 云卽
중 세말방편 급무소견방편 미진심다자 시세말방편 대운 운즉
是析塵 至於世末 以此方便 破麤色矣 此言微塵 依大乘宗 於
시석진 지어세말 이차방편 파추색의 차언미진 의대승종 어

一摶色 假想分析 至極略色 爲塵 非小乘宗 實塵矣 二 不念方
일 단색 가상분석 지극략색 위진 비소승종 실진의 이 불념방
便 破微塵
편 파미진

　게송으로 말하길, 이 법계의 처는 하나도 아니고 다른 것도 아니라 하며, 논에 따르면, 저 모든 여래는 진여법계 중에서 한 곳에 주하는 것도 아니고 또한 다른 곳에 주하지도 않으니, 이러한 뜻을 보이기 위해서 세계를 부수어 가는 먼지로 삼는다고 말했다. 그러므로 게송으로 말하길, 세계를 가는 먼지로 만든다는 비유가 저 뜻을 보이는 것이라 했다. 무착이 말하기를, 명과 색과 신을 파하기 위하여 계, 진 등이라 했다. 그 중에 미세한 방편과 무소견 방편이 있으니, 작은 먼지가 매우 많다는 것은 미세한 방편이라 했다. 대운 스님이 말하기를, 곧 이 작은 먼지를 쪼개어 미세한 데까지 이르니 이 방편으로써 거친 색(사물)을 파한다고 했다. 여기에서 말하는 작은 먼지는 대승종을 의지하여 한 덩어리의 색을 가상으로 쪼개어 지극히 작은 물질에 이름으로써 먼지를 삼음이요, 소승종의 실다운 경계는 아닌 것이다. ㉮ 불념의 방편으로 작은 먼지를 파하는 것이다.

何以故 若是微塵衆 實有者 佛 卽不說是微塵
衆 所以者 何 佛說微塵衆 卽非微塵衆 是名
微塵衆
왜냐하면 만약 이 티끌들이 참으로 있는 것이라면 부처님께서 이것들을 티끌이라 말씀하시지

않으실 것이기 때문입니다. 그 까닭은 부처님께
서 말씀하신 티끌이란 티끌이 아니므로 티끌이
라 이름하기 때문입니다.

설 前現如來之身 非眞假無去來 此擧微塵 非微塵 世界 非世
전현여래지신 비진가무거래 차거미진 비미진 세계 비세

界 以明法相 卽非法相 何也 前則現佛眞體也 所悟 亦此也 所
계 이명법상 즉비법상 하야 전즉현불진체야 소오 역차야 소

證 亦此也 此則現法眞體也 收言拂迹 示返眞源也 佛身 本無爲
증 역차야 차즉현법진체야 수언불적 시반진원야 불신 본무위

隨機 有眞應去來 法性 本無生 對機 有權實頓漸 故 於一身 現
수기 유진응거래 법성 본무생 대기 유권실돈점 고 어일신 현

三身 於三身 現微塵數身 於一法 演三乘 於三乘 演微塵數法
삼신 어삼신 현미진수신 어일법 연삼승 어삼승 연미진수법

如實而觀 佛無眞應去來之殊 法無權實頓漸之異 不解義者 以爲
여실이관 불무진응거래지수 법무권실돈점지이 불해의자 이위

佛身 實有如是差別 法門 實有如是名數 如淨摩尼 隨方各現 映
불신 실유여시차별 법문 실유여시명수 여정마니 수방각현 영

於五色 諸愚癡者 說淨摩尼 實有五色 故 說佛則云 若以色見聲
어오색 제우치자 설정마니 실유오색 고 설불즉운 약이색견성

求 是行邪道乃至云若言來去 是不解義 此 現佛眞體也 說法則
구 시행사도내지운약언래거 시불해의 차 현불진체야 설법즉

云 若言佛說四見 是不解義 乃至云所言法相者 卽非法相 此 現
운 약언불설사견 시불해의 내지운소언법상자 즉비법상 차 현

法眞體也 嘗觀說來之意 佛身 無爲 卽二邊而離二邊 法性 無生
법진체야 상관설래지의 불신 무위 즉이변이이이변 법성 무생

卽名數而超名數 今此二義 上來 亦有其文 所謂不可以身相 得
즉명수이초명수 금차이의 상래 역유기문 소위불가이신상 득

見如來 所謂不可以三十二相 得見如來 所謂佛 不應以具足色身
견여래 소위불가이삼십이상 득견여래 소위불 불응이구족색신

見 此等諸文 現佛眞體也 所謂無有定法如來可說 所謂如來 無
견 차등제문 현불진체야 소위무유정법여래가설 소위여래 무

所說 所謂汝 勿謂如來 作是念 我當有所說法 此等諸文 現法眞
소설 소위여 물위여래 작시념 아당유소설법 차등제문 현법진
體也 佛之所以言此者 皆爲廣闢人之邪見 大開佛之知見 下文
체야 불지소이언차자 개위광벽인지사견 대개불지지견 하문
所謂如是知見信解者 夫是之謂歟 世界 碎爲微塵等者 何也 大
소위여시지견신해자 부시지위여 세계 쇄위미진등자 하야 대
千 同爲一地 而有三千之異名 以比一心 開爲三智 一境 開爲
천 동위일지 이유삼천지이명 이비일심 개위삼지 일경 개위
三諦 一念 開爲三惑 一法 開爲三乘 體雖是一 開有三名 復以
삼제 일념 개위삼혹 일법 개위삼승 체수시일 개유삼명 부이
三千 碎爲微塵等者 以比三智 開爲無邊觀智 三諦 開爲無邊諦
삼천 쇄위미진등자 이비삼지 개위무변관지 삼제 개위무변제
境 三惑 開爲無盡塵勞門 三乘 開爲無盡修多羅門 本雖是三 開
경 삼혹 개위무진진로문 삼승 개위무진수다라문 본수시삼 개
爲無量 佛擧塵界問空生 欲明諸法無體性 果能答以非實有 善知
위무량 불거진계문공생 욕명제법무체성 과능답이비실유 선지
黃葉竟非錢
황엽경비전

앞에서는 여래의 몸이 진과 가도 아니며 거래도 없음을 나타
내시고, 여기서는 미진이 미진이 아니며 세계도 세계가 아님을
말하시고 법상이 곧 법상 아님을 밝힌 것은 무엇인가? 앞에서
는 부처님의 진체를 드러냄이다. 깨달은 바도 또한 이것이며
증득한 바도 또한 이것이니, 이것인즉 법의 진체를 나타냄이다.
말을 거둬들이고 자취를 떨쳐버려서 진원에 돌이킴을 보인 것
이다. 불신은 본래 무위로 근기 따라 참으로 응하는 거래가 있
음이요, 법성은 본래 생함이 없으나 근기에 대하여 권과 실과
돈과 점이 있다. 그러므로 일신에서 삼신을 나타내고 또 삼신
에서 미진수의 몸을 나타내시며 일법에서 삼승을 펴시고 삼승
에서 미진수의 법을 펴시는 것이다. 사실대로 관하건대 부처님
은 진신, 응신의 거래가 다름이 없고 법은 권실과 돈점이 다름

이 없거늘, 이 뜻을 알지 못한 자는 불신이 실로 이와 같은 차별이 있는 것으로 여기고 법문이 실로 이같은 명, 수(교리)가 있다고 여기니, 깨끗한 마니주는 그 방향에 따라 각각 나투어서 오색을 비추는 것이거늘 모든 어리석은 자들은 깨끗한 마니주에 실로 오색이 있다고 함과 같은 것이다.

그러므로 부처님께서 말씀하시기를, '만약 색으로 보거나 소리로 구하면 이는 사도를 행함이라' 하시며, 내지 '만약 오고 감이 있다고 하면 이는 뜻을 알지 못한다' 하셨다. 이것은 부처님의 진체를 나타냄이요 법을 설하되, 만약 부처님이 사견을 설하였다 하면 이것도 뜻을 알지 못한다 하시며, 내지 말한 바 법상이란 것도 곧 법상이 아니라 하시니, 이것은 법의 진체를 나타냄이다. 일찍이 설해온 뜻을 관하건대, 불신은 무위하여 이변에 즉하여 있되 이변을 떠났음이요 법성은 생함이 없어서 명수에 즉하여 있되 명수를 떠났음이다. 지금 이 두 가지 뜻은 위에 글이 있었으니 소위 '가히 몸 모양으로써 여래를 볼 수 없다'이며 '가히 32상으로는 여래를 볼 수 없다' 하며, 이른 바 '부처님은 응당 구족한 색신으로써 볼 수 없다' 하시니 이 같은 모든 글은 부처의 진체를 드러냄이요 소위 '정한 바 법을 여래가 가히 설함이 없으며' 이른 바 '여래는 설한 바 없음'이며 이른 바 '너희는 여래가 어떤 생각을 하되 내가 마땅히 설한 바 법이 있다고 말하지 말지니' 등 이런 모든 글은 법의 진체를 드러냄이다. 부처님께서 이런 말씀을 한 까닭은 모두 사람들의 사견을 널리 헤치고 부처님의 지견을 크게 열기 위함이니 아래의 글에 소위 이와 같이 알고, 보고, 믿고, 이해한다 한 것은 대저 이를 말한 것이니, 세계를 부수어 가는 먼지를 만든다는 것은 무엇인가? 대천세계가 한 땅덩이로되 삼천이라는 다른 이름이 있으니, 일심으로 열어서 삼지를 삼으며 일경으로 열어서 삼제를 삼으며 일념으로 열어서 삼혹을 삼으며 일법으로 열어서 삼승을 삼음이다. 그 체는 하나이나 열면 세 가지 이름이 있게 되는 것이다. 또 삼천세계를 부수어 작은 먼지를 만든 것 등은 이 삼지로써 열어서 끝이 없는 관지를 삼으며 삼제로 열어서 끝이 없는 제경을 삼으며 삼혹으로 열어서 다함없는 진로의 문을 삼으며 삼승을 열어서 다함없는 수다라문을 삼음을 비교함이니 본래 셋이라고는 하나 열면 무량이 되는 것이다. 부처님께서 미진세계를 들어 수보리에게 물으신 것은 모든 법이 체성이 없음을 밝히고자 한 것이거늘, 과연 실로 있지 않은 것으로써 답하니, 황엽이 끝내 돈이 아님을 잘 알았도다.

규봉 論 云碎塵爲末故 非一處 塵衆聚故 故非異處 如是佛住法界
　　　논 운쇄진위말고　비일처　진중취고　고비이처　여시불주법계
中 非一處住 非異處住 又若塵衆實有者 世間凡夫 悉亦自知 何
중　비일처주　비이처주　우약진중실유자　세간범부　실역자지　하
須佛說 秖爲不知體不成就 故 佛說矣 故 無著 云世尊 說非者
수불설　지위부지체불성취　고　불설의　고　무착　운세존　설비자
以此聚體 不成就故 若異此者 雖不說 亦自知是聚
이차취체　불성취고　약이차자　수불설　역자지시취

논에 따르면, 먼지를 부수어 가루를 만든 까닭에 한 곳(處)이 아님이요 많은 먼지가 모인 고로 다른 곳이 아니니 이와 같이 부처님이 법계 가운데 주하되 한 곳에 주함도 아니며 다른 곳에 주함도 아닌 것이다. 또 만약 먼지들이 실로 있음이니 세간 범부도 다 또한 스스로 아는 것이니 어찌 모름지기 부처님만 설했으리오. 다만 체가 성취하지 못함을 알지 못하기 때문

에 부처님이 설하셨다 했다. 그러므로 무착이 말하기를, 세존이 아니라고 말한 것은 이 체의 무더기가 성취하지 못한 연고이니 만약 이것과 다르지 않다면 비록 설하지 않더라도 또한 스스로 이 무더기를 안다고 하셨다.

육조 佛說三千大千世界 以喩一一衆生性上 妄念微塵之數 如三
불설삼천대천세계 이유일일중생성상 망념미진지수 여삼
千大千世界中所有微塵 一切衆生性上 妄念微塵 卽非微塵 聞經
천대천세계중소유미진 일체중생성상 망념미진 즉비미진 문경
悟道 覺慧常照 趣向菩提 念念不住 常在淸淨 如是淸淨微塵 是
오도 각혜상조 취향보리 염념부주 상재청정 여시청정미진 시
名微塵衆也
명미진중야

부처님께서 설한 삼천대천세계는 낱낱 중생들의 성품 위에 망령된 미진의 숫자가 삼천대천세계 가운데 있는 미진과 같음을 비유함이요, 일체중생의 성품 위에 있는 망념인 미진은 곧 미진이 아니라고 한 것은 경을 듣고 도를 깨달으면서 각의 지혜가 항상 비춰서 보리에 나아가므로 순간순간 머묾이 없어서 항상 청정함에 있음이니, 이와 같이 청정한 미진을 작은 먼지들(微塵衆)이라 이름한 것이다.

야부 若不入水 爭見長人
약불입수 쟁견장인

만일 물에 들어가지 아니하면 어찌 큰 사람인 줄 알리오.

설 黃葉非錢 是則固是 理非言外 卽言卽理 何須拂去文字 別
황엽비전 시즉고시 이비언외 즉언즉리 하수불거문자 별

求忘言之旨乎 教海裏 得大解脫 知解上 建大法幢 乃可謂寬腸
구 망언지지호 교해이 득대해탈 지해상 건대법당 내가위관장

沒量大人也 又今師 直取塵界 以明衲僧 不斷煩惱 而入涅槃之
몰양대인야 우금사 직취진계 이명납승 부단번뇌 이입열반지

義也 伊麽則所謂微塵 塵勞業用 熾然競作之謂也 若向塵勞中
의야 이마즉소위미진 진로업용 치연경작지위야 약향진로중

任性浮沈 而得自在 則可謂寬腸沒量大人也 須信道 霜天 知勁
임성부침 이득자재 즉가위관장몰양대인야 수신도 상천 지경

草 火裏 見精金
초 화이 견정금

황엽이 돈이 아님은 옳기는 옳으나 이치는 말 밖의 것이 아니니라. 말에 즉하고 이치에 즉하니 어찌 모름지기 문자를 털어버리고 따로 말을 잊은 뜻을 구하겠는가. 가르침의 바다 속에서 대해탈을 얻고 알음알이(知解) 위에서 큰 법의 깃대를 세워야 이는 가히 속(腸)이 한량없이 넓은 대인이라 이를 것이다. 또한 이제 야부 스님께서 바로 미진세계를 취하여 이로써 납승의 번뇌를 끊지 않고 열반에 들어가는 뜻을 밝힌 것이다. 이러한즉 이른 바 미진은 진로업용이 치연히 다투어 일어남을 말한 것이다. 만약 진로 중을 향하여 성품에 맡겨 부침해서 자재함을 얻으면 곧 가히 속(腸)이 한량없이 넓은 대인이라 이를지니 모름지기 믿을 지이다. 서리 내린 날에야 굳센 풀을 알게 되고 불 속에서야 정금을 볼 수 있는 것이다.

야부 一塵纔起翳磨空 碎抹三千數莫窮 野老 不能收拾得 任敎
일진재기예마공 쇄말삼천수막궁 야로 불능수습득 임교

隨雨又隨風
수우우수풍

한 먼지가 막 일어나니 그 먼지들은 허공으로 간 듯하고

삼천세계를 가루로 부수니 그 수를 다 셀 수 없도다.
야로는 능히 거두고 수습하지 못하여
가르침에 맡겨 비를 따르고 또한 바람을 따르도다.

설 名數之於靈覺 猶微塵之於大淸 微塵 不勝數 名數 亦如然
　　명수지어령각　유미진지어대청　미진　불승수　명수　역여연
衲僧 自知無一字 從敎名數亂縱橫 又箇裏 從來無一物 瑩若淸
납승　자지무일자　종교명수난종횡　우개이　종래무일물　형약청
空絶點霞 一念裳起性空暗 諸妄 競作浩無邊 衲僧 自知妄元無
공절점하　일념상기성공암　제망　경작호무변　납승　자지망원무
無心除斷任浮沈 休笑此衲不斷妄 火裏生蓮終不壞
무심제단임부침　휴소차납부단망　화이생연종불괴

　　명수는 영각(心性)에 있어서 마치 작은 먼지가 맑은 허공에 있음과 같아서 먼지를 다 셀 수 없음이라. 명수도 또한 그러함이로다. 납승은 스스로 한 글자도 없음을 알아서 저 명수가 어지럽게 종횡함에 맡기도다. 또 그 속엔 종래로 일물도 없어서 밝기가 맑은 하늘과 같이 한 점의 노을도 끊어지는 것과 같다. 한 생각이 막 일어나면 성품의 하늘을 어둡게 하는 것이니, 온갖 망념이 다투어 일어나서 넓기가 가이없도다. 납승은 스스로 망념이 원래 없는 줄 알아서 없애고 끊음에 무심하여 일어나고 잠김에 맡기도다. 이 납승이 망을 끊지 않았다고 웃지 말라. 불속에서 연꽃이 나와야 마침내 무너지지 않느니라.

규봉 三 不念方便 破世界
　　　삼　불념방편　파세계
　　㈢ 불념 방편으로 세계를 파하는 것이다.

世尊 如來所說三千大千世界 卽非世界 是名
世界

세존이시여, 여래께서 말씀하신 삼천대천세계도 세계가 아니므로 세계라 이름하나이다.

규봉 本論 破世界不實之義 可知 無著 云此破名身 世界者 衆
　　　본론 파세계부실지의 가지 무착 운차파명신 세계자 중
生世故 四 俱約塵界 破和合
생세고 사 구약진계 파화합

본론에 세계가 실이 아닌 뜻을 파함이니 가히 알 만하도다. 무착이 말하기를, 이것은 명신을 파한 것이니 세계란 중생세계인 까닭이라 했다. ㉣ 함께 진계를 잡아서 화합을 파함이다.

何以故 若世界-實有者 卽是一合相 如來說一
合相 卽非一合相 是名一合相

왜 그런가 하면 만일 세계가 참으로 있는 것이라면 그것은 곧 한 덩어리가 된 것이려니와 여래께서 말씀하시는 한 덩어리는 한 덩어리가 아니므로 한 덩어리라 이름하나이다."

규봉 論 云若實有一世界 如來 則不說三千界 大雲 云若實有一
　　　논 운약실유일세계 여래 즉불설삼천계 대운 운약실유일
界 冥然是一和合矣 則不合有多差別 今旣三千 明非冥然一矣
계 명연시일화합의 즉불합유다차별 금기삼천 명비명연일의

故約三千 破一界也 無著 云爲並說若世界 若微塵界 故有二種
고약삼천 파일계야 무착 운위병설약세계 약미진계 고유이종
搏取 謂一搏取 及差別搏取 大雲 云此明塵衆 及衆生類 俱名世
단취 위일단취 급차별단취 대운 운차명진중 급중생류 구명세
界 一合 相者 有二搏取 搏取爲一 故云和合 故此一和合 有二
계 일합 상자 유이단취 단취위일 고운화합 고차일화합 유이
搏取 一者 一搏取 卽是世界 和合爲一 二 差別搏取 卽是微塵
단취 일자 일단취 즉시세계 화합위일 이 차별단취 즉시미진
有衆多極微 名差別搏取 非一合者 第一義中 二界無實故 五 佛
유중다극미 명차별단취 비일합자 제일의중 이계무실고 오 불
印無中妄執有
인무중망집유

논에 따르면, 만약 한 세계가 실로 있는 것이라면 여래가 곧 삼천세계라 말하지 않았다 하였으며, 대운 스님이 말하기를, 만약 실로 한 세계가 있는 것이라면 명연히 한 덩어리인 것이라. 곧 합당히 많은 차별이 있지 않거니와 지금 이미 삼천이라 하면 명연히 하나가 아님을 밝힘이라. 그러므로 삼천을 잡아서 일세계를 파한다 하니, 무착이 말하기를, 세계와 미진계를 아울러 말함이니 이종의 뭉치(搏取)가 있음에 일단취와 차별단취를 말함이라 했다.

대운 스님이 말하기를, 이는 먼지들과 중생류를 함께 이름하여 세계라 함을 밝힌 것이라 했다. 하나로 뭉친 모양이란(一合相), 묶어서 하나가 됨이므로 화합이라 한다. 이 일화합은 두 가지 단취가 있으니 먼저는 일단취, 곧 이 세계는 화합하여 하나가 됨이요 다음은 차별단취, 곧 미진은 많은 미진이 모였으므로 차별단취라 하도다. 일합상이 아니라 함은 제일의 중엔 이계가 실이 없는 까닭이다. ㉣ 부처님께서는 없는 가운데서 망령되이 있다고 집착함을 인정한 것이다.

須菩提 一合相者 卽是不可說 但凡夫之人 貪
著其事

"수보리야, 한 덩어리란 것은 곧 말할 수 없는
것이거늘 다만 범부들이 그것을 탐내고 집착하
느니라."

설 微塵 旣非實有 三千 亦非實有 三千 非實 而有三千之名
　　미진 기비실유 삼천 역비실유 삼천 비실 이유삼천지명
者 但假其名 以分其界而已 而其實則豈有三千之異乎 何以故然
자 단가기명 이분기계이이 이기실즉개유삼천지이호 하이고연
一地 是實 三千 是假 一地 是實故 爲一合相也 三千 是假故
일지 시실 삼천 시가 일지 시실고 위일합상야 삼천 시가고
非一合相也 三千 若實 卽是一合相 而非異相 但是異相 而非一
비일합상야 삼천 약실 즉시일합상 이비이상 단시이상 이비일
合相 所以 三千 卽非實有 三千 旣非實有 一地 亦非實有 何則
합상 소이 삼천 즉비실유 삼천 기비실유 일지 역비실유 하즉
三千 不外乎一地 一地 亦不外乎三千 是眞一合相 言詞相 寂
삼천 불외호일지 일지 역불외호삼천 시진일합상 언사상 적
滅 但諸凡夫人 不解其所以 語三千而取三千之名 語一地而生一
멸 단제범부인 불해기소이 어삼천이취삼천지명 어일지이생일
地之解 以明名數 旣非實有 三乘 亦非實有 三乘 非實 而有三
지지해 이명명수 기비실유 삼승 역비실유 삼승 비실 이유삼
乘之名者 但假其名 以接其根而已 而其實則豈有三乘之異乎 何
승지명자 단가기명 이접기근이이 이기실즉개유삼승지이호 하
以故然 一乘 是實 三乘 是權 一乘 是實故 爲一合相也 三乘
이고연 일승 시실 삼승 시권 일승 시실고 위일합상야 삼승
是權故 非一合相也 三乘 若實 卽是一合相 而非異相 但是異相
시권고 비일합상야 삼승 약실 즉시일합상 이비이상 단시이상
而非一合相 所以 三乘 卽非實有 三乘 旣非實有 一乘 亦非實
이비일합상 소이 삼승 즉비실유 삼승 기비실유 일승 역비실

有 何則 三乘 不外乎一乘 一乘 亦不外乎三乘 是眞一合相 言
유 하즉 삼승 불외호일승 일승 역불외호삼승 시진일합상 언

詞相 寂滅 但諸凡夫人 不解其所以 語三乘而取三乘之名 語一
사상 적멸 단제범부인 불해기소이 어삼승이취삼승지명 어일

乘而生一乘之解 所謂錯認何曾解方便者 是已 只如一合相 且作
승이생일승지해 소위착인하증해방편자 시이 지여일합상 차작

麼生道 諦緣六度幷一乘 混然一味難分析 非一合相 又作麼生道
마생도 제연육도병일승 혼연일미난분석 비일합상 우작마생도

一河雖然不可分 象馬兎三 爭 奈異 伊麼則非但異相不應執 一
일하수연불가분 상마토삼 쟁 나이 이마즉비단이상불응집 일

合相亦不可守
합상역불가수

미진이 이미 실로 있지 않다면 삼천세계도 또한 실로 있지 않으니 삼천이 실이 아니로되 삼천이라는 이름이 있는 것은 다만, 그 이름을 빌려서 그 세계를 나눴을 뿐이다. 그것이 실인즉 어찌 삼천의 다름이 있겠는가. 무슨 까닭에 그러한가? 하나의 땅은 실이요 삼천은 거짓된 것이니 하나의 땅은 실인 고로 일합상이 되고 삼천이 거짓인 고로 일합상이 아니다. 삼천이 만약 실이라면 곧 일합상이요, 다른 상이 아니로되 다만 이 다른 상이요, 일합상이 아닌 까닭에 삼천이 곧 실로 있지 않으니 삼천이 실로 있지 않을진대 일지도 또한 실로 있는 것이 아닌 것이다. 어찌하여 그런가? 삼천이 일지 밖의 것이 아니고 일지도 또한 삼천 밖의 것이 아님이니 이는 참된 일합상이다. 말(言詞相)이 적멸하거늘 다만 모든 범부들이 그 까닭을 알지 못하여 삼천을 말하면 삼천의 이름을 취하고 일지를 말하면 일지의 알음알이를 내나니 이로써 이미 명수가 실로 있지 않음인데 삼승도 또한 실로 있지 않음을 밝힘이다. 삼승이 실이 아니로되 삼승의 이름이 있는 것은 다만 그 이름을 빌려서 그 근기들을 제

접할 따름이다. 그 사실인 즉은 어찌 삼승의 다름이 있겠는가. 무슨 까닭에 그러한가? 일승은 실이요 삼승은 권이라 일승이 실인 고로 일합상이 되고 삼승이 권인 고로 일합상이 아니다. 삼승이 만약 실이라면 곧 일합상이고 이상이 아니로되 다만 이상이고 일합상이 아닌 까닭에 삼승이 곧 실유가 아니니 삼승이 이미 실유가 아님인데 일승도 또한 실유가 아닌 것이다. 왜 그런가? 삼승이 일승 밖의 것이 아니고 일승도 또한 삼승 밖의 것이 아니니 이는 참된 일합상이다. 말이 적멸하거늘 다만 모든 범부들이 그 까닭을 알지 못하여 삼승을 말하면 삼승의 이름을 취하고 일승을 말하면 일승의 알음알이를 내나니 이른 바 잘못 안 것이로다. '어찌 일찍이 방편인 줄 알리오' 한 것이 이것이다. 다만 저 일합상은 어떻게 말해야 하는가? 사제, 12인연, 육도와 아울러 일승이 혼연히 한 맛이라서 분석하지 못하겠도다. 일합상이 아님은 또 어떻게 말해야 하는가? 하나의 강물은 비록 나누지 못하나 코끼리, 말, 토끼 셋이 다름은 어찌하겠는가. 이러한즉 비단 이상이라 해서 마땅히 집착하지 않을 뿐 아니라 일합상도 또한 가히 지킬 것이 아닌 것이다.

규봉 論 云以彼聚集 無物可取 虛妄分別 故云妄取 若實有者
　　　논 운이피취집 무물가취 허망분별 고운망취 약실유자
卽是正見 無著 云世諦 說搏取 第一義 不可說 彼小兒凡夫 如
즉시정견 무착 운세제 설단취 제일의 불가설 피소아범부 여
言說取 大雲 云執見五蘊 取其和合 是貪著事 迷於事法 起煩惱矣
언설취 대운 운집견오온 취기화합 시탐착사 미어사법 기번뇌의

　　논에 따르면, 저 모인 것들(聚集)의 물은 가히 취할 게 없거늘 허망하게 분별함이다. 그러므로 망취라고 하니 만약 실로 있는 것이라면 곧 정견이라 했을 것이다. 무착이 말하기를, 세

상의 논리로는 단취(덩어리)라고 하나 제일의엔 말할 수 없거늘 저 소아나 범부들은 말하는 대로 취한다 했다. 대운 스님이 말하기를, 오온에 집착하여 보면 그 화합을 취하는 것이 탐착하는 일이니 사법을 미하여 번뇌를 일으킨다고 했다.

육조 三千者 約理而言 卽貪瞋癡妄念 各具一千數也 心爲善惡
　　　　삼천자 약리이언 즉탐진치망념 각구일천수야 심위선악
之本 能作凡作聖 動靜 不可測度 廣大無邊 故名大千世界 心中
지본 능작범작성 동정 불가측도 광대무변 고명대천세계 심중
明了 莫過悲智二法 由此二法 而得菩提 說一合相者 心有所得
명료 막과비지이법 유차이법 이득보리 설일합상자 심유소득
故 卽非一合相 心無所得 是名一合相 一合相者 不壞假名 而談
고 즉비일합상 심무소득 시명일합상 일합상자 불괴가명 이담
實相 由悲智二法 成就佛果菩提 說不可盡 妙不可言 凡夫之人
실상 유비지이법 성취불과보리 설불가진 묘불가언 범부지인
貪著文字事業 不行悲智二法 而求無上菩提 何由可得
탐착문자사업 불행비지이법 이구무상보리 하유가득

삼천이란 이치로써 말하건대 곧 탐진치의 망념이 각각 일천의 숫자를 갖춘 것이다. 마음이 선악의 근본이 되어 능히 범부도 되고 성인도 되어서 동과 정을 헤아릴 수 없어서 광대하고 무변하므로 대천세계라 이름하는 것이다. 마음 가운데 명료한 것은 자비와 지혜, 두 법보다 더한 것이 없으니 이 두 법으로 말미암아서 보리를 얻느니라. 일합상이라 말함은 마음에 얻은 바가 있는 고로 일합상이 아니요 마음에 얻은 바가 없음에 이를 일합상이라 하니, 일합상이란 거짓 이름을 무너뜨리지 않고 실상을 말하는 것이다. 자비와 지혜 두 법으로 말미암아 불과인 보리를 성취함이다. 설해도 다 설할 수 없으며 그 묘함은 말할 수 없거늘 범부들이 문자 사업에 탐착하여 자비와 지혜 두

법을 행하지 않고 무상보리를 구하노니 무슨 이유로 얻을 수 있으리오.

부대사 界塵 一何異 報應 亦如然 非因亦非果 誰後復誰先 事
　　　　계진　일하이　보응　역여연　비인역비과　수후부수선　사
中 通一合 理卽兩俱損 欲達無生路 應當識本源
중　통일합　이즉양구손　욕달무생로　응당식본원

　세계와 미진이 하나인데 어찌 다를 것이며
　보신과 응신도 또한 그러함이니라.
　인도 아니고 또한 과도 아니거니
　무엇이 뒤이고 다시 무엇이 먼저리오.
　일 가운데 일합으로 통하나
　이치인즉 둘 다 함께 버림이니
　무생의 길을 통달하고자 하면 응당 본원을 알지니라.

야부 捏聚放開 兵隨印轉
　　　　날취방개　병수인전

　집합시키고 해산시킴이니 병사들은 지휘에 따라 움직이도다.

설 有時 開三 有時 合一 合一卽三 開三卽一 三一 相離 三
　　　유시　개삼　유시　합일　합일즉삼　개삼즉일　삼일　상리　삼
一 相卽 非三而三 非一而一 三一 俱非 三一 俱是 伊麼則殺活
일　상즉　비삼이삼　비일이일　삼일　구비　삼일　구시　이마즉살활
臨時 收放 自由
임시　수방　자유

　어떤 때는 셋으로 열고 어떤 때는 하나로 합하니 하나로 합한 것이 곧 셋이고 셋으로 연 것이 곧 하나로다. 삼과 일이 서로 여의고 삼과 일이 서로 즉하니 삼이 아니로되 삼이요 일이

아니로되 일이라. 삼과 일이 모두 틀리고 삼과 일이 모두 옳으니 이러한즉 죽이고 살리는 것이 때에 따름이요 거두고 놓음이 자유롭도다.

야부 渾崙成兩片 擘破劫團圓 細嚼莫咬破<咬破 他本 作空碎>
혼륜성양편 벽파겁단원 세작막교파<교파 타본 작공쇄>
方知滋味全
방지자미전

한 덩어리가 두 조각을 이룸이요
쪼갠 것이 도리어 한 덩어리로다.
잘게 씹되 쪼개지는 말아야
바야흐로 그 맛이 온전함을 알리라.
<咬破(쪼개다)는 다른 책에 作空碎(완전히 부수다)로 되어있다.>

설 欲言非異 爭奈異 欲言非一 爭奈一 欲空三一還 三一 三
욕언비이 쟁나이 욕언비일 쟁나일 욕공삼일환 삼일 삼
一 方知本圓成 又一本 云細嚼莫空碎 理之極致 要須著意精詳
일 방지본원성 우일본 운세작막공쇄 이지극치 요수착의정상
不應偶尒念過 古人 道 知有底人 細嚼來嚥 不知有底人 一似渾
불응우이념과 고인 도 지유저인 세작래연 부지유저인 일사혼
崙吞可棗 末後圓成處 精詳 始應知
륜탄가조 말후원성처 정상 시응지

다르지 않다고 말하고자 하나 다른 것을 어찌할 것이며, 하나가 아니라고 말하고자 하나 하나임을 어찌하리오. 삼과 일을 비우고자 하나 도리어 삼과 일이라. 삼과 일이 바야흐로 본래 원만히 이룬 것임을 알겠도다. 또 다른 책에 따르면, 잘게 씹되 부수지는 말라고 하니, 이치의 극치는 마음을 써서 자세하게 할 필요가 있음이요, 응당히 아무렇게나 생각으로 지나치지 말

지니라. 옛사람이 말하길, 유를 아는 사람은 가늘게 씹어 삼키고 유를 알지 못하는 사람은 대추를 통째 삼키는 것과 같다고 하니 마지막에 원만히 이루는 곳은 자세히 살펴야 비로소 마땅히 알지니라.

종경 以世界 碎如微塵 慈尊 喩巧而玄要 立權名 談其實相 凡
이세계 쇄여미진 자존 유교이현요 입권명 담기실상 범
夫 意絶於貪求 與麽會得返本還源 背覺合塵 不與麽會 智同諸
부 의절어탐구 여마회득반본환원 배각합진 불여마회 지동제
佛 悲合衆生 揔不與麽 巨靈 擡手無多子 分破華山千萬重
불 비합중생 총불여마 거령 대수무다자 분파화산천만중

　세계를 부수어 미진과 같이 한다는 것은 자비로운 세존의 비유가 교묘하고 현요함이다. 방편(權)의 이름을 세워서 그 실상을 말함이니, 범부는 생각을 탐하고 구하는데서 끊어졌도다. 그렇게 알 것 같으면 근본을 돌이키고 근원에 돌아가서 진을 등지고 각에 합함이요, 그렇게 알지 못하면 지혜가 모든 부처님과 같아서 자비가 중생과 합하거니와 모두가 그렇지 못하면 거령신이 손을 들면 별 어려움이 없어서 화산 깨뜨림을 천만 번이나 거듭하리라.

설 碎界爲塵 喩巧意玄 依權顯實 凡絶追求 顯實相則智境 全
쇄계위진 유교의현 의권현실 범절추구 현실상즉지경 전
彰 絶追求則塵勞 頓息 息塵勞則智日 高懸 昏衢大朗 上同諸佛
창 절추구즉진로 돈식 식진로즉지일 고현 혼구대랑 상동제불
順塵勞則慈雲 廣布 甘露普潤 下合衆生 亦不息塵勞 亦不順塵
순진로즉자운 광포 감로보윤 하합중생 역불식진로 역불순진
勞 巨靈 擡手威動地 萬重山向一摑開
로 거령 대수위동지 만중산향일곽개

세계를 부수어 먼지를 만든다는 비유가 교묘하고 뜻이 깊음
이요, 권(方便)에 의지하여 실을 나타내는 것이 무릇 추구함을
끊음이로다. 실상을 나타내면 지혜의 경계가 온전히 드러나고
추구함을 끊으면 진로가 단번에 쉼이니 진로가 쉬면 지혜의 해
가 높이 떠서 어둡던 거리가 크게 밝아져서 위로는 제불과 같
음이요, 진로를 따른즉 자비의 구름을 널리 펴서 감로로 넓게
적시니 밑으로 중생과 합하려니와, 또한 진로를 쉬지도 않고
또한 진로를 따르지도 않으면 거령신이 손을 들어 위엄으로 땅
을 움직여서 만중산을 향해 치매, 한 번에 여노라.

종경 一段生涯六不收(六　當作本)從前萬法　盡非儔　輕輕擘破
　　　　　일 단 생 애 육 불 수 (육　당 작 본) 종 전 만 법　진 비 주　경 경 벽 파
三千界　直得恒河水逆流
삼 천 계　직 득 항 하 수 역 류

　　일단의 생애를 본래 거두지 못하니(육은 마땅히 본이다.)
　　종전의 만법이 모두 짝이 아님이라.
　　가볍고 가볍게 삼천계를 쪼개어 깨뜨리니
　　바로 항하의 물이 거꾸로 흐름을 얻었도다.

설 一法　本有　不可收　萬法　無根　惣非眞　法法　會來歸本源
　　　일법　본유　불가수　만법　무근　총비진　법법　회래귀본원
免敎人人逐風波
면 교 인 인 축 풍 파

　　일법은 본래로 있는 것이기에 가히 거두지 못하고, 만법은 뿌
리가 없는 것이기에 모두 진이 아니니 법과 법이 모여 본원에
돌아가서 사람들로 하여금 풍파에 휩쓸림을 모면하게 하도다.

규봉 二 約止觀 破我法 於中 文二 一 除我執 又二 一 遮錯解
　　　이　약지관　파아법　어중　문이　일　제아집　우이　일　차착해

㈏ 지관을 잡아서 아와 법을 깨뜨린 것이다. 그 중에 두 가지니, ㉮ 아집을 제거하는 것이다. 또 두 가지니, 첫째, 그릇된 앎을 막는 것이다.

31. 지견불생분(知見不生分)
-지견을 내지 않음-

須菩提 若人 言佛說我見人見衆生見壽者見 須菩提 於意云何 是人 解我所說義不不也 世尊 是人 不解如來所說義

"수보리야, 만약 어떤 사람이 말하기를 '부처님께서 자아에 대한 고집된 견해와 인간에 대한 고집된 견해, 중생에 대한 고집된 견해, 수명에 대한 고집된 견해를 설하였다' 한다면 수보리야, 어떻게 생각하느냐? 이 사람이 내가 말하는 뜻을 안다 할 수 있겠느냐?"

"세존이시여, 이 사람은 여래께서 말씀하신 뜻을 알지 못하나이다."

규봉 二 遣言執
　　　　이 견 언 집

둘째, 말의 집착을 보냄이다.

何以故 世尊 說我見人見衆生見壽者見 卽非
我見人見衆生見壽者見　是名我見人見衆生見
壽者見

왜냐하면, 세존께서 말씀하신 자아에 대한 고집
된 견해와 인간에 대한 고집된 견해, 중생에 대
한 고집된 견해, 수명에 대한 고집된 견해는 곧
자아에 대한 고집된 견해와 인간에 대한 고집된
견해, 중생에 대한 고집된 견해, 수명에 대한 고
집된 견해가 아니므로 자아에 대한 고집된 견해
와 인간에 대한 고집된 견해, 중생에 대한 고집
된 견해, 수명에 대한 고집된 견해라 이름하기
때문입니다."

규봉 論 云我見 虛妄分別 佛說卽是不見 無著 云此 顯示如所
　　　논 운아견 허망분별 불설즉시불견 무착 운차 현시여소
不分別 云何顯示 如外道 說我 如來 說爲我見故 安置人無我
불분별 운하현시 여외도 설아 여래 설위아견고 안치인무아
又爲說有此我見故 安置法無我 如是觀察 菩薩 入相應三昧時
우위설유차아견고 안치법무아 여시관찰 보살 입상응삼매시
不復分別 卽此觀察 爲入方便
불부분별 즉차관찰 위입방편

　논에 따르면, 아견은 허망분별이며 부처님께서 말씀하시기
를, 곧 이는 견이 아니라 했다. 무착이 말하기를, 이것은 분별하
지 않는 것과 같음을 나타내 보이시니 어떻게 나타내 보이는
가? 외도는 아를 설하거늘 여래는 아견을 설함이 되는 고로 인

무아를 안치하시고 또 이 아견이 있음을 설한 까닭으로 법무아를 안치한다 하시니, 이와 같이 관찰하여 보살이 '상응삼매'에 들 때에 다시 분별하지 않나니 곧 이런 관찰이 방편에 드는 것이 된다 했다.

육조 如來 說此經 令一切衆生 自悟般若智 自修行菩提果 凡夫
여래 설차경 영일체중생 자오반야지 자수행보리과 범부
之人 不解佛意 便爲如來 說我人等見 不知如來 說甚深無相無
지인 불해불의 변위여래 설아인등견 부지여래 설심심무상무
爲般若波羅蜜法 如來所說我人等見 不同凡夫 我人等見 如來
위반야바라밀법 여래소설아인등견 부동범부 아인등견 여래
說一切衆生 皆有佛性 是眞我見 說一切衆生 無漏智性 本自具
설일체중생 개유불성 시진아견 설일체중생 무루지성 본자구
足 是人見 說一切衆生 本無煩惱 是衆生見 說一切衆生性 本自
족 시인견 설일체중생 본무번뇌 시중생견 설일체중생성 본자
不生不滅 是壽者見也
불생불멸 시수자견 야

여래께서 이 경을 설하시어 일체중생으로 하여금 반야의 지혜를 스스로 깨달아서 스스로 보리과를 증득하게 하시거늘, 범부들이 부처님의 뜻을 알지 못하고 곧 여래께서 아인 등의 견을 설했다고 하니 여래의 심히 깊은 무상·무위의 반야바라밀법을 설하심을 알지 못함이로다. 여래가 설하신 아인 등의 견은 범부의 아인 등의 견과 같지 않음이니 여래가 설하신 일체중생은 다 불성이 있다는 이것은 참다운 아견이요, 일체중생의 두루한 자성은 본래 스스로 구족했다고 설하신 것이 인견이요 일체중생은 본래 번뇌가 없다고 설하신 것이 중생견이요 일체중생의 성품이 본래 스스로 불생불멸하다고 설하심이 수자견이니라.

규봉 二 除法執 文二 一 除分別
　　　　이　제법집　문이　일　제분별

㈎ 법집을 없앰이다. 글에 두 가지니, 첫째, 분별을 없애는 것이다.

須菩提 發阿耨多羅三藐三菩提心者 於一切法 應如是知 如是見 如是信解 不生法相

"수보리야, 아뇩다라삼먁삼보리의 마음을 낸 사람은 일체법에 대하여 응당히 이렇게 알며 이렇게 보며 이렇게 믿고 이해하여 법에 대한 관념의 고집을 내지 않느니라.

규봉 無著 云此 顯示何人 無分別 於何法 不分別 何方便 不分
　　　무착　운차　현시하인　무분별　어하법　불분별　하방편　불분
別 此 顯示增上心 增上智故 於無分別中 知見勝解 於中 若智
별　차　현시증상심　증상지고　어무분별중　지견승해　어중　약지
依止奢 摩他故 知 依止毘鉢舍那故 見 此二 依止三摩提故 勝
의지사　마타고　지　의지비발사나고　견　차이　의지삼마지고　승
解 以三摩提 自在故 解內攀緣影像 彼名勝解 云何無分別 此
해　이삼마지　자재고　해내반연영상　피명승해　운하무분별　차
正顯無分別 大雲 云前之方便 是加行智 今不分別 是根本智 卽
정현무분별　대운　운전지방편　시가행지　금불분별　시근본지　즉
親證眞如 離能所取 名不分別 二 顯本寂
친증진여　이능소취　명불분별　이　현본적

　　무착이 말하기를, 이것은 어떤 사람이 분별이 없으며, 무슨 법에 분별하지 않으며, 무슨 방편으로 분별하지 않는가 하는

것을 현시한 것이니, 증상심(增上心, 定)과 증상지(增上智, 慧)인 고로 분별이 없는 가운데 지견이 수승함을 아는 것이다. 그 가운데 만약 지혜가 사마타(奢摩他, 止)에 의지한 고로 지이며 또한 비바사나(毘鉢舍那, 觀)에 의지한 고로 견이며, 이 두 가지가 삼마지(三摩提, 定)에 의지한 고로 수승한 앎(勝解)이니, 이 삼마지가 자재한 고로 안으로 반연하는 모든 영상을 아나니 그것을 이름하여 수승한 알음알이라 하느니라. 무엇이 무분별인가? 이것은 정히 무분별을 나타내는 것이라 하며, 대운 스님이 말하기를, 앞의 방편은 가행지이고 지금의 불분별은 근본지이니, 곧 친히 진여를 증득하여 능취와 소취를 여윈 이름이니 불분별이라 했다. 둘째, 본적을 나타낸 것이다.

須菩提 所言法相者 如來 說卽非法相 是名法相
수보리야, 법에 대한 관념의 고집이라 하는 것은 여래는 말하기를 법에 대한 관념의 고집이 아니므로 법에 대한 관념의 고집이라 하느니라."

설 正顯法相 卽非法相 合上塵界非塵界之喩也 所說 無量 特
　　정현법상　즉비법상　합상진계비진계지유야　소설　무량　특
擧四見者 此是三乘 所斷麤細惑之總名 八萬四千諸妄染之頭數
거사견자　차시삼승　소단추세혹지총명　팔만사천제망염지두수
故 上來 頻說之 於此 特擧問耳 意通明能治所治一切諸法 皆非
고　상래　빈설지　어차　특거문이　의통명능치소치일체제법　개비

實有也 佛說我見人見衆生見壽者見 卽非我見人見衆生見壽者見
실유야 불설아견인견중생견수자견 즉비아견인견중생견수자견

以此例之 則佛說四聖諦 卽非四聖諦 佛說十八不共法 卽非十八
이차예지 즉불설사성제 즉비사성제 불설십팔불공법 즉비십팔

不共法 乃至八萬四千多羅尼門 卽非八萬四千多羅尼門 伊麽則
불공법 내지팔만사천다라니문 즉비팔만사천다라니문 이마즉

從初轉四諦 至今談般若 所說諸法 無一字 可以掛在目前 無一
종초전사제 지금담반야 소설제법 무일자 가이괘재목전 무일

言 可以記在胸中 所謂一相一味 究竟涅槃 常寂滅相 於是乎現
언 가이기재흉중 소위일상일미 구경열반 상적멸상 어시호현

於此 可以悟佛知見 入佛知見 於此 可以發眞正信心 得眞正妙
어차 가이오불지견 입불지견 어차 가이발진정신심 득진정묘

解也 豈可泥言敎而爲究竟 墮在名數之中也 所以 云 發菩提心
해야 개가니언교이위구경 타재명수지중야 소이 운 발보리심

者 於一切法 應如是知見 如是信解 不生法相 以至云所言法相
자 어일체법 응여시지견 여시신해 불생법상 이지운소언법상

者 卽非法相 是名法相 一切法三字 楤該大小乘法 非法相三字
자 즉비법상 시명법상 일체법삼자 총해대소승법 비법상삼자

通明所說諸法 皆歸實相妙空 怎生 是皆歸實相妙空 千重百匝無
통명소설제법 개귀실상묘공 즘생 시개귀실상묘공 천중백잡무

廻互 大家靜處薩婆訶
회호 대가정처살바하

정히 법상이 곧 법상이 아님을 나타내시어 위에서 진계가 진계가 아닌 비유에 합함이니, 설한 바가 한량없거늘 특별히 사견을 든 것은 이것이 삼승들의 끊은 바 거칠고 미세한 미혹의 총괄적인 이름이며 팔만사천 모든 망염의 첫머리(頭數)인 것이다. 그러므로 위에서 자주 그것을 설하시고 여기에서도 특별히 물으셨으니, 뜻은 능치소치(能治所治, 다스림과 다스려질 것)의 일체 모든 법이 실로 있지 않음을 통틀어 밝힌 것이다.

부처님께서 설하신 아견·인견·중생견·수자견은 곧 아견·인견·중생견·수자견이 아니라 하시니 이것으로써 예로

들면 즉 부처님께서 설하신 사성제가 곧 사성제가 아닌 것이요 부처님이 설하신 18불공법 이 곧 18불공법이 아니며 내지 팔만 사천다라니문이 곧 팔만사천다라니문이 아닌 것이다. 이러한즉 처음 사제를 전함으로부터 지금의 반야를 말씀하심까지 설하신 모든 법이 한 글자도 가히 눈앞에 걸려 있지 않으며 한 말씀도 가히 가슴 깊이 기억해 두지 않으니, 소위 일상일미가 구경열반인 것이다. 항상 적멸한 모습은 여기에 나타남이다. 여기에서 부처님의 지견을 깨달아야 할 것이며, 부처님의 지견에 들어가야 하고, 여기에서 진정한 신심을 발해야 하며, 진정한 묘해를 얻어야 함이니, 어찌 가히 언교에 떨어져 구경을 삼아 논리에 빠져 있으리오. 그러므로 말하길, 보리심을 발한 자는 일체법에 마땅히 이와 같이 알고 보며 이와 같이 믿고 이해하여 법상을 내지 말라 하셨다. 이로써 말씀하시길, 말한 바 법상이란 곧 법상이 아니고 그 이름이 법상이라 하시니 '일체법' 세 글자는 모두 대소승을 포함하고 있음이요, '비법상' 세 글자는 통틀어 말한 바 모든 법이 다 실상묘공에 돌아감을 밝힌 것이다. 무엇이 다 실상묘공에 돌아가는가? 천 번 거듭하고 백 번 돌아도 돌아오지 않으니 대가(대가, 大衆)가 정처에서 사바하(成就)하리다.

규봉 無著 云此 顯示法相中 不共義 及相應義 如前已說
　　　　무착　운차　현시법상중　불공의　급상응의　여전이설

　무착이 말하기를, 이것은 법상 중에서 불공의(不共義, 같지 않은 뜻)와 상응하는 뜻을 현시함이니 전에 설한 것과 같다고 했다.

육조 發菩提心者 應見一切衆生 皆有佛性 應見一切衆生 無漏
발보리심자 응견일체중생 개유불성 응견일체중생 무루
種智 本自具足 應信一切衆生 自性 本無生滅 雖行一切智慧方
종지 본자구족 응신일체중생 자성 본무생멸 수행일체지혜방
便 接物利生 不作能所之心 口說無相法 而心有能所 卽非法相
편 접물이생 부작능소지심 구설무상법 이심유능소 즉비법상
口說無相法 心行無相行 而心無能所 是名法相也
구설무상법 심행무상행 이심무능소 시명법상야

　　보리심을 발한 자는 마땅히 일체중생이 모두 불성이 있음을 보며 마땅히 일체중생의 무루종지가 본래 스스로 구족함을 알며, 마땅히 일체중생의 자성이 본래 생멸이 없음을 믿을지니, 비록 일체의 지혜 방편을 행하여서 사물을 접하고 중생을 이롭게 하더라도 능소의 마음을 짓지 말지니라. 입으로 무상법을 설하되 마음으로 무상행을 행하여 마음에 능소가 없으면 그 이름이 법상이니라.

부대사 非到眞如理 棄我入無爲 衆生及壽者 悟見總皆非 若悟
비도진여리 기아입무위 중생급수자 오견총개비 약오
菩提道 彼岸更求離 法相與非相 了應如是知
보리도 피안갱구리 법상여비상 요응여시지

　　오직 진여의 이치에 이르면
　　아를 버리고 무위에 들어가리니
　　중생·수자여,
　　깨닫고 보면 모두 다 아니(非)로다.
　　만일 보리도를 깨달으면
　　피안도 또한 여의게 되리니
　　법상과 비법상을
　　마침내, 마땅히 이와 같이 알지니라.

야부 飯來開口 睡來合眼
　　　　반래개구　수래합안

밥이 오면 입을 벌리고 잠이 오면 눈을 감도다.

설 黃面老子 從寂滅場 入生死海 張大敎網 漉人天魚 無一衆
　　　황면노자　종적멸량　입생사해　장대교망　녹인천어　무일중
生 入彼網中 何以故然 人人 有脚 要行卽行 要住卽住 不要別
생　입피망중　하이고연　인인　유각　요행즉행　요주즉주　불요별
人 介介 有手 要捉卽捉 要放卽放 不借他力 以至飯來開口 睡
인　개개　유수　요착즉착　요방즉방　불차타력　이지반래개구　수
來合眼 一切自由 不借他能 旣然如是 何有衆生 爲佛所度 伊麽
래합안　일체자유　불차타능　기연여시　하유중생　위불소도　이마
則四十九年 伊麽來 終無得物空手廻
즉사십구년　이마래　종무득물공수회

　부처님께서 적멸도량으로부터 생사의 바다에 들어가시며 큰 가르침의 그물을 펼쳐서 인천의 고기를 건지시니, 한 중생도 저 그물 속에 들어가지 않았도다. 어찌하여 그런가? 사람사람이 다리가 있어서 행하고자 하면 곧 행하고 주하고자 하면 곧 주함이라. 다른 사람을 필요로 하지 않음이요 개개인이 손이 있어서 잡고자 하면 곧 잡고 놓고자 하면 곧 놓음이라. 남의 힘을 빌리지 않으며, 이로써 밥이 오면 입을 벌리고 잠이 오면 눈을 감는데 이르기까지 일체가 자유로워서 남의 능력을 빌리지 않으리니 이미 이와 같을진대 어떤 중생이 부처의 제도할 바가 되리오. 이러한즉 49년을 이렇게 와서 마침내 얻은 것 없이 빈손으로 돌아감이로다.

야부 千尺絲綸直下垂 一波纔動萬波隨 夜靜水寒魚不食 滿船空
　　　천척사륜직하수　일파재동만파수　야정수한어불식　만선공

載月明歸
재 월 명 귀

천 자나 되는 긴 낚싯줄을 아래로 곧게 드리우니
한 물결이 막 일어나자 만 물결이 따르도다.
밤은 고요하고 물은 차가워 고기가 물지 않으니
배에 가득히 허공만 싣고 달 밝은 곳으로 돌아오도다.

설 錦鱗 正在深深處 千尺絲綸 也須垂 佛性 深在五蘊海 要
　　금린 정재심심처 천척사륜 야수수 불성 심재오온해 요
以大悲 能引出 一開大悲門 無盡法門 從玆始 無明長夜靜 心水
이대비 능인출 일개대비문 무진법문 종자시 무명장야정 심수
本淸凉 淸淨妙覺性 不受大悲化 生旣不受化 佛亦不住世 無底
본청량 청정묘각성 불수대비화 생기불수화 불역부주세 무저
船留大智月 却向靑山更那邊 雖然伊麽 恐人錯會 莫謂多時空下
선유대지월 각향청산갱나변 수연이마 공인착회 막위다시공하
釣 如今 釣得滿船歸
조 여금 조득만선귀

　금린은 정히 깊고 깊은 데 있어서 천자나 되는 줄을 모름지기 드리웠도다. 불성이 깊은 오온의 바다에 있으니 요컨대 대자비로써 능히 끌어내도다. 대비의 문을 한 번 여니, 무진법문이 이로부터 비롯되었도다. 무명의 긴 밤은 고요하고 마음의 물은 본래 청량하여 청정한 묘각의 성품은 대비의 교화를 받지 않도다. 중생이 이미 교화를 받지 않는다면 부처도 또한 세상에 머물 것이 아니니, 밑도 없는 배에 대지월을 머물게 하고, 도리어 청산에서 다시 저쪽을 향하도다. 비록 그러하나 사람들이 잘못 알까 염려하여, 오랜 세월동안 공연히 낚싯줄만 드리웠다고 말하지 말라. 이제 배에 한가득 낚아서 돌아가리라.

종경 若著見聞覺知 不解如來妙義 悟無我人壽命 還同陽燄空花
약착견문각지 불해여래묘의 오무아인수명 환동양염공화

楞嚴 云知見 立知 卽無明本 知見 無見 斯卽涅槃 只如法相不
릉엄 운지견 입지 즉무명본 지견 무견 사즉열반 지여법상불

生時 還信解麽 大千沙界 海中漚 一切聖賢 如電拂
생시 환신해마 대천사계 해중구 일체성현 여전불

  만약 견문각지에 집착하면 여래의 묘한 뜻을 알지 못함이요, 사상이 없음을 깨달으면 또한 아지랑이나 허공꽃(空華)과 같음이로다. 능엄경에 의하면, 지견에 지를 세우면 곧 무명의 근본이 되고 지견에 견이 없어야 이것이 곧 열반이라 하시니, 다만 저 법상이 생기지 않는 때를 또한 믿고 이해하는가? 대천사계가 바다 가운데 물거품이요 일체 성현이 번개치는 것과 같도다.

설 取法元是迷 悟空 亦非眞 悟心斯亡處 是得涅槃時 只如法
취법원시미 오공 역비진 오심사망처 시득열반시 지여법

相不生 作麽生道 目前 絶纖塵 號誰爲聖賢
상불생 작마생도 목전 절섬진 호수위성현

  법을 취함은 원래 미함이요 공을 깨달음 역시 진이 아닌 것이다. 깨달은 마음도 사라진 곳, 이것이 열반을 얻은 때이니 다만 저 법상이 생기지 않음을 어떻게 말할 것인가? 눈앞에 작은 먼지도 없으니 누구를 불러 성현이라 할 것인가?

종경 法空非我道非親 樹倒藤枯笑轉新 風掃止啼黃葉盡 千林全
법공비아도비친 수도등고소전신 풍소지제황엽진 천림전

體露天眞
체로천진

  법공도 아가 아니요 도도 친하지 않도다.
  나무가 넘어지고 등나무가 마르니 그 웃음이 더욱 새롭도다.

바람이 쓸어가고 울음마저 그치며 황엽이 다하니
일천 수풀 전체가 천진을 보여주도다.

설 空有 已兩亡 一亦不掛懷 大千爲自身 所以笑轉新 快然不
　　공유　이양망　일역불괘회　대천위자신　소이소전신　쾌연불
爲方便惑 本地風光 觸處彰
위방편혹　본지풍광　촉처창

　공과 유를 이미 둘 다 잊어버리고 하나(잊은 것)마저도 가슴에 걸어두지 않음이라. 대천세계를 자신의 몸으로 삼으니 그에 따라 웃음이 새롭도다. 쾌연히 방편에 미혹되지 않으니 본지풍광이 맞닿는 곳마다 드러나도다.

규봉 第二十六 斷化身說法無福疑 因聞眞化 非一非異 意云若
　　　제이십육　단화신설법무복의　인문진화　비일비이　의운약
就非一 化卽唯虛假 若就非異 又唯冥合歸一 法身 卽化身 終無
취비일　화즉유허가　약취비이　우유명합귀일　법신　즉화신　종무
自體 若尒 卽所說法 受持演說 無福 斷之 文二一 明說法功德
자체　약이　즉소설법　수지연설　무복　단지　문이일　명설법공덕

　<26>은 화신의 설법은 복이 없다는 의심을 끊은 것이다. 진신·화신이 '하나'도 아니고 '다름'도 아니라고 들음으로 인하여 뜻에 이르길, 만약 '하나'가 아니라면 화신은 오직 헛되고 거짓된 것이요, 만약 '다름'이 아니라면 또한 오직 명합하여 '하나'에 돌아가서 법신이 곧 화신인 것이다. 마침내 스스로의 체가 없으니 만약 그러하다면 곧 설할 바의 법을 수지하고 연설해도 복이 없다고 하므로 그것을 끊음이다. 글에 두 가지니, ㈎ 설법의 공덕을 밝힌 것이다.

32. 응화비진분(應化非眞分)
－응화신은 진신이 아님－

須菩提 若有人 以滿無量阿僧祇世界七寶 持
用布施 若有善男子善女人 發菩薩心者 持於
此經 乃至四句偈等 受持讀誦 爲人演說 其福
勝彼

"수보리야, 만약 어떤 사람이 한량없는 아승지 세계에 가득한 일곱 가지 보배를 가지고 보시를 하더라도 다른 선남자선여인이 보살의 마음을 내어 이 경을 지녀 사구게만 익혀 지녀 읽고 외워 남을 위해 설하면 그 복이 저 보시한 복보다 나으리라.

규봉 偈 云化身示現福 非無無盡福 論 云雖諸佛 自然化身作業
　　　게 운화신시현복 비무무진복 논 운수제불 자연화신작업
而彼諸佛 化身說法 有無量無盡無漏功德 二 明說法不染
이 피 제 불 　화신설법　유무량무진무루공덕　이　명설법불염

　게송으로 말하길, 화신의 시현하는 복은 무진복이 없지 않다 하며 논에 따르면, 비록 제불이 자연히 화신의 업을 지으나 저

제불의 화신 설법은 무량·무진·무루의 공덕이 있다 했다.
㈏ 설법이 물들지 않음을 밝힌 것이다.

云何爲人演說
어떻게 남을 위해 설하는가?

야부 要說 有甚難 卽今便請 諦聽諦聽
　　　요설　유심난　즉금변청　제청제청

설하고자 하면 무슨 어려움이 있으리오.
지금 다시 청하노니 살펴 듣고 살펴 들으라.

설 只如四句 要說 有甚難 卽今便請 諦聽諦聽
　　지여사구 요설　유심난　즉금변청　제청제청

다만, 사구를 설하고자 하면 무슨 어려움이 있으리오.
지금 다시 청하노니 살펴 듣고 살펴 들으라.

야부 行住坐臥　是非人我　忽喜忽嗔　不離這箇　秖這箇　驀面唾
　　　행주좌와　시비인아　홀희홀진　불리저개　지저개　맥면타
平生肝膽 一時傾 四句妙門 都說破
평생간담　일시경　사구묘문　도설파

행주좌와와 시비 인아와
문득 기뻐하고 문득 성냄이, 이것을 떠나 있지 않거니와
또한 이것이라 하면 당장 얼굴에 침을 뱉으리라.
평생 간담(肝膽, 가슴에 품고 있는 것)을 일시에 쏟아놓으니
사구의 묘한 법문을 모두 설파했도다.

설 日用行住坐臥　嗔喜是非　畢竟承誰恩力　要之　總不離這介
　　일용행주좌와　진희시비　필경승수은력　요지　총불리저개
只這介　堂堂覿面露規模　了了圓成無比格　然雖如是　莫作這介會
지저개　당당적면로규모　요료원성무비격　연수여시　막작저개회
若作這介會　便是眼中屑　不作這介會　方得契如如　比如淸凉池
약작저개회　변시안중설　부작저개회　방득계여여　비여청량지
四面皆可入　亦如猛火聚　四面不可入　妙門　諒斯在　如今　都說破
사면개가입　역여맹화취　사면불가입　묘문　양사재　여금　도설파

날마다 쓰는 행주좌와와 성내고 기뻐하고 옳고 그름은 필경 누구의 은혜를 받은 것인가? 요컨대 모두 이것을 여의지 않으니 다만 이것이여, 당당히 얼굴을 보아 규모를 드러내고 요요히 원성하여 비교할 데가 없도다. 비록 그렇긴 하나 이것이라는 알음알이를 짓지 말지니, 만약 이것이라는 알음알이를 지으면 곧 이것은 눈 속의 티가 된다. 이것이라는 알음알이를 짓지 않아야 바야흐로 여여함에 계합할 수 있으니, 비유컨대 시원한 못에는 사면으로 다 들어갈 수 있음과 같으며 또한 맹렬한 불구덩이에는 사면으로 들어갈 수 없음과 같도다. 묘문은 실로 여기에 있으니 지금 모두 다 설파했도다.

不取於相　如如不動
관념의 고집을 가지지 않고 여여하게 움직이지 않느니라."

설 法界　本無說　對緣而有說　說法　無自性　終不離法界　若是
　　법계　본무설　대연이유설　설법　무자성　종불리법계　약시

法界體 爲有 爲空 爲非空有 有空 不空 空有 不有 旣非空有
법계체 위유 위공 위비공유 유공 불공 공유 불유 기비공유
中亦非中 是知法界體上 三相 元來空寂 云何演說 得與法界 相
중역비중 시지법계체상 삼상 원래공적 운하연설 득여법계 상
應去在 說理而卽事 不取於空 說事而卽理 不取於有 說中而卽
응거재 설리이즉사 불취어공 설사이즉리 불취어유 설중이즉
邊 不取於中 故 云不應取法 不應取非法 合卽法非法之二相 開
변 불취어중 고 운불응취법 불응취비법 합즉법비법지이상 개
卽有無中之三相 離三相而安住實際 坐一如而曾不動搖 說是經
즉유무중지삼상 이삼상이안주실제 좌일여이증부동요 설시경
者 妙造乎此則不見有我爲能度 有生爲所度 不見有法爲可說 有
자 묘조호차즉불견유아위능도 유생위소도 불견유법위가설 유
人爲能說 所以 道 始從鹿野苑 終至跋提河 於是二中間 未曾說
인위능설 소이 도 시종녹야원 종지발제하 어시이중간 미증설
一字 伊麽則內絶己躬 外無可化 終日度生 未曾度生 舌頭無骨
일자 이마즉내절기궁 외무가화 종일도생 미증도생 설두무골
語下無迹 終日說示 未曾說示 雖彌天敎海 滿地葛藤 如紅爐上
어하무적 종일설시 미증설시 수미천교해 만지갈등 여홍로상
一點殘雪 如是解者 是眞正解 如是說者 是眞實說
일점잔설 여시해자 시진정해 여시설자 시진실설

법계는 본래 설함이 없음이로되, 인연에 닿으면 설함이 있게 된다. 설법은 자성이 없어서 마침내 법계를 여의지 않았으니 만약 이 법계의 체라면 있음이 되는가, 공함이 되는가, 공도 유도 아님이 되는가? 유공은 공이 아님이고 공유는 유가 아님이니 이미 공도 유도 아니라면 그 중간도 또한 중이 아님이다. 알지니라. 법계의 체 위에는 삼상이 원래 공적하니 어떻게 연설해야 법계와 더불어 서로 상응할 수 있으리오. 이치를 설하면 사에 즉함이라. 공을 취하지 말 것이며 사를 설하면 이에 즉함이라. 유를 취하지 말 것이며 중을 설하면 도에 즉함이라. 중을 취하지 말 일이다.

그러므로 말하기를, 마땅히 법을 취하지 말 것이며 법아님도 취하지 말라 하시니, 합하면 곧 법과 비법의 이상이요, 열면 곧 유·무·중, 삼상이로다. 삼상을 여의고 실제에 안주하고 일여(如如不動處)에 앉아서 일찍이 동요치 말지니, 이 경을 설하는 자가 묘하게 여기에 나아간즉 아가 있어서 능히 제도함을 보지 않으며, 중생이 있어서 제도할 바가 됨을 보지 않으며, 법 가히 설할 것이 있음을 보지 않으며, 사람이 있어 능히 설해야 됨을 보지 않으니라. 그러므로 말하길, 처음 녹야원으로부터 발제하(拔提河, 구시라)에 이르기까지 두 중간에 일찍 한 글자도 설하지 않았다 하시니, 이러한즉 안으로는 자기를 끊고 밖으로는 가히 교화할 것도 없음이다. 종일토록 중생을 제도하되 일찍이 중생을 제도하지 않음이요, 혀에는 뼈가 없고 말에는 자취가 없었음이다. 종일토록 설하여 보이되 일찍이 설하여 보이지 않음이니라. 비록 하늘에 가득한 가르침과 땅에 가득한 쓸데없는 말들(葛藤)이라도 붉게 타는 화로 위에 한 점 잔설과 같으니, 이와 같이 아는 자는 진정으로 아는 자이며 이와 같이 설하는 자는 참으로 진실하게 설하는 자이다.

야부 ⊙
(圓伊三點 원 가운데 점 세 점)

설 拂盡今時 始得就體 須知三點水 却向裏頭圓
　　불 진 금 시　시 득 취 체　수 지 삼 점 수　각 향 이 두 원

　금시(今時, 번뇌)를 떨어버려야 비로소 본체로 나아감이니 모름지기 삼점의 수(∴)가 도리어 원을 향하여 있음을 알지니라. (∴는 범어의 伊자를 두고 법을 표현한 것임.)

야부 末後一句 始到牢關 直得三世諸佛 四目相觀 六代祖師 退
말 후 일 구　시 도 뇌 관　직 득 삼 세 제 불　사 목 상 관　육 대 조 사　퇴

身有分 可謂是江河徹凍水泄不通 極目荊榛 難爲措足 到這裏
신 유 분　가 위 시 강 하 철 동 수 설 불 통　극 목 형 진　난 위 조 족　도 저 이

添一絲毫 如眼中著刺 減一絲毫 似肉上剜瘡 非爲坐斷要津 蓋
첨 일 사 호　여 안 중 착 자　감 일 사 호　사 육 상 완 창　비 위 좌 단 요 진　개

爲識法者恐 雖然恁麼 佛法 只如此 便見陸地平沈 豈有燈燈續
위 식 법 자 공　수 연 임 마　불 법　지 여 차　변 견 육 지 평 침　개 유 등 등 속

焰 川上座 今日 不免向猛虎口中奪食 獰龍頷下穿珠 豁開先聖
염　천 상 좌　금 일　불 면 향 맹 호 구 중 탈 식　영 용 함 하 천 주　활 개 선 성

妙門後學 進身有路 放開一線 又且何妨 語則全彰法體 默則獨
묘 문 후 학　진 신 유 로　방 개 일 선　우 차 하 방　어 즉 전 창 법 체　묵 즉 독

露眞常 動則隻鶴片雲 靜則安山列嶽 擧一步 如象王回顧 退一
로 진 상　동 즉 척 학 편 운　정 칙 안 산 열 악　거 일 보　여 상 왕 회 고　퇴 일

步 若獅子嚬呻 法王法令 當行 便能於法 自在 秪如末後一句
보　약 사 자 빈 신　법 왕 법 령　당 행　변 능 어 법　자 재　지 여 말 후 일 구

又作麼生道 還委悉麼 雲在嶺頭閑不徹 水流澗下大忙生
우 작 마 생 도　환 위 실 마　운 재 령 두 한 불 철　수 류 간 하 대 망 생

　　마지막 한 구절(不取於相 如如不動)이 비로소 뇌관(牢關, 堅固한 관문)에 이르렀으니, 바로 삼세의 모든 부처님이 네 개의 눈으로 서로 보는 것이며 육대 조사가 물러설 분이 있음이로다. 가히 말하길, 강물이 철저히 얼었으니 물이 흐를래야 통하지 못함이요 눈에 가시가 가득하매 발 들여 놓기가 어렵도다. 이 속에 이르러서는 한 터럭을 더하더라도 마치 눈 속에 가시가 든 것 같고 한 터럭을 빼더라도 살 위의 부스럼을 내는 것과 같으니, 앉아서 요긴한 길을 끊으려는 것이 아니라 대저 법을 아는 자에게 두려움이 되기 때문이니라. 비록 이러하지만 불법이 다만 이와 같을진대 문득 육지가 평침함을 볼 것이니 어찌 (조사의) 등과 등이 불꽃(慧明)을 이음이 있으리오. 천상좌(冶父)는 오늘 사나운 호랑이 입속에서 음식을 빼앗으며, 사

나운 용의 턱 속에 있는 구슬 꿰는 것을 면치 못함이니, 선성의 묘문을 활짝 열어서 후학들이 나아가는데 길이 있게 하리니 한 길을 터놓는 것이 또 어찌 방해되리오. 말한즉 온전히 법체를 나타냄이요, 묵묵한즉 홀로 진상을 드러냄이며 움직인즉 한 마리 학이 조각구름으로 날아감이요, 고요한즉 앞산이 펼쳐짐이로다. 한 걸음을 들면 마치 코끼리가 돌아보는 듯하고 한 걸음을 물러서면 사자가 기지개를 켜며 포효하는 것 같으니 법왕의 법령을 마땅히 행함이다. 곧 능히 법이 있어서 자재함이로다. 다만 저 마지막 한 구절을 또 어떻게 말할 것인가. 또한 자세히 알겠는가?

구름은 고갯마루에 걸려 한가롭게 걷히지 않고

물은 냇가로 흐름이 너무 바쁘도다.

설 最初敷座 仗劍當路 號令天下 末后不動 斬盡精靈 秉劍歸
　　최초부좌　장검당로　호령천하　말후부동　참진정령　병검귀
位 這一柄吹毛 體絶纖塵 光爍大虛 寓目者 喪膽亡魂 近傍者
위　저일병취모　체절섬진　광삭대허　우목자　상담망혼　근방자
身分兩段 直得三世諸佛 覷不及 歷代祖師 親不 得 伊麼則深深
신분양단　직득삼세제불　처불급　역대조사　친불　득　이마즉심심
乎不通風 凜凜乎難掛目 終年竟歲威且險 不通凡聖絶去來 到這
호불통풍　름름호난괘목　종년경세위차험　불통범성절거래　도저
裏 開口 也錯 閉口也錯 動靜 俱非 進退俱失 此非强爲 法尒如
이　개구　야착　폐구야착　동정　구비　진퇴구실　차비강위　법이여
然 雖然伊麼 若一向收而不放 合 而不開 則致令後代兒孫 擡脚
연　수연이마　약일향수이불방　합　이불개　즉치영후대아손　대각
不起 便見陸地平沈 豈有子子相傳 孫孫相繼 所以 今日 向荊棘
불기　변견육지평침　개유자자상전　손손상계　소이　금일　향형극
林中 啓一線道 不通風處 別通消息 所以然者 無施設中 不妨有
림중　계일선도　불통풍처　별통소식　소이연자　무시설중　불방유

施設 不風流處 不妨有風流 語默動靜 本現成 擧步退步 俱自若
시설 불풍유처 불방유풍류 어묵동정 본현성 거보퇴보 구자약
到這裏 妙用 縱橫 不存軌則 蕩一切法 亦在我 建一切法 亦在
도저이 묘용 종횡 부존궤즉 탕일체법 역재아 건일체법 역재
我 如王秉劒 似虎戴角 有意氣時 添意氣 得寬懷處 且寬懷 只
아 여왕병검 사호대각 유의기시 첨의기 득관회처 차관회 지
如末后一句 又作麽生道 還委悉麽 山不露頂雲不徹 望之令人愁
여말후일구 우작마생도 환위실마 산불로정운불철 망지영인총
愁殺 澗水冷冷流大忙 行人 到此快精神 要會箇中意 雙暗亦雙明
수살 간수냉냉유대망 행인 도차쾌정신 요회개중의 쌍암역쌍명

최초의 자리를 잡아 앉음은 칼을 잡고 길에 나가 천하를 호령함이요, 마지막의 움직이지 않음은 정령(精靈, 숱한 법답지 못한 것)들을 다 베어버리고 칼을 잡고 제 위치에 돌아옴이니, 한 자루 취모검의 체는 먼지 하나 붙지 않고 그 빛은 온 허공에 빛난다. 쳐다보는 자는 담이 녹고 혼을 잃음이요, 가까이 하는 자는 몸이 두 조각으로 나뉘게 되니, 바로 삼세제불이 엿볼래야 미치지 못하며 역대조사가 친하려 해도 친할 수 없도다. 이러한 즉 깊고 깊어서 바람이 통하지 못하고 늠름하여 쳐다보기 어렵도다. 해가 가고 세월이 다하도록 위의가 험준하니 범성도 통하지 못하고 거래도 끊겼도다. 이 속에 이르러서는 입을 열어도 그르치고 입을 다물어도 그르침이라. 동과 정이 함께 그릇됨이요 진퇴가 모두 잃어버리게 되는 것이니, 이것은 강제로 되는 것이 아니라 법이 의례히 그러함이다. 비록 그렇다고 하나 만약 한결같이 거두기만 하고 놓지 않으며, 합하기만 하고 열지 않으면 곧 후대의 아손들로 하여금 다리를 들고 일어나지 못하게 하여 문득 육지가 평침하는 것을 보게 되리니, 어찌 아들과 아들이 서로 전함이 있으며 손자와 손자가 서로 연이어 이어지리오. 그러므로 오늘에 가시덤불 속을 향하여

한 길을 터놓아서 바람이 통하지 않는 곳은 달리 소식을 통하게 하리니 이유인즉, 시설이 없는 가운데 시설 있음이 방해롭지 않으며 풍류 아닌 곳에 풍류 있음이 방해롭지 않음이다. 어묵동정이 본래로 이루어진 것이고 걸어서 나아가고 걸음을 물러서는 것이 모두 법도를 두지 않음이라.(저절로 그러함이라.) 일체법을 없애는 것도 또한 나에게 있으며 일체법을 세움도 또한 나에게 있으니, 마치 왕이 칼을 잡은 것과 같고 호랑이가 뿔이 달려있는 것과 같음이다. 의기가 있을 때 의기를 더함이요 관회를 얻은 곳에 또한 관회함이로다. 다만 저 마지막 한 구절을 또 어떻게 말할 것인가? 또한 자세히 아느냐? 산은 정상을 드러내지 않고 구름도 걷히지 않음이여! 바라보는 사람으로 하여금 모두 근심스럽게 만들도다. 시냇물이 냉랭히 급하게 흘러감이여, 행인이 여기에 이르면 정신이 상쾌해지도다. 그 가운데 뜻을 알고자 하는가? 쌍으로 어둡고 또한 쌍으로 밝으리라.

야부 得優遊處 且優遊 雲自高飛水自流 秖見黑風 翻大浪 未聞
　　　　 득 우 유 처　차 우 유　운 자 고 비 수 자 류　지 견 흑 풍　번 대 랑　미 문

沈却釣魚舟
침 각 조 어 주

　우유(優遊,자유로움)함을 얻은 곳에 또한 우유하니
　구름은 저절로 높이 날고 물은 저절로 흐르도다.
　다만 흑풍이 큰 물결 뒤치는 것만 보고
　낚싯배가 침몰함은 듣지 못했도다.

설 自由更自由 閑忙 共一時 風翻白浪 尋常事 漁艇 從來 不
　　　자 유 갱 자 유　한 망　공 일 시　풍 번 백 랑　심 상 사　어 정　종 래　불

見沈
견 침

자유롭고 또 자유로우니 한가하고 바쁜 것이 모두 한때로다. 바람이 흰 물결을 출렁이게 하는 것은 늘 있는 일이다. 고깃배가 종래로 침몰함은 보지 못함이로다.

육조 七寶之福 雖多 不如有人 發菩薩心 受持此經四句偈等 爲
칠보지복 수다 불여유인 발보살심 수지차경사구게등 위
人演說 其福 勝彼百千萬倍 不可譬喩 說法善巧方便 觀根應量
인연설 기복 승피백천만배 불가비유 설법선교방편 관근응량
種種隨宜 是名爲人演說 所聽法人 有種種相貌不等 不得作分別
종종수의 시명위인연설 소청법인 유종종상모부등 부득작분별
心 但了空寂一如之心 無所得心 無勝負心 無希望心 無生滅心
심 단료공적일여지심 무소득심 무승부심 무희망심 무생멸심
是名如如不動
시명여여부동

칠보의 복이 비록 많으나 어떤 사람이 보리심을 발하여 이 경의 사구게 등을 수지하고 사람들을 위하여 연설해 주는 것만 같지 못하다 하니, 그 복이 저것보다 백천만 배나 수승함이다. 가히 비유할 수 없음이니 설법의 선교방편으로 근기를 관하고 량에 응하여 가지가지로 마땅함을 따르는 것을 이름하여 사람을 위해 연설하는 것이라 함이다. 법을 듣는 사람의 갖가지 모습은 같지 않으나 분별심을 짓지 말 것이니, 다만 공적하고 일여한 마음을 요달하여서 소득심이 없으며 승부심이 없고 희망심이 없으며 생멸심이 없으면 이를 이름하여 여여부동이라 하는 것이다.

규봉 無著 云爲說法無染故 以有如是大利益 故 決定演說 如是
무착 운위설법무염고 이유여시대리익 고 결정연설 여시
演說 卽無所染 云何演說等者 顯示不可言說故 若異此者 則爲
연설 즉무소염 운하연설등자 현시불가언설고 약이차자 즉위
染說 以顚倒義故 又云說時 不求信敬等 亦爲無染說法 大雲 云
염설 이전도의고 우운설시 불구신경등 역위무염설법 대운 운
若能不以生滅心行 說實相法 卽如彼眞如 故曰如如 又心如境如
약능불이생멸심행 설실상법 즉여피진여 고왈여여 우심여경여
不動者 則無染義 第二十七 斷入寂如何說法疑 論 云若諸佛如
부동자 즉무염의 제이십칠 단입적여하설법의 논 운약제불여
來 常爲衆生說法 云何言如來入涅槃
래 상위중생설법 운하언여래입열반

　　무착이 말하기를, 설법에는 물듦이 없는 까닭에 이와 같은 대이익이 있음이라. 그러므로 결정코 연설함이니 이와 같은 연설이 곧 물든 바가 없음이니라. '어떻게 연설할까?' 등은 가히 말할 수 없는 것을 현시함이니 만약 이것과 다르다 하면 곧 물든 연설이 됨이니 전도된 뜻인 까닭이니라. 또한 말하기를, 설할 때 (說法者를) 믿고 공경함을 구하지 않는다는 것도 또한 무염설법이 된다 했다. 대운 스님이 말하기를, 만약 능히 생멸심행으로써 실상법을 설하지 않는다면 곧 저 진여와 같으므로 여여라고 함이요, 또 마음도 여여하고 경계도 여여한 고로 여여라 하느니라. 부동이란 즉 무염(無染, 물듦이 없음)의 뜻이라 했다.
　　<27>은 적에 들면 어떻게 설법하는가 하는 의심을 끊음이다. 논에 따르면, 만약 제불 여래가 항상 중생을 위해 설법한다면 여래가 어떻게 열반에 들었다고 말하는가?

何以故 一切有爲法 如夢幻泡影 如露亦如電 應作如是觀

"무슨 까닭인가 하면 일체 유위법은 꿈과 같고 허깨비 같고 물거품과 같고 그림자 같으며 이슬과 같고 또 번개와 같으니 응당 이렇게 관해야 하느니라."

설 演說是經 何須不取於相 如如不動 一切有爲化演之法 若
연설시경 하수불취어상 여여부동 일체유위화연지법 약

離法界 無自體相 如彼六喩 皆非究竟 所以 應如是觀 不取於相
리법계 무자체상 여피육유 개비구경 소이 응여시관 불취어상

不取於相 以不取三相 言者 眞如自性 非有相 非無相 非非有相
불취어상 이불취삼상 언자 진여자성 비유상 비무상 비비유상

非非無相 爲破常見 說一切空 爲破斷見 說一切有 恐落二邊 說
비비무상 위파상견 설일체공 위파단견 설일체유 공락이변 설

不空不有 此皆對緣施設 非爲究竟 由是 不應取於三相 違彼如
불공불유 차개대연시설 비위구경 유시 불응취어삼상 위피여

如妙境 此則單約化演說耳 且通約世出世法 以明三觀一心一心
여묘경 차즉단약화연설이 차통약세출세법 이명삼관일심일심

三觀之意 內而根身 外而器界 依正淨穢 上至諸佛 下至螻蟻 凡
삼관지의 내이근신 외이기계 의정정예 상지제불 하지루의 범

聖因果等法 皆從緣有 盡屬有爲 因心所現 皆無自體 如夢因想
성인과등법 개종연유 진속유위 인심소현 개무자체 여몽인상

有 無自體 幻因物有 無自體 泡因水有 無自體 影因形有 無自
유 무자체 환인물유 무자체 포인수유 무자체 영인형유 무자

體 所以 諸法 無不是空 雖無自體 依正淨穢 相相 宛然 凡聖因
체 소이 제법 무불시공 수무자체 의정정예 상상 완연 범성인

果 不可云無 如彼草露 雖非常住 暫焉得住 所以 諸法 無不是
과 불가운무 여피초로 수비상주 잠언득주 소이 제법 무불시

假 旣如夢卽空 如露卽假 亦如電光 無中忽有 有中忽無 刹那卽
가 기여몽즉공 여로즉가 역여전광 무중홀유 유중홀무 찰나즉
生 刹那卽滅 有卽非 有無卽非無 旣非有無 所以 諸法 無非中
생 찰나즉멸 유즉비 유무즉비무 기비유무 소이 제법 무비중
道 生卽無生 滅卽無滅 生滅 旣虛 所以 諸法 無非實相 所以
도 생즉무생 멸즉무멸 생멸 기허 소이 제법 무비실상 소이
道 因緣所生法 我說卽是空 是名爲假名 亦名中道義 伊麽則三
도 인연소생법 아설즉시공 시명위가명 역명중도의 이마즉삼
相 不離一 境一境 圓含三相 欲言三相 宛是一境 欲言一境 宛
상 불리일 경일경 원함삼상 욕언삼상 완시일경 욕언일경 완
是三相 三一一三 圓融互照 此是如如大摠相法門也 取於有得麽
시삼상 삼일일삼 원융호조 차시여여대총상법문야 취어유득마
取於空得麽 取於中得麽 取三相得麽 取一相得麽 應觀卽三之一
취어공득마 취어중득마 취삼상득마 취일상득마 응관즉삼지일
契乎三觀一心之門 觀卽一之三 契乎一心三觀之門 頓超三一之
계호삼관일심지문 관즉일지삼 계호일심삼관지문 돈초삼일지
外 安住如如妙境 持是經者 入此觀門 不用解一理 會盡無量義
외 안주여여묘경 지시경자 입차관문 불용해일리 회진무량의
說是經者 入此觀門 不用說一字 常轉正法輪末后一偈 妙超情謂
설시경자 입차관문 불용설일자 상전정법륜말후일게 묘초정위
千古令人 洒洒落落 凡著讀者 尤須著眼
천고영인 쇄쇄락락 범착독자 우수착안

이 경을 연설하면서 어찌 모름지기 상을 취하지 않고서 여여히 부동하는가? 모든 유위로써 교화하고 연설하는 법이 만약 법계를 떠나면 자체의 상이 없는 것이 저 여섯 가지 비유(六喩)와 같아서 모두 구경이 못되는 것이니, 마땅히 이와 같이 관하여 상을 취하지 말지니라. 상을 취하지 않는 것을 삼상(三相, 有·假·中)을 취하지 않는 것으로 진여자성은 유상이 아니며 무상도 아니고 비유상도 아니며 비무상도 아니기 때문이다. 상견을 파하기 위하여 일체가 공함을 설하시고 단견을 파하기 위하여 일체가 유임을 설하시며 양변에 떨어질까 염려하여 공도

아니고 유도 아님을 설하시니, 이는 모두 인연에 닿아서 시설하는 것이기에 구경이 되지 않는 것이다. 이로 말미암아 마땅히 삼상을 취하여서 저 여여한 묘경에 위배되지 말지니라. 이것은 곧 단적으로 교화하고 연설함을 잡아채어 설하였을 따름이거니와, 또한 통히 세와 출세법을 잡아서 삼관이 일심이며 일심이 삼관인 뜻을 밝힌 것인데, 안으로의 근신과 밖으로 기계의 의보·정보와 정토·예토와 위로는 모든 부처님으로부터 아래로는 개미류에 이르기까지 범성과 인과 등의 법이 다 인연을 쫓아서 있음이다. 모두 유위에 속함이요, 마음으로 인하여 나타난 바로다. 모두 자체가 없는 것이 마치 꿈은 생각으로 인하여 있어서 자체가 없으며 환은 사물로 인하여 있어서 자체가 없으며 물거품은 물로 인해 있어서 자체가 없고 그림자는 형상으로 인해 있어서 자체가 없음과 같도다. 그러므로 모든 법이 이 공 아님이 없느니라. 비록 자체가 없으나 의·정·정·예의 모양 모양이 분명하고 범성, 인과가 가히 없다고 말할 수 없는 것이, 저 풀잎의 이슬이 비록 항상 있지는 않으나 잠시 있는 것이라. 그러므로 모든 법이 거짓(假)아님이 없느니라. 이미 꿈은 곧 공함과 같으며 이슬은 곧 거짓과 같으며 또한 번갯불은 없는 가운데 홀연히 있는 것과 같으며 있는 가운데 홀연히 없는 것과 같아서 찰나에 곧 생하고 찰나에 곧 멸함이다. 유가 곧 유가 아니요, 무가 곧 무가 아님이 되니, 모든 법이 중도 아님이 없느니라. 생이 곧 생이 아님이요 멸한 즉 멸함이 아니니, 생멸이 이미 텅 비었으므로 제법이 실상 아님이 없느니라. 그러므로 말하길, 인연으로 생긴 바의 법을 내가 말하되 곧 공이다. 이 이름은 가명이 되며 또한 이름이 중도의 뜻이라 하시니, 이러한즉 삼상이 한 경계(一境)를 떠나지 않았으며 일경이 원만히 삼상을 다 포함하고 있음이다. 삼상을 말하고자 하면 완연히 이 일경이요, 일경이라 말하고자 하면 완연히 이 삼상이라, 삼, 일과 일, 삼이 원융하게 서로 비추니 이것이 여여한 대총상 법문이니라.

　유를 취할 수 있겠는가, 공을 취할 수 있겠는가, 중을 취할 수 있겠는가, 삼상을 취할 수 있겠는가, 일상을 취할 수 있겠는가? 당연히 삼에 즉한 일을 관해서 삼관일심의 문에 계합하고 일에 즉한 삼을 관해서 일심삼관의 문에 계합하며, 삼과 일의 밖을 단번에 초월하여 여여한 묘경에 안주함이니, 이 경을 가진 사람이 이 관문에 들어오면 한 가지 이치의 앎을 쓰지 않았더라도 무량한 뜻을 다 알게 되고, 이 경을 설하는 자가 이 관문에 들어오면 한 글자의 설함을 쓰지 않더라도 항상 정법륜을 굴릴지니라. 마지막 한 게송이 묘하게 우리의 알음알이를 뛰어넘어서 천고의 사람으로 하여금 쇄쇄락락하게 함이니 무릇 경을 읽는 사람은 더욱더 여기에(마지막 한 게송) 착안할 지어다.

규봉 釋此文三　一　約兩論　釋魏本中九喩　二　約諸經論　顯諸
　　　석 차 문 삼　일　약 양 론　석 위 본 중 구 유　이　약 제 경 론　현 제

虛假喩之大意　三　會通秦譯經本　初中魏本九喩經　云一切有爲
허 가 유 지 대 의　삼　회 통 진 역 경 본　초 중 위 본 구 유 경　운 일 체 유 위

法　如星翳燈幻　露泡夢電雲　應作如是觀　於中　文二　一　約本論
법　여 성 예 등 환　로 포 몽 전 운　응 작 여 시 관　어 중　문 이　일　약 본 론

斷疑　偈　云非有爲非離　諸如來涅槃　九種有爲法　妙智正觀故　論
단 의　게　운 비 유 위 비 리　제 여 래 열 반　구 종 유 위 법　묘 지 정 관 고　논

云諸佛　得涅槃　化身說法故　非有爲　非離有爲　何故　示現世間
운 제 불　득 열 반　화 신 설 법 고　비 유 위　비 리 유 위　하 고　시 현 세 간

而不住有爲 由妙智 正觀有爲 如九喩虛假故 後 兼無著釋相 無
이부주유위 유묘지 정관유위 여구유허가고 후 겸무착석상 무

著 云此偈 顯示四有爲相 於中 文四 一 自性相 此見相識三 用
착 운차게 현시사유위상 어중 문사 일 자성상 차견상식삼 용

識爲體 生死根本故 於中 文三 一 星 喩能見分 無著 云無智闇
식위체 생사근본고 어중 문삼 일 성 유능견분 무착 운무지암

中 有彼光故 有智明中 無彼光故 二 翳 喩所見分 論 云如人
중 유피광고 유지명중 무피광고 이 예 유소견분 논 운여인

目有翳 則見毛輪等色 觀有爲法 亦尒 以顚倒見故 無著 云人法
목유예 즉견모륜등색 관유위법 역이 이전도견고 무착 운인법

我見 如翳 以取無義故 三 燈 喩識 燈約膏油 相續不絶 識依貪
아견 여예 이취무의고 삼 등 유식 등약고유 상속부절 식의탐

愛 生死無休 二 著所住味相 論 云幻 喩所依住處 以器世間種
애 생사무휴 이 착소주미상 논 운환 유소의주처 이기세간종

種差別 無一體實故 無著 云味著顚倒境故 大雲 云幻出城郭誆
종차별 무일체실고 무착 운미착전도경고 대운 운환출성곽광

人 識變山河不實 三 隨順過失相 身及受用 是過失也 觀此無常
인 식변산하부실 삼 수순과실상 신급수용 시과실야 관차무상

是名隨順 又解云隨順身受 卽是過失 於中 文二 一 露 喩身
시명수순 우해운수순신수 즉시과실 어중 문이 일 로 유신

論 云身亦如是少時住故 二 泡 喩受用事 論 云所受用事 亦
논 운신역여시소시주고 이 포 유수용사 논 운소수용사 역

復如是 以受想因三法 不定故 無著云 顯示隨順苦體 以受如泡
부여시 이수상인삼법 부정고 무착운 현시수순고체 이수여포

故 功德施 云觀察壽如水上泡 (壽 當作受) 或始生未成體或纔
고 공덕시 운관찰수여수상포 (수 당작수) 혹시생미성체혹재

生或暫停住 卽歸散滅 四 隨順出離相 無著 云隨順人法無我 故
생혹잠정주 즉귀산멸 사 수순출이상 무착 운수순인법무아 고

得出離 於中 文 三 一 夢 喩過去 無著 云彼過去行 以所念故
득출리 어중 문 삼 일 몽 유과거 무착 운피과거행 이소념고

如夢 新論 云應觀過去所有集造 同於夢境 但唯念性故 功德施
여몽 신론 운응관과거소유집조 동어몽경 단유념성고 공덕시

云觀察作者 如夢中 隨先見聞憶念分別熏習住故 雖無作者 種種
운관찰작자 여몽중 수선견문억념분별훈습주고 수무작자 종종

境界 分明現前 如是衆生 無始時來 有諸煩惱善不善業 熏習而
경계 분명현전 여시중생 무시시래 유제번뇌선불선업 훈습이

住 雖無我是能作者 而現無涯生死等事 二 電 喩現在 論 云以
주 수무아시능작자 이현무애생사등사 이 전 유현재 논 운이

刹那不住故 功德施 云觀察心如電 生時卽滅 三 雲 喩未來 論
찰나부주고 공덕시 운관찰심여전 생시즉멸 삼 운 유미래 논

云以於子時 阿梨耶識 與一切法 爲種子根本 無著 云彼麤惡種
운이어자시 아뢰야식 여일체법 위종자근본 무착 운피추악종

子 似虛空 引心出故 如雲 又云如是知三世行 則達無我 此 顯
자 사허공 인심출고 여운 우운여시지삼세행 즉달무아 차 현

示隨順出離相 大雲 云過未 無體現又不住 則三世空 達無我矣
시수순출리상 대운 운과미 무체현우부주 즉삼세공 달무아의

二 約諸經論 顯諸虛假喩之大意者 佛 說一切法空 疑云云何現
이 약제경론 현제허가유지대의자 불 설일체법공 의운운하현

見一切境界 故說如幻 幻法雖無 分明可見 又疑云幻法 旣無 人
견일체경계 고설여환 환법수무 분명가견 우의운환법 기무 인

何愛著 故說如陽燄渴鹿 謂之爲水 愛者奔趣 又疑云渴鹿 畢竟不
하애착 고설여양염갈록 위지위수 애착분취 우의운갈록 필경부

得水 貪者 如何皆得受用 故說如夢 夢中所見 亦得受用 又疑云
득수 탐자 여하개득수용 고설여몽 몽중소견 역득수용 우의운

夢造善惡 寤無業報 夢打尊長 寤無憂懼 故說如影如響 雖全無
몽조선악 오무업보 몽타존장 오무우구 고설여영여향 수전무

體明鏡對色 空谷 對聲姸媸高低 一一皆應 必無雜亂 必無參差 又
체명경대색 공곡 대성연치고저 일일개응 필무잡란 필무참차 우

疑云若都無實 菩薩 何以作利樂事 故說如化 謂變化者 雖知不
의운약도무실 보살 하이작리락사 고설여화 위변화자 수지부

實 而作化事 三 會通秦譯經本者 夢幻泡影 空理全彰 露電二
실 이작화사 삼 회통진역경본자 몽환포영 공리전창 로전이

喩 無常足顯 悟眞空則不住諸相 觀生滅則警策修行 妙符破相之
유 무상족현 오진공즉부주제상 관생멸즉경책수행 묘부파상지

宗 巧示忘情之觀 略者 良以星燈 有體 雲種 含生 恐難契空心
종 교시망정지관 약자 양이성등 유체 운종 함생 공난계공심

潛滋相想 取意譯之 妙在玆焉
잠자상상 취의역지 묘재자언

이 글을 해석하는데 세 가지가 있으니, ㈎ 양론을 잡아서 위 역본 중 아홉 가지 비유(九喩)를 해석함이요, ㈏ 모든 경론에서 헛되고 거짓된 비유의 대의를 나타냄이요, ㈐ 진역의 경본을 회통함이다.

㈎ 처음 위본의 구유경에 의하면, 일체유위법은 별(星)·눈병(翳)·등불(燈)·환(幻)·이슬(露)·거품(泡)·꿈(夢)·번개(電)·구름(雲)과 같으니 마땅히 이와 같이 관하라 했다. 이 가운데 두 가지니, ㈎ 본론을 잡아 의심을 끊음이다. 게송으로 말하길, 유위도 아니고 여윈 것도 아닌 것이 모든 여래의 열반이니 아홉 가지 유위법을 묘한 지혜로써 정관해야 한다 했다. 논에 따르면, 제불이 열반을 얻어서 화신으로 설법하는 고로 유위가 아니며 유위를 여읜 것도 아니니 무슨 까닭으로 세간에 나투되 유위에 머물지 않는가? 묘지로 말미암아 유위를 정관하는 것이 아홉 가지 비유의 헛되고 거짓됨과 같기 때문이라 했다. ㈏ 무착의 상해석도 겸한 것이다. 무착이 말하기를, 이 게송은 네 가지의 유위상을 현시한 것이니 이 가운데는 네 가지가 있다. 첫째, 자성상이니 견과 상과 식, 세 가지가 식을 써서 체를 삼나니 생사의 근본인 까닭이라 했다. 이를 세 가지로 나누면, 1.성(星)은 능견분을 비유함이니 무착이 말하기를, 지혜가 없는 어둠 가운데에서는 저 (별)빛이 있지만 지혜가 있는 밝음 가운데에서는 저 빛이 없는 까닭이라 했다. 2.예(翳)는 소견분에 비유함이니 논에 따르면, 어떤 사람이 눈에 눈병이 있으면 곧 모륜(헛것) 등의 색을 보는 것과 같아서 유위법을 관함도 또한 그러함이니 전도된 견인 까닭이라 했다. 무착이 말하기를, 인·법의 아견이 눈병과 같으니 취할 게 없다는 뜻인 까닭이라

했다. 3.등(燈)은 식을 비유함이니 등은 기름이 상속하여 끊어지지 않음을 취한 것이요, 식은 탐애하여 생사가 쉬지 않는 것을 말한다. 둘째, 주한 바의 미에 착하는 상이니 논에 따르면, 환은 의지할 바의 주처에 비유함이니 기세간의 갖가지 차별들이 하나도 실다운 체가 없는 까닭이라 하여, 무착이 말하기를, 전도된 경계에 맛 들여 집착한 까닭이라 했다. 대운 스님이 말하기를, 환으로 나온 성곽이 사람을 속이나니 식이 산하의 실답지 못함을 변해 나타낸다고 했다. 셋째, 과실을 수순하는 상이니 몸과 몸이 수용하는 것이 과실이요, 무상을 관하는 것이 수순이라 이름하도다. 또한 해석하면 수순과 신과 애가 곧 과실이 된다. 그 중에 두 가지니 1.노(露)는 몸에 비유되니, 논에 따르면, 몸도 또한 이와 같아서 잠시 머무르는 까닭이라 했다. 2.포(泡)는 (몸이) 수용하는 일에 비유함이니, 논에 따르면, 수용하는 일도 또한 이와 같으니 수·상·인, 삼법이 일정하지 않은 까닭이라 했다. 무착이 말하기를, 고체(苦體, 괴로움)의 수순함을 현시함이니 수(受, 수용함)는 물거품과 같은 까닭이라 하며, 공덕시에 이르되, 수는 물위의 거품과 같아서 혹 처음 생길 때 체를 이루지 못하고 혹 막 생길 때 잠시 머무르다 곧 흩어져 멸하여서 돌아감을 관찰한다 했다. 넷째, 떠남(出離)을 수순하는 상이니, 무착이 말하기를, 인과 법의 무아를 수순하므로 떠남을 얻는다 했다. 그 중에 세 가지니 1. 몽(夢)은 과거에 비유함이니, 무착이 말하기를, 저 과거의 행을 생각한 까닭에 꿈과 같다 하며, 신론(華嚴新論)에 의하면, 과거의 있는 바 지은 것이 꿈의 경계와 같은 줄 당연히 관찰할지니 다만 오직 생각인 까닭이라 했다. 공덕시에 따르면, 지은 것을 관찰함이 마치 꿈속에서 견문하고 기억하며 분별하고 훈습함에 따라서 머무는 고로 비록 지은 바가 없으나 가지가지 경계가 분명히 현전하나니, 이와 같이 중생이 시작없는 시간부터 모든 번뇌의 선과 불선한 업이 훈습하여 주함이 있으므로 비록 내가 능작함이 없으나 끝없는 생사 등의 일을 나타낸다 했다. 2.전(電)은 현재에 비유함이니, 논에 의하면, 찰나에도 머물지 못하는 까닭이라 하며, 공덕시에 따르면, 마음이 번개와 같음을 관찰해서 생긴 즉시 곧 멸한다 했다. 3.운(雲)은 미래에 비유함이니, 논에 따르면, 자시(한밤중)에 아뢰야식(阿梨耶識)이 일체법과 더불어 종자로써 근본이 된다 하며, 무착이 말하기를, 저 거칠고 악한 종자가 허공과 같아서 마음을 이끌어내는 고로 구름과 같다고 하며, 또 말하기를, 이와같이 삼세행을 알면 곧 무아를 통달함이니 이것은 떠남을 수순한 상을 현시함이라 했다. 대운 스님이 말하기를, 과거와 미래는 체가 없음이요 현재 또한 머물지 않으니 곧 삼세가 공하여 무아의 이치에 도달한다 했다.

 (나) 모든 경론을 잡아서 모든 허가한 비유의 대의를 나타낸다고 한 것은 부처가 일체법이 공함을 설하시니, 의심하여 이르되, 어떻게 일체 경계가 나타나 보이는가 하므로 환과 같다고 설하시니 환법이 비록 없으나 분명 가히 보이느니라. 또 의심하여 말하길, 환법이 이미 없을진대 사람들은 왜 애착하는가. 그러므로 말하길, 아지랑이와 같음이니 목마른 사슴은 그것을 물이라 애착하여 달려가는 것이다. 또 의심하여 말하길, 목마른 사슴은 끝내 물을 얻지 못하거니와 탐하는 자가 어찌 다 수용할 수 있는가 하므로 꿈과 같다고 설하시니, 꿈속의 보는 바도 또한 수용하게 되는 것이다. 또 의심하여 말하길, 꿈에 선악을

지으나 깨고 보면 업보가 없음이요 꿈에 어른을 때렸으나 깨고 보면 두려운 마음이 없다 하므로, 그림자 같고 메아리 같다고 설하신 것이니, 비록 (그것들은) 온전한 체가 없으나 밝은 거울이 사물을 대하는 것과 같으며, 빈 골짜기가 소리를 대함에 고운 소리, 미운 소리, 높고 낮은 소리에 일일이 다 응하여 반드시 뒤섞임이 없으며 반드시 어긋남이 없느니라. 또 의심하여 말하길, 만약 모두 실다움이 없다면 보살은 무엇 때문에 이로운 일을 하는가 하여, 그러므로 화(化, 변화)와 같다고 설하시니 변화란 것은 비록 실답지 못함을 알지만 변화하는 일을 짓느니라.

㈐ 진역의 경본(지금 쓰는 經典)을 회통한다는 것은 몽·환·포·영은 공의 이치가 온전히 드러나고 노·전, 두 비유는 무상함을 여실히 드러낸 것이다. 진공을 깨달은즉 모든 상에 머물지 않음이요, 생멸을 관한즉 수행하는데 경책이 됨이니 묘하게 상(諸法實有)을 깨뜨리는 종지에 부합하고 교묘히 망정의 관을 보인 것이다. 생략한 것은 진실로 성과 등은 체가 있고 운과 종은 함하고 생함이기에 공심에 계합하기 어려워 상상에 잠기고 더할까 염려함이니 뜻만 취하여 번역한 묘가 여기에 있는 것이다.

육조 夢者 是妄身 幻者 是妄念 泡者 是煩惱 影者 是業障 夢
몽자 시망신 환자 시망념 포자 시번뇌 영자 시업장 몽
幻泡影業 是名有爲法 眞實 離名相 悟者 無諸業
환포영업 시명유위법 진실 이명상 오자 무제업

몽이란 망령된 몸이요 환이란 망령된 생각이고 포란 번뇌며 영이란 업장이다. 몽·환·포·영의 업을 유위법이라 이름하니 진실은 이름과 형상을 떠난 것이요, 깨달음이란 모든 업이 없게 되는 것이다.

부대사 如星翳燈幻 皆爲喩無常 漏識修因果 誰言得久長 危脆
여성예등환 개위유무상 루식수인과 수언득구장 위취
同泡露 如電影電光 饒經八萬劫 終是落空亡
동포로 여전영전광 요경팔만겁 종시락공망

저 성·예·등·환은 모두 무상을 비유함이니

번뇌의 식으로 인과를 닦음이여

누가 영원하다고 말하겠는가.

위태하고 연약한 것이 물거품·이슬과 같으며,

구름·그림자·번개·빛과 같으니

설사 팔만 겁을 지난다 하더라도

마침내 공망에 떨어지느니라.

야부 行船 盡在把梢人
행선 진재파초인

배가 움직이는 것은 키(梢)를 잡은 사람에게 달렸느니라.

설 蒿師 行船 要東卽東 要西卽西 或東或西 去住自由 洪波
호사 행선 요동즉동 요서즉서 혹동혹서 거주자유 홍파
涌浪 隨高隨下 以觀智 入法性波瀾 是則俱是 非則俱非 掃蕩
용랑 수고수하 이관지 입법성파란 시즉구시 비즉구비 소탕
亦在我 建立 亦在我 我爲法王 於法 自在
역재아 건립 역재아 아위법왕 어법 자재

호사(蒿師, 키잡은 사람)가 배를 움직임에 동으로 가려 하면 동으로 가고 서로 가고자 하면 서쪽으로 감이다. 혹 동이나 혹은 서로 가려함에 가고 머묾에 자유로우며 큰 파도가 물결치면

높고 낮음을 따르니, 관지로 법성의 파도에 들어가면 옳은즉 모두 옳고 그른즉 모두 그름이라. 없애는 것도 또한 나에게 있으며 건립도 또한 나에게 있음이니 내가 법왕이 됨이라. 법에 있어 자재하도다.

야부 水中捉月 鏡裏尋頭 刻舟求劒 騎牛覓牛 空華陽燄 夢幻浮
수중착월 경이심두 각주구검 기우멱우 공화양염 몽환부
漚 一筆句下 要休便休巴歌社酒村田樂 不風流處自風流
구 일필구하 요휴변휴파가사주촌전락 불풍류처자풍류

물속에서 달을 건지고
거울 속에서 얼굴을 찾음이로다.
배에 새겨놓아(표시) 칼을 찾으며
소를 타고 소를 찾음이로다.
허공꽃과 아지랑이요
꿈과 환과 물거품이로다.
모두가 붓끝에 있음이요
쉬고 싶으면 곧 쉬나니
속된 노래와 막걸리와 시골의 즐거움들이
풍류가 없는 곳에서 저절로 풍류롭도다.

설 我不是渠 認影爲眞 日用便是 向外尋眞 一切皆非 可以句
아불시거 인영위진 일용변시 향외심진 일체개비 가이구
下 一切皆是 要休便休 村田 何荒凉 固非風流處 歌酒樂自娛
하 일체개시 요휴변휴 촌전 하황량 고비풍류처 가주락자오
是則也風流 六喩 取一幻 以明箇中意 一切皆如幻 幻外 無非幻
시즉야풍류 육유 취일환 이명개중의 일체개여환 환외 무비환
幻與非幻 成一家 頭頭自有無生樂 此名大幻法門 亦名大幻三昧
환여비환 성일가 두두자유무생락 차명대환법문 역명대환삼매

古今證者 同證此大幻三昧 古今說者 同說此大幻法門 以此大幻
고금증자 동증차대환삼매 고금설자 동설차대환법문 이차대환
法門 能作種種佛事 以此大幻三昧 能現種種神變 大幻之義 何
법문 능작종종불사 이차대환삼매 능현종종신변 대환지의 하
止從古于今 亦乃天上天下 一喩 已如是 餘喩 亦如然
지종고우금 역내천상천하 일유 이여시 여유 역여연

    나는 저가 아니거늘 그림자를 오인하여 진을 삼으며 날마다 쓰는 것이 곧 이것이거늘 밖을 향해 진을 찾는 것이다. 일체가 모두 아님(非)이라 가히 글귀일 뿐이요, 일체가 다 옳음(是)이라 쉬려하면 곧 쉬나니, 시골 밭이 자못 황량하여 진실로 풍류처가 아니지만 노래와 술의 낙으로 저절로 즐거우니 이것이야말로 풍류로다.

    여섯 가지 비유에 한 가지 환을 취하여 그 가운데 뜻을 밝히노니 일체가 다 환과 같음이다. 환 외에 환 아님이 없으니 환과 더불어 환 아님이 일가를 이루도다. 두두가 스스로 무생락이 있도다. 이 이름이 대환법문이며 또한 이름하여 대환삼매이니 고금에 증득한 자가 다 같이 이 대환삼매를 증득한 것이며 고금에 설한 자가 다 같이 이 대환법문을 설함이다. 이 대환법문으로써 능히 갖가지 불사를 지으며 이 대환삼매로써 능히 갖가지 신통변화를 나타냄이니 대환의 뜻이 옛부터 지금에 이르는데 어찌 그침이 있겠는가(시간적). 또한 천상과 천하로다(공간적). 하나의 비유가 이미 이와 같으니 나머지 비유도 또한 그러함이다.

종경 施七寶滿僧祇 福有求而卽妄 持此經演四句 德雖勝而非眞
         시칠보만승지 복유구이즉망 지차경연사구 덕수승이비진
宴坐水月道場 成就空華佛事 度幻化之含識 證寂滅之菩提 凡情
연좌수월도량 성취공화불사 도환화지함식 증적멸지보리 범정

聖解 俱空 生死涅槃 如夢 昔 梁武帝 請傳大士講經 大士 揮案
성해 구공 생사열반 여몽 석 양무제 청전대사강경 대사 휘안
一聲 便乃下座 如斯洪範 千古分明 不悋弘慈 當機辨著 噫 大士
일성 변내하좌 여사홍범 천고분명 불린홍자 당기변착 희 대사
揮尺講經 猶是曲垂方便 美則甚美 了則未了 若論最上頓宗 直
휘척강경 유시곡수방편 미즉심미 요즉미료 약론최상돈종 직
是不通凡聖 以金剛王寶劍 盡情掃蕩無餘 一任渠 明來暗來四方
시불통범성 이금강왕보검 진정소탕무여 일임거 명래암래사방
八面來 普敎他 休去歇去一念萬年去 然雖如是 且道 末后一句
팔면래 보교타 휴거헐거일념만년거 연수여시 차도 말후일구
誰堪奉行 咄 直得虛空 悉消殞 天龍八部 徧流通
수감봉행 돌 직득허공 실소운 천룡팔부 편류통

　칠보를 보시하기를 아승지 동안 계속하여 복을 구하면 곧 망이요, 이 경을 가지고 사구를 연설함에 덕은 비록 수승하나 진이 아님이다. 수월도량(水月道場, 空의 道場)에 편안히 앉아서 공화불사를 성취함이로다. 환화(幻化, 衆生이 空하므로)인 함식을 제도하여 적멸의 보리를 증득하니 범인의 정과 성인의 해가 함께 공함이요 생사열반이 꿈과 같음이로다. 옛날에 양무제가 부대사를 청하여 경을 들으며 대사가 법상을 휘둘러 한 번 소리치고 곧 자리에서 내려오시니 이와 같은 큰 모범이 천고에 분명함이다. 큰 자비를 아끼지 않으시어 기에 맞게 가려주었도다. 희라(슬프다)! 대사의 척(尺, 잣대)을 휘둘러 경을 강의함도 오히려 간곡한 방편을 드리움이 아름답기는 심히 아름다우나 요함인즉 요달하지 못했도다. 만약 최상의 돈종을 논한다면 바로 범성에 통하지 않음이니 금강왕 보검으로써 마음(情)을 소탕하여 남김없이 다하여 저 밝음으로 오나 어둠으로 오나 사방 팔면에서 오매 일임하여 널리 저로 하여금 쉬어가고 쉬어가서 일념이 만년 되게 해야 하느니, 비록 이 같으나 또 말하라. 마

지막 일구를 누가 감히 봉행할 것인가. 바로 허공이 다 녹아버리니 천룡팔부가 두루 유통하도다.

설 求福 元是妄 持經 亦非眞 道場 如水月 宴坐者 阿誰 佛
구복 원시망 지경 역비진 도량 여수월 연좌자 아수 불
事 若空花 成就介什麽 含識 卽幻化 無生可度 菩提 本寂滅 無法
사 약공화 성취개십마 함식 즉환화 무생가도 보리 본적멸 무법
可證 凡情聖解 所以俱空 生死涅槃 所以如夢大士 揮尺講經 垂範
가증 범정성해 소이구공 생사열반 소이여몽대사 휘척강경 수범
千古 卽不無 於此最上頓宗 了沒交涉 若是最上頓宗 高提寶劒
천고 즉불무 어차최상돈종 요몰교섭 약시최상돈종 고제보검
隨到便斬 普敎他 休去歇去一念萬年去 然雖如是 末后一句 誰
수도변참 보교타 휴거헐거일념만년거 연수여시 말후일구 수
敢奉行 咄 金剛寶劒 倚天寒 直得虛空悉消殞 奉行 何必推諸聖
감봉행 돌 금강보검 의천한 직득허공실소운 봉행 하필추제성
天龍八部 徧流通
천룡팔부 편유통

　　복을 구함은 원래 망이요 경을 지님도 또한 진이 아님이다. 도량이 마치 수월과 같으니 편안히 앉은 자가 누구이며, 불사가 공화와 같은데 성취한다는 것은 그 무엇인가? 중생(含識)이 곧 환화이다. 중생을 가히 제도할 것이 없음이요, 보리는 본래 적멸한 것이라, 법 가히 증득할 것이 없으니 범부의 정과 성인의 알음알이가 이 까닭에 함께 공하고 생사열반이 이 까닭에 꿈과 같음이로다. 대사께서 척을 휘둘러 경을 강의함이 그 모범을 천고에 드리운 것은 곧 없지 않으나, 이 최상의 돈종에 있어선 마침내 교섭할 수 없으니 만약 이 최상의 돈종일진대 보검을 높이 들어 이르는 곳마다 곧 베어서 널리 저로 하여금 쉬어가고 쉬어가서 일념이 만년이 되게 해야 했던 것이다. 비록 그렇게 이와 같으나 마지막(末后) 일구를 누가 감히 봉행할 것

인가?

  금강보검이 하늘을 의지하여 차갑게 서 있으니

  바로 허공이 다 부셔져 내림이라.

  봉행함에 어찌 하필이면 성인에게만 미루리오.

  천룡팔부가 두루 유통하도다.

종경 空生 疊疊窮迷妄 大覺 重重說偈言 末后 了然超百億 明
　　　공생　첩첩궁미망　대각　중중설게언　말후　요연초백억　명

如杲日耀乾坤
여 고 일 요 건 곤

  수보리가 첩첩이 미망을 다했거늘

  부처님께서 거듭거듭 게송으로 설하여 말씀하셨도다.

  말후가 요연하여 백억을 초월하니

  밝기가 뜨는 해와 같아서 건곤에 빛나도다.

설 空生 疊疊窮迷妄 大覺 重重說偈言 說到如如不動處 見盡
　　공생　첩첩궁미망　대각　중중설게언　설도여여부동처　견진

情忘無所依 無所依 脫然更在靑山外 靑山 尙不戀 紫陌 豈留情
정망무소의　무소의　탈연갱재청산외　청산　상불련　자맥　개유정

笑指白雲多事在 長空掛目不廻頭 不廻頭 通身光燦爛 杲日 耀
소지백운다사재　장공괘목불회두　불회두　통신광찬란　고일　요

乾坤
건 곤

  수보리가 첩첩이 미망을 다했거늘 부처님께서 거듭거듭 게송으로 설하여 말씀하시니 설이 여여부동한 데에 이르러서는 정이 다 잊혀져서 의지할 바가 없음을 보겠도다. 의지할 바 없음이여! 탈연히 다시 청산밖에 있도다. 청산에도 오히려 연연해하지 않거니 도시(紫陌)에 어찌 정이 머무르리오. 백운이 일

이 많음을 웃음으로 가리키고 저 높은 하늘에 눈을 걸고 머리를 돌이키지 않도다. 머리를 돌이키지 않음이여, 온몸에 그 빛이 찬란하니 뜨는 해가 건곤에 빛나도다.

규봉 第三 流通分
제삼 유통분

(3) 유통분이다.

佛 說是經已 長老須菩提 及諸比丘比丘尼 優婆塞優婆夷 一切世間天人阿修羅 聞佛所說 皆大歡喜 信受奉行

부처님께서 이 경을 설하고 나시니, 장로 수보리와 여러 비구 비구니와 우바새 우바이와 모든 세간의 천상과 인간 그리고 아수라들이 부처님 설법을 듣고 모두 크게 기뻐하며 믿고 지녀 받들어 행하였다.

설 靈鋒 獨露 四相 俱破 慈雨 普潤 九類同沾 三觀智滿 一
　　영봉 독로 사상 구파 자우 보윤 구류동첨 삼관지만 일
乘理圓 四衆 齊悟 羣疑 頓釋 正眼 圓明 心鏡 豁尒 妙體實相
승리원 사중 제오 군의 돈석 정안 원명 심경 활이 묘체실상
瞭然目前 信受奉行 妙益 斯在
료연목전 신수봉행 묘익 사재

신령스런 칼날이 홀로 드러나 사상이 함께 깨뜨려지고 자비

스런 비가 널리 적시니 구류가 다 같이 젖음이로다. 삼관의 지혜가 가득차고 일승의 이치가 원만하니 사부대중이 고르게 깨달고 온갖 의심들이 단번에 풀어짐이로다. 정안이 뚜렷이 밝아서 마음 거울이 훤하니 묘체실상이 눈앞에 분명하도다. 신수봉행이여, 묘한 이익이 여기에 있도다.

규봉 尼者 此云女也 優婆塞 此云近事男 優婆夷 此云近事女
니자 차운여야 우바새 차운근사남 우바이 차운근사여
親近比丘比丘尼 而承事故 阿修羅 此云非天 皆大等者 文殊所
친근비구비구니 이승사고 아수라 차운비천 개대등자 문수소
問經 云有三種義 歡喜奉行 一 說者淸淨 不爲取著利養所染 二
문경 운유삼종의 환희봉행 일 설자청정 불위취착이양소염 이
所說淸淨 以如實知法體 三 得果淸淨 以得淨妙境界 無著 云若
소설청정 이여실지법체 삼 득과청정 이득정묘경계 무착 운약
聞如是義 於大乘 無覺 我念過於石 究竟無因故 天親 云諸佛希
문여시의 어대승 무각 아념과어석 구경무인고 천친 운제불희
有惣持法 不可稱量深句義 從尊者聞及廣說 廻此福德施羣生 大
유총지법 불가칭량심구의 종존자문급광설 회차복덕시군생 대
雲 云大聖說經 妙理斯畢 二空圓極 四衆奉行 肇 云同聽齊悟
운 운대성설경 묘리사필 이공원극 사중봉행 조 운동청제오
法喜蕩心 服玩遵式 永崇不朽 資聖 去般若深經 三世佛母 一聞
법희탕심 복완준식 영숭불후 자성 거반야심경 삼세불모 일문
四句 以超惡趣之因 一念淨持 必獲菩提之記 故人天異類 莫不
사구 이초악취지인 일념정지 필획보리지기 고인천이류 막불
奉行
봉행

'니'란 이곳에서는 여자이다. 우바새는 근사남(近事男, 가까이서 받드는 남자)이고 우바이는 가까이서 받드는 여자이니, 비구 비구니에 친근하여 받들어 섬기는 까닭이다. '아수라'는 비천이다. '개대등'이란, 문수소문경에 의하면, 세 가지 뜻이 있어

서 환희로써 봉행하니, 1.설하는 자는 청정해야 함이니, 이익을 취하여 물든 바가 되지 않음이요, 2.설하는 것이 청정해야 함이니, 여실히 법체를 앎으로써 함이요, 3.과를 얻음이 청정해야 함이니, 정묘한 경계를 얻음으로 한 것이라 했다. 무착이 말하기를, 만약 이러한 뜻을 듣고서 대승에 깨달음이 없다면 내가 생각하기에 돌보다 더 미련한 것 같으니 끝내 구경의 인이 없는 까닭이라 했다. 천친이 말하기를, 제불의 희유한 총지법과 가히 칭량할 수 없는 깊은 구절의 뜻을 존자로부터 듣고 널리 설하노니, 이 복덕을 돌이켜서 모든 중생에게 베푼다 했다. 대운 스님이 말하기를, 대성의 경을 설한 묘한 이치가 여기에서 마치니 두 가지 공이 원만히 지극하여 사부대중이 봉행한다 했다. 조 법사가 말하기를, 같이 듣고 고르게 깨달으니 법의 기쁨이 마음에 넘치니 먹고, 완성하고, 따르고, 법 삼아서 길이 받들고 그릇되지 않게 한다 했다. 자성(資聖)이 말하기를, 반야의 깊은 경은 삼세의 불모이니 사구를 들으면 악도에 떨어질 인에서 초월함이요, 한 순간을 깨끗하게 가지면 필히 보리의 수기를 얻으리라. 그러므로 인천과 이류들이 모두 봉행한다고 했다.

야부 三十年後 莫教忘却老僧 不知 誰是知恩者 呵呵 將謂無人
삼십년후 막교망각로승 부지 수시지은자 가가 장위무인

30년 후에 노승을 망각하지 말지니, 알 수 없어라. 누가 은혜를 아는 자인가. 하하, 장차 사람이 없다 하리라.

설 三關 已透 一鏃 遼空 更須奮丈夫志 拗折一鏃 向碧空外
삼관 이투 일족 요공 갱수분장부지 요절일족 향벽공외
相見老僧 若與老僧相見 可謂知恩報恩 不知 誰是知恩者 呵呵
상견로승 약여로승상견 가위지은보은 부지 수시지은자 가가

將謂無人
장 위 무 인

　삼관을 이미 뚫어버리고 한 화살이 멀리 허공을 나니 다시 모름지기 장부의 뜻을 분발하여 한 화살을 꺾어버리고 푸른 하늘 밖을 향하여 노승을 상견할지다. 만약 노승과 상견하면 가히 은혜를 알고 은혜를 갚는다고 할지니 알 수 없어라. 누가 은혜를 아는 사람인가? 하하, 은혜를 아는 자 끝내 없도다.

야부 饑得食渴得漿 病得瘥熱得涼 貧人 遇寶 嬰兒 見孃 飄舟
　　　 기득식갈득장 병득채열득량 빈인 우보 영아 견양 표주
到岸 孤客 歸鄕 旱逢甘 澤國有忠良 四夷拱手 八表來降 頭頭
도안 고객 귀향 한봉감 택국유충양 사이공수 팔표래항 두두
揔是 物物全彰 古今凡聖 地獄天堂 東西南北 不用思量 刹塵沙
총시 물물전창 고금범성 지옥천당 동서남북 불용사량 찰진사
界諸羣品 盡入金剛大道場
계제군품 진입금강대도량

　　주리면 밥을 먹고 목마르면 장(漿, 간장물)을 얻으며
　　병든 이는 쾌차하고 더우면 시원함을 얻음이라.
　　가난한 이 보물을 만나고 어린이는 어머니를 만나도다.
　　표류하던 배 언덕에 이르고 외로운 길손 고향에 돌아오니
　　가뭄에 단비 만남이요 나라엔 충신과 선량이 있음이로다.
　　사방의 오랑캐 예배하고 팔방에서 항복해 오도다.
　　두두가 다 옳음이요 물물이 온전히 드러나도다.
　　고·금, 범·성과 지옥·천당과, 동서남북을 따로 사량하지 말지니
　　찰진세계의 모든 중생들이 모두 함께
　　금강대도량에 들어가도다.

설 佛坐道場 北辰 居其所 十方同聚 衆星 皆拱北 諸子 癡迷
　　불좌도량 북진 거기소 시방동취 중성 개공북 제자 치미
捨父逃逝 流落天涯 爲日已曠 父王 設權 號令天下 諸子 知非
사부도서 유락천애 위일이광 부왕 설권 호령천하 제자 지비
今盡來歸 各慚無知 願聞慈誨 如飢思食 如渴思漿 水澄月現 感
금진래귀 각참무지 원문자회 여기사식 여갈사장 수징월현 감
應交生 甘露門開 皆得法喜 斷常爲病 惱亂法身 法爲良藥 一聞
응교생 감로문개 개득법희 단상위병 뇌란법신 법위량약 일문
便除 貪愛爲熱 煩煎心海 法爲淸凉 一聞頓歇 乏功德財 日受貧
변제 탐애위열 번전심해 법위청량 일문돈헐 핍공덕재 일수빈
苦 一聞法要 寶藏 現前 爲迷所覆 覺性 不現 一得開悟 妙體昭
고 일문법요 보장 현전 위미소복 각성 불현 일득개오 묘체소
彰 失正知見 飄沈苦海 方便風生 得到彼岸 泠塀五道客作多年
창 실정지견 표침고해 방편풍생 득도피안 영병오도객작다년
今始得歸常樂家鄕 惑日 煩蒸 道芽燋枯 法雨遐霑 心花發明 心
금시득귀상락가향 혹일 번증 도아초고 법우하점 심화발명 심
王 作夢 識臣擅權 淸平世界 風塵 競作 天君 一覺 識變成智
왕 작몽 식신천권 청평세계 풍진 경작 천군 일각 식변성지
風塵 頓息 六國 晏然 萬法 歸已 天下大平 千途異轍 共向帝都
풍진 돈식 육국 안연 만법 귀이 천하대평 천도이철 공향제도
長安路通 萬戶千門 古今也無疑碍 凡聖也無疑碍 以至地獄天堂
장안로통 만호천문 고금야무의애 범성야무의애 이지지옥천당
東西南北 悉無疑碍 不用思量 祇園一會 利如斯 從此含靈 盡歸源
동서남북 실무의애 불용사량 기원일회 이여사 종차함령 진귀원

　부처님께서 도량에 앉음이여, 북쪽별이 그 처소에 있음이요 시방에서 함께 모여드니 별의 무리가 모두 북쪽에 절하도다. 모든 아들이 어리석고 미하여 아버지를 버리고 도망가서 천애에 떠돈 지 이미 오래 되어 부왕이 방편을 베풀어 천하를 호령하니, 모든 아들들이 그릇됨을 알고 모두 돌아와서 귀의함이다. 각각 무지함을 부끄러워하고 자비로운 가르침을 듣기 원하는데, 주린 이가 밥을 생각하듯 하며 목마른 자가 물을 생각하듯

하니 물이 맑으면 달이 나타남이다. 느끼고 응함에 서로서로 감로의 문이 열리니 모두 다 법희를 얻으며, 단과 상이 병이 되어서 법신을 뇌란시키더니 법이 좋은 약이 됨이다. 한번 들으매 곧 사라지며 탐애가 열기가 되어서 마음 바다를 번거롭게 하더니, 법이 청량하게 하여 한번 들으면 단번에 쉬게 되도다.

 공덕의 재물이 없어서 날로 가난한 고통을 받더니 한번 법요를 들으매 보배창고가 눈앞에 나타나며 미의 덮인 바가 되어서 각의 성품이 나타나지 않더니 한번 깨달음을 얻으매 묘체가 밝게 드러나도. 정지견을 잃어서 고해에 나부끼고 침몰하더니 방편의 바람이 생겨서 피안에 이르게 하며 오도(六道輪廻中)에 비틀거리며 나그네 된 지가 여러 해에 되었더니, 지금 비로소 항상 즐거운 고향에 돌아오도다. 미혹의 해가 번거롭게 내리쪼여 도의 싹이 다 마르더니 법의 비(法雨)가 멀리까지 적시니 심화가 밝게 피어나도다.

 심왕이 꿈을 꾸니 식(識)의 신하가 권력을 마음대로 굴려서 청평세계에 풍진이 다투어 일어나더니 천군이 한번 깨달자마자 식이 변하여 지혜를 이루어서 풍진이 단번에 쉬고 육국(根)이 편안하여 만법이 자기에게 돌아와서 천하가 태평하니 천의 길과 다른 자취들이 모두 서울로 향함이다. 장안으로 길이 통함으로 만호와 천문이로다. 고금에 의심과 걸림이 없고, 범성 또한 의심과 걸림이 없으며, 지옥 천당과 동서남북에 이르기까지 아무 의심과 걸림이 없어서 사량을 쓰지 않음이로다.

 기원정사에 한번 모인 이익이 이와 같으니 이로부터 모든 중생이 다 근원으로 돌아가도다.

종경제송강요후서
(宗鏡提頌綱要後序)

夫欲了最上大乘　須具金剛正眼　看釋迦老　與須菩提　顯大機施大
부욕료최상대승　수구금강정안　간석가노　여수보리　현대기시대

用　聚須彌山王等七寶　碎大千沙界若微塵　盡僧祇劫　布施將來
용　취수미산왕등칠보　쇄대천사계약미진　진승지겁　보시장래

獨最上乘　無法可得　直得天人　膽喪　魔外心寒　俱能捨命承當　依
독최상승　무법가득　직득천인　담상　마외심한　구능사명승당　의

舊白雲萬里　所以　解此經者　八百餘家　頌此經者　不滿屈指　蓋古
구백운만리　소이　해차경자　팔백여가　송차경자　불만굴지　개고

人　錯答一字　向墮野狐　謬頌此經　應入地獄　宗鏡　自惟不入地獄
인　착답일자　상타야호　류송차경　응입지옥　종경　자유불입지옥

何由拯濟羣生　旣能爲法忘軀　豈避彌天逆罪　橫按寶劍　重說偈言
하유증제군생　기능위법망구　개피미천역죄　횡안보검　중설게언

　대저 최상의 대승을 얻고자 한다면 모름지기 금강정안을 갖춰야 하는 것이니, 부처님께서 수보리와 더불어 천기를 나타내고 대용을 베푼 것을 보아라. 수미산왕 같은 칠보를 모으고 대천사계를 부수어 작은 먼지와 같이 해서 아승지겁이 다하도록 보시하더라도 오직 최고의 수승한 것은, 법도 가히 얻을 게 없다는 것이다. 바로 천상과 사람의 간담이 상하고 마구니와 외도의 마음이 오싹해지니 비록 능히 신명을 받쳐 알려하더라도 예전처럼 백운이 만리인 것이다. 그런 이유로 이 경을 해석했던 사람이 800여명이나 되지만, 이 경을 게송하는 사람은 열 손가락에도 미치지 않는다. 대개 고인은 한 글자를 그르게 대답

하고도 오히려 여우의 몸을 받았으니 이 경을 잘못 송하면 응당 지옥에 떨어질 것이다. 내(종경)가 스스로 생각해보건대, 지옥에 들어가지 않으면 어떻게 많은 중생(羣生)을 건져 제도할 것인가?

이미 법을 위해서 능히 이 몸을 잊었으니 어찌 하늘에 가득히 거역한 죄를 면하리오? 보검을 옆에 차고 거듭 게를 설하리.

설 欲了最上大乘 須具金剛正眼 若不具眼 爭見大家風月 要
　　 욕료최상대승 수구금강정안 약불구안 쟁견대가풍월 요
見大家風月 看彼釋迦老子 機用齊施 殺活自由底手段 若向這裏
견대가풍월 간피석가노자 기용제시 살활자유저수단 약향저이
見得破 許你具金剛眼 庶幾明得最上宗乘 最上宗乘 因甚 得伊
견득파 허이구금강안 서기명득최상종승 최상종승 인심 득이
麽奇特 聚寶如須彌 碎界若微塵 布施塵僧祇 此則出於有心 盡
마기특 취보여수미 쇄계약미진 보시진승지 차즉출어유심 진
屬情見 獨最上乘 凡情聖解 湊泊不得 如倚天長劒 寒威威光爍
속정견 독최상승 범정성해 주박부득 여의천장검 한위위광삭
爍 凜凜然不可犯其鋒鋩 所以 天人 膽喪 魔外 心寒 忽有人 雖
삭 늠름연불가범기봉망 소이 천인 담상 마외 심한 홀유인 수
能捨命承當 依舊白雲萬里 此最上宗乘 若是其高危廻絶 所 以
능사명승당 의구백운만리 차최상종승 약시기고위회절 소 이
得此宗者 鮮 古人 錯答一字 尙墮野狐 謬頌此經 應入地獄 若
득차종자 선 고인 착답일자 상타야호 류송차경 응입지옥 약
尒 何事 無益自求其苦 只應端然拱手 以來自度 從他法門興廢
이 하사 무익자구기고 지응단연공수 이래자도 종타법문흥폐
任他衆生起倒 扶持末運 紹續慧命 無暇介於胸 雖然如是 爲
임타중생기도 부지말운 소속혜명 무가개어흉중 수연여시 위
己不爲法 辜負佛祖深恩 爲己不爲人 墮在二乘境界 自身 寧入
기불위법 고부불조심은 위기불위인 타재이승경계 자신 영입
地獄 經百千劫 務使人人開覺 慧命無窮 旣能爲法忘軀 豈畏彌
지옥 경백천겁 무사인인개각 혜명무궁 기능위법망구 개외미

天逆罪 橫按寶劒 重說偈言
천역죄 횡안보검 중설게언

　최상의 대승을 요달하고자 하면 모름지기 금강의 바른 눈을 갖춰야 할지니 만약 눈을 갖추지 못한다면, 어떻게 대가의 풍월을 보리오? 대가의 풍월을 보고자 하면, 저 부처님의 고르게 베푼 기와 용, 그리고 죽이고 살리는 것을 자유롭게 하는 수단을 간파하라. 만약 이 속을 향해 가서 보고 얻어 깨뜨리면, 네가 금강의 눈을 갖추어서 최상종승을 거의 밝혔다고 허락할지니, 최상종승이 무엇으로 인해 이렇게 기특한 것인가? 보배 모으기를 수미산같이 하고 세계 부수기를 미진같이 하며, 보시하기를 아승지겁 동안 다한다 해도 이것은 유심에서 나온 것이고 모두 정견에 속하거니와 오직 최상승은 범인의 생각과 성인의 견해로도 어디 붙일 데가 없으니, 마치 하늘에 기댄 장검 같아서 차갑기는 위위하고 그 빛은 찬란하도다.
　늠름하며 가히 칼날을 범하지 못하기에 천인의 간담이 상하고 마군과 외도의 마음이 오싹해지니, 혹 어떤 사람이 비록 목숨을 버리고 맞서더라도 예전처럼 흰 구름이 만리나 되도다. 이 최상종승은 이처럼 우뚝 높아서 따를 자가 없으므로 이 종지를 얻은 이가 드물도다. 고인이 한 글자를 잘못 대답하여 오히려 여우의 몸에 떨어졌으니, 이 경을 잘못 게송하면 당연히 지옥에 들어가리라. 만약 그러하다면 무슨 이유로 이익도 없이 스스로 그 고통을 구하겠는가? 다만 응당 단정하게 팔짱을 끼고 스스로 제도하고, 저 법문이 흥하고 망하는데 따르고 저 중생들이 일어나고 넘어짐에 맡겨서 말세의 운이나 부지하면, 부처님의 혜명을 이어가는 것은 가슴 속에 둘 여유가 없느니라.
　비록 이러한데 자기를 위한다고 이미 법을 위하지 않으면 불조의 깊은 은혜를 저버림이요, 자기만 위하고 남을 위하지 않는다면 이승의 경계에 떨어져 있을 것이니, 자신이 차라리 지옥에 들어가서 백천겁을 보낼지라도 사람들로 하여금 깨달음을 열게 하여 혜명이 무궁하게 할지니라. 이미 능히 법을 위하여 몸을 잊었거니와 어찌 하늘에 가득히 거역한 죄를 두려워하리오. 보검을 옆으로 비껴 차고 거듭 게송을 설하리라.

종경 摧涅槃心 滅正法眼 掃除知見 截斷命根 堪報不報之恩 用
최열반심 멸정법안 소제지견 절단명근 감보불보지은 용
酬難酬之德耳
수 난 수 지 덕 이

  열반심을 꺾어버리고 정법안도 멸하여
  지견도 쓸어버리고 목숨의 근원마저 절단해야
  갚지 못한 은혜를 능히 갚은 것이며
  갚기 어려운 덕을 갚게 되리라.

설 涅槃正法眼 咄哉 是什麽 縱然超佛祖 不許立知見 掃蹤滅
열반정법안 돌재 시십마 종연초불조 불허립지견 소종멸
跡除根帶 是名眞實報恩者此老 伊麽提持 且作麽生道 定亂扶危
적제근대 시명진실보은자차노 이마제지 차작마생도 정난부위
天地泰 摧邪顯正日月閑 因憶丹霞施手處 一星揮了世界安
천지태 최사현정일월한 인억단하시수처 일성휘료세계안

  열반의 정법안이여, 돌재라. 이 무엇인가? 비록 그렇게 불조를 초월해도 지견을 세우는 것은 허락하지 않으니, 자취를 쓸어버리고 멸하여 뿌리까지 제거해야 이를 진정 은혜를 갚는다고 하느니라. 이 노인(宗鏡)의 이러한 들어냄을 또 어떻게 말할 것인가?

소란을 안정시키고 위태함을 붙잡으면 천지가 태평하고
사를 꺾어 정이 드러나면 일월이 한가롭도다.
단하선사가 손으로 베푼 곳을 기억하니
조금만 휘저어도 세계가 편안하도다.

▷ 부대사 (傅大士)

편계(偏計) - 두루 생각으로 따져봄

妄計因成執 迷繩爲是蛇 心疑 生暗鬼 眼病 見空華 一境 雖無
망계인성집 미승위시사 심의 생암귀 안병 견공화 일경 수무
異 三人 乃見差 了茲名不實 長馭白牛車
이 삼인 내견차 요자명부실 장어백우거

  망령된 계교로 집착함이 이루어짐으로 인해
  노끈을 잘못 알아 뱀이라 여기도다.
  의심하는 마음속에 귀신이 생겨나고
  눈병이 나면 허공꽃을 보게 되도다.
  하나인 경계가 비록 다르지 않으나
  세 사람이 보는 것에 차별이 생기니
  이런 이름들이 실답지 못함을 요달하면
  길이 백우거를 타고 가리라.

설 人法 元無我 妄計 因成執 非蛇 計爲蛇 非鬼 計爲鬼 非
    인법 원무아 망계 인성집 비사 계위사 비귀 계위귀 비
華 計爲華 所目之境 雖一 三人之見 不同 若了此見 元不實 閑
화 계위화 소목지경 수일 삼인지견 부동 약료차견 원부실 한
閑長馭白牛車
한 장어 백 우 거

  인과 법엔 원래 아가 없거늘 망령된 계교로 집착을 내어, 뱀이 아닌데 계교하여 뱀이라 여기고 귀신이 아닌데 계교로서 귀신이라 여기며 꽃이 아닌데 계교로써 꽃을 삼으니, 보는 바의

경계는 비록 하나이나 세 사람이 보는 것은 같지 않다. 만약 이런 견해가 원래 실답지 못하다는 것을 요달한다면 한가롭게 길이 백우거를 타고 가리라.

의타(依他) - 다른 것에 의지함

依他非自立 必假衆緣成 日謝 樹無影 燈來 室乃明 名因 共業
의타비자립 필가중연성 일사 수무영 등래 실내명 명인 공업
變 萬象 積微生 若悟眞空色 脩然去有名
변 만상 적미생 약오진공색 소연거유명

다른 것에 의지하는 것은 스스로 서는 것이 아니고
반드시 온갖 인연을 빌려 이루는 것이니
해 지면 나무 그림자 사라지고
등불이 오면 이내 방안이 밝아지도다.
이름은 업과 함께 변하고
만상은 작은 것이 쌓이고 쌓여 생기니
만약 진실한 공의 색을 깨달으면
불현듯 이름을 버리리라.

설 色心諸法 號依他 此非自立假緣成 緣無性無生 隨然方有
　　색심제법 호의타 차비자립가연성 연무성무생 수연방유
生 惑與業共有轉相 因有轉相萬象現 緣慮與四大 合成五蘊身根
생 혹여업공유전상 인유전상만상현 연려여사대 합성오온신근
身與器界 分成十二處 若能悟色是空色 即了有心非有心
신여기계 분성십이처 약능오색시공색 즉료유심비유심

색과 심의 제법을 의타라고 부르니 이것은 자립이 아니고 인연을 빌려서 성립되는 것이니, 연이 없으면 성품도 나지 않으니 인연 따라 바야흐로 생함이 있도다. 미혹과 업이 함께 움직임이 있으니 움직임이 있음으로 인해서 만상이 나타나는 것이로다.

연려심(緣慮心, 마음작용) 과 사대(色)가 합해져서 오온신을 이루고, 그것으로서 근신(몸의 근거)과 기계(현상계)가 나뉘어 12처를 이루니, 만약 색이 공한 색인 것을 깨달으면 곧 유심이 유심 아님을 요달하리라.

원성(圓成) - 원만히 이룸

相寂 名亦遣 心融 境亦亡 去來 終莫見 語默 永無方 智入圓成
상적 명역견 심융 경역망 거래 종막견 어묵 영무방 지입원성
理 身同法性常 證眞還了俗 不廢示津梁
리 신동법성상 증진환료속 불폐시진양

상이 없으면 이름 또한 떠나고
마음이 융통해지면 경계 또한 없도다.
가고 옴은 마침내 볼 수 없게 되고
어와 묵은 영원히 없음이로다.
지혜가 원성한 이치에 들어가면
몸은 법성의 항상함과 같으니
진을 증득하고 또한 속을 요달하여
나루터 보이는 것도 마다하지 않도다.(方便示顯)

설 名相 雙泯 心境 兩亡 去來無蹤 語默 無方 體無內外是一
　　명상 쌍민 심경 양망 거래무종 어묵 무방 체무내외시일
身 念無前后只一心 此是圓成理 眞常法性海 智入其中 身同常
신 염무전후지일심 차시원성리 진상법성해 지입기중 신동상
住 眞俗 元來是一貫 靑山紫陌 兩無妨 旣能飽得靑山味 也應芳
주 진속 원래시일관 청산자맥 양무방 기능포득청산미 야응방
草岸邊行
초 안 변 행

　명과 상이 쌍으로 없어지고 마음과 경계를 둘 다 잊으니 오고 감에 자취가 없고 어묵이 방소가 없도다. 체의 내외가 없으면 일신이요, 생각에 전후가 없으면 다만 일심이로다. 이것은 원성의 이치이며 참답고 항상한 법성의 바다로다. 지혜로 그 가운데 들어가야 몸이 항상 머묾과 같아서, 진과 속이 원래 하나로 꿰뚫게 되니 청산과 자맥이 둘 다 방해되지 않도다. 이미 청산의 맛을 충분히 맛보았다면, 또한 응당히 방초 언덕가를 행할지니라.

청량대법안선사송
(淸凉大法眼禪師頌)

경공(境空) – 경계가 공함

涅槃名廣度　無餘一味收　卵胎兼濕化　空有及沈浮　薩埵能降住
열반명광도　무여일미수　난태겸습화　공유급침부　살타능항주
菩提道自周　倐然纖介在　此岸永淹留
보리도자주　숙연섬개재　차안영엄류

　열반을 널리 제도한다 이름함이여,
　남음없이 한맛으로 거둠이라.
　난·태와 겸하여 습과 화함과
　공·유와 침과 부로다.
　보리살타가 능히 항복하고 주하여
　보리의 도가 저절로 두루하나니
　잠깐 혹 작은 것이라도 있으면
　이 언덕에 영원히 머물리라.

설 如來大涅槃　廣度　以爲義　三界四生類　無餘一味收　任重荷
　　 여래대열반　광도　이위의　삼계사생류　무여일미수　임중하
擔　誠不易　小智　豈能當　此任　唯有薩埵　化無化　致令菩提道自
담　성불이　소지　개능당　차임　유유살타　화무화　치영보리도자
周　塵緣　若也纖毫在　生死此岸　永淹留
주　진연　약야섬호재　생사차안　영엄류

　여래의 대열반은 널리 제도함으로써 그 뜻을 삼으니, 삼계
사생류를 남김없이 한맛으로 거둠이로다. 무거운 짐을 짊어짐

이 진정 쉽지 않으니 작은 지혜가 어찌 이런 소임을 감당하리오. 오직 보리살타가 있어서 교화하되 교화함 없이 보리의 도로 하여금 저절로 두루하게 함이로다. 육진경계의 인연이 만약 조금이라도 있으면 이 생사의 언덕에서 영원히 머물게 되리라.

지공(智空) - 지혜도 공함

智圓晶火聚　薩埵便無心　處處菩提道　明明功德林　誰能生後得
지원정화취　살타변무심　처처보리도　명명공덕림　수능생후득

更不議堪任　月冷空當午　松寒露滿襟
갱불의감임　월냉공당오　송한로만금

　지혜가 밝아 뚜렷한 빛의 무리여,
　살타가 문득 무심함이라.
　곳곳이 보리도량이고
　밝고 밝은 공덕의 숲이로다.
　누가 능히 최후의 지혜를 낼 것인가?
　다시 감당해야 할 것을 헤아리지 않음이라.
　달이 차가우니 하늘이 한낮이 되고
　소나무가 차니 이슬이 옷깃에 가득하도다.

설 智圓眞同晶火聚　男兒到此便無心　便無心　處處菩提道　明
　　 지원진동정화취　남아도차변무심　변무심　처처보리도　명

明功德林　旣知本有　非今　得　胸中　無物外如愚　只如無心底活
명공덕림　기지본유　비금　득　흉중　무물외여우　지여무심저활

計　作麼生道　月冷空當午　松寒露滿襟
계　작마생도　월냉공당오　송한로만금

지혜가 뚜렷하여 참으로 밝은 빛의 무더기와 같으니 남아가 여기에 이르러 문득 무심해지도다. 무심함이여, 곳곳이 보리도요 밝고 밝은 공덕의 숲이로다. 이미 본래 있는 것임을 아는 것이기에, 지금에 얼음이 아니니 가슴속에 아무 것도 없어서 밖으로는 어리석은 듯하다. 다만 저 무심의 살림살이를 어떻게 말할 것인가? 달이 차니 허공이 한낮이 되고 소나무가 차니 이슬이 옷깃에 가득하도다.

구공(俱空) - 경계와 지혜가 함께 공함

理極亡情謂 如何有喩齊 到頭霜夜月 任運落前谿 果熟兼猿重
이극망정위 여하유유제 도두상야월 임운락전계 과숙겸원중
山長似路迷 擧頭殘照在 元是住居西
산장사로미 거두잔조재 원시주거서

　이치가 지극하여 생각으로 이룰 수 없음이여,
　어떻게 비유로써 똑같이 할 것인가.
　부둣가 서리 내린 밤의 달은
　저절로 앞 시냇물에 떨어지도다.
　과일이 익으면 원숭이가 살찌고
　산이 깊어서 길을 잃고 헤매도다.
　머리를 들면 빛이 아직 남아있으니
　원래부터 이 서쪽에 머물러 있었음이로다.

　설　境智　兩忘忘亦忘　秋天霜夜月滿谿　道高　兼帶累　理現　還
　　　경지　양망망역망　추천상야월만계　도고　겸대누　이현　환

似迷　反觀其所以　於空　未忘情　更忘情　一月　影千江　孤雲　萬里
사 미　반 관 기 소 이　어 공　미 망 정　갱 망 정　일 월　영 천 강　고 운　만 리

飄
표

　경계와 지혜를 둘 다 잊고, 잊었다는 것까지 또한 잊으니, 가을하늘 서리 내린 밤의 달은 시냇물에 가득하도다. 도가 높으면 겸하여 허물을 띠우게 되고, 이치를 드러내면 도리어 미함이 되는 도다.

　그 까닭을 돌이켜 관해보면 공함에 있어서 정을 잊지 못했음이로다. 다시 정을 잊음이여, 하나의 달이 일천강에 그림자를 드리우고 외로운 구름은 만리에 떠가도다.

유통(流通) - 곳곳에 유통함

如如方解說　此說號流通　若謂無人我　還將壽者同　平常何所證
여 여 방 해 설　차 설 호 유 통　약 위 무 인 아　환 장 수 자 동　평 상 하 소 증
動轉絶羈籠　一切有爲法　對觀淸鏡中.
동 전 절 기 농　일 체 유 위 법　대 관 청 경 중.

　여여해야 해설한다 함이여.
　이러한 설을 유통이라 부르도다.
　만약 인아의 생각이 없다고 이른다면
　또한 장차 수자상도 같음이로다.
　평상한데 무엇을 증득하리오.
　움직이고 굴림에 매일 것이 없도다.
　일체의 유위법을

맑은 거울 속에서 바라봄이로다.

설 如如不動方解說　如是演說　號流通　若謂我無人我念　依舊
　　 여여부동방해설　여시연설　호유통　약위아무인아념　의구

還同我人相　平常無證絶　籠　化演觀同鏡裏形
환동아인상　평상무증절　농　화연관동경이형

　여여부동해야 해설하나니 이와 같은 연설을 유통이라 부르니, 만약 내가 인아의 생각이 없다고 이른다면 예전처럼 도리어 아·인상과 같음이니라. 평상하여 증득할 게 없어서 매임이 끊어졌으니, 교화하고 연설함이 거울 속에서 항상 거울을 보는 것 같도다.

반야무진장 진언 (般若無盡藏眞言)

納謨薄伽伐帝　鉢唎若　波羅蜜多曳　怛姪也　唵紇唎
　　地唎　室唎　戍嚕知　三蜜栗知　佛社曳　莎詞
나무 바가불제 발리야 바라밀다예 단냐타 옴 흘리
지리 실리 슬로지 삼밀율지 불사예사하(사바하)

▷ 육조(六祖)

구결(口訣)

法性 圓寂 本無生滅 因有生念 遂有生緣 故 天得命之以生 是
법성 원적 본무생멸 인유생념 수유생연 고 천득명지이생 시
故謂之命 天命 旣立 眞空 不有 前日生念 轉而爲意識 意識之
고위지명 천명 기립 진공 불유 전일생념 전이위의식 의식지
用 散而爲六根 六根 各有分別 中有所摠持者 是故謂之心 心者
용 산이위육근 육근 각유분별 중유소총지자 시고위지심 심자
念慮之所在也 神識之所舍也 眞妄之所共處者也 當凡夫聖賢機
염려지소재야 신식지소사야 진망지소공처자야 당범부성현기
會之地也 一切衆生 自無始來 不能離生滅者 皆爲此心 所累 故
회지지야 일체중생 자무시래 불능리생멸자 개위차심 소누 고
諸佛 惟敎人了此心 此心了 卽見自性 見自性則是菩提也 此在
제불 유교인료차심 차심료 즉견자성 견자성즉시보리야 차재
性時 皆自空寂而湛然若無 緣有生念而後 有者也 有生則有形
성시 개자공적이담연약무 연유생념이후 유자야 유생즉유형
形者 地水火風之聚沫也 以血氣 爲體 有生者之所託也 血氣足
형자 지수화풍지취말야 이혈기 위체 유생자지소탁야 혈기족
則精足 精足則生神 神足 生妙用 然則妙用者 卽在吾圓寂時之
즉정족 정족즉생신 신족 생묘용 연즉묘용자 즉재오원적시지
眞我也 因形之遇物故 見之於作爲而已 但凡夫 迷而逐物 聖賢
진아야 인형지우물고 견지어작위이이 단범부 미이축물 성현
明而應物 逐物者 自彼 應物者 自我 自彼者 著於所見 故受輪
명이응물 축물자 자피 응물자 자아 자피자 착어소견 고수륜
廻 自我者 當體常空 萬劫如一 合而觀之 皆心之妙用也 是故
회 자아자 당체상공 만겁여일 합이관지 개심지묘용야 시고
當其未生之時 所謂性者 圓滿具足 空然無物 湛乎自然 其廣大
당기미생지시 소위성자 원만구족 공연무물 담호자연 기광대

與處空等 往來變化 一切自由 天雖欲命我以生 其可得乎 天猶
여처공등 왕래변화 일체자유 천수욕명아이생 기가득호 천유
不能命我以生 況於四大乎 況於五行乎 旣有生念 又有生緣 故
불능명아이생 황어사대호 황어오행호 기유생념 우유생연 고
天得以生命我四大 得以氣形我 五行 得以數約我 此 有生者之
천득이생명아사대 득이기형아 오행 득이수약아 차 유생자지
所以有滅也 然乎生滅則一 在凡夫聖賢之所以生滅則殊 凡夫之
소이유멸야 연호생멸즉일 재범부성현지소이생멸즉수 범부지
人 生緣念有 識隨業變 習氣薰染 因生愈甚 故 旣生之後 心著
인 생연념유 식수업변 습기훈염 인생유심 고 기생지후 심착
諸妄 妄認四大 以爲我身 妄認六親 以爲我有 妄認聲色 以爲快
제망 망인사대 이위아신 망인육친 이위아유 망인성색 이위쾌
樂 妄認塵勞 以爲富貴心目知見 無所不妄 諸妄 旣起 煩惱萬差
락 망인진로 이위부귀심목지견 무소불망 제망 기기 번뇌만차
妄念 奪眞 眞性 遂隱 人我爲主 眞識爲客 三業前引 百業後隨
망념 탈진 진성 수은 인아위주 진식위객 삼업전인 백업후수
流浪生死 無有涯際 生盡則滅 滅盡復生 生滅相尋 至墮諸趣 轉
류랑생사 무유애제 생진즉멸 멸진부생 생멸상심 지타제취 전
轉不知 愈恣無明 造諸業罟 遂至塵沙劫盡 不復人身 聖賢則不
전부지 유자무명 조제업고 수지진사겁진 불부인신 성현즉불
然 聖賢 生不因念 應迹而生欲生則生 不待彼命 故 旣生之後
연 성현 생불인념 응적이생욕생즉생 부대피명 고 기생지후
圓寂之性 依舊湛然 無體相無罣礙 其照萬法 如靑天白日 無毫
원적지성 의구담연 무체상무가애 기조만법 여청천백일 무호
髮隱滯 故能建立一切善法 遍於沙界 不見其少 攝受一切衆生
발은체 고능건립일체선법 편어사계 불견기소 섭수일절중생
歸於寂滅 不以爲多 驅之不能來 逐之不能去 雖托四大爲形 五
귀어적멸 불이위다 구지불능래 축지불능거 수탁사대위형 오
行爲養 皆我所假 未嘗妄認 我緣 苟盡 我迹 當滅 委而去之 如
행위양 개아소가 미상망인 아연 구진 아적 당멸 위이거지 여
來去耳 於我 何與哉 是故 凡夫 有生則有滅 滅者 不能不生
래거이 어아 하여재 시고 범부 유생즉유멸 멸자 불능불생
聖 有生亦有滅 滅者 歸於眞空 是故 凡夫生滅 如身中影 出入
성 유생역유멸 멸자 귀어진공 시고 범부생멸 여신중영 출입

相隨 無有盡時 聖賢生滅 如空中雷 自發自止 不累於物 世人
상수 무유진시 성현생멸 여공중뇌 자발자지 불누어물 세인

不知生滅之如此 而以生滅 爲煩惱大患 蓋不自覺也 覺則見生滅
부지생멸지여차 이이생멸 위번뇌대환 개부자각야 각즉견생멸

如身上塵 當一振奮耳 何能累我性哉 昔我如來 以大慈悲心 憫
여신상진 당일진분이 하능누아성재 석아여래 이대자비심 민

一切衆生 迷錯顚倒 流浪生死之如此 又見一切衆生 本有快樂自
일체중생 미착전도 유랑생사지여차 우견일체중생 본유쾌락자

在性 皆可修證成佛 欲一切衆生 盡爲聖賢生滅 不爲凡夫生滅
재성 개가수증성불 욕일체중생 진위성현생멸 불위범부생멸

猶慮一切衆生 無始以來 流浪日久 其種性 已差 未能以一法 速
유려일체중생 무시이래 류랑일구 기종성 이차 미능이일법 속

悟 故 爲說八萬四千法門 門門可入 皆可到眞如之地 每說一法
오 고 위설팔만사천법문 문문가입 개가도진여지지 매설일법

門 莫非丁寧實語 欲使一切衆生 各隨所見法門 入自心地 到自
문 막비정녕실어 욕사일체중생 각수소견법문 입자심지 도자

心地 見自佛性 證自身佛 卽同如來 是故 如來於諸經 說有者
심지 견자불성 증자신불 즉동여래 시고 여래어제경 설유자

欲使一切衆生 睹相生善 說無者 欲使一切衆生 離相見性 所說
욕사일체중생 도상생선 설무자 욕사일체중생 이상견성 소설

色空 亦復如是 然而衆生執著 見有非眞有 見無非眞無 其見色
색공 역부여시 연이중생집착 견유비진유 견무비진무 기견색

見空 皆如是執著 復起斷常二見 轉爲生死根帶 不示以無二法門
견공 개여시집착 부기단상이견 전위생사근대 불시이무이법문

又將迷錯顚倒 流浪生死 甚於前日 故 如來 又爲說大般若法 破
우장미착전도 유랑생사 심어전일 고 여래 우위설대반야법 파

斷常二見 使一切衆生 知眞有眞無 眞色眞空 本來無二 亦不遠
단상이견 사일체중생 지진유진무 진색진공 본래무이 역불원

人 湛然寂靜 只在自己性中 但以自己性智慧 照破諸妄則曉然自
인 담연적정 지재자기성중 단이자기성지혜 조파제망즉효연자

見 是故 大般若經六百卷 皆如來 爲菩薩果人 說佛性 然而其間
견 시고 대반야경육백권 개여래 위보살과인 설불성 연이기간

猶有爲頓漸者說 惟金剛經 爲發大乘者說 爲發最上乘者說是故
유유위돈점자설 유금강경 위발대승자설 위발최상승자설시고

其經　先說四生四相　次云凡所有相　皆是虛妄　若見諸相非相　卽
기경　선설사생사상　차운범소유상　개시허망　약견제상비상　즉
見如來　蓋顯一切法　至無所住　是爲眞諦　故　如來　於此經　凡說
견여래　개현일체법　지무소주　시위진제　고　여래　어차경　범설
涉有　卽破之以非　直取實相　以示衆生　蓋恐衆生　不解佛所說　其
섭유　즉파지이비　직취실상　이시중생　개공중생　불해불소설　기
心　反有所住故也　如所謂佛法　卽非佛法之類　是也
심　반유소주고야　여소위불법　즉비불법지류　시야

　법의 성품이 원만하고 고요하여 본래부터 생멸이 없건만 있음으로 인하여 생각을 내어서 드디어 인연이 생긴 것이다. 그러므로 하늘의 명(命)을 얻어 태어나니 이런 고로 명이라 말한다. 천명(天命)이 이미 서면 진공(眞空)이 존재하지 않아서, 전일에 생긴 생각을 굴려서 의식이 되고, 의식작용이 흩어져 육근이 되며, 육근이 각각 분별이 있어 중간에 총지하는 것이 있게 된다. 이런고로 이를 마음이라 함이니, 마음이란 생각이 있는 곳이요 정신(인식작용)의 집이며 진과 망이 함께 처하는 곳이며 마땅히 범부와 성현의 기(機)가 모이는 곳이다.

　일체중생이 시작 없는 옛날부터 생멸을 여의지 못하는 것은, 모두 이 마음의 때 때문이므로 모든 부처님이 오직 사람으로 하여금 이 마음을 깨닫게 하시니, 이 마음을 깨달으면 곧 자성을 본 것이고, 자성을 본즉 이는 보리인 것이다. 이것이 성품에 있을 때는 모두 스스로 공적하여, 맑아서 없는 듯하다가도 연이 있어 생각을 낸 이후는 있는 것이 되는 것이다. 생이 있은 즉 형이 있으니, 형상이란 지·수·화·풍이 모인 것이다. 혈기로써 체를 삼으니 태어난 자의 의탁할 바이다. 혈기가 만족한 즉 정기가 만족하고 정기가 만족한즉 정신을 내고 정신이 만족하면 묘용이 생기니, 그러한즉 묘용이란 곧 내가 원만하고 고

요할 때 나오는 진아(眞我)인 것이다.

　형상이 사물을 만남으로 인연한 고로 그것을 보고 작위(作爲)할 따름이거늘, 다만 범부는 미하여 사물만 따르고 성현은 밝아서 사물에 응함이다. 사물을 쫓는 것은 자신의 객관(自彼)이요 사물에 응하는 것은 자신의 주관(自我)이니, 자신의 객관이란 소견에 집착하는 고로 윤회를 받고, 자신의 주관이란 당체가 항상 공하여 만법에 여일(如一)하니 그것을 합쳐서 관해 보면 모두 마음의 묘용인 것이다. 이런 고로 그 생기지 않은 때를 당하여 이른바 성품이란, 원만구족해서 텅 비어 사물이 없고 맑고 맑아 자연스러우며 그 광대함이 허공과 같아서 왕래하고 변화함에 일체 자유로운 곳이다. 하늘이 비록 나에게 명하여 생하고자 하나 그 어찌 가히 얻을 것인가? 하늘이 오히려 나에게 명하여 생하게 할 수 없거늘 하물며 사대(四大)이며 하물며 오행(五行)이겠는가? 이미 생각을 내었고 또한 연을 냄이 있음이다. 그러므로 하늘이 생(生)으로써 나를 명하게 되고, 사대가 기(氣)로써 나를 형성하게 되며, 오행이 수(數)로써 나를 묶게 되니, 이것은 생이 있음으로써 멸이 있는 까닭이 된다.

　그러나 생멸인즉 하나이나 범부와 성현의 생멸은 다름이 있다. 범부들의 생은 생각을 반연하여 있고 식은 업을 따라 변하여 습기·훈습이 생겨남으로 인하여 더욱 심한 고로, 이미 태어난 이후에는 마음이 모든 망에 집착하니, 망령되이 사대를 오인하여 나를 삼으며, 망령되이 육친을 오인함으로써 나의 소유로 삼으며, 망령되이 성색을 오인하여 쾌락으로 삼고, 망령되이 티끌을 오인하여 부귀로 삼는다. 마음과 눈으로 알고 보는 것이 망 아닌 것이 없으니, 모든 망이 이미 일어나면 번뇌가 만

가지로 차별된다. 망념이 진을 뺏으면 참 성품이 드디어 숨어서, 인과 아가 주가 되고 진식이 객이 되며 삼업이 앞에서 이끌고 백업이 그 뒤를 따르게 되는 것이다. 생사가 유랑함에는 끝이 없어 생이 다하면 멸하고 멸이 다하면 다시 생하여, 생멸이 서로 찾으며 여러 갈래로 떨어짐에 다다르고 돌고 돌아도 알지 못하는 것이다.

더욱 무명으로 방자하여 모든 업의 그물을 만들어서 드디어 진사겁이 다하도록 다시는 사람 몸을 회복하지 못하는데, 성현은 그렇지 않음이니 성현은 태어날 때 생각에 인하지 않고 자취에 응하여 태어남이다. 태어나고자 하면 태어나고 저 명을 기다리지 않으므로, 이미 태어난 이후로도 원적한 성품이 예전처럼 담연하여서 체상도 없고 걸림도 없으며, 그 만법을 비춤이 마치 푸른 하늘의 밝은 해와 같아서 머리카락도 숨기거나 걸림이 없다. 그러므로 능히 일체 선법을 건립하여 모래같은 대천세계에 두루하여 그 적음(小)은 보지 않으며 일체중생을 섭수하여 적멸에 돌아가게 하지만 많다는 것으로 여기지 않나니, 몰아도 능히 오지 않으며 쫓아도 능히 가지 않음이다.

비록 사대을 의탁하여 형상으로 삼고 오행으로 기른 바가 되어도 모두가 내가 빌린 바이다. 일찍이 망령되이 오인한 게 아님이니 내 인연이 진실로 다하면 내 자취는 마땅히 멸함이다. 버리고 떠나는 것이 마치 오고 가는 것과 같을 따름이니 나에게 무엇이 관계되리오. 이런 고로 범부는 생이 있은즉 멸이 있음이다. 멸한 자는 나지 않을 수 없지만 성현은 생이 있고 또한 멸이 있으되, 멸하면 진공에 돌아가게 된다. 이런 고로 범부의 생멸은 몸 가운데 그림자 같아서 출과 입에 서로 다르므로 다

할 때가 없지만, 성현의 생멸은 마치 공중의 우렛소리와 같아서 스스로 일어나고 스스로 그쳐서 중생들에게 누가 되지 않으나, 세인들은 생멸이 이와 같음을 알지 못하기 때문에 생멸로써 번뇌의 큰 병으로 삼게 되니, 대개 스스로 깨닫지 못한 때문이다. 깨달은즉 생멸이 몸 위의 먼지같이 여겨서 마땅히 한번 털어버릴 따름이니, 어찌 능히 나의 성품에 누가 되겠는가?

옛날 우리 여래께서 대자비심으로 일체중생이 미혹하고 전도되어 있어 생사를 유랑함이 이와 같아서, 이를 불쌍히 여기시며, 또한 일체중생이 본래 쾌락하고 자재로운 성품이 있어서 모두 닦고 증득하면 성불할 수 있음을 보시고, 일체중생이 모두 성현의 생멸이 되게 하고 범부의 생멸이 되지 않게 하고자 하시되, 오히려 일체중생이 무시이래로 유랑한 지가 너무 오래되어 그 성품의 종자가 이미 어긋나서 능히 한 법으로는 속히 깨달을 수 없음을 안타까이 여겨, 이를 위하여 팔만사천법문을 설하신 것이다.

문문마다 가히 들어갈 수 있으므로 모두 진여의 땅에 이를 수 있으며, 매양 한 법문을 설함에 고구정녕 실다운 말 아님이 없었다. 일체중생으로 하여금 각각 본 바의 법문에 따라서 자기의 마음 땅에 들게 하며, 자기 마음 땅에 이르게 하며 자기 부처의 성품을 보게 하며 자신의 부처를 증득케 해서 곧 여래와 같게 하고자 하셨다. 이런 까닭에 여래가 모든 경에 유(有)를 설한 것은 일체중생으로 하여금 상을 보고 착한 마음을 내게 하고자 한 것이고, 무(無)를 설한 것은 일체중생으로 하여금 상을 떠나서 성품을 보게 만들고자 한 것이다. 설한 바 색과 공도 또한 이와 같은 것이다.

그러나 중생들이 집착으로써, 유를 보되 진유가 아니고 무를 보되 참으로 없는 것이 아니며, 그 색을 보고 공을 보는 것도 모두가 이와 같이 집착해서 단견과 상견의 두 가지 견해를 다시 일으켜서 돌고 도는 생사의 뿌리를 삼기에, 둘이 아닌 법문으로써 보게 하지 않는다면 또한 미혹하고 뒤바뀌어 생사에 유랑함이 전일보다 심할 것이라 여겨, 여래께서 또 이를 위하여 대반야법을 설하시어 단견과 상견의 두 견해를 쳐부수어 일체중생으로 하여금 참다운 유와 참다운 무와 참다운 색과 참다운 공이 본래 둘이 아니며 또한 사람과도 멀지 않다고 하셨다.

　해맑고 고요하여 단지 자기 성품 중에 있는 것이므로 단지 자기 성품의 지혜로써 모든 망을 비추어 깨뜨린즉 스스로 밝게 볼 수 있음을 알게 함이었다. 이런 고로 대반야경 600권은 대개 여래께서 보살과위의 사람들을 위하여 불성을 설하셨으며, 오직 금강경은 대승을 발한 자를 위하여 설하였으며 최상승을 발한 자를 위하여 설하신 것이다.

　이런 이유로 이 경은 먼저 사생(태·난·습·화생)과 사상(아·인·중생·수자상)을 설하시고, 다음엔 '무릇 형상의 모습은 모두 허망한 것이다. 만약 형상의 모습을 모습 아닌 것으로 보면 곧 여래를 보리라' 하시니 대개 일체중생이 주할 바 없음에 이르러야 참다운 진리가 됨을 나타내신 것이다. 그러므로 여래가 이 경에서 설하시길, 무릇 유에 섭하면 곧 아님(非)으로써 파하여 바로 실상을 취하시어, 이로써 중생들에게 들어내 보이시니 대개 중생이 부처님께서 설하신 것을 알지 못하고 그 마음이 도리어 주하는 바가 되는 것을 염려한 까닭에, 이른바 '불법은 곧 불법이 아니다'라고 한 것 등이 이것이다.

‖ 후 기 ‖

'마음을 비워라'

우리들이 속상하고 일이 제대로 되지 않을 때 흔히 하는 말이다. 마음을 생각대로 비우고, 바꿀 수 있다면 얼마나 좋을까?

여기 마음을 비우고 바꾸는 처방이 있다. 바로 '금강반야바라밀경'이다. 이 경에는 능히 마음을 비우는 비법과 양약(良藥)이 있다. 우리 중생들의 고집스런 병(四見相, 我·人·衆生·壽者)을 고치기 위해 부처님께서 '금강반야바라밀경'이라는 처방을 내리셨다. 여기에 육조 선사께서 자세히 일러 주시니, 의심하지 말고 잘 관(觀)하면 분명 '마음을 비우는 양약'을 얻을 것이라 했다.

대학졸업논문을 '금강경연구'로 제출하면서부터 불교 공부의 새로운 전환점을 맞이하게 되었다. 서점에 들를 때마다 새로 출간된 금강경이 있으면 빼놓지 않고 구입하게 되었고 또 어디를 가던 금강경은 늘 내 손과 눈을 떠나지 않았다.

금강경은 그 핵심적인 내용이 공(空)사상을 말하는 것으로 선(禪)적인 부분에 있어서도 공부하기 쉽지 않았고, 무엇보다도 한문으로 된 원전을 이해하기가 그 어려움을 더했다. 다행히도 한국불교교육대학 김공철 학장님의 '금강경오가해 강의'는 공사상의 포괄적인 문제를 제시하고 그 답을 각 경전에서 인용하여 설명해 주심으로 해서 금강경의 심오한 뜻을 이해하는데 큰 도움이 되었으며, 특히 무비 스님의 '금강경오가해'는 나에게 큰 스승이나 다름없는 귀중한 논서였다.

  2002년 공직에서 정년퇴임 후 평소에 계획했던 '금강경오가해' 집필을 본격적으로 시작하여 약 3년여 만에 일차적인 마무리가 되어, 출판을 의뢰했던바 판형의 문제로 그 동안의 수고로움은 모두 아침이슬이 되고 말았다. 문제는 내가 공부하면서 어렵게 느꼈던 한문 원문을 쉽게 읽을 수 있도록 한문에 한글로 토를 달았는데, 책의 판형을 고려하지 못한 관계로 한글을 모두 지우고 다시 넣는 것이고, 또 하나는 목판본의 원문을 대조하여 수정하는 일이였는데, 목판본의 글씨가 뚜렷하지 않고 또한 약자(略字), 동음이의어(同音異議語), 동자이음어(同字異音語), 불교 고유의 단어 등과 아울러 컴퓨터에도 없는 글자가 많아 옥편을 뒤적이는데 많은 시간을 보내야만 했다.
  비교적 더위를 잘 타지 않는 특수 체질인데도 책상 앞에 앉으면 땀은 등줄기를 타고 흘러내리고 눈꺼풀에는 무거운 쇳덩이를 매단 것처럼 눈이 저절로 감겨 더위와 수마는 나의 인욕정진을 시험이라도 하는 것 같았다. 이렇게 시간은 쉼 없이 흘러 거의 100일이 지나 출판을 눈앞에 두게 되었다.

  이제 남은 것은 책이 발간된 후 많은 선지식과 학인들의 평가와 또 이 책을 얼마나 많은 사람들이 읽고 활용하여 금강경의 참된 뜻을 아는데 도움을 줄 수 있을까 하는 걱정이다.
  마치 첫선을 보러가는 노총각의 마음처럼 설레고 기대에 차 있으며, 다른 한편은 청문회에 나가는 증인의 마음 같기도 하다. 화살은 이미 시위를 떠나려 하는데, 이제 와서 무엇을 어쩌겠는가? 조용히 기다리며 남은 일들이 순조롭게 진행되었으면 한다. 또 이 책을 펴냄에 있어 몸과 마음을 바쳐 최선을 다했지만 틀린 글자, 빠진 글자, 잘못된 내용 등 많은 문제점이 있을 것으로 생각하며, 이런 부분에 대하여는 부처님의 자비스런 마음으로 봐주기 바란다.

여기 야부선사 말씀 중에,

말을 받아 뜻을 아는 것은
은혜를 아는 것이고,
말을 따라서 알음알이를 내는 것은
은혜를 저버리는 것이다

손 모아 발원하오니, 이 책을 읽는 모든 분들이 금강경의 참뜻을 바로 알아 불은(佛恩)에 보답하여 지이다.

또한 뜻을 따라 부처님의 은혜에 조금이라도 보답하는 마음으로 '금강경오가해'를 삼보님전에 올립니다.

끝으로 부처님과 인연을 맺어주신 어머님과 은사이신 한국불교교육대학 석산 공철 학장님과 이 책을 펴는데, 여러모로 많은 협조를 아끼지 않으신 모교의 선후배 법사 여러분과 특히 이 책이 나오기까지 함께 땀을 흘리며 동분서주한 도일 거사에게도 진심으로 감사드린다.

나무석가모니불 나무석가모니불 나무시아본사 석가모니불

불기 2549년 9월 늦은 여름의 어느 날
바람이 머무는 곳에서 雪庵 金 在 泳 씀

금강경오가해

2005년 9월 27일 1판 1쇄 발행
2006년 9월 27일 2판 2쇄 발행
2012년 5월 15일 3판 3쇄 발행

편자/설암 김재영
발행인/김재영

발행처/도서출판 나란다
출판등록/2010년 03월 09일(제302-2009-000072호)

주소/서울특별시 용산구 효창원로 가길 28-5
전화/ 02) 714-1524
팩스/ 02) 6404-4234

정가 28,000원

ISBN 978-89-964456-4-7

파본이나 잘못된 책은 교환하여 드립니다.